Collins gem

ARABIC DICTIONARY

HarperCollins Publishers
Westerhill Road
Bishopbriggs
Glasgow
G64 2QT
Great Britain

Second Edition 2019

10 9 8 7 6 5 4 3 2 1

ISBN 978-0-00-827081-0

Collins® is a registered trademark of HarperCollins Publishers Limited

www.collinsdictionary.com

A catalogue record for this book is available from the British Library

Typeset by Davidson Publishing Solutions, Glasgow

Printed and bound in China by RR Donnelley APS

Acknowledgements
We would like to thank those authors and publishers who kindly gave permission for copyright material to be used in the Collins Corpus. We would also like to thank Times Newspapers Ltd for providing valuable data.

If you would like to comment on any aspect of this book, please contact us at the given address or online.
E-mail: dictionaries@harpercollins.co.uk
facebook.com/collinsdictionary
@collinsdict

CONTENTS

المحتويات

INTRODUCTION

We are delighted that you have decided to buy this Arabic-English, English-Arabic dictionary and hope that you will enjoy and benefit from using it at home, on holiday or at work.

مقدمة

يسرنا أنك قررت شراء هذا القاموس عربي – إنجليزي، إنجليزي عربي ونأمل أن تستمتع وتستفيد من إستعماله في المنزل، أو أثناء الإجازات أو في العمل.

ABBREVIATIONS

الاختصارات

adjective	*adj*	صفة
adverb	*adv*	ظرف
exclamation	*excl*	تعجب
preposition	*prep*	حرف ج
pronoun	*pron*	ضمير
noun	*n*	اسم
plural	*pl*	جمع
verb	*v*	فعل
intransitive verb	*vi*	فعل لازم
transitive verb	*vt*	فعل متعدٍّ

النطق باللغة الإنجليزية/ENGLISH PRONUNCIATION

الأصوات اللينة

	English example	*Explanation*
[ɑ:]	f**a**ther	ألف فتح مثل: بات /مات
[ʌ]	b**u**t, c**o**me	فتح خفيف قصر مثل: مَن /عَن
[æ]	m**a**n, c**a**t	فتح طويل يشبه الألف اللينة مثل: مشى
[ə]	fath**e**r, **a**go	فتحة قصيرة مثل: أَب
[ə:]	b**ir**d, h**ear**d	كسر طويل
[ɛ]	g**e**t, b**e**d	كسر طويل وخفيف
[ɪ]	**i**t, b**i**g	كسر قصير قوي
[i:]	t**ea**, s**ee**	[ياء مد] مثل: يأتي / صائمين
[ɔ]	h**o**t, w**a**sh	ضم منتهي بسكون
[ɔ:]	s**aw**, **a**ll	ضم ممدود
[u]	p**u**t, b**oo**k	[ضم] مثل: مُستعد /قُم
[ʊ]	t**oo**, y**ou**	[واو مد] مثل: يولد/ يوجد

الأصوات المدغمة

	English example	*Explanation*
[ai]	fl**y**, h**igh**	ألف فتح منتهي بياء ساكنة محيايْ
[au]	h**ow**, h**ou**se	ألف فتح منتهي بضم مثل: واو
[ɛə]	th**ere**, b**ear**	كسر طويل خفيف منتهي بياء مفتوحة مثل: بِيَدي
[ei]	d**ay**, ob**ey**	فتح منهي بياء مثل:َ أيْن
[iə]	h**ere**, h**ear**	كسر قوي قصير منهي بفتح
[əu]	g**o**, n**o**te	ضم منتهي بسكون مثل: مُنتهي
[ɔi]	b**oy**, **oi**l	ضم منتهي بياء ساكنة
[uə]	p**oo**r, s**ure**	ضم منتهي بفتح مثل واسع

الأصوات الساكنة

	English example	Explanation
[b]	**b**ig, lo**bb**y	[ب] مثل: باب /مبلغ /لعب
[d]	men**ded**	[د] مثل: دخل /مدح /أباد
[g]	**g**o, **g**et, bi**g**	[ج] بدون تعطيش كما تنطق في العامية المصرية
[ʤ]	**g**in, ju**dg**e	[ج] مع المبالغة في التعطيش لتنطق وكأنها / د+ج/
[ŋ]	si**ng**	تشبه حكم إخفاء النون في قراءة القرآن الكريمكما في قوله تعالى "ناصيةٍ كاذبة
[h]	**h**ouse, **h**e	[هـ] مثل: هو /ملهى /أخرجه
[j]	**y**oung, **y**es	[ى] /الألف اللينة/ مثل يجري /هذيان/ جرى
[k]	**c**ome, mo**ck**	[ك] مثل: كامل /تكلم / ملك
[r]	**r**ed, t**r**ead	[ر] مثل: رمى /مرمى /مر
[s]	**s**and, ye**s**	[س] مثل: سمير/مسمار/رأس
[z]	ro**s**e, **z**ebra	[ز] مثل: زعم/مزروع /فاز
[ʃ]	**sh**e, ma**ch**ine	[ش] مثل: شارع /مشروع /معاش
[tʃ]	**ch**in, ri**ch**	[تش] مثل:
[v]	**v**alley	[ڤ]مثل [ف] ولكن تنطق بوضع الأسنان العلوية على الجزء الخارجي من الشفاه السفلية: مثل الريفيرا
[w]	**w**ater, **wh**ich	[و] مثل: وجد /موجود
[ʒ]	vi**s**ion	تنطق ما بين [ش] و [ج] بحيث يكون الفك العلوي ملامسا للشفاه السفلى واللسانقريب من اللثة العليا بحيث يخرج الهواء محدثا صوتا إحتكاكيا
[θ]	**th**ink, my**th**	[ث] مثل: ثرى /مثلث
[ð]	**th**is, **th**e	[ذ] مثل ذئب /مذيب /ملاذ

ARABIC ALPHABET

Isolated Letter	Name	End	Mid.	Beg.	Explanation	IPA
ا	alif	ـا	ـاـ	ا	m**a**n	ʔ
ب	baa	ـب	ـبـ	بـ	**b**oy	b
ت	taa	ـت	ـتـ	تـ	**t**oy	t
ث	thaa	ـث	ـثـ	ثـ	**th**ree	θ
ج	jeem	ـج	ـجـ	جـ	gara**ge** - vi**si**on	ʒ
ح	ħaa	ـح	ـحـ	حـ	pronounced from the middle of the throat with back tongue a little higher	ħ
خ	kha	ـخ	ـخـ	خـ	pronounced with back tongue in a position between the position for /h/ and that for /k/ like (lo**ch**) in Scots	x
د	dal	ـد	ـدـ	دـ	**d**ay	d
ذ	dhal	ـذ	ـذـ	ذـ	**th**e	ð
ر	raa	ـر	ـرـ	رـ	**r**un	r
ز	zay	ـز	ـزـ	زـ	**z**oo	z
س	seen	ـس	ـسـ	سـ	**s**orry	s
ش	sheen	ـش	ـشـ	شـ	**sh**ow	ʃ
ص	ṣaad	ـص	ـصـ	صـ	heavy /s/	sˤ
ض	ḍaaḍ	ـض	ـضـ	ضـ	strong /d/	dˤ

ط	ṭaa	ـط	ـطـ	طـ	heavy /t/	tˤ
ظ	ḍhaa	ـظ	ـظـ	ظـ	heavy /Dh/	zˤ
ع	'aeen	ـع	ـعـ	عـ	**a**rm but pronounced with back tongue a little lower	ʕ
غ	gheen	ـغ	ـغـ	غـ	**g**irl but pronounced with back tongue a little lower	ɣ
ف	faa	ـف	ـفـ	فـ	**f**ree	f
ق	qaaf	ـق	ـقـ	قـ	**q**uarter but with back tongue a little higher	q
ك	kaaf	ـك	ـكـ	كـ	**c**amp	k
ل	lam	ـل	ـلـ	لـ	**l**eg	l
م	meem	ـم	ـمـ	مـ	**m**oon	m
ن	noon	ـن	ـنـ	نـ	**n**ight	n
هـ	haa	ـه	ـهـ	هـ	**h**igh	h
و	wow	ـو	-ـو-	-و	**w**ow	w
ي	yaa	ـي	ـيـ	يـ	**y**ear	j

NUMBERS

zero	0
one	1
two	2
three	3
four	4
five	5
six	6
seven	7
eight	8
nine	9
ten	10
eleven	11
twelve	12
thirteen	13
fourteen	14
fifteen	15
sixteen	16
seventeen	17
eighteen	18
nineteen	19

الأعداد

٠	صفر
١	واحد
٢	اثنان
٣	ثلاث
٤	أربع
٥	خمس
٦	ست
٧	سبع
٨	ثمان
٩	تسع
١٠	عشر
١١	أحد عشر
١٢	اثنا عشر
١٣	ثلاث عشر
١٤	أربع عش
١٥	خمس عشر
١٦	ست عشر
١٧	سبع عشر
١٨	ثمان عشر
١٩	تسع عشر

twenty	20	عشرون	٢٠
twenty-one	21	واحد وعشرون	٢١
twenty-two	22	اثنان وعشرون	٢٢
twenty-three	23	ثلاث وعشرون	٢٣
thirty	30	ثلاثون	٣٠
thirty-one	31	واحد وثلاثون	٣١
forty	40	أربعون	٤٠
fifty	50	خمسون	٥٠
sixty	60	ستون	٦٠
seventy	70	سبعون	٧٠
eighty	80	ثمانون	٨٠
ninety	90	تسعون	٩٠
one hundred	100	مائة	١٠٠
one hundered and ten	110	مائة وعشر	١١٠
two hundred	200	مائتان	٢٠٠
two hundred and fifty	250	مائتان وخمسون	٢٥٠
three hundred	300	ثلاثمائه	٣٠٠
one thousand	1,000	ألف	١٠٠٠
one million	1,000,000	مليون	١٠٠٠٠٠٠

DAYS OF THE WEEK / أيام الأسبوع

Monday	الاثنين
Tuesday	الثلاثاء
Wednesday	الأربعاء
Thursday	الخميس
Friday	الجمعة
Saturday	السبت
Sunday	الأحد

MONTHS / الشهور

January	كانون الثاني
February	شباط
March	آذار
April	نيسان
May	أيّار
June	حزيران
July	تمّوز
August	آب
September	أيلول
October	تشرين أوّل
November	تشرين ثاني
December	كانون أوّل

ENGLISH – ARABIC

إنجليزي – عربي

a

a [eɪ] *art*; **Is there a cash machine here?** هل توجد ماكينة صرف آلي هنا؟ [hal tojad makenat ṣarf aaly huna?]; **This is a gift for you** إنها هدية لك [inaha hadyia laka]
abandon [əˈbændən] *v* يَهْجر [jahʒaru]
abbey [ˈæbɪ] *n* دَيْر الرهبان [Deer al-rohban]
abbreviation [əˌbriːvɪˈeɪʃən] *n* اختصار [ixtisˤaːr]
abdomen [ˈæbdəmən; æbˈdəʊ-] *n* بَطْن [batˤn]
abduct [æbˈdʌkt] *v* يَخطَف [jaxtˤafu]
ability [əˈbɪlɪtɪ] *n* قدرة [qudra]
able [ˈeɪbəl] *adj* قادِر [qaːdir]
abnormal [æbˈnɔːməl] *adj* غير طبيعي [Ghayer ṭabeʼaey]
abolish [əˈbɒlɪʃ] *v* يلغي [julɣiː]
abolition [ˌæbəˈlɪʃən] *n* إلغاء [ʔilɣaːʔ]
abortion [əˈbɔːʃən] *n* إجهاض [ʔiʒhaːdˤ]
about [əˈbaʊt] *adv* حوالي [ħawaːlaj] ▷ *prep* عن [ʕan]; **Do you have any leaflets about...?** هل يوجد لديكم أي مطبوعات عن...؟ [hal yujad laday-kum ay maṭ-boʼaat ʻaan...?]
above [əˈbʌv] *prep* فوق [fawqa]
abroad [əˈbrɔːd] *adv* بالخارج [Bel-kharej]
abrupt [əˈbrʌpt] *adj* مفاجئ (خطير) [mufaːʒiʔ]
abruptly [əˈbrʌptlɪ] *adv* بشكل مفاجئ [Be-sakl mofajeya]
abscess [ˈæbsɛs; -sɪs] *n* خُرَّاج [xurraːʒ]
absence [ˈæbsəns] *n* غياب [ɣijaːb]
absent [ˈæbsənt] *adj* غائب [ɣaːʔibb]
absent-minded [ˌæbsənˈtˈmaɪndɪd] *adj* شارد الذهن [Shared al-dhehn]
absolutely [ˌæbsəˈluːtlɪ] *adv* بكل تأكيد [Bekol taakeed]
abstract [ˈæbstrækt] *adj* نظري [nazˤarij]
absurd [əbˈsɜːd] *adj* سَخيف [saxiːf]
Abu Dhabi [ˈæbuː ˈdɑːbɪ] *n* أبو ظبي [ʔabu zˤabj]
abuse *n* [əˈbjuːs] سوء استعمال [Sooa esteʼamal] ▷ *v* [əˈbjuːz] يُسيء استخدام [Yosea estekhdam]; **child abuse** *n* سوء معاملة الأطفال [Soo moʼaamalat al-aṭfaal]
abusive [əˈbjuːsɪv] *adj* مؤذي [muʔðiː]
academic [ˌækəˈdɛmɪk] *adj* أكاديمي [ʔakaːdiːmij]; **academic year** *n* عام دراسي [ʻaam derasey]
academy [əˈkædəmɪ] *n* أكاديمية [ʔakaːdiːmijja]
accelerate [ækˈsɛləˌreɪt] *v* يُسْرِع [jusriʕu]
acceleration [ækˌsɛləˈreɪʃən] *n* تسريع [tasriːʕ]
accelerator [ækˈsɛləˌreɪtə] *n* معجل [muʕaʒʒil]
accept [əkˈsɛpt] *v* يَقْبَل [jaqbalu]
acceptable [əkˈsɛptəbəl] *adj* مقبول [maqbuːl]
access [ˈæksɛs] *n* وصول [wusˤuːl] ▷ *v* يَدخُل [jadxulu]
accessible [əkˈsɛsəbəl] *adj* سهل الوصول [Sahl al-woṣool]
accessory [əkˈsɛsərɪ] *n* كماليات [kamaːlijjaːt]
accident [ˈæksɪdənt] *n* حادث [ħaːdiθ]; **accident & emergency department** *n* إدارة الحوادث والطوارئ [Edarat al-hawadeth wa-al-tawarea]; **accident insurance** *n* تأمين ضد الحوادث

[Taameen ḍed al-hawaadeth]; **by accident** *adv* بالصُدْفَة [Bel-ṣodfah]; **I've had an accident** تعرضت لحادث [ta'aar-ḍto le-ḥadith]; **There's been an accident!** كانت هناك حادثة! [kanat hunaka ḥadetha]; **What do I do if I have an accident?** ماذا أفعل عند وقوع حادث؟ [madha af'aal 'aenda wi-'qoo'a ḥadeth?]

accidental [ˌæksɪˈdɛntᵊl] *adj* عرضي [ʕaradˤij]

accidentally [ˌæksɪˈdɛntəlɪ] *adv* بالصُدْفَة [Bel-ṣodfah]

accommodate [əˈkɒməˌdeɪt] *v* يُجهز (يوفر) [juʒahhizu]

accommodation [əˌkɒməˈdeɪʃən] *n* مسكن [maskan]

accompany [əˈkʌmpənɪ; əˈkʌmpnɪ] *v* يُرافق [jura:fiqu]

accomplice [əˈkɒmplɪs; əˈkʌm-] *n* شريك في جريمة [Shareek fee jareemah]

according [əˈkɔːdɪŋ] *prep*; **according to** *prep* وفقاً ل [wifqan-li]

accordingly [əˈkɔːdɪŋlɪ] *adv* بناء على [Benaa ala]

accordion [əˈkɔːdɪən] *n* أكورديون [ʔakuːrdjuːn]

account [əˈkaʊnt] *n (in bank)* حساب [ħisa:b], *(report)* بيان (بالأسباب) [baja:n]; **account number** *n* رقم الحساب [Ra'qm al-hesab]; **bank account** *n* حساب بنكي [Hesab bankey]; **current account** *n* حساب جاري [Hesab tejarey]; **joint account** *n* حساب مشترك [Hesab moshtarak]

accountable [əˈkaʊntəbᵊl] *adj* مسؤول [masʔu:l]

accountancy [əˈkaʊntənsɪ] *n* مُحَاسَبَة [muħa:saba]

accountant [əˈkaʊntənt] *n* محاسب [muħa:sib]

account for [əˈkaʊnt fɔː] *v* يُبَرِر [jubariru]

accuracy [ˈækjʊrəsɪ] *n* دِقّة [diqqa]

accurate [ˈækjərɪt] *adj* دقيق [daqi:q]

accurately [ˈækjərɪtlɪ] *adv* بدِقّة [Bedae'qah]

accusation [ˌækjʊˈzeɪʃən] *n* اتهام [ittiha:m]

accuse [əˈkjuːz] *v* يَتّهم [jattahimu]

accused [əˈkjuːzd] *n* متهم [muttaham]

ace [eɪs] *n* واحد [wa:ħid]

ache [eɪk] *n* أَلَمْ [ʔalam] ▷ *v* يؤلم [juʔlimu]

achieve [əˈtʃiːv] *v* يُحقق [juħaqqiqu]

achievement [əˈtʃiːvmənt] *n* إنجاز [ʔinʒa:z]

acid [ˈæsɪd] *n* حمض [ħimdˤ]; **acid rain** *n* أمطار حمضية [Amṭar ḥemdeyah]

acknowledgement [əkˈnɒlɪdʒmənt] *n* اعتراف [iʕtira:f]

acne [ˈæknɪ] *n* حب الشباب [Hob al-shabab]

acorn [ˈeɪkɔːn] *n* ثمرة البلوط [Thamarat al-balooṭ]

acoustic [əˈkuːstɪk] *adj* سَمعي [samʕij]

acre [ˈeɪkə] *n* أكْر [ʔakr]

acrobat [ˈækrəˌbæt] *n* أكروبات [ʔakru:ba:t]

acronym [ˈækrənɪm] *n* اسم مُختَصَر [Esm mokhtaṣar]

across [əˈkrɒs] *prep* عبر [ʕabra]

act [ækt] *n* فِعل [fiʕl] ▷ *v* يَقُوم بعمل [Ya'qoom be]

acting [ˈæktɪŋ] *adj* نائب [na:ʔibb] ▷ *n* تمثيل [tamθi:ll]

action [ˈækʃən] *n* فِعْل [fiʕl]

active [ˈæktɪv] *adj* نشيط [naʃi:tˤ]

activity [ækˈtɪvɪtɪ] *n* نشاط [naʃa:tˤ]; **activity holiday** *n* أجازة لممارسة الأنشطة [ajaaza lemomarsat al 'anshetah]

actor [ˈæktə] *n* ممثل (عامل) [mumaθθil]

actress [ˈæktrɪs] *n* ممثلة [mumaθθila]

actual [ˈæktʃʊəl] *adj* فعلي [fiʕlij]

actually [ˈæktʃʊəlɪ] *adv* في الواقع [Fee al-wa'qe'a]

acupuncture [ˈækjʊˌpʌŋktʃə] *n* وخز بالإبر [Wakhz bel-ebar]

ad [æd] *abbr* إعلان [ʔiʕla:nun]; **small ads** *npl* إعلانات صغيرة [E'alanat ṣaghera]

AD [eɪ diː] *abbr* بعد الميلاد [Ba'ad al-meelad]

adapt [ə'dæpt] *v* يَتَكَيف [jatakajjafu]
adaptor [ə'dæptə] *n* مُحَوِّل كهربي [Moḥawel kahrabey]
add [æd] *v* يُضيف [judˤi:fu]
addict ['ædɪkt] *n* مدمن [mudmin]; **drug addict** *n* مدمن مخدرات [Modmen mokhadarat]
addicted [ə'dɪktɪd] *adj* مُدمن [mudmin]
additional [ə'dɪʃənᵊl] *adj* إضافي [ʔidˤa:fij]
additive ['ædɪtɪv] *n* إضَافة [ʔidˤa:fa]
address [ə'drɛs] *n* (*location*) عنوان [ʕunwa:n], (*speech*) خِطَاب [xitˤa:b]; **address book** *n* دفتر العناوين [Daftar al-'aanaaween]; **home address** *n* عنوان المنزل ['aonwan al-manzel]; **web address** *n* عنوان الويب ['aonwan al-web]; **My email address is...** عنوان بريدي الالكتروني هو... ['ainwan ba-reedy al-ali-kitrony howa...]; **Please send my mail on to this address** من فضلك قم بتحويل رسائلي إلى هذا العنوان [min faḍlak 'qum be-taḥweel rasa-ely ela hadha al-'ainwan]; **The website address is...** عنوان موقع الويب هو... ['ainwan maw-'q i'a al-web howa...]; **What is your email address?** ما هو عنوان بريدك الالكتروني؟ [ma howa 'ain-wan bareed-ak al-alikit-rony?]; **Will you write down the address, please?** هل يمكن لك أن تدون العنوان، إذا تفضلت؟ [hal yamken laka an tudaw-win al-'aenwaan, edha tafaḍalt?]
add up [æd ʌp] *v* يُجَمِع [juʒammiʕu]
adjacent [ə'dʒeɪsᵊnt] *adj* مجاور [muʒa:wir]
adjective ['ædʒɪktɪv] *n* صفة [sˤifa]
adjust [ə'dʒʌst] *v* يَضْبِط [jadˤbitˤu]
adjustable [ə'dʒʌstəbᵊl] *adj* يُمْكِن ضبطه [Yomken ḍabṭoh]
adjustment [ə'dʒʌstmənt] *n* ضَبْط [dˤabtˤ]
administration [əd,mɪnɪ'streɪʃən] *n* إدارة [ʔida:ra]
administrative [əd'mɪnɪ,strətɪv] *adj* إداري [ʔida:rij]
admiration [,ædmə'reɪʃən] *n* إعجاب [ʔiʕʒa:b]
admire [əd'maɪə] *v* يُعجب بـ [Yo'ajab be]
admission [əd'mɪʃən] *n* اعتراف [iʕtira:f]; **admission charge** *n* رَسْم الالتحاق [Rasm al-elteha'q]
admit [əd'mɪt] *v* (*allow in*) يَسمَح بالدخول [Yasmaḥ bel-dokhool], (*confess*) يُقِر [juqiru]
admittance [əd'mɪtᵊns] *n* اذن بالدخول [Edhn bel-dekhool]
adolescence [,ædə'lɛsəns] *n* سِن المراهقة [Sen al-moraha'qah]
adolescent [,ædə'lɛsᵊnt] *n* مراهق [mura:hiq]
adopt [ə'dɒpt] *v* (يُقر) يَتَبَنى [jatabanna:]
adopted [ə'dɒptɪd] *adj* مُتَبَنَّى [mutabanna:]
adoption [ə'dɒpʃən] *n* تَبَنِّي [tabanni:]
adore [ə'dɔː] *v* يَعْشق [jaʕʃaqu]
Adriatic [,eɪdrɪ'ætɪk] *adj* أدرياتيكي [ʔadrija:ti:ki:]
Adriatic Sea [,eɪdrɪ'ætɪk si:] *n* البحر الأدرياتيكي [Albahr al adriateky]
adult ['ædʌlt; ə'dʌlt] *n* بَالِغْ [ba:liɣ]; **adult education** *n* تعليم الكبار [Ta'aleem al-kebar]
advance [əd'vɑ:ns] *n* تَحَسُن [taħass] ▷ *v* يَتَقَدم [jataqadamu]; **advance booking** *n* حجز مقدم [Hajz mo'qadam]
advanced [əd'vɑ:nst] *adj* متقدم [mutaqaddim]
advantage [əd'vɑ:ntɪdʒ] *n* ميزة [mi:za]
advent ['ædvɛnt; -vənt] *n* نزول المسيح [Nezool al-maseeḥ]
adventure [əd'vɛntʃə] *n* مغامرة [muɣa:mara]
adventurous [əd'vɛntʃərəs] *adj* مُغامر [muɣa:mir]
adverb ['æd,vɜ:b] *n* ظرف [zˤarf]
adversary ['ædvəsərɪ] *n* خَصْم [xasˤm]
advert ['ædvɜ:t] *n* إعلان [ʔiʕla:n]
advertise ['ædvə,taɪz] *v* أذاع [ʔaðaːʕa]
advertisement [əd'vɜ:tɪsmənt; -tɪz-] *n* إعلان [ʔiʕla:n]
advertising ['ædvə,taɪzɪŋ] *n* صناعة الإعلان [Ṣena'aat al e'alan]
advice [əd'vaɪs] *n* نصيحة [nasˤi:ħa]

advisable [ədˈvaɪzəbᵊl] *adj* من مستحسن [Men al-mostahsan]
advise [ədˈvaɪz] *v* ينصح [jansˤaħu]
aerial [ˈɛərɪəl] *n* هوائي [hawa:ʔij]
aerobics [ɛəˈrəʊbɪks] *npl* أيروبكس [ʔajru:bi:k]
aerosol [ˈɛərəˌsɒl] *n* هباء جوي [Habaa jawey]
affair [əˈfɛə] *n* شأن [ʃaʔn]
affect [əˈfɛkt] *v* يُؤثر [juaθθiru]
affectionate [əˈfɛkʃənɪt] *adj* حنون [ħanu:n]
afford [əˈfɔːd] *v* يقدر [jaqdiru]
affordable [əˈfɔːdəbᵊl] *adj* يُمْكِن شراؤه [jumkinu ʃira:ʔuhu]
Afghan [ˈæfɡæn; -ɡən] *adj* أفغاني [ʔafɣa:nij] ▷ *n* أفغاني [ʔafɣa:nij]
Afghanistan [æfˈɡænɪˌstɑːn; -ˌstæn] *n* افغانستان [ʔafɣa:nista:n]
afraid [əˈfreɪd] *adj* خائف [xa:ʔif]
Africa [ˈæfrɪkə] *n* إفريقيا [ʔifri:qja:]; **North Africa** *n* شمال أفريقيا [Shamal afreekya]; **South Africa** *n* جنوب أفريقيا [Janoob afree'qya]
African [ˈæfrɪkən] *adj* أفريقي [ʔifri:qij] ▷ *n* إفريقي [ʔifri:qij]; **Central African Republic** *n* جمهورية أفريقيا الوسطى [Jomhoreyat afre'qya al-wosṭa]; **North African** *n* شخص من شمال إفريقيا [Shakhs men shamal afree'qya]من , شمال إفريقيا [Men shamal afree'qya]; **South African** *n* جنوب أفريقي [Janoob afree'qy]شخص من جنوب أفريقيا , [Shkhṣ men janoob afree'qya]
Afrikaans [ˌæfrɪˈkɑːns; -ˈkɑːnz] *n* اللغة الأفريكانية [Al-loghah al-afreekaneyah]
Afrikaner [afriˈkaːnə; ˌæfrɪˈkɑːnə] *n* جنوب أفريقي من أصل أوربي وخاصة من المستوطنين الهولنديين [ʒanu:bu ʔifri:qijjin min ʔasˤlin ʔu:rubbi: waxa:sˤsˤatan mina al-mustawtˤini:na al-hu:landijji:na]
after [ˈɑːftə] *conj* بَعْد [baʕda] ▷ *prep* بَعْدَما [Ba'dama]
afternoon [ˌɑːftəˈnuːn] *n* بَعْد الظهر [Ba'ada al-ḍhohr]
afters [ˈɑːftəz] *npl* أوقات الظهيرة [Aw'qat aldhaherah]
aftershave [ˈɑːftəˌʃeɪv] *n* عِطْر الكولونيا [ˈaeṭr alkoloneya]
afterwards [ˈɑːftəwədz] *adv* بَعْد ذلك [Ba'ad dhalek]
again [əˈɡɛn; əˈɡeɪn] *adv* مرة ثانية [Marrah thaneyah]
against [əˈɡɛnst; əˈɡeɪnst] *prep* ضد [dˤiddun]
age [eɪdʒ] *n* سِن المرء [Sen al-mara]; **age limit** *n* حد السِّن [Had alssan]; **Middle Ages** *npl* العصور الوسطى [Al-'aoṣoor al-wosṭa]
aged [ˈeɪdʒɪd] *adj* مُسِن [musinn]
agency [ˈeɪdʒənsɪ] *n* وكالة [wika:la]; **travel agency** *n* وكالة سفريات [Wakalat safareyat]
agenda [əˈdʒɛndə] *n* جدول أعمال [Jadwal a'amal]
agent [ˈeɪdʒənt] *n* وكيل [waki:l]; **estate agent** *n* سِمسار عقارات [Semsaar a'qarat]; **travel agent** *n* وكيل سفريات [Wakeel safareyat]
aggressive [əˈɡrɛsɪv] *adj* عدواني [ʕudwa:nij]
AGM [eɪ dʒiː ɛm] *abbr* الاجتماع السنوي للجمعية العمومية [Al-jtema'a alsanawey leljam'ayah al'aomomeyah]
ago [əˈɡəʊ] *adv*; **a month ago** منذ شهر [mundho shahr]; **a week ago** منذ أسبوع [mundho isboo'a]
agony [ˈæɡənɪ] *n* (سكرة الموت) أَلَمْ [ʔalam]
agree [əˈɡriː] *v* يَقْبَل [jaqbalu]
agreed [əˈɡriːd] *adj* مُتفق عليه [Moṭafa'q 'alayeh]
agreement [əˈɡriːmənt] *n* اتفاق [ʔittifa:q]
agricultural [ˈæɡrɪˌkʌltʃərəl] *adj* زراعي [zira:ʕij]
agriculture [ˈæɡrɪˌkʌltʃə] *n* زِرَاعة [zira:ʕa]
ahead [əˈhɛd] *adv* قُدُمَاً [qudumaan]
aid [eɪd] *n* عون [ʕawn]; **first aid** *n* إسعافات أولية [Es'aafat awaleyah]; **first-aid kit** *n* أدوات الإسعافات الأولية

[Adawat al-es'aafaat al-awaleyah]; **hearing aid** *n* وسائل المساعدة السمعية [Wasael al-mosa'adah al-sam'aeyah]

AIDS [eɪdz] *n* الإيدز [al?i:dz]

aim [eɪm] *n* هدف [hadaf] ▷ *v* يَسعَى إلى [Yas'aaa ela]

air [ɛə] *n* هواء [hawa:?]; **air hostess** *n* مضيفة جوية [Modeefah jaweyah]; **air-traffic controller** *n* مراقبة جوية [Mora'qabah jaweyah]; **Air Force** *n* سلاح الطيران [Selah al-ṭayaran]; **Can you check the air, please?** هل يمكن مراجعة ضغط الهواء في الإطارات من فضلك؟ [hal yamken mura-ja'aat daght al-hawaa fee al-etaraat min fadlak?]

airbag [ɛəbæg] *n* وِسَادة هوائية [Wesadah hwaaeyah]

air-conditioned [ɛəkən'dɪʃənd] *adj* مُكيف الهواء [Mokaeyaf al-hawaa]

air conditioning [ɛə kən'dɪʃənɪŋ] *n* تكييف الهواء [Takyeef al-hawaa]

aircraft ['ɛə,krɑ:ft] *n* طائرة [tˤa:?ira]

airline ['ɛə,laɪn] *n* شركة طيران [Sharekat tayaraan]

airmail ['ɛə,meɪl] *n* بريد جوي [Bareed jawey]

airport ['ɛə,pɔ:t] *n* مطار [matˤa:r]; **airport bus** *n* أتوبيس المطار [Otobees al-matar]; **How do I get to the airport?** كيف يمكن أن أذهب إلى المطار [Kayf yomken an adhhab ela al-maṭar]; **How much is the taxi to the airport?** ما هي أجرة التاكسي للذهاب إلى المطار؟ [ma heya ejrat al-taxi lel-thehaab ela al-maṭaar?]; **Is there a bus to the airport?** هل يوجد أتوبيس يتجه إلى المطار؟ [Hal yojad otobees yatjeh ela al-maṭaar?]

airsick ['ɛə,sɪk] *adj* دوار الجو [Dawar al-jaw]

airspace ['ɛə,speɪs] *n* مجال جوي [Majal jawey]

airtight ['ɛə,taɪt] *adj* مُحكم الغلق [Moḥkam al-ghal'q]

aisle [aɪl] *n* ممشى [mamʃa:]

alarm [ə'lɑ:m] *n* إنذار [?inða:r]; **alarm call** *n* نداء استغاثة [Nedaa esteghathah]; **alarm clock** *n* منبه [munabbihun]; **false alarm** *n* إنذار كاذب [endhar kadheb]; **fire alarm** *n* إنذار حريق [endhar Haree'q]; **smoke alarm** *n* كاشف الدُخان [Kashef al-dokhan]

alarming [ə'lɑ:mɪŋ] *adj* مُرْعِبٌ [murʕib]

Albania [æl'beɪnɪə] *n* ألبانيا [?alba:nja:]

Albanian [æl'beɪnɪən] *adj* ألباني [?alba:nij] ▷ *n (language)* اللغة الألبانية [Al-loghah al-albaneyah], *(person)* ألباني [?alba:nij]

album ['ælbəm] *n* ألبوم [?albu:m]; **photo album** *n* ألبوم الصور [Albom al sewar]

alcohol ['ælkə,hɒl] *n* كحول [kuħu:l]; **Does that contain alcohol?** هل يحتوى هذا على الكحول؟ [hal yaḥ-tawy hadha 'aala al-kiḥool?]; **I don't drink alcohol** أنا لا أشرب الكحول [ana la ashrab al-koḥool]لا أتناول المشروبات الكحولية , [la ata-nawal al-mashro-baat al-kiḥol-iyah]

alcohol-free ['ælkə,hɒlfri:] *adj* خالي من الكحول [Khaley men al-koḥool]

alcoholic [,ælkə'hɒlɪk] *adj* كحولي [kuħu:lij] ▷ *n* سكير [sikki:r]

alert [ə'lɜ:t] *adj* منتبه [muntabih] ▷ *v* يٌنبه [junabbihu]

Algeria [æl'dʒɪərɪə] *n* الجزائر [?al-ʒaza:?iru]

Algerian [æl'dʒɪərɪən] *adj* جزائري [ʒaza:?irij] ▷ *n* شخص جزائري [Shakhṣ jazayry]

alias ['eɪlɪəs] *adv* اسم مستعار [Esm mostaar] ▷ *prep* الشهير بـ [Al-shaheer be-]

alibi ['ælɪ,baɪ] *n* دفع بالغيبة [Dafa'a bel-ghaybah]

alien ['eɪljən; 'eɪlɪən] *n* أجنبي [?aʒnabij]

alive [ə'laɪv] *adj* على قيد الحياة [Ala 'qayd al-hayah]

all [ɔ:l] *adj* جميع [ʒami:ʕ] ▷ *pron* كُلّ [kulla]

Allah ['ælə] *n* الله [allahu]

allegation [,ælɪ'geɪʃən] *n* إدِّعَاء [?iddiʕa:?]

alleged [ə'lɛdʒd] *adj* مَزْعوم [mazʕu:m]

allergic [əˈlɜːdʒɪk] *adj* مثير للحساسية [Mother lel-hasaseyah]
allergy [ˈælədʒɪ] *n* حساسية [ħasa:sijja]; **peanut allergy** *n* حساسية تجاه الفول السوداني [Hasaseyah tejah al-fool alsodaney]
alley [ˈælɪ] *n* زُقاق [zuqa:q]
alliance [əˈlaɪəns] *n* تَحَالُف [taħa:luf]
alligator [ˈælɪˌɡeɪtə] *n* تمساح أمريكي [Temsaah amreekey]
allow [əˈlaʊ] *v* يَسمَح [jasmaħu]
all right [ɔːl raɪt] *adv* على ما يُرام [ˈaala ma yoram]
ally [ˈælaɪ; əˈlaɪ] *n* حليف [ħali:f]
almond [ˈɑːmənd] *n* لوز [lawz]
almost [ˈɔːlməʊst] *adv* تقريباً [taqri:ban]
alone [əˈləʊn] *adj* وحيد [waħi:d]
along [əˈlɒŋ] *prep* على طول [Ala ṭool]
aloud [əˈlaʊd] *adv* بصوت مرتفع [Beṣot mortafeˈa]
alphabet [ˈælfəˌbɛt] *n* أبجدية [ʔabaʒadijja]
Alps [ælps] *npl* جبال الألب [ʒiba:lu al-ʔalbi]
already [ɔːlˈrɛdɪ] *adv* بالفعل [bi-al-fiʕli]
alright [ɔːlˈraɪt] *adv*; **Are you alright?** هل أنت على ما يرام [hal anta ˈaala ma yoraam?]
also [ˈɔːlsəʊ] *adv* أيضا [ʔajdˤan]
altar [ˈɔːltə] *n* مذبح الكنيسة [madhbaḥ al-kaneesah]
alter [ˈɔːltə] *v* يُبَدل [jubaddilu]
alternate [ɔːlˈtɜːnɪt] *adj* مُتَناوب [mutana:wibb]
alternative [ɔːlˈtɜːnətɪv] *adj* بَدِيل [badi:l] ▷ *n* بديل [badi:l]
alternatively [ɔːlˈtɜːnətɪvlɪ] *adv* بالتبادل [bittaba:dali]
although [ɔːlˈðəʊ] *conj* بالرغم من [Bel-raghm men]
altitude [ˈæltɪˌtjuːd] *n* عُلُوّ [ʕuluww]
altogether [ˌɔːltəˈɡɛðə; ˈɔːltəˌɡɛðə] *adv* تماما [tama:man]
aluminium [ˌæljʊˈmɪnɪəm] *n* ألومونيوم [ʔalu:minju:m]
always [ˈɔːlweɪz; -wɪz] *adv* دائما [da:ʔiman]
a.m. [eɪɛm] *abbr* صباحا [sˤaba:ħan]; **I will be leaving tomorrow morning at ten a.m.** سوف أغادر غدا في الساعة العاشرة صباحا [sawfa oghader ghadan fee al-saˈaa al-ˈaashera ṣaba-han]
amateur [ˈæmətə; -tʃə; -ˌtjʊə; ˌæməˈtɜː] *n* هاو [ha:win]
amaze [əˈmeɪz] *v* يُذهِل [juðhilu]
amazed [əˈmeɪzd] *adj* مندهش [mundahiʃ]
amazing [əˈmeɪzɪŋ] *adj* رائع [ra:ʔiʕ]
ambassador [æmˈbæsədə] *n* سَفير [safi:r]
amber [ˈæmbə] *n* كهرمان [kahrama:n]
ambition [æmˈbɪʃən] *n* طُموح [tˤamu:ħ]
ambitious [æmˈbɪʃəs] *adj* طموح [tˤumu:ħ]
ambulance [ˈæmbjʊləns] *n* سيارة إسعاف [Sayarat esˈaaf]
ambush [ˈæmbʊʃ] *n* كمين [kami:n]
amenities [əˈmiːnɪtɪz] *npl* أسباب الراحة [Asbab al-rahah]
America [əˈmɛrɪkə] *n* أمريكا [ʔamri:ka:]; **Central America** *n* أمريكا الوسطى [Amrika al wostaa]; **North America** *n* أمريكا الشمالية [Amreeka al- Shama-leyah]; **South America** *n* أمريكا الجنوبية [Amrika al janobeyiah]
American [əˈmɛrɪkən] *adj* أمريكي [ʔamri:kij] ▷ *n* أمريكي [ʔamri:kij]; **American football** *n* كرة القدم الأمريكية [Korat al-ˈqadam al-amreekeyah]; **North American** *n* شخص من أمريكا الشمالية [Shkhṣ men Amrika al shamalyiah] من أمريكا الشمالية , [men Amrika al shamalyiah]; **South American** *n* جنوب أمريكي [Janoob amriky] شخص من أمريكا الجنوبية , [Shakhṣ men amreeka al-janoobeyah]
ammunition [ˌæmjʊˈnɪʃən] *n* ذَخيرة [ðaxi:ra]
among [əˈmʌŋ] *prep* وسط [wasatˤa]
amount [əˈmaʊnt] *n* مبلغ [mablaɣ]
amp [æmp] *n* أمبير [ʔambi:r]

amplifier ['æmplɪˌfaɪə] *n* مكبر [mukabbir]
amuse [ə'mjuːz] *v* يُسَلي [jusalliː]; **amusement arcade** *n* لعبة ترفيهية [Lo'abah trafeheyah]
an [ɑːn] *art* أداة تنكير [ʔadaːtu tankiːr]
anaemic [ə'niːmɪk] *adj* مُصاب بالأنيميا [Moṣaab bel-aneemeya]
anaesthetic [ˌænɪs'θɛtɪk] *n* مُخَدِّر [muxaddir]; **general anaesthetic** *n* مُخدِر كلي [Mo-khader koley]; **local anaesthetic** *n* عقار مخدر موضعي ['aa'qar mokhader mawde'aey]
analyse ['ænᵊˌlaɪz] *v* يُحلِل [juħallilu]
analysis [ə'nælɪsɪs] *n* تحليل [taħliːl]
ancestor ['ænsɛstə] *n* سَلف [salaf]
anchor ['æŋkə] *n* مرساة [mirsaːt]
anchovy ['æntʃəvɪ] *n* أنشوجة [ʔunʃuːda]
ancient ['eɪnʃənt] *adj* قديم [qadiːm]
and [ænd; ənd; ən] *conj* و [wa]; **a whisky and soda** ويسكي بالصودا [wesky bil-ṣoda]; **in black and white** باللون الأسود والأبيض [bil-lawn al-aswad wa al-abyaḍ]
Andes ['ændiːz] *npl* جبال الأنديز [ʒibaːlu al-ʔandiːzi]
Andorra [æn'dɔːrə] *n* إمارة أندورة [ʔimaːratu ʔanduːrata]
angel ['eɪndʒəl] *n* ملاك [malaːk]
anger ['æŋgə] *n* غضب [ɣadˤab]
angina [æn'dʒaɪnə] *n* ذبحة صدرية [dhabhah ṣadreyah]
angle ['æŋgᵊl] *n* زاوية [zaːwija]; **right angle** *n* زاوية يُمنى [Zaweyah yomna]
angler ['æŋglə] *n* سمك الشص [Samak al-shaṣ]
angling ['æŋglɪŋ] *n* صيد بالسِنّارة [Ṣayd bel-sayarah]
Angola [æŋ'gəʊlə] *n* أنجولا [ʔanʒuːlaː]
Angolan [æŋ'gəʊlən] *adj* أنجولي [ʔanʒuːlij] ▷ *n* أنجولي [ʔanʒuːlij]
angry ['æŋgrɪ] *adj* غاضب [ɣaːdˤib]
animal ['ænɪməl] *n* حيوان [ħajawaːn]
aniseed ['ænɪˌsiːd] *n* يانسون [jaːnsuːn]
ankle ['æŋkᵊl] *n* رُسغ القدم [rosgh al-'qadam]
anniversary [ˌænɪ'vɜːsərɪ] *n* ذِكْرى سنوية [dhekra sanaweyah]; **wedding anniversary** *n* عيد الزواج ['aeed al-zawaj]
announce [ə'naʊns] *v* يُعلن [juʕlinu]
announcement [ə'naʊnsmənt] *n* إعلان [ʔiʕlaːn]
annoy [ə'nɔɪ] *v* يُضايق [judˤaːjiqu]
annoying [ə'nɔɪɪŋ; an'noying] *adj* مضايق [mudˤaːjiq]
annual ['ænjʊəl] *adj* سنوي [sanawij]
annually ['ænjʊəlɪ] *adv* كل عام [Kol-'aaam]
anonymous [ə'nɒnɪməs] *adj* غير مسمى [ghayr mosama]
anorak ['ænəˌræk] *n* جاكيت ثقيل [Jaket tha'qeel]
anorexia [ˌænɒ'rɛksɪə] *n* فقدان الشهية [Fo'qdaan al-shaheyah]
anorexic [ˌænɒ'rɛksɪk] *adj* مُفقِد للشهية [Mof'qed lel-shaheyah]
another [ə'nʌðə] *adj* آخر [ʔaːxaru]
answer ['ɑːnsə] *n* إجابة [ʔiʒaːba] ▷ *v* يُجيب [juʒiːbu]
answerphone ['ɑːnsəfəʊn] *n* تليفون مزود بوظيفة الرد الآلي [Telephone mozawad be-waḍheefat al-rad al-aaley]
ant [ænt] *n* نملة [namla]
antagonize [æn'tægəˌnaɪz] *v* يُعادي [juʕaːdiː]
Antarctic [ænt'ɑːktɪk] *adj* القارة القطبية الجنوبية [Al-'qarah al-'qoṭbeyah al-janoobeyah]; **the Antarctic** *n* قطبي جنوبي ['qoṭbey janoobey]
Antarctica [ænt'ɑːktɪkə] *n* قطبي جنوبي ['qoṭbey janoobey]
antelope ['æntɪˌləʊp] *n* ظبي [zˤabjj]
antenatal [ˌæntɪ'neɪtᵊl] *adj* جنيني [ʒaniːnij]
anthem ['ænθəm] *n* نشيد [naʃiːd]
anthropology [ˌænθrə'pɒlədʒɪ] *n* الأنثروبولوجيا [ʔal-ʔanθiruːbuːluːʒjaː]
antibiotic [ˌæntɪbaɪ'ɒtɪk] *n* مضاد حيوي [Moḍad ḥayawey]
antibody ['æntɪˌbɒdɪ] *n* جسم مضاد [Jesm moḍad]

anticlockwise [ˌæntɪˈklɒkˌwaɪz] *adv* عكس عقارب الساعة ['aaks 'aa'qareb al-saa'ah]
antidepressant [ˌæntɪdɪˈprɛsᵊnt] *n* مضاد للاكتئاب [Moḍad lel-ekteaab]
antidote [ˈæntɪˌdəʊt] *n* ترياق [tirja:q]
antifreeze [ˈæntɪˌfriːz] *n* مانع للتجمد [Mane'a lel-tajamod]
antihistamine [ˌæntɪˈhɪstəˌmiːn; -mɪn] *n* مضاد للهستامين [Moḍad lel-hestameen]
antiperspirant [ˌæntɪˈpɜːspərənt] *n* مضاد لإفراز العرق [Moḍad le-efraz al-'aar'q]
antique [ænˈtiːk] *n* عتيق [ʕatiːq]; **antique shop** *n* متجر المقتنيات القديمة [Matjar al-mo'qtanayat al-'qadeemah]
antiseptic [ˌæntɪˈsɛptɪk] *n* مُطهر [mutˤahhir]
antivirus [ˈæntɪˌvaɪrəs] *n* مضاد للفيروسات [Moḍad lel-fayrosat]
anxiety [æŋˈzaɪɪtɪ] *n* توق شديد [Too'q shaded]
any [ˈɛnɪ] *pron* أي [ʔajju]أي من , [Ay men]; **Do you have any vegan dishes?** هل يوجد أي أطباق نباتية؟ [hal yujad ay aṭbaa'q nabat-iya?]; **I don't have any cash** ليس معي أية أموال نقدية [laysa ma'ay ayat amwaal na'q-diya]
anybody [ˈɛnɪˌbɒdɪ; -bədɪ] *pron* أي شخص [Ay shakhṣ]
anyhow [ˈɛnɪˌhaʊ] *adv* بأي طريقة [Be-ay ṭaree'qah]
anyone [ˈɛnɪˌwʌn; -wən] *pron* أحد [ʔaħadun]
anything [ˈɛnɪˌθɪŋ] *pron* أي شيء [Ay shaya]; **Do you need anything?** هل تحتاج إلى أي شيء؟ [hal taḥtaaj ela ay shay?]
anyway [ˈɛnɪˌweɪ] *adv* على أي حال [Ala ay ḥal]
anywhere [ˈɛnɪˌwɛə] *adv* في أي مكان [Fee ay makan]
apart [əˈpɑːt] *adv* بشكل مُنفصِل [Beshakl monfaṣel]
apart from [əˈpɑːt frɒm] *prep* بخلاف [Be-khelaf]
apartment [əˈpɑːtmənt] *n* شَقّة [ʃuqqa]
aperitif [ɑːˌpɛrɪˈtiːf] *n* مشروب فاتح للشهية [Mashroob fateḥ lel shaheyah]
apologize [əˈpɒləˌdʒaɪz] *v* يعتذر [jaʕtaðiru]
apology [əˈpɒlədʒɪ] *n* اعتذار [ʔiʕtiðaːr]
apostrophe [əˈpɒstrəfɪ] *n* فاصلة علوية [Faṣela a'olweyah]
app [æp] *n* آب؛ تطبيق للحاسوب [ʔaːb; tatˤbiːq lil-ħaːsuːb]
appalling [əˈpɔːlɪŋ] *adj* مروع [murawwiʕ]
apparatus [ˌæpəˈreɪtəs; -ˈrɑːtəs; ˈæpəˌreɪtəs] *n* جهاز [ʒihaːz]
apparent [əˈpærənt; əˈpɛər-] *adj* ظاهر [zˤaːhir]
apparently [əˈpærəntlɪ; əˈpɛər-] *adv* من الواضح [Men al-waḍeḥ]
appeal [əˈpiːl] *n* استئناف [ʔistiʔnaːf] ▷ *v* يَستأنِف حكما [Yastaanef al-hokm]
appear [əˈpɪə] *v* يَظهَر [jazˤharu]
appearance [əˈpɪərəns] *n* مظهر [mazˤhar]
appendicitis [əˌpɛndɪˈsaɪtɪs] *n* التهاب الزائدة [Eltehab al-zaedah]
appetite [ˈæpɪˌtaɪt] *n* شهية [ʃahijja]
applaud [əˈplɔːd] *v* يُطرِي [jutˤriː]
applause [əˈplɔːz] *n* تصفيق [tasˤfiːq]
apple [ˈæpᵊl] *n* تفاحة [tuffaːħa]
appliance [əˈplaɪəns] *n* جهاز [ʒihaːz]
applicant [ˈæplɪkənt] *n* مُقدم الطلب [Mo'qadem al-ṭalab]
application [ˌæplɪˈkeɪʃən] *n* طلب [tˤalab]; **application form** *n* نموذج الطلب [Namozaj al-ṭalab]
apply [əˈplaɪ] *v* يَتقدم بطلب [Yata'qadam be-ṭalab]
appoint [əˈpɔɪnt] *v* يُعين [juʕajjinu]
appointment [əˈpɔɪntmənt] *n* موعد [mawʕid]; **Can I have an appointment with the doctor?** هل يمكنني تحديد موعد مع الطبيب؟ [hal yamken -any taḥdeed maw'aid ma'aa al-ṭabeeb?]; **Do you have an**

appointment? هل تحدد لك موعدًا؟ [hal taḥa-dada laka maw'aid?]; **I have an appointment with...** لدي موعد مع.....؟ [la-daya maw-'aid m'aa...]; **I'd like to make an appointment** أود في تحديد موعد [awid fee taḥdeed maw'aid]
appreciate [ə'priːʃɪˌeɪt; -sɪ-] *v* يُقَدِر [jaqdiru]
apprehensive [ˌæprɪ'hɛnsɪv] *adj* خائف [xaːʔif]
apprentice [ə'prɛntɪs] *n* مهني مبتدئ [Mehaney mobtadea]
approach [ə'prəʊtʃ] *v* يَقْتَرِب [jaqtaribu]
appropriate [ə'prəʊprɪɪt] *adj* ملائم [mulaːʔim]
approval [ə'pruːvᵊl] *n* موافقة [muwaːfaqa]
approve [ə'pruːv] *v* يوافق [juwaːfiqu]
approximate [ə'prɒksɪmɪt] *adj* تقريبي [taqriːbij]
approximately [ə'prɒksɪmɪtlɪ] *adv* تقريبا [taqriːban]
apricot ['eɪprɪˌkɒt] *n* مشمش [miʃmiʃ]
April ['eɪprəl] *n* أبريل [ʔabriːl]; **April Fools' Day** *n* يوم كذبة أبريل [yawm kedhbat abreel]
apron ['eɪprən] *n* مريلة مطبخ [Maryalat maṭbakh]
aquarium [ə'kwɛərɪəm] *n* حوض سمك [Hawḍ al-samak]
Aquarius [ə'kwɛərɪəs] *n* الدلو [addaluː]
Arab ['ærəb] *adj* عربي الجنسية ['arabey al-jenseyah] ▷ *n (person)* شخص عربي [Shakhṣ 'arabey]; **United Arab Emirates** *npl* الإمارات العربية المتحدة [Al-emaraat al'arabeyah al-motaḥedah]
Arabic ['ærəbɪk] *adj* عربي [ʕarabij] ▷ *n (language)* اللغة العربية [Al-loghah al-arabeyah]
arbitration [ˌɑːbɪ'treɪʃən] *n* تحكيم [taħkiːm]
arch [ɑːtʃ] *n* قنطرة [qantˤara]
archaeologist [ˌɑːkɪ'ɒlədʒɪst] *n* عالم آثار ['aalem aathar]
archaeology [ˌɑːkɪ'ɒlədʒɪ] *n* عِلم الآثار ['Aelm al-aathar]
archbishop ['ɑːtʃ'bɪʃəp] *n* رئيس أساقفة [Raees asa'qefah]
architect ['ɑːkɪˌtɛkt] *n* معماري [miʕmairjj]
architecture ['ɑːkɪˌtɛktʃə] *n* فن العمارة [Fan el-'aemarah]
archive ['ɑːkaɪv] *n* أرشيف [ʔarʃiːf]
Arctic ['ɑːktɪk] *adj* قطبي شمالي ['qoṭbey shamaley]; **Arctic Circle** *n* الدائرة القطبية الشمالية [Al-daerah al'qoṭbeyah al-Shamaleyah]; **Arctic Ocean** *n* المحيط القطبي الشمالي [Al-moḥeeṭ al-'qoṭbey al-shamaley]; **the Arctic** *n* قطبي شمالي ['qoṭbey shamaley]
area ['ɛərɪə] *n* مجال [maʒaːl]; **service area** *n* منطقة تقديم الخدمات [Menta'qat ta'qdeem al- khadamat]
Argentina [ˌɑːdʒən'tiːnə] *n* الأرجنتين [ʔal-ʔarʒuntiːn]
Argentinian [ˌɑːdʒən'tɪnɪən] *adj* أرجنتيني [ʔarʒuntiːnij] ▷ *n (person)* أرجنتيني [ʔarʒuntiːnij]
argue ['ɑːgjuː] *v* يُجادل [juʒaːdilu]
argument ['ɑːgjʊmənt] *n* مشادة كلامية [Moshadah kalameyah]
Aries ['ɛəriːz] *n* الحَمَل [alħamal]
arm [ɑːm] *n* ذِرَاع [ðiraːʕ]
armchair ['ɑːmˌtʃɛə] *n* كرسي مزود بذراعين [Korsey mozawad be-dhera'aayn]
armed [ɑːmd] *adj* مُسلح [musallaħ]
Armenia [ɑː'miːnɪə] *n* أرمنيا [ʔarminjaː]
Armenian [ɑː'miːnɪən] *adj* أرمني [ʔarminij] ▷ *n (language)* اللغة الأرمنية [Al-loghah al-armeeneyah], *(person)* أرمني [ʔarminij]
armour ['ɑːmə] *n* دِرْع [dirʕ]
armpit ['ɑːmˌpɪt] *n* إبط [ʔibitˤ]
army ['ɑːmɪ] *n* جيش [ʒajʃ]
aroma [ə'rəʊmə] *n* عبير [ʕabiːr]
aromatherapy [əˌrəʊmə'θɛrəpɪ] *n* علاج بالعطور ['aelaj bel-oṭoor]
around [ə'raʊnd] *adv* حول [ħawla] ▷ *prep* في مكان قريب [fiː makaːnin qariːbin]
arrange [ə'reɪndʒ] *v* يُرتب [jurattibu]

arrangement [ə'reɪndʒmənt] *n* ترتيب [tarti:b]
arrears [ə'rɪəz] *npl* متأخرات [muta?axxira:tun]
arrest [ə'rɛst] *n* اعتقال [?iʕtiqa:l] ▷ *v* يَقْبض على [jaqbudˤu ʕala:]
arrival [ə'raɪvᵊl] *n* وصول [wusˤu:l]
arrive [ə'raɪv] *v* يَصِل [jasˤilu]
arrogant ['ærəgənt] *adj* متعجرف [mutaʕaʒrif]
arrow ['ærəʊ] *n* سهم [sahm]
arson ['ɑːsᵊn] *n* إشعال الحرائق [Esha'aal alḥarae'q]
art [ɑːt] *n* (مهارة) فن [fann]; **art gallery** *n* جاليري فني [Jalery faney]; **art school** *n* كلية الفنون [Koleyat al-fonoon]; **work of art** *n* عمل فني ['amal faney]
artery ['ɑːtərɪ] *n* شريان [ʃurja:n]
arthritis [ɑː'θraɪtɪs] *n* التهاب المفاصل [Eltehab al-mafaṣel]
artichoke ['ɑːtɪˌtʃəʊk] *n* خرشوف [xarʃu:f]
article ['ɑːtɪkᵊl] *n* مقالة [maqa:la]
artificial [ˌɑːtɪ'fɪʃəl] *adj* اصطناعي [?isˤtˤina:ʕij]
artist ['ɑːtɪst] *n* فنان [fanna:n]
artistic [ɑː'tɪstɪk; ar'tistic] *adj* فني [fanij]
as [əz] *adv* حيث أن [Hayth ann] ▷ *conj* بينما [bajnama:] ▷ *prep* كما [kama:]
asap [eɪsæp] *abbr* بأسرع ما يُمكن [Beasraa'a ma yomken]
ascent [ə'sɛnt] *n*; **When is the last ascent?** ما هو موعد آخر هبوط للتزلج؟ [ma howa maw-'aid aakhir hibooṭ lel-tazaluj?]
ashamed [ə'ʃeɪmd] *adj* خجلان [xaʒla:n]
ashore [ə'ʃɔː] *adv*; **Can we go ashore now?** أيمكننا العودة إلى الشاطئ الآن؟ [a-yamkun-ana al-'awdah ela al-shaṭee al-aan?]
ashtray ['æʃˌtreɪ] *n* طفاية السجائر [Ṭafayat al-sajayer]
Asia ['eɪʃə; 'eɪʒə] *n* آسيا [?a:sja:]
Asian ['eɪʃən; 'eɪʒən] *adj* أسيوي [?a:sjawij] ▷ *n* أسيوي [?a:sjawij]
Asiatic [ˌeɪʃɪ'ætɪk; -zɪ-] *adj* أسيوي [?a:sjawij]
ask [ɑːsk] *v* يَسْأل [jas?alu]
ask for [ɑːsk fɔː] *v* يَطلُب [jatˤlubu]
asleep [ə'sliːp] *adj* نائم [na:?im]
asparagus [ə'spærəgəs] *n* نبات الاسبراجوس [naba:tu ala:sbara:ʒu:s]
aspect ['æspɛkt] *n* ناحية [na:ħija]
aspirin ['æsprɪn] *n* أسبرين [?asbiri:n]; **I can't take aspirin** لا يمكنني تناول الأسبرين [la yam-kinuni tanawil al-asbireen]; **I'd like some aspirin** أريد بعض الأسبرين [areed ba'aḍ al-asbereen]
assembly [ə'sɛmblɪ] *n* اجتماع [?iʒtima:ʕ]
asset ['æsɛt] *n* شيء ثمين [ʃaj?un θami:n]; **assets** *(property)* أصل [?asˤlun]
assignment [ə'saɪnmənt] *n* مهمة [mahamma]
assistance [ə'sɪstəns] *n* مساعدة [musa:ʕada]; **I need assistance** أحتاج إلى مساعدة [aḥtaaj ela musa-'aada]
assistant [ə'sɪstənt] *n* مساعد [musa:ʕid]; **personal assistant** *n* مساعد شخصي [Mosa'aed shakhṣey]; **sales assistant** *n* مساعد المبيعات [Mosa'aed al-mobee'aat]; **shop assistant** *n* مساعد في متجر [Mosa'aed fee matjar]
associate *adj* [ə'səʊʃɪɪt] مساعد [musa:ʕid] ▷ *n* [ə'səʊʃɪɪt] مرافق [mura:fiq]
association [əˌsəʊsɪ'eɪʃən; -ʃɪ-] *n* جمعية [ʒamʕijja]
assortment [ə'sɔːtmənt] *n* تصنيف [tasˤni:f]
assume [ə'sjuːm] *v* يَفْتَرِض [jaftaridˤu]
assure [ə'ʃʊə] *v* يُطمئن [jatˤma?innu]
asthma ['æsmə] *n* الربو [Al-rabw]
astonish [ə'stɒnɪʃ] *v* يُدهش [judhiʃu]
astonished [ə'stɒnɪʃt] *adj* مذهول [maðhu:l]
astonishing [ə'stɒnɪʃɪŋ] *adj* مذهل [muðhil]
astrology [ə'strɒlədʒɪ] *n* علم التنجيم [A'elm al-tanjeem]
astronaut ['æstrəˌnɔːt] *n* رائد فضاء [Raeed faḍaa]
astronomy [ə'strɒnəmɪ] *n* علم الفلك ['aelm al-falak]

asylum [ə'saɪləm] *n* ملتجأ آمن [Moltajaa aamen]; **asylum seeker** *n* طالب لجوء سياسي [ṭ aleb lejoa seyasy]
at [æt] *prep* عند [ʕinda]; **at least** *adv* على الأقل ['ala ala'qal]
atheist ['eɪθɪˌɪst] *n* مُلحِد [mulħid]
athlete ['æθliːt] *n* لاعب رياضي [La'aeb reyaḍey]
athletic [æθ'lɛtɪk] *adj* (رياضي) متعلق بالرياضة البدنية [(Reyaḍy) mota'ale'q bel- Reyaḍah al-badabeyah]
athletics [æθ'lɛtɪks] *npl* ألعاب القوى [ʔalʕaːbun ʔalqiwaː]
Atlantic [ət'læntɪk] *n* أطلنطي [ʔatˤlantˤij]
atlas ['ætləs] *n* الأطلس [ʔal-ʔatˤlasu]
atmosphere ['ætməsˌfɪə] *n* جَوّ [ʒaww]
atom ['ætəm] *n* ذَرَّة [ðarra]; **atom bomb** *n* قنبلة ذرية ['qobelah dhareyah]
atomic [ə'tɒmɪk] *adj* ذَري [ðarij]
attach [ə'tætʃ] *v* يُرْفِق [jurfiqu]
attached [ə'tætʃt] *adj* ملحق [mulħaq]
attachment [ə'tætʃmənt] *n* رَبْط [rabtˤ]
attack [ə'tæk] *n* هجوم [huʒuːm] ▷ *v* يهاجم [juhaːʒimu]; **heart attack** *n* أزمة قلبية [Azmah 'qalbeyah]; **terrorist attack** *n* هجوم إرهابي [Hojoom 'erhaby]; **I've been attacked** لقد تعرضت لهجوم [la'qad ta-'aaraḍto lel-hijoom]
attempt [ə'tɛmpt] *n* محاولة [muħaːwala] ▷ *v* يُحاول [juħaːwilu]
attend [ə'tɛnd] *v* يَحضر [juħadˤdˤiru]
attendance [ə'tɛndəns] *n* الحاضرين [ʔal-ħaːdˤiriːna]
attendant [ə'tɛndənt] *n*; **flight attendant** *n* مضيف الطائرة [moḍeef al-ṭaaerah]
attention [ə'tɛnʃən] *n* انتباه [ʔintibaːh]
attic ['ætɪk] *n* طابق علوي [Ṭabe'q 'aolwei]
attitude ['ætɪˌtjuːd] *n* مَوْقِف [mawqif]
attorney [ə'tɜːnɪ] *n* وكيل [wakiːl]
attract [ə'trækt] *v* يَجذِب [jaʒðibu]
attraction [ə'trækʃən] *n* جاذبية [ʒaːðibijja]
attractive [ə'træktɪv] *adj* جذاب [ʒaððaːb]
aubergine ['əʊbəˌʒiːn] *n* باذنجان [baːðinʒaːn]
auburn ['ɔːbᵊn] *adj* أسمر محمر [Asmar mehmer]
auction ['ɔːkʃən] *n* مزاد [mazaːd]
audience ['ɔːdɪəns] *n* جمهور [ʒumhuːr]
audit ['ɔːdɪt] *n* مراجعة حسابية [Moraj'ah ḥesabeyah] ▷ *v* يدقق الحسابات [Yoda'qe'q al-ḥesabat]
audition [ɔː'dɪʃən] *n* حاسة السمع [Hasat al-sama'a]
auditor ['ɔːdɪtə] *n* مراجع حسابات [Moraaje'a ḥesabat]
August ['ɔːgəst] *n* أغسطس [ʔuɣustˤus]
aunt [ɑːnt] *n* عمة (خالة) [ʕamma]
auntie ['ɑːntɪ] *n* زنجية عجوز [Enjeyah 'aajooz]
au pair [əʊ 'pɛə; o pɛr] *n* أجنبي مقيم [Ajnabey mo'qeem]
austerity [ɒ'stɛrɪtɪ] *n* تقشُف [taqʃifu]
Australasia [ˌɒstrə'leɪzɪə] *n* أوسترالاسيا [ʔuːstraːlaːsjaː]
Australia [ɒ'streɪlɪə] *n* أستراليا [ʔustraːlijaː]
Australian [ɒ'streɪlɪən] *adj* أسترالي [ʔustraːlij] ▷ *n* أسترالي [ʔustraːlij]
Austria ['ɒstrɪə] *n* النمسا [ʔa-nnamsaː]
Austrian ['ɒstrɪən] *adj* نمساوي [namsaːwij] ▷ *n* نمساوي [namsaːwij]
authentic [ɔː'θɛntɪk] *adj* مُوثق [muwaθθiq]
author, authoress ['ɔːθə, 'ɔːθəˌrɛs] *n* المؤلف [ʔal-muallifu]
authorize ['ɔːθəˌraɪz] *v* يُفوض [jufawwidˤu]
autobiography [ˌɔːtəʊbaɪ'ɒgrəfɪ; ˌɔːtəbaɪ-] *n* سيرة ذاتية [Seerah dhateyah]
autograph ['ɔːtəˌgrɑːf; -ˌgræf] *n* أوتوجراف [ʔuːtuːʒraːf]
automatic [ˌɔːtə'mætɪk] *adj* آلي [ʔaːlij]; **An automatic, please** سيارة تعمل بنظام نقل السرعات الآلي من فضلك [sayara ta'amal be-neḍham na'qil al-sur'aat

al-aaly, min fadlak]; **Is it an automatic car?** هل هذه السيارة تعمل بنظام نقل السرعات الآلي؟ [hal hadhy al-sayarah ta'amal be-nedham na'qil al-sur'aaat al-aaly?]
automatically [ˌɔːtəˈmætɪklɪ] *adv* آليا [ajjan]
autonomous [ɔːˈtɒnəməs] *adj* متمتّع بحُكْم ذاتي [Motamet'a be-hokm dhatey]
autonomy [ɔːˈtɒnəmɪ] *n* حُكْم ذاتي [hokm dhatey]
autumn [ˈɔːtəm] *n* الخريف [Al-khareef]
availability [əˈveɪləbɪlɪtɪ] *n* تَوَفُّرٌ [tawaffur]
available [əˈveɪləbᵊl] *adj* متوفر [mutawaffir]
avalanche [ˈævəˌlɑːntʃ] *n* انهيار [ʔinhija:r]
avenue [ˈævɪˌnjuː] *n* طريق مشجر [taree'q moshajar]
average [ˈævərɪdʒ; ˈævrɪdʒ] *adj* متوسط [mutawassitˤ] ▷ *n* معدل [muʕaddal]
avocado, avocados [ˌævəˈkɑːdəʊ, ˌævəˈkɑːdəʊs] *n* ثمرة الأفوكاتو [Thamarat al-afokatoo]
avoid [əˈvɔɪd] *v* يَتَجنب [jataʒanabbu]
awake [əˈweɪk] *adj* مُستيقظ [mustajqizˤ] ▷ *v* يفيق [jafi:qu]
award [əˈwɔːd] *n* جائزة [ʒa:ʔiza]
aware [əˈwɛə] *adj* مدرك [mudrik]
away [əˈweɪ] *adv* بعيداً [baʕi:dan]; **away match** *n* مباراة الذهاب [Mobarat al-dhehab]
awful [ˈɔːfʊl] *adj* شنيع [ʃani:ʕ]
awfully [ˈɔːfəlɪ; ˈɔːflɪ] *adv* بفظاعة [befadha'aah]
awkward [ˈɔːkwəd] *adj* أخْرَق [ʔaxraq]
axe [æks] *n* بَلْطة [baltˤa]
axle [ˈæksəl] *n* محور الدوران [Mehwar al-dawaraan]
Azerbaijan [ˌæzəbaɪˈdʒɑːn] *n* أذربيجان [ʔaðarbajʒa:n]
Azerbaijani [ˌæzəbaɪˈdʒɑːnɪ] *adj* أذربيجاني [ʔaðarbi:ʒa:nij] ▷ *n* أذربيجاني [ʔaðarbi:ʒa:nij]

b

B&B [biː ænd biː] *n* مبيت وإفطار [Mabeet wa eftaar]
BA [bɑː] *abbr* ليسانس [lajsa:ns]
baby [ˈbeɪbɪ] *n* طفل رضيع [Tefl readea'a]; **baby milk** *n* لبن أطفال [Laban atfaal]; **baby wipe** *n* منديل أطفال [Mandeel atfaal]; **baby's bottle** *n* زجاجة رضاعة الطفل [Zojajat reda'aat al-tefl]
babysit [ˈbeɪbɪsɪt] *v* يُجالس الأطفال [Yojales al-atfaal]
babysitter [ˈbeɪbɪsɪtə] *n* جليس أطفال [Jalees atfaal]
babysitting [ˈbeɪbɪsɪtɪŋ] *n* مجالسة الأطفال [Mojalasat al-atfaal]
bachelor [ˈbætʃələ; ˈbætʃlə] *n* أعزب [ʔaʕzab]
back [bæk] *adj* متجه خلفاً [Motajeh khalfan] ▷ *adv* إلى الوراء [Ela al-waraa] ▷ *n* ظَهر [zˤahr] ▷ *v* يُرجِع [jurʒiʕu]; **back pain** *n* ألَمْ الظهر [Alam al-dhahr]
backache [ˈbækˌeɪk] *n* ألَمْ الظهر [Alam al-dhahr]
backbone [ˈbækˌbəʊn] *n* عمود فقري ['amood fa'qarey]
backfire [ˌbækˈfaɪə] *v* يُخَلِف نتائج عكسية [Yokhalef nataaej 'aakseyah]

background [ˈbækˌgraʊnd] *n* خلفية [xalfijja]
backing [ˈbækɪŋ] *n* دَعْم [daʕm]
back out [bæk aʊt] *v* يتراجع عن [jatara:ʒaʕu ʕan]
backpack [ˈbækˌpæk] *n* حقيبة الظهر [Ha'qeebat al-ḍhahr]
backpacker [ˈbækˌpækə] *n* حامل حقيبة الظهر [Hamel ha'qeebat al-ḍhahr]
backpacking [ˈbækˌpækɪŋ] *n* حمل حقيبة الظهر [Hamal ha'qeebat al-ḍhahr]
backside [ˌbækˈsaɪd] *n* مُؤَخِرَّة [muʔaxirra]
backslash [ˈbækˌslæʃ] *n* شرطة مائلة للخلف [Sharṭah maelah lel-khalf]
backstroke [ˈbækˌstrəʊk] *n* ضربة خلفية [Ḍarba khalfeyah]
back up [bæk ʌp] *v* يدعم [jadʕamu]
backup [bækˌʌp] *n* نسخة احتياطية [Noskhah eḥteyaṭeyah]
backwards [ˈbækwədz] *adv* للخلف [Lel-khalf]
bacon [ˈbeɪkən] *n* لحم خنزير مقدد [Laḥm khanzeer me'qaded]
bacteria [bækˈtɪərɪə] *npl* بكتريا [baktirja:]
bad [bæd] *adj* سيء [sajjiʔ]
badge [bædʒ] *n* شارَة [ʃa:ra]
badger [ˈbædʒə] *n* حيوان الغُرَير [Ḥayawaan al-ghoreer]
badly [ˈbædlɪ] *adv* على نحو سيء [Ala nahw saye]
badminton [ˈbædmɪntən] *n* تنس الريشة [Tenes al-reshah]
bad-tempered [bædˈtɛmpəd] *adj* شَرِس [ʃaris]
baffled [ˈbæfᵊld] *adj* متحير [mutaħajjir]
bag [bæg] *n* حقيبة [ħaqi:ba]; **bum bag** *n* حقيبة صغيرة [Ha'qeebah ṣagheerah]; **carrier bag** *n* كيس مشتريات [Kees moshtarayat]; **overnight bag** *n* حقيبة للرحلات القصيرة [Ha'qeebah lel-rahalat al-'qaṣeerah]; **plastic bag** *n* كيس بلاستيكي [Kees belasteekey]; **polythene bag** *n* حقيبة من البوليثين [Ha'qeebah men al-bolytheleyn]; **shopping bag** *n* كيس التسوق [Kees al-tasawo'q]; **sleeping bag** *n* كيس النوم [Kees al-nawm]; **tea bag** *n* كيس شاي [Kees shaay]; **toilet bag** *n* حقيبة أدوات الاستحمام [Ha'qeebat adwat al-estehmam]; **I don't need a bag, thanks** شكرًا لا أحتاج إلى حقيبة [shukran la aḥtaj ela ḥa'qeba]
baggage [ˈbægɪdʒ] *n* أمتِعَة [ʔamtiʕa]; **baggage allowance** *n* وَزْن الأمتعة المسموح به [Wazn al-amte'aah al-masmooh beh]; **baggage reclaim** *n* استلام الأمتعة [Estelam al-amte'aah]; **excess baggage** *n* وزن زائد للأمتعة [Wazn zaed lel-amte'aah]
baggy [ˈbægɪ] *adj* مرهوط [marhu:zˤ]
bagpipes [ˈbægˌpaɪps] *npl* مزامير القربة [Mazameer al-'qarbah]
Bahamas [bəˈhɑːməz] *npl* جزر الباهاما [ʒuzuru ʔal-ba:ha:ma:]
Bahrain [bɑːˈreɪn] *n* البحرين [al-baħrajni]
bail [beɪl] *n* كفالة [kafa:la]
bake [beɪk] *v* يَخبِز [jaxbizu]
baked [beɪkt] *adj* مخبوز [maxbu:z]; **baked potato** *n* بطاطس بالفرن [Baṭaṭes bel-forn]
baker [ˈbeɪkə] *n* خباز [xabba:z]
bakery [ˈbeɪkərɪ] *n* مخبز [maxbaz]
baking [ˈbeɪkɪŋ] *n* خَبْز [xubz]; **baking powder** *n* مسحوق خبز [Mashoo'q khobz]
balance [ˈbæləns] *n* توازن [tawa:z]; **balance sheet** *n* ميزانية [mi:za:nijjatun]; **bank balance** *n* حساب بنكي [Hesab bankey]
balanced [ˈbælənst] *adj* متوازن [mutawa:zinn]
balcony [ˈbælkənɪ] *n* شُرْفَة [ʃurfa]
bald [bɔːld] *adj* أصلع [ʔasˤlaʕ]
Balkan [ˈbɔːlkən] *adj* بلقاني [balqa:nij]
ball [bɔːl] *n* *(dance)* حفل راقص [Half ra'qeṣ], *(toy)* كرة [kura]
ballerina [ˌbæləˈriːnə] *n* راقصة باليه [Ra'ṣat baleeh]
ballet [ˈbæleɪ; bæˈleɪ] *n* باليه [ba:li:h]; **ballet dancer** *n* راقص باليه [Ra'qeṣ

baleeh]; **ballet shoes** *npl* حذاء الباليه [hedhaa al-baleeh]; **Where can I buy tickets for the ballet?** أين يمكنني أن أشتري تذاكر لعرض الباليه؟ [ayna yamken-any an ashtray tadhaker le-'aarḍ al-baleh?]

balloon [bə'luːn] *n* بالون [baːluːn]

bamboo [bæm'buː] *n* خَيْزُرَان [xajzuraːn]

ban [bæn] *n* حظر [ħazˤr] ▷ *v* يَمنَع [jamnaʕu]

banana [bə'nɑːnə] *n* موز [mawz]

band [bænd] *n (musical group)* فرقة موسيقية [Fer'qah mose'qeyah], *(strip)* رباط [ribaːtˤ]; **brass band** *n* فرقة الآلات النحاسية [Fer'qat al-aalat al-naḥaseqeyah]; **elastic band** *n* رباط مطاطي [rebaṭ maṭaṭey]; **rubber band** *n* شريط مطاطي [shareeṭ maṭaṭey]

bandage ['bændɪdʒ] *n* ضمادة [dˤammaːda] ▷ *v* يُضَمد [judˤammidu]; **I'd like a bandage** أريد ضمادة جروح [areed ḍimadat jirooḥ]; **I'd like a fresh bandage** أريد ضمادة جديدة [areed ḍimada jadeeda]

Band-Aid [bændeɪd] *n* لصقة طبية [Laṣ'qah ṭebeyah]

bang [bæŋ] *n* ضَجَّة [dˤaʒʒa] ▷ *v* يُحْدِث ضجة

Bangladesh [ˌbɑːŋglə'dɛʃ; ˌbæŋ-] *n* بنجلاديش [banʒlaːdiːʃ]

Bangladeshi [ˌbɑːŋglə'dɛʃɪ; ˌbæŋ-] *adj* بنجلاديشي [banʒlaːdiːʃij] ▷ *n* بنجلاديشي [banʒlaːdiːʃij]

banister ['bænɪstə] *n* دَرابِزين [daraːbiziːn]

banjo ['bændʒəʊ] *n* آلة البانجو الموسيقية [Aalat al-banjoo al-mose'qeyah]

bank [bæŋk] *n (finance)* بنك [bank], *(ridge)* ضفة [dˤiffa]; **bank account** *n* حساب بنكي [Hesab bankey]; **bank balance** *n* حساب بنكي [Hesab bankey]; **bank charges** *npl* مصاريف بنكية [Maṣareef Bankeyah]; **bank holiday** *n* عطلة شعبية [A'otalh sha'abeyah]; **bank statement** *n* كشف بنكي [Kashf bankey]; **bottle bank** *n* مستودع الزجاجات [Mostawda'a al-zojajat]; **merchant bank** *n* بنك تجاري [Bank Tejarey]; **How far is the bank?** ما هي المسافة بينا وبين البنك؟ [Ma heya al-masafa bayna wa been al-bank?]; **I would like to transfer some money from my bank in...** أرغب في تحويل بعض الأموال من حسابي البنكي في... [arghab fee taḥweel ba'aḍ al-amwal min ḥisaaby al-banki fee...]; **Is the bank open today?** هل البنك مفتوح اليوم؟ [hal al-bank maf-tooḥ al-yawm?]; **Is there a bank here?** هل يوجد بنك هنا؟ [hal yujad bank huna?]; **When does the bank close?** متى ينتهي عمل البنك؟ [mata yan-tahy 'aamal al-bank?]

banker ['bæŋkə] *n* موظف بنك [mowaḍhaf bank]

banknote ['bæŋkˌnəʊt] *n* ورقة مالية [Wara'qah maleyah]

bankrupt ['bæŋkrʌpt; -rəpt] *adj* مُفلس [muflis]

banned [bænd] *adj* مُحَرَّم [muħarram]

Baptist ['bæptɪst] *n* كنيسة معمدانية [Kaneesah me'amedaneyah]

bar [bɑː] *n (alcohol)* بار [baːr], *(strip)* قالب مستطيل ['qaleb mostaṭeel]; **snack bar** *n* متجر الوجبات السريعة [Matjar al-wajabat al-sarey'aa]; **Where is the bar?** أين يوجد بار المشروبات؟ [ayna yujad bar al-mash-roobat?]

Barbados [bɑː'beɪdəʊs; -dəʊz; -dɒs] *n* البربادوس [ʔalbarbaːduːs]

barbaric [bɑː'bærɪk] *adj* همجي [hamaʒij]

barbecue ['bɑːbɪˌkjuː] *n* شواء اللحم [Shewaa al-lahm]

barber ['bɑːbə] *n* حَلاق [ħallaːq]

bare [bɛə] *adj* مُجرد [muʒarrad] ▷ *v* يَكْشِف عن [Yakshef 'an]

barefoot ['bɛəˌfʊt] *adj* حافي القدمين [Ḥafey al-'qadameyn] ▷ *adv* حافي القدمين [Ḥafey al-'qadameyn]

barely ['bɛəlɪ] *adv* بجهد شديد [Bejahd shaded]

bargain ['bɑːgɪn] *n* صفقة [sˤafqa]

barge [bɑːdʒ] *n* زورق بخاري مخصص لقائد

الأسطول [Zawra'q bokharee mokhaṣaṣ le-'qaaed al-osṭool]
bark [bɑːk] *v* ينبح [janbaħu]
barley ['bɑːlɪ] *n* شعير [ʃaʕiːrr]
barmaid ['bɑːˌmeɪd] *n* مضيفة بار [Moḍeefat bar]
barman, barmen ['bɑːmən, 'bɑːmɛn] *n* مضيف بار [Moḍeef bar]
barn [bɑːn] *n* مخزن حبوب [Makhzan ḥoboob]
barrel ['bærəl] *n* برميل [birmiːl]
barrier ['bærɪə] *n* حاجز [ħaːʒiz]; **ticket barrier** *n* حاجز وضع التذاكر [Hajez wad'a al-tadhaker]
bartender ['bɑːˌtɛndə] *n* ساقي البار [Sa'qey al-bar]
base [beɪs] *n* قاعدة [qaːʕida]
baseball ['beɪsˌbɔːl] *n* بيسبول [biːsbuːl]; **baseball cap** *n* قبعة البيسبول ['qoba'at al-beesbool]
based [beɪst] *adj* مؤسس على [Moasas ala]
basement ['beɪsmənt] *n* بدروم [bidruːm]
bash [bæʃ] *n* ضربة [dˤarba] ▷ *v* يضرب بعنف [Yaḍreb be'aonf]
basic ['beɪsɪk] *adj* أساسي [ʔasaːsij]
basically ['beɪsɪklɪ] *adv* بشكل أساسي [Beshkl asasy]
basics ['beɪsɪks] *npl* أساسيات [ʔasaːsijjaːtun]
basil ['bæzəl] *n* ريحان [rajħaːnn]
basin ['beɪsən] *n* حوض [ħawdˤdˤ]
basis ['beɪsɪs] *n* أساس [ʔasaːs]
basket ['bɑːskɪt] *n* سلة [salla]; **wastepaper basket** *n* سلة الأوراق المهملة [Salat al-awra'q al-mohmalah]
basketball ['bɑːskɪtˌbɔːl] *n* كرة السلة [Korat al-salah]
Basque [bæsk; bɑːsk] *adj* باسكي [baːskiː] ▷ *n (language)* اللغة الباسكية [Al-loghah al-bakestaneyah], *(person)* باسكي [baːskiː]
bass [beɪs] *n* سمك القاروس [Samak al-faros]; **bass drum** *n* طبلة كبيرة رنانة غليظة الصوت [Ṭablah kabeerah rannanah ghaleeḍhat al-ṣawt]; **double bass** *n* الدُبَلْبَس وهي أكبر آله في الأسرة الكمانية [addubalbas wa hija ʔakbaru aːlatu fiː alʔusrati alkamaːnijjati]
bassoon [bə'suːn] *n* مزمار [mizmaːr]
bat [bæt] *n (mammal)* خُفَّاش [xuffaːʃ], *(with ball)* مضرب [midˤrab]
bath [bɑːθ] *n*; **bubble bath** *n* سائل استحمام [Saael estehmam]
bathe [beɪð] *v* يَستحِم [jastaħimmu]
bathrobe ['bɑːθˌrəʊb] *n* بُرْنس حمام [Bornos hammam]
bathroom ['bɑːθˌruːm; -ˌrʊm] *n* حمام [ħammaːm]; **Does the room have a private bathroom?** هل يوجد حمام خاص داخل الحجرة [hal yujad ḥamam khaṣ dakhil al-ḥujra?]; **The bathroom is flooded** الحمام تغمره المياه [al-ḥamaam taghmurho al-me-aa]
baths [bɑːθz] *npl* حمامات [ħammaːmaːtun]
bathtub ['bɑːθˌtʌb] *n* حوض استحمام [Hawḍ estehmam]
batter ['bætə] *n* عجينة الكريب ['aajenat al-kreeb]
battery ['bætərɪ] *n* بطارية [batˤtˤaːrijja]; **I need a new battery** أريد بطارية جديدة [areed baṭaariya jadeeda]; **The battery is flat** البطارية فارغة [al-baṭareya faregha]
battle ['bætəl] *n* معركة [maʕraka]
battleship ['bætəlˌʃɪp] *n* سَفينة حربية [Safeenah ḥarbeyah]
bay [beɪ] *n* خليج [xaliːʒ]; **bay leaf** *n* ورق الغار [Wara'q alghaar]
BC [biː siː] *abbr* قبل الميلاد ['qabl al-meelad]
be [biː; bɪ] *v* يَكون [jakuːnu]
beach [biːtʃ] *n* شاطئ [ʃaːtˤiʔ]; **How far is the beach?** ما هي المسافة بيننا وبين الشاطئ؟ [ma heya al-masafa bay-nana wa bayn al-shaṭee?]; **I'm going to the beach** سوف أذهب إلى الشاطئ [sawfa adhab ela al-shaṭee]; **Is there a bus to the beach?** هل يوجد أتوبيس إلى الشاطئ؟ [Hal yojad otobees elaa al-shaṭea?]

bead [biːd] *n* خرزة [xurza]
beak [biːk] *n* منقار [minqaːr]
beam [biːm] *n* عَارِضَةٌ خَشَبِيَّةٌ ['aareḍeh khashabeyah]
bean [biːn] *n* فُول [fuːl]; **broad bean** *n* فول [fuːlun]; **coffee bean** *n* حبوب البن [Ḥobob al-bon]; **French beans** *npl* فاصوليا خضراء [Faṣoleya khaḍraa]; **runner bean** *n* فاصوليا خضراء متعرشة [faṣoleya khadraa mota'aresha]
beansprout ['biːnspraʊt] *n*; **beansprouts** *npl* براعم الفول [Braa'em al-fool]
bear [bɛə] *n* دُبّ [dubb] ▷ *v* يَحتمِل [juħtamalu]; **polar bear** *n* الدب القطبي [Al-dob al-shamaley]; **teddy bear** *n* دُب تيدي بير [Dob tedey beer]
beard [bɪəd] *n* لحية [liħja]
bearded [bɪədɪd] *adj* مُلتَحٍ [multaħin]
bear up [bɛə ʌp] *v* يَصْمُد [jasˤmudu]
beat [biːt] *n* نبضة [nabdˤa] ▷ *v* (*outdo*) يَهْزِم [jahzimu], (*strike*) يَضرِب [jadˤribu]
beautiful ['bjuːtɪfʊl] *adj* جَميل [ʒamiːl]
beautifully ['bjuːtɪflɪ; 'beautifully] *adv* بشكل جميل [Beshakl jameel]
beauty ['bjuːtɪ] *n* جمال [ʒamaːl]; **beauty salon** *n* صالون تجميل [Ṣalon ḥela'qa]; **beauty spot** *n* شامة [ʃaːmatun]
beaver ['biːvə] *n* قندس [qundus]
because [bɪ'kɒz; -'kəz] *conj* لأن [liʔanna]
become [bɪ'kʌm] *v* يُصبِح [jusˤbiħu]
bed [bɛd] *n* سَرِير [sariːrr]; **bed and breakfast** *n* مبيت وإفطار [Mabeet wa efṭaar]; **bunk beds** *npl* سَرير بدورين [Sareer bedoreen]; **camp bed** *n* سَرير رحلات [Sareer raḥalat]; **double bed** *n* سَرير مُزدوج [Sareer mozdawaj]; **king-size bed** *n* فراش كبير الحجم [Ferash kabeer al-ḥajm]; **single bed** *n* سَرير فردي [Sareer fardey]; **sofa bed** *n* كنبة سرير [Kanabat sereer]; **twin beds** *npl* سريرين منفصلين [Sareerayn monfaṣelayen]
bedclothes ['bɛd,kləʊðz] *npl* بياضات [bajjaːdˤaːtun]
bedding ['bɛdɪŋ] *n* شراشف [ʃaraːʃif]
bedroom ['bɛd,ruːm; -,rʊm] *n* غرفة النوم [Ghorfat al-noom]
bedsit ['bɛd,sɪt] *n* شقة بغرفة واحدة [Sh'qah be-ghorfah waḥedah]
bedspread ['bɛd,sprɛd] *n* غطاء سرير [Gheṭa'a sareer]
bedtime ['bɛd,taɪm] *n* وَقْت النوم [Wa'qt al-nawm]
bee [biː] *n* نحلة [naħla]
beech [biːtʃ] *n*; **beech (tree)** *n* شجرة الزان [Shajarat al-zaan]
beef [biːf] *n* لحم بقري [Laḥm ba'qarey]
beefburger ['biːf,bɜːɡə] *n* شرائح اللحم البقري المشوي [Shraeḥ al-laḥm al-ba'qarey al-mashwey]
beer [bɪə] *n* بيرة [biːra]; **another beer** كأس آخر من البيرة [kaas aakhar min al-beera]; **A draught beer, please** كأس من البيرة من فضلك [kaas min al-beera min faḍlak]
beetle ['biːtᵊl] *n* خُنْفِسَاء [xunfusaːʔ]
beetroot ['biːt,ruːt] *n* بنجر [banʒar]
before [bɪ'fɔː] *adv* أمام [ʔamaːma] ▷ *conj* قبل أن ['qabl an] ▷ *prep* أمام [ʔamaːma]
beforehand [bɪ'fɔː,hænd] *adv* مقدماً [muqaddaman]
beg [bɛɡ] *v* يَستجدي [jastaʒdiː]
beggar ['bɛɡə] *n* المتسول [Almotasawel]
begin [bɪ'ɡɪn] *v* يبدأ [jabdaʔu]; **When does it begin?** متى يبدأ العمل هنا؟ [mata yabda al-'aamal huna?]
beginner [bɪ'ɡɪnə] *n* المبتدئ [Almobtadea]
beginning [bɪ'ɡɪnɪŋ] *n* بداية [bidaːja]; **at the beginning of June** في بداية شهر يونيو [fee bedayat shaher yon-yo]
behave [bɪ'heɪv] *v* يَتَصَرف [jatasˤarrafu]
behaviour [bɪ'heɪvjə] *n* سلوك [suluːk]
behind [bɪ'haɪnd] *adv* خلف [xalfa] ▷ *n* مُؤَخِّرَه [muʔaxxirra] ▷ *prep* خلف [xalfa]; **lag behind** *v* يَتخلف [jataxallafu]; **I've been left behind** لقد تخلفت عنه [la'qad takha-lafto 'aanho]
beige [beɪʒ] *adj* بيج [biːʒ]
Beijing ['beɪ'dʒɪŋ] *n* بكين [bikiːn]

Belarus [ˈbɛlə,rʌs; -,rʊs] *n* روسيا البيضاء [ru:sja: ʔal-bajdˤa:ʔu]
Belarussian [,bɛləʊˈrʌʃən; ,bjɛl-] *adj* بيلاروسي [bi:la:ru:sij] ▷ *n (language)* اللغة البيلاروسية [Al-loghah al-belaroseyah], *(person)* بيلاروسي [bi:la:ru:sij]
Belgian [ˈbɛldʒən] *adj* بلجيكي [bilʒi:kij] ▷ *n* بلجيكي [bilʒi:kij]
Belgium [ˈbɛldʒəm] *n* بلجيكا [bilʒi:ka:]
belief [bɪˈli:f] *n* اعتقاد [ʕtiqa:d]
believe [bɪˈli:v] *vi* يُؤْمِن [juminu] ▷ *vt* يُصدِّق [jusˤaddiqu]
bell [bɛl] *n* جرس [ʒaras]
belly [ˈbɛlɪ] *n* بَطْن [batˤn]; **belly button** *n* سُرَّة البطن [Sorrat al-baṭn]
belong [bɪˈlɒŋ] *v* يخُص [jaxusˤsˤu]; **belong to** *v* ينتمي إلى [Yantamey ela]
belongings [bɪˈlɒŋɪŋz] *npl* متعلقات [mutaʕalliqa:tun]
below [bɪˈləʊ] *adv* تحت [taħta] ▷ *prep* تحت [taħta]
belt [bɛlt] *n* حزام [ħiza:m]; **conveyor belt** *n* سير متحرك [Sayer motaḥrrek]; **money belt** *n* حزام لحفظ المال [Hezam lehefḍh almal]; **safety belt** *n* حزام الأمان [Hezam al-aman]
bench [bɛntʃ] *n* نضد [nadˤad]
bend [bɛnd] *n* التواء [ʔiltiwa:ʔ] ▷ *v* يَثْني [jaθni:]; **bend down** *v* يَمْيل [jami:lu]; **bend over** *v* ينحني [janħani:]
beneath [bɪˈni:θ] *prep* أسفلَ [ʔasfalu]
benefit [ˈbɛnɪfɪt] *n* فائدة [fa:ʔida] ▷ *v* يَستفيد [jastifi:du]
bent [bɛnt] *adj (dishonest)* منحني [munħanij], *(not straight)* منثني [munθanij]
beret [ˈbɛreɪ] *n* بيريه [bi:ri:h]
berry [ˈbɛrɪ] *n* تُوت [tu:tt]
berth [bɜ:θ] *n* مرسى [marsa:]
beside [bɪˈsaɪd] *prep* بجانب [Bejaneb]
besides [bɪˈsaɪdz] *adv* بالإضافة إلى [Bel-edafah ela]
best [bɛst] *adj* أفْضَل [ʔafdˤalu] ▷ *adv* أكثر [ʔakθaru]; **best man** *n* إشبين العريس [Eshbeen al-aroos]
bestseller [,bɛstˈsɛlə] *n* الأكثر مبيعا [Al-akthar mabe'aan]
bet [bɛt] *n* رهان [riha:n] ▷ *v* يُراهن [jura:hinu]
betray [bɪˈtreɪ] *v* يَخون [jaxu:nu]
better [ˈbɛtə] *adj* أفْضل [ʔafdˤalu] ▷ *adv* أكثر [ʔakθaru]
betting [bɛtɪŋ] *n* مراهنة [mura:hana]; **betting shop** *n* مكتب المراهنة [Maktab al-morahanah]
between [bɪˈtwi:n] *prep* بين [bajna]
bewildered [bɪˈwɪldəd] *adj* مُتحير [mutaħajjir]
beyond [bɪˈjɒnd] *prep* وراء [wara:ʔa]
biased [ˈbaɪəst] *adj* متحيز [mutaħajjiz]
bib [bɪb] *n* صدرية طفل [Ṣadreyat ṭefl]
Bible [ˈbaɪbᵊl] *n* الإنجيل [al-ʔinʒi:lu]
bicarbonate [baɪˈkɑ:bənɪt; -,neɪt] *n*; **bicarbonate of soda** *n* ثاني كربونات الصوديوم [Thaney okseed al-karboon]
bicycle [ˈbaɪsɪkᵊl] *n* دراجة [darra:ʒa]; **bicycle pump** *n* منفاخ دراجة [Monfakh draajah]
bid [bɪd] *n* مناقصة [muna:qasˤa] ▷ *v (at auction)* يُزايد [juza:jidu]
bifocals [baɪˈfəʊkᵊlz] *npl* ثنائي البؤرة [Thonaey al-booarah]
big [bɪg] *adj* كبير [kabi:r]; **It's too big** إنه كبير جدا [inaho kabeer jedan]; **The house is quite big** المنزل كبير بالفعل [al-manzil kabeer bil-fi'ail]
bigger [bɪgə] *adj* أكبر [ʔakbaru]; **Do you have a bigger one?** هل لديك غرف أكبر من ذلك؟ [hal ladyka ghuraf akbar min dhalik?]
bigheaded [ˈbɪg,hɛdɪd] *adj* متورم [mutawarrim]
bike [baɪk] *n* دراجة هوائية [Darrajah hawaeyah]; **mountain bike** *n* دراجة الجبال [Darrajah al-jebal]
bikini [bɪˈki:nɪ] *n* بيكيني [bi:ki:ni:]
bilingual [baɪˈlɪŋgwəl] *adj* ناطق بلغتين [Naṭe'q be-loghatayn]
bill [bɪl] *n (account)* فاتورة رسمية [Fatoorah rasmeyah], *(legislation)* مشروع قانون [Mashroo'a 'qanooney]; **phone bill** *n* فاتورة تليفون [Fatoorat telefon]

billiards ['bɪljədz] *npl* لعبة البلياردو [Lo'abat al-belyardo]
billion ['bɪljən] *n* مِلْيار [milja:r]
bin [bɪn] *n* صندوق [sˤundu:q]; **litter bin** *n* سلة المهملات [Salat al-mohmalat]
binding ['baɪndɪŋ] *n*; **Can you adjust my bindings, please?** هل يمكنك ضبط الأربطة لي من فضلك؟ [hal yamken -aka ḍabṭ al-arbe-ṭa lee min faḍlak?]; **Can you tighten my bindings, please?** هل يمكنك إحكام الأربطة لي من فضلك؟ [hal yamken -aka eḥkaam al-arbe-ṭa lee min faḍlak?]
bingo ['bɪŋgəʊ] *n* لعبة البنجو [Lo'abat al-benjo]
binoculars [bɪ'nɒkjʊləz; baɪ-] *npl* منظار [minzˤa:run]
biochemistry [ˌbaɪəʊ'kɛmɪstrɪ] *n* كيمياء حيوية [Kemyaa ḥayaweyah]
biodegradable [ˌbaɪəʊdɪ'greɪdəbəl] *adj* قابل للتحلل بالبكتريا ['qabel lel-tahalol bel-bekteriya]
biography [baɪ'ɒgrəfɪ] *n* سيرة [si:ra]
biological [ˌbaɪə'lɒdʒɪkəl] *adj* بيولوجي [bju:lu:ʒij]
biology [baɪ'ɒlədʒɪ] *n* بيولوجيا [bju:lu:ʒja:]
biometric [ˌbaɪəʊ'mɛtrɪk] *adj* بيولوجي إحصائي [Bayology ehṢaey]
birch [bɜːtʃ] *n* شجر البتولا [Ahjar al-betola]
bird [bɜːd] *n* طائر [tˤa:ʔir]; **bird flu** *n* إنفلوانزا الطيور [Enfelwanza al-ṭeyor]; **bird of prey** *n* طيور جارحة [Teyoor jareḥah]
birdwatching [bɜːdwɒtʃɪŋ] *n* ملاحظة الطيور [molaḥaḍhat al-ṭeyoor]
Biro® ['baɪrəʊ] *n* بيرو® [bi:ru:]
birth [bɜːθ] *n* ميلاد [mi:la:d]; **birth certificate** *n* شهادة ميلاد [Shahadat meelad]; **birth control** *n* تنظيم النسل [tanḍheem al-nasl]; **place of birth** *n* مكان الميلاد [Makan al-meelad]
birthday ['bɜːθˌdeɪ] *n* عيد ميلاد ['aeed al-meelad]; **Happy birthday!** عيد ميلاد سعيد ['aeed meelad sa'aeed]
birthplace ['bɜːθˌpleɪs] *n* محل الميلاد [Mahal al-meelad]
biscuit ['bɪskɪt] *n* بسكويت [baskawi:t]
bishop ['bɪʃəp] *n* أسْقُف [asquf]
bit [bɪt] *n* جزء صغير [Joza ṣagheer]
bitch [bɪtʃ] *n* كلبة [kalb]
bite [baɪt] *n* قضمة [qadˤma] ▷ *v* يلسع [jalsaʕu]
bitter ['bɪtə] *adj* مر [murr]
black [blæk] *adj* أسود [ʔaswad]; **black ice** *n* ثلج أسود [thalj aswad]; **in black and white** باللون الأسود والأبيض [bil-lawn al-aswad wa al-abyaḍ]
blackberry ['blækbərɪ] *n* ثمرة العُليق [Thamrat al-'alay'q]
blackbird ['blækˌbɜːd] *n* شحرور [ʃaħru:r]
blackboard ['blækˌbɔːd] *n* سبورة [sabu:ra]
blackcurrant [ˌblæk'kʌrənt] *n* كِشمش أسود [Keshmesh aswad]
blackmail ['blækˌmeɪl] *n* ابتزاز [ʔibtiza:z] ▷ *v* يبتز [jabtazzu]
blackout ['blækaʊt] *n* تعتيم [taʕti:m]
bladder ['blædə] *n* مثانة [maθa:na]; **gall bladder** *n* مَرَارَة [marra:ratun]
blade [bleɪd] *n* نصل [nasˤl]; **razor blade** *n* شفرة حلاقة [Shafrat hela'qah]; **shoulder blade** *n* لَوْح الكَتِف [Looh al-katef]
blame [bleɪm] *n* لوم [lawm] ▷ *v* يَلوم [jalu:mu]
blank [blæŋk] *adj* فارغ [fa:riɣ] ▷ *n* أبيض [ʔabjadˤ]; **blank cheque** *n* شيك على بياض [Sheek ala bayad]
blanket ['blæŋkɪt] *n* بطانية [batˤa:nijja]; **electric blanket** *n* بطانية كهربائية [Baṭaneyah kahrobaeyah]; **Please bring me an extra blanket** من فضلك أريد بطانية إضافية [min faḍlak areed baṭa-nya eḍa-fiya]
blast [blɑːst] *n* لفحة [lafħa]
blatant ['bleɪtənt] *adj* صَارخ [sˤa:rix]
blaze [bleɪz] *n* وهج [wahaʒ]
blazer ['bleɪzə] *n* بليزر [blajzir]
bleach [bliːtʃ] *n* يُبيِّض [jubajjidˤu]
bleached [bliːtʃt] *adj* مُبَيَّض [mubajjidˤ]

bleak [bliːk] *adj* منعزل [munʕazil]
bleed [bliːd] *v* ينزف [janzifu]
bleeper [ˈbliːpə] *n* جهاز النداء الآلي [Jehaz al-nedaa al-aaley]
blender [ˈblɛndə] *n* خلاط كهربائي [Khalaṭ kahrabaey]
bless [blɛs] *v* يبارك [juba:riku]
blind [blaɪnd] *adj* ضرير [dˤari:r] ▷ *n* ستارة النافذة [Setarat al-nafedhah]; **Venetian blind** *n* ستارة مُعتِمة [Setarah mo'atemah]
blindfold [ˈblaɪndˌfəʊld] *n* معصوب العينين [Ma'aṣoob al-'aainayn] ▷ *v* يَعْصِبُ العينين [Ya'aṣeb al-ozonayn]
blink [blɪŋk] *v* يُومِض [juːmidˤu]
bliss [blɪs] *n* نعيم [naʕiːm]
blister [ˈblɪstə] *n* بَثْرة [baθra]
blizzard [ˈblɪzəd] *n* عاصفة ثلجية عنيفة ['aasefah thaljeyah 'aneefah]
block [blɒk] *n (buildings)* بِنَايَة [bina:ja], *(obstruction)* كُتلةٌ خشبية أو حجرية [Kotlah khashebeyah aw hajareyah], *(solid piece)* كُتلة [kutla] ▷ *v* يقولب [jaqu:labu]
blockage [ˈblɒkɪdʒ] *n* انسداد [insida:d]
blocked [blɒkt] *adj* مسدود [masdu:d]
blog [blɒg] *n* مُدَوَّنة [mudawwana] ▷ *v* يُدَوِن [judawwinu]
blogger [ˈblɔgə] *n* مدون [mudawwin]
blogpost [ˈblɔgpəust] *n* تدوينة [tadwi:na]
bloke [bləʊk] *n* فَتى [fata:]
blonde [blɒnd] *adj* أشقر [ʔaʃqar]
blood [blʌd] *n* دم [dam]; **blood group** *n* فصيلة دم [faṣeelat dam]; **blood poisoning** *n* تسمم الدم [Tasamom al-dam]; **blood pressure** *n* ضغط الدم [ḍaghṭ al-dam]; **blood sports** *n* رياضة دموية [Reyaḍah damaweyah]; **blood test** *n* اختبار الدم [Ekhtebar al-dam]; **blood transfusion** *n* نقل الدم [Na'ql al-dam]; **My blood group is O positive** فصيلة دمي 0 موجب [faṣeelat damey 0 mojab]
bloody [ˈblʌdɪ] *adj* دموي [damawij]
blossom [ˈblɒsəm] *n* زهرة الشجرة المثمرة [Zahrat al-shajarah al-mothmerah] ▷ *v* يُزهِر [juzhiru]
blouse [blaʊz] *n* بلوزة [blu:za]
blow [bləʊ] *n* لطمة [latˤma] ▷ *v* يَهُبّ [jahubbu]
blow-dry [bləʊdraɪ] *n* تجفيف الشعر [Tajfeef al-saha'ar]
blow up [bləʊ ʌp] *v* ينفجر [janfaʒiru]
blue [bluː] *adj* أزرق [ʔazraq]
blueberry [ˈbluːbərɪ; -brɪ] *n* تُوتٌ أزرق [Toot azra'q]
blues [bluːz] *npl* كآبة [kaʔa:batun]
bluff [blʌf] *n* خديعة [xadi:ʕa] ▷ *v* يَخدَع [jaxdaʕu]
blunder [ˈblʌndə] *n* خطأ فادح [Khata fadeh]
blunt [blʌnt] *adj* متبلد [mutaballid]
blush [blʌʃ] *v* يَستحِي [jastaħi:]
blusher [ˈblʌʃə] *n* أحمر خدود [Ahmar khodod]
board [bɔːd] *n (meeting)* هيئة [hajʔa], *(wood)* لوح [lawħ] ▷ *v (go aboard)* لوح [lawħun]; **board game** *n* لعبة طاولة [Lo'abat ṭawlah]; **boarding card** *n* كارت ركوب [Kart rekoob]; **boarding pass** *n* تصريح الركوب [Taṣreeh al-rokob]; **boarding school** *n* مدرسة داخلية [Madrasah dakheleyah]; **bulletin board** *n* لوحة النشرات [Looḥat al-nasharaat]; **diving board** *n* لوح غطس [Looḥ ghaṭs]; **draining board** *n* لوحة تجفيف [Lawhat tajfeef]; **half board** *n* نصف إقامة [Neṣf e'qamah]; **ironing board** *n* لوح الكي [Looḥ alkay]; **notice board** *n* لوحة الملاحظات [Looḥat al-molaḥḍhat]; **skirting board** *n* وَزَرة [wizratun]
boarder [ˈbɔːdə] *n* تلميذ داخلي [telmeedh dakhely]
boast [bəʊst] *v* يَتَبَاهى [jataba:ha:]
boat [bəʊt] *n* مَركب [markab]; **fishing boat** *n* قارب صيد ['qareb ṣayd]; **rowing boat** *n* قارب تجديف ['qareb tajdeef]; **sailing boat** *n* قارب ابحار ['qareb ebḥar]
body [ˈbɒdɪ] *n* جسم [ʒism]
bodybuilding [ˈbɒdɪˌbɪldɪŋ] *n* كمال الأجسام [Kamal al-ajsaam]

bodyguard [ˈbɒdɪˌɡɑːd] *n* حارس شخصي [ḥares shakhṣ]
bog [bɒɡ] *n* مستنقع [mustanqaʕ]
boil [bɔɪl] *vi* يَغْلي [jaɣliː] ▷ *vt* يَسلُق [jasluqu]
boiled [bɔɪld] *adj* مغلي [maɣlij]; **boiled egg** *n* بيضة مسلوقة [Bayḍah maslo'qah]
boiler [ˈbɔɪlə] *n* مرجل [mirʒal]
boiling [ˈbɔɪlɪŋ] *adj* غليان [ɣalajaːn]
boil over [bɔɪl ˈəʊvə] *v* يَخرُج عن شعوره [jaxruʒu ʕan ʃuʕuːrihi]
Bolivia [bəˈlɪvɪə] *n* بوليفيا [buːlijfjaː]
Bolivian [bəˈlɪvɪən] *adj* بوليفي [buːliːfij] ▷ *n* بوليفي [buːliːfij]
bolt [bəʊlt] *n* صامولة [sˤaːmuːla]
bomb [bɒm] *n* قنبلة [qunbula] ▷ *v* يَقصف [jaqsˤifu]; **atom bomb** *n* قنبلة ذرية ['qobelah dhareyah]
bombing [bɒmɪŋ] *n* تفجير [tafʒiːr]
bond [bɒnd] *n* سَند [sanad]
bone [bəʊn] *n* عظمة [ʕazˤama]; **bone dry** *adj* جاف تماماً [Jaf tamaman]
bonfire [ˈbɒnˌfaɪə] *n* إشعال النار [Esh'aal al-naar]
bonnet [ˈbɒnɪt] *n (car)* قلنسوة [qulunsuwa]
bonus [ˈbəʊnəs] *n* علاوة [ʕalaːwa]
book [bʊk] *n* كتاب [kitaːb] ▷ *v* يَحجز [jaħʒizu]; **address book** *n* دفتر العناوين [Daftar al-'aanaaween]
bookcase [ˈbʊkˌkeɪs] *n* خزانة كتب [Khezanat kotob]
booking [ˈbʊkɪŋ] *n* حجز [ħaʒz]; **advance booking** *n* حجز مقدم [Hajz mo'qadam]; **booking office** *n* مكتب الحجز [Maktab al-ḥjz]; **Can I change my booking?** هل يمكن أن أغير الحجز الذي قمت به؟ [hal yamken an aghyir al-ḥajiz al-ladhy 'qumt behe?]; **I want to cancel my booking** أريد إلغاء الحجز الذي قمت به؟ [areed el-ghaa al-ḥajiz al-ladhy 'qumto behe]; **Is there a booking fee?** هل يوجد مصاريف للحجز؟ [hal yujad maṣareef lel-ḥajz?]
booklet [ˈbʊklɪt] *n* كُتَيِّب [kutajjib]
bookmark [ˈbʊkˌmɑːk] *n* علامة مميزة ['alamah momayazah]
bookshelf [ˈbʊkˌʃɛlf] *n* رَف الكُتُب [Raf al-kotob]
bookshop [ˈbʊkˌʃɒp] *n* مكتبة لبيع الكتب [Maktabah le-bay'a al-kotob]
boost [buːst] *v* يُعزز [juʕazzizu]
boot [buːt] *n* حذاء عالي السَاق [hedhaa 'aaley al-sa'q]
booze [buːz] *n* إسراف في الشراب [Esraf fee alsharab]
border [ˈbɔːdə] *n* حاشية [ħaːʃijja]
bore [bɔː] *v (be dull)* يُثْقب [jaθqubu], *(drill)* يَثْقب [jaθqubu]
bored [bɔːd] *adj* يُسبب الملل [Yosabeb al-malal]
boredom [ˈbɔːdəm] *n* سَأم [saʔam]
boring [ˈbɔːrɪŋ] *adj* ممل [mumill]
born [bɔːn] *adj* مولود [mawluːd]
borrow [ˈbɒrəʊ] *v* يَستدين [jastadijinu]
Bosnia [ˈbɒznɪə] *n* البوسنة [ʔal-buːsnatu]; **Bosnia and Herzegovina** *n* البوسنة والهرسك [ʔal-buːsnatu wa ʔal-hirsik]
Bosnian [ˈbɒznɪən] *adj* بوسنيّ [buːsnij] ▷ *n (person)* بوسني [buːsnij]
boss [bɒs] *n* زعيم [zaʕiːm]
boss around [bɒs əˈraʊnd] *v* يُمْلي عليه [Yomely 'aleyh]
bossy [ˈbɒsɪ] *adj* دكتاتوري [diktaːtuːrij]
both [bəʊθ] *adj* كلا من [Kolan men] ▷ *pron* كلاهما [kilaːhumaː]
bother [ˈbɒðə] *v* يُقْلَق [jaqlaqu]
Botswana [bʊˈtʃwɑːnə; bʊtˈswɑːnə; bɒt-] *n* بتسوانا [butswaːnaː]
bottle [ˈbɒtᵊl] *n* زجاجة [zuʒaːʒa]; **baby's bottle** *n* زجاجة رضاعة الطفل [Zojajat reḍa'aat al-ṭefl]; **bottle bank** *n* مستودع الزجاجات [Mostawda'a al-zojajat]; **hot-water bottle** *n* زجاجة مياه ساخنة [Zojajat meyah sakhenah]; **a bottle of mineral water** زجاجة مياه معدنية [zujaja meaa ma'adan-iya]; **a bottle of red wine** زجاجة من النبيذ الأحمر [zujaja min al-nabeedh al-aḥmar]; **Please bring another bottle** من فضلك أحضر لي

زجاجة أخرى [min faḍlak iḥḍir lee zujaja okhra]
bottle-opener ['bɒtᵊl'əʊpənə] *n* فتاحة الزجاجات [Fatahat al-zojajat]
bottom ['bɒtəm] *adj* أسفل [ʔasfalu] ▷ *n* قاع [qa:ʕ]
bought [bɔ:t] *adj* جاهز [ʒa:hiz]
bounce [baʊns] *v* يَرتَدّ [jartaddu]
bouncer ['baʊnsə] *n* المتبجح [al-mutabaʒʒiħ]
boundary ['baʊndərɪ; -drɪ] *n* حد [ħadd]
bouquet ['bu:keɪ] *n* بَاقَة [ba:qa]
bow *n* [bəʊ] *(weapon)* قوس [qaws] ▷ *v* [baʊ] انحناء [inħina:ʔun]
bowels ['baʊəlz] *npl* سُلطانية [sultˤa:nijjatun]
bowl [bəʊl] *n* وعاء [wiʕa:ʔ]
bowling ['bəʊlɪŋ] *n* لعبة البولينج [Lo'aba al-boolenj]; **bowling alley** *n* مسار كرة البولينج [Maser korat al-boolenj]; **tenpin bowling** *n* لعبة البولنغ العشرية [Lo'aba al-boolenj al-'ashreyah]
bow tie [bəʊ] *n* رباط عنق على شكل فراشة [Rebaṭ 'ala shakl frashah]
box [bɒks] *n* صندوق [sˤundu:q]; **box office** *n* شباك التذاكر [Shobak al-taḍhaker]; **call box** *n* كابينة تليفون [Kabeenat telefoon]; **fuse box** *n* علبة الفيوز ['aolbat al-feyoz]; **gear box** *n* علبة التروس ['aolbat al-teroos]
boxer ['bɒksə] *n* ملاكم [mula:kim]; **boxer shorts** *npl* شورت بوكسر [Short boksar]
boxing ['bɒksɪŋ] *n* ملاكمة [mula:kama]
boy [bɔɪ] *n* ولد [walad]
boyfriend ['bɔɪ,frɛnd] *n* رفيق [rafi:q]
bra [brɑ:] *n* حَمَّالة صَدْر [Hammalat ṣadr]
brace [breɪs] *n (fastening)* سناد [sana:d]
bracelet ['breɪslɪt] *n* سُوَار [suwa:r]
braces ['breɪsɪz] *npl* حمالة [ħamma:latun]
brackets ['brækɪts] *npl* أقواس [ʔaqwa:sun]
brain [breɪn] *n* دِمَاغ [dima:ɣ]
brainy ['breɪnɪ] *adj* ذكي [ðakij]
brake [breɪk] *n* فرامل [fara:mil] ▷ *v* يُفرْمِل [jufarmilu]; **brake light** *n* مصباح الفرامل [Mesbaḥ al-faramel]; **The brakes don't work** الفرامل لا تعمل [Al-faramel la ta'amal]
bran [bræn] *n* نُخالة [nuxa:la]
branch [brɑ:ntʃ] *n* فرع [farʕ]
brand [brænd] *n* ماركة [ma:rka]; **brand name** *n* العلامة التجارية [Al-'alamah al-tejareyah]
brand-new [brænd'nju:] *adj* ماركة جديدة [Markah jadeedah]
brandy ['brændɪ] *n* براندي [bra:ndi:]; **I'll have a brandy** سأتناول براندي [sa-ata-nawal brandy]
brass [brɑ:s] *n* نحاس أصفر [Nahas aṣfar]; **brass band** *n* فرقة الآلات النحاسية [Fer'qat al-aalat al-nahaseqeyah]
brat [bræt] *n* طفل مزعج [Ṭefl moz'aej]
brave [breɪv] *adj* شجاع [ʃuʒa:ʕ]
bravery ['breɪvərɪ] *n* شجاعة [ʃaʒa:ʕa]
Brazil [brə'zɪl] *n* البرازيل [ʔal-bara:zi:lu]
Brazilian [brə'zɪljən] *adj* برازيلي [bara:zi:lij] ▷ *n* برازيلي [bara:zi:lij]
bread [brɛd] *n* خُبز [xubz]; **bread roll** *n* خبز ملفوف [Khobz malfoof]; **brown bread** *n* خبز أسمر [Khobz asmar]
bread bin [brɛdbɪn] *n* نشّابة [naʃʃa:ba]
breadcrumbs ['brɛd,krʌmz] *npl* بُقسماط مطحون [Bo'qsomat maṭhoon]
break [breɪk] *n* فترة راحة [Fatrat raaḥ a] ▷ *v* يكسر [jaksiru]; **lunch break** *n* استراحة غداء [Estrahet ghadaa]
break down [breɪk daʊn] *v* يَتعطل [jataʕatˤtˤalu]
breakdown ['breɪkdaʊn] *n* تَعَطُّل [taʕatˤul]; **breakdown truck** *n* شاحنة قَطْر [Shaḥenat 'qaṭr]; **breakdown van** *n* عربة الأعطال ['arabat al-a'ataal]; **nervous breakdown** *n* إنهيار عصبي [Enheyar aṣabey]
breakfast ['brɛkfəst] *n* إفطار [ʔiftˤa:r]; **bed and breakfast** *n* مبيت وإفطار [Mabeet wa eftaar]; **continental breakfast** *n* إفطار كونتيننتال [Efṭaar kontenental]; **Can I have breakfast in**

my room? هل يمكن أن أتناول الإفطار داخل غرفتي؟ [hal yamken an ata-nawal al-eftaar dakhil ghurfaty?]; **Is breakfast included?** هل يشمل ذلك الإفطار؟ [hal yash-mil dhalik al-iftaar?]; **with breakfast** شاملة الإفطار [shamelat al-eftaar]; **without breakfast** غير شاملة للإفطار [gheyr shamela lel-eftaar]; **What time is breakfast?** ما هو موعد الإفطار [ma howa maw-'aid al-eftaar?]; **What would you like for breakfast?** ماذا تريد تناوله في الإفطار [madha tureed tana-wilho fee al-eftaar?]
break in [breɪk ɪn] *v* يسطو على [Yasṭo 'ala]; **break in (on)** *v* يقتحم
break-in [breɪkɪn] *n* اقتحام [iqtiħa:m]
break up [breɪk ʌp] *v* يُجَزِأ [juʒazziʔu]
breast [brɛst] *n* ثَدي [θadjj]
breast-feed ['brɛst,fi:d] *v* يَرضع [jardˤiʕu]
breaststroke ['brɛst,strəʊk] *n* سباحة الصدر [Sebaḥat al-ṣadr]
breath [brɛθ] *n* نَفَس [nafs]
Breathalyser® ['brɛθə,laɪzə] *n* بريثاليزر® [bri:θa:lajzr]
breathe [bri:ð] *v* يَتنفَس [jatanafasu]
breathe in [bri:ð ɪn] *v* يَستنشق [jastanʃiqu]
breathe out [bri:ð aʊt] *v* يَزْفِر [jazfiru]
breathing ['bri:ðɪŋ] *n* تنفس [tanaffus]
breed [bri:d] *n* نسل [nasl] ▷ *v* يَتناسل [jatana:salu]
breeze [bri:z] *n* نسيم [nasi:m]
brewery ['brʊərɪ] *n* مصنع البيرة [maṣna'a al-beerah]
bribe [braɪb] *v* يَرشو [jarʃu:]
bribery ['braɪbərɪ; 'bribery] *n* رشوة [raʃwa]
brick [brɪk] *n* طوبة [tˤu:ba]
bricklayer ['brɪk,leɪə] *n* بنَّاء [banna:ʔ]
bride [braɪd] *n* عروس [ʕaru:s]
bridegroom ['braɪd,gru:m; -,grʊm] *n* عريس [ʕari:s]
bridesmaid ['braɪdz,meɪd] *n* وصيفة العروس [Waṣeefat al-'aroos]
bridge [brɪdʒ] *n* جسر [ʒisr];
suspension bridge *n* جسر معلق [Jesr mo'aala'q]
brief [bri:f] *adj* ملخص [mulaxxasˤ]
briefcase ['bri:f,keɪs] *n* حقيبة أوراق جلدية [Ha'qeebat awra'q jeldeyah]
briefing ['bri:fɪŋ] *n* إصدار التعليمات [Eṣdar al ta'alemat]
briefly ['bri:flɪ] *adv* باختصار [bekhteṣaar]
briefs [bri:fs] *npl* سروال تحتي قصير [Serwal taḥtey 'qaṣeer]
bright [braɪt] *adj* ساطع [sa:tˤiʕ]
brilliant ['brɪljənt] *adj* شخص متقد الذكاء [shakhṣ mota'qed al-dhakaa]
bring [brɪŋ] *v* يُحضِر [juħadˤdˤiru]
bring back [brɪŋ bæk] *v* يُعْيد [juʕi:du]
bring forward [brɪŋ 'fɔ:wəd] *v* يُقدم [juqaddimu]
bring up [brɪŋ ʌp] *v* يُربي [jurabbi:]
Britain ['brɪtᵊn] *n* بريطانيا [bri:tˤa:nja:]
British ['brɪtɪʃ] *adj* بريطاني [bri:tˤa:nij] ▷ *n* بريطاني [bri:tˤa:nij]
broad [brɔ:d] *adj* واسع [wa:siʕ]
broadband ['brɔ:d,bænd] *n* نطاق واسع [Neṭ'q wase'a]
broadcast ['brɔ:d,kɑ:st] *n* إذاعة [ʔiða:ʕa] ▷ *v* يُذيع [juði:ʕu]
broad-minded [brɔ:d'maɪndɪd] *adj* واسع الأفق [Wase'a al-ofo'q]
broccoli ['brɒkəlɪ] *n* قرنبيط [qarnabi:tˤ]
brochure ['brəʊʃjʊə; -ʃə] *n* كتيب إعلاني [Kotayeb e'alaaney]
broke [brəʊk] *adj* مفلس [muflis]
broken ['brəʊkən] *adj* مكسور [maksu:r]; **broken down** *adj* مُعَطَّل [muʕatˤtˤalun]; **The lock is broken** القفل مكسور [al-'qiful maksoor]; **This is broken** إنها مكسورة [inaha maksoora]
broker ['brəʊkə] *n* سمسار [samsa:r]
bronchitis [brɒŋ'kaɪtɪs] *n* التهاب شُعَبي [Eltehab sho'aaby]
bronze [brɒnz] *n* برونز [bru:nz]
brooch [brəʊtʃ] *n* بروش [bru:ʃ]
broom [bru:m; brʊm] *n* مكنسة [miknasatu]
broth [brɒθ] *n* مرق [maraq]
brother ['brʌðə] *n* أخ [ʔax]

brother-in-law ['brʌðə ɪn lɔː] *n* زوج الأخت [zawj alokht]
brown [braʊn] *adj* بُنيّ [bunnij]; **brown bread** *n* خبز أسمر [Khobz asmar]; **brown rice** *n* أرز أسمر [Orz asmar]
browse [braʊz] *v* يتصفح [jatasˤaffaħu]
browser ['braʊzə] *n* مُتصفِّح [mutasˤaffiħ]
bruise [bruːz] *n* كدمة [kadama]
brush [brʌʃ] *n* فرشاة [furʃaːt] ▷ *v* يُنَظِف بالفرشاة [yonaḍhef bel-forshah]
brutal ['bruːtᵊl] *adj* وحشي [waħʃij]
bubble ['bʌbᵊl] *n* فُقّاعة [fuqaːʕa]; **bubble bath** *n* سائل استحمام [Saael estehmam]; **bubble gum** *n* لبان بالون [Leban balloon]
bucket ['bʌkɪt] *n* دَلْو [dalw]
buckle ['bʌkᵊl] *n* إبزيم [ʔibziːm]
Buddha ['bʊdə] *n* بوذا [buːðaː]
Buddhism ['bʊdɪzəm] *n* البوذية [al-buːðijjatu]
Buddhist ['bʊdɪst] *adj* بوذي [buːðij] ▷ *n* بوذي [buːðij]
budgerigar ['bʌdʒərɪˌgɑː] *n* بغبغاء [babbaɣaːʔ]
budget ['bʌdʒɪt] *n* ميزانية [miːzaːnijja]
budgie ['bʌdʒɪ] *n* بغبغاء [babbaɣaːʔ]
buffalo ['bʌfəˌləʊ] *n* جاموسة [ʒaːmuːsa]
buffet ['bʊfeɪ] *n* سُفرة [sufra]; **buffet car** *n* عربة البوفيه ['arabat al-boofeeh]
bug [bʌg] *n* بقة [baqqa]
bugged ['bʌgd] *adj* مُراقب [muraːqib]
buggy ['bʌgɪ] *n* عربة صغيرة خفيفة ['arabah ṣagheerah khafeefah]
build [bɪld] *v* يَبْني [jabniː]
builder ['bɪldə] *n* بنَّاء [bannaːʔ]
building ['bɪldɪŋ] *n* بنَاء [binaːʔ]; **building site** *n* موقع البناء [Maw'qe'a al-benaa]
bulb [bʌlb] *n (electricity)* بصلة النبات [baṣalat al-nabat], *(plant)* لُحاء [liħaːʔ]
Bulgaria [bʌl'gɛərɪə; bʊl-] *n* بلغاريا [bulɣaːrjaː]
Bulgarian [bʌl'gɛərɪən; bʊl-] *adj* بلغاري [balɣaːriː] ▷ *n (language)* اللغة البلغارية [Al-loghah al-balghareyah], *(person)* بلغاري [balɣaːriː]
bulimia [bjuː'lɪmɪə] *n* شراهة الأكل [Sharahat alakal]
bull [bʊl] *n* ثور [θawr]
bulldozer ['bʊlˌdəʊzə] *n* جرافة [ʒarraːfa]
bullet ['bʊlɪt] *n* رصاصة [rasˤaːsˤa]
bully ['bʊlɪ] *n* بلطجي [baltˤaʒij] ▷ *v* يستأسد على [jastaʔsidu ʕalaː]
bum [bʌm] *n* عَجيزَةٌ [ʕaʒiːza]; **bum bag** *n* حقيبة صغيرة [Ha'qeebah ṣagheerah]
bumblebee ['bʌmbᵊlˌbiː] *n* نحلة ضخمة [Naḥlah ḍakhmah]
bump [bʌmp] *n* ضَربة [dˤarba]; **bump into** *v* يتصادف مع [Yataṣaadaf ma'a]
bumper ['bʌmpə] *n* مصد [musˤidd]
bumpy ['bʌmpɪ] *adj* وَعِر [waʕir]
bun [bʌn] *n* كعكة [kaʕka]
bunch [bʌntʃ] *n* حزمة [ħuzma]
bungalow ['bʌŋgəˌləʊ] *n* بيت من طابق واحد [Bayt men ṭabe'q wahed]
bungee jumping ['bʌndʒɪ] *n* قفز بالحبال ['qafz bel-ḥebal]; **Where can I go bungee jumping?** أين يمكن أن أذهب للقفز بالحبال المطاطية؟ [ayna yamken an adhhab lil-'qafiz bel-ḥebal al-maṭaṭiya?]
bunion ['bʌnjən] *n* التفاف إبهام القدم [Eltefaf ebham al-'qadam]
bunk [bʌŋk] *n* سَرير مبيت [Sareer mabeet]; **bunk beds** *npl* سَرير بدورين [Sareer bedoreen]
buoy [bɔɪ; 'buːɪ] *n* عَوَّامَةٌ [ʕawaːma]
burden ['bɜːdᵊn] *n* عبء [ʕibʔ]
bureaucracy [bjʊə'rɒkrəsɪ] *n* بيروقراطية [biːruːqraːtˤijjati]
bureau de change ['bjʊərəʊ də 'ʃɒnʒ] *n* مكتب صرافة [Maktab ṣerafah]; **I need to find a bureau de change** أريد الذهاب إلى مكتب صرافة [areed al-dhehaab ela maktab ṣerafa]; **Is there a bureau de change here?** هل يوجد مكتب صرافة هنا؟ [hal yujad maktab ṣerafa huna?]; **When is the bureau de change open?** متى يبدأ مكتب الصرافة عمله؟ [mata yabda maktab al-ṣirafa 'aamalaho?]
burger ['bɜːgə] *n* هامبُرجَر [haːmbarʒar]
burglar ['bɜːglə] *n* لص المنازل [Leṣ

al-manazel]; **burglar alarm** *n* إنذار سرقة [endhar sare'qa]
burglary [ˈbɜːɡlərɪ] *n* سَطو [satˤw]
burgle [ˈbɜːɡᵊl] *v* يَسطو [jastˤuː]
Burma [ˈbɜːmə] *n* بورما [buːrmaː]
Burmese [bɜːˈmiːz] *adj* بورمي [buːrmij] ▷ *n (language)* اللغة البورمية [Al-loghah al-bormeyah], *(person)* بورمي [buːrmij]
burn [bɜːn] *n* حرق [ħuriqa] ▷ *v* يَحرق [jaħriqu]
burn down [bɜːn daʊn] *v* يَحترق عن آخره [Yaḥtare'q ʿan aakherh]
burp [bɜːp] *n* تَجَشُؤ [taʒaʃʃuʔ] ▷ *v* يَتجشأ [jataʒaʃʃaʔu]
burst [bɜːst] *v* ينفجر [janfaʒiru]
bury [ˈbɛrɪ] *v* يَدفِن [jadfinu]
bus [bʌs] *n* أوتوبيس [ʔuːtuːbiːs]; **airport bus** *n* أتوبيس المطار [Otobees al-maṭar]; **bus station** *n* محطة أوتوبيس [Mahaṭat otobees]; **bus stop** *n* موقف أوتوبيس [Maw'qaf otobees]; **bus ticket** *n* تذكرة أوتوبيس [tadhkarat otobees]
bush [bʊʃ] *n (shrub)* شُجَيْرَة [ʃuʒajra], *(thicket)* دَغَل [duɣl]
business [ˈbɪznɪs] *n* أعمال تجارية [A'amaal tejareyah]; **business class** *n* درجة رجال الأعمال [Darajat rejal ala'amal]; **business trip** *n* رحلة عمل [Reḥlat 'aamal]; **show business** *n* مجال الاستعراض [Majal al-este'araḍ]
businessman, businessmen [ˈbɪznɪsˌmæn; -mən, ˈbɪznɪsˌmɛn] *n* رَجُل أعمال [Rajol a'amal]
businesswoman, businesswomen [ˈbɪznɪsˌwʊmən, ˈbɪznɪsˌwɪmɪn] *n* سيدة أعمال [Sayedat a'amaal]; **I'm a businesswoman** أنا سيدة أعمال [ana sayidat a'amaal]
busker [ˈbʌskə] *n* فنان متسول [Fanan motasawol]
bust [bʌst] *n* صَدْر [sˤadr]
busy [ˈbɪzɪ] *adj* مشغول [maʃɣuːl]; **busy signal** *n* إشارة إنشغال الخط [Esharat ensheghal al-khat]
but [bʌt] *conj* لكن
butcher [ˈbʊtʃə] *n* جزار [ʒazzaːr]
butcher's [ˈbʊtʃəz] *n* محل الجزار [Maḥal al-jazar]
butter [ˈbʌtə] *n* زُبْدَة [zubda]; **peanut butter** *n* زُبْدَة الفستق [Zobdat al-fosto'q]
buttercup [ˈbʌtəˌkʌp] *n* عُشْب الحَوْذان ['aoshb al-hawdhan]
butterfly [ˈbʌtəˌflaɪ] *n* فراشة [faraːʃa]
buttocks [ˈbʌtəkz] *npl* أَرْدَاف [ʔardaːfun]
button [ˈbʌtᵊn] *n* زِرّ [zirr]; **belly button** *n* سُرَّة البطن [Sorrat al-baṭn]
buy [baɪ] *v* يَشتَري [jaʃtariː]
buyer [ˈbaɪə] *n* مشتري [muʃtariː]
buyout [ˈbaɪˌaʊt] *n* شراء كامل [Sheraa kaamel]
by [baɪ] *prep* بواسطة [biwaːsitˤati]
bye-bye [baɪbaɪ] *excl* إلى اللقاء [ela al-le'qaa]
bypass [ˈbaɪˌpɑːs] *n* ممر جانبي [Mamar janebey]

C

cab [kæb] *n* سيارة أجرة [Sayarah ojarah]
cabbage ['kæbɪdʒ] *n* كُرُنْبٌ [kurnub]
cabin ['kæbɪn] *n* كابينة [ka:bi:na]كوخ , [ku:x]; **cabin crew** *n* كابينة الطاقم [Kabbenat al-ṭa'qam]; **a first-class cabin** كابينة من الدرجة الأولى [kabeena min al-daraja al-o-la]; **a standard class cabin** كابينة من الدرجة العادية [kabeena min al-daraja al-'aadiyah]; **Where is cabin number five?** أين توجد الكابينة رقم خمسة؟ [Ayn tojad al-kabeenah ra'qm khamsah?]
cabinet ['kæbɪnɪt] *n* خِزانة [xiza:na]
cable ['keɪbᵊl] *n* كابل [ka:bil]; **cable car** *n* وَصْلَة ترام [tra:mun]; **cable television** *n* تلفزيونية [Wṣlah telefezyoneyah]
cactus ['kæktəs] *n* صبار [sˤabba:r]
cadet [kə'dɛt] *n* طالب عسكري [Ṭaleb 'askarey]
café ['kæfeɪ; 'kæfɪ] *n* مقهى [maqha:]; **internet café** *n* مقهى الانترنت [Ma'qha al-enternet]; **Are there any internet cafés here?** هل يوجد أي مقهى للإنترنت هنا؟ [hal yujad ay ma'qha lel-internet huna?]
cafeteria [ˌkæfɪ'tɪərɪə] *n* كافيتريا [kafijtirja:]
caffeine ['kæfi:n; 'kæfɪˌi:n] *n* كافين [ka:fi:n]
cage [keɪdʒ] *n* قفص [qafasˤ]
cagoule [kə'gu:l] *n* معطف المطر [Me'ataf lel-maṭar]
cake [keɪk] *n* كعك [kaʕk]
calcium ['kælsɪəm] *n* كالسيوم [ka:lsju:m]
calculate ['kælkjʊˌleɪt] *v* يَعُد [jaʕuddu]
calculation [ˌkælkjʊ'leɪʃən] *n* حُسبان [ħusba:n]
calculator ['kælkjʊˌleɪtə] *n* آلة حاسبة [Aalah ḥasbah]; **pocket calculator** *n* آلة حاسبة للجيب [Alah haseba lel-jeeb]
calendar ['kælɪndə] *n* تقويم [taqwi:m]
calf, calves [kɑ:f, kɑ:vz] *n* عجل [ʕiʒl]
call [kɔ:l] *n* مكالمة [muka:lama] ▷ *v* يَستدعي [jastadʕi:]; **alarm call** *n* نداء استغاثة [Nedaa esteghathah]; **call box** *n* كابينة تليفون [Kabeenat telefoon]; **call centre** *n* مركز الاتصال [Markaz al-eteṣal]; **roll call** *n* تَفَقُّد الحضور [Tafa'qod al-ḥoḍor]; **I must make a phonecall** يجب أن أقوم بإجراء مكالمة تليفونية [yajib an a'qoom be-ijraa mukalama talefonia]; **I'd like to make a reverse charge call** أريد إجراء مكالمة تليفونية مدفوعة من الطرف الآخر [areed ejraa mukalama talefonia mad-fo'aa min al-ṭaraf al-aakhar]
call back [kɔ:l bæk] *v* يُعاوِد الاتصال [Yo'aaawed al-eteṣaal]
call for [kɔ:l fɔ:] *v* يَدْعو إلى [Yad'aoo ela]
call off [kɔ:l ɒf] *v* يَزْجُر [jazʒuru]
calm [kɑ:m] *adj* ساكن [sa:kin]
calm down [kɑ:m daʊn] *v* يَهْدَأ [juhaddiʔu]
calorie ['kælərɪ] *n* سُعْر حراري [So'ar hararey]
Cambodia [kæm'bəʊdɪə] *n* كامبوديا [ka:mbu:dja:]
Cambodian [kæm'bəʊdɪən] *adj* كمبودي [kambu:dij] ▷ *n (person)* شخص كمبودي [Shakhṣ kamboodey]
camcorder ['kæmˌkɔ:də] *n* كاميرا فيديو نقال [Kamera fedyo na'q'qaal]
camel ['kæməl] *n* جمل [ʒamal]

camera ['kæmərə; 'kæmrə] *n* كاميرا [ka:mi:ra:]; **camera phone** *n* تليفون بكاميرا [Telefoon bekamerah]; **digital camera** *n* كاميرا رقمية [Kameera ra'qmeyah]; **video camera** *n* كاميرا فيديو [Kamera fedyo]

cameraman, cameramen ['kæmərə,mæn; 'kæmrə-, 'kæmərə,mɛn] *n* مُصَوِّر [musˤawwir]

Cameroon [,kæmə'ru:n; 'kæmə,ru:n] *n* الكاميرون [al-ka:mi:ru:n]

camp [kæmp] *n* معسكر [muʕaskar] ▷ *v* يُخيم [juxajjimu]; **camp bed** *n* سَرير رحلات [Sareer rahalat]

campaign [kæm'peɪn] *n* حملة [ħamla]

camper ['kæmpə] *n* مُعَسكِر [muʕaskar]

camping ['kæmpɪŋ] *n* تنظيم المعسكرات [Tanteem al-mo'askarat]; **camping gas** *n* موقد يعمل بالغاز للمعسكرات [Maw'qed ya'amal bel-ghaz lel-mo'askarat]

campsite ['kæmp,saɪt] *n* موقع المعسكر [Maw'qe'a al-mo'askar]

campus ['kæmpəs] *n* الحرم الجامعي [Al-haram al-jame'aey]

can [kæn] *n* علبة [ʕulba] ▷ *v* يستطيع [jastatˤi:ʕu]; **watering can** *n* رشاش مياه [Rashah meyah]

Canada ['kænədə] *n* كندا [kanada:]

Canadian [kə'neɪdɪən] *adj* كندي [kanadij] ▷ *n* شخص كندي [Shakhs kanadey]

canal [kə'næl] *n* قناة [qana:t]

Canaries [kə'nɛəri:z] *npl* طيور الكناري [tˤuju:ru al-kana:rijji]

canary [kə'nɛərɪ] *n* طائر الكناري [Taaer al-kanarey]

cancel ['kæns^əl] *v* يُبْطِل [jubtˤil]

cancellation [,kænsɪ'leɪʃən] *n* إلغاء [ʔilɣa:ʔ]; **Are there any cancellations?** هل تم إلغاء أي حجز؟ [hal tam-a el-gha ay hajiz?]

cancer ['kænsə] *n (illness)* مرض السرطان [Marad al-saratan]

Cancer ['kænsə] *n (horoscope)* برج السرطان [Borj alsaratan]

candidate ['kændɪ,deɪt; -dɪt] *n* مُرَشَّح [muraʃʃaħ]

candle ['kænd^əl] *n* شمعة [ʃamʕa]

candlestick ['kænd^əl,stɪk] *n* شمعدان [ʃamʕada:n]

candyfloss ['kændɪ,flɒs] *n* غزل البنات [Ghazl al-banat]

canister ['kænɪstə] *n* علبة صغيرة ['aolbah sagherah]

cannabis ['kænəbɪs] *n* حشيش [ħaʃi:ʃ]

canned [kænd] *adj* مُعَلَّبَة [muʕallabat]

canoe [kə'nu:] *n* صندل [sˤandal]

canoeing [kə'nu:ɪŋ] *n* تجديف [taʒdi:f]; **Where can we go canoeing?** أين يمكن أن أمارس رياضة التجديف بالقوارب الصغيرة؟ [ayna yamken an omares riyadat al-tajdeef bil- 'qawareb al-saghera?]

can-opener ['kæn'əupənə] *n* فتاحة علب التصبير [Fatahat 'aolab al-tasdeer]

canteen [kæn'ti:n] *n* مطعم [matˤʕam]

canter ['kæntə] *v* يُخِب الفرس [Yokheb al-faras]

canvas ['kænvəs] *n* قماش الرسم ['qomash al-rasm]

canvass ['kænvəs] *v* يَستطلع الرأي [Yastatle'a al-ray]

cap [kæp] *n* غطاء قنينة [Gheta'a 'qeneenah]; **baseball cap** *n* قُبَعة البيسبول ['qoba'at al-beesbool]

capable ['keɪpəb^əl] *adj* مؤهل [moahhal]

capacity [kə'pæsɪtɪ] *n* سعة [siʕa]

capital ['kæpɪt^əl] *n* عاصمة [ʕa:sˤima]

capitalism ['kæpɪtə,lɪzəm] *n* رأسمالية [raʔsuma:lijja]

Capricorn ['kæprɪ,kɔ:n] *n* الجَدْي [alʒadiju]

capsize [kæp'saɪz] *v* يَنقلب [janqalibu]

capsule ['kæpsju:l] *n* كبسولة [kabsu:la]

captain ['kæptɪn] *n* رئيس [raʔijs]

caption ['kæpʃən] *n* تعليق [taʕli:q]

capture ['kæptʃə] *v* يأسِر [jaʔsiru]

car [kɑ:] *n* سَيارة [sajja:ra]; **cable car** *n* ترام [tra:mun]; **car hire** *n* إيجار سيارة [Ejar sayarah]; **car park** *n* موقف انتظار [Maw'qaf entedhar]; **car rental** *n* تأجير سيارة [Taajeer sayarah]; **car wash** *n*

غسيل سيارة [ghaseel sayaarah]; **company car** *n* سيارة الشركة [Sayarat al-sharekah]; **dining car** *n* عربة تناول الطعام في القطار ['arabat tanawool al-ṭa'aaam fee al-'qeṭar]; **estate car** *n* سيارة بصالون متحرك المقاعد [Sayarah be-ṣalon motaḥarek al-ma'qaed]; **hired car** *n* سيارة مستأجرة [Sayarah mostaajarah]; **patrol car** *n* سيارة الدورية [Sayarah al-dawreyah]; **racing car** *n* سيارة السباق [Sayarah al-seba'q]; **rental car** *n* سيارة إيجار [Sayarah eejar]; **saloon car** *n* سيارة صالون [Sayarah ṣalon]; **sleeping car** *n* عربة النوم ['arabat al-nawm]

carafe [kə'ræf; -'rɑːf] *n* غَرّافة [ɣarra:fa]

caramel ['kærəməl; -ˌmɛl] *n* كرميل [karami:l]

carat ['kærət] *n* قيراط [qi:ra:tˤ]

caravan ['kærəˌvæn] *n* مَقْطُورَةٌ [maqtˤu:ra]; **caravan site** *n* موقع المَقْطُورَة [Maw'qe'a al-ma'qṭorah]

carbohydrate [ˌkɑːbəʊ'haɪdreɪt] *n* كَارْبُوهَيْدْرَات [ka:rbu:hajdra:t]

carbon ['kɑːbᵊn] *n* كربون [karbu:n]; **carbon footprint** *n* بصمة كربونية [Baṣma karbonyah]

carburettor [ˌkɑːbjʊ'rɛtə; 'kɑːbjʊˌrɛtə; -bə-] *n* المكربن [Al-makreen]

card [kɑːd] *n* بطاقة [bitˤa:qa]; **boarding card** *n* كارت ركوب [Kart rekoob]; **credit card** *n* كارت ائتمان [Kart eateman]; **debit card** *n* كارت سحب [Kart sahb]; **greetings card** *n* بطاقة تهنئة [Beṭaqat tahneaa]; **ID card** *abbr* بطاقة شخصية [beṭ a'qah shakhṣeyah]; **membership card** *n* بطاقة عضوية [Beṭaqat 'aodweiah]; **playing card** *n* بطاقة لعب [Beṭaqat la'aeb]; **report card** *n* تقرير مدرسي [Ta'qreer madrasey]; **top-up card** *n* كارت إعادة الشحن [Kart e'aadat shaḥn]

cardboard ['kɑːdˌbɔːd] *n* ورق مقوى [Wara'q mo'qawa]

cardigan ['kɑːdɪgən] *n* سترة صوفية [Sotrah ṣofeyah]

cardphone ['kɑːdfəʊn] *n* كارت تليفون [Kart telefone]

care [kɛə] *n* عناية [ʕina:ja] ▷ *v* يعتني [jaʕtani:]; **intensive care unit** *n* وحدة العناية المركزة [Weḥdat al-'aenayah al-morkazah]

career [kə'rɪə] *n* حقل النشاط [Ha'ql al-nashaṭ]

careful ['kɛəfʊl] *adj* حَذِرٌ [ħaðir]

carefully ['kɛəfʊlɪ] *adv* بعناية [Be-'aenayah]

careless ['kɛəlɪs] *adj* مهمل [muhmil]

caretaker ['kɛəˌteɪkə] *n* مشرف على بيت [Moshref ala bayt]

car-ferry ['kɑːfɛrɪ] *n* معدية سيارات [Me'adeyat sayarat]

cargo ['kɑːgəʊ] *n* حُمولة [ħumu:la]

Caribbean [ˌkærɪ'biːən; kə'rɪbɪən] *adj* كاريبي [ka:rajbi:] ▷ *n* البحر الكاريبي [Al-baḥr al-kareebey]

caring ['kɛərɪŋ] *adj* مهتم بالآخرين [Mohtam bel-aakhareen]

carnation [kɑː'neɪʃən] *n* قرنفل [qaranful]

carnival ['kɑːnɪvᵊl] *n* كرنفال [karnafa:l]

carol ['kærəl] *n* أغنية مرحة [ogһneyah mareha]

carpenter ['kɑːpɪntə] *n* نجار [naʒʒa:r]

carpentry ['kɑːpɪntrɪ] *n* نجارة [niʒʒa:ra]

carpet ['kɑːpɪt] *n* سجادة [saʒa:dda]; **fitted carpet** *n* سجاد مثبت [Sejad mothabat]

carriage ['kærɪdʒ] *n* حافلة [ħa:fila]

carriageway ['kærɪdʒˌweɪ] *n*; **dual carriageway** *n* طريق مزدوج الاتجاه للسيارات [Taree'q mozdawaj al-etejah lel-sayarat]

carrot ['kærət] *n* جزر [ʒazar]

carry ['kærɪ] *v* يَحمل [juħmalu]

carrycot ['kærɪˌkɒt] *n* سرير محمول للطفل [Sareer maḥmool lel-ṭefl]

carry on ['kærɪ ɒn] *v* يَستمِر [jastamirru]

carry out ['kærɪ aʊt] *v* يُنَفِذ [junaffiðu]

cart [kɑːt] *n* عربة [ʕaraba]

carton ['kɑːtᵊn] *n* علبة كارتون ['aolbat kartoon]

cartoon [kɑː'tuːn] *n* رسوم متحركة [Rosoom motaharekah]
cartridge ['kɑːtrɪdʒ] *n* خرطوشة [xartˤuːʃa]
carve [kɑːv] *v* يَنْحِت [janħutu]
case [keɪs] *n* قضية [qadˤijja]; **pencil case** *n* مقلمة [miqlamatun]
cash [kæʃ] *n* نَقْد [naqd]; **cash dispenser** *n* ماكينة صرافة [Makenat ṣerafah]; **cash register** *n* ماكينة تسجيل الكاش [Makenat tasjeel al-kaash]
cashew ['kæʃuː; kæ'ʃuː] *n* ثمرة الكاجو [Thamarat al-kajoo]
cashier [kæ'ʃɪə] *n* صَرَّاف [sˤarraːf]
cashmere ['kæʃmɪə] *n* شال من الصوف الناعم [Shal men al-Ṣoof al-na'aem]
casino [kə'siːnəʊ] *n* كازينو [kaːziːnuː]
casserole ['kæsəˌrəʊl] *n* كسرولة [kasruːlatu]
cassette [kæ'sɛt] *n* كاسيت [kaːsiːt]
cast [kɑːst] *n* يَصُبّ [jasˤubu]
castle ['kɑːsᵊl] *n* قلعة [qalʕa]
casual ['kæʒjʊəl] *adj* طارئ [tˤaːriʔ]
casually ['kæʒjʊəlɪ] *adv* بشكل عَارِض [Beshakl 'aareḍ]
casualty ['kæʒjʊəltɪ] *n* مُصَاب [musˤaːb]
cat [kæt] *n* قطة [qitˤa]
catalogue ['kætəˌlɒg] *n* كتالوج [kataːluːʒ]; **I'd like a catalogue** أريد مشاهدة الكتالوج [areed mu-shahadat al-kataloj]
cataract ['kætəˌrækt] *n (eye)* مياه بيضاء [Meyah bayḍaa], *(waterfall)* شَلّال كبير [Shallal kabeer]
catarrh [kə'tɑː] *n* نَزْلَة [nazla]
catastrophe [kə'tæstrəfɪ] *n* نكبة [nakba]
catch [kætʃ] *v* يمسك [jumsiku]
catching ['kætʃɪŋ] *adj* فاتن [faːtin]
catch up [kætʃ ʌp] *v* لحق ب [laħiqa bi]
category ['kætɪgərɪ] *n* فئة [fiʔa]
catering ['keɪtərɪŋ] *n* توريد الطعام [Tarweed al-ṭa'aam]
caterpillar ['kætəˌpɪlə] *n* يَرَقَانَةٌ [jaraqaːna]
cathedral [kə'θiːdrəl] *n* كاتدرائية [kaːtidraːʔijja]; **When is the cathedral open?** متى تُفتح الكاتدرائية؟ [mata tuftaḥ al-katid-ra-eya?]
Catholic ['kæθəlɪk; 'kæθlɪk] *adj* كاثوليكي [kaːθuːliːkij] ▷ *n* شخص كاثوليكي [Shakhṣ katholeykey]; **Roman Catholic** *n* روماني كاثوليكي [Romaney katholeykey], شخص روماني كاثوليكي [shakhṣ romaney katholeekey]
cattle ['kætᵊl] *npl* ماشية [maːʃijatun]
Caucasus ['kɔːkəsəs] *n* قوقاز [quːqaːz]
cauliflower ['kɒlɪˌflaʊə] *n* قنبيط [qanbiːtˤ]
cause [kɔːz] *n (ideals)* سبب [sabab], *(reason)* سبب [sabab] ▷ *v* يُسبب [jusabbibu]
caution ['kɔːʃən] *n* حَذَر [ħaðar]
cautious ['kɔːʃəs] *adj* حذِر [ħaðir]
cautiously ['kɔːʃəslɪ] *adv* بحذر [beḥadhar]
cave [keɪv] *n* كهف [kahf]
CCTV [siː siː tiː viː] *abbr* دائرة تلفزيونية مغلقة [Daerah telefezyoneyah moghla'qa]
CD [siː diː] *n* اسطوانة [ustˤuwaːna]; **CD burner** *n* ناسخ الاسطوانة [Nasekh al-esṭewanah]; **CD player** *n* مشغل الاسطوانات [Moshaghel al-esṭewanat]; **When will the CD be ready?** متى ستكون الاسطوانة جاهزة؟ [mata sata-koon al-esṭ-ewana jaheza?]
CD-ROM [-'rɒm] *n* دُرج الأسطوانات المدمجة [Dorj al-esṭewanaat al-modmajah]
ceasefire ['siːs'faɪə] *n* وَقْف إطلاق النار [Wa'qf eṭlaa'q al-naar]
ceiling ['siːlɪŋ] *n* سَقف [saqf]
celebrate ['sɛlɪˌbreɪt] *v* يَحْتَفل [jaħtafilu]
celebration ['sɛlɪˌbreɪʃən] *n* احتفال [iħtifaːl]
celebrity [sɪ'lɛbrɪtɪ] *n* شُهْرَة [ʃuhra]
celery ['sɛlərɪ] *n* كرفس [kurfus]
cell [sɛl] *n* خلية [xalijja]
cellar ['sɛlə] *n* قبو [qabw]
cello ['tʃɛləʊ] *n* كمنجة كبيرة [Kamanjah kabeerah]

cement [sɪ'mɛnt] *n* أسمنت [ʔasmant]
cemetery ['sɛmɪtrɪ] *n* مقبرة [maqbara]
census ['sɛnsəs] *n* إحصاء رسمي [Ehṣaa rasmey]
cent [sɛnt] *n* سِنت [sint]
centenary [sɛn'ti:nərɪ] *n* قَرْن [qarn]
centimetre ['sɛntɪ,mi:tə] *n* سنتيمتر [santi:mitar]
central ['sɛntrəl] *adj* مركزي [markazijjat]; **central heating** *n* تدفئة مركزية [Tadfeah markazeyah]; **Central America** *n* أمريكا الوسطى [Amrika al wostaa]
centre ['sɛntə] *n* وسط [wasatˤ]; **call centre** *n* مركز الاتصال [Markaz al-eteṣal]; **city centre** *n* وسط المدينة [Wasaṭ al-madeenah]; **job centre** *n* مركز العمل [markaz al-'aamal]; **leisure centre** *n* مركز ترفيهي [Markaz tarfehy]; **shopping centre** *n* مركز تسوق [Markaz tasawe'q]; **town centre** *n* وَسَطَ المدينة [Wasaṭ al-madeenah]; **visitor centre** *n* مركز زائري [Markaz zaerey]
century ['sɛntʃərɪ] *n* قرن [qarn]
CEO [si: i: əʊ] *abbr* مدير الإدارة التنفيذية [Modeer el-edarah al-tanfeedheyah]
ceramic [sɪ'ræmɪk] *adj* خزفي [xazafij]
cereal ['sɪərɪəl] *n* حبوب [ħubu:b]
ceremony ['sɛrɪmənɪ] *n* مراسم [mara:sim]
certain ['sɜ:tᵊn] *adj* محدد [muħadadd]
certainly ['sɜ:tᵊnlɪ] *adv* بلا شَكْ [Bela shak]
certainty ['sɜ:tᵊntɪ] *n* يقين [jaqi:n]
certificate [sə'tɪfɪkɪt] *n* شهادة [ʃaha:da]; **birth certificate** *n* شهادة ميلاد [Shahadat meelad]; **marriage certificate** *n* عقد زواج ['aa'qd zawaj]; **medical certificate** *n* شهادة طبية [Shehadah ṭebeyah]; **I need a 'fit to fly' certificate** أحتاج إلى شهادة تفيد أنني مؤهلة للسفر بالطائرة [aḥtaaj ela shahada tufeed inna-ni mo-ah-ala lel-safar bil-ṭaa-era]
Chad [tʃæd] *n* تشاد [tʃa:d]
chain [tʃeɪn] *n* سِلسلة [silsila]
chair [tʃɛə] *n (furniture)* كرسي [kursij]; **easy chair** *n* كرسي مريح [Korsey moreeḥ]; **rocking chair** *n* كرسي هَزَّاز [Korsey hazzaz]
chairlift ['tʃɛə,lɪft] *n* تليفريك [tili:fri:k]
chairman, chairmen ['tʃɛəmən, 'tʃɛəmɛn] *n* رئيس المجلس [Raees al-majlas]
chalk [tʃɔ:k] *n* طباشير [tˤaba:ʃi:r]
challenge ['tʃælɪndʒ] *n* تحدٍّ [taħaddin] ▷ *v* يتحدى [jataħadda:]
challenging ['tʃælɪndʒɪŋ; 'challenging] *adj* صعب [sˤaʕb]
chambermaid ['tʃeɪmbə,meɪd] *n* خادمة في فندق [Khademah fee fodo'q]
champagne [ʃæm'peɪn] *n* شامبانيا [ʃa:mba:nja:]
champion ['tʃæmpɪən] *n* بطل *(competition)* [batˤal]
championship ['tʃæmpɪən,ʃɪp] *n* بطولة [butˤu:la]
chance [tʃɑ:ns] *n* مصادفة [musˤa:dafa]; **by chance** *adv* بالصُدْفَة [Bel-ṣodfah]
change [tʃeɪndʒ] *n* تغيير [taɣji:r] ▷ *vi* يَتغَير [jataɣajjaru] ▷ *vt* يُغّير [juɣajjiru]; **changing room** *n* غرفة تبديل الملابس [Ghorfat tabdeel al-malabes]; **I want to change my ticket** أريد تغيير تذكرتي [areed taghyeer tadhkeraty]; **I want to change some... into...** أرغب في تغيير بعض... إلى... [arghab fee taghyeer ba'aḍ... ela...]; **I'd like to change my flight** أريد تغيير رحلتي الجوية [areed taghyeer reḥlaty al-jaw-wya]; **I'd like to change one hundred... into...** أرغب في تغيير مائة... إلى... [arghab fee taghyeer ma-a... ela...]; **Where are the changing rooms?** أين توجد غرفة تغيير الملابس؟ [ayna tojad ghurfat taghyeer al-malabis?]; **Where can I change some money?** أين يمكنني تغيير بعض النقود؟ [ayna yamken-any taghyeer ba'aḍ al-ni'qood?]; **Where can I change the baby?** أين يمكنني تغيير ملابس الرضيع؟ [ayna yamken-any taghyeer ma-labis al-raḍee'a?]

changeable ['tʃeɪndʒəbᵊl] *adj* قابل للتغيير ['qabel lel-tagheyer]
channel ['tʃænᵊl] *n* مجرى نهر [Majra nahr]
chaos ['keɪɒs] *n* فوضى [fawdˤa:]
chaotic ['keɪ'ɒtɪk] *adj* مشوش [muʃawwaʃ]
chap [tʃæp] *n* فتى [fata:]
chapel ['tʃæpᵊl] *n* كنيسة صغيرة [Kanesah ṣagherah]
chapter ['tʃæptə] *n* فصل [fasˤl]
character ['kærɪktə] *n* شخصية [ʃaxsˤijja]
characteristic [ˌkærɪktə'rɪstɪk] *n* سمة [sima]
charcoal ['tʃɑːˌkəʊl] *n* فَحْم نباتي [Faḥm nabatey]
charge [tʃɑːdʒ] *n (accusation)* تُهمة [tuhma], *(electricity)* شحن [ʃaħn], *(price)* رسم [rasm] ▷ *v (accuse)* يَتَّهِم [jattahimu], *(electricity)* يَحشو [jaħʃu:], *(price)* يَطْلُبُ سِعْرا [jatˤlubu siʕran]; **admission charge** *n* رَسْم الالتحاق [Rasm al-elteha'q]; **cover charge** *n* المصاريف المدفوعة مقدما [Al-maṣaareef al-madfoo'ah mo'qadaman]; **service charge** *n* رَسْم الخدمة [Rasm al-khedmah]; **It's not charging** إنها لا تقبل الشحن [inaha la ta'qbal al-shaḥin]; **It's not holding its charge** لا تحتفظ بشحنها [la taḥtafiḍh be-shaḥ-neha]; **Where can I charge my mobile phone?** أين يمكن أن أشحن تليفوني المحمول؟ [ayna yamken an ash-ḥan talefony al-maḥmool?]
charger ['tʃɑːdʒə] *n* شاحِن [ʃa:ħin]
charity ['tʃærɪtɪ] *n* إحسان [ʔiħsa:n]; **charity shop** *n* محل لبضائع متبرع بها لجهة خيرية [Maḥal lebaḍae'a motabar'a beha lejahah khayryah]
charm [tʃɑːm] *n* فتنة [fitna]
charming ['tʃɑːmɪŋ] *adj* ساحر [sa:ħir]
chart [tʃɑːt] *n* رسم بياني [Rasm bayany]; **pie chart** *n* رسم بياني دائري [Rasm bayany daery]
chase [tʃeɪs] *n* مطاردة [mutˤa:rada] ▷ *v* يُطارد [jutˤa:ridu]
chat [tʃæt] *n* دردشة [dardaʃa] ▷ *v* يدردش [judardiʃu]; **chat show** *n* برنامج حواري [Barnamaj hewary]
chatroom ['tʃætˌruːm; -ˌrʊm] *n* غرفة محادثة [ghorfat mohadathah]
chauffeur ['ʃəʊfə; ʃəʊ'fɜː] *n* سائق سيارة [Saae'q sayarah]
chauvinist ['ʃəʊvɪˌnɪst] *n* شوفيني [ʃu:fi:ni:]
cheap [tʃiːp] *adj* رخيص [raxi:sˤ]
cheat [tʃiːt] *n* غش [ɣaʃʃa] ▷ *v* يَغُش [jaɣiʃʃu]
Chechnya ['tʃɛtʃnjə] *n* الشيشان [aʃ-ʃi:ʃa:n]
check [tʃɛk] *n* فحص [faħsˤ] ▷ *v* يفحص [jafħasˤu]; **Can you check the water, please?** أتسمح بفحص الماء بالسيارة؟ [a-tas-maḥ be-faḥiṣ al-maa-i bil-sayara?]
checked [tʃɛkt] *adj* ذو مربعات [dho moraba'aat]
check in [tʃɛk ɪn] *v* يتسجل في فندق [Yatasajal fee fondo'q]
check-in [tʃɛkɪn] *n* التسجيل في فندق [Al-tasjeel fee fondo'q]
check out [tʃɛk aʊt] *v* يغادر الفندق [Yoghader al-fodo'q]
checkout ['tʃɛkaʊt] *n* مغادرة الفندق [Moghadarat al-fondo'q]
check-up [tʃɛkʌp] *n* فحص طبي عام [Faḥṣ ṭebey 'aam]
cheek [tʃiːk] *n* خد [xadd]
cheekbone ['tʃiːkˌbəʊn] *n* عظم الوجنة [aḍhm al-wajnah]
cheeky ['tʃiːkɪ] *adj* وَقِح [waqiħ]
cheer [tʃɪə] *n* ابتهاج [ibtiha:ʒ] ▷ *v* يبتهج [jabtahiʒu]
cheerful ['tʃɪəfʊl] *adj* مبهج [mubhaʒ]
cheese [tʃiːz] *n* جُبن [ʒubn]; **cottage cheese** *n* جبن قريش [Jobn 'qareesh]
chef [ʃɛf] *n* رئيس الطهاة [Raees al-ṭohah]
chemical ['kɛmɪkᵊl] *n* مادة كيميائية [Madah kemyaeyah]
chemist ['kɛmɪst] *n* كِيمِيَائِيٌّ [ki:mija:ʔij]; **chemist('s)** *n* معمل كيميائي [M'amal kemyaeay]

chemistry ['kɛmɪstrɪ] *n* كيمياء [ki:mija:ʔ]
cheque [tʃɛk] *n* شيك بنكي [Sheek bankey]; **blank cheque** *n* شيك على بياض [Sheek ala bayad]; **traveller's cheque** *n* شيك سياحي [Sheek seyahey]
chequebook ['tʃɛk,bʊk] *n* دفتر شيكات [Daftar sheekaat]
cherry ['tʃɛrɪ] *n* كرز [karaz]
chess [tʃɛs] *n* شطرنج [ʃatˤranʒ]
chest [tʃɛst] *n (body part)* صَدْر [sˤadr], *(storage)* صندوق [sˤundu:q]; **chest of drawers** *n* خزانة ملابس بأدراج [Khezanat malabes be-adraj]
chestnut ['tʃɛs,nʌt] *n* كَسْتِناء [kastana:ʔ]
chew [tʃu:] *v* يَمضَغ [jamdˤuɣu]; **chewing gum** *n* علكة [ʕilkatun]
chick [tʃɪk] *n* كتكوت [kutku:t]
chicken ['tʃɪkɪn] *n* دَجَاجَة [daʒa:ʒa]
chickenpox ['tʃɪkɪn,pɒks] *n* حُماق [ħumq]
chickpea ['tʃɪk,pi:] *n* حبة الحمص [Habat al-hommoṣ]
chief [tʃi:f] *adj* رئيسي [raʔi:sij] ▷ *n* سيد [sajjid]
child, children [tʃaɪld, 'tʃɪldrən] *n* غِر [ɣirr]; **child abuse** *n* سوء معاملة الأطفال [Soo mo'aamalat al-aṭfaal]
childcare ['tʃaɪld,kɛə] *n* رعاية الأطفال [Re'aayat al-aṭfal]
childhood ['tʃaɪldhʊd] *n* طفولة [tˤufu:la]
childish ['tʃaɪldɪʃ] *adj* طُفُوليٌّ [tˤufu:lij]
childminder ['tʃaɪld,maɪndə] *n* جليسة أطفال [Jaleesat aṭfaal]
Chile ['tʃɪlɪ] *n* دولة تشيلي [Dawlat tesheeley]
Chilean ['tʃɪlɪən] *adj* تشيلي [tʃi:lij] ▷ *n* مواطن تشيلي [Mowaṭen tsheeley]
chill [tʃɪl] *v* يبرِّد [jubarridu]
chilli ['tʃɪlɪ] *n* فلفل أحمر حار [Felfel aḥmar ḥar]
chilly ['tʃɪlɪ] *adj* مُثْلِج [muθallaʒ]
chimney ['tʃɪmnɪ] *n* مَدخَنة [midxana]
chimpanzee [,tʃɪmpæn'zi:] *n* شمبانزي [ʃamba:nzij]
chin [tʃɪn] *n* ذَقْن [ðaqn]
china ['tʃaɪnə] *n* آنية من الصيني [Aaneyah men al-ṣeeney]
China ['tʃaɪnə] *n* الصين [asˤ-sˤi:nu]
Chinese [tʃaɪ'ni:z] *adj* صيني [sˤi:nij] ▷ *n (language)* اللغة الصينية [Al-loghah al-ṣeeneyah], *(person)* صيني [sˤi:nij]
chip [tʃɪp] *n (electronic)* شريحة [ʃari:ħatt], *(small piece)* رقاقة [ruqa:qa]; **silicon chip** *n* شريحة السليكون [Shreeḥah men al-selekoon]
chips [tʃɪps] *npl* شرائح [ʃara:ʔiħun]
chiropodist [kɪ'rɒpədɪst] *n* مُعَالِج القدم [Mo'aaleg al-'qadam]
chisel ['tʃɪzᵊl] *n* إزميل خشبي [Ezmeel khashabey]
chives [tʃaɪvz] *npl* ثوم معمر [Thoom mo'aamer]
chlorine ['klɔ:ri:n] *n* كلور [klu:r]
chocolate ['tʃɒkəlɪt; 'tʃɒklɪt; -lət] *n* شوكولاتة [ʃu:ku:la:ta]; **milk chocolate** *n* شيكولاتة باللبن [Shekolata bel-laban]; **plain chocolate** *n* شيكولاتة سادة [Shekolatah sada]
choice [tʃɔɪs] *n* اختيار [ixtija:r]
choir [kwaɪə] *n* جَوْقَة [ʒawqa]
choke [tʃəʊk] *v* يَختنق [jaxtaniqu]
cholesterol [kə'lɛstə,rɒl] *n* كولسْتِرُول [ku:listiru:l]
choose [tʃu:z] *v* يختار [jaxta:ru]
chop [tʃɒp] *n* فرم [faram] ▷ *v* يَفْرُم [jafrumu]; **pork chop** *n* شريحة لحم خنزير [Shareehat laḥm khenzeer]
chopsticks ['tʃɒpstɪks] *npl* عيدان الأكل في الصين [ʕi:da:ni alʔakla fi: assˤi:ni]
chosen ['tʃəʊzᵊn] *adj* مختار [muxta:r]
Christ [kraɪst] *n* المَسيح [al-masi:ħu]
christening ['krɪsᵊnɪŋ; 'christening] *n* حفلة التعميد [Ḥaflat alt'ameed]
Christian ['krɪstʃən] *adj* مَسيحي [masi:ħij] ▷ *n* مَسيحي [masi:ħij]; **Christian name** *n* اسم مَسيحي [Esm maseeḥey]
Christianity [,krɪstɪ'ænɪtɪ] *n* المَسيحية [al-masi:ħijjatu]
Christmas ['krɪsməs] *n* عيد الميلاد

المجيد ['aeed al-meelad al-majeed]; **Christmas card** *n* كارت الكريسماس [Kart al-kresmas]; **Christmas Eve** *n* عشية عيد الميلاد ['aasheyat 'aeed al-meelad]; **Christmas tree** *n* شجرة عيد الميلاد [Shajarat 'aeed al-meelad]

chrome [krəʊm] *n* كُروم [ku:ru:mu]

chronic ['krɒnɪk] *adj* مزمن [muzmin]

chrysanthemum [krɪ'sænθəməm] *n* الاقحوان [al-uqħuwa:nu]

chubby ['tʃʌbɪ] *adj* مُمْتَلئ [mumtali?]

chunk [tʃʌŋk] *n* قطعة غليظة قصيرة ['qet'aah ghaledhah]

church [tʃɜ:tʃ] *n* كنيسة [kani:sa]; **Can we visit the church?** أيمكننا زيارة الكنيسة؟ [a-yamkun-ana zeyarat al-kaneesa]

cider ['saɪdə] *n* عصير تفاح ['aaṣeer tofaḥ]

cigar [sɪ'gɑ:] *n* سيجار [si:ʒa:r]

cigarette [ˌsɪgə'rɛt] *n* سيجارة [si:ʒa:ra]; **cigarette lighter** *n* قداحة [qadda:ħatun]

cinema ['sɪnɪmə] *n* سينما [si:nima:]; **What's on at the cinema?** ماذا يعرض الآن على شاشات السينما؟ [madha yu'a-raḍ al-aan 'aala sha-shaat al-senama?]

cinnamon ['sɪnəmən] *n* قرفة [qirfa]

circle ['sɜ:kᵊl] *n* دائرة [da:?ira]; **Arctic Circle** *n* الدائرة القطبية الشمالية [Al-daerah al'qoṭbeyah al-Shamaleyah]

circuit ['sɜ:kɪt] *n* دارة [da:ra]

circular ['sɜ:kjʊlə] *adj* دائري [da:?irij]

circulation [ˌsɜ:kjʊ'leɪʃən] *n* دَوَران [dawara:n]

circumstances ['sɜ:kəmstənsɪz] *npl* ظروف [zˤuru:fun]

circus ['sɜ:kəs] *n* سيرك [si:rk]

citizen ['sɪtɪzᵊn] *n* مواطن [muwa:tˤin]; **senior citizen** *n* شخص متقدم العمر [Shakhṣ mota'qadem al-'aomr]

citizenship ['sɪtɪzənˌʃɪp] *n* الانتماء الوطني [Al-entemaa alwaṭaney]

city ['sɪtɪ] *n* مدينة [madi:na]; **city centre** *n* وسط المدينة [Wasaṭ al-madeenah]; **Is there a bus to the city?** هل يوجد أتوبيس إلى المدينة؟ [Hal yojad otobees ela al-madeenah?]; **Please take me to the city centre** من فضلك أريد الذهاب إلى وسط المدينة [min faḍlak areed al-dhehaab ela waṣaṭ al-madena]; **Where can I buy a map of the city?** أين يمكن أن أشتري خريطة للمدينة؟ [ayna yamken an ash-tary khareeṭa lil-madena?]

civilian [sɪ'vɪljən] *adj* مدني [madanijjat] ▷ *n* مدني [madanijja]

civilization [ˌsɪvɪlaɪ'zeɪʃən] *n* حضارة [ħadˤa:ra]

claim [kleɪm] *n* مطالبة [mutˤa:laba] ▷ *v* يُطالِب [jutˤa:libu]; **claim form** *n* استمارة مطالبة [Estemarat moṭalabah]

clap [klæp] *v* يُصَفق [jusˤaffiqu]

clarify ['klærɪˌfaɪ] *v* يُوضِح [juwadˤdˤiħu]

clarinet [ˌklærɪ'nɛt] *n* كلارينت [kla:ri:nit]

clash [klæʃ] *v* يَصْطَدِم [jasˤtˤadimu]

clasp [klɑ:sp] *n* يُصافح [jusˤa:fiħu]

class [klɑ:s] *n* طَبَقة إجْتِماعيَّة [tˤabaqatun iʒtima:ʕijja]; **business class** *n* درجة رجال الأعمال [Darajat rejal ala'amal]; **economy class** *n* درجة سياحية [Darjah seyaḥeyah]; **second class** *n* درجة ثانية [Darajah thaneyah]

classic ['klæsɪk] *adj* كلاسيكي [kla:si:kij] ▷ *n* كلاسيكي [kla:si:kij]

classical ['klæsɪkᵊl] *adj* كلاسيكي [kla:si:kij]

classmate ['klɑ:sˌmeɪt] *n* زميل الفصل [Zameel al-faṣl]

classroom ['klɑ:sˌru:m; -ˌrʊm] *n* حجرة دراسية [Ḥojrat derasah]; **classroom assistant** *n* مساعد المدرس [Mosa'aed al-modares]

clause [klɔ:z] *n* مادة [ma:dda]

claustrophobic [ˌklɔ:strə'fəʊbɪk; ˌklɒs-] *adj* خائف من الأماكن المغلقة [Khaef men al-amaken al-moghla'ah]

claw [klɔ:] *n* ظُفْرٌ [zˤufr]

clay [kleɪ] *n* صلصال [sˤalsˤa:l]

clean [kli:n] *adj* نظيف [nazˤi:f] ▷ *v* يُنَظِف [junazˤzˤifu]; **Can you clean the room, please?** هل يمكن من فضلك تنظيف الغرفة؟ [hal yamken min faḍlak tanḍheef al-ghurfa?]; **I need this dry-cleaned** احتاج أن أنظف هذا تنظيفا جافًا [aḥtaaj an ana-ḍhif hadha tan-ḍheefan jaafan]; **I'd like to get these things cleaned** أود تنظيف هذه الأشياء [awid tanḍheef hadhy al-ashyaa]; **The room isn't clean** الغرفة ليست نظيفة [al-ghurfa laysat naḍhefa]; **Where can I get this cleaned?** أين يمكنني تنظيف هذا؟ [ayna yamken-any tanḍheef hadha?]

cleaner ['kliːnə] *n* خادم للتنظيف [Khadem lel-tanḍheef]

cleaning ['kliːnɪŋ] *n* تنظيف [tanzˤiːf]; **cleaning lady** *n* عاملة النظافة ['aamelat al-nadhafah]

cleanser ['klɛnzə] *n* غَسُولٌ [ɣasuːl]

clear [klɪə] *adj* واضح [waːdˤiħ]

clearly ['klɪəlɪ] *adv* بوضوح [biwudˤuːħin]

clear off [klɪə ɒf] *v* يَذهَب بسرعة [yaḍhab besor'aa]

clear up [klɪə ʌp] *v* يُزيل الغموض [Yozeel al-ghmooḍ]

clementine ['klɛmənˌtiːn; -ˌtaɪn] *n* نوع من البرتقال الناعم [nawʕun min alburtuqaːli alnaːʕimi]

clever ['klɛvə] *adj* شاطر [ʃaːtˤir]

click [klɪk] *n* نقرة [naqra] ▷ *v* ينقر [janquru]

client ['klaɪənt] *n* زبون [zabuːn]

cliff [klɪf] *n* جُرف [ʒarf]

climate ['klaɪmɪt] *n* مناخ [munaːx]; **climate change** *n* تغير المناخ [Taghyeer almonakh]

climb [klaɪm] *v* يَتسلق [jatasallaqu]

climber ['klaɪmə] *n* متسلق الجبال [Motasale'q al-jebaal]

climbing ['klaɪmɪŋ] *n* تسلق [tasalluq]

clinic ['klɪnɪk] *n* عيادة [ʕijaːda]

clip [klɪp] *n* مشبك [maʃbak]

clippers ['klɪpəz] *npl* ماكينة حلاقة [Makeenat ḥelaqah]

cloakroom ['kləʊkˌruːm; -ˌrʊm] *n* حجرة لحفظ المعاطف [Hojarah le-hefḍh al-ma'atef]

clock [klɒk] *n* ساعة حائط [Saa'ah ḥaaeṭ]; **alarm clock** *n* منبه [munabbihun]

clockwise ['klɒkˌwaɪz] *adv* باتجاه عقارب الساعة [Betejah a'qareb al-saa'ah]

clog [klɒg] *n* قبقاب [qubqaːb]

clone [kləʊn] *n* استنساخ [istinsaːx] ▷ *v* يَسْتَنْسِخ [jastansix]

close *adj* [kləʊs] حميم [ħamiːm] ▷ *adv* [kləʊs] بإحكام [biʔiħkaːmin] ▷ *v* [kləʊz] يُغْلِق [juɣliqu]; **close by** *adj* قريب من ['qareeb men]; **closing time** *n* وَقْت الإغلاق [Wa'qt al-eghlaa'q]

closed [kləʊzd] *adj* مغلق [muɣlaq]

closely [kləʊslɪ] *adv* مغلقا [muɣlaqan]

closure ['kləʊʒə] *n* إغلاق [ʔiɣlaːq]

cloth [klɒθ] *n* قماش [qumaːʃ]

clothes [kləʊðz] *npl* ملابس [malaːbisun]; **clothes line** *n* حبل الغسيل [ḥ abl al-ghaseel]; **clothes peg** *n* مشبك الغسيل [Mashbak al-ghaseel]; **Is there somewhere to dry clothes?** هل يوجد مكان ما لتجفيف الملابس؟ [hal yujad makan ma le-tajfeef al-malabis?]; **My clothes are damp** ملابسي بها بلل [mala-bisy beha balal]

clothing ['kləʊðɪŋ] *n* ألبسة [ʔalbisa]

cloud [klaʊd] *n* سحابة [saħaːba]

cloudy ['klaʊdɪ] *adj* غائم [ɣaːʔim]

clove [kləʊv] *n* فص ثوم [Faṣ thawm]

clown [klaʊn] *n* مهرج [muharriʒ]

club [klʌb] *n (group)* نادي [naːdiː], *(weapon)* هراوة [haraːwa]; **golf club** *n* نادي الجولف [Nady al-jolf]; **Where is there a good club?** هل يوجد نادي جيدة؟ [Hal yojad nady jayedah]

club together [klʌb tə'gɛðə] *v* تشاركوا معاً [Tasharakoo ma'aan]

clue [kluː] *n* مفتاح لغز [Meftaḥ loghz]

clumsy ['klʌmzɪ] *adj* أخرق [ʔaxraq]

clutch [klʌtʃ] *n* قَابِض [qaːbidˤ]

clutter ['klʌtə] *n* ضوضاء [dˤawdˤaːʔ]

coach [kəʊtʃ] *n (trainer)* مدرب [mudarrib], *(vehicle)* مَركَبَة [markaba]

coal [kəʊl] *n* فحم [faħm]

coarse [kɔːs] *adj* فظ [fazˤzˤ]

coast [kəʊst] *n* ساحل [saːħil]

coastguard ['kəʊstˌgɑːd] *n* خفر السواحل [Khafar al-ṣawaḥel]

coat [kəʊt] *n* سترة [sutra]; **fur coat** *n* معطف فرو [Me'ataf farw]
coathanger ['kəʊtˌhæŋə] *n* شماعة المعاطف [Shama'aat al-ma'aatef]
cobweb ['kɒbˌwɛb] *n* بيت العنكبوت [Bayt al-'ankaboot]
cocaine [kə'keɪn] *n* كوكايين [ku:ka:ji:n]
cock [kɒk] *n* دِيك [di:k]
cockerel ['kɒkərəl; 'kɒkrəl] *n* ديك صغير [Deek ṣagheer]
cockpit ['kɒkˌpɪt] *n* حُجَيْرَةُ الطَّيَّار [Ḥojayrat al-ṭayar]
cockroach ['kɒkˌrəʊtʃ] *n* صرصور [sˤarsˤu:r]
cocktail ['kɒkˌteɪl] *n* كوكتيل [ku:kti:l]; **Do you sell cocktails?** أتقدمون الكوكتيلات؟ [a-tu'qade-moon al-koktailaat?]
cocoa ['kəʊkəʊ] *n* كاكاو [ka:ka:w]
coconut ['kəʊkəˌnʌt] *n* جوزة الهند [Jawzat al-hend]
cod [kɒd] *n* سمك القد [Samak al'qad]
code [kəʊd] *n* شفرة [ʃafra]; **dialling code** *n* كود الاتصال بمنطقة أو بلد [Kod al-eteṣal bemanṭe'qah aw balad]; **Highway Code** *n* مجموعة قوانين السير في الطرق السريعة [Majmo'aat 'qwaneen al-sayer fee al-ṭoro'q al-ṣaree'aah]
coeliac ['si:lɪˌæk] *adj* بَطنِيّ [batˤnij]
coffee ['kɒfɪ] *n* قهوة [qahwa]; **black coffee** *n* قهوة سادة ['qahwa sadah]; **coffee bean** *n* حبوب البن [Ḥobob al-bon]; **decaffeinated coffee** *n* قهوة منزوعة الكافيين ['qahwa manzo'aat al-kafayen]; **A white coffee, please** قهوة باللبن من فضلك ['qahwa bil-laban min faḍlak]; **Could we have another cup of coffee, please?** هل يمكن الحصول على فنجان آخر من القهوة من فضلك؟ [hal yamken al-ḥuṣool 'aala fin-jaan aakhar min al-'qahwa min faḍlak?]
coffeepot ['kɒfɪˌpɒt] *n* أبريق القهوة [Abreeq al-'qahwah]
coffin ['kɒfɪn] *n* تابوت [ta:bu:t]
coin [kɔɪn] *n* عملة معدنية [Omlah ma'adaneyah]
coincide [ˌkəʊɪn'saɪd] *v* يَتَزامن [jataza:manu]
coincidence [kəʊ'ɪnsɪdəns] *n* تزامن [taza:mana]
Coke® [kəʊk] *n* كوك® [ku:k]
colander ['kɒləndə; 'kʌl-] *n* مصفاة [misˤfa:t]
cold [kəʊld] *adj* بارد [ba:rid] ▷ *n* زكام [zuka:m]; **cold sore** *n* قرحة البرد حول الشفاة ['qorḥat al-bard ḥawl al-shefah]
coleslaw ['kəʊlˌslɔ:] *n* سَلاطة الكرنب والجزر [Salaṭ at al-koronb wal-jazar]
collaborate [kə'læbəˌreɪt] *v* يتعاون [jataʕa:wanu]
collapse [kə'læps] *v* ينهار [janha:ru]
collar ['kɒlə] *n* قلادة قصيرة ['qeladah 'qaṣeerah]
collarbone ['kɒləˌbəʊn] *n* تُرْقُوة [turquwa]
colleague ['kɒli:g] *n* زميل [zami:l]
collect [kə'lɛkt] *v* يجمع [juʒammiʕu]
collection [kə'lɛkʃən] *n* مجموعة [maʒmu:ʕa]
collective [kə'lɛktɪv] *adj* جماعي [ʒama:ʕij] ▷ *n* منظمة تعاونية [monaḍhamah ta'aaweneyah]
collector [kə'lɛktə] *n* مُحصِّل [muħasˤsˤil]; **ticket collector** *n* جامع التذاكر [Jame'a al-tadhaker]
college ['kɒlɪdʒ] *n* كُلِية [kulijja]
collide [kə'laɪd] *v* يتصادم [jatasˤa:damu]
collie ['kɒlɪ] *n* كلب اسكتلندى ضخم [Kalb eskotalandey dakhm]
colliery ['kɒljərɪ] *n* منجم فحم [Majam fahm]
collision [kə'lɪʒən] *n* تصادم [tasˤa:dum]; **I'd like to arrange a collision damage waiver** أريد عمل الترتيبات الخاصة بالتنازل عن تعويض التصادم [areed 'aamal al-tar-tebaat al-khaṣa bil-tanazul 'aan ta'aweeḍ al-ta-ṣadum]
Colombia [kə'lɒmbɪə] *n* كولومبيا [ku:lu:mbija:]
Colombian [kə'lɒmbɪən] *adj* كولومبي [ku:lu:mbi:] ▷ *n* شخص كولومبي [Shakhṣ kolombey]

colon ['kəʊlən] *n* قولون [qu:lu:n]
colonel ['kɜ:nᵊl] *n* كولونيل [ku:lu:ni:l]
colour ['kʌlə] *n* لون [lawn]; **A colour film, please** فيلم ملون من فضلك [filim mola-wan min faḍlak]; **Do you have this in another colour?** هل يوجد لون آخر غير ذلك اللون؟ [hal yujad lawn aakhar ghayr dhalika al-lawn?]; **I don't like the colour** أنا لا أحب هذا اللون [ana la oḥibo hadha al-lawn]; **I'd like a colour photocopy of this, please** أرجو الحصول على نسخة ضوئية ملونة من هذا المستند [arjo al-ḥuṣool 'aala nuskha mu-lawana min hadha al-mustanad min faḍlak]
colour-blind ['kʌlə'blaɪnd] *adj* مصاب بعمى الألوان [Moṣaab be-'ama al-alwaan]
colourful ['kʌləfʊl] *adj* غني بالألوان [Ghaney bel-alwaan]
colouring ['kʌlərɪŋ] *n* تلوين [talwi:n]
column ['kɒləm] *n* عمود [ʕamu:d]
coma ['kəʊmə] *n* غيبوبة عميقة [Ghaybobah 'amee'qah]
comb [kəʊm] *n* مشط [muʃtˤ] ▷ *v* يَمْشّط [jamʃutˤu]
combination [ˌkɒmbɪ'neɪʃən] *n* مجموعة مؤتلفة [Majmo'aah moatalefa]
combine [kəm'baɪn] *v* يُوحد [juwaħħidu]
come [kʌm] *v* يأتي [jaʔti:]
come back [kʌm bæk] *v* يعود [jaʕu:du]
comedian [kə'mi:dɪən] *n* ممثل هزلي [Momthel hazaley]
come down [kʌm daʊn] *v* يَنْخَفِض [janxafidˤu]
comedy ['kɒmɪdɪ] *n* كوميديا [ku:mi:dja:]
come from [kʌm frəm] *v* يأتي من [Yaatey men]
come in [kʌm ɪn] *v* يَدخُل [jadxulu]
come off [kʌm ɒf] *v*; **The handle has come off** لقد سقط مقبض الباب [la'qad sa'qaṭa me-'qbaḍ al-baab]
come out [kʌm aʊt] *v* يبْرُز من [Yabroz men]
come round [kʌm raʊnd] *v* يَستفيق [jastafi:qu]
comet ['kɒmɪt] *n* نجم ذو ذنب [Najm dho dhanab]
come up [kʌm ʌp] *v* يطلع [jutˤliʕu]
comfortable ['kʌmftəbᵊl; 'kʌmfətəbᵊl] *adj* مريح [muri:ħ]
comic ['kɒmɪk] *n* هزلي [hazlijja]; **comic book** *n* كتاب هزلي [Ketab hazaley]; **comic strip** *n* سلسلة رسوم هزلية [Selselat resoom hazaleyah]
coming ['kʌmɪŋ] *adj* مقبل [muqbil]
comma ['kɒmə] *n* فاصلة [fa:sˤila]; **inverted commas** *npl* فواصل معقوفة [Fawaṣel ma'a'qoofah]
command [kə'mɑ:nd] *n* سلطة [sultˤa]
comment ['kɒmɛnt] *n* ملاحظة [mula:ħazˤa] ▷ *v* يُعَلِق على [Yo'alle'q ala]
commentary ['kɒməntərɪ; -trɪ] *n* تعليق [taʕli:q]
commentator ['kɒmənˌteɪtə] *n* مُعلِق [muʕalliq]
commercial [kə'mɜ:ʃəl] *n* إعلان تجارى [E'alaan tejarey]; **commercial break** *n* فاصل إعلاني [Faṣel e'alaany]
commission [kə'mɪʃən] *n* عمولة [ʕumu:la]; **Do you charge commission?** هل تطلب عمولة؟ [hal taṭlub 'aumoola?]; **What's the commission?** ما هي العمولة؟ [ma heya al-'aumola?]
commit [kə'mɪt] *v* يَرتكِب [jartakibu]
committee [kə'mɪtɪ] *n* لجنة [laʒna]
common ['kɒmən] *adj* شائع [ʃa:ʔiʕ]; **common sense** *n* الحِس العام [Al-ḥes al-'aaam]
communicate [kə'mju:nɪˌkeɪt] *v* يَتَصِل بـ [Yataṣel be]
communication [kəˌmju:nɪ'keɪʃən] *n* اتصال [ittisˤa:l]
communion [kə'mju:njən] *n* مُشارَكة [muʃa:raka]
communism ['kɒmjʊˌnɪzəm] *n* شيوعية [ʃuju:ʕijja]
communist ['kɒmjʊnɪst] *adj* شيوعي [ʃuju:ʕij] ▷ *n* شيوعي [ʃuju:ʕij]
community [kə'mju:nɪtɪ] *n* مُجتَمع [muʒtamaʕ]

commute [kəˈmjuːt] *v* يُسافر يومياً من وإلى مكان عمله [Yosafer yawmeyan men wa ela makan ʻamaleh]
commuter [kəˈmjuːtə] *n* القائم برحلات يومية من وإلى عمله [Al-ʻqaem beraḥlaat yawmeyah men wa ela ʻamaleh]
compact [ˈkɒmpækt] *adj* مضغوط [madˤɣuːtˤ]; **compact disc** *n* قرص مضغوط [ˈqorṣ maḍghooṭ]
companion [kəmˈpænjən] *n* صاحب [sˤaːħib]
company [ˈkʌmpənɪ] *n* شركة [ʃarika]; **company car** *n* سيارة الشركة [Sayarat al-sharekah]; **I would like some information about the company** أريد الحصول على بعض المعلومات عن الشركة [areed al-ḥuṣool ʻaala baʻaḍ al-maʻaloomat ʻan al-shareka]
comparable [ˈkɒmpərəbᵊl] *adj* قابل للمقارنة [ʻqabel lel-moʻqaranah]
comparatively [kəmˈpærətɪvlɪ] *adv* نسبياً [nisbijjan]
compare [kəmˈpɛə] *v* يُقارن [juqaːrinu]
comparison [kəmˈpærɪsᵊn] *n* مقارنة [muqaːrana]
compartment [kəmˈpɑːtmənt] *n* مقصورة [maqsˤuːra]
compass [ˈkʌmpəs] *n* بوصلة [bawsˤala]
compatible [kəmˈpætəbᵊl] *adj* متوافق [mutawaːfiq]
compensate [ˈkɒmpɛnˌseɪt] *v* يُعَوِض [juʕawwidˤu]
compensation [ˌkɒmpɛnˈseɪʃən] *n* تعويض [taʕwiːdˤ]
compere [ˈkɒmpɛə] *n* مقدم برامج [Moʻqadem bramej]
compete [kəmˈpiːt] *v* يَتنافس [jatanaːfasu]
competent [ˈkɒmpɪtənt] *adj* مختص [muxtasˤsˤ]
competition [ˌkɒmpɪˈtɪʃən] *n* منافسة [munaːfasa]
competitive [kəmˈpɛtɪtɪv] *adj* تنافسي [tanaːfusij]
competitor [kəmˈpɛtɪtə] *n* مُنافِس [munaːfis]
complain [kəmˈpleɪn] *v* يَشكو [jaʃkuː]
complaint [kəmˈpleɪnt] *n* شكوى [ʃakwaː]; **I'd like to make a complaint** إني أرغب في تقديم شكوى [inny arghab fee taʻqdeem shakwa]
complementary [ˌkɒmplɪˈmɛntərɪ; -trɪ] *adj* متمم [mutammim]
complete [kəmˈpliːt] *adj* كامل [kaːmil]
completely [kəmˈpliːtlɪ] *adv* بالكامل [bialkaːmili]
complex [ˈkɒmplɛks] *adj* مُرَكَب [markab] ▷ *n* مادة مركبة [Madah morakabah]
complexion [kəmˈplɛkʃən] *n* بَشْرَة [baʃra]
complicated [ˈkɒmplɪˌkeɪtɪd] *adj* معقد [muʕaqqad]
complication [ˌkɒmplɪˈkeɪʃən] *n* تعقيد [taʕqiːd]
compliment *n* [ˈkɒmplɪmənt] مجاملة [muʒaːmala] ▷ *v* [ˈkɒmplɪˌmɛnt] يُجامل [juʒaːmilu]
complimentary [ˌkɒmplɪˈmɛntərɪ; -trɪ] *adj* مُجامِل [muʒaːmil]
component [kəmˈpəʊnənt] *adj* مكون [mukawwin] ▷ *n* مكون [mukawwin]
composer [kəmˈpəʊzə] *n* مؤلف موسيقى [Moaalef moseeʻqy]
composition [ˌkɒmpəˈzɪʃən] *n* تركيب [tarkiːb]
comprehension [ˌkɒmprɪˈhɛnʃən] *n* إدراك [ʔidraːk]
comprehensive [ˌkɒmprɪˈhɛnsɪv] *adj* شامل [ʃaːmil]
compromise [ˈkɒmprəˌmaɪz] *n* تسوية [taswija] ▷ *v* يُسوى بحل وَسَط [juswaː biħalli wasatˤin]
compulsory [kəmˈpʌlsərɪ] *adj* إلزامي [ʔilzaːmij]
computer [kəmˈpjuːtə] *n* كمبيوتر [kumbijuːtar]; **computer game** *n* لعبة الكترونية [Loʻabah elektroneyah]; **computer science** *n* علوم الحاسب الآلي [ʻaoloom al-ḥaseb al-aaly]; **May I use your computer?** هل لي أن استخدم الكمبيوتر الخاص بك؟ [hal lee an

astakhdim al-computer al-khaaṣ bik?]; **My computer has frozen** لقد تعطل جهاز الكمبيوتر [la'qad ta-'aaṭal jehaaz al-computer]; **Where is the computer room?** أين توجد غرفة الكمبيوتر؟ [ayna tojad ghurfat al-computer]
computing [kəm'pjuːtɪŋ] *n* استخدام الحاسب الآلي [Estekhdam al-haseb al-aaly]
concentrate ['kɒnsənˌtreɪt] *v* يُركز [jurakkizu]
concentration [ˌkɒnsən'treɪʃən] *n* تركيز [tarkiːz]
concern [kən'sɜːn] *n* اهتمام [ihtimaːm]
concerned [kən'sɜːnd] *adj* مَعنيّ [maʕnij]
concerning [kən'sɜːnɪŋ] *prep* في ما يتعلق بـ [Fee maa yata'ala'q]
concert ['kɒnsɜːt; -sət] *n* حفلة موسيقية [Haflah mose'qeyah]
concerto, concerti [kən'tʃɛətəʊ, kən'tʃɛətɪ] *n* لحن منفرد [Laḥn monfared]
concession [kən'sɛʃən] *n* امتياز [imtijaːz]
concise [kən'saɪs] *adj* موجز [muːʒaz]
conclude [kən'kluːd] *v* يَختتم [jaxtatimu]
conclusion [kən'kluːʒən] *n* خاتمة [xaːtima]
concrete ['kɒnkriːt] *n* خرصانة [xarasˤaːna]
concussion [kən'kʌʃən] *n* ارتجاج في المخ [Ertejaj fee al-mokh]
condemn [kən'dɛm] *v* يُدين [judiːnu]
condensation [ˌkɒndɛn'seɪʃən] *n* تكثيف [takθiːf]
condition [kən'dɪʃən] *n* شرط [ʃartˤ]
conditional [kən'dɪʃənᵊl] *adj* مشروط [maʃruːtˤ]
conditioner [kən'dɪʃənə; con'ditioner] *n* ملطف [mulatˤtˤif]
condom ['kɒndɒm; 'kɒndəm] *n* عازل طبي لمنع الحمل ['aazel ṭebey le-man'a al-haml]
conduct [kən'dʌkt] *v* يُوصِل [juːsˤilu]
conductor [kən'dʌktə] *n* قائد فرقة موسيقية ['qaaed fer'qah mose'qeyah]; **bus conductor** *n* موصل [muːsˤilun]
cone [kəʊn] *n* مخروط [maxruːtˤ]
conference ['kɒnfərəns; -frəns] *n* مؤتمر [muʔtamar]; **press conference** *n* مؤتمر صحفي [Moatamar ṣaḥafey]; **Please take me to the conference centre** من فضلك أريد الذهاب إلى مركز المؤتمرات [min faḍlak areed al-dhehaab ela markaz al-muta-marat]
confess [kən'fɛs] *v* يعترف [jaʕtarifu]
confession [kən'fɛʃən] *n* إقرار [ʔiqrar]
confetti [kən'fɛtɪ] *npl* قُصَاصَات ورقية [qusˤaːsˤaːtu waraqijjatu]
confidence ['kɒnfɪdəns] *n (secret)* ثقة [θiqa], *(self-assurance)* ثقة بالنفس [The'qah bel-nafs], *(trust)* ثقة [θiqa]
confident ['kɒnfɪdənt] *adj* واثق [waːθiq]
confidential [ˌkɒnfɪ'dɛnʃəl] *adj* سِريّ [sirij]
confirm [kən'fɜːm] *v* يُؤَكِد على [Yoaked ala]
confirmation [ˌkɒnfə'meɪʃən] *n* تأكيد [taʔkiːd]
confiscate ['kɒnfɪˌskeɪt] *v* يُصَادِر [jusˤaːdiru]
conflict ['kɒnflɪkt] *n* صراع [sˤiraːʕ]
confuse [kən'fjuːz] *v* يُربك [jurbiku]
confused [kən'fjuːzd; con'fused] *adj* مُرتبك [murtabik]
confusing [kən'fjuːzɪŋ; con'fusing] *adj* مُربك [murbik]
confusion [kən'fjuːʒən] *n* ارتباك [irtibaːk]
congestion [kən'dʒɛstʃən] *n* احتقان [iħtiqaːn]
Congo ['kɒŋgəʊ] *n* الكونغو [al-kuːnɣuː]
congratulate [kən'grætjʊˌleɪt] *v* يُهنئ [juhanniʔ]
congratulations [kənˌgrætjʊ'leɪʃənz] *npl* تهنئة [tahniʔat]
conifer ['kəʊnɪfə; 'kɒn-] *n* شجرة الصنوبر المخروطية [Shajarat al-ṣonobar al-makhrooṭeyah]

conjugation [ˌkɒndʒʊˈɡeɪʃən] *n* تصريف الأفعال [Taṣreef al-afaal]
conjunction [kənˈdʒʌŋkʃən] *n* حرف عطف [Harf ʻaṭf]
conjurer [ˈkʌndʒərə] *n* دَجَّال [daʒʒa:l]
connect [kəˈnɛkt] *v* يَفْصِل [jafsˤilu]
connection [kəˈnɛkʃən] *n* رَابِطة [ra:bitˤa]
conquer [ˈkɒŋkə] *v* يَغْزو [jaɣzu:]
conscience [ˈkɒnʃəns] *n* ضمير إنساني [Ḍameer ensaney]
conscientious [ˌkɒnʃɪˈɛnʃəs] *adj* حى الضمير [Hay al-Ḍameer]
conscious [ˈkɒnʃəs] *adj* واعٍ [wa:ʕin]
consciousness [ˈkɒnʃəsnɪs] *n* وَعى [waʕa:]
consecutive [kənˈsɛkjʊtɪv] *adj* متعاقب [mutaʕa:qib]
consensus [kənˈsɛnsəs] *n* إجماع [ʔiʒma:ʕ]
consequence [ˈkɒnsɪkwəns] *n* عاقبة [ʕa:qiba]
consequently [ˈkɒnsɪkwəntlɪ] *adv* بالتالى
conservation [ˌkɒnsəˈveɪʃən] *n* المُحافظة على الموارد الطبيعية [Al-moḥafadhah ala al-mawared al-ṭabeʻeyah]
conservative [kənˈsɜːvətɪv] *adj* شخص محافظ [Shakhṣ moḥafeḍh]
conservatory [kənˈsɜːvətrɪ] *n* مستنبت زجاجي [mustanbatun zuʒa:ʒij]
consider [kənˈsɪdə] *v* يُفَكِر في [Yofaker fee]
considerate [kənˈsɪdərɪt] *adj* مُراعٍ لمشاعر الآخرين [Moraaʻa le-mashaʻaer al-aakhareen]
considering [kənˈsɪdərɪŋ] *prep* بالنظر إلى [Bel-naḍhar elaa]
consist [kənˈsɪst] *v*; **consist of** *v* يَتَألف من [Yataalaf men]
consistent [kənˈsɪstənt] *adj* متماسك [mutama:sik]
consonant [ˈkɒnsənənt] *n* حرف ساكن [ḥarf saken]
conspiracy [kənˈspɪrəsɪ] *n* مؤامرة [muʔa:mara]
constant [ˈkɒnstənt] *adj* مستمر [mustamirr]
constantly [ˈkɒnstəntlɪ] *adv* بِثَبَات [biθaba:tin]
constipated [ˈkɒnstɪˌpeɪtɪd] *adj* مصاب بالامساك [Moṣab bel-emsak]
constituency [kənˈstɪtjʊənsɪ] *n* دائرة انتخابية [Daaera entekhabeyah]
constitution [ˌkɒnstɪˈtjuːʃən] *n* دستور [dustu:r]
construct [kənˈstrʌkt] *v* يُنْشِئ [junʃiʔ]
construction [kənˈstrʌkʃən] *n* إنشاء [ʔinʃa:ʔ]
constructive [kənˈstrʌktɪv] *adj* بَنَّاء [banna:ʔ]
consul [ˈkɒnsəl] *n* قنصل [qunsˤul]
consulate [ˈkɒnsjʊlɪt] *n* قنصلية [qunsˤulijja]
consult [kənˈsʌlt] *v* يَستشير [jastaʃi:ru]
consultant [kənˈsʌltənt] *n (adviser)* مستشار [mustaʃa:r]
consumer [kənˈsjuːmə] *n* مُسْتَهلِك [mustahlik]
contact *n* [ˈkɒntækt] اتصال [ittisˤa:l] ▷ *v* [kənˈtækt] يَتَصِل [jattasˤilu]; **contact lenses** *npl* عدسات لاصقة [ʻadasaat laṣeʻqah]; **Where can I contact you?** أين يمكنني الاتصال بك؟ [ayna yamken-any al-etiṣal beka?]; **Who do we contact if there are problems?** من الذي يمكن الاتصال به في حالة حدوث أي مشكلات؟ [man allaði: jumkinu alittisˤa:lu bihi fi: ħa:latin ħudu:θin ʔajji muʃkila:tin]
contagious [kənˈteɪdʒəs] *adj* ناقل للعدوى [Naʻqel lel-ʻaadwa]
contain [kənˈteɪn] *v* يَحتوي [jaħtawi:]
container [kənˈteɪnə] *n* حاوية [ħa:wija]
contemporary [kənˈtɛmprərɪ] *adj* معاصر [muʕa:sˤiru]
contempt [kənˈtɛmpt] *n* احتقار [iħtiqa:r]
content [ˈkɒntɛnt] *n* رضا [ridˤa:]; **contents** *npl (list)* محتويات [muħtawaja:tun]
contest [ˈkɒntɛst] *n* مسابقة [musa:baqa]

contestant [kən'tɛstənt] *n* مُنازِع [muna:ziʕ]
context ['kɒntɛkst] *n* سياق [sija:q]
continent ['kɒntɪnənt] *n* قارة [qa:rra]
continual [kən'tɪnjʊəl] *adj* متواصل [mutawasˤil]
continually [kən'tɪnjʊəlɪ] *adv* باستمرار [bistimrarin]
continue [kən'tɪnju:] *vi* يَستأنِف [jasta?nifu] ▷ *vt* يستمر [jastamirru]
continuous [kən'tɪnjʊəs] *adj* مستمر [mustamirr]
contraception [ˌkɒntrə'sɛpʃən] *n* منع الحمل [Man'a al-ḥml]; **I need contraception** أحتاج إلى منع الحمل [aḥtaaj ela mani'a al-ḥamil]
contraceptive [ˌkɒntrə'sɛptɪv] *n* مواد مانعة للحمل [Mawad mane'aah lel-haml]
contract ['kɒntrækt] *n* عقد [ʕaqd]
contractor ['kɒntræktə; kən'træk-] *n* مقاول [muqa:wil]
contradict [ˌkɒntrə'dɪkt] *v* يناقض [juna:qidˤu]
contradiction [ˌkɒntrə'dɪkʃən] *n* تناقض [tana:qudˤ]
contrary ['kɒntrərɪ] *n* مُعَاكِس [muʕa:kis]
contrast ['kɒntrɑ:st] *n* تباين [taba:j]
contribute [kən'trɪbju:t] *v* يسهم [jushimu]
contribution [ˌkɒntrɪ'bju:ʃən] *n* إسهام [?isha:m]
control [kən'trəʊl] *n* تَحَكُم [taħakkum] ▷ *v* يضبط [jadˤbitˤu]; **birth control** *n* تنظيم النسل [tanḍheem al-nasl]; **passport control** *n* الرقابة على جوازات السفر [Al-re'qabah ala jawazat al-safar]; **remote control** *n* التحكم عن بعد [Al-taḥakom an bo'ad]
controller [kən'trəʊlə] *n*; **air-traffic controller** *n* مراقبة جوية [Mora'qabah jaweyah]
controversial ['kɒntrə'vɜ:ʃəl] *adj* جَدَلي [ʒadalij]
convenient [kən'vi:nɪənt] *adj* مناسب [muna:sib]

convent ['kɒnvənt] *n* دَيْر الراهبات [Deer al-rahebat]
conventional [kən'vɛnʃənᵊl] *adj* تقليدي [taqli:dij]
conversation [ˌkɒnvə'seɪʃən] *n* محادثة [muħa:daθa]
convert [kən'vɜ:t] *v* يتحّول [jataħawwalu]; **catalytic converter** *n* منظم الضارة [monaḍhem al-ḍarah]
convertible [kən'vɜ:təbᵊl] *adj* قابل للتحويل ['qabel lel-taḥweel] ▷ *n* سيارة كوبيه [Sayarah kobeeh]
convict [kən'vɪkt] *v* يُجَرِّم [juʒarrimu]
convince [kən'vɪns] *v* يُقْنِع بـ [Yo'qn'a be]
convincing [kən'vɪnsɪŋ; con'vincing] *adj* مقنع [muqniʕ]
convoy ['kɒnvɔɪ] *n* موكب [mawkib]
cook [kʊk] *n* طَبَّاخ [tˤabba:x] ▷ *v* يَطْهو [jatˤhu:]
cookbook ['kʊkˌbʊk] *n* كتاب طهي [Ketab ṭahey]
cooker ['kʊkə] *n* مَوْقِد [mu:qid]; **gas cooker** *n* موقد يعمل بالغاز [Maw'qed ya'amal bel-ghaz]
cookery ['kʊkərɪ] *n* فن الطبخ [Fan al-ṭabkh]; **cookery book** *n* كتاب فن الطهي [Ketab fan alṭahey]
cooking ['kʊkɪŋ] *n* طَهْيْ [tˤahj]
cool [ku:l] *adj (cold)* مائل للبرودة [Mael lel-brodah], *(stylish)* متبلد الحس [Motabled al-ḥes]
cooperation [kəʊˌɒpə'reɪʃən] *n* تعاون [taʕa:w]
cop [kɒp] *n* شرطي [ʃartˤij]
cope [kəʊp] *v*; **cope (with)** *v* يَتَغْلَب على [Yatghalab 'ala]
copper ['kɒpə] *n* نحاس [nuħa:s]
copy ['kɒpɪ] *n (reproduction)* نَسْخ [nasx], *(written text)* نسخة [nusxa] ▷ *v* ينسخ [jansixu]
copyright ['kɒpɪˌraɪt] *n* حقوق الطبع والنشر [Ho'qoo'q al-ṭab'a wal-nashr]
coral ['kɒrəl] *n* مُرجان [marʒa:n]
cord [kɔ:d] *n*; **spinal cord** *n* الحبل الشوكي [Al-ḥabl alshawkey]

cordless ['kɔːdlɪs] *adj* لا سلكي [La-selkey]
corduroy ['kɔːdəˌrɔɪ; ˌkɔːdə'rɔɪ] *n* قماش قطني متين ['qomash 'qoṭ ney mateen]
core [kɔː] *n* لُبّ [lubb]
coriander [ˌkɒrɪ'ændə] *n* كزبرة [kuzbara]
cork [kɔːk] *n* فلين [filliːn]
corkscrew ['kɔːkˌskruː] *n* نازعة السدادات [naːziʕatu assadaːdaːti]
corn [kɔːn] *n* ذُرَة [ðura]
corner ['kɔːnə] *n* زاوية [zaːwija]
cornet ['kɔːnɪt] *n* بوق [buːq]
cornflakes ['kɔːnˌfleɪks] *npl* رقائق الذُرَة [Ra'qae'a al-dorrah]
cornflour ['kɔːnˌflaʊə] *n* نشا الذرة [Nesha al-zorah]
corporal ['kɔːpərəl; -prəl] *n* عرِّيف [ʕariːf]
corpse [kɔːps] *n* جثة [ʒuθθa]
correct [kə'rɛkt] *adj* صحيح [sˁaħiːħ] ▷ *v* يُصحِح [jusˁaħħiħu]
correction [kə'rɛkʃən] *n* تصحيح [tasˁħiːħ]
correctly [kə'rɛktlɪ] *adv* بشكل صحيح [Beshakl ṣaheeh]
correspondence [ˌkɒrɪ'spɒndəns] *n* مراسلة [muraːsalatu]
correspondent [ˌkɒrɪ'spɒndənt] *n* مُرَاسِل [muraːsil]
corridor ['kɒrɪˌdɔː] *n* رِوَاق [riwaːq]
corrupt [kə'rʌpt] *adj* فاسد [faːsid]
corruption [kə'rʌpʃən] *n* فساد [fasaːd]
cosmetics [kɒz'mɛtɪks] *npl* مستحضرات تزيين [Mostaḥdarat tazyeen]
cost [kɒst] *n* تكلفة [taklufa] ▷ *v* يُكَلِف [jukallifu]; **cost of living** *n* تكلفة المعيشة [Taklefat al-ma'aeeshah]; **How much does it cost?** كم تبلغ تكلفة هذا؟ [kam tablugh taklifat hadha?]; **How much will the repairs cost?** كم تكلفة التصليح؟ [kam taklifat al-taṣleeḥ?]
Costa Rica ['kɒstə 'riːkə] *n* كوستاريكا [kuːstaːriːkaː]
costume ['kɒstjuːm] *n* زي [zajj]; **swimming costume** *n* زي السباحة [Zey sebaḥah]
cosy ['kəʊzɪ] *adj* دافئ ومريح [Dafea wa moreeḥ]
cot [kɒt] *n* مهد [mahd]
cottage ['kɒtɪdʒ] *n* كوخ لقضاء العطلة [Kookh le-'qadaa al-'aotlah]; **cottage cheese** *n* جبن قريش [Jobn 'qareesh]
cotton ['kɒtᵊn] *n* قطن [qutˁn]; **cotton bud** *n* رأس البرعم القطني [Raas al-bor'aom al-'qaṭaney]; **cotton wool** *n* قطن طبي ['qoṭn ṭebey]
couch [kaʊtʃ] *n* مَضْجَع [madˁʒaʕ]
couchette [kuː'ʃɛt] *n* مضجع صغير [Maḍja'a ṣagheer]
cough [kɒf] *n* سُعال [suʕaːl] ▷ *v* يَسْعُل [jasʕulu]; **cough mixture** *n* مُركّب لعلاج السعال [Morakab le'alaaj also'aal]
council ['kaʊnsəl] *n* مجلس [maʒlis]; **council house** *n* دار المجلس التشريعي [Dar al-majles al-tashre'aey]
councillor ['kaʊnsələ] *n* عضو مجلس ['aodw majles]
count [kaʊnt] *v* يَحسَب [jaħsibu]
counter ['kaʊntə] *n* طاولة بيع [Ṭawelat bey'a]
count on [kaʊnt ɒn] *v* يعتمد على [jaʕtamidu ʕalaː]
country ['kʌntrɪ] *n* بَلَد [balad]; **developing country** *n* بَلَد نام [Baladen namen]
countryside ['kʌntrɪˌsaɪd] *n* ريفْ [riːf]
couple ['kʌpᵊl] *n* زوجان [zawʒaːni]
courage ['kʌrɪdʒ] *n* إقدام [ʔiqdaːm]
courageous [kə'reɪdʒəs] *adj* مِقدام [miqdaːm]
courgette [kʊə'ʒɛt] *n* كوسة [kuːsa]
courier ['kʊərɪə] *n* ساعي [saːʕiː]; **I want to send this by courier** أريد إرسال ساعي لتوصيل ذلك [areed ersaal sa'ay le-tawṣeel hadha]
course [kɔːs] *n* دَوْرَة تعليمية [Dawrah ta'aleemeyah]; **golf course** *n* ملعب الجولف [Mal'aab al-jolf]; **main course** *n* طبق رئيسي [Ṭaba'q raeesey]; **refresher course** *n* دورة تنشيطية [Dawrah

ṭansheeṭeyah]; **training course** *n* دروة تدريبية [Dawrah tadreebeyah]
court [kɔːt] *n* بلاط القصر [Balaṭ al-'qaṣr]; **tennis court** *n* ملعب تنس [Mal'aab tenes]
courtyard ['kɔːt,jɑːd] *n* ساحة الدار [Sahat al-dar]
cousin ['kʌzᵊn] *n* ابن العم [Ebn al-'aam]
cover ['kʌvə] *n* غطاء [ɣitˤaːʔ] ▷ *v* يُغطي [juɣatˤtˤiː]; **cover charge** *n* المصاريف المدفوعة مقدما [Al-maṣaareef al-madfoo'ah mo'qadaman]
cow [kaʊ] *n* بقرة [baqara]
coward ['kaʊəd] *n* جبان [ʒabaːn]
cowardly ['kaʊədlɪ] *adj* جبان [ʒabaːn]
cowboy ['kaʊ,bɔɪ] *n* راعى البقر [Ra'aey al-ba'qar]
crab [kræb] *n* حيوان السرطان [Ḥayawan al-saraṭan]
crack [kræk] *n (cocaine)* مُخَدِر [muxaddir], *(fracture)* صَدْع [sˤadʕ] ▷ *v* يَصْدع [jasˤdaʕu]; **crack down on** *v* يَتخذ اجراءات صارمة ضد [yatakhedh ejraat ṣaremah ḍed]
cracked [krækt] *adj* متصدع [mutasˤaddiʕ]
cracker ['krækə] *n* كسارة الجوز [Kasarat al-jooz]
cradle ['kreɪdᵊl] *n* مَهْد [mahd]
craft [krɑːft] *n* حرفة [ħirfa]
craftsman ['krɑːftsmən] *n* حِرَفي [ħirafij]
cram [kræm] *v* يحشو [jaħʃuː]
crammed [kræmd] *adj* محشو [maħʃuww]
cranberry ['krænbərɪ; -brɪ] *n* توت برى [Toot barrey]
crane [kreɪn] *n (bird)* رافعة [raːfiʕa], *(for lifting)* وِنْش [winʃ]
crash [kræʃ] *n* تَحَطم [taħatˤum] ▷ *vi* يَتْحَطم [jataħatˤtˤamu] ▷ *vt* يتَحَطم [jataħatˤtˤamu]
crawl [krɔːl] *v* يَزْحف [jazħafu]
crayfish ['kreɪ,fɪʃ] *n* جراد البحر [Jarad al-bahr]
crayon ['kreɪən; -ɒn] *n* أقلام ملونة [A'qlaam molawanah]
crazy ['kreɪzɪ] *adj* ضعيف [dˤaʕiːf]
cream [kriːm] *adj* كريمي [kriːmiː] ▷ *n* قشدة [qiʃda]; **ice cream** *n* آيس كريم [aayes kreem]; **shaving cream** *n* كريم الحلاقة [Kereem al-helaka]; **whipped cream** *n* كريمة مخفوقة [Keremah makhfoo'qah]
crease [kriːs] *n* ثنية [θanja]
creased [kriːst] *adj* متغضن [mutaɣadˤdˤin]
create [kriː'eɪt] *v* يُبْدِع [jubdiʕu]
creation [kriː'eɪʃən] *n* إبداع [ʔibdaːʕ]
creative [kriː'eɪtɪv] *adj* خلاق [xallaːq]
creature ['kriːtʃə] *n* مخلوق [maxluːq]
crêche [krɛʃ] *n* حضانة أطفال [Haḍanat aṭfal]
credentials [krɪ'dɛnʃəlz] *npl* أوراق اعتماد [Awra'q e'atemaad]
credible ['krɛdɪbᵊl] *adj* موثوق فيه [Mawthoo'q beh]
credit ['krɛdɪt] *n* ائتمان [iʔtimaːn]; **credit card** *n* كارت ائتمان [Kart eateman]; **Can I pay by credit card?** هل يمكنني الدفع ببطاقة الائتمان؟ [hal yamken -any al-daf'a be- beṭa-'qat al-etemaan?]; **Do you take credit cards?** هل يتم قبول بطاقات الائتمان؟ [hal yatum 'qubool be-ṭa'qaat al-eeteman?]
crematorium, crematoria [,krɛmə'tɔːrɪəm, ,krɛmə'tɔːrɪə] *n* مَحْرَقة [maħraqa]
cress [krɛs] *n* نبات رشاد [Nabat rashad]
crew [kruː] *n* طاقم [tˤaːqam]; **crew cut** *n* قصة شعر قصيرة ['qaṣat sha'ar]
cricket ['krɪkɪt] *n (game)* لعبة الكريكيت [Lo'abat al-kreeket], *(insect)* حشرة صرار الليل [Hashrat ṣarar al-layl]
crime [kraɪm] *n* جريمة [ʒariːma]
criminal ['krɪmɪnᵊl] *adj* جنائي [ʒinaːʔij] ▷ *n* مجرم [muʒrim]
crisis ['kraɪsɪs] *n* أزمة [ʔazma]
crisp [krɪsp] *adj* هش [haʃʃ]
crisps [krɪsps] *npl* شرائح البطاطس [Sharaeh al- baṭaṭes]
crispy ['krɪspɪ] *adj* هش [haʃʃ]

criterion, criteria [kraɪ'tɪərɪən, kraɪ'tɪərɪə] *n* معيار [miʕjir]
critic ['krɪtɪk] *n* نَاقِد [na:qid]
critical ['krɪtɪkᵊl] *adj* انتقادي [intiqa:dij]
criticism ['krɪtɪˌsɪzəm] *n* نَقْد [naqd]
criticize ['krɪtɪˌsaɪz] *v* ينتقد [jantaqidu]
Croatia [krəʊ'eɪʃə] *n* كرواتيا [karwa:tja:]
Croatian [krəʊ'eɪʃən] *adj* كرواتي [kruwa:tijjat] ▷ *n (language)* اللغة الكرواتية [Al-loghah al-korwateyah], *(person)* كرواتي [kruwa:tijja]
crochet ['krəʊʃeɪ; -ʃɪ] *v* يُحْبِك [juħbiku]
crockery ['krɒkərɪ] *n*; **We need more crockery** نحن في حاجة إلى المزيد من أواني الطهي [naḥno fee ḥaja ela al-mazeed min awany al-ṭahy]
crocodile ['krɒkəˌdaɪl] *n* تمساح [timsa:ħ]
crocus ['krəʊkəs] *n* زعفران [zaʕfara:n]
crook [krʊk] *n* خُطاف [xutˤa:f], *(swindler)* خُطاف [xutˤa:f]
crop [krɒp] *n* محصول [maħsˤu:l]
cross [krɒs] *adj* مُتَقَاطِع [mutaqa:tˤiʕ] ▷ *n* صليب [sˤali:b] ▷ *v* يَعْبُر [juʕabbiru]; **Red Cross** *n* الصليب الأحمر [Al-Ṣaleeb al-aḥmar]
cross-country ['krɒs'kʌntrɪ] *n* سباق الضاحية [Seba'q al-ḍaheyah]
crossing ['krɒsɪŋ] *n* عبور [ʕubu:r]; **level crossing** *n* مزلقان [mizlaqa:nun]; **pedestrian crossing** *n* ممر خاص لعبور المشاه [Mamar khaṣ leaboor al-moshah]; **pelican crossing** *n* عبور المشاه سيرا على الأقدام ['aobor al-moshah sayran ala al-a'qdam]; **zebra crossing** *n* ممر للمشاة ملون بالأبيض والأسود [Mamar lel-moshah molawan bel-abyaḍ wal-aswad]; **How long does the crossing take?** ما هي المدة التي يستغرقها العبور؟ [ma heya al-mudda al-laty yasta-ghri'q-uha al-'auboor?]; **How much is the crossing for a car and four people?** ما هي تكلفة عبور سيارة وأربعة أشخاص؟ [ma heya taklifat 'auboor sayara wa arba'aat ash-khaṣ?]; **The crossing was rough** كان العبور صعبا [kan il-'aobor ṣa'aban]
cross out [krɒs aʊt] *v* يَشطُب [jaʃtˤubu]
crossroads ['krɒsˌrəʊdz] *n* طرق متقاطعة [Ṭaree'q mot'qat'ah]
crossword ['krɒsˌwɜːd] *n* كلمات متقاطعة [Kalemat mota'qat'aa]
crow [krəʊ] *n* غراب [ɣura:b]
crowd [kraʊd] *n* حشد [ħaʃd]
crowded [kraʊdɪd] *adj* مزدحم [muzdaħim]
crowdfunding ['kraudfʌndɪŋ] *n* تمويل جماعي [tamwi:l ʒama:ʕi:]
crown [kraʊn] *n* تاج [ta:ʒ]
crucial ['kruːʃəl] *adj* عصيب [ʕasˤi:b]
crucifix ['kruːsɪfɪks] *n* صَليب [sˤali:b]
crude [kruːd] *adj* فَج [faʒʒ]
cruel ['kruːəl] *adj* قاسي [qa:si:]
cruelty ['kruːəltɪ] *n* قسوة [qaswa]
cruise [kruːz] *n* رحلة بحرية [Rehalh bahreyah]
crumb [krʌm] *n* كِسْرة خبز [Kesrat khobz]
crush [krʌʃ] *v* يَسحق [jasħaqu]
crutch [krʌtʃ] *n* عكاز [ʕukka:z]
cry [kraɪ] *n* بُكَاء [buka:ʔ] ▷ *v* يَصرخ [jasˤruxu]
crystal ['krɪstᵊl] *n* بُلّور [billawr]
cub [kʌb] *n* شِبْل [ʃibl]
Cuba ['kjuːbə] *n* كوبا [ku:ba:]
Cuban ['kjuːbən] *adj* كوبي [ku:bij] ▷ *n* كوبي [ku:bij]
cube [kjuːb] *n* مكعب [mukaʕʕab]; **ice cube** *n* مكعب ثلج [Moka'aab thalj]; **stock cube** *n* مكعب حساء [Moka'aab ḥasaa]
cubic ['kjuːbɪk] *adj* مكعب [mukaʕʕab]
cuckoo ['kʊkuː] *n* طائر الوقواق [Ṭaaer al-wa'qwa'q]
cucumber ['kjuːˌkʌmbə] *n* خِيَار [xija:r]
cuddle ['kʌdᵊl] *n* عناق [ʕina:q] ▷ *v* يُعانِق [juʕa:niqu]
cue [kjuː] *n (billiards)* إلماع [ʔilma:ʕ]
cufflinks ['kʌflɪŋks] *npl* أزرار كم القميص [Azrar kom al'qameeṣ]
culprit ['kʌlprɪt] *n* مُذْنِب [muðnib]
cultural ['kʌltʃərəl] *adj* ثقافي [θaqa:fij]

culture ['kʌltʃə] *n* ثقافة [θaqa:fa]
cumin ['kʌmɪn] *n* كَمّون [kammu:n]
cunning ['kʌnɪŋ] *adj* ماكر [ma:kir]
cup [kʌp] *n* فنجان [finʒa:n]; **World Cup** *n* كأس العالم [Kaas al-'aalam]
cupboard ['kʌbəd] *n* خزانة للأطباق والكؤوس [Khezanah lel aṭba'q wal-koos]
curb [kɜ:b] *n* شكيمة [ʃaki:ma]
cure [kjʊə] *n* شفاء [ʃifa:ʔ] ▷ *v* يُعالج [juʕa:liʒu]
curfew ['kɜ:fju:] *n* حضر التجول [haḍr al-tajawol]
curious ['kjʊərɪəs] *adj* محب للاستطلاع [Moḥeb lel-esteṭlaa'a]
curl [kɜ:l] *n* يَعْقِص الشعر [Ya'aqeṣ al-sha'ar]
curler ['kɜ:lə] *n* ماكينة تجعيد الشعر [Makeenat taj'aeed sha'ar]
curly ['kɜ:lɪ] *adj* معقوص [maʕqu:sˤ]
currant ['kʌrənt] *n* زبيب [zabi:b]
currency ['kʌrənsɪ] *n* عملة متداولة [A'omlah motadawlah]
current ['kʌrənt] *adj* حالي [ħa:lij] ▷ *n* *(electricity)* تيار [tajja:r], *(flow)* تدفق [tadaffuq]; **current account** *n* حساب جارى [Hesab tejarey]; **current affairs** *npl* شؤون الساعة [Sheoon al-saa'ah]; **Are there currents?** هل يوجد تيارات مائية في هذه الشواطئ؟ [hal yujad taya-raat maiya fee hadhy al-shawaṭy]
currently ['kʌrəntlɪ] *adv* حالياً [ħa:lijjan]
curriculum [kə'rɪkjʊləm] *n* منهج دراسى [Manhaj derasey]; **curriculum vitae** *n* سيرة ذاتية [Seerah dhateyah]
curry ['kʌrɪ] *n* كاري [ka:ri:]; **curry powder** *n* مسحوق الكاري [Mashoo'q alkaarey]
curse [kɜ:s] *n* لعنة [laʕna]
cursor ['kɜ:sə] *n* مُؤَشر [muʔaʃʃir]
curtain ['kɜ:tᵊn] *n* ستارة [sita:ra]
cushion ['kʊʃən] *n* مخفف الصدمات [Mokhafef al-ṣadamat]
custard ['kʌstəd] *n* كسترد [kustard]
custody ['kʌstədɪ] *n* وصاية [wisˤa:ja]
custom ['kʌstəm] *n* عرف [ʕurf]
customer ['kʌstəmə] *n* عميل [ʕami:l]
customized ['kʌstə,maɪzd] *adj* مَصْنوع وفقاً لطلب الزبون [masˤnu:ʕun wafqan litˤalabi azzabu:ni]
customs ['kʌstəmz] *npl* رسوم جمركية [Rosoom jomrekeyah]; **customs officer** *n* مسئول الجمرك [Masool al-jomrok]
cut [kʌt] *n* جرح [ʒurħ] ▷ *v* يَقطَع [jaqtˤaʕu]; **crew cut** *n* قصة شعر قصيرة ['qaṣat sha'ar]; **power cut** *n* انقطاع التيار الكهربي [En'qetaa'a al-tayar alkahrabey]; **He has cut himself** لقد جرح نفسه [la'qad jara-ḥa naf-sehe]
cutback ['kʌt,bæk] *n* تخفيض الانتاج [Takhfeeḍ al-entaj]
cut down [kʌt daʊn] *v* يَقطَع شجرة [juqatˤtˤaʕu ʃaʒaratan]
cute [kju:t] *adj* حَذِق [ħaðiq]
cutlery ['kʌtlərɪ] *n* سَكاكين المائدة [Skakeen al-maeadah]
cutlet ['kʌtlɪt] *n* شَريحة لحم مشوية [Shareehat laḥm mashweyah]
cut off [kʌt ɒf] *v* يَتوَقف عن العمل [jatawaqqafu ʕan alʕamali]
cutting ['kʌtɪŋ] *n* قطع [qitˤaʕ]
cut up [kʌt ʌp] *v* يَقطَع بالسكين [Ya'qta'a bel-sekeen]
CV [si: vi:] *abbr* سيرة ذاتية [Seerah dhateyah]
cyberbullying ['saɪbəbulɪɪŋ] *n* استبداد وتهديد افتراضي [istibda:d wa-tahdi:d iftira:dˤi:]
cybercafé ['saɪbə,kæfeɪ; -,kæfɪ] *n* مقهى الانترنت [Ma'qha al-enternet]
cybercrime ['saɪbə,kraɪm] *n* جرائم الكمبيوتر والانترنت [Jraem al-kmobyoter wal-enternet]
cycle ['saɪkᵊl] *n* *(bike)* دراجة بخارية [Darrajah bokhareyah], *(recurring period)* دورة [dawra] ▷ *v* يُدَوِّر [jadu:ru]; **cycle lane** *n* زُقَاق دائري [Zo'qa'q daerey]; **cycle path** *n* ممر الدراجات [Mamar al-darajat]
cycling ['saɪklɪŋ] *n* تدوير [tadwi:ru]
cyclist ['saɪklɪst] *n* راكب الدراجة [Rakeb al-darrajah]
cyclone ['saɪkləʊn] *n* زَوْبَعَة [zawbaʕa]

cylinder ['sɪlɪndə] *n* اسطوانة [ustˤuwa:na]
cymbals ['sɪmbᵊlz] *npl* آلة الصنج الموسيقية [Alat al-ṣanj al-mose'qeyah]
Cypriot ['sɪprɪət] *adj* قبرصي [qubrusˤij] ▷ *n (person)* قبرصي [qubrusˤij]
Cyprus ['saɪprəs] *n* قبرص [qubrusˤ]
cyst [sɪst] *n* مَثانة [maθa:na]
cystitis [sɪ'staɪtɪs] *n* التهاب المثانة [El-tehab al-mathanah]
Czech [tʃɛk] *adj* تشيكي [tʃi:kij] ▷ *n (language)* اللغة التشيكية [Al-loghah al-teshekeyah], *(person)* شخص تشيكي [Shakhṣ tesheekey]; **Czech Republic** *n* جمهورية التشيك [Jomhoreyat al-tesheek]

d

dad [dæd] *n* أب [ʔab]
daddy ['dædɪ] *n* بابا [ba:ba:]
daffodil ['dæfədɪl] *n* نرجس [narʒis]
daft [dɑ:ft] *adj* أحمَق [ʔaħmaq]
daily ['deɪlɪ] *adj* يَوْمي [jawmij] ▷ *adv* يومياً [jawmijjaan]
dairy ['dɛərɪ] *n* مصنع منتجات الألبان [maṣna'a montajat al-alban]; **dairy produce** *n* منتج ألبان [Montej albaan]; **dairy products** *npl* منتجات الألبان [Montajat al-baan]
daisy ['deɪzɪ] *n* زهرة الأقحُوان [Thamrat al-o'qḥowan]
dam [dæm] *n* سد [sadd]
damage ['dæmɪdʒ] *n* ضرر [dˤarar] ▷ *v* يَضُر [jadˤurru]
damaged ['dæmɪdʒd] *adj*; **My luggage has been damaged** لقد تعرضت حقائبي للضرر [la'qad ta-'aaraḍat ḥa'qa-eby lel-ḍarar]; **My suitcase has arrived damaged** لقد تعرضت حقيبة السفر الخاصة بي للضرر [la'qad ta-'aaraḍat ḥa'q-ebat al-safar al-khaṣa bee lel-ḍarar]
damn [dæm] *adj* لعين [laʕi:nu]
damp [dæmp] *adj* نَدِي [nadij]
dance [dɑ:ns] *n* رَقصَة [raqsˤa] ▷ *v* يَرقص [jarqusˤu]

dancer ['dɑ:nsə] *n* راقص [ra:qisˤu]
dancing ['dɑ:nsɪŋ] *n* رَقْص [raqsˤ]; **ballroom dancing** *n* رقص ثنائي [Ra'qṣ thonaaey]
dandelion ['dændɪ,laɪən] *n* نبات الهندباء البرية [Nabat al-hendbaa al-bareyah]
dandruff ['dændrəf] *n* قشرة الرأس ['qeshart al-raas]
Dane [deɪn] *n* دانماركي [da:nma:rkij]
danger ['deɪndʒə] *n* خطر [xatˤar]; **Is there a danger of avalanches?** هل يوجد خطر من وجود الكتلة الجليدية المنحدرة؟ [hal yujad khatar min wijood al-kutla al-jalee-diya al-muḥadera?]
dangerous ['deɪndʒərəs] *adj* خطير [xatˤi:r]
Danish ['deɪnɪʃ] *adj* دانماركي [da:nma:rkij] ▷ *n (language)* اللغة الدانمركية [Al-loghah al-danmarkeyah]
dare [dɛə] *v* يَجرُؤ [jaʒruʔu]
daring ['dɛərɪŋ] *adj* جرئ [ʒariʔ]
dark [dɑ:k] *adj* مظلم [muzˤlim] ▷ *n* ظلام [zˤala:m]
darkness ['dɑ:knɪs] *n* ظُلْمَة [zˤulma]
darling ['dɑ:lɪŋ] *n* حبيب [ħabi:b]
dart [dɑ:t] *n* سَهْم [sahm]
darts [dɑ:ts] *npl* لعبة رمي السهام [Lo'abat ramey al-seham]
dash [dæʃ] *v* يندفع [jandafiʕu]
dashboard ['dæʃ,bɔ:d] *n* حجاب واقي [Ḥejab wara'qey]
dashcam ['dæʃkæm] *n* كاميرا للسيارة [ka:mi:ra: lis-sajja:ra]
data ['deɪtə; 'dɑ:tə] *npl* بيانات [baja:na:tun]
database ['deɪtə,beɪs] *n* قاعدة بيانات ['qaedat bayanat]
date [deɪt] *n* تاريخ [ta:ri:x]; **best-before date** *n* يُفضل استخدامه قبل التاريخ المُحدد [Yofaḍḍal estekhdamoh 'qabl al-tareekh al-mohaddad]; **expiry date** *n* تاريخ الانتهاء [Tareekh al-entehaa]; **sell-by date** *n* تاريخ انتهاء الصلاحية [Tareekh enthaa al-ṣalaḥeyah]; **What is today's date?** ما هو تاريخ اليوم؟ [ma howa tareekh al-yawm?]
daughter ['dɔ:tə] *n* ابنة [ibna]
daughter-in-law ['dɔ:tə ɪn lɔ:] (*pl* **daughters-in-law**) *n* زوجة الابن [Zawj al-ebn]
dawn [dɔ:n] *n* فَجْر [faʒr]
day [deɪ] *n* يوم [jawm]; **day return** *n* تذكرة ذهاب وعودة في نفس اليوم [tadhkarat dhehab we-'awdah fee nafs al-yawm]; **Valentine's Day** *n* عيد الحب ['aeed al-ḥob]; **Do you run day trips to...?** هل تنظمون رحلات يومية إلى...؟ [hal tunaḍh-emoon reḥlaat yaw-miya ela...?]; **What a lovely day!** يا له من يوم جميل! [ya laho min yawm jameel]; **What are your rates per day?** ما هو الإيجار اليومي؟ [ma howa al-ejaar al-yawmi?]; **What day is it today?** أي الأيام تكون اليوم؟ [ay al-ayaam howa al- yawm?]; **What is the dish of the day?** ما هو طبق اليوم [ma howa ṭaba'q al-yawm?]
daytime ['deɪ,taɪm] *n* فترة النهار [Fatrat al-nehaar]
dead [dɛd] *adj* متوفى [mutawaffin] ▷ *adv* تماماً [tama:man]; **dead end** *n* طريق مسدود [Taree'q masdood]
deadline ['dɛd,laɪn] *n* موعد الانتهاء [Maw'aed al-entehaa]
deaf [dɛf] *adj* أصم [ʔasˤamm]
deafening ['dɛfənɪŋ] *adj* مسبب الصمم [Mosabeb lel-ṣamam]
deal [di:l] *n* صفقة [sˤafqa]
dealer ['di:lə] *n* تاجر [ta:ʒir]; **drug dealer** *n* تاجر مخدرات [Tajer mokhaddrat]
deal with [di:l wɪð] *v* يُعالِج [juʕa:liʒu]
dear [dɪə] *adj (expensive)* عزيزي [ʕazi:zi:], *(loved)* عزيز [ʕazi:z]
death [dɛθ] *n* مَوْت [mawt]
debate [dɪ'beɪt] *n* مناقشة [muna:qaʃa] ▷ *v* يناقش [juna:qiʃu]
debit ['dɛbɪt] *n* مَدين [madi:n] ▷ *v* يُسجل على حساب [jusʒilu ʕala: ħisa:bin]; **debit card** *n* كارت سحب [Kart sahb]; **direct debit** *n* يخصم مباشرةً من حساب العميل [Yokhṣam mobasharatan men hesab al'ameel]
debt [dɛt] *n* دَيْن [dajn]

decade [ˈdɛkeɪd; dɪˈkeɪd] *n* عقد من الزمن [ˈaaˈqd men al-zaman]
decaffeinated [dɪˈkæfɪˌneɪtɪd] *adj* منزوع منه الكافيين [Manzooˈa menh al-kafayeen]; **decaffeinated coffee** *n* قهوة منزوعة الكافيين [ˈqahwa manzoˈaat al-kafayen]
decay [dɪˈkeɪ] *v* يَتعفن [jataʕaffanu]
deceive [dɪˈsiːv] *v* يَغش [jaɣiʃʃu]
December [dɪˈsɛmbə] *n* ديسمبر [diːsambar]; **on Friday the thirty first of December** يوم الجمعة الموافق الحادي والثلاثين من ديسمبر [yawm al-jumˈaa al- muwa-fiˈq al-ḥady waal-thalatheen min desambar]
decent [ˈdiːsᵊnt] *adj* مهذب [muhaððab]
decide [dɪˈsaɪd] *v* يُقرر [juqarriru]
decimal [ˈdɛsɪməl] *adj* عشري
decision [dɪˈsɪʒən] *n* قرار [qaraːr]
decisive [dɪˈsaɪsɪv] *adj* حاسم [ħaːsim]
deck [dɛk] *n* ظهر المركب [ḍhahr al-mrkeb]; **How do I get to the car deck?** كيف يمكن الوصول إلى السيارة على ظهر المركب؟ [kayfa yamkin al-wiṣool ela al-sayarah ˈala ḍhahr al-markab?]
deckchair [ˈdɛkˌtʃɛə] *n* كرسي طويل قابل لظهر المركب [kursijjun tˤawiːlun qaːbilun lizˤahri almarkabi]
declare [dɪˈklɛə] *v* يُعْلِن [juʕlinu]
decorate [ˈdɛkəˌreɪt] *v* يُزَخرف [juzaxrifu]
decorator [ˈdɛkəˌreɪtə] *n* مُزَخْرَف [muza-xraf]
decrease *n* [ˈdiːkriːs] النقص [an-naqsˤu] ▷ *v* [dɪˈkriːs] ينقص [janqusˤu]
dedicated [ˈdɛdɪˌkeɪtɪd] *adj* متفرغ [mutafarriɣ]
dedication [ˌdɛdɪˈkeɪʃən] *n* تكريس [takriːs]
deduct [dɪˈdʌkt] *v* يَقْتَطِع [jaqtatˤiʕu]
deep [diːp] *adj* عميق [ʕamiːq]
deep-fry [diːpfraɪ] *v* يَقلي [jaqliː]
deeply [ˈdiːplɪ] *adv* بعمق [biʕumqin]
deer [dɪə] (*pl* **deer**) *n* أيّل [ʔajl]
defeat [dɪˈfiːt] *n* هزيمة [haziːmunt] ▷ *v* يهزم [jahzimu]
defect [dɪˈfɛkt] *n* عيب [ʕajb]
defence [dɪˈfɛns] *n* دفاع [difaːʕ]
defend [dɪˈfɛnd] *v* يُدافع [judaːfiʕu]
defendant [dɪˈfɛndənt] *n* مُدَعى عليه [Modaˈaa ˈaalayh]
defender [dɪˈfɛndə] *n* مُدَافِع [mudaːfiʕ]
deficit [ˈdɛfɪsɪt; dɪˈfɪsɪt] *n* عجز في الميزانية [ˈajz fee- almezaneyah]
define [dɪˈfaɪn] *v* يُعَرف [jaʕrifu]
definite [ˈdɛfɪnɪt] *adj* واضح [waːdˤiħ]
definitely [ˈdɛfɪnɪtlɪ] *adv* بكل تأكيد [Bekol taakeed]
definition [ˌdɛfɪˈnɪʃən] *n* تعريف [taʕriːf]
degree [dɪˈgriː] *n* درجة [daraʒa]; **degree centigrade** *n* درجة حرارة مئوية [Draajat ḥaraarah meaweyah]; **degree Celsius** *n* درجة حرارة سلزيوس [Darajat ḥararah selezyos]; **degree Fahrenheit** *n* درجة حرارة فهرنهايتي [Darjat hararh ferhrenhaytey]
dehydrated [diːˈhaɪdreɪtɪd] *adj* مُجَفَف [muʒaffif]
de-icer [diːˈaɪsə] *n* ماكينة إزالة الثلوج [Makenat ezalat al-tholoˈj]
delay [dɪˈleɪ] *n* تأخير [taʔxiːr] ▷ *v* يتأخر [jataʔaxxaru]
delayed [dɪˈleɪd] *adj* متأخر [mutaʔaxxir]
delegate *n* [ˈdɛlɪˌgeɪt] انتداب [intidaːb] ▷ *v* [ˈdɛlɪˌgeɪt] ينتدب [jantadibu]
delete [dɪˈliːt] *v* يَحذِف [jaħðifu]
deliberate [dɪˈlɪbərɪt] *adj* مُتَعَمد [mutaʕammad]
deliberately [dɪˈlɪbərətlɪ] *adv* بشكل متعمد [Be-shakl motaˈamad]
delicate [ˈdɛlɪkɪt] *adj* رقيق [raqiːq]
delicatessen [ˌdɛlɪkəˈtɛsᵊn] *n* أطعمة معلبة [a ṭˈaemah moˈaalabah]
delicious [dɪˈlɪʃəs] *adj* شهي [ʃahij]; **The meal was delicious** كانت الوجبة شهية [kanat il-wajba sha-heyah]
delight [dɪˈlaɪt] *n* بهجة [bahʒa]
delighted [dɪˈlaɪtɪd] *adj* مسرور جداً [Masroor jedan]
delightful [dɪˈlaɪtfʊl] *adj* سار جداً [Sar jedan]
deliver [dɪˈlɪvə] *v* يُسَلِم [jusallimu]
delivery [dɪˈlɪvərɪ] *n* تسليم [tasliːm];

recorded delivery *n* بعلم الوصول [Be-'aelm al-woṣool]

demand [dɪ'mɑːnd] *n* حاجة ملحة [Hajah molehah] ▷ *v* يُطَالِب ب [Yoṭaleb be]

demanding [dɪ'mɑːndɪŋ] *adj* كثير المطالب [Katheer almaṭaleb]

demo, demos ['dɛməʊ, 'diːmɒs] *n* تجربة إيضاحية [Tajrebah eeḍaheyah]

democracy [dɪ'mɒkrəsɪ] *n* ديمقراطية [diːmuqraːtˤijja]

democratic [ˌdɛmə'krætɪk] *adj* ديمقراطي [diːmuqraːtˤij]

demolish [dɪ'mɒlɪʃ] *v* يَهْدِم [jahdimu]

demonstrate ['dɛmənˌstreɪt] *v* يُبَرْهِن [jubarhinu]

demonstration [ˌdɛmən'streɪʃən] *n* مُظَاهَرة [muzˤaːhara]

demonstrator ['dɛmənˌstreɪtə] *n* معيد [muʕiːd]

denim ['dɛnɪm] *n* قماش الدنيم القطنى ['qomash al-deneem al-'qotney]

denims ['dɛnɪmz] *npl* سروال من قماش الدِنيم القطني [Serwal men 'qomash al-deneem al-'qotney]

Denmark ['dɛnmɑːk] *n* الدانمارك [ad-daːnmaːrk]

dense [dɛns] *adj* كثيف [kaθiːf]

density ['dɛnsɪtɪ] *n* كثافة [kaθaːfa]

dent [dɛnt] *n* أسنان [ʔasnaːnu] ▷ *v* يَنْبَعِج [janbaʕiʒu]

dental ['dɛntᵊl] *adj* متعلق بطب الأسنان [Mota'ale'q be-ṭeb al-asnan]; **dental floss** *n* خَيْط تنظيف الأسنان [Khayṭ tandheef al-asnan]

dentist ['dɛntɪst] *n* طبيب أسنان [Ṭabeeb asnan]; **I need a dentist** أحتاج إلى الذهاب إلى طبيب أسنان [aḥtaaj ela al-dhehaab ela ṭabeeb asnaan]

dentures ['dɛntʃəz] *npl* أطقم أسنان صناعية [Aṭ'qom asnan ṣena'aeyah]

deny [dɪ'naɪ] *v* يُنكر [junkiru]

deodorant [diː'əʊdərənt] *n* مزيل رائحة العرق [Mozeel raaehat al-'aara'q]

depart [dɪ'pɑːt] *v* يَرحل [jarħalu]

department [dɪ'pɑːtmənt] *n* قِسم [qism]; **accident & emergency department** *n* إدارة الحوادث والطوارئ [Edarat al-hawadeth wa-al-tawarea]; **department store** *n* محل مكون من أقسام [Maḥal mokawan men a'qsaam]

departure [dɪ'pɑːtʃə] *n* مغادرة [muɣaːdara]; **departure lounge** *n* صالة المغادرة [Ṣalat al-moghadarah]

depend [dɪ'pɛnd] *v* يعتمد على [jaʕtamidu ʕalaː]

deport [dɪ'pɔːt] *v* ينفي [janfiː]

deposit [dɪ'pɒzɪt] *n* يُوْدِع [judiʕu]

depressed [dɪ'prɛst] *adj* محبط [muħbatˤ]

depressing [dɪ'prɛsɪŋ] *adj* محزن [muħzin]

depression [dɪ'prɛʃən] *n* إحباط [ʔiħbaːtˤ]

depth [dɛpθ] *n* عمق [ʕumq]

descend [dɪ'sɛnd] *v* ينحدر [janħadiru]

describe [dɪ'skraɪb] *v* يَصِف [jasˤifu]

description [dɪ'skrɪpʃən] *n* وَصف [wasˤf]

desert ['dɛzət] *n* صحراء [sˤaħraːʔu]; **desert island** *n* جزيرة استوائية غير مأهولة [Jozor ghayr maahoolah]

deserve [dɪ'zɜːv] *v* يَستحق [jastaħiqqu]

design [dɪ'zaɪn] *n* تصميم [tasˤmiːm] ▷ *v* يُصمم [jusˤammimu]

designer [dɪ'zaɪnə] *n* مُصَمِم [musˤammim]; **interior designer** *n* مُصَمِم داخلي [Moṣamem dakheley]

desire [dɪ'zaɪə] *n* رغبة [raɣba] ▷ *v* يَرغب [jarɣabu]

desk [dɛsk] *n* مكتب [maktab]; **enquiry desk** *n* مكتب الاستعلامات [Maktab al-este'alamaat]; **May I use your desk?** هل لي أن أستخدم المكتب الخاص بك؟ [hal lee an astakhdim al-maktab al-khaaṣ bik?]

despair [dɪ'spɛə] *n* يأس [jaʔs]

desperate ['dɛspərɪt; -prɪt] *adj* يئوس [jaʔuːs]

desperately ['dɛspərɪtlɪ] *adv* بيأس [bijaʔsin]

despise [dɪ'spaɪz] *v* يَحتقر [jaħtaqiru]

despite [dɪ'spaɪt] *prep* بالرغم [Bel-raghm]

dessert [dɪ'zɜːt] *n* تحلية [taħlija]; **dessert spoon** *n* ملعقة الحلويات [Mel'a'qat al-ḥalaweyat]
destination [ˌdɛstɪ'neɪʃən] *n* مَقصَد [maqsˤid]
destiny ['dɛstɪnɪ] *n* قَدَر [qadar]
destroy [dɪ'strɔɪ] *v* يُدمِر [judammiru]
destruction [dɪ'strʌkʃən] *n* تدمير [tadmiːr]
detail ['diːteɪl] *n* تفصيل [tafsˤiːl]
detailed ['diːteɪld] *adj* مُفَصَّل [mufasˤsˤal]
detective [dɪ'tɛktɪv] *n* شرطة سرية [Shorṭah serryah]
detention [dɪ'tɛnʃən] *n* احتجاز [iħtiʒaːz]
detergent [dɪ'tɜːdʒənt] *n* مادة منظفة [Madah monaḍhefah]
deteriorate [dɪ'tɪərɪəˌreɪt] *v* يَفْسَد [jafsadu]
determined [dɪ'tɜːmɪnd] *adj* عاقد العزم ['aaa'qed al-'aazm]
detour ['diːtʊə] *n* تَحَوُّل [taħawwul]
devaluation [diːˌvæljuː'eɪʃən; deˌvalu'ation] *n* تخفيض قيمة العملة [Takhfeeḍ 'qeemat al'aomlah]
devastated ['dɛvəˌsteɪtɪd] *adj* مدمر [mudammar]
devastating ['dɛvəˌsteɪtɪŋ] *adj* مسبب لدمار هائل [Mosabeb ledamar haael]
develop [dɪ'vɛləp] *vi* يتطور [jatatˤawwaru] ▷ *vt* يُطور [jutˤawwiru]; **developing country** *n* بَلَد نامٍ [Baladen namen]
development [dɪ'vɛləpmənt] *n* تطور [tatˤawwur]
device [dɪ'vaɪs] *n* مُعَدَّة [muʕadda]
devil ['dɛvᵊl] *n* شيطان [ʃajtˤaːn]
devise [dɪ'vaɪz] *v* يَبتكر [jabtakiru]
devoted [dɪ'vəʊtɪd] *adj* مكرس [mukarras]
diabetes [ˌdaɪə'biːtɪs; -tiːz] *n* مرض السكر [Maraḍ al-sokar]
diabetic [ˌdaɪə'bɛtɪk] *adj* مصاب بالسكري [Moṣab bel sokkarey] ▷ *n* شخص مصاب بالبول السكري [Shakhṣ moṣaab bel-bol al-sokarey]
diagnosis [ˌdaɪəg'nəʊsɪs] *n* تشخيص [taʃxiːsˤ]
diagonal [daɪ'ægənᵊl] *adj* قطري [qutˤrij]
diagram ['daɪəˌgræm] *n* رسم بياني [Rasm bayany]
dial ['daɪəl; daɪl] *v* يَتَّصِل [jattasˤilu]; **dialling code** *n* كود الاتصال بمنطقة أو بلد [Kod al-eteṣal bemanṭe'qah aw balad]; **dialling tone** *n* نغمة الاتصال [Naghamat al-eteṣal]
dialect ['daɪəˌlɛkt] *n* لهجة [lahʒa]
dialogue ['daɪəˌlɒg] *n* حوار [ħiwaːru]
diameter [daɪ'æmɪtə] *n* قُطر [qutˤr]
diamond ['daɪəmənd] *n* ماس [maːs]
diarrhoea [ˌdaɪə'rɪə] *n* إسهال [ʔishaːl]; **I have diarrhoea** أعاني من الإصابة بالإسهال [o-'aany min al-eṣaaba bel-es-haal]
diary ['daɪərɪ] *n* يوميات [jawmijjaːt]
dice, die [daɪs, daɪ] *npl* نَرْد [nardun]
dictation [dɪk'teɪʃən] *n* إملاء [ʔimlaːʔ]
dictator [dɪk'teɪtə] *n* ديكتاتور [diːktaːtuːr]
dictionary ['dɪkʃənərɪ; -ʃənrɪ] *n* قاموس [qaːmuːs]
die [daɪ] *v* يموت [jamuːtu]
diesel ['diːzᵊl] *n* وقود الديزيل [Wa'qood al-deezel]
diet ['daɪət] *n* نظام غذائي [Neḍhaam ghedhey] ▷ *v* يلتزم بحمية غذائية معينة [Yalazem beḥemyah ghedhaeyah mo'ayanah]; **I'm on a diet** أتبع نظام غذائي خاص [atba'a neḍham ghedha-ee khaaṣ] أنا أتبع نظام غذائي خاص, [ana atb'a neḍham ghedhaey khaaṣ]
difference ['dɪfərəns; 'dɪfrəns] *n* اختلاف [ixtilaːf]
different ['dɪfərənt; 'dɪfrənt] *adj* مختلف [muxtalif]; **I would like something different** أريد شيئا مختلفا [areed shyan mukh-talefan]
difficult ['dɪfɪkᵊlt] *adj* صَعْب [sˤaʕb]
difficulty ['dɪfɪkᵊltɪ] *n* صعوبة [sˤuʕuːba]
dig [dɪg] *v* يَحفُر [jaħfuru]
digest [dɪ'dʒɛst; daɪ-] *v* يَهضِم [jahdˤimu]
digestion [dɪ'dʒɛstʃən; daɪ-] *n* هضم [hadˤm]

digger ['dɪgə] *n* حفار [ħaffa:r]
digital ['dɪdʒɪtᵊl] *adj* رقمي [raqmij]; **digital camera** *n* كاميرا رقمية [Kameera ra'qmeyah]; **digital radio** *n* راديو رقمي [Radyo ra'qamey]; **digital television** *n* تليفزيون رقمي [telefezyoon ra'qamey]; **digital watch** *n* ساعة رقمية [Sa'aah ra'qameyah]
dignity ['dɪgnɪtɪ] *n* كرامة [kara:ma]
dilemma [dɪ'lɛmə; daɪ-] *n* معضلة [muʕdˤila]
dilute [daɪ'lu:t] *v* يُخفف [juxafiffu]
diluted [daɪ'lu:tɪd] *adj* مخفف [muxaffaf]
dim [dɪm] *adj* باهت [ba:hit]
dimension [dɪ'mɛnʃən] *n* بُعْد [buʕd]
diminish [dɪ'mɪnɪʃ] *v* يُقَلِل [juqallilu]
din [dɪn] *n* ضجيج [dˤaʒi:ʒ]
diner ['daɪnə] *n* متناول العشاء [Motanawal al-'aashaa]
dinghy ['dɪŋɪ] *n* زورق تجديف [Zawra'q]
dinner ['dɪnə] *n* وَجْبَة الطعام [Wajbat al-ṭa'aam]; **dinner jacket** *n* جاكت العشاء [Jaket al-'aashaa]; **dinner party** *n* حفلة عشاء [Haflat 'aashaa]; **dinner time** *n* وَقْت العشاء [Wa'qt al-'aashaa]
dinosaur ['daɪnə,sɔ:] *n* ديناصور [di:na:sˤu:r]
dip [dɪp] *n* *(food/sauce)* غَمْس [ɣams] ▷ *v* يَغْمِس [jaɣmisu]
diploma [dɪ'pləʊmə] *n* دبلوما [diblu:ma:]
diplomat ['dɪplə,mæt] *n* دبلوماسي [diblu:ma:sij]
diplomatic [,dɪplə'mætɪk] *adj* دبلوماسي [diblu:ma:sij]
dipstick ['dɪp,stɪk] *n* قضيب قياس العمق ['qaḍeeb 'qeyas al-'aom'q]
direct [dɪ'rɛkt; daɪ-] *adj* مباشر [muba:ʃir] ▷ *v* يُوجه [juwaʒʒihu]; **direct debit** *n* يخصم مباشرةً من حساب العميل [Yokhṣam mobasharatan men hesab al'ameel]; **I'd prefer to go direct** أفضل الذهاب مباشرة [ofaḍel al-dhehaab muba-sharatan]; **Is it a direct train?** هل يتجه هذا القطار مباشرة إلى...؟ [hal yata-jih hadha al-'qeṭaar muba-sha-ratan ela...?]
direction [dɪ'rɛkʃən; daɪ-] *n* توجيه [tawʒi:h]
directions [dɪ'rɛkʃənz; daɪ-] *npl* توجيهات [tawʒi:ha:tun]
directly [dɪ'rɛktlɪ; daɪ-] *adv* مباشرةً [muba:ʃaratan]
director [dɪ'rɛktə; daɪ-] *n* مُدِير [mudi:r]; **managing director** *n* عضو مُنتَدب ['aḍow montadab]
directory [dɪ'rɛktərɪ; -trɪ; daɪ-] *n* دليل [dali:l]; **directory enquiries** *npl* استعلامات دليل الهاتف [Este'alamat daleel al-hatef]; **telephone directory** *n* دليل الهاتف [Daleel al-hatef]
dirt [dɜ:t] *n* قذارة [qaðа:ra]
dirty ['dɜ:tɪ] *adj* ملوث [mulawwaθ]
disability [,dɪsə'bɪlɪtɪ] *n* عجز [ʕaʒz]
disabled [dɪ'seɪbᵊld] *adj* عاجز [ʕa:ʒiz]
disadvantage [,dɪsəd'vɑ:ntɪdʒ] *n* عَيْب [ʕajb]
disagree [,dɪsə'gri:] *v* يتعارَض [jataʕa:radˤu]
disagreement [,dɪsə'gri:mənt] *n* اختلاف الرأي [Ekhtelaf al-raaey]
disappear [,dɪsə'pɪə] *v* يَخْتفي [jaxtafi:]
disappearance [,dɪsə'pɪərəns] *n* اختفاء [ixtifa:ʔ]
disappoint [,dɪsə'pɔɪnt] *v* يُخيِب [juxajjibu]
disappointed [,dɪsə'pɔɪntɪd] *adj* مُحبَط [muħbatˤ]
disappointing [,dɪsə'pɔɪntɪŋ] *adj* مُحبِط [muħbitˤ]
disappointment [,dɪsə'pɔɪntmənt] *n* خيبة الأمل [Khaybat al-amal]
disaster [dɪ'zɑ:stə] *n* كارثة [ka:riθa]
disastrous [dɪ'zɑ:strəs] *adj* كارثي [ka:riθij]
disc [dɪsk] *n* قرص [qursˤ]; **compact disc** *n* قرص مضغوط ['qorṣ maḍghoot]; **disc jockey** *n* مشغل الأغنيات المسجلة [Moshaghel al-oghneyat al-mosajalah]; **slipped disc** *n* إنزلاق غضروفي [Enzela'q ghodrofey]

discharge [dɪs'tʃɑ:dʒ] *v*; **When will I be discharged?** متى سأخرج من المستشفى؟ [mata sa-akhruj min al-mus-tashfa?]
discipline ['dɪsɪplɪn] *n* تأديب [taʔdi:b]
disclose [dɪs'kləʊz] *v* يُفْشي [juʃʃi:]
disco ['dɪskəʊ] *n* ديسكو [di:sku:]
disconnect [ˌdɪskə'nɛkt] *v* يَفْصِل [jafsˤilu]
discount ['dɪskaʊnt] *n* خصم [xasˤm]; **student discount** *n* خصم للطلاب [Khaṣm lel-ṭolab]
discourage [dɪs'kʌrɪdʒ] *v* يُثبَط من الهمة [yothabeṭ men al-hemah]
discover [dɪ'skʌvə] *v* يَكْتَشِف [jaktaʃifu]
discretion [dɪ'skrɛʃən] *n* تعقل [taʕaqqul]
discrimination [dɪˌskrɪmɪ'neɪʃən] *n* تمييز [tamji:z]
discuss [dɪ'skʌs] *v* يُناقش [juna:qiʃu]
discussion [dɪ'skʌʃən] *n* مناقشة [muna:qaʃa]
disease [dɪ'zi:z] *n* مرض [maradˤ]; **Alzheimer's disease** *n* مرض الزهايمر [Maraḍ al-zehaymar]
disgraceful [dɪs'greɪsfʊl] *adj* شَائِن [ʃa:ʔin]
disguise [dɪs'gaɪz] *v* يتنكّر [jatanakkaru]
disgusted [dɪs'gʌstɪd] *adj* مشمئز [muʃmaʔizz]
disgusting [dɪs'gʌstɪŋ] *adj* مثير للاشمئزاز [Mother lel-sheazaz]
dish [dɪʃ] *n (food)* أكْل, *(plate)* طبق [tˤabaq]; **dish towel** *n* فوطة تجفيف الأطباق [Foṭah tajfeef al-aṭbaa'q]; **satellite dish** *n* طبق قمر صناعي [Ṭaba'q ṣena'aey]; **soap dish** *n* طبق صابون [Ṭaba'q ṣaboon]; **How do you cook this dish?** كيف يطهي هذا الطبق؟ [Kayfa yoṭhaa hadha alṭaba'q]; **How is this dish served?** كيف يقدم هذا الطبق؟ [kayfa yu'qadam hatha al-ṭaba'q?]; **What is in this dish?** ما الذي في هذا الطبق؟ [ma al-lathy fee hatha al-ṭaba'q?]; **What is the dish of the day?** ما هو طبق اليوم [ma howa ṭaba'q al-yawm?]
dishcloth ['dɪʃˌklɒθ] *n* قماشة لغسل الأطباق ['qomash le-ghseel al-aṭbaa'q]
dishonest [dɪs'ɒnɪst] *adj* غير أمين [Gheyr amen]
dishwasher ['dɪʃˌwɒʃə] *n* غسالة أطباق [ghasalat aṭba'q]
disinfectant [ˌdɪsɪn'fɛktənt] *n* مبيد الجراثيم [Mobeed al-jaratheem]
disk [dɪsk] *n* مكتب [maktab]; **disk drive** *n* سواقة أقراص [Sowa'qat a'qraṣ]
diskette [dɪs'kɛt] *n* قرص صغير ['qorṣ ṣagheyr]
dislike [dɪs'laɪk] *v* يكره [jakrahu]
dismal ['dɪzməl] *adj* موحش [mu:ħiʃ]
dismiss [dɪs'mɪs] *v* يَصْرِف [jasˤrifu]
disobedient [ˌdɪsə'bi:dɪənt] *adj* عاصي [ʕa:sˤi:]
disobey [ˌdɪsə'beɪ] *v* يَعْصى [jaʕsˤi:]
dispenser [dɪ'spɛnsə] *n* صُنبور توزيع [Ṣonboor twazea'a]; **cash dispenser** *n* ماكينة صرافة [Makenat ṣerafah]
display [dɪ'spleɪ] *n* ابداء [ibda:ʔ] ▷ *v* يَعْرِض [jaʕridˤu]
disposable [dɪ'spəʊzəbᵊl] *adj* ممكن التخلص منه [Momken al-takhalos menh]
disqualify [dɪs'kwɒlɪˌfaɪ] *v* يُجَرِده من الأهلية [juʒarriduhu min alʔahlijjati]
disrupt [dɪs'rʌpt] *v* يُمَزِق [jumazziqu]
dissatisfied [dɪs'sætɪsˌfaɪd] *adj* غير راض [Ghayr raḍ]
dissolve [dɪ'zɒlv] *v* يُذيب [juði:bu]
distance ['dɪstəns] *n* مسافة [masa:fa]
distant ['dɪstənt] *adj* بعيد [baʕi:d]
distillery [dɪ'stɪlərɪ] *n* معمل التقطير [Ma'amal alta'qṭeer]
distinction [dɪ'stɪŋkʃən] *n* فارق [fa:riq]
distinctive [dɪ'stɪŋktɪv] *adj* مميز [mumajjaz]
distinguish [dɪ'stɪŋgwɪʃ] *v* يُمَيز [jumajjizu]
distract [dɪ'strækt] *v* يَصْرِف الانتباه [jusˤrifu ali:ntiba:hu]
distribute [dɪ'strɪbju:t] *v* يوزع [juwazziʕu]
distributor [dɪ'strɪbjʊtə] *n* موزع [muwazziʕ]

district [ˈdɪstrɪkt] *n* منطقة [mintˤaqa]
disturb [dɪˈstɜːb] *v* يُزعِج [juzʕiʒu]
ditch [dɪtʃ] *n* مَصْرَف [masˤrif] ▷ *v* يَحفُر خندقاً [Yaḥfor khanda'qan]
dive [daɪv] *n* غطس [ɣatˤasa] ▷ *v* يغطس [jaɣtˤisu]
diver [ˈdaɪvə] *n* غطاس [ɣatˤtˤaːs]
diversion [daɪˈvɜːʃən] *n* انحراف [inħiraːf]
divide [dɪˈvaɪd] *v* يُقَسِم [juqassimu]
diving [ˈdaɪvɪŋ] *n* الغوص [al-ɣawsˤu]; **diving board** *n* لوح غطس [Looḥ ghaṭs]; **scuba diving** *n* غوص بأجهزة التنفس [ghawṣ beajhezat altanafos]
division [dɪˈvɪʒən] *n* تقسيم [taqsiːm]
divorce [dɪˈvɔːs] *n* طلاق [tˤalaːq] ▷ *v* طلاق [tˤalaːqun]
divorced [dɪˈvɔːst] *adj* مُطلَق [mutˤallaq]
DIY [diː aɪ waɪ] *abbr* افعلها بنفسك [Ef'alhaa be-nafsek]
dizzy [ˈdɪzɪ] *adj* دُوار [duwaːr]
DJ [diː dʒeɪ] *abbr* دي جيه [D J]
DNA [diː ɛn eɪ] *n* الحمض النووي [alħamdˤu annawawijju]
do [duː] *v* يَفْعَل [jafʕalu]
dock [dɒk] *n* حوض السفن [Hawḍ al-sofon]
doctor [ˈdɒktə] *n* طبيب [tˤabiːb]; **Call a doctor!** اتصل بالطبيب [itaṣel bil-ṭabeeb]; **I need a doctor** أحتاج إلى طبيب [aḥtaaj ela ṭabeeb]; **Is there a doctor who speaks English?** هل يوجد طبيب هنا يتحدث الإنجليزية؟ [hal yujad ṭabeeb huna yata-ḥadath al-injile-ziya?]; **Please call the emergency doctor** من فضلك اتصل بطبيب الطوارئ [min faḍlak itaṣil beṭa-beeb al-ṭawaree]
document [ˈdɒkjʊmənt] *n* مستند [mustanad]; **I want to copy this document** أريد نسخ هذا المستند [areed naskh hadha al-mustanad]
documentary [ˌdɒkjʊˈmɛntərɪ; -trɪ] *n* فيلم وثائقي [Feel wathaae'qey]
documentation [ˌdɒkjʊmɛnˈteɪʃən] *n* توثيق [tawθiːq]
documents [ˌdɒkjʊmɛnts] *npl* مستندات [mustanadaːtun]
dodge [dɒdʒ] *v* يراوغ [juraːwiɣu]
dog [dɒg] *n* كلب [kalb]; **guide dog** *n* كلب هادي مدرب للمكفوفين [Kalb hadey modarab lel-makfoofeen]; **hot dog** *n* نقانق ساخنة [Na'qane'q sakhenah]
dole [dəʊl] *n* إعانة بَطَالة [E'anat baṭalah]
doll [dɒl] *n* دُمْيَة [dumja]
dollar [ˈdɒlə] *n* دُولَار [duːlaːr]
dolphin [ˈdɒlfɪn] *n* دُولفين [duːlfiːn]
domestic [dəˈmɛstɪk] *adj* داخلي [daːxilij]
Dominican Republic [dəˈmɪnɪkən rɪˈpʌblɪk] *n* جمهورية الدومنيكان [Jomhoreyat al-domenekan]
domino [ˈdɒmɪˌnəʊ] *n* لعبة الدومينو [Loabat al-domeno]
dominoes [ˈdɒmɪˌnəʊz] *npl* أحجار الدومينو [Ahjar al-domino]
donate [dəʊˈneɪt] *v* يَتَبَرع [jatabarraʕu]
done [dʌn] *adj* مُستَكمَل [mustakmal]
donkey [ˈdɒŋkɪ] *n* حمار [ħimaːr]
donor [ˈdəʊnə] *n* مَانِح [maːniħ]
door [dɔː] *n* بَابْ [baːb]; **door handle** *n* مقبض الباب [Me'qbaḍ al-bab]
doorbell [ˈdɔːˌbɛl] *n* جرس الباب [Jaras al-bab]
doorman, doormen [ˈdɔːˌmæn; -mən, ˈdɔːˌmɛn] *n* بواب [bawwaːb]
doorstep [ˈdɔːˌstɛp] *n* درجة الباب [Darajat al-bab]
dorm [dɔːm] *n*; **Do you have any single sex dorms?** هل يوجد لديكم أسرة فردية بدورين؟ [Hal yoojad ladaykom aserah fardeyah bedoorayen?]
dormitory [ˈdɔːmɪtərɪ; -trɪ] *n* دَار إيوَاء [Dar eewaa]
dose [dəʊs] *n* جرعة [ʒurʕa]
dot [dɒt] *n* نقطة [nuqtˤa]
double [ˈdʌbᵊl] *adj* مضاعف [mudˤaːʕaf] ▷ *v* يُضاعِف [judˤaːʕifu]; **double bass** *n* الدُبَلْبَس وهي أكبر آله في الأسرة الكمانية [addubalbas wa hija ʔakbaru aːlatu fiː alʔusrati alkamaːnijjati]; **double bed** *n* سَرير مُزدوج [Sareer mozdawaj]; **double glazing** *n* طبقتين من الزجاج

[Ṭaba'qatayen men al-zojaj]; **double room** *n* غرفة مزدوجة [Ghorfah mozdawajah]
doubt [daʊt] *n* شَكّ [ʃak] ▷ *v* يَرتاب [jarta:bu]
doubtful ['daʊtfʊl] *adj* مشكوك فيه [Mashkook feeh]
dough [dəʊ] *n* عجينه [ʕaʒi:na]
doughnut ['dəʊnʌt] *n* كعكات محلاة مقلية [Ka'akat moḥallah ma'qleyah]
do up [dʊ ʌp] *v* يثبّت [juθabbitu]
dove [dʌv] *n* يمامة [jama:ma]
do without [dʊ wɪ'ðaʊt] *v* يَستغْني عن [Yastaghney 'aan]
down [daʊn] *adv* نحو الأرض [naħwa alʔardˤi]
download ['daʊn,ləʊd] *n* تحميل [taħmi:l] ▷ *v* يحمل [juħammalu]
downpour ['daʊn,pɔ:] *n* سَيْل [sajl]
downstairs ['daʊn'stɛəz] *adj* سُفلي [sufla:] ▷ *adv* سفلياً [suflijjan]
downtown ['daʊn'taʊn] *adv* واقع في قلب المدينة [Wa'qe'a fee 'qalb al-madeenah]
doze [dəʊz] *v* ينعس [janʕasu]
dozen ['dʌzᵊn] *n* دستة [dasta]
doze off [dəʊz ɒf] *v* يَبْدأ بالنوم الخفيف [jabdaʔu binnawmi alxafi:fi]
drab [dræb] *adj* رَتيب [rati:b]
draft [drɑ:ft] *n* مسودة [muswadda]
drag [dræg] *v* يَنسحِب [jansaħibu]
dragon ['drægən] *n* تنين [tinni:n]
dragonfly ['drægən,flaɪ] *n* يَعْسُوب [jaʕsu:b]
drain [dreɪn] *n* مصرف للمياه [Maṣraf lel-meyah] ▷ *v* يُصَرِّف ماءً [Yoṣṣaref maae]; **draining board** *n* لوحة تجفيف [Lawhat tajfeef]
drainpipe ['dreɪn,paɪp] *n* أنبوب التصريف [Anboob altaṣreef]
drama ['drɑ:mə] *n* دراما [dra:ma:]
dramatic [drə'mætɪk] *adj* درامي [dra:mij]
drastic ['dræstɪk] *adj* عنيف [ʕani:f]
draught [drɑ:ft] *n* مسودة [muswadda]
draughts [drɑ:fts] *npl* شطرنج [ʃatˤranʒun]
draw [drɔ:] *n (lottery)* سَحْب [saħb], *(tie)* يتعادل مع ▷ *v (equal with)* تَعَادُل الفَرِيقين [Yata'aaadal ma'a], *(sketch)* يَرسِم [jarsumu]
drawback ['drɔ:,bæk] *n* مال يرد بعد دفعه [Maal yorad daf'ah]
drawer ['drɔ:ə] *n* دُرْج [durʒ]
drawers [drɔ:z] *n*; **chest of drawers** *n* خزانة ملابس بأدراج [Khezanat malabes be-adraj]
drawing ['drɔ:ɪŋ] *n* رسم [rasm]
drawing pin ['drɔ:ɪŋ pɪn] *n* دبوس تثبيت اللوائح [Daboos tathbeet al-lawaeh]
dreadful ['drɛdfʊl] *adj* مفزع [mufziʕ]
dream [dri:m] *n* حلم [ħulm] ▷ *v* يَحلُم [jaħlumu]
drench [drɛntʃ] *v* يُبَلِل [jubalilu]
dress [drɛs] *n* فستان [fusta:n] ▷ *v* يلبس [jalbasu]; **evening dress** *n* ملابس السهرة [Malabes al-sahrah]; **wedding dress** *n* فستان الزفاف [Fostaan al-zefaf]; **Can I try on this dress?** هل يمكن أن أجرب هذا الفستان؟ [hal yamken an ajar-reb hadha al-fustaan?]
dressed [drɛst] *adj* متأنق [mutaʔanniq]
dresser ['drɛsə] *n* مساعد اللبس [Mosa'aed al-lebs]
dressing ['drɛsɪŋ] *n*; **salad dressing** *n* صلصة السلطة [Ṣalṣat al-salata]
dressing gown ['drɛsɪŋ gaʊn] *n* رُوب الحَمَّام [Roob al-ḥamam]
dressing table ['drɛsɪŋ 'teɪbᵊl] *n* طَاوِلة زينة [Ṭawlat zeenah]
dress up [drɛs ʌp] *v* يتأنق [jataʔannaqu]
dried [draɪd] *adj* مجفف [muʒaffif]
drift [drɪft] *n* جرف [ʒurf] ▷ *v* يَنْجَرِف [janʒarifu]
drill [drɪl] *n* مِثْقاب [miθqa:b] ▷ *v* يَثْقب بمثقاب [Yath'qob bemeth'qaab]; **pneumatic drill** *n* مثقاب هوائي [Meth'qaab hawaey]
drink [drɪŋk] *n* مَشروب [maʃru:b] ▷ *v* يَشرب [jaʃrabu]; **binge drinking** *n* الإفراط في تناول الشراب [Al-efraaṭ fee tanawol

alsharab]; **drinking water** *n* مياه الشرب [Meyah al-shorb]; **soft drink** *n* مشروب غازي [Mashroob ghazey]
drink-driving ['drɪŋk'draɪvɪŋ] *n* القيادة تحت تأثير الكحول [Al-'qeyadh taḥt taatheer al-koḥool]
drip [drɪp] *n* سائل متقطّر [Sael mota'qaṭer] ▷ *v* يَقْطِر [jaqtˤiru]
drive [draɪv] *n* نزهة في سيارة [Nozhah fee sayarah] ▷ *v* يقود [jaqu:du]; **driving instructor** *n* معلم القيادة [Mo'alem al-'qeyadh]; **four-wheel drive** *n* الدَفْع الرباعي [Al-daf'a al-roba'aey]; **left-hand drive** *n* سيارة مقودها على الجانب الأيسر [Sayarh me'qwadoha ala al-janeb al-aysar]; **right-hand drive** *n* عجلة القيادة اليمنى ['aajalat al-'qeyadah al-yomna]
driver ['draɪvə] *n* سائق [sa:ʔiq]; **learner driver** *n* سائق مبتدئ [Sae'q mobtadea]; **lorry driver** *n* سائق لوري [Sae'q lorey]; **racing driver** *n* سائق سيارة سباق [Sae'q sayarah seba'q]; **truck driver** *n* سائق شاحنة [Sae'q shahenah]
driveway ['draɪv,weɪ] *n* درب [darb]
driving lesson ['draɪvɪŋ 'lɛsᵊn] *n* دَرْس القيادة [Dars al-'qeyadah]
driving licence ['draɪvɪŋ 'laɪsəns] *n* رُخْصَة القيادة [Rokhṣat al-'qeyadah]; **Here is my driving licence** ها هي رخصة القيادة الخاصة بي [ha heya rikhṣat al-'qiyada al-khaṣa bee]; **I don't have my driving licence on me** أحمل رخصة قيادة، لكنها ليست معي الآن [Aḥmel rokhṣat 'qeyadah, lakenaha laysat ma'aey al-aan]; **My driving licence number is...** رقم رخصة قيادتي هو... [ra'qim rikhṣat 'qeyad-aty howa...]
driving test ['draɪvɪŋ 'tɛst] *n* اختبار القيادة [Ekhtebar al-'qeyadah]
drizzle ['drɪzᵊl] *n* رذاذ [raða:ð]
drop [drɒp] *n* قطرة [qatˤra] ▷ *v* يَسقُط [jasqutˤu]; **eye drops** *npl* قطرة للعين ['qaṭrah lel-'ayn]
drought [draʊt] *n* جفاف [ʒafa:f]
drown [draʊn] *v* يَغْرَق [jaɣraqu]
drowsy ['draʊzɪ] *adj* نعسان [naʕsa:n]
drug [drʌg] *n* مخدرات [muxaddira:t]; **drug addict** *n* مدمن مخدرات [Modmen mokhadarat]; **drug dealer** *n* تاجر مخدرات [Tajer mokhaddrat]
drum [drʌm] *n* طبلة [tˤabla]
drummer ['drʌmə] *n* طبال [tˤabba:l]
drunk [drʌŋk] *adj* ثَمِل [θamil] ▷ *n* سكران [sakra:n]
dry [draɪ] *adj* جاف [ʒa:ff] ▷ *v* يُجَفِف [juʒaffifu]; **bone dry** *adj* جاف تماماً [Jaf tamaman]; **A dry sherry, please** كأس من مشروب الشيري الجاف من فضلك [Kaas mashroob al-sheery al-jaf men faḍlek]; **I have dry hair** أنا شعري جاف [ana sha'ary jaaf]
dry-cleaner's ['draɪ'kli:nəz] *n* محل التنظيف الجاف [Mahal al- tanḍheef al-jaf]
dry-cleaning ['draɪ'kli:nɪŋ] *n* تنظيف جاف [tanḍheef jaf]
dryer ['draɪə] *n* مُجَفِّف [muʒaffif]; **spin dryer** *n* مُجَفِف دوار [Mojafef dwar]; **tumble dryer** *n* مجفف ملابس [Mojafef malabes]
dual ['dju:əl] *adj*; **dual carriageway** *n* طريق مزدوج الاتجاه للسيارات [Taree'q mozdawaj al-etejah lel-sayarat]
dubbed [dʌbt] *adj* يسمى بعضهم بالكنية [jusma: baʕdˤuhum bilkanijjati]
dubious ['dju:bɪəs] *adj* مريب [muri:b]
duck [dʌk] *n* بطة [batˤtˤa]
due [dju:] *adj* مستحق الدفع [Mostaḥa'q al-daf'a]
due to [dju: tʊ] *prep* نتيجة لـ [Nateejah le]
dull [dʌl] *adj* فاتر [fa:tir]
dumb [dʌm] *adj* أبكم [ʔabkam]
dummy ['dʌmɪ] *n* أبكم [ʔabkam]
dump [dʌmp] *n* نفاية [nufa:ja] ▷ *v* يُلْقي النفايات [Yol'qy al-nefayat]; **rubbish dump** *n* مقلب النفايات [Ma'qlab al-nefayat]
dumpling ['dʌmplɪŋ] *n* زلابية [zala:bijja]
dune [dju:n] *n*; **sand dune** *n* كثبان رملية [Kothban ramleyah]

dungarees [ˌdʌŋɡəˈriːz] *npl* ملابس قطنية خشنة [Malabes 'qotneyah khashenah]
dungeon [ˈdʌndʒən] *n* برج محصن [Borj mohaṣṣan]
duration [djʊˈreɪʃən] *n* مُدَّة [mudda]
during [ˈdjʊərɪŋ] *prep* أثناء
dusk [dʌsk] *n* غَسَقْ [ɣasaq]
dust [dʌst] *n* غبار [ɣubaːr] ▷ *v* ينفض [janfudˤu]
dustbin [ˈdʌstˌbɪn] *n* صندوق القمامة [Ṣondok al-'qemamah]
dustman, dustmen [ˈdʌstmən, ˈdʌstmɛn] *n* الزَّبَّال [az-zabbaːlu]
dustpan [ˈdʌstˌpæn] *n* جاروف الكناسة [Jaroof al-kannasah]
dusty [ˈdʌstɪ] *adj* مغبر [muɣbarr]
Dutch [dʌtʃ] *adj* هولندي [huːlandij] ▷ *n* هولندي [huːlandij]
Dutchman, Dutchmen [ˈdʌtʃmən, ˈdʌtʃmɛn] *n* رَجُل هولندي [Rajol holandey]
Dutchwoman, Dutchwomen [ˌdʌtʃwʊmən, ˈdʌtʃˌwɪmɪn] *n* هولندية [huːlandijja]
duty [ˈdjuːtɪ] *n* واجب [waːʒib]; **(customs) duty** *n* رسوم جمركية [Rosoom jomrekeyah]
duty-free [ˈdjuːtɪˈfriː] *adj* معفى من الرسوم الضريبية [Ma'afee men al-rosoom al-ḍareebeyah] ▷ *n* مَعْفِي من الضرائب [Ma'afey men al-ḍaraaeb]
duvet [ˈduːveɪ] *n* غطاء مخملي [Gheṭa'a makhmaley]
DVD [diː viː diː] *n* اسطوانة دى في دي [Esṭwanah DVD]; **DVD burner** *n* ناسخ لاسطوانات دى في دي [Nasekh le-sṭewanat D V D]; **DVD player** *n* مشغل اسطوانات دى في دي [Moshaghel esṭwanat D V D]
dye [daɪ] *n* صبغة [sˤibɣa] ▷ *v* يَصبغ [jasˤbiɣu]
dynamic [daɪˈnæmɪk] *adj* ديناميكي [diːnaːmiːkajj]
dyslexia [dɪsˈlɛksɪə] *n* عسر التكلم ['aosr al-takalom]
dyslexic [dɪsˈlɛksɪk] *adj* متعسر النطق [Mota'aer alnoṭ'q] ▷ *n* شخص متعسر النطق [Shakhṣ mota'aser al-noṭ'q]

e

each [iːtʃ] *adj* كل [kulla] ▷ *pron* كل امرئ [Kol emrea]
eagle ['iːgᵊl] *n* عُقاب [ʕuqa:b]
ear [ɪə] *n* أذن [ʔuð]
earache ['ɪərˌeɪk] *n* ألم الأذُن [Alam al odhon]
eardrum ['ɪəˌdrʌm] *n* طبلة الأذن [Ṭablat alozon]
earlier ['ɜːlɪə] *adv* أقدم [aqdam]
early ['ɜːlɪ] *adj* مبكر [mubakkir] ▷ *adv* باكراً [ba:kiran]; **We arrived early/late** لقد وصلنا مبكرًا [la'qad waṣalna mu-bakiran]
earn [ɜːn] *v* يَكْتَسِب [jaktasibu]
earnings ['ɜːnɪŋz] *npl* مكاسب [maka:sibun]
earphones ['ɪəˌfəʊnz] *npl* سماعات الأذن [Sama'at al-odhon]
earplugs ['ɪəˌplʌgz] *npl* سِدادات الأذن [Sedadat alodhon]
earring ['ɪəˌrɪŋ] *n* قرط [qirtˤ]
earth [ɜːθ] *n* الأرض [al-ʔardˤi]
earthquake ['ɜːθˌkweɪk] *n* زلزال [zilza:l]
easily ['iːzɪlɪ] *adv* بسهولة [bisuhu:latin]
east [iːst] *adj* شرقي [ʃarqij] ▷ *adv* شرقاً [ʃarqan] ▷ *n* شرق [ʃarq]; **Far East** *n* الشرق الأقصى [Al-shar'q al-a'qsa]; **Middle East** *n* الشرق الأوسط [Al-shar'q al-awṣaṭ]
eastbound ['iːstˌbaʊnd] *adj* متجه شرقاً [Motajeh sharqan]
Easter ['iːstə] *n* عيد الفصح ['aeed al-fesḥ]; **Easter egg** *n* بيض عيد الفصح [Bayḍ 'aeed al-feṣḥ]
eastern ['iːstən] *adj* شرقي [ʃarqij]
easy ['iːzɪ] *adj* سهل [sahl]; **easy chair** *n* كرسي مريح [Korsey moreeḥ]
easy-going ['iːzɪ'gəʊɪŋ] *adj* سهل الانقياد [Sahl al-en'qyad]
eat [iːt] *v* يأكل [jaʔkulu]
e-book ['iːˈbʊk] *n* كتاب الكتروني [Ketab elektrooney]
eccentric [ɪk'sɛntrɪk] *adj* لا متراكز [La motrakez]
echo ['ɛkəʊ] *n* صَدَى [sˤada:]
ecofriendly ['iːkəʊˌfrɛndlɪ] *adj* صديق للبيئة [Ṣadeek al-beeaah]
ecological [ˌiːkə'lɒdʒɪkᵊl] *adj* بيئي [bi:ʔij]
ecology [ɪ'kɒlədʒɪ] *n* علم البيئة ['aelm al-beeah]
e-commerce ['iːkɒmɜːs] *n* تجارة الكترونية [Tejarah elektroneyah]
economic [ˌiːkə'nɒmɪk; ˌɛkə-] *adj* اقتصادي [iqtisˤa:dij]
economical [ˌiːkə'nɒmɪkᵊl; ˌɛkə-] *adj* مُقتصِد [muqtasˤid]
economics [ˌiːkə'nɒmɪks; ˌɛkə-] *npl* علم الاقتصاد ['aelm al-e'qtesad]
economist [ɪ'kɒnəmɪst] *n* عالم اقتصادي ['aaalem e'qteṣaadey]
economize [ɪ'kɒnəˌmaɪz] *v* يَقْتَصِد [jaqtasˤidu]
economy [ɪ'kɒnəmɪ] *n* اقتصاد [iqtisˤa:d]; **economy class** *n* درجة سياحية [Darjah seyaḥeyah]
ecstasy ['ɛkstəsɪ] *n* نشوي [naʃawij]
Ecuador ['ɛkwəˌdɔː] *n* الاكوادور [al-ikwa:du:r]
eczema ['ɛksɪmə; ɪg'ziːmə] *n* اكزيما [ikzi:ma:]
edge [ɛdʒ] *n* حافة [ħa:ffa]
edgy ['ɛdʒɪ] *adj* قاطع [qa:tˤiʕ]

edible [ˈɛdɪbᵊl] *adj* صالح للأكل [Ṣaleḥ lel-aakl]
edition [ɪˈdɪʃən] *n* طبعة [tˤabʕa]
editor [ˈɛdɪtə] *n* مُحَرر [muħarrir]
educated [ˈɛdjʊˌkeɪtɪd] *adj* متعلم [mutaʕallim]
education [ˌɛdjʊˈkeɪʃən] *n* تعليم [taʕli:m]; **adult education** *n* تعليم الكبار [Ta'aleem al-kebar]; **higher education** *n* تعليم عالي [Ta'aleem 'aaaly]
educational [ˌɛdjʊˈkeɪʃənᵊl] *adj* تربوي [tarbawij]
eel [i:l] *n* سَمكة الأنقليس [Samakat al-anfalees]
effect [ɪˈfɛkt] *n* أثر [ʔaθar]; **side effect** *n* آثار جانبية [Aathar janeebyah]
effective [ɪˈfɛktɪv] *adj* فعال [faʕʕa:l]
effectively [ɪˈfɛktɪvlɪ] *adv* بفعالية [bifaʕa:lijjatin]
efficient [ɪˈfɪʃənt] *adj* كاف [ka:fin]
efficiently [ɪˈfɪʃəntlɪ] *adv* بكفاءة [bikafa:ʔatin]
effort [ˈɛfət] *n* جهد [ʒuhd]
e.g. [i: dʒi:] *abbr* على سبيل المثال ['ala sabeel al-methal]
egg [ɛg] *n* بيضة [bajdˤa]; **boiled egg** *n* بيضة مسلوقة [Baydah maslo'qah]; **egg white** *n* بياض البيض [Bayaḍ al-bayḍ]; **egg yolk** *n* صفار البيض [Ṣafar al-bayd]; **Easter egg** *n* بيض عيد الفصح [Bayḍ 'aeed al-feṣh]; **scrambled eggs** *npl* بيض مخفوق [Bayḍ makhfou'q]
eggcup [ˈɛgˌkʌp] *n* كأس البيضة [Kaas al-bayḍah]
Egypt [ˈi:dʒɪpt] *n* مصر [misˤru]
Egyptian [ɪˈdʒɪpʃən] *adj* مصري [misˤrij] ▷ *n* مِصْري [misˤrij]
eight [eɪt] *number* ثمانية [θama:nijatun]
eighteen [ˈeɪˈti:n] *number* ثمانية عشر [θama:nijata ʕaʃara]
eighteenth [ˈeɪˈti:nθ; ˈeighˈteenth] *adj* الثامن عشر [aθ-θa:min ʕaʃar]
eighth [eɪtθ] *adj* الثامن [aθθa:min] ▷ *n* ثُمن [θum]
eighty [ˈeɪtɪ] *number* ثمانون [θama:nu:na]
Eire [ˈɛərə] *n* أيرلندا [ʔajrlanda:]
either [ˈaɪðə; ˈi:ðə] *adv (with negative)* فوق ذلك [Faw'q dhalek] ▷ *conj* إما [(ro ..) ▷ *pron* أي من [Ay men]; **either... or** *conj* إما ... أو [Emma...aw]
elastic [ɪˈlæstɪk] *n* مطاط [matˤtˤa:tˤ]; **elastic band** *n* رباط مطاطي [rebaṭ maṭaṭey]
Elastoplast® [ɪˈlæstəˌplɑ:st] *n* لاصق من نوع إلاستوبلاست ® [la:sˤiq min nawʕi ʔila:stu:bla:st]
elbow [ˈɛlbəʊ] *n* مِرفق [mirfaq]
elder [ˈɛldə] *adj* أكبر سِناً [Akbar senan]
elderly [ˈɛldəlɪ] *adj* كهولي [kuhu:lij]
eldest [ˈɛldɪst] *adj* الأكبر سناً [Al-akbar senan]
elect [ɪˈlɛkt] *v* يَنتخِب [jantaxibu]
election [ɪˈlɛkʃən] *n* انتخاب [intixa:b]; **general election** *n* انتخابات عامة [Entekhabat 'aamah]
electorate [ɪˈlɛktərɪt] *n* جمهور الناخبين [Jomhoor al-nakhebeen]
electric [ɪˈlɛktrɪk] *adj* مكهرب [mukahrab]; **electric blanket** *n* بطانية كهربائية [Baṭaneyah kahrobaeyah]; **electric shock** *n* صَدْمَة كهربائية [Ṣadmah kahrbaeyah]
electrical [ɪˈlɛktrɪkᵊl] *adj* كهربائي [kahraba:ʔij]
electrician [ɪlɛkˈtrɪʃən; ˌi:lɛk-] *n* مشتغل بالكهرباء [Moshtaghel bel-kahrabaa]
electricity [ɪlɛkˈtrɪsɪtɪ; ˌi:lɛk-] *n* كهرباء [kahraba:ʔ]; **Do we have to pay extra for electricity?** هل يجب علينا دفع مصاريف إضافية للكهرباء؟ [hal yajib 'aala-yna daf'a maṣa-reef eḍafiya lel-kah-rabaa?]; **Is the cost of electricity included?** هل يشمل ذلك تكلفة الكهرباء؟ [hal yash-mil dhalik tak-lifat al-kah-rabaa?]; **There is no electricity** لا توجد كهرباء [la tojad kah-rabaa]; **Where is the electricity meter?** أين يوجد عداد الكهرباء؟ [ayna yujad 'aadad al-kah-raba?]
electronic [ɪlɛkˈtrɒnɪk; ˌi:lɛk-] *adj*

إلكتروني [iliktru:nijjat]
electronics [ɪlɛkˈtrɒnɪks; ˌiːlɛk-] *npl* الكترونيات [iliktru:nijja:tun]
elegant [ˈɛlɪɡənt] *adj* أنيق [ʔani:q]
element [ˈɛlɪmənt] *n* عنصر [ʕunsˤur]
elephant [ˈɛlɪfənt] *n* فيل [fi:l]
eleven [ɪˈlɛvᵊn] *number* أحد عشر [ʔaħada ʕaʃar]
eleventh [ɪˈlɛvᵊnθ; eˈleventh] *adj* الحادي عشر [al-ħa:di: ʕaʃar]
eliminate [ɪˈlɪmɪˌneɪt] *v* يحذف [juħðafu]
elm [ɛlm] *n* شجر الدردار [Shajar al-dardaar]
else [ɛls] *adj* أيضا [ʔajdˤan]
elsewhere [ˌɛlsˈwɛə] *adv* في مكان آخر [Fee makaan aakhar]
email [ˈiːmeɪl] *n* بريد الكتروني [Bareed elektrooney] ▷ *vt (a person)* يُرْسِل بريدا إلكترونيا [Yorsel bareedan electroneyan]; **email address** *n* عنوان البريد الإلكتروني [ˈaonwan al-bareed al-electrooney]
embarrassed [ˌɪmˈbærəst] *adj* مُحرَج [muħraʒ]
embarrassing [ɪmˈbærəsɪŋ; emˈbarrassing] *adj* مُحرِج [muħriʒ]
embassy [ˈɛmbəsɪ] *n* سِفارة [sifa:ra]
embroider [ɪmˈbrɔɪdə] *v* يُزَين [juzajjinu]
embroidery [ɪmˈbrɔɪdərɪ] *n* تطريز [tatˤri:z]
emergency [ɪˈmɜːdʒənsɪ] *n* حالة طارئة [Ḥalah ṭareaa]; **accident & emergency department** *n* إدارة الحوادث والطوارئ [Edarat al-hawadeth wa-al-tawarea]; **emergency exit** *n* مخرج طوارئ [Makhraj ṭawarea]; **emergency landing** *n* هبوط اضطراري [Hobooṭ eḍterary]; **It's an emergency!** إنها حالة طارئة [inaha ḥala ṭareaa]
emigrate [ˈɛmɪˌɡreɪt] *v* يهاجر [juha:ʒiru]
emoji [ɪˈməudʒɪ] *n* ايموجي؛ رمز طريف [i:mu:ʒi:; ramz tˤari:f]
emotion [ɪˈməʊʃən] *n* عاطفة [ʕa:tˤifa]
emotional [ɪˈməʊʃənᵊl] *adj* عاطفي [ʕa:tˤifij]
emperor, empress [ˈɛmpərə, ˈɛmprɪs] *n* إمبراطور [ʔimbara:tˤu:r]
emphasize [ˈɛmfəˌsaɪz] *v* يُؤَكِد [juakiddu]
empire [ˈɛmpaɪə] *n* إمبراطورية [ʔimbara:tˤu:rijja]
employ [ɪmˈplɔɪ] *v* يوَظف [juwazˤzˤifu]
employee [ɛmˈplɔɪiː; ˌɛmplɔɪˈiː] *n* موظف [muwazˤzˤaf]
employer [ɪmˈplɔɪə] *n* صاحب العمل [Ṣaheb ˈaamal]
employment [ɪmˈplɔɪmənt] *n* وظيفة [wazˤi:fa]
empty [ˈɛmptɪ] *adj* خال [xa:lin] ▷ *v* يُفْرغ [jufriɣu]
enamel [ɪˈnæməl] *n* طلاء المينا [Ṭelaa al-meena]
encourage [ɪnˈkʌrɪdʒ] *v* يُشجع [juʃaʒʒiʕu]
encouragement [ɪnˈkʌrɪdʒmənt] *n* تشجيع [taʃʒi:ʕ]
encouraging [ɪnˈkʌrɪdʒɪŋ] *adj* مشجع [muʃaʒʒiʕ]
encyclopaedia [ɛnˌsaɪkləʊˈpiːdɪə] *n* موسوعة [mawsu:ʕa]
end [ɛnd] *n* نهاية [niha:ja] ▷ *v* يَنْتَهي [jantahi:]; **dead end** *n* طريق مسدود [Tareeˈq masdood]; **at the end of June** في نهاية شهر يونيو [fee nehayat shahr yon-yo]
endanger [ɪnˈdeɪndʒə] *v* يُعَرِض للخطر [Yoˈareḍ lel-khaṭar]
ending [ˈɛndɪŋ] *n* انتهاء [intiha:ʔ]
endless [ˈɛndlɪs] *adj* لا نهائي [La nehaaey]
enemy [ˈɛnəmɪ] *n* عدو [ʕaduww]
energetic [ˌɛnəˈdʒɛtɪk] *adj* ملئ بالطاقة [Maleea bel-ṭaˈqah]
energy [ˈɛnədʒɪ] *n* طاقة [tˤa:qa]
engaged [ɪnˈɡeɪdʒd] *adj* مشغول [maʃɣu:l]; **engaged tone** *n* رنين انشغال الخط [Raneen ensheghal al-khaṭ]; **It's engaged** إنه مشغول [inaho mash-ghool]
engagement [ɪnˈɡeɪdʒmənt] *n* ارتباط [irtiba:tˤ]; **engagement ring** *n* خاتم الخطوبة [Khatem al-khotobah]
engine [ˈɛndʒɪn] *n* محرك [muħarrik]; **search engine** *n* محرك البحث [moḥarek

al-baḥth]; **The engine is overheating** المحرك حرارته مرتفعه [al-muḥar-ik ḥarara-tuho murtafe'aa]

engineer [ˌɛndʒɪˈnɪə] *n* مهندس [muhandis]

engineering [ˌɛndʒɪˈnɪərɪŋ] *n* هندسة [handasa]

England [ˈɪŋɡlənd] *n* إنجلترا [ʔinʒiltira:]

English [ˈɪŋɡlɪʃ] *adj* إنجليزي [ʔinʒili:zij] ▷ *n* إنجليزي [ʔinʒili:zij]; **Do you speak English?** هل تتحدث الإنجليزية [hal tata- ḥadath al-injileez-iya?]; **Does anyone speak English?** أيوجد هنا من يتحدث الإنجليزية؟ [ayujad huna min yata-ḥadath al-injile-ziya?]; **I don't speak English** أنا لا أتحدث الإنجليزية [ana la ata-ḥadath al-injile-ziya]; **I speak very little English** أنا أتحدث الإنجليزية قليلا جدا [ana ata-ḥadath al-injile-ziya 'qaleelan jedan]

Englishman, Englishmen [ˈɪŋɡlɪʃmən, ˈɪŋɡlɪʃmɛn] *n* مواطن انجليزي [mowaṭen enjeleezey]

Englishwoman, Englishwomen [ˈɪŋɡlɪʃˌwʊmən, ˈɪŋɡlɪʃˌwɪmɪn] *n* مواطنة إنجليزية [Mowaṭenah enjlezeyah]

engrave [ɪnˈɡreɪv] *v* يَنقُش [janquʃu]

enjoy [ɪnˈdʒɔɪ] *v* يَستمتِع ب [jastamtiʕu bi]

enjoyable [ɪnˈdʒɔɪəbᵊl] *adj* ممتع [mumtiʕ]

enlargement [ɪnˈlɑːdʒmənt; enˈlargement] *n* تكبير [takbi:r]

enormous [ɪˈnɔːməs] *adj* ضخم [dˤaxm]

enough [ɪˈnʌf] *adj* كاف [ka:fin] ▷ *pron* مقدار كاف [Me'qdaar kaaf]

enquire [ɪnˈkwaɪə] *v* يَستعْلِم عن [jastaʕlimu ʕan]

enquiry [ɪnˈkwaɪərɪ] *n* استعلام [istiʕla:m]; **enquiry desk** *n* مكتب الاستعلامات [Maktab al-este'alamaat]; **What is the number for directory enquiries?** ما هو رقم استعلامات دليل التليفون؟ [ma howa ra'qim esti'a-lamaat daleel al-talefon?]

ensure [ɛnˈʃʊə; -ˈʃɔː] *v* يَكْفُل [jakfulu]

enter [ˈɛntə] *v* يُدخِل [judxilu]

entertain [ˌɛntəˈteɪn] *v* يَستضيف (يسلي) [jastadˤi:fu]

entertainer [ˌɛntəˈteɪnə] *n* فنان مشترك في حفلة عامة (فنان) [Fanan moshtarek fe ḥaflah 'aama]

entertaining [ˌɛntəˈteɪnɪŋ] *adj* مسل [musallin]

entertainment [ˌɛntəˈteɪnmənt] *n*; **What entertainment is there?** ما وسائل التسلية المتاحة؟ [ma wasa-el al-tas-leya al-mutaa-ḥa?]

enthusiasm [ɪnˈθjuːzɪˌæzəm] *n* حماسة [ħama:sa]

enthusiastic [ɪnˌθjuːzɪˈæstɪk; enˌthusiˈastic] *adj* متحمس [mutaħammis]

entire [ɪnˈtaɪə] *adj* صحيح [sˤaħi:ħ]

entirely [ɪnˈtaɪəlɪ] *adv* بشكل كامل [Beshakl kaamel]

entrance [ˈɛntrəns] *n* مدخل [madxal]; **entrance fee** *n* رَسْم الدخول [Rasm al-dokhool]; **Where is the wheelchair-accessible entrance?** أين يوجد المدخل المخصص للكراسي المتحركة؟ [ayna yujad al-madkhal al-mukhaṣaṣ lel-karasy al-muta-ḥareka?]

entry [ˈɛntrɪ] *n* دخول (مادة) [duxu:l]; **entry phone** *n* تليفون المدخل [Telefoon al-madkhal]

envelope [ˈɛnvəˌləʊp; ˈɒn-] *n* مغلف [muɣallaf]

envious [ˈɛnvɪəs] *adj* حسود [ħasu:d]

environment [ɪnˈvaɪrənmənt] *n* بيئة [bi:ʔit]

environmental [ɪnˌvaɪrənˈmɛntəˌl] *adj* بيئي [bi:ʔij]; **environmentally friendly** *adj* صديق للبيئة [Ṣadeek al-beeaah]

envy [ˈɛnvɪ] *n* حسد [ħasad] ▷ *v* يَحسُد [jaħsudu]

epidemic [ˌɛpɪˈdɛmɪk] *n* وباء [waba:ʔ]

epileptic [ˌɛpɪˈlɛptɪk] *n* مريض بالصَرَعْ [Mareeḍ bel-ṣara'a]; **epileptic fit** *n* نوبة صرع [Nawbat ṣar'a]

episode [ˈɛpɪˌsəʊd] *n* سلسلة متتابعة

[Selselah motatabe'ah]
equal ['iːkwəl] *adj* مساو [musaːwin] ▷ *v* يُساوي [jusaːwiː]
equality [ɪ'kwɒlɪtɪ] *n* مساواة [musaːwaːt]
equalize ['iːkwəˌlaɪz] *v* يُساوي بين [Yosawey bayn]
equation [ɪ'kweɪʒən; -ʃən] *n* مُعادلة [muʕaːdala]
equator [ɪ'kweɪtə] *n* خط الاستواء [Khaṭ al-estwaa]
Equatorial Guinea [ˌɛkwə'tɔːrɪəl 'gɪnɪ] *n* غينيا الاستوائية [ɣiːnjaː al-istiwaːʔijjatu]
equipment [ɪ'kwɪpmənt] *n* مُعدات [muʕaddaːt]
equipped [ɪ'kwɪpt] *adj* مجهز [muʒahhaz]
equivalent [ɪ'kwɪvələnt] *n* مُساوي [musaːwiː]
erase [ɪ'reɪz] *v* يمحو [jamħuː]
Eritrea [ˌɛrɪ'treɪə] *n* إريتريا [ʔiriːtirjaː]
erotic [ɪ'rɒtɪk] *adj* مُثير للشهوة الجنسية [Motheer lel shahwah al-jenseyah]
error ['ɛrə] *n* غلطة [ɣaltˤa]
escalator ['ɛskəˌleɪtə] *n* سلم متحرك [Solam motaḥarek]
escape [ɪ'skeɪp] *n* هروب [huruːb] ▷ *v* يَفِرُ [jafirru]; **fire escape** *n* سُلَم النجاة من الحريق [Solam al-najah men al-ḥaree'q]
escort [ɪs'kɔːt] *v* يُصَاحِب [jusˤaːħibu], يرافق [juraːfiqu]
especially [ɪ'spɛʃəlɪ] *adv* خصوصاً [xusˤwusˤan]
espionage ['ɛspɪəˌnɑːʒ; ˌɛspɪə'nɑːʒ; 'ɛspɪənɪdʒ] *n* جاسوسية [ʒaːsuːsijja]
essay ['ɛseɪ] *n* مقال [maqaːl]
essential [ɪ'sɛnʃəl] *adj* جَوهَري [ʒawharij]
estate [ɪ'steɪt] *n* عِزبة [ʕizba]; **estate agent** *n* سِمسار عقارات [Semsaar a'qarat]; **estate car** *n* سيارة بصالون متحرك المقاعد [Sayarah be-ṣalon motaḥarek al-ma'qaed]
estimate *n* ['ɛstɪmɪt] تقدير [taqdiːr] ▷ *v* ['ɛstɪˌmeɪt] يُقيِّم [juqajjimu]
Estonia [ɛ'stəʊnɪə] *n* إستونيا [ʔistuːnjaː]
Estonian [ɛ'stəʊnɪən] *adj* إستوني [ʔistuːnij] ▷ *n (language)* اللغة الإستوانية [Al-loghah al-estwaneyah], *(person)* إستوني [ʔistuːnij]
etc [ɪt 'sɛtrə] *abbr* إلخ [ʔilax]
eternal [ɪ'tɜːnᵊl] *adj* خالد [xaːlid]
eternity [ɪ'tɜːnɪtɪ] *n* خُلود [xuluːd]
ethical ['ɛθɪkᵊl] *adj* أخلاقي مِهَني [Akhla'qy mehany]
Ethiopia [ˌiːθɪ'əʊpɪə] *n* إثيوبيا [ʔiθjuːbjaː]
Ethiopian [ˌiːθɪ'əʊpɪən] *adj* إثيوبي [ʔiθjuːbij] ▷ *n* مواطن إثيوبي [Mowaṭen ethyobey]
ethnic ['ɛθnɪk] *adj* عرقي [ʕirqij]
e-ticket ['iː'tɪkɪt] *n* تذكرة إلكترونية [Tadhkarah elektroneyah]
EU [iː juː] *abbr* الاتحاد الأوروبي [Al-tehad al-orobey]
euro ['jʊərəʊ] *n* يورو [juːruː]
Europe ['jʊərəp] *n* أوروبا [ʔuːruːbbaː]
European [ˌjʊərə'pɪən] *adj* أوروبي [ʔuːruːbij] ▷ *n* شخص أوروبي [Shakhs orobby]; **European Union** *n* الاتحاد الأوروبي [Al-tehad al-orobey]
evacuate [ɪ'vækjʊˌeɪt] *v* يُخلِي [juxliː]
eve [iːv] *n* عشية [ʕaʃijja]
even ['iːvᵊn] *adj* مستو [mustawin] ▷ *adv* حتى [ħattaː]
evening ['iːvnɪŋ] *n* مساء [masaːʔ]; **evening class** *n* صف مسائي [Ṣaf masaaey]; **evening dress** *n* ملابس السهرة [Malabes al-sahrah]; **Good evening** مساء الخير [masaa al-khayer]; **in the evening** في المساء [fee al-masaa]; **The table is booked for nine o'clock this evening** هذه المائدة محجوزة للساعة التاسعة من هذا المساء [hathy al-ma-eda maḥjoza lel-sa'aa al-tase'aa min hatha al-masaa]; **What are you doing this evening?** ما الذي ستفعله هذا المساء [ma al-lathy sataf-'aalaho hatha al-masaa?]; **What is there to do in the evenings?** ماذا يمكن أن نفعله في المساء؟ [madha yamken an naf-'aalaho fee al-masaa?]

event [ɪ'vɛnt] *n* حدث [ħadaθ]
eventful [ɪ'vɛntfʊl] *adj* زاخر بالأحداث (خطير) [Zakher bel-aḥdath]
eventually [ɪ'vɛntʃʊəlɪ] *adv* لاحقاً [la:ħiqan]
ever ['ɛvə] *adv* في أي وقت [Fee ay wa'qt]
every ['ɛvrɪ] *adj* تام [ta:mm]
everybody ['ɛvrɪ,bɒdɪ] *pron* الجميع [Aljamee'a]
everyone ['ɛvrɪ,wʌn; -wən] *pron* كل شخص [Kol shakhṣ]
everything ['ɛvrɪθɪŋ] *pron* كل شيء [Kol shayea]
everywhere ['ɛvrɪ,wɛə] *adv* حيثما [ħajθuma:]
evidence ['ɛvɪdəns] *n* دليل [dali:l]
evil ['i:vᵊl] *adj* شرير [ʃirri:r]
evolution [,i:və'lu:ʃən] *n* نشوء [nuʃwuʔ]
ewe [ju:] *n* شاة [ʃa:t]
exact [ɪg'zækt] *adj* مضبوط [madˤbu:tˤ]
exactly [ɪg'zæktlɪ] *adv* تماماً [tama:man]
exaggerate [ɪg'zædʒə,reɪt] *v* يُبالِغ [juba:liɣu]
exaggeration [ɪg'zædʒə,reɪʃən] *n* مبالغة [muba:laɣa]
exam [ɪg'zæm] *n* امتحان [imtiħa:n]
examination [ɪg,zæmɪ'neɪʃən] *n* *(medical)* فحص [faħsˤ], *(school)* فحص (فحص) [faħsˤ]
examine [ɪg'zæmɪn] *v* يَتَفْحص (يستجوب) [jatafaħħasˤu]
examiner [ɪg'zæmɪnə] *n* الفاحص [al-fa:ħisˤu]
example [ɪg'za:mpᵊl] *n* مثال [miθa:l]
excellent ['ɛksələnt] *adj* ممتاز [mumta:z]
except [ɪk'sɛpt] *prep* ما عدا [Ma 'aada]
exception [ɪk'sɛpʃən] *n* استثناء [istiθna:ʔ]
exceptional [ɪk'sɛpʃənᵊl] *adj* استثنائي [istiθna:ʔij]
excessive [ɪk'sɛsɪv] *adj* مفرط [mufritˤ]
exchange [ɪks'tʃeɪndʒ] *v* يَتَبَادل [jataba:dalu]; **exchange rate** *n* سِعر الصرف [Se'ar al-ṣ arf]; **rate of exchange** *n* سِعر الصرف [Se'ar al-ṣ arf];
stock exchange *n* سُوق الأوراق المالية [Soo'q al-awra'q al-maleyah]
excited [ɪk'saɪtɪd] *adj* مُثار [muθa:r]
exciting [ɪk'saɪtɪŋ] *adj* مثير [muθi:r]
exclude [ɪk'sklu:d] *v* يَستبعد [justabʕadu]
excluding [ɪk'sklu:dɪŋ] *prep* باستثناء
exclusively [ɪk'sklu:sɪvlɪ] *adv* على وجه الحصر ['ala wajh al-ḥaṣr]
excuse *n* [ɪk'skju:s] عذر [ʕuðran] ▷ *v* [ɪk'skju:z] يَعْذُر [jaʕðuru]; **Excuse me** معذرة [maʕðiratun]; **Excuse me, that's my seat** معذرة، هذا هو مقعدي؟ [ma'a-dhera, hadha howa ma'q'aady]
execute ['ɛksɪ,kju:t] *v* يعدم [juʕdimu]
execution [,ɛksɪ'kju:ʃən] *n* تنفيذ [tanfi:ð]
executive [ɪg'zɛkjʊtɪv] *n* سُلطة تنفيذية (مدير) [Soltah tanfeedheyah]
exercise ['ɛksə,saɪz] *n* تمرين [tamri:n]
exhaust [ɪg'zɔ:st] *n*; **The exhaust is broken** لقد انكسرت ماسورة العادم [Le'aad enkasarat masoorat al-'adem]
exhausted [ɪg'zɔ:stɪd] *adj* مرهق [murhiq]
exhibition [,ɛksɪ'bɪʃən] *n* معرض [maʕridˤ]
ex-husband [ɛks'hʌzbənd] *n* زوج سابق [Zawj sabe'q]
exile ['ɛgzaɪl; 'ɛksaɪl] *n* منفى [manfa:]
exist [ɪg'zɪst] *v* يوجد [ju:ʒadu]
exit ['ɛgzɪt; 'ɛksɪt] *n* مخرج [maxraʒ]; **emergency exit** *n* مخرج طوارئ [Makhraj ṭawarea]
exotic [ɪg'zɒtɪk] *adj* دخيل [daxi:l]
expect [ɪk'spɛkt] *v* يَتَوَقع [jatawaqqaʕu]
expedition [,ɛkspɪ'dɪʃən] *n* بِعْثَة [biʕθa]
expel [ɪk'spɛl] *v* يَطْرُد [jatˤrudu]
expenditure [ɪk'spɛndɪtʃə] *n* نَفَقة [nafaqa]
expenses [ɪk'spɛnsɪz] *npl* نفقات [nafaqa:tun]
expensive [ɪk'spɛnsɪv] *adj* مرتفع الثمن [mortafe'a al-thaman]
experience [ɪk'spɪərɪəns] *n* خبرة [xibra]; **work experience** *n* خبرة العمل

[Khebrat al'aamal]
experienced [ɪk'spɪərɪənst] *adj* مُجَرَب [muʒarrib]
experiment [ɪk'spɛrɪmənt] *n* تجربة [taʒriba]
expert ['ɛkspɜːt] *n* خبير [xabiːr]
expire [ɪk'spaɪə] *v* ينتهي [janqadˤiː]
explain [ɪk'spleɪn] *v* يَشرح [jaʃraħu]
explanation [ˌɛksplə'neɪʃən] *n* شَرح [ʃarħ]
explode [ɪk'spləʊd] *v* يُفجِر [jufaʒʒiru]
exploit [ɪk'splɔɪt] *v* يَستغِل [jastaɣillu]
exploitation [ˌɛksplɔɪ'teɪʃən] *n* استغلال [istiɣlaːl]
explore [ɪk'splɔː] *v* يَستكشف [jastakʃifu]
explorer [ɪk'splɔːrə] *n* مستكشف (مسبار) [mustakʃif]
explosion [ɪk'spləʊʒən] *n* انفجار [infiʒaːr]
explosive [ɪk'spləʊsɪv] *n* مادة متفجرة [Madah motafajerah]
export *n* ['ɛkspɔːt](تصدير) صادِر [sˤaːdir] ▷ *v* [ɪk'spɔːt] يُصَدِر [jusˤaddiru]
express [ɪk'sprɛs] *v* يُعَبِر عن [Yo'aber 'an]
expression [ɪk'sprɛʃən] *n* تعبير [taʕbiːr]
extension [ɪk'stɛnʃən] *n* امتداد (توسع) [imtidaːd]; **extension cable** *n* وَصْلَة تمديد [Waṣlat tamdeed]
extensive [ɪk'stɛnsɪv] *adj* ممتد [mumtadd]
extensively [ɪk'stɛnsɪvlɪ] *adv* بشكل مُوَسَّع [Beshakl mowasa'a]
extent [ɪk'stɛnt] *n* مدى [madaː]
exterior [ɪk'stɪərɪə] *adj* خارجي [xaːriʒij]
external [ɪk'stɜːnᵊl] *adj* سطحي [satˤħij]
extinct [ɪk'stɪŋkt] *adj* منقرض [munqaridˤ]
extinguisher [ɪk'stɪŋgwɪʃə] *n* طفاية الحريق [Ṭafayat ḥaree'q]
extortionate [ɪk'stɔːʃənɪt] *adj* مُستَغِل [mustaɣill]
extra ['ɛkstrə] *adj* زَائِد [zaːʔid] ▷ *adv* إلى درجة فائقة [Ela darajah fae'qah]
extraordinary [ɪk'strɔːdᵊnrɪ; -dᵊnərɪ] *adj* استثنائي [istiθnaːʔij]
extravagant [ɪk'strævɪgənt] *adj* مسرف [musrif]
extreme [ɪk'striːm] *adj* شديد [ʃadiːd]
extremely [ɪk'striːmlɪ] *adv* بدرجة شديدة [Bedarajah shadeedah]
extremism [ɪk'striːmɪzəm] *n* تطرف [tatˤarruf]
extremist [ɪk'striːmɪst] *n* متطرف [mutatˤarrif]
ex-wife [ɛks'waɪf] *n* زوجة سابقة [Zawjah sabe'qah]
eye [aɪ] *n* عين [ʕajn]; **eye drops** *npl* قطرة للعين ['qaṭrah lel-'ayn]; **eye shadow** *n* ظل العيون [ḏhel al-'aoyoon]; **I have something in my eye** يوجد شيء ما في عيني [yujad shay-un ma fee 'aynee]; **My eyes are sore** إن عيناي ملتهبتان [enna 'aynaya multa-hebatan]
eyebrow ['aɪˌbraʊ] *n* حاجب [ħaːʒib]
eyelash ['aɪˌlæʃ] *n* رِمش العين [Remsh al'ayn]
eyelid ['aɪˌlɪd] *n* جفن [ʒafn]
eyeliner ['aɪˌlaɪnə] *n* قلم تحديد العينين ['qalam taḥdeed al-'ayn]
eyesight ['aɪˌsaɪt] *n* مجال البصر [Majal al-baṣar]

fabric ['fæbrɪk] *n* قماش [quma:ʃ]
fabulous ['fæbjʊləs] *adj* غير قابل للتصديق [Ghayr 'qabel leltaṣdee'q]
face [feɪs] *n* وجه [waʒh] ▷ *v* يواجه [juwa:ʒihu]; **face cloth** *n* مِنشفة الوجه [Menshafat al-wajh]
facial ['feɪʃəl] *adj* وجهي [waʒhij] ▷ *n* تدليك الوجه [Tadleek al-wajh]
facilities [fə'sɪlɪtɪz] *npl* منشآت (تسهيلات) [munʃa?a:tun]
fact [fækt] *n* حقيقة [ħaqi:qa]
factory ['fæktərɪ] *n* مصنع [masˤnaʕ]
fade [feɪd] *v* يَذوي [jaðawwi:]
fag [fæg] *n* كدح [kadaħ]
fail [feɪl] *v* يَفْشَل [jafʃalu]
failure ['feɪljə] *n* فشل [faʃal]
faint [feɪnt] *adj* خائر القوى [Khaaer al-'qowa] ▷ *v* يُصَاب بإغماء [yoṣab be-eghmaa]
fair [fɛə] *adj (light colour)* فاتِح [fa:tiħ], *(reasonable)* عادل [ʕa:dil] ▷ *n* سوق خيرية [Soo'q khayreyah]
fairground ['fɛəˌgraʊnd] *n* أرض المعارض [Arḍ al ma'ariḍ]
fairly ['fɛəlɪ] *adv* بإنْصَاف [bi-?insˤa:fin]
fairness ['fɛənɪs] *n* عدْل [ʕadl]
fairy ['fɛərɪ] *n* جنية [ʒinnija]
fairytale ['fɛərɪˌteɪl] *n* أحد حكايات الجان [Aḥad ḥekayat al-jan]
faith [feɪθ] *n* إيمان (إخلاص) [?i:ma:n]
faithful ['feɪθfʊl] *adj* مخلص [muxlisˤ]
faithfully ['feɪθfʊlɪ] *adv* بصِدْق [bisˤidqin]
fake [feɪk] *adj* مُزَيَّف [muzajjaf] ▷ *n* زائف (مدع) [za:?if]
fall [fɔːl] *n* سُقوط [suqu:tˤ] ▷ *v* يَقَع [jaqaʕu]
fall down [fɔːl daʊn] *v* يَسْقُط (يخر ساجدا) [jasqutˤu]
fall for [fɔːl fɔː] *v* يقع في غرامها [Ya'qah fee ghrameha]
fall out [fɔːl aʊt] *v* يَتَشاجر (يتفرق) [jataʃa:ʒaru]
false [fɔːls] *adj* زائف [za:?if]; **false alarm** *n* إنذار كاذب [endhar kadheb]
fame [feɪm] *n* شُمْعَة [sumʕa]
familiar [fə'mɪlɪə] *adj* مألوف [ma?lu:f]
family ['fæmɪlɪ; 'fæmlɪ] *n* عائلة [ʕa:?ila]
famine ['fæmɪn] *n* مجاعة [maʒa:ʕa]
famous ['feɪməs] *adj* مَشْهور [maʃhu:r]
fan [fæn] *n* مروحة [mirwaħa]; **fan belt** *n* سير المروحة [Seer almarwaha]; **Does the room have a fan?** هل يوجد مروحة بالغرفة [hal yujad mirwa-ḥa bil-ghurfa?]
fanatic [fə'nætɪk] *n* شخص متعصب [Shakhṣ motaṣeb]
fancy ['fænsɪ] *v* يَتخيل [jataxajjalu]; **fancy dress** *n* زي تَنكري [Zey tanakorey]
fantastic [fæn'tæstɪk] *adj* خَيَالِي [xaja:lij]
FAQ [ɛf eɪ kjuː] *abbr* سُؤال مُتكرر [Soaal motakarer]
far [fɑː] *adj* بعيد [baʕi:d] ▷ *adv* على مسافة بعيدة [Ala masafah ba'aedah]; **Far East** *n* الشرق الأقصى [Al-shar'q al-a'qsa]; **Is it far?** هل المسافة بعيدة؟ [hal al-masafa ba'aeda?]; **It's not far** المسافة ليست بعيدة [al-masaafa laysat ba'aeeda]; **It's quite far** المسافة ليست بعيدة جدا [al-masaafa laysat ba'aeedah jedan]
fare [fɛə] *n* أجرة السفر [Ojrat al-safar]
farm [fɑːm] *n* مزرعة [mazraʕa]
farmer ['fɑːmə] *n* مزارع [maza:riʕ]

farmhouse ['fɑːm,haʊs] *n* منزل ريفي [Mazel reefey]
farming ['fɑːmɪŋ] *n* زراعة [ziraːʕa]
Faroe Islands ['fɛərəʊ 'aɪləndz] *npl* جزر فارو [Jozor faaw]
fascinating ['fæsɪ,neɪtɪŋ] *adj* فاتِن [faːtin]
fashion ['fæʃən] *n* موضة (نمط) [muːdˤa]
fashionable ['fæʃənəbᵊl] *adj* مواكب للموضة [Mowakeb lel-moḍah]
fast [fɑːst] *adj* سريع [sariːʕ] ▷ *adv* بسرعة [Besor'aah]; **He was driving too fast** كان يقود السيارة بسرعة كبيرة [kaːna jaquːdu assajjaːrata bisurʕatin kabiːratin]
fat [fæt] *adj* سَمين [samiːn] ▷ *n* بَدِين [badiːn]
fatal ['feɪtᵊl] *adj* مميت (مقدر) [mumiːt]
fate [feɪt] *n* قَدَر [qadar]
father ['fɑːðə] *n* والد [waːlid]
father-in-law ['fɑːðə ɪn lɔː] (*pl* **fathers-in-law**) *n* الحمو [alħamuː]
fault [fɔːlt] *n (defect)* عيب [ʕajb], *(mistake)* عيب [ʕajb]
faulty ['fɔːltɪ] *adj* معيوب [maʕjuːb]
fauna ['fɔːnə] *npl* حيوانات [ħajwaːnaːt]
favour ['feɪvə] *n* معروف [maʕruːf]
favourite ['feɪvərɪt; 'feɪvrɪt] *adj* مفضل [mufadˤdˤal] ▷ *n* شخص مُقَرَّب [Shakhṣ mo'qarab]
fax [fæks] *n* فاكس [faːks] ▷ *v* يُرسِل رسالةً بالفاكس [Yorsel resalah bel-fax]; **Do you have a fax?** هل يوجد فاكس؟ [hal yujad fax?]; **How much is it to send a fax?** كم تبلغ تكلفة إرسال رسالة بالفاكس؟ [Kam tablogh taklefat ersal resalah bel-faks?]; **I want to send a fax** أريد إرسال فاكس [areed ersaal fax]; **Is there a fax machine I can use?** هل توجد ماكينة فاكس يمكن استخدامها؟ [hal tojad makenat fax yamken istekh-damuha?]; **Please resend your fax** رجاء إعادة إرسال الفاكس [rejaa e-'aadat ersaal al-fax]; **There is a problem with your fax** هناك مشكلة ما في الفاكس [Honak moshkelah ma fel-faks]; **What is the fax number?** ما هو رقم الفاكس؟ [ma howa ra'qim al-fax?]
fear [fɪə] *n* خَوف [xawf] ▷ *v* يخاف [jaxaːfu]
feasible ['fiːzəbᵊl] *adj* عملي [ʕamalij]
feather ['fɛðə] *n* رِيشَة [riːʃa]
feature ['fiːtʃə] *n* سِمة [sima]
February ['fɛbrʊərɪ] *n* فبراير [fabraːjir]
fed up [fɛd ʌp] *adj* سَئِم [saʔima]
fee [fiː] *n* أجر (رسم) [ʔaʒr]; **entrance fee** *n* رَسْم الدخول [Rasm al-dokhool]; **tuition fees** *npl* رسوم التعليم [Rasm al-ta'aleem]
feed [fiːd] *v* يُطْعِم [jutˤʕimu] ▷ *n* تحميل للحاسوب [taħmiːl lil-ħaːsuːb]
feedback ['fiːd,bæk] *n* الإفادة بالرأي [Al-efadah bel-raay]
feel [fiːl] *v* يَشعُر [jaʃʕuru]
feeling ['fiːlɪŋ] *n* شُعُور [ʃuʕuːr]
feet [fiːt] *npl* أقدام [ʔaqdaːmun]
felt [fɛlt] *n* لباد [libaːd]
female ['fiːmeɪl] *adj* مُؤنث [muʔannaθ] ▷ *n* أنثى [ʔunθaː]
feminine ['fɛmɪnɪn] *adj* مؤنث [muʔannaθ]
feminist ['fɛmɪnɪst; 'feminist] *n* شخص موال لمساواة المرأة بالرجل [Shakhṣ mowal le-mosawat al-maraah bel-rajol]
fence [fɛns] *n* سِياج [sijaːʒ]
fennel ['fɛnᵊl] *n* نبات الشمر [Nabat al-shamar]
fern [fɜːn] *n* نبات السراخس [Nabat al-sarakhes]
ferry ['fɛrɪ] *n* معدية [muʕdija]
fertile ['fɜːtaɪl] *adj* خِصب [xisˤb]
fertilizer ['fɜːtɪ,laɪzə] *n* سِماد [samaːd]
festival ['fɛstɪvᵊl] *n* مهرجان [mihraʒaːn]
fetch [fɛtʃ] *v* يجلب [jaʒlibu]
fever ['fiːvə] *n* حمى [ħummaː]; **hay fever** *n* مرض حمى القش [Maraḍ ḥomma al-'qash]; **He has a fever** أنه يعاني من الحمى [inaho yo-'aany min al- ḥomma]
few [fjuː] *adj* بعض [baʕdˤu] ▷ *pron* قليل [qaliːlun]
fewer [fjuːə] *adj* أقل [ʔaqallu]
fiancé [fɪ'ɒnseɪ] *n* خطيب [xatˤiːb]
fiancée [fɪ'ɒnseɪ] *n* خطيبة [xatˤiːba]
fibre ['faɪbə] *n* ألياف [ʔaljaːf]

fibreglass ['faɪbə,glɑːs] *n* مادة ألياف الزجاج [Madat alyaf alzojaj]
fiction ['fɪkʃən] *n* قصة خيالية ['qeṣah khayaleyah]; **science fiction** *n* خيال علمي [Khayal 'aelmey]
field [fiːld] *n* حقل [ħaql]; **playing field** *n* ملعب رياضي [Mal'aab reyady]
fierce [fɪəs] *adj* مفترس [muftaris]
fifteen ['fɪf'tiːn] *number* خَمْسة عشر [xamsata ʕaʃar]
fifteenth ['fɪf'tiːnθ; 'fifteenth] *adj* الخامس عشر [al-xaːmis ʕaʃar]
fifth [fɪfθ] *adj* خامس [xaːmis]
fifty ['fɪftɪ] *number* خَمْسُون [xamsuːna]
fifty-fifty ['fɪftɪ'fɪftɪ] *adj* مقسم مناصفة [Mo'qassam monaṣafah] ▷ *adv* مناصفة [munaːsˤafatan]
fig [fɪg] *n* تين [tiːn]
fight [faɪt] *n* قتال [qitaːl] ▷ *v* يُحارِب [juħaːribu]
fighting [faɪtɪŋ] *n* قتال [qitaːl]
figure ['fɪgə; 'fɪgjər] *n* رقم [raqm]
figure out ['fɪgə aʊt] *v* يَتبين [jatabajjanu]
Fiji ['fiːdʒiː; fiː'dʒiː] *n* فيجي [fiːʒiː]
file [faɪl] *n (folder)* ملف [milaff], *(tool)* ملف [milaff] ▷ *v (folder)* يَحفَظ في ملف [yahfaḍh fee malaf], *(smoothing)* يبرد بمبرد [Yobared bemobared]
Filipino, Filipina [,fɪlɪ'piːnəʊ, ,fɪlɪ'piːna] *adj* فلبيني [filibbiːnij] ▷ *n* مواطن فلبيني [Mowaṭen felebeeney]
fill [fɪl] *v* يَمْلأ [jamlʔu]
fillet ['fɪlɪt] *n* شريحة لحم مخلية من العظام (عصابة رأس) [Shreeḥat laḥm makhleyah men al-eḍham] ▷ *v* يُقطع إلى شرائح [Yo'qaṭe'a ela shraeḥ]
fill in [fɪl ɪn] *v* يَمْلأ الفراغ [Yamlaa al-faragh]
filling ['fɪlɪŋ] *n*; **A filling has fallen out** لقد تآكل الحشو [la'qad ta-aa-kala al-ḥasho]; **Can you do a temporary filling?** هل يمكنك عمل حشو مؤقت؟ [hal yamken -aka 'aamal ḥasho mo-a'qat?]
fill up [fɪl ʌp] *v* يملأ ب [Yamlaa be]
film [fɪlm] *n* فيلم [fiːlm]; **film star** *n* نجم سينمائي [Najm senemaaey]; **horror film** *n* فيلم رعب [Feelm ro'ab]; **A colour film, please** فيلم ملون من فضلك [filim mola-wan min faḍlak]; **Can you develop this film, please?** هل يمكنك تحميض هذا الفيلم من فضلك؟ [hal yamken -aka taḥmeeḍ hadha al-filim min faḍlak?]; **The film has jammed** لقد توقف الفيلم بداخل الكاميرا [la'qad tiwa-'qaf al-filim bedakhil al-kamera]; **When does the film start?** متى يبدأ عرض الفيلم؟ [mata yabda 'aarḍ al-filim?]; **Where can we go to see a film?** متى يمكننا أن نذهب لمشاهدة فيلمًا سينمائيا؟ [Mata yomkenona an nadhab le-moshahadat feelman senemaeyan]; **Which film is on at the cinema?** أي فيلم يعرض الآن على شاشة السينما؟ [ay filim ya'aruḍ al-aan 'ala sha-shat al-senama?]
filter ['fɪltə] *n* جهاز ترشيح [Jehaz tarsheeh] ▷ *v* يُصَفي [jusˤaffiː]
filthy ['fɪlθɪ] *adj* قذر [qaðir]
final ['faɪnᵊl] *adj* نهائي [nihaːʔij] ▷ *n* نهائي [nihaːʔij]
finalize ['faɪnə,laɪz] *v* يُنْهي [junhiː]
finally ['faɪnəlɪ] *adv* أخيرا [ʔaxiːran]
finance [fɪ'næns; 'faɪnæns] *n* تمويل [tamwiːl] ▷ *v* يُمَول [jumawwilu]
financial [fɪ'nænʃəl; faɪ-] *adj* مالي [maːlij]; **financial year** *n* سَنة مالية [Sanah maleyah]
find [faɪnd] *v* يَجد [jaʒidu]
find out [faɪnd aʊt] *v* يَكْتَشِف [jaktaʃifu]
fine [faɪn] *adj* رائع (رقيق) [raːʔiʕ] ▷ *adv* على نحو رائع [Ala nahw rae'a] ▷ *n* غرامة [ɣaraːma]; **How much is the fine?** كم تبلغ الغرامة؟ [kam tablugh al-gharama?]; **Where do I pay the fine?** أين تدفع الغرامة؟ [ayna tudfa'a al-gharama?]
finger ['fɪŋgə] *n* إصبع [ʔisˤbaʕ]; **index finger** *n* اصبع السبابة [Eṣbe'a al-sababah]
fingernail ['fɪŋgə,neɪl] *n* ظُفر [zˤufr]
fingerprint ['fɪŋgə,prɪnt] *n* بصمة الإصبع [Baṣmat al-eṣba'a]

finish [ˈfɪnɪʃ] *n* نهاية [niha:ja] ▷ *v* يَخْتَتِم [jaxtatimu]
finished [ˈfɪnɪʃt] *adj* مُنجَزْ [munʒaz]
Finland [ˈfɪnlənd] *n* فنلندا [finlanda:]
Finn [ˈfɪn] *n* مواطن فنلندي [Mowaṭen fenlandey]
Finnish [ˈfɪnɪʃ] *adj* فنلندي [fanlandij] ▷ *n* اللغة الفنلندية [Al-loghah al-fenlandeyah]
fir [fɜː] *n*; **fir (tree)** *n* شجر التنوب [Shajar al-tanob]
fire [faɪə] *n* نار [na:ru]; **fire alarm** *n* إنذار حريق [endhar Haree'q]; **fire brigade** *n* فرقة مطافيء [Fer'qat maṭafeya]; **fire escape** *n* سُلَم النجاة من الحريق [Solam al-najah men al-ḥaree'q]; **fire extinguisher** *n* طفاية الحريق [Ṭafayat ḥaree'q]; **firefighter** *n* رَجُل المطافئ [Rajol al-maṭafeya]
fireman, firemen [ˈfaɪəmən, ˈfaɪəmɛn] *n* رَجُل المطافئ [Rajol al-maṭafeya]
fireplace [ˈfaɪəˌpleɪs] *n* مستوقد [mustawqid]
firewall [ˈfaɪəˌwɔːl] *n* الجدار الواقي [Al-jedar al-wa'qey]
fireworks [ˈfaɪəˌwɜːks] *npl* ألعاب نارية [Al-'aab nareyah]
firm [fɜːm] *adj* راسخ [ra:six] ▷ *n* مؤسسة [muʔassasa]
first [fɜːst] *adj* أول [ʔawwal] ▷ *adv* أولًا [ʔawwala:] ▷ *n* أول [ʔawwal]; **first aid** *n* إسعافات أولية [Es'aafat awaleyah]; **first name** *n* الاسم الأول [Al-esm al-awal]; **This is my first trip to...** هذه هي أول رحلة لي إلى... [Hadheh hey awal reḥla lee ela]; **When does the first chair-lift go?** متى يتحرك أول ناقل للمتزلجين؟ [mata yata-ḥarak awal na'qil lel-muta-zali-jeen?]; **When is the first bus to...?** ما هو موعد أول أتوبيس متجه إلى... [ma howa maw-'aid awal baaṣ mutajih ela...?]
first-class [ˈfɜːstˈklɑːs] *adj* درجة أولى [Darajah aula]
firstly [ˈfɜːstlɪ] *adv* أولًا [ʔawwala:]
fiscal [ˈfɪskᵊl] *adj* أميري [ʔami:rij]; **fiscal year** *n* سنة ضريبية [Sanah ḍareebeyah]
fish [fɪʃ] *n* سَمكة [samaka] ▷ *v* يَصطاد [jasˤatˤdu]; **freshwater fish** *n* سَمكة مياه عذبة [Samakat meyah adhbah]
fisherman, fishermen [ˈfɪʃəmən, ˈfɪʃəmɛn] *n* صياد السمك [Ṣayad al-samak]
fishing [ˈfɪʃɪŋ] *n* صيد السمك [Ṣayd al-samak]; **fishing boat** *n* قارب صيد [ˈqareb ṣayd]; **fishing rod** *n* سِنارة [sˤanna:ratun]; **fishing tackle** *n* معدات صيد السمك [Mo'aedat ṣayed al-samak]
fishmonger [ˈfɪʃˌmʌŋgə] *n* تاجر الأسماك [Tajer al-asmak]
fist [fɪst] *n* قبضة [qabdˤa]
fit [fɪt] *adj* جيد [ʒabad] ▷ *n* نوبة [nawba] ▷ *v* يُناسِب [junasibu]; **epileptic fit** *n* نوبة صرع [Nawbat ṣar'a]; **fitted kitchen** *n* مطبخ مجهز [Maṭbakh mojahaz]; **fitted sheet** *n* ملاءة مثبتة [Melaah mothabatah]; **fitting room** *n* غرفة القياس [ghorfat al-'qeyas]
fit in [fɪt ɪn] *v* يَتلائَم مع [Yatalaam ma'a]
five [faɪv] *number* خَمْسة [xamsatun]
fix [fɪks] *v* يُثَبِت [juθabbitu]
fixed [fɪkst] *adj* ثابت [θa:bit]
fizzy [ˈfɪzɪ] *adj* فوار [fuwa:r]
flabby [ˈflæbɪ] *adj* رَخْو [raxw]
flag [flæg] *n* عَلَم [ʕalam]
flame [fleɪm] *n* لهب [lahab]
flamingo [fləˈmɪŋgəʊ] *n* طائر الفلامنجو [Ṭaaer al-flamenjo]
flammable [ˈflæməbᵊl] *adj* قابل للاشتعال [ˈqabel lel-eshte'aal]
flan [flæn] *n* فطيرة فُلَان [Faṭerat folan]
flannel [ˈflænᵊl] *n* صوف فانيلة [Ṣoof faneelah]
flap [flæp] *v* يُرفرِف [jurafrifu]
flash [flæʃ] *n* وميض [wami:dˤ] ▷ *v* يوُمض [ju:midˤu]
flashlight [ˈflæʃˌlaɪt] *n* وميض [wami:dˤ]
flask [flɑːsk] *n* دَورَق [dawraq]
flat [flæt] *adj* منبسط [munbasitˤ] ▷ *n* مُسَطَح [musatˤtˤah]; **studio flat** *n* شقة ستديو [Sha'qah stedeyo]
flat-screen [ˈflætˌskriːn] *adj* شاشة مسطحة [Shasha mosṭahah]

flatter ['flætə] *v* يُطري [jutˤriː]
flattered ['flætəd] *adj* شاعر بالإطراء [Shaa'aer bel-eṭraa]
flavour ['fleɪvə] *n* نكهة [nakha]
flavouring ['fleɪvərɪŋ] *n* مادة منكهة [Madah monakahah]
flaw [flɔː] *n* نقص [naqsˤ]
flea [fliː] *n* برغوث [barɣuːθ]; **flea market** *n* سُوق للسلع الرخيصة [Soo'q lel-sealaa al-ṣgheerah]
flee [fliː] *v* يَتفادى [jatafaːdaː]
fleece [fliːs] *n* صوف الخروف [Ṣoof al-kharoof]
fleet [fliːt] *n* قافلة [qaːfila]
flex [flɛks] *n* سِلك كهربائي (لي) [Selk kahrabaey]
flexible ['flɛksɪbᵊl] *adj* مرن [marin]
flexitime ['flɛksɪˌtaɪm] *n* ساعات عمل مرنة [Sa'aat 'aamal marenah]
flight [flaɪt] *n* رحلة جوية [Rehalah jaweyah]; **charter flight** *n* رحلة جوية مُؤجَرة [Rehalh jaweyah moajarah]; **flight attendant** *n* مضيف الطائرة [modeef al-ṭaaerah]; **scheduled flight** *n* رحلة منتظمة [Rehlah montaḍhemah]
fling [flɪŋ] *v* يَطرَح جانبا [Yaṭraḥ janeban]
flip-flops ['flɪp'flɒpz] *npl* شِبشِب [ʃubʃubun]
flippers ['flɪpəz] *npl* زعانف الغطس [Za'aanef al-ghaṭs]
flirt [flɜːt] *n* غزل (حركة خاطفة) [ɣazl] ▷ *v* يُغَازِل [juɣaːzilu]
float [fləʊt] *n* عوامة [ʕawaːma] ▷ *v* يطفو [jatˤfuː]
flock [flɒk] *n* سِرب [sirb]
flood [flʌd] *n* طوفان [tˤuːfaːn] ▷ *vi* يفيض [jafiːdˤu] ▷ *vt* يَغْمُر [jaɣmuru]
flooding ['flʌdɪŋ] *n* فيضان [fajadˤaːn]
floodlight ['flʌdˌlaɪt] *n* وحدة إضاءة كشافة [Weḥdah eḍafeyah kashafah]
floor [flɔː] *n* أرضية [ʔardˤijja]; **ground floor** *n* الدور الأرضي [Aldoor al-arḍey]
flop [flɒp] *n* فَشَل [faʃal]
floppy ['flɒpɪ] *adj*; **floppy disk** *n* قرص مرن ['qorṣ maren]
flora ['flɔːrə] *npl* نباتات [nabaːtaːt]
florist ['flɒrɪst] *n* بائع زهور [Bae'a zohor]
flour ['flaʊə] *n* دقيق طحين [Da'qee'q ṭaheen]
flow [fləʊ] *v* يَتدفق [jatadaffaqu]
flower ['flaʊə] *n* زهرة [zahra] ▷ *v* يُزهر [juzhiru]
flu [fluː] *n* الإنفلوانزا [Alenfolwanza]; **bird flu** *n* إنفلوانزا الطيور [Enfelwanza al-ṭeyor]
fluent ['fluːənt] *adj* سَلِس (فصيح) [salis]
fluorescent [ˌflʊə'rɛsᵊnt; ˌfluo'rescent] *adj* فلوري [fluːrij]
flush [flʌʃ] *n* نضارة [nadˤdˤaːra] ▷ *v* يَتَورد (يتدفق) [jatawarradu]
flute [fluːt] *n* آلة الفلوت [Aalat al-felot]
fly [flaɪ] *n* ذُبَابَة [ðubaːba] ▷ *v* يَطير [jatˤiːru]
fly away [flaɪ ə'weɪ] *v* يَهْرُب مسرعا [Yahrab mosre'aan]
foal [fəʊl] *n* مهر [mahr]
foam [fəʊm] *n*; **shaving foam** *n* رغوة الحلاقة [Raghwat ḥela'qah]
focus ['fəʊkəs] *n* بُؤْرة [buʔra] ▷ *v* يَتركز [jatarakkazu]
foetus ['fiːtəs] *n* جنين [ʒaniːn]
fog [fɒg] *n* ضباب [dˤabaːb]; **fog light** *n* مصباح الضباب [Mesbaḥ al-ḍabab]
foggy ['fɒgɪ] *adj* غائم [ɣaːʔim]
foil [fɔɪl] *n* رقاقة معدنية [Re'qaeq ma'adaneyah]
fold [fəʊld] *n* طي (حظيرة خراف) [tˤajj] ▷ *v* يَطوي [jatˤwiː]
folder ['fəʊldə] *n* حافظة [ħaːfizˤa]
folding [fəʊldɪŋ] *adj* قابل للطي ['qabel lel-ṭay]
folklore ['fəʊkˌlɔː] *n* فولكلور [fuːlkluːr]
follow ['fɒləʊ] *v* يَتَبع [jatbaʕu]
following ['fɒləʊɪŋ] *adj* لاحق [laːħiq]
food [fuːd] *n* طعام [tˤaʕaːm]; **food poisoning** *n* التسمم الغذائي [Al-tasmom al-ghedhaaey]; **food processor** *n* محضر الطعام [Moḥder al-ṭa'aam]; **Do you have food?** هل يوجد لديكم طعام؟ [hal yujad laday-kum ṭa'aam?]; **The food is too hot** إن الطعام ساخن أكثر من اللازم [enna al-ṭa'aam sakhen akthar min al-laazim]; **The food is very greasy**

الطعام كثير الدسم [al-ṭa'aam katheer al-dasim]
fool [fuːl] *n* مُغَفَّل [muɣaffl] ▷ *v* يُضَلِل [jundˤallilu]
foot, feet [fʊt, fiːt] *n* قدم [qadam]; **My feet are a size six** مقاس قدمي ستة [ma'qas 'qadamy sit-a]
football ['fʊtˌbɔːl] *n* كرة القدم [Korat al-'qadam]; **American football** *n* كرة القدم الأمريكية [Korat al-'qadam al-amreekeyah]; **football match** *n* مباراة كرة قدم [Mobarat korat al-'qadam]; **football player** *n* لاعب كرة القدم [La'aeb korat al-'qadam]; **Let's play football** هلم نلعب كرة القدم؟ [haloma nal'aab kurat al-'qadam]
footballer ['fʊtˌbɔːlə] *n* لاعب كرة قدم [La'eb korat 'qadam]
footpath ['fʊtˌpɑːθ] *n* ممر المشاة [mamar al-moshah]
footprint ['fʊtˌprɪnt] *n* أثر القدم [Athar al'qadam]
footstep ['fʊtˌstɛp] *n* أثر القدم [Athar al-'qadam]
for [fɔː; fə] *prep* لأجل [liʔaʒli]
forbid [fə'bɪd] *v* يُحَرِم [juħarrimu]
forbidden [fə'bɪdᵊn] *adj* ممنوع [mamnuːʕ]
force [fɔːs] *n* قوة عسكرية ['qowah askareyah] ▷ *v* يُجْبِر [juʒbiru]; **Air Force** *n* سلاح الطيران [Ṣelaḥ al-ṭayaran]
forecast ['fɔːˌkɑːst] *n* تنبؤ [tanabuʔ]
foreground ['fɔːˌgraʊnd] *n* أمامي [ʔamaːmij]
forehead ['fɒrɪd; 'fɔːˌhɛd] *n* جبهة [ʒabha]
foreign ['fɒrɪn] *adj* أجنبي [ʔaʒnabij]
foreigner ['fɒrɪnə] *n* أجنبي [ʔaʒnabij]
foresee [fɔː'siː] *v* يتنبأ ب [Yatanabaa be]
forest ['fɒrɪst] *n* غابة [ɣaːba]
forever [fɔː'rɛvə; fə-] *adv* إلى الأبد [Ela alabad]
forge [fɔːdʒ] *v* يُزَوِر [juzawwiru]
forgery ['fɔːdʒərɪ] *n* تزوير [tazwiːr]
forget [fə'gɛt] *v* ينسى [jansaː]
forgive [fə'gɪv] *v* يَغْفِر [jaɣfiru]
forgotten [fə'gɒtᵊn] *adj* منسي [mansijju]
fork [fɔːk] *n* شوكة طعام [Shawkat ṭa'aaam]
form [fɔːm] *n* شَكْل [ʃakl]; **application form** *n* نموذج الطلب [Namozaj al-ṭalab]; **order form** *n* نموذج طلبية [Namodhaj ṭalabeyah]
formal ['fɔːməl] *adj* عُرفي [ʕurafij]
formality [fɔː'mælɪtɪ] *n* شكل رسمي [Shakl rasmey]
format ['fɔːmæt] *n* تنسيق [tansiːq] ▷ *v* يُعْيد تهيئة [Yo'aeed taheyaah]
former ['fɔːmə] *adj* سابق [saːbiq]
formerly ['fɔːməlɪ] *adv* سابقاً
formula ['fɔːmjʊlə] *n* صيغة [sˤiːɣa]
fort [fɔːt] *n* حصن [ħisˤn]
fortnight ['fɔːtˌnaɪt] *n* يومان [jawmaːni]
fortunate ['fɔːtʃənɪt] *adj* سعيد [saʕiːd]
fortunately ['fɔːtʃənɪtlɪ] *adv* لحسن الحظ [Le-hosn al-haḍh]
fortune ['fɔːtʃən] *n* حظ سعيد [haḍh sa'aeed]
forty ['fɔːtɪ] *number* أربعون [ʔarbaʕuːna]
forum ['fɔːrəm] *n* منتدى [muntadaː]
forward ['fɔːwəd] *adv* إلى الأمام [Ela al amam] ▷ *v* يرسل [jursilu]; **forward slash** *n* شرطة مائلة للأمام [Sharṭah maelah lel-amam]; **lean forward** *v* يَتَكئ للأمام [Yatakea lel-amam]
foster ['fɒstə] *v* يُعزز (يتبنى) [juʕazzizu]; **foster child** *n* طفل متبنى [Ṭefl matabanna]
foul [faʊl] *adj* غادِر [ɣaːdir] ▷ *n* مخالفة [muxaːlafa]
foundations [faʊn'deɪʃənz] *npl* أساسات [ʔasaːsaːtun]
fountain ['faʊntɪn] *n* نافورة [naːfuːra]; **fountain pen** *n* قلم حبر ['qalam ḥebr]
four [fɔː] *number* أربعة [ʔarbaʕatun]
fourteen ['fɔː'tiːn] *number* أربعة عشر [ʔarbaʕata ʕaʃr]
fourteenth ['fɔː'tiːnθ] *adj* الرابع عشر [ar-raːbiʕu ʕaʃari]
fourth [fɔːθ] *adj* رابع [raːbiʕu]
fox [fɒks] *n* ثعلب [θaʕlab]

fracture ['fræktʃə] *n* كَسْر [kasr]
fragile ['frædʒaɪl] *adj* قابل للكسر ['qabel lel-kassr]
frail [freɪl] *adj* واهن [wa:hin]
frame [freɪm] *n* إطار [ʔitˤa:r]; **picture frame** *n* إطار الصورة [Eṭar al ṣorah]; **Zimmer® frame** *n* هيكل زيمر المساعد على المشي [hajkalun zajmiri almusa:ʕidi ʕala: almaʃji]
France [frɑ:ns] *n* فرنسا [faransa:]
frankly ['fræŋklɪ] *adv* بصراحة [Beṣarahah]
frantic ['fræntɪk] *adj* شديد الاهتياج [Shdeed al-ehteyaj]
fraud [frɔ:d] *n* احتيال [iħtija:l]
freckles ['frɛkᵊlz] *npl* نمش [namʃun]
free [fri:] *adj (no cost)* مجاني [maʒʒa:nij], *(no restraint)* حر [ħurr] ▷ *v* يُحَرِر [juħarriru]; **free kick** *n* ضربة حرة [Ḍarba ḥorra]
freedom ['fri:dəm] *n* حرية [ħurrijja]
freelance ['fri:ˌlɑ:ns] *adj* يعمل بشكل حر [Ya'amal beshakl ḥor] ▷ *adv* بشكل مُستَقل [Beshakl mosta'qel]
freeze [fri:z] *v* يَتَجمد [jataʒammadu]
freezer ['fri:zə] *n* فريزر [fri:zar]
freezing ['fri:zɪŋ] *adj* شديد البرودة [Shadeedat al-broodah]; **It's freezing cold** الجو شديد البرودة [al-jaw shaded al-boroda]
freight [freɪt] *n* شُحنة [ʃuħna]
French [frɛntʃ] *adj* فرنسي [faransij] ▷ *n* اللغة الفرنسية [All-loghah al-franseyah]; **French beans** *npl* فاصوليا خضراء [Faṣoleya khaḍraa]; **French horn** *n* بوق فرنسي [Boo'q faransey]
Frenchman, Frenchmen ['frɛntʃmən, 'frɛntʃmɛn] *n* مواطن فرنسي [Mowaṭen faransey]
Frenchwoman, Frenchwomen ['frɛntʃwʊmən, 'frɛntʃwɪmɪn] *n* مواطنة فرنسية [Mowaṭenah faranseyah]
frequency ['fri:kwənsɪ] *n* تردد [taraddud]
frequent ['fri:kwənt] *adj* متكرر [mutakarrir]
fresh [frɛʃ] *adj* طازج [tˤa:zaʒ]
freshen up ['frɛʃən ʌp] *v* يُنْعِش [junʕiʃu]
fret [frɛt] *v* يَغِيظ [jaɣi:zˤu]
Friday ['fraɪdɪ] *n* الجمعة [al-ʒumuʕatu]; **Good Friday** *n* الجمعة العظيمة [Al-jom'ah al-'aaḍheemah]; **on Friday the thirty first of December** يوم الجمعة الموافق الحادي والثلاثين من ديسمبر [yawm al-jum'aa al- muwa-fi'q al-ḥady waal-thalatheen min desambar]; **on Friday** في يوم الجمعة [fee yawm al-jum'aa]
fridge [frɪdʒ] *n* ثلاجة [θalla:ʒa]
fried [fraɪd] *adj* مقلي [maqlij]
friend [frɛnd] *n* صديق [sˤadi:q] ▷ *v* يضيف صديقا [judˤi:fu sˤadi:qan]
friendly ['frɛndlɪ] *adj* ودود [wadu:d]
friendship ['frɛndʃɪp] *n* صداقة [sˤada:qa]
fright [fraɪt] *n* رُعْب [ruʕb]
frighten ['fraɪtᵊn] *v* يُرْعِب [jurʕibu]
frightened ['fraɪtənd] *adj* مرعوب [marʕu:b]
frightening ['fraɪtᵊnɪŋ] *adj* مرعب [murʕib]
fringe [frɪndʒ] *n* هُداب [huda:b]
frog [frɒg] *n* ضفدع [dˤifdaʕ]
from [frɒm; frəm] *prep* مِنْ [min]
front [frʌnt] *adj* أمامي [ʔama:mij] ▷ *n* واجهة [wa:ʒiha]
frontier ['frʌntɪə; frʌn'tɪə] *n* تخم [tuxm]
frost [frɒst] *n* صقيع [sˤaqi:ʕ]
frosting ['frɒstɪŋ] *n* تغطية الكيك [taghṭeyat al-keek]
frosty ['frɒstɪ] *adj* تَكَوُّن الصقيع [Takawon al-sa'qee'a]
frown [fraʊn] *v* يَعْبَس [jaʕbasu]
frozen ['frəʊzᵊn] *adj* متجمد [mutaʒammid]
fruit [fru:t] *n (botany)* فاكهة [fa:kiha], *(collectively)* فاكهة [fa:kiha]; **fruit juice** *n* عصير الفاكهة ['aṣeer fakehah]; **fruit machine** *n* آلة كشف الشذوذ الجنسي [aalat kashf al sheḍhoḍh al jensy]; **fruit salad** *n* سَلاطة فواكه [Salaṭat fawakeh]; **passion fruit** *n* فاكهة العشق [Fakehat al-'aesh'q]

frustrated [frʌ'streɪtɪd] *adj* مخيب [muxajjib]
fry [fraɪ] *v* يَقلي [jaqli:]; **frying pan** *n* قلاية [qala:jjatun]
fuel [fjʊəl] *n* وقود [waqunwdu]
fulfil [fʊl'fɪl] *v* يُنْجِز [junʒizu]
full [fʊl] *adj* ممتلىء [mumtali:ʔʔ]; **full moon** *n* بَدر [badrun]; **full stop** *n* نُقْطَة [nuqtˤatun]
full-time ['fʊl,taɪm] *adj* دوام كامل [Dawam kamel] ▷ *adv* بدوام كامل [Bedawam kaamel]
fully ['fʊlɪ] *adv* تماما [tama:man]
fumes [fju:mz] *npl* أبخِرَة [ʔabxiratun]; **exhaust fumes** *npl* أدخنة العادم [Adghenat al-'aadem]
fun [fʌn] *adj* مزحي [mazħij] ▷ *n* لهو [lahw]
funds [fʌndz] *npl* موارد مالية [Mawared maleyah]
funeral ['fju:nərəl] *n* جنازة [ʒana:za]; **funeral parlour** *n* قاعة إعداد الموتى ['qaat e'adad al-mawta]
funfair ['fʌn,fɛə] *n* ملاهي [mala:hijju]
funnel ['fʌnᵊl] *n* قمع [qamʕ]
funny ['fʌnɪ] *adj* مضحك [mudˤħik]
fur [fɜ:] *n* فرو [farw]; **fur coat** *n* معطف فرو [Me'ataf farw]
furious ['fjʊərɪəs] *adj* مهتاج [muhta:ʒ]
furnished ['fɜ:nɪʃt] *adj* مفروش [mafru:ʃ]
furniture ['fɜ:nɪtʃə] *n* أثاث [ʔaθa:θ]
further ['fɜ:ðə] *adj* تالي [ta:li:] ▷ *adv* علاوة على ذلك ['aelawah ala ḍalek]; **further education** *n* نظام التعليم الإضافي [neḍham al-ta'aleem al-eḍafey]
fuse [fju:z] *n* صمام كهربائي [Ṣamam kahrabaey]; **fuse box** *n* علبة الفيوز ['aolbat al-feyoz]
fusebox ['fju:z,bɒks] *n*; **Where is the fusebox?** أين توجد علبة المفاتيح الكهربية [ayna tojad 'ailbat al-mafateeḥ al-kahraba-eya?]
fuss [fʌs] *n* جَلَبة [ʒalaba]
fussy ['fʌsɪ] *adj* صَعْب الإرضاء (منمق) [Ṣa'ab al-erḍaa]
future ['fju:tʃə] *adj* مستقبلي [mustaqbalij] ▷ *n* مستقبل [mustaqbal]

g

Gabon [gə'bɒn] *n* الجابون [al-ʒa:bu:n]
gain [geɪn] *n* مَكْسَب [maksab] ▷ *v* يَربَح [jarbaħu]
gale [geɪl] *n* ريح هوجاء [Reyḥ ḥawjaa]
gallery ['gælərɪ] *n* جاليري [ʒa:li:ri:]; **art gallery** *n* جاليري فني [Jalery faney]
gallop ['gæləp] *n* عدو الفرس (جري) [adow al-faras] ▷ *v* يَجْري بالفرس [Yajree bel-faras]
gallstone ['gɔ:l,stəʊn] *n* حصاة المرارة [Haṣat al-mararah]
Gambia ['gæmbɪə] *n* جامبيا [ʒa:mbija:]
gamble ['gæmbᵊl] *v* يُقامِر [juqa:miru]
gambler ['gæmblə] *n* مقامر [muqa:mir]
gambling ['gæmblɪŋ] *n* مقامرة [muqa:mara]
game [geɪm] *n* مباراة [muba:ra:t]; **board game** *n* لعبة طاولة [Lo'abat ṭawlah]; **games console** *n* وحدة التحكم في ألعاب الفيديو [Wehdat al-tahakom fee al'aab al-vedyoo]
gang [gæŋ] *n* عصابة [ʕisˤa:ba]
gangster ['gæŋstə] *n* عضو في عصابة ['aoḍw fee eṣabah]
gap [gæp] *n* فجوة [faʒwa]
garage ['gærɑ:ʒ; -rɪdʒ] *n* جراج [ʒara:ʒ]; **Which is the key for the garage?** أين

يوجد مفتاح الجراح؟ [ayna yujad muftaaḥ al-jaraj?]
garbage [ˈgɑːbɪdʒ] *n* نفاية [nufaːja]
garden [ˈgɑːdᵊn] *n* حديقة [ħadiːqa]; **garden centre** *n* مشتل [maʃtalun]
gardener [ˈgɑːdnə; ˈgardener] *n* بُستاني [bustaːnij]
gardening [ˈgɑːdᵊnɪŋ; ˈgardening] *n* بَسْتَنة [bastana]
garlic [ˈgɑːlɪk] *n* ثوم [θuːm]; **Is there any garlic in it?** هل به ثوم؟ [hal behe thoom?]
garment [ˈgɑːmənt] *n* ثوب [θawb]
gas [gæs] *n* غاز [ɣaːz]; **gas cooker** *n* موقد يعمل بالغاز [Maw'qed ya'amal bel-ghaz]; **natural gas** *n* غاز طبيعي [ghaz ṭabeeaey]; **I can smell gas** أنني أشم رائحة غاز [ina-ny ashum ra-e-hat ghaaz]; **Where is the gas meter?** أين يوجد عداد الغاز؟ [ayna yujad 'aadad al-ghaz?]
gasket [ˈgæskɪt] *n* سِدادة (مرسة شراع) [sadda:da]
gate [geɪt] *n* بوابة [bawwa:ba]; **Please go to gate...** توجه من فضلك إلى البوابة رقم... [tawa-jah min faḍlak ela al-bawa-ba ra'qum...]; **Which gate for the flight to...?** ما هي البوابة الخاصة بالرحلة المتجهة إلى... [ma heya al-baw-aba al-khaṣa bel-reḥla al-mutajiha ela...?]
gateau, gateaux [ˈgætəʊ, ˈgætəʊz] *n* جاتوه [ʒaːtuː]
gather [ˈgæðə] *v* يَجتمِع [jaʒtamiʕu]
gauge [geɪdʒ] *n* مقياس [miqjaːs] ▷ *v* يُعايِر [juʕaːjiru]
gaze [geɪz] *v* يُحدِق [juħaddiqu]
gear [gɪə] *n (equipment)* جِهاز [ʒihaːz], *(mechanism)* تعشيقة [taʕʃiːqa]; **gear box** *n* علبة التروس ['aolbat al-teroos]; **gear lever** *n* ذِراع الفتيس [dhera'a al-fetees]; **gear stick** *n* ذراع نقل السرعة [Dhera'a na'ql al-sor'aah]
gearbox [ˈgɪəˌbɒks] *n*; **The gearbox is broken** لقد انكسرت علبة التروس [la'qad inkasarat 'ailbat al-tiroos]
gearshift [ˈgɪəˌʃɪft] *n* مُغَيِّر السرعة [Moghaey al-sor'aah]
gel [dʒɛl] *n* جل [ʒil]; **hair gel** *n* جل الشعر [Jel al-sha'ar]
gem [dʒɛm] *n* حجر كريم [Ajar kareem]
Gemini [ˈdʒɛmɪˌnaɪ; -ˌniː] *n* الجوزاء [al-ʒawzaːʔu]
gender [ˈdʒɛndə] *n* النَوْع [an-nawʕu]
gene [dʒiːn] *n* جين وراثي [Jeen werathey]
general [ˈdʒɛnərəl; ˈdʒɛnrəl] *adj* عام [ʕaːm] ▷ *n* فكرة عامة [Fekrah 'aamah]; **general anaesthetic** *n* مُخَدِر كلي [Mo-khader koley]; **general election** *n* انتخابات عامة [Entekhabat 'aamah]; **general knowledge** *n* معلومات عامة [Ma'aloomaat 'aamah]
generalize [ˈdʒɛnrəˌlaɪz] *v* يُعَمِم [juʕammimu]
generally [ˈdʒɛnrəlɪ] *adv* عادةً [ʕaːdatun]
generation [ˌdʒɛnəˈreɪʃən] *n* جيل [ʒiːl]
generator [ˈdʒɛnəˌreɪtə] *n* مولد [muwalid]
generosity [ˌdʒɛnəˈrɒsɪtɪ] *n* كَرَم [karam]
generous [ˈdʒɛnərəs; ˈdʒɛnrəs] *adj* سخي [saxij]
genetic [dʒɪˈnɛtɪk] *adj* جيني [ʒiːnnij]
genetically-modified [dʒɪˈnɛtɪklɪˈmɒdɪˌfaɪd] *adj* معدل وراثيا [Mo'aaddal weratheyan]
genetics [dʒɪˈnɛtɪks] *n* علم الوراثة [A'elm al-weratha]
genius [ˈdʒiːnɪəs; -njəs] *n* شخص عبقري [Shakhṣ'ab'qarey]
gentle [ˈdʒɛntᵊl] *adj* نبيل المحتد [Nabeel al-moḥtad]
gentleman, gentlemen [ˈdʒɛntᵊlmən, ˈdʒɛntᵊlmɛn] *n* رَجُل نبيل [Rajol nabeel]
gently [dʒɛntlɪ] *adv* بلطف [bilutˤfin]
gents' [dʒɛnts] *n* دَوْرة مياه للرجال [Dawrat meyah lel-rejal]
genuine [ˈdʒɛnjʊɪn] *adj* أصلي [ʔasˤlij]
geography [dʒɪˈɒgrəfɪ] *n* جغرافيا [ʒuɣraːfjaː]
geology [dʒɪˈɒlədʒɪ] *n* جيولوجيا [ʒjuːluːʒjaː]

Georgia ['dʒɔːdʒjə] *n (country)* جورجيا [ʒuːrʒjaː], *(US state)* ولاية جورجيا [Welayat jorjeya]
Georgian ['dʒɔːdʒjən] *adj* جورجي [ʒuːrʒij] ▷ *n (person)* مواطن جورجي [Mowaṭen jorjey]
geranium [dʒɪ'reɪnɪəm] *n* نبات الجيرانيوم [Nabat al-jeranyom]
gerbil ['dʒɜːbɪl] *n* يَربوع [jarbuːʕ]
geriatric [ˌdʒɛrɪ'ætrɪk] *adj* شيخوخي [ʃajxuːxij] ▷ *n* طب الشيخوخة [Ṭeb al-shaykhokhah]
germ [dʒɜːm] *n* جرثومة [ʒurθuːma]
German ['dʒɜːmən] *adj* ألماني [ʔalmaːnij] ▷ *n (language)* اللغة الألمانية [Al loghah al almaniyah], *(person)* ألماني [ʔalmaːnij]; **German measles** *n* حصبة ألمانية [Ḥaṣbah al-maneyah]
Germany ['dʒɜːmənɪ] *n* ألمانيا [ʔalmaːnijaː]
gesture ['dʒɛstʃə] *n* إيماءة [ʔiːmaːʔa]
get [gɛt] *v* يَحصُل على [Taḥṣol 'ala], *(to a place)* يَحصُل على [Taḥṣol 'ala]
get away [gɛt ə'weɪ] *v* يَنْصَرف [jansˤarifu]
get back [gɛt bæk] *v* يَسترِد [jastariddu]
get in [gɛt ɪn] *v* يركب [jarrkabu]
get into [gɛt 'ɪntə] *v* يَتَورط في [Yatawaraṭ fee]
get off [gɛt ɒf] *v* ينزل [janzilu]
get on [gɛt ɒn] *v* يركب [jarrkabu]
get out [gɛt aʊt] *v* يَخرُج [jaxruʒu]
get over [gɛt 'əʊvə] *v* يَتَغلب على [Yatghalab 'ala]
get through [gɛt θruː] *v*; **I can't get through** لا يمكنني الوصول إليه [la yam-kinuni al-wiṣool e-lay-he]
get together [gɛt tə'gɛðə] *v* يجتمع [jaʒtamiʕu]
get up [gɛt ʌp] *v* ينهض [janhadˤu]
Ghana ['gɑːnə] *n* غانا [ɣaːnaː]
Ghanaian [gɑː'neɪən] *adj* غاني [ɣaːnij] ▷ *n* مواطن غاني [Mowaṭen ghaney]
ghost [gəʊst] *n* شبح [ʃabaħ]
giant ['dʒaɪənt] *adj* عملاق [ʕimlaːq] ▷ *n* مارد [maːrid]
gift [gɪft] *n* هبة [hiba]; **gift shop** *n* متجر هدايا [Matjar hadaya]; **gift voucher** *n* قسيمة هدية ['qaseemat hadeyah]
gifted ['gɪftɪd] *adj* موهوب [mawhuːb]
gigantic [dʒaɪ'gæntɪk] *adj* عملاق [ʕimlaːq]
giggle ['gɪgᵊl] *v* يُقَهْقِه [juqahqihu]
gin [dʒɪn] *n* شراب الجين المُسكِر (محلج القطن) [Sharaab al-jobn al-mosaker]
ginger ['dʒɪndʒə] *adj* بني مائل إلى الحُمرة [banniː maːʔilun ʔila alħumrati] ▷ *n* زَنْجَبيل [zanʒabiːl]
giraffe [dʒɪ'rɑːf; -'ræf] *n* زرافة [zaraːfa]
girl [gɜːl] *n* بِنْت [bint]
girlfriend ['gɜːlˌfrɛnd] *n* صديقة [sˤadiːqa]
give [gɪv] *v* يُعْطِي [juʕtˤiː]
give back [gɪv bæk] *v* يَرُد [jaruddu]
give in [gɪv ɪn] *v* يَستسلم [jastaslimu]
give out [gɪv aʊt] *v* يُوَزِّع [juwazziʕu]
give up [gɪv ʌp] *v* يُقْلِع عن [Yo'qle'a an]
glacier ['glæsɪə; 'gleɪs-] *n* نهر جليدي [Nahr jaleedey]
glad [glæd] *adj* سعيد [saʕiːd]
glamorous ['glæmərəs] *adj* فاتن [faːtin]
glance [glɑːns] *n* لمحة [lamħa] ▷ *v* يلمح [jalmaħu]
gland [glænd] *n* غدة [ɣuda]
glare [glɛə] *v* يُحملِق (يسطع) [juħamliqu]
glaring ['glɛərɪŋ] *adj* ساطع [saːtˤiʕ]
glass [glɑːs] *n* زُجَاج [zuʒaːʒ], *(vessel)* زُجَاج [zuʒaːʒ]; **magnifying glass** *n* عدسة مكبرة ['adasat takbeer]; **stained glass** *n* زجاج مُعَشَق [Zojaj moasha'q]
glasses ['glɑːsɪz] *npl* نظارة [nazˤzˤaːratun]
glazing ['gleɪzɪŋ] *n*; **double glazing** *n* طبقتين من الزجاج [Ṭaba'qatayen men al-zojaj]
glider ['glaɪdə] *n* طائرة شراعية [Ṭaayearah ehraeyah]
gliding ['glaɪdɪŋ] *n* التحليق في الجو [Al-taḥlee'q fee al-jaw]
global ['gləʊbᵊl] *adj* عالمي [ʕaːlamij]; **global warming** *n* ظاهرة الاحتباس الحراري [dhaherat al-eḥtebas al-ḥararey]

globalization [ˌgləʊbəlaɪˈzeɪʃən] *n* عَوْلَمَة [ʕawlama]
globe [gləʊb] *n* الكرة الأرضية [Al-korah al-ardheyah]
gloomy [ˈgluːmɪ] *adj* كئيب [kaʔijb]
glorious [ˈglɔːrɪəs] *adj* جليل [ʒaliːl]
glory [ˈglɔːrɪ] *n* مجد [maʒd]
glove [glʌv] *n* قفاز [quffaːz]; **glove compartment** *n* دُرج العربة [Dorj al-'aarabah]; **oven glove** *n* قفاز فرن ['qoffaz forn]; **rubber gloves** *npl* قفازات مطاطية ['qoffazat maṭaṭeyah]
glucose [ˈgluːkəʊz; -kəʊs] *n* جلوكوز [ʒlukuːz]
glue [gluː] *n* غراء [ɣiraːʔ] ▷ *v* يُغَرِّي [juɣarriː]
gluten [ˈgluːtən] *n* جلوتين [ʒluːtiːn]; **Could you prepare a meal without gluten?** هل يمكن إعداد وجبة خالية من الجلوتين؟ [hal yamken e'adad wajba khaliya min al-jilo-teen?]; **Do you have gluten-free dishes?** هل توجد أطباق خالية من الجلوتين؟ [hal tojad aṭba'q khaleya min al-jiloteen?]
go [gəʊ] *v* يَذهَب [jaðhabu]
go after [gəʊ ˈɑːftə] *v* يَسعَى وراء [Yas'aa waraa]
go ahead [gəʊ əˈhɛd] *v* ينطلق [jantʕaliqu]
goal [gəʊl] *n* هدف [hadaf]
goalkeeper [ˈgəʊlˌkiːpə] *n* حارس المرمى [Hares al-marma]
goat [gəʊt] *n* ماعز [maːʕiz]
go away [gəʊ əˈweɪ] *v* يُغَادِر مكانا [Yoghader makanan]
go back [gəʊ bæk] *v* يَرْجِع [jarʒiʕu]
go by [gəʊ baɪ] *v* يَمُرّ [jamurru]
god [gɒd] *n* إله [ʔilah]
godchild, godchildren [ˈgɒdˌtʃaɪld, ˈgɒdˌtʃɪldrən] *n* ربيب [rabiːb]
goddaughter [ˈgɒdˌdɔːtə] *n* ربيبة [rabiːba]
godfather [ˈgɒdˌfɑːðə] *n* *(baptism)* أب روحي [Af roḥey], *(criminal leader)* رئيس عصابة [Raees eṣabah]
godmother [ˈgɒdˌmʌðə] *n* الأم المُربية [al om almorabeyah]
go down [gəʊ daʊn] *v* ينزل [janzilu]
godson [ˈgɒdˌsʌn] *n* ربيب [rabiːb]
goggles [ˈgɒgəlz] *npl* نظارة واقية [naḍharah wa'qeyah]
go in [gəʊ ɪn] *v* يَتدخل [jatadaxxalu]
gold [gəʊld] *n* ذَهَبْ [ðahab]
golden [ˈgəʊldən] *adj* ذَهَبِي [ðahabij]
goldfish [ˈgəʊldˌfɪʃ] *n* سمك ذهبي [Samak dhahabey]
gold-plated [ˈgəʊldˈpleɪtɪd] *adj* مطلي بالذهب [Maṭley beldhahab]
golf [gɒlf] *n* رياضة الجولف [Reyadat al-jolf]; **golf club** *n* نادي الجولف [Nady al-jolf]; **golf course** *n* ملعب الجولف [Mal'aab al-jolf]
gone [gɒn] *adj* راحل [raːħil]
good [gʊd] *adj* جَيد [ʒajjid]
goodbye [ˌgʊdˈbaɪ] *excl* وداعا! [wadaːʕan]
good-looking [ˈgʊdˈlʊkɪŋ] *adj* حسن المظهر [Hosn al-maḍhar]
good-natured [ˈgʊdˈneɪtʃəd] *adj* دَمِث الأخلاق [Dameth al-akhla'q]
goods [gʊdz] *npl* بضائع [badʕaːʔiʕun]
go off [gəʊ ɒf] *v* ينقطع [janqatʕiʕu]
Google® [ˈguːgəl] *v* يبحث على موقع جوجل® [jabħaθu ʕala: mawqiʕi ʒuːʒl]
go on [gəʊ ɒn] *v* يستمر [jastamirru]
goose, geese [guːs, giːs] *n* إوزة [ʔiwazza]; **goose pimples** *npl* قشعريرة الجلد ['qash'aarerat al-jeld]
gooseberry [ˈgʊzbərɪ; -brɪ] *n* كشمش [kuʃmuʃ]
go out [gəʊ aʊt] *v* يُغادِر المكان [Yoghader al-makanan]
go past [gəʊ pɑːst] *v* يَتَجاوز [jataʒaːwazu]
gorgeous [ˈgɔːdʒəs] *adj* فائق الجمال [Faae'q al-jamal]
gorilla [gəˈrɪlə] *n* غوريلا [ɣuːriːlaː]
go round [gəʊ raʊnd] *v* يَلِفُّ [jalifu]
gospel [ˈgɒspəl] *n* إنجيل [ʔinʒiːl]
gossip [ˈgɒsɪp] *n* نميمة [namiːma] ▷ *v* يَنْهَمك في القيل والقال [Yanhamek fee al-'qeel wa al-'qaal]

go through [gəʊ θruː] *v* يَجْتاز [jaʒtaːzu]
go up [gəʊ ʌp] *v* يَرتفِع [jartafiʕu]
government ['gʌvənmənt; 'gʌvəmənt] *n* حكومة [ħukuwamt]
gown [gaʊn] *n*; **dressing gown** *n* رُوب الحَمَّام [Roob al-ḥamam]
GP [dʒiː piː] *abbr* طبيب باطني [Ṭabeeb baṭney]
GPS [dʒiː piː ɛs] *abbr* نظام تحديد المواقع العالمي [nizˤaːmun taħdiːdu almuwaːqiʕi alʕaːlamijji]
grab [græb] *v* يَتَلَقف [jatalaqqafu]
graceful ['ɡreɪsfʊl] *adj* لبِق [labiq]
grade [ɡreɪd] *n* مَنْزِلة [manzila]
gradual ['ɡrædjʊəl] *adj* تدريجي [tadriːʒij]
gradually ['ɡrædjʊəlɪ] *adv* بالتدريج [bi-at-tadriːʒi]
graduate ['ɡrædjʊɪt] *n* خريج [xirriːʒ]
graduation [ˌɡrædjʊ'eɪʃən] *n* تخرج [taxarruʒ]
graffiti, graffito [ɡræ'fiːtiː, ɡræ'fiːtəʊ] *npl* نقوش أثرية [No'qoosh athareyah]
grain [ɡreɪn] *n* حبة [ħabba]
grammar ['ɡræmə] *n* علم النحو والصرف ['aelm al-naḥw wal-ṣarf]
grammatical [ɡrə'mætɪkᵊl] *adj* نحوي [naħwij]
gramme [ɡræm] *n* جرام [ʒraːm]
grand [ɡrænd] *adj* عظيم [ʕazˤiːm]
grandchild ['ɡrænˌtʃaɪld] *n* حفيد [ħafiːd]; **grandchildren** *npl* أحفاد [ʔaħfaːdun]
granddad ['ɡrænˌdæd] *n* جد [ʒadd]
granddaughter ['ɡrænˌdɔːtə] *n* حفيدة [ħafiːda]
grandfather ['ɡrænˌfɑːðə] *n* جد [ʒadd]
grandma ['ɡrænˌmɑː] *n* جدة [ʒadda]
grandmother ['ɡrænˌmʌðə] *n* أم الأب أو الأم [Om al-ab aw al-om]
grandpa ['ɡrænˌpɑː] *n* جد [ʒadd]
grandparents ['ɡrænˌpɛərəntz] *npl* الجدين [al-ʒaddajni]
grandson ['ɡrænsʌn; 'ɡrænd-] *n* ابن الإبن [Ebn el-ebn]
granite ['ɡrænɪt] *n* حجر الجرانيت [Ḥajar al-jraneet]
granny ['ɡrænɪ] *n* جدة [ʒadda]
grant [ɡrɑːnt] *n* منحة [minħa]
grape [ɡreɪp] *n* عنب [ʕinab]
grapefruit ['ɡreɪpˌfruːt] *n* جريب فروت [ʒriːb fruːt]
graph [ɡrɑːf; ɡræf] *n* تخطيط بياني [Takhṭeeṭ bayany]
graphics ['ɡræfɪks] *npl* رسوم جرافيك [Rasm jrafek]
grasp [ɡrɑːsp] *v* يَقْبِض على [jaqbudˤu ʕalaː]
grass [ɡrɑːs] *n (informer)* واشي [waːʃiː], *(marijuana)* حشيش مخدر [Hashesh mokhader], *(plant)* عشب [ʕuʃb]
grasshopper ['ɡrɑːsˌhɒpə] *n* جراد الجندب [Jarad al-jandab]
grate [ɡreɪt] *v* يَبْشُر (يحك بسطح خشن) [jabʃuru]
grateful ['ɡreɪtfʊl] *adj* ممتن [mumtann]
grave [ɡreɪv] *n* قبر [qabr]
gravel ['ɡrævᵊl] *n* حصى [ħasˤaː]
gravestone ['ɡreɪvˌstəʊn] *n* شاهد القبر [Shahed al-'qabr]
graveyard ['ɡreɪvˌjɑːd] *n* مدفن [madfan]
gravy ['ɡreɪvɪ] *n* مرقة اللحم [Mara'qat al-laḥm]
grease [ɡriːs] *n* شحم [ʃaħm]
greasy ['ɡriːzɪ; -sɪ] *adj* دُهْني [duhnij]
great [ɡreɪt] *adj* عظيم [ʕazˤiːm]
Great Britain ['ɡreɪt 'brɪtᵊn] *n* بريطانيا العظمى [Beretanyah al-'aoḍhma]
great-grandfather ['ɡreɪt'ɡrænˌfɑːðə] *n* الجَدّ الأكبر [Al-jad al-akbar]
great-grandmother ['ɡreɪt'ɡrænˌmʌðə] *n* الجدة الأكبر [Al-jaddah al-akbar]
Greece [ɡriːs] *n* اليونان [al-juːnaːni]
greedy ['ɡriːdɪ] *adj* جشع [ʒaʃiʕ]
Greek [ɡriːk] *adj* يوناني [juːnaːnij] ▷ *n (language)* اللغة اليونانية [Al-loghah al-yonaneyah], *(person)* يوناني [juːnaːnij]
green [ɡriːn] *adj (colour)* أخضر [ʔaxdˤar],

(inexperienced) مغفّل [muɣaffal] ▷ *n* أخضر [ʔaxdˤar]; **green salad** *n* سَلاطة خضراء [Salaṭat khadraa]
greengrocer's ['griːnˌɡrəʊsəz] *n* متجر الخضر والفاكهة [Matjar al-khoḍar wal-fakehah]
greenhouse ['griːnˌhaʊs] *n* صوبة زراعية [Ṣobah zera'aeyah]
Greenland ['griːnlənd] *n* جرينلاند [ʒriːnalaːndi]
greet [griːt] *v* يُرحب ب [Yoraḥeb bee]
greeting ['griːtɪŋ] *n* تحية [taħijja]; **greetings card** *n* بطاقة تهنئة [Beṭaqat tahneaa]
grey [greɪ] *adj* رمادي [ramaːdij]
grey-haired [ˌgreɪ'hɛəd] *adj* رمادي الشعر [Ramadey al-sha'ar]
grid [grɪd] *n* شبكة قضبان مُتصالِبة [Shabakat 'qodban motaṣalebah]
grief [griːf] *n* أسى [ʔasaː]
grill [grɪl] *n* شواية [ʃawwaːja] ▷ *v* يَشوي [jaʃwiː]
grilled [grɪld; grilled] *adj* مشوي [maʃwij]
grim [grɪm] *adj* مروع [murawwiʕ]
grin [grɪn] *n* ابتسامة عريضة [Ebtesamah areeḍah] ▷ *v* يكشّر [jukaʃʃiru]
grind [graɪnd] *v* يَطحَن [jatˤħanu]
grip [grɪp] *v* يمسك بإحكام [Yamsek be-ehkam]
gripping [grɪpɪŋ] *adj* مُثير [muθiːr]
grit [grɪt] *n* حبيبات خشنة [Ḥobaybat khashabeyah]
groan [grəʊn] *v* يئِنّ [jaʔinnu]
grocer ['grəʊsə] *n* بَقَّال [baqqaːl]
groceries ['grəʊsərɪz] *npl* بِقالة [baqaːlatun]
grocer's ['grəʊsəz] *n* متجر البقالة [Matjar al-be'qalah]
groom [gruːm; grʊm] *n* سائس خيل [Saaes kheel], *(bridegroom)* عريس [ʕariːs]
grope [grəʊp] *v* يَتلَمس طريقه في الظلام [Yatalamas ṭaree'qah fee al-ḍhalam]
gross [grəʊs] *adj (fat)* هائل [haːʔil], *(income etc.)* هائل [haːʔil]
grossly [grəʊslɪ] *adv* بفظاظة [bifazˤaːzˤatin]
ground [graʊnd] *n* سَطح الأرض [Saṭh alarḍ] ▷ *v* يَضع على الأرض [Yaḍa'a ala al-arḍ]; **ground floor** *n* الدور الأرضي [Aldoor al-arḍey]
group [gruːp] *n* جماعة [ʒamaːʕa]
grouse [graʊs] *n (complaint)* شكوى [ʃakwaː], *(game bird)* طائر الطيهوج [Ṭaaer al-ṭayhooj]
grow [grəʊ] *vi* ينمو [janmuː] ▷ *vt* يَنمو [janmuː]
growl [graʊl] *v* يُهْدِر [juhdiru]
grown-up [grəʊnʌp] *n* بالغ [baːliɣ]
growth [grəʊθ] *n* نمو [numuww]
grow up [grəʊ ʌp] *v* ينضج [jandˤuʒu]
grub [grʌb] *n* يَرَقَة دودية [Yara'qah doodeyah]
grudge [grʌdʒ] *n* ضغينة [dˤaɣiːna]
gruesome ['gruːsəm] *adj* رَهيب [rahiːb]
grumpy ['grʌmpɪ] *adj* سَيِّئ الطبع [Sayea al-ṭabe'a]
guarantee [ˌgærən'tiː] *n* ضمان [dˤamaːn] ▷ *v* يَضمن [jadˤmanu]; **It's still under guarantee** إنها لا تزال داخل فترة الضمان [inaha la tazaal dakhel fatrat al-ḍaman]
guard [gɑːd] *n* حارس [ħaːris] ▷ *v* يَحْرُس [jaħrusu]; **security guard** *n* حارس الأمن [Ḥares al-amn]
Guatemala [ˌgwɑːtə'mɑːlə] *n* جواتيمالا [ʒwaːtiːmaːlaː]
guess [gɛs] *n* تخمين [taxmiːn] ▷ *v* يُخمن [juxamminu]
guest [gɛst] *n* ضيف [dˤajf]
guesthouse ['gɛstˌhaʊs] *n* دار ضيافة [Dar eḍafeyah]
guide [gaɪd] *n* مرشد [murʃid] ▷ *v* مرشد [murʃidun]; **guide dog** *n* كلب هادي مدرب للمكفوفين [Kalb hadey modarab lel-makfoofeen]; **guided tour** *n* جولة إرشادية [Jawlah ershadeyah]; **tour guide** *n* مرشد سياحي [Morshed seyaḥey]; **Do you have a guide to local walks?** هل يوجد لديكم مرشد لجولات السير المحلية؟ [hal yujad

laday-kum murshid le-jaw-laat al-sayr al-mahal-iya?]; **Is there a guide who speaks English?** هل يوجد مرشد سياحي يتحدث باللغة الإنجليزية؟ [hal yujad murshid seyahy yata-hadath bil-lugha al-injile-ziya]
guidebook ['gaɪd,bʊk] *n* كُتَيِّب الإرشادات [Kotayeb al-ershadat]
guilt [gɪlt] *n* ذَنْب [ðanab]
guilty ['gɪltɪ] *adj* مذنب [muðnib]
Guinea ['gɪnɪ] *n* غينيا [ɣi:nja:]; **guinea pig** *n (for experiment)* حقل للتجارب [Ha'ql lel-tajareb], *(rodent)* خنزير غينيا [Khnzeer ghemyah]
guitar [gɪ'tɑ:] *n* جيتار [ʒi:ta:r]
gum [gʌm] *n* لثة [laθatt]; **chewing gum** *n* علكة [ʕilkatun]
gun [gʌn] *n* بندقية [bunduqijja]; **machine gun** *n* رشاش [raʃʃa:ʃun]
gust [gʌst] *n* انفجار عاطفي [Enfejar 'aatefy]
gut [gʌt] *n* معي [maʕjj]
guy [gaɪ] *n* فَتى [fata:]
Guyana [gaɪ'ænə] *n* جيانا [ʒuja:na:]
gym [dʒɪm] *n* جمانزيوم [ʒimna:zju:mi]
gymnast ['dʒɪmnæst] *n* أخصائي الجمنازيوم [akheṣaaey al-jemnazyom]
gymnastics [dʒɪm'næstɪks] *npl* تدريبات الجمنازيوم [Tadreebat al-jemnazyoom]
gynaecologist [,gaɪnɪ'kɒlədʒɪst] *n* طبيب أمراض نساء [Tabeeb amraḍ nesaa]
gypsy ['dʒɪpsɪ] *n* غَجَرِيّ [ɣaʒarij]

h

habit ['hæbɪt] *n* عادة سلوكية ['aadah selokeyah]
hack [hæk] *v* يَتَسلل (كمبيوتر) [jatasallalu]
hacker ['hækə] *n* قراصنة الكمبيوتر (كمبيوتر) ['qaraṣenat al-kombyotar]
haddock ['hædək] *n* سمك الحدوق [Samak al-ḥadoo'q]
haemorrhoids ['hɛmə,rɔɪdz] *npl* داء البواسير [Daa al-bawaseer]
haggle ['hæg'l] *v* يُساوم [jusa:wimu]
hail [heɪl] *n* بَرَد (مطر) [bard] ▷ *v* يَنْزِلُ البَرَد [Yanzel al-barad]
hair [hɛə] *n* شَعْر [ʃaʕr]; **hair gel** *n* جل الشعر [Jel al-sha'ar]; **hair spray** *n* سْبراي الشعر [Sbray al-sha'ar]
hairband ['hɛə,bænd] *n* عصابة الرأس ['eṣabat al-raas]
hairbrush ['hɛə,brʌʃ] *n* فرشاة الشعر [Forshat al-sha'ar]
haircut ['hɛə,kʌt] *n* قصة الشعر ['qaṣat al-sha'ar]
hairdo ['hɛə,du:] *n* تسريحة الشعر [Tasreehat al-sha'ar]
hairdresser ['hɛə,drɛsə] *n* مُصفف الشعر [Moṣafef al-sha'ar]
hairdresser's ['hɛə,drɛsəz] *n* صالون

حلاقة [Ṣalon ḥelaqah]
hairdryer [ˈhɛəˌdraɪə] *n* مُجَفِف الشعر [Mojafef al-sha'ar]
hairgrip [ˈhɛəˌɡrɪp] *n* دبوس شعر [Daboos sha'ar]
hairstyle [ˈhɛəˌstaɪl] *n* تصفيف الشعر [taṣfeef al-sha'ar]
hairy [ˈhɛərɪ] *adj* كثير الشعر [Katheer sha'ar]
Haiti [ˈheɪtɪ; hɑːˈiːtɪ] *n* هايتي [ha:jti:]
half [hɑːf] *adj* نصفي [nisˤfaj] ▷ *adv* نصفيا [nisˤfijja:] ▷ *n* نصف [nisˤf]; **half board** *n* نصف إقامة [Neṣf e'qamah]; **It's half past two** الساعة الثانية والنصف [al-sa'aa al-thaneya wal-nuṣf]
half-hour [ˈhɑːfˌaʊə] *n* نصف ساعة [Neṣf saa'aah]
half-price [ˈhɑːfˌpraɪs] *adj* نصف السعر [Neṣf al-se'ar] ▷ *adv* بنصف السعر [Be-nesf al-se'ar]
half-term [ˈhɑːfˌtɜːm] *n* عطلة نصف الفصل الدراسي ['aoṭlah neṣf al-faṣl al-derasey]
half-time [ˈhɑːfˌtaɪm] *n* نِصْف الوقت [Nesf al-wa'qt]
halfway [ˌhɑːfˈweɪ] *adv* إلى منتصف المسافة [Ela montaṣaf al-masafah]
hall [hɔːl] *n* قاعة [qa:ʕa]; **town hall** *n* دار البلدية [Dar al-baladeyah]
hallway [ˈhɔːlˌweɪ] *n* رُدهَة [radha]
halt [hɔːlt] *n* وقوف [wuqu:f]
ham [hæm] *n* فخذ الخنزير المدخن [Fakhdh al-khenzeer al-modakhan]
hamburger [ˈhæmˌbɜːɡə] *n* هامبرجر [ha:mbarʒar]
hammer [ˈhæmə] *n* شَاكوش [ʃa:ku:ʃ]
hammock [ˈhæmək] *n* الأرجوحة الشبكية [Al orjoha al shabakiya]
hamster [ˈhæmstə] *n* حيوان الهمستر [Heyawaan al-hemester]
hand [hænd] *n* يد [jadd] ▷ *v* يُسَلِم [jusallimu]; **hand luggage** *n* أمتعة محمولة في اليد [Amte'aah maḥmoolah fee al-yad]; **Where can I wash my hands?** أين يمكن أن أغسل يدي؟ [ayna yamken an aghsil yady?]
handbag [ˈhændˌbæɡ] *n* حقيبة يد [Ha'qeebat yad]
handball [ˈhændˌbɔːl] *n* كرة اليد [Korat al-yad]
handbook [ˈhændˌbʊk] *n* دليل [dali:l]
handbrake [ˈhændˌbreɪk] *n* فرملة يَدّ [Farmalat yad]
handcuffs [ˈhændˌkʌfs] *npl* القيود [al-quju:du]
handicap [ˈhændɪˌkæp] *n*; **My handicap is...** ...إعاقتي هي [...e'aa'qaty heya]; **What's your handicap?** ما إعاقتك؟ [ma e-'aa'qa-taka?]
handkerchief [ˈhæŋkətʃɪf; -ˌtʃiːf] *n* منديل قماش [Mandeel 'qomash]
handle [ˈhændᵊl] *n* مقبض [miqbadˤ] ▷ *v* يُعَامِل [juʕa:malu]; **The door handle has come off** لقد سقط مقبض الباب [la'qad sa'qaṭa me-'qbaḍ al-baab]
handlebars [ˈhændᵊlˌbɑːz] *npl* مقود [miqwadun]
handmade [ˌhændˈmeɪd] *adj* يَدوي [jadawij]
hands-free [ˈhændzˌfriː] *adj* غير يدوي [Ghayr yadawey]; **hands-free kit** *n* سماعات [samma:ʕa:tun]
handsome [ˈhændsəm] *adj* وسيم [wasi:m]
handwriting [ˈhændˌraɪtɪŋ] *n* خط اليد [Khaṭ al-yad]
handy [ˈhændɪ] *adj* في المتناول [Fee almotanawal]
hang [hæŋ] *vi* يَشنِق [jaʃniqu] ▷ *vt* يُعَلِق [juʕalliqu]
hanger [ˈhæŋə] *n* حمالة ثياب [Hammalt theyab]
hang-gliding [ˈhæŋˈɡlaɪdɪŋ] *n* رياضة الطائرة الشراعية الصغيرة [Reyadar al-Ṭaayearah al-ehraeyah al-ṣagherah]
hang on [hæŋ ɒn] *v* ينتظر [jantazˤiru]
hangover [ˈhæŋˌəʊvə] *n* عادة من الماضي ['aadah men al-maḍey]
hang up [hæŋ ʌp] *v* يَضَع سَمّاعَة التلفون [jadˤaʕu samma:ʕata attilfu:n]

hankie ['hæŋkɪ] *n* منديل [mindi:l]
happen ['hæpᵊn] *v* يَحْدُث [jaħduθu]
happily ['hæpɪlɪ] *adv* بسعادة [Besa'aadah]
happiness ['hæpɪnɪs] *n* سَعادة [saʕa:da]
happy ['hæpɪ] *adj* سعيد [saʕi:d]; **Happy birthday!** عيد ميلاد سعيد ['aeed meelad sa'aeed]
harassment ['hærəsmənt] *n* مُضايقة [mudˤa:jaqa]
harbour ['hɑ:bə] *n* ميناء [mi:na:ʔ]
hard [hɑ:d] *adj (difficult)* صَعْب [sˤaʕb], *(firm, rigid)* صَلْب [sˤalb] ▷ *adv* بقوة [Be-'qowah]; **hard disk** *n* قرص صلب ['qorṣ ṣalb]; **hard shoulder** *n* كتف طريق صلب [Katef ṭaree'q ṣalb]
hardboard ['hɑ:d,bɔ:d] *n* لوح صلب [Looḥ ṣolb]
hardly ['hɑ:dlɪ] *adv* بالكَاد [bil-ka:di]
hard up [hɑ:d ʌp] *adj* معسر [muʕassir]
hardware ['hɑ:d,wɛə] *n* مكونات مادية [Mokawenat madeyah]
hare [hɛə] *n* أرنب [ʔarnab]
harm [hɑ:m] *v* يَضُر [jadˤurru]
harmful ['hɑ:mfʊl] *adj* مؤذي [muʔði:]
harmless ['hɑ:mlɪs] *adj* غير مؤذ [Ghayer modh]
harp [hɑ:p] *n* قيثار [qi:θa:ra]
harsh [hɑ:ʃ] *adj* خشن [xaʃin]
harvest ['hɑ:vɪst] *n* حصاد [ħasˤa:d] ▷ *v* يحصد [jaħsˤudu]
hastily [heɪstɪlɪ] *adv* في عُجالة [Fee 'aojalah]
hat [hæt] *n* قبعة [qubaʕa]
hatchback ['hætʃ,bæk] *n* سيارة بباب خلفي [Sayarah be-bab khalfey]
hate [heɪt] *v* يَبْغَض [jabɣadˤu]
hatred ['heɪtrɪd] *n* بغض [buɣdˤ]
haunted ['hɔ:ntɪd] *adj* مُطَارَد [mutˤa:rad]
have [hæv] *v* يَمْلِك [jamliku]
have to [hæv tʊ] *v* يَجِب عليه [Yajeb alayh]
hawthorn ['hɔ:,θɔ:n] *n* زعرور بلدي [Za'aroor baladey]
hay [heɪ] *n* تبن [tibn]; **hay fever** *n* مرض حمى القش [Maraḍ ḥomma al-'qash]
haystack ['heɪ,stæk] *n* كومة مضغوطة من القش [Kawmah maḍghoṭah men al-'qash]
hazelnut ['heɪzᵊl,nʌt] *n* البندق [al-bunduqi]
he [hi:] *pron* هو
head [hɛd] *n (body part)* رَأْس [raʔs], *(principal)* قائد [qa:ʔid] ▷ *v* يَرْأس [jarʔasu]; **deputy head** *n* نائب الرئيس [Naeb al-raaes]; **head office** *n* مكتب رئيسي [Maktab a'ala]
headache ['hɛd,eɪk] *n* صُدَاع [sˤuda:ʕ]
headlamp ['hɛd,læmp] *n* مصباح علوي [Mesbaḥ 'aolwey]
headlight ['hɛd,laɪt] *n* مصباح أمامي [Mesbaḥ amamey]
headline ['hɛd,laɪn] *n* عُنوان رئيسي ['aonwan raaesey]
headphones ['hɛd,fəʊnz] *npl* سماعات الرأس [Samaat al-raas]
headquarters [,hɛd'kwɔ:təz] *npl* مراكز رئيسية [Marakez raeaseyah]
headroom ['hɛd,rʊm; -,ru:m] *n* فتحة سقف السيارة [fatḥ at saa'qf al-sayaarah]
headscarf, headscarves ['hɛd,skɑ:f, 'hɛd,skɑ:vz] *n* وشاح غطاء الرأس [Weshaḥ gheṭaa al-raas]
headteacher ['hɛd,ti:tʃə] *n* مدرس أول [Modares awal]
heal [hi:l] *v* يشفى [juʃfa:]
health [hɛlθ] *n* صحة [sˤiħħa]
healthy ['hɛlθɪ] *adj* صحي [sˤiħij]
heap [hi:p] *n* كومة [ku:ma]
hear [hɪə] *v* يَسمَع [jasmaʕu]
hearing ['hɪərɪŋ] *n* سَمْع [samʕ]; **hearing aid** *n* وسائل المساعدة السمعية [Wasael al-mosa'adah al-sam'aeyah]
heart [hɑ:t] *n* قلب [qalb]; **heart attack** *n* أزمة قلبية [Azmah 'qalbeyah]; **I have a heart condition** أعاني من حالة مرضية في القلب [o-'aany min ḥala maraḍiya fee al-'qalb]
heartbroken ['hɑ:t,brəʊkən] *adj* مكسور القلب من شدة الحزن [Maksoor

al-'qalb men shedat al-ḥozn]
heartburn ['hɑ:t,bɜ:n] *n* حرقة في فم المعدة [Hor'qah fee fom al-ma'adah]
heat [hi:t] *n* حرارة [ħara:ra] ▷ *v* يُسَخِن [jusaxxinu]; **I can't sleep for the heat** لا يمكنني النوم بسبب حرارة الغرفة [la yam-kinuni al-nawm be-sabab ḥararat al-ghurfa]
heater ['hi:tə] *n* سخان [saxxa:n]; **How does the water heater work?** كيف يعمل سخان المياه؟ [kayfa ya'amal sikhaan al-meaah?]
heather ['hɛðə] *n* نبات الخَلَنج [Nabat al-khalnaj]
heating ['hi:tɪŋ] *n* تسخين [tasxi:n]; **central heating** *n* تدفئة مركزية [Tadfeah markazeyah]
heat up [hi:t ʌp] *v* يُسَخِن [junsaxxinu]
heaven ['hɛvᵊn] *n* جَنَّة [ʒanna]
heavily ['hɛvɪlɪ] *adv* بصورة مُكَثَّفة [Beṣorah mokathafah]
heavy ['hɛvɪ] *adj* ثقيل [θaqi:l]; **This is too heavy** إنه ثقيل جدا [inaho tha'qeel jedan]
hedge [hɛdʒ] *n* سِياج من الشجيرات [Seyaj men al-shojayrat]
hedgehog ['hɛdʒ,hɒg] *n* قنفذ [qunfuð]
heel [hi:l] *n* كعب [kaʕb]; **high heels** *npl* كعوب عالية [Ko'aoob 'aleyah]
height [haɪt] *n* ارتفاع [irtifa:ʕ]
heir [ɛə] *n* وريث [wari:θ]
heiress ['ɛərɪs] *n* وريثة [wari:θa]
helicopter ['hɛlɪ,kɒptə] *n* هيلكوبتر [hi:liku:btir]
hell [hɛl] *n* جحيم [ʒaħi:m]
hello [hɛ'ləʊ] *excl* أهلاً! [ʔahlan]
helmet ['hɛlmɪt] *n* خوذة [xuwða]; **Can I have a helmet?** هل يمكن أن أحصل على خوذة؟ [hal yamken an aḥṣal 'aala khoo-dha?]
help [hɛlp] *n* مساعدة [musa:ʕada] ▷ *v* يُساعد [jusa:ʕidu]; **Fetch help quickly!** سرعة طلب المساعدة [isri'a be-ṭalab al-musa-'aada]; **Help!** مساعدة [musa:ʕadatun]
helpful ['hɛlpfʊl] *adj* مفيد [mufi:d]
helpline ['hɛlp,laɪn] *n* حبل الإنقاذ [Habl elen'qadh]
hen [hɛn] *n* دجاجة [daʒa:ʒa]; **hen night** *n* ليلة خروج الزوجات فقط [Laylat khorooj alzawjaat fa'qat]
hepatitis [,hɛpə'taɪtɪs] *n* التهاب الكبد [El-tehab al-kabed]
her [hɜ:; hə; ə] *pron* ضمير الغائبة المتصل. خاص بالمفردة الغائبة
herbs [hɜ:bz] *npl* أعشاب [ʔaʕʃa:bun]
herd [hɜ:d] *n* سِرب [sirb]
here [hɪə] *adv* هنا [huna:]; **I'm here for work** أنا هنا للعمل [ana huna lel-'aamal]; **I'm here on my own** أنا هنا بمفردي [ana huna be-mufrady]
hereditary [hɪ'rɛdɪtərɪ; -trɪ] *adj* وراثي [wira:θij]
heritage ['hɛrɪtɪdʒ] *n* موروث [mawru:θ]
hernia ['hɜ:nɪə] *n* فتق [fatq]
hero ['hɪərəʊ] *n* بطل *(novel)* [batˤal]
heroin ['hɛrəʊɪn] *n* هيروين [hi:rwi:n]
heroine ['hɛrəʊɪn] *n* بَطَلة [batˤala]
heron ['hɛrən] *n* مالك الحزين [Malek al ḥazeen]
herring ['hɛrɪŋ] *n* سمك الرِنجة [Samakat al-renjah]
hers [hɜ:z] *pron* خاصتها
herself [hə'sɛlf] *pron* نفسها; **She has hurt herself** لقد جرحت نفسها [la'qad jara-ḥat naf-saha]
hesitate ['hɛzɪ,teɪt] *v* يَتَردد [jataraddadu]
heterosexual [,hɛtərəʊ'sɛksjʊəl] *adj* مشته للجنس الآخر [Mashtah lel-jens al-aakahar]
HGV [eɪtʃ dʒi: vi:] *abbr* مركبات البضائع الثقيلَة [Markabat albaḍaaea altha'qeelah]
hi [haɪ] *excl* مرحبا! [marħaban]
hiccups ['hɪkʌps] *npl* زُغْطَة [zuɣtˤatun]
hidden ['hɪdᵊn] *adj* خفي [xafij]
hide [haɪd] *vi* يَختَبئ [jaxtabiʔ] ▷ *vt* يُخفِي [juxfi:]
hide-and-seek [,haɪdænd'si:k] *n* لعبة الاستغماية [Lo'abat al-estoghomayah]

hideous [ˈhɪdɪəs] *adj* بَشِعْ [baʃiʕ]
hifi [ˈhaɪˈfaɪ] *n* هاي فاي [Hay fay]
high [haɪ] *adj* عالٍ [ʕa:lijju] ▷ *adv* مرتفع [murtafiʕun]; **high heels** *npl* كعوب عالية [Ko'aoob 'aleyah]; **high jump** *n* قفزة عالية ['qafzah 'aaleyah]; **high season** *n* موسم ازدهار [Mawsem ezdehar]
highchair [ˈhaɪˌtʃɛə] *n* كُرْسي مُرتَفِع [Korsey mortafe'a]
high-heeled [ˈhaɪˌhi:ld] *adj* كعب عالی [Ka'ab 'aaaley]
highlight [ˈhaɪˌlaɪt] *n* جزء ذو أهمية خاصة [Joza dho ahammeyah khaṣah] ▷ *v* يُلقي الضوء على [Yol'qy al-ḍawa 'aala]
highlighter [ˈhaɪˌlaɪtə] *n* مادة تجميلية تبرز الملامح [Madah tajmeeleyah tobrez al-malameḥ]
high-rise [ˈhaɪˌraɪz] *n* بِنَايَة عالية [Benayah 'aaleyah]
hijack [ˈhaɪˌdʒæk] *v* يَختطِف [jaxtatˤifu]
hijacker [ˈhaɪˌdʒækə] *n* مُختَطِف [muxtatˤif]
hike [haɪk] *n* نزهة طويلة سيراً على الأقدام [nazhatun tˤawi:latun sajran ʕala: alʔaqda:mi]
hiking [haɪkɪŋ] *n* تنزه [tanazzuh]
hilarious [hɪˈlɛərɪəs] *adj* مرح [maraħ]
hill [hɪl] *n* تل [tall]; **I'd like to go hill walking** أريد صعود التل سيرا على الأقدام [areed ṣi'aood al-tal sayran 'aala al-a'qdaam]
hill-walking [ˈhɪlˌwɔ:kɪŋ] *n* التنزه بين المرتفعات [Altanazoh bayn al-mortaf'aat]
him [hɪm; ɪm] *pron* ضمير المفرد الغائب
himself [hɪmˈsɛlf; ɪmˈsɛlf] *pron* نفسه; **He has cut himself** لقد جرح نفسه [la'qad jara-ḥa naf-sehe]
Hindu [ˈhɪndu:; hɪnˈdu:] *adj* هندوسي [hindu:sij] ▷ *n* هندوسي [hindu:sij]
Hinduism [ˈhɪndʊˌɪzəm] *n* هندوسية [hindu:sijja]
hinge [hɪndʒ] *n* مِفصلة [mifsˤala]
hint [hɪnt] *n* تلميح [talmi:ħ] ▷ *v* يَرْمُز إلى [Yarmoz ela]
hip [hɪp] *n* رَدف الجسم [Radf al-jesm]
hippie [ˈhɪpɪ] *n* هيبِز [hi:biz]
hippo [ˈhɪpəʊ] *n* فرس النهر [Faras al-nahr]
hippopotamus, hippopotami [ˌhɪpəˈpɒtəməs, ˌhɪpəˈpɒtəmaɪ] *n* فرس النهر [Faras al-nahr]
hire [ˈhaɪə] *n* أَجْرَ [ʔaʒʒara] ▷ *v* يستأجر [jastaʔʒiru]; **car hire** *n* إيجار سيارة [Ejar sayarah]; **hire car** *n* استئجار سيارة [isti-jar sayara]
his [hɪz; ɪz] *adj* خاصته ▷ *pron* ضمير الغائب المتصل
historian [hɪˈstɔ:rɪən] *n* مُؤَرِّخ [muʔarrix]
historical [hɪˈstɒrɪkᵊl] *adj* تاريخي [ta:ri:xij]
history [ˈhɪstərɪ; ˈhɪstrɪ] *n* تاريخ [ta:ri:x]
hit [hɪt] *n* ضربة [dˤarba] ▷ *v* يُصْيب [jusˤi:bu]
hitch [hɪtʃ] *n* حركة مفاجئة [Ḥarakah mofajeah]
hitchhike [ˈhɪtʃˌhaɪk] *v* يُسافر متطفلًا [Yosaafer motaṭafelan]
hitchhiker [ˈhɪtʃˌhaɪkə] *n* مسافر يوقف السيارات ليركبها مجانا [Mosafer yo'qef al-sayarat le-yarkabha majanan]
hitchhiking [ˈhɪtʃˌhaɪkɪŋ] *n* طلب التوصيل [Ṭalab al-tawseel]
HIV *abbr* إصابة بالإيدز - إيجابية! [Eṣabah bel-eedz – ejabeyah!]
HIV-negative [eɪtʃ aɪ vi: ˈnɛgətɪv] *adj* إصابة بالإيدز - سلبية [Eṣaba bel edz – sal-beyah]
HIV-positive [eɪtʃ aɪ vi: ˈpɒzɪtɪv] *adj* إصابة بالإيدز - إيجابية [Eṣaba bel edz – eja-beyah]
hobby [ˈhɒbɪ] *n* هواية [hiwa:ja]
hockey [ˈhɒkɪ] *n* لعبة الهوكي [Lo'abat alhookey]; **ice hockey** *n* لعبة الهوكي على الجليد [Lo'abat alhookey 'ala aljaleed]
hold [həʊld] *v* يَحتَفظ ب [taḥtafeḍh be]
holdall [ˈhəʊldˌɔ:l] *n* جراب [ʒira:b]
hold on [həʊld ɒn] *v* ينتظر قليلا [yantḍher 'qaleelan]
hold up [həʊld ʌp] *v* يُعَطِل [junʕatˤtˤilu]
hold-up [həʊldʌp] *n* سطو مُسلح [Saṭw mosalaḥ]

hole [həʊl] *n* حفرة [ħufra]
holiday ['hɒlɪ,deɪ; -dɪ] *n* أجازة [ʔaʒa:za]; **activity holiday** *n* أجازة لممارسة الأنشطة [ajaaza lemomarsat al 'anshetah]; **bank holiday** *n* عطلة شعبية [A'otalh sha'abeyah]; **holiday home** *n* منزل صيفي [Manzel şayfey]; **holiday job** *n* وَظيفة في فترة الأجازة [wadheefah fee fatrat al-ajaazah]; **package holiday** *n* خطة عطلة شاملة الإقامة والانتقال [Khoṭ at 'aoṭlah shamelat al-e'qamah wal-ente'qal]; **public holiday** *n* أجازة عامة [ajaaza a'mah]; **Enjoy your holiday!** أجازة سعيدة [ejaaza sa'aeeda]; **I'm here on holiday** أنا هنا في أجازة [ana huna fee ejasa]
Holland ['hɒlənd] *n* هولندا [hu:landa:]
hollow ['hɒləʊ] *adj* أجوف [ʔaʒwaf]
holly ['hɒlɪ] *n* نبات شائك الأطراف [Nabat shaek al-aṭraf]
holy ['həʊlɪ] *adj* مقدس [muqadas]
home [həʊm] *adv* بالبَيْت [bi-al-bajti] ▷ *n* منزل [manzil]; **home address** *n* عنوان المنزل ['aonwan al-manzel]; **home match** *n* مباراة الإياب في ملعب المضيف [Mobarat al-eyab fee mal'aab al-moḍeef]; **home page** *n* صفحة رئيسية [Şafḥah raeseyah]; **mobile home** *n* منزل متحرك [Mazel motaḥarek]; **nursing home** *n* دار التمريض [Dar al-tamreeḍ]; **stately home** *n* منزل فخم [Mazel fakhm]; **Would you like to phone home?** هل لديك رغبة في الاتصال بالمنزل؟ [hal ladyka raghba fee al-itiṣal bil-manzil?]
homeland ['həʊm,lænd] *n* موطن أصلي [Mawṭen aṣley]
homeless ['həʊmlɪs] *adj* شريد [ʃari:d]
home-made ['həʊm'meɪd] *adj* مصنع منزلياً [Maṣna'a manzeleyan]
homeopathic [,həʊmɪ'ɒpæθɪk] *adj* معالج مثلي [Moalej methley]
homeopathy [,həʊmɪ'ɒpəθɪ] *n* العلاج المِثلي [Al-a'elaj al-methley]
homesick ['həʊm,sɪk] *adj* حنين إلى الوطن [Ḥaneem ela al-waṭan]
homework ['həʊm,wɜ:k] *n* واجب منزلي [Wajeb manzeley]
Honduras [hɒn'djʊərəs] *n* الهندوراس [al-handu:ra:si]
honest ['ɒnɪst] *adj* أمين [ʔami:n]
honestly ['ɒnɪstlɪ] *adv* بأمانة [biʔama:nati]
honesty ['ɒnɪstɪ] *n* أمانة [ʔama:na]
honey ['hʌnɪ] *n* عسل [ʕasal]
honeymoon ['hʌnɪ,mu:n] *n* شَهْر العسل [Shahr al-'asal]
honeysuckle ['hʌnɪ,sʌkᵊl] *n* شُجيرة غنية بالرحيق [Shojayrah ghaneyah bel-raḥee'q]
honour ['ɒnə] *n* شَرف [ʃaraf]
hood [hʊd] *n* غطاء للرأس والعنق [Gheṭa'a lel-raas wal-a'ono'q]
hook [hʊk] *n* عقيفة [ʕaqi:fa]
Hoover® ['hu:və] *n* مكنسة كهربائية [Meknasah kahrobaeyah]; **hoover** *v* يَكْنِس بالمكنسة الكهربائية [Yaknes bel-maknasah al-kahrabaeyah]
hope [həʊp] *n* أَمَل [ʔamal] ▷ *v* يأمل [jaʔmalu]
hopeful ['həʊpfʊl] *adj* واعِد [wa:ʕid]
hopefully ['həʊpfʊlɪ] *adv* مفعم بالأمل [Mof-'am bel-amal]
hopeless ['həʊplɪs] *adj* يائس [ja:ʔis]
horizon [hə'raɪzᵊn] *n* الأفق [al-ʔufuqi]
horizontal [,hɒrɪ'zɒntᵊl] *adj* أفُقي [ʔufuqij]
hormone ['hɔ:məʊn] *n* هرمون [hurmu:n]
horn [hɔ:n] *n* بوق [bu:q]; **French horn** *n* بوق فرنسي [Boo'q faransey]
horoscope ['hɒrə,skəʊp] *n* خريطة البروج [khareeṭat al-brooj]
horrendous [hɒ'rɛndəs] *adj* رهيب [rahi:b]
horrible ['hɒrəbᵊl] *adj* رهيب [rahi:b]
horrifying ['hɒrɪ,faɪɪŋ] *adj* مرعب [murʕib]
horror ['hɒrə] *n* فَزَع [fazaʕ]; **horror film** *n* فيلم رعب [Feelm ro'ab]
horse [hɔ:s] *n* حصان [ħisˤa:n]; **horse racing** *n* سباق الخيول [Seba'q al-kheyol];

horse riding *n* ركوب الخيل [Rekoob al-khayl]; **rocking horse** *n* حصان خشبي هزاز [Heṣan khashabey hazaz]
horseradish [ˈhɔːsˌrædɪʃ] *n* فجل حار [Fejl ḥar]
horseshoe [ˈhɔːsˌʃuː] *n* حدوة الحصان [Hedawat heṣan]
hose [həʊz] *n* خُرطوم [xurtˤawm]
hosepipe [ˈhəʊzˌpaɪp] *n* خرطوم المياه [Kharṭoom al-meyah]
hospital [ˈhɒspɪtᵊl] *n* مستشفى [mustaʃfa:]; **maternity hospital** *n* مستشفى توليد [Mostashfa tawleed]; **psychiatric hospital** *n* مستشفى أمراض عقلية [Mostashfa amraḍ ʻaaʼqleyah]; **How do I get to the hospital?** كيف يمكن أن أذهب إلى المستشفى؟ [kayfa yamkin an athhab ela al-mustashfa?]; **We must get him to hospital** علينا أن ننقله إلى المستشفى [ʻalayna an nan-ʼquloho ela al-mustashfa]; **Where is the hospital?** أين توجد المستشفى؟ [ayna tojad al-mustashfa?]; **Will he have to go to hospital?** هل سيجب عليه الذهاب إلى المستشفى؟ [hal sayajib ʻaalyhe al-dhehaab ela al-mustashfa?]
hospitality [ˌhɒspɪˈtælɪtɪ] *n* حُسن الضيافة [Ḥosn al-ḍeyafah]
host [həʊst] *n (entertains)* مُضِيف [mudˤi:f], *(multitude)* حَشْد [ħaʃd]
hostage [ˈhɒstɪdʒ] *n* رهينة [rahi:na]
hostel [ˈhɒstᵊl] *n* بيت الشباب [Bayt al-shabab]
hostess [ˈhəʊstɪs] *n*; **air hostess** *n* مضيفة جوية [Moḍeefah jaweyah]
hostile [ˈhɒstaɪl] *adj* عدائي [ʕida:ʔij]
hot [hɒt] *adj* حار [ħa:rr]; **hot dog** *n* نقانق ساخنة [Naʼqaneʼq sakhenah]; **The room is too hot** هذه الغرفة حارة أكثر من اللازم [hathy al-ghurfa ḥara ak-thar min al-laazim]
hotel [həʊˈtɛl] *n* فندق [funduq]; **Can you book me into a hotel?** أيمكنك أن تحجز لي بالفندق؟ [a-yamkun-ika an taḥjuz lee bil-findaʼq?]; **He runs the hotel** إنه يدير الفندق [inaho yodeer al-findaʼq]; **I'm staying at a hotel** أنا مقيم في فندق [ana muʼqeem fee findaʼq]; **Is your hotel accessible to wheelchairs?** هل يمكن الوصول إلى الفندق بكراسي المقعدين المتحركة؟ [hal yamken al-wiṣool ela al-findaʼq be-karasi al-muʼqʼaadeen al-mutaḥarika?]; **What's the best way to get to this hotel?** ما هو أفضل طريق للذهاب إلى هذا الفندق [Ma howa afḍal tareeʼq lel-dhehab ela al-fondoʼq]
hour [aʊə] *n* ساعة [sa:ʕa]; **office hours** *npl* ساعات العمل [Saʼaat al-ʼamal]; **opening hours** *npl* ساعات العمل [Saʼaat al-ʼamal]; **peak hours** *npl* ساعات الذروة [Saʼaat al-dhorwah]; **rush hour** *n* وَقْت الذروة [Waʼqt al-dhorwah]; **visiting hours** *npl* ساعات الزيارة [Saʼat al-zeyadah]; **How much is it per hour?** كم يبلغ الثمن لكل ساعة؟ [kam yablugh al-thaman le-kul saʼa a?]
hourly [ˈaʊəlɪ] *adj* محسوب بالساعة [Mahsoob bel-saaʼah] ▷ *adv* كل ساعة [Kol al-saaʼah]
house [haʊs] *n* بيت [bajt]; **council house** *n* دار المجلس التشريعى [Dar al-majles al-tashreʼaey]; **detached house** *n* منزل منفصل [Manzel monfaṣelah]; **semi-detached house** *n* منزل نصف متصل [Mazel neṣf motaṣel]
household [ˈhaʊsˌhəʊld] *n* أهل البيت [Ahl al-bayt]
housewife, housewives [ˈhaʊsˌwaɪf, ˈhaʊsˌwaɪvz] *n* رَبَّة المنزل [Rabat al-manzel]
housework [ˈhaʊsˌwɜːk] *n* أعمال منزلية [Aʼamaal manzelyah]
hovercraft [ˈhɒvəˌkrɑːft] *n* حَوَّامَة [ħawwa:ma]
how [haʊ] *adv* كيف [kajfa]; **How are you?** كيف حالك؟ [kayfa ḥaluka?]; **How do I get to...?** كيف يمكن أن أصل إلى...؟ [kayfa yamkin an aṣal ela...?]; **How does this work?** كيف يعمل هذا؟ [Kayfa yaʼamal hatha?]
however [haʊˈɛvə] *adv* ومع ذلك
howl [haʊl] *v* يعوي [jaʕwi:]

HQ [eɪtʃ kjuː] *abbr* مركز رئيسي [markazun raʔiːsijjun]
hubcap [ˈhʌbˌkæp] *n* غطاء للوقاية أو الزينة [Gheṭa'a lel-we'qayah aw lel-zeenah]
hug [hʌg] *n* تشبث [taʃabbuθ] ▷ *v* يُعَانِقُ [juʕaːniqu]
huge [hjuːdʒ] *adj* هائل [haːʔil]
hull [hʌl] *n* جسم السفينة [Jesm al-safeenah]
hum [hʌm] *v* يَتَرنم [jatarannamu]
human [ˈhjuːmən] *adj* بَشَري [baʃarij]; **human being** *n* إنسان [ʔinsaːnun]; **human rights** *npl* حقوق الإنسان [Ho'qoo'q al-ensan]
humanitarian [hjuːˌmænɪˈtɛərɪən] *adj* مُحسِن [muħsin]
humble [ˈhʌmbᵊl] *adj* متواضع [mutawaːdˤiʕ]
humid [ˈhjuːmɪd] *adj* رَطِب [ratˤb]
humidity [hjuːˈmɪdɪtɪ] *n* رطوبة [rutˤuːba]
humorous [ˈhjuːmərəs] *adj* فكاهي [fukaːhij]
humour [ˈhjuːmə] *n* دُعَابة [duʕaːba]; **sense of humour** *n* حس الفكاهة [Ḥes al-fokahah]
hundred [ˈhʌndrəd] *number* مائة [maːʔitun]; **I'd like five hundred...** أرغب في الحصول على خمسمائة... [Arghab fee al-ḥoṣol alaa khomsamah…]
Hungarian [hʌŋˈgɛərɪən] *adj* مجري [maʒrij] ▷ *n (person)* مَجَري الجنسية [Majra al-jenseyah]
Hungary [ˈhʌŋgərɪ] *n* المجر [al-maʒari]
hunger [ˈhʌŋgə] *n* جوع [ʒuːʕ]
hungry [ˈhʌŋgrɪ] *adj* جوعان [ʒawʕaːn]
hunt [hʌnt] *n* يَصيد [jasˤiːdu] ▷ *v* يَصيد [jasˤiːdu]
hunter [ˈhʌntə] *n* صياد [sˤajjaːd]
hunting [ˈhʌntɪŋ] *n* صيد [sˤajd]
hurdle [ˈhɜːdᵊl] *n* سياج نقال [Seyaj na'qal]
hurricane [ˈhʌrɪkᵊn; -keɪn] *n* إعصار [ʔiʕsˤaːr]
hurry [ˈhʌrɪ] *n* استعجال [istiʕʒaːl] ▷ *v* يُسْرِع [jusriʕu]
hurry up [ˈhʌrɪ ʌp] *v* يَستعجِل [jastaʕʒilu]
hurt [hɜːt] *adj* مستاء [mustaːʔ] ▷ *v* يؤذي [juðiː]
husband [ˈhʌzbənd] *n* زَوْج [zawʒ]
hut [hʌt] *n* كوخ [kuːx]; **Where is the nearest mountain hut?** أين يوجد أقرب كوخ بالجبل؟ [ayna yujad a'qrab kookh bil-jabal?]
hyacinth [ˈhaɪəsɪnθ] *n* هياسنت [hajaːsint]
hydrogen [ˈhaɪdrɪdʒən] *n* هيدروجين [hiːdruːʒiːn]
hygiene [ˈhaɪdʒiːn] *n* نظافة [nazˤaːfa]
hymn [hɪm] *n* ترنيمة [tarniːma]
hypermarket [ˈhaɪpəˌmɑːkɪt] *n* متجر كبير جداً [Matjar kabeer jedan]
hyphen [ˈhaɪfᵊn] *n* شرطة قصيرة [Sharṭah 'qaṣeerah]

I [aɪ] *pron* أنا [ʔana]; **I don't like...** أنا لا أحب... [ana la oḥibo...]; **I like...** أنا أحب... [ana ofaḍel...]; **I love...** أنا أحب... أفضل... [ana aḥib]
ice [aɪs] *n* جليد [ʒali:d]; **black ice** *n* ثلج أسود [thalj aswad]; **ice cube** *n* مكعب ثلج [Moka'aab thalj]; **ice hockey** *n* لعبة الهوكي على الجليد [Lo'abat alhookey 'ala aljaleed]; **ice lolly** *n* ستيك الآيس كريم [Steek al-aayes kreem]; **ice rink** *n* حلبة من الجليد الصناعي [Ḥalabah men aljaleed alṣena'aey]
iceberg ['aɪsbɜːg] *n* جبل جليدي [Jabal jaleedey]
icebox ['aɪsˌbɒks] *n* صندوق الثلج [Ṣondoo'q al-thalj]
ice cream ['aɪs 'kriːm] *n* آيس كريم [aayes kreem]; **I'd like an ice cream** أريد تناول آيس كريم [areed tanawil ice kreem]
Iceland ['aɪslənd] *n* أيسلندا [ʔajslanda:]
Icelandic [aɪs'lændɪk] *adj* أيسلاندي [ʔajsla:ndi:] ▷ *n* الأيسلندي [Alayeslandey]
ice-skating ['aɪsˌskeɪtɪŋ] *n* تَزَلُج على الجليد [Tazaloj 'ala al-jaleed]
icing ['aɪsɪŋ] *n* تَزْيين الحلوى [Tazyeen al-ḥalwa]; **icing sugar** *n* سكر ناعِم [Sokar na'aem]
icon ['aɪkɒn] *n* أيقونة [ʔajqu:na]
icy ['aɪsɪ] *adj* جليدي [ʒali:dij]
idea [aɪ'dɪə] *n* فكرة [fikra]
ideal [aɪ'dɪəl] *adj* مثالي [miθa:lij]
ideally [aɪ'dɪəlɪ] *adv* بشكل مثالي [Be-shakl methaley]
identical [aɪ'dɛntɪkᵊl] *adj* متطابق [mutatˤa:biq]
identification [aɪˌdɛntɪfɪ'keɪʃən] *n* تعريف الهوية [Ta'areef al-haweyah]
identify [aɪ'dɛntɪˌfaɪ] *v* يُعَيِّنُ الهويَّة [Yo'aeyen al-haweyah]
identity [aɪ'dɛntɪtɪ] *n* هَويّة [huwijja]; **identity card** *n* بطاقة شخصية [beṭa'qah shakhṣeyah]; **identity theft** *n* سرقة الهوية [Sare'qat al-hawyiah]
ideology [ˌaɪdɪ'ɒlədʒɪ] *n* أيدولوجية [ʔajdu:lu:ʒijja]
idiot ['ɪdɪət] *n* أبْلَه [ʔablah]
idiotic [ˌɪdɪ'ɒtɪk] *adj* أحمق [ʔaħmaq]
idle ['aɪdᵊl] *adj* عَاطِل [ʕa:tˤil]
i.e. [aɪ iː] *abbr* أي أن [Ay an]
if [ɪf] *conj* إذا [ʔiða:]
ignition [ɪg'nɪʃən] *n* اشتعال [iʃtiʕa:l]
ignorance ['ɪgnərəns] *n* جهل [ʒahl]
ignorant ['ɪgnərənt] *adj* جاهل [ʒa:hil]
ignore [ɪg'nɔː] *v* يَتَجاهل [jataʒa:halu]
ill [ɪl] *adj* سقيم [saqi:m]
illegal [ɪ'liːgᵊl] *adj* غير قانوني [Ghayer 'qanooney]
illegible [ɪ'lɛdʒɪbᵊl] *adj* غير مقروء [Ghayr ma'qrooa]
illiterate [ɪ'lɪtərɪt] *adj* أمي [ʔumijju]
illness ['ɪlnɪs] *n* داء [da:ʔ]
ill-treat [ɪl'triːt] *v* يُعامِل معاملة سيئة [Yo'aamal mo'aamalh sayeah]
illusion [ɪ'luːʒən] *n* وهم [wahm]
illustration [ˌɪlə'streɪʃən] *n* توضيح [tawdˤi:ħ]
image ['ɪmɪdʒ] *n* صورة [sˤu:ra]
imaginary [ɪ'mædʒɪnərɪ; -dʒɪnrɪ] *adj* تَخَيُلي [taxajjulij]
imagination [ɪˌmædʒɪ'neɪʃən] *n* خيال [xaja:l]
imagine [ɪ'mædʒɪn] *v* يتَخَيَل [jataxajjalu]

imitate [ˈɪmɪˌteɪt] *v* يُقَلِد [juqallidu]
imitation [ˌɪmɪˈteɪʃən] *n* محاكاة [muħa:ka:t]
immature [ˌɪməˈtjʊə; -ˈtʃʊə] *adj* غير ناضج [Ghayr naḍej]
immediate [ɪˈmiːdɪət] *adj* فوري [fawrij]
immediately [ɪˈmiːdɪətlɪ] *adv* فى الحال [Fee al-hal]
immigrant [ˈɪmɪɡrənt] *n* وَافِد [wa:fid]
immigration [ˌɪmɪˈɡreɪʃən] *n* هِجْرَة [hiʒra]
immoral [ɪˈmɒrəl] *adj* لا أخلاقي [La Akhla'qy]
impact [ˈɪmpækt] *n* تأثير [taʔθi:r]
impaired [ɪmˈpɛəd] *adj*; **I'm visually impaired** أعاني من ضعف البصر [o-'aany min ḍu'auf al-baṣar]
impartial [ɪmˈpɑːʃəl] *adj* غير متحيز [Ghayer motaḥeyz]
impatience [ɪmˈpeɪʃəns] *n* نفاذ الصبر [nafadh al-ṣabr]
impatient [ɪmˈpeɪʃənt] *adj* غير صبور [Ghaeyr ṣaboor]
impatiently [ɪmˈpeɪʃəntlɪ] *adv* بدون صبر [Bedon ṣabr]
impersonal [ɪmˈpɜːsənᵊl] *adj* موضوعي [mawdˤu:ʕij]
import *n* [ˈɪmpɔːt] استيراد [istijra:d] ▷ *v* [ɪmˈpɔːt] يَستورد [jastawridu]
importance [ɪmˈpɔːtᵊns] *n* أهمية [ʔahamijja]
important [ɪmˈpɔːtᵊnt] *adj* هام [ha:mm]
impossible [ɪmˈpɒsəbᵊl] *adj* مستحيل [mustaħi:l]
impractical [ɪmˈpræktɪkᵊl] *adj* غير عملي [Ghayer 'aamaley]
impress [ɪmˈprɛs] *v* يُؤثر فى [Yoather fee]
impressed [ɪmˈprɛst] *adj* متأثر [mutaʔaθirr]
impression [ɪmˈprɛʃən] *n* انطباع [intˤibba:ʕ]
impressive [ɪmˈprɛsɪv] *adj* مؤثر [muʔaθir]
improve [ɪmˈpruːv] *v* يُحْسِن [juħsinu]
improvement [ɪmˈpruːvmənt] *n* تحسين [taħsi:n]
in [ɪn] *prep* في [fi:]; **in a month's time** في غضون شهر [fee ghoḍon shahr]; **in summer** في الصيف [fee al-ṣayf]; **in the evening** في المساء [fee al-masaa]; **I live in...** أسكن في.... [askun fee..]; **Is the museum open in the morning?** هل المتحف مفتوح في الصباح؟ [hal al-mat-ḥaf maf-tooḥ fee al-ṣabaḥ]; **We'll be in bed when you get back** عند العودة سوف نكون في الفراش ['aenda al-'aoda sawfa nakoon fee al-feraash]
inaccurate [ɪnˈækjʊrɪt; inˈaccurate] *adj* غير دقيق [Ghayer da'qee'q]
inadequate [ɪnˈædɪkwɪt] *adj* غير ملائم [Ghayr molaem]
inadvertently [ˌɪnədˈvɜːtᵊntlɪ] *adv* بدون قَصْد [Bedoon 'qaṣd]
inbox [ˈɪnbɒks] *n* صندوق الوارد [Ṣondok alwared]
incentive [ɪnˈsɛntɪv] *n* باعث [ba:ʕiθ]
inch [ɪntʃ] *n* بوصة [bawsˤa]
incident [ˈɪnsɪdənt] *n* حدث عرضي [Hadth 'aradey]
include [ɪnˈkluːd] *v* يَتَضمن [jatadˤammanu]
included [ɪnˈkluːdɪd] *adj* مُرفق [murfiq]
including [ɪnˈkluːdɪŋ] *prep* بما فى ذلك [Bema fee ḍhalek]
inclusive [ɪnˈkluːsɪv] *adj* جامع [ʒa:miʕ]
income [ˈɪnkʌm; ˈɪnkəm] *n* دَخْل [daxala]; **income tax** *n* ضريبة دخل [Ḍareebat dakhl]
incompetent [ɪnˈkɒmpɪtənt] *adj* غير كفؤ [Ghayr kofa]
incomplete [ˌɪnkəmˈpliːt] *adj* ناقص [na:qisˤ]
inconsistent [ˌɪnkənˈsɪstənt] *adj* متضارب [mutadˤa:rib]
inconvenience [ˌɪnkənˈviːnjəns; -ˈviːnɪəns] *n* عدم المُلاءمة ['adam al-molaamah]
inconvenient [ˌɪnkənˈviːnjənt; -ˈviːnɪənt] *adj* غير ملائم [Ghayr molaem]
incorrect [ˌɪnkəˈrɛkt] *adj* خاطئ [xa:tˤiʔ]
increase *n* [ˈɪnkriːs] زيادة [zija:da] ▷ *v*

[ɪn'kriːs] يَزيد [jazi:du]
increasingly [ɪn'kriːsɪŋlɪ] *adv* بشكل متزايد [Beshakl motazayed]
incredible [ɪn'krɛdəbᵊl] *adj* لا يصدق [La yoṣda'q]
indecisive [ˌɪndɪ'saɪsɪv] *adj* غير حاسم [Gahyr hasem]
indeed [ɪn'diːd] *adv* حقاً [ħaqqan]
independence [ˌɪndɪ'pɛndəns] *n* استقلال [istiqla:lu]
independent [ˌɪndɪ'pɛndənt] *adj* مستقل [mustaqil]
index ['ɪndɛks] *n (list)* فهرس [fahras], *(numerical scale)* فهرس [fahras]; **index finger** *n* اصبع السبابة [Eṣbe'a al-sababah]
India ['ɪndɪə] *n* الهند [al-hindi]
Indian ['ɪndɪən] *adj* هندي [hindij] ▷ *n* هندي [hindij]; **Indian Ocean** *n* المحيط الهندي [Almoheeṭ alhendey]
indicate ['ɪndɪˌkeɪt] *v* يشير إلى [Yosheer ela]
indicator ['ɪndɪˌkeɪtə] *n* مُؤَشِّر [muʔaʃʃir]
indigestion [ˌɪndɪ'dʒɛstʃən] *n* عسر الهضم ['aosr al-haḍm]
indirect [ˌɪndɪ'rɛkt] *adj* غير مباشر [Ghayer mobasher]
indispensable [ˌɪndɪ'spɛnsəbᵊl] *adj* لا مفر منه [La mafar menh]
individual [ˌɪndɪ'vɪdjʊəl] *adj* فردي [fardijjat]
Indonesia [ˌɪndəʊ'niːzɪə] *n* أندونيسيا [ʔandu:ni:sjja:]
Indonesian [ˌɪndəʊ'niːzɪən] *adj* أندونيسي [ʔandu:ni:sij] ▷ *n (person)* أندونيسي [ʔandu:ni:sij]
indoor ['ɪnˌdɔː] *adj* داخلي [da:xilij]; **What indoor activities are there?** ما الأنشطة الرياضية الداخلية المتاحة؟ [ma al-anshiṭa al-reyaḍya al-dakhiliya al-mutaḥa?]
indoors [ˌɪn'dɔːz] *adv* داخلياً [da:xilijjan]
industrial [ɪn'dʌstrɪəl] *adj* صناعي [sˤina:ʕij]; **industrial estate** *n* عقارات صناعية ['aa'qarat ṣenaeyah]
industry ['ɪndəstrɪ] *n* صناعة [sˤina:ʕa]
inefficient [ˌɪnɪ'fɪʃənt] *adj* غير فعال [Ghayer fa'aal]
inevitable [ɪn'ɛvɪtəbᵊl] *adj* محتوم [maħtu:m]
inexpensive [ˌɪnɪk'spɛnsɪv] *adj* بَخْس [baxs]
inexperienced [ˌɪnɪk'spɪərɪənst] *adj* قليل الخبرة ['qaleel al-khebrah]
infantry ['ɪnfəntrɪ] *n* سلاح المُشَاة [Selah al-moshah]
infection [ɪn'fɛkʃən] *n* عدوى [ʕadwa:]
infectious [ɪn'fɛkʃəs] *adj* مُعْدٍ [muʕdin]
inferior [ɪn'fɪərɪə] *adj* أدنى درجة [Adna darajah] ▷ *n* مرؤوس [marʔuws]
infertile [ɪn'fɜːtaɪl] *adj* قاحل [qa:ħil]
infinitive [ɪn'fɪnɪtɪv] *n* مَصْدَر [masˤdar]
infirmary [ɪn'fɜːmərɪ] *n* مَشْفَى [maʃfa:]
inflamed [ɪn'fleɪmd] *adj* مشتعل [muʃtaʕil]
inflammation [ˌɪnflə'meɪʃən] *n* التهاب [ʔiltiha:b]
inflatable [ɪn'fleɪtəbᵊl] *adj* قابل للنفخ ['qabel lel-nafkh]
inflation [ɪn'fleɪʃən] *n* تَضَخُّم [tadˤaxxum]
inflexible [ɪn'flɛksəbᵊl] *adj* غير مَرِن [Ghayer maren]
influence ['ɪnflʊəns] *n* أَثَرْ [ʔaθar] ▷ *v* يُؤثِر فى [Yoather fee]
influenza [ˌɪnflʊ'ɛnzə] *n* أنفلونزا [ʔanfulwanza:]
inform [ɪn'fɔːm] *v* يُبْلغ عن [Yoballegh an]
informal [ɪn'fɔːməl] *adj* غير رسمي [Ghayer rasmey]
information [ˌɪnfə'meɪʃən] *n* معلومات [amaʕlu:ma:t]; **information office** *n* مكتب الاستعلامات [Maktab al-este'alamaat]; **Here's some information about my company** تفضل بعض المعلومات المتعلقة بشركتي [tafaḍal ba'aḍ al-ma'a-lomaat al-muta'a-le'qa be-share-katy]; **I'd like some information about...** أريد الحصول على بعض المعلومات عن... [areed al-ḥuṣool 'aala ba'aḍ al-ma'aloomat 'an...]

informative [ɪnˈfɔːmətɪv] *adj* تثقيفي [taθqiːfij]
infrastructure [ˈɪnfrəˌstrʌktʃə] *n* بِنْيَة أساسية [Benyah asaseyah]
infuriating [ɪnˈfjʊərɪeɪtɪŋ] *adj* مثير للغضب [Mother lel-ghaḍab]
ingenious [ɪnˈdʒiːnjəs; -nɪəs] *adj* مبدع [mubdiʕ]
ingredient [ɪnˈɡriːdɪənt] *n* مُكَوِّن [mukawwan]
inhabitant [ɪnˈhæbɪtənt] *n* ساكن [saːkin]
inhaler [ɪnˈheɪlə] *n* بَخَّاخ [baxxaːx]
inherit [ɪnˈhɛrɪt] *v* يَرِث [jariθu]
inheritance [ɪnˈhɛrɪtəns] *n* ميراث [miːjraːθ]
inhibition [ˌɪnɪˈbɪʃən; ˌɪnhɪ-] *n* كَبْح [kabħ]
initial [ɪˈnɪʃəl] *adj* ابتدائي [ibtidaːʔij] ▷ *v* يُوقِع بالحرف الأول من اسمه [Yowa'qe'a bel-harf alawal men esmeh]
initially [ɪˈnɪʃəlɪ] *adv* مبدئيا [mabdaʔijjan]
initials [ɪˈnɪʃəlz] *npl* الأحرف الأولى [Al-aḥrof al-ola]
initiative [ɪˈnɪʃɪətɪv; -ˈnɪʃətɪv] *n* مبادرة [mubaːdara]
inject [ɪnˈdʒɛkt] *v* يَحقِن [jaħqinu]
injection [ɪnˈdʒɛkʃən] *n* حقن [ħaqn]; **I want an injection for the pain** أريد أخذ حقنة لتخفيف الألم [areed akhdh ḥu'qna le-takhfeef al-alam]; **Please give me an injection** من فضلك أعطني حقنة [min faḍlak i'a-ṭiny ḥi'qna]
injure [ˈɪndʒə] *v* يجرح [jaʒraħu]
injured [ˈɪndʒəd] *adj* مجروح [maʒruːħ]
injury [ˈɪndʒərɪ] *n* إصابة [ʔisˤaːba]; **injury time** *n* وَقْت بدل الضائع [Wa'qt badal ḍaye'a]
injustice [ɪnˈdʒʌstɪs] *n* ظلم [zˤulm]
ink [ɪŋk] *n* حبر [ħibr]
in-laws [ɪnlɔːz] *npl* أصهار [ʔasˤhaːrun]
inmate [ˈɪnˌmeɪt] *n* شريك السكن [Shareek al-sakan]
inn [ɪn] *n* خان [xaːna]
inner [ˈɪnə] *adj* باطني [baːtˤinij]; **inner tube** *n* أنبوب داخلي [Anboob dakheley]
innocent [ˈɪnəsənt] *adj* بريء [bariːʔ]
innovation [ˌɪnəˈveɪʃən] *n* ابتكار [ibtikaːr]
innovative [ˈɪnəˌveɪtɪv] *adj* ابتكاري [ibtikaːrij]
inquest [ˈɪnˌkwɛst] *n* استجواب [istiʒwaːb]
inquire [ɪnˈkwaɪə] *v* يَسأل عن [Yasaal 'an]
inquiry [ɪnˈkwaɪərɪ] *n* استعلام [istiʕlaːm]; **inquiries office** *n* مكتب الاستعلامات [Maktab al-este'alamaat]
inquisitive [ɪnˈkwɪzɪtɪv] *adj* محب للبحث والتحقيق [moḥeb lel-baḥth wal-taḥ'qeeq]
insane [ɪnˈseɪn] *adj* مجنون [maʒnuːn]
inscription [ɪnˈskrɪpʃən] *n* نقش [naqʃ]
insect [ˈɪnsɛkt] *n* حشرة [ħaʃara]; **insect repellent** *n* طارد للحشرات [Ṭared lel-ḥasharat]; **stick insect** *n* الحشرة العصوية [Al-hasherah al-'aodweia]
insecure [ˌɪnsɪˈkjʊə] *adj* غير آمن [Ghayr aamen]
insensitive [ɪnˈsɛnsɪtɪv] *adj* غير حساس [Ghayr hasas]
inside *adv* [ˌɪnˈsaɪd] داخلًا [daːxilaː] ▷ *n* [ˈɪnˈsaɪd] دَاخِل [daːxila] ▷ *prep* ضمن [Ḍemn]
insincere [ˌɪnsɪnˈsɪə] *adj* منافق [munaːfiq]
insist [ɪnˈsɪst] *v* يُصِر على [Yoṣṣer 'aala]
insomnia [ɪnˈsɒmnɪə] *n* أرق [ʔaraq]
inspect [ɪnˈspɛkt] *v* يَفْحَص [jafħasˤu]
inspector [ɪnˈspɛktə] *n* مفتش [mufattiʃ]; **ticket inspector** *n* مفتش التذاكر [Mofatesh taḍhaker]
instability [ˌɪnstəˈbɪlɪtɪ] *n* عدم الثبات ['adam al-thabat]
instalment [ɪnˈstɔːlmənt] *n* تركيب [tarkiːb]
instance [ˈɪnstəns] *n* مرحلة [marħala]
instant [ˈɪnstənt] *adj* ملح [milħ]
instantly [ˈɪnstəntlɪ] *adv* بالحاح [bi-ilħaːħin]

instead [ɪnˈstɛd] *adv* بدلًا من ذلك [Badalan men ḍhalek]; **instead of** *prep* بدلًا من [badalan men]
instinct [ˈɪnstɪŋkt] *n* غريزة [ɣari:za]
institute [ˈɪnstɪˌtjuːt] *n* معهد [maʕhad]
institution [ˌɪnstɪˈtjuːʃən] *n* مؤسسة [muʔassasa]
instruct [ɪnˈstrʌkt] *v* يُعلِم [juʕallimu]
instructions [ɪnˈstrʌkʃənz] *npl* تعليمات [taʕli:ma:tun]
instructor [ɪnˈstrʌktə] *n* مُعَلِم [muʕallim]; **driving instructor** *n* معلم القيادة [Mo'alem al-'qeyadh]
instrument [ˈɪnstrəmənt] *n* أداة [ʔada:t]; **musical instrument** *n* آلة موسيقية [Aala mose'qeyah]
insufficient [ˌɪnsəˈfɪʃənt] *adj* غير كافي [Ghayr kafey]
insulation [ˌɪnsjʊˈleɪʃən] *n* عَازِل [ʕa:zil]
insulin [ˈɪnsjʊlɪn] *n* أنسولين [ʔansu:li:n]
insult *n* [ˈɪnsʌlt] إهانة [ʔiha:na] ▷ *v* [ɪnˈsʌlt] يُهْين [juhi:nu]
insurance [ɪnˈʃʊərəns; -ˈʃɔː-] *n* تأمين [taʔmi:n]; **accident insurance** *n* تأمين ضد الحوادث [Taameen ḍed al-hawaadeth]; **car insurance** *n* تأمين سيارة [Taameen sayarah]; **insurance policy** *n* بوليصة تأمين [Booleeṣat taameen]; **life insurance** *n* تأمين على الحياة [Taameen 'ala al-hayah]; **third-party insurance** *n* تتأمين عن الطرف الثالث [Tameen lada algheer]; **travel insurance** *n* تأمين السفر [Taameen al-safar]; **Do you have insurance?** هل لديك تأمين؟ [hal ladyka ta-meen?]; **Give me your insurance details, please** من فضلك أعطني بيانات التأمين الخاصة بك [min faḍlak i'a-ṭiny baya-naat al-ta-meen al-khaṣa bik]; **Here are my insurance details** تفضل هذه هي بيانات التأمين الخاص بي [Tafaḍal hadheh heya beyanaat altaameen alkhaṣ bee]; **How much extra is comprehensive insurance cover?** ما هو المبلغ الإضافي لتغطية التأمينية الشاملة؟ [ma: huwa almablaɣu alʔidˤa:fijju litaɣtˤijjati attaʔmi:nijjati aʃʃa:milati]; **I don't have dental insurance** ليس لدي تأمين صحي لأسناني [laysa la-daya ta-meen ṣiḥee le-asnany]; **I'd like to arrange personal accident insurance** أريد عمل الترتيبات الخاصة بالتأمين ضد الحوادث الشخصية [areed 'aamal al-tar-tebaat al-khaṣa bil-taameen ḍid al-ḥawadith al-shakhṣiya]; **Is fully comprehensive insurance included in the price?** هل يشمل السعر التأمين الشامل والكامل؟ [hal yash-mil al-si'ar al-taameen al-shamil wal-kamil?]; **Will the insurance pay for it?** هل ستدفع لك شركة التأمين مقابل ذلك [hal sa-tadfaa laka share-kat al-tameen ma'qabil dhalik?]
insure [ɪnˈʃʊə; -ˈʃɔː] *v* يُؤَمِن [juamminu]
insured [ɪnˈʃʊəd; -ˈʃɔːd] *adj* مؤمن عليه [Moaman 'aalayh]
intact [ɪnˈtækt] *adj* سليم [sali:m]
intellectual [ˌɪntɪˈlɛktʃʊəl] *adj* فِكْري [fikrij] ▷ *n* فِكْري [fikrij]
intelligence [ɪnˈtɛlɪdʒəns] *n* ذكاء [ðaka:ʔ]
intelligent [ɪnˈtɛlɪdʒənt] *adj* ذَكِي [ðakij]
intend [ɪnˈtɛnd] *v*; **intend to** *v* يَعْتَزِم [jaʕtazimu]
intense [ɪnˈtɛns] *adj* مجهد [muʒhid]
intensive [ɪnˈtɛnsɪv] *adj* شديد [ʃadi:d]; **intensive care unit** *n* وحدة العناية المركزة [Weḥdat al-'aenayah al-morkazah]
intention [ɪnˈtɛnʃən] *n* نية [nijja]
intentional [ɪnˈtɛnʃənᵊl] *adj* مقصود [maqsˤu:d]
intercom [ˈɪntəˌkɒm] *n* نظام الاتصال الداخلي [nedhaam aleteṣaal aldakheley]
interest [ˈɪntrɪst; -tərɪst] *n (curiosity)* اهتمام [ihtima:m], *(income)* مصلحة [masˤlaħa] ▷ *v* يُثير اهتمام [yotheer ehtemam]; **interest rate** *n* معدل الفائدة [Moaadal al-faaedah]
interested [ˈɪntrɪstɪd; -tərɪs-] *adj* مهتم [muhttam]; **Sorry, I'm not interested**

معذرة، أنا غير مهتم بهذا الأمر [maʕðaratun ʔana: ɣajru muhtammin biha:ða: alʔamri]
interesting ['ɪntrɪstɪŋ; -tərɪs-] *adj* مُشَوِّق [muʃawwiq]
interior [ɪn'tɪərɪə] *n* دَاخِلٌ [da:xil]; **interior designer** *n* مُصَمِم داخلي [Moṣamem dakheley]
intermediate [ˌɪntə'mi:dɪɪt] *adj* أوسط [ʔawsatˤ]
internal [ɪn'tɜ:nᵊl] *adj* داخلي [da:xilij]
international [ˌɪntə'næʃənᵊl] *adj* دَولِي [dawlij]
internet ['ɪntəˌnɛt] *n* الانترنت [al-intirnit]; **internet café** *n* مقهى الانترنت [Ma'qha al-enternet]; **internet user** *n* مُستَخدِم الانترنت [Mostakhdem al-enternet]
interpret [ɪn'tɜ:prɪt] *v* يُفسر [jufassiru]
interpreter [ɪn'tɜ:prɪtə] *n* مُفَسِّر [mufassir]
interrogate [ɪn'tɛrəˌgeɪt] *v* يَستجوب [jastaʒwibu]
interrupt [ˌɪntə'rʌpt] *v* يُقَاطِعُ [juqa:tˤiʕu]
interruption [ˌɪntə'rʌpʃən] *n* مقاطعة [muqa:tˤaʕa]
interval ['ɪntəvəl] *n* فاصل [fa:sˤil]
interview ['ɪntəˌvju:] *n* مقابلة [muqa:bala] ▷ *v* يُقابِل [juqa:bilu]
interviewer ['ɪntəˌvju:ə] *n* محاور [muħa:wir]
intimate ['ɪntɪmɪt] *adj* حميم [ħami:m]
intimidate [ɪn'tɪmɪˌdeɪt] *v* يُخَوِّف [juxawwifu]
into ['ɪntu:; 'ɪntə] *prep* بداخل [bida:xili]; **bump into** *v* يتصادف مع [Yataṣaadaf ma'a]
intolerant [ɪn'tɒlərənt] *adj* مُتَعصِب [mutaʕasˤibb]
intranet ['ɪntrəˌnɛt] *n* شبكة داخلية [Shabakah dakheleyah]
introduce [ˌɪntrə'dju:s] *v* يُقَدِم [juqaddimu]
introduction [ˌɪntrə'dʌkʃən] *n* مقدمة [muqadima]
intruder [ɪn'tru:də; in'truder] *n* متطفل [mutatˤafil]
intuition [ˌɪntjʊ'ɪʃən] *n* حَدَسٌ [ħads]
invade [ɪn'veɪd] *v* يغزو [jaɣzu:]
invalid ['ɪnvəˌli:d] *n* مريض [mari:dˤ]
invent [ɪn'vɛnt] *v* يَخترع [jaxtariʕu]
invention [ɪn'vɛnʃən] *n* اختراع [ixtira:ʕ]
inventor [ɪn'vɛntə] *n* مُختَرِع [muxtaraʕ]
inventory ['ɪnvəntərɪ; -trɪ] *n* مخزون [maxzu:n]
invest [ɪn'vɛst] *v* يَستثمر [jastaθmiru]
investigation [ɪnˌvɛstɪ'geɪʃən] *n* تحقيق [taħqi:qu]
investment [ɪn'vɛstmənt] *n* استثمار [istiθma:r]
investor [ɪn'vɛstə] *n* مُسْتَثمِر [mustaθmir]
invigilator [ɪn'vɪdʒɪˌleɪtə] *n* مُرَاقِب [mura:qib]
invisible [ɪn'vɪzəbᵊl] *adj* غير منظور [Ghayr monaḍhoor]
invitation [ˌɪnvɪ'teɪʃən] *n* دعوة [daʕwa]
invite [ɪn'vaɪt] *v* يَدْعو [jadʕu:]
invoice ['ɪnvɔɪs] *n* فاتورة تجارية [Fatoorah tejareyah] ▷ *v* يُعِد فاتورة [Yo'aed al-fatoorah]
involve [ɪn'vɒlv] *v* يَشمَل [jaʃmalu]
iPod® ['aɪˌpɒd] *n* الآي بود® [alʔa:j bu:d]
IQ [aɪ kju:] *abbr* معامل الذكاء [Mo'aamel aldhakaa]
Iran [ɪ'rɑ:n] *n* إيران [ʔi:ra:n]
Iranian [ɪ'reɪnɪən] *adj* إيراني [ʔi:ra:nij] ▷ *n (person)* إيراني [ʔi:ra:nij]
Iraq [ɪ'rɑ:k] *n* العراق [al-ʕira:qi]
Iraqi [ɪ'rɑ:kɪ] *adj* عراقي [ʕira:qij] ▷ *n* عراقي [ʕira:qij]
Ireland ['aɪələnd] *n* أيرلندا [ʔajrlanda:]; **Northern Ireland** *n* أيرلندة الشمالية [Ayarlanda al-shamaleyah]
iris ['aɪrɪs] *n* قزحية العين ['qazeḥeyat al-'ayn]
Irish ['aɪrɪʃ] *adj* أيرلندي [ʔiralandij] ▷ *n* الأيرلندي [Alayarlandey]
Irishman, Irishmen ['aɪrɪʃmən, 'aɪrɪʃmɛn] *n* رَجُل إيرلندي [Rajol ayarlandey]

Irishwoman, Irishwomen [ˈaɪrɪʃwʊmən, ˈaɪrɪʃwɪmɪn] *n* ايرلندية [ijrlandijja]
iron [ˈaɪən] *n* حديد [ħadi:d] ▷ *v* يَكْوي [jakwi:]
ironic [aɪˈrɒnɪk] *adj* تهكمي [tahakumij]
ironing [ˈaɪənɪŋ] *n* كيّ الملابس [Kay almalabes]; **ironing board** *n* لوح الكي [Looḥ alkay]
ironmonger's [ˈaɪənˌmʌŋɡəz] *n* محل تاجر الحديد والأدوات المعدنية [Maḥal tajer alḥadeed wal-adwat al-ma'adaneyah]
irony [ˈaɪrənɪ] *n* سُخرية [suxrijja]
irregular [ɪˈrɛɡjʊlə] *adj* غير منتظم [Ghayr montaḍhem]
irrelevant [ɪˈrɛləvənt] *adj* غير متصل بالموضوع [Ghayr motaṣel bel-maeḍo'a]
irresponsible [ˌɪrɪˈspɒnsəbᵊl] *adj* غير مسئول [Ghayr maswool]
irritable [ˈɪrɪtəbᵊl] *adj* سريع الغضب [Saree'a al-ghaḍab]
irritating [ˈɪrɪˌteɪtɪŋ] *adj* مثير للغضب [Mother lel-ghaḍab]
Islam [ˈɪzlɑːm] *n* الإسلام [al-ʔisla:mu]
Islamic [ˈɪzləmɪk] *adj* إسلامي [ʔisla:mij]
island [ˈaɪlənd] *n* جزيرة [ʒazi:ra]; **desert island** *n* جزيرة استوائية غير مأهولة [Jozor ghayr maahoolah]
isolated [ˈaɪsəˌleɪtɪd] *adj* معزول [maʕzu:l]
ISP [aɪ ɛs piː] *abbr* مزود بخدمة الإنترنت [Mozawadah be-khedmat al-enternet]
Israel [ˈɪzreɪəl; -rɪəl] *n* إسرائيل [ʔisra:ʔijl]
Israeli [ɪzˈreɪlɪ] *adj* إسرائيلي [ʔisra:ʔi:lij] ▷ *n* إسرائيلي [ʔisra:ʔi:lij]
issue [ˈɪʃjuː] *n* إصدار [ʔisˤda:r] ▷ *v* يَصْدُر [jasˤduru]
it [ɪt] *pron* ضمير غائب مفرد لغير العاقل [dˤami:ru ɣa:ʔibun mufrad liɣajri alʕa:quli]
IT [aɪ tiː] *abbr* تكنولوجيا المعلومات [tiknu:lu:ʒija: almaʕlu:ma:t]
Italian [ɪˈtæljən] *adj* إيطالي [ʔi:tˤa:lij] ▷ *n* *(language)* اللغة الإيطالية [alloghah al eṭaleyah], *(person)* إيطالي [ʔi:tˤa:lij]
Italy [ˈɪtəlɪ] *n* إيطاليا [ʔi:tˤa:lija:]
itch [ɪtʃ] *v* يستحكه جلده [yastaḥekah jaldah]
itchy [ɪtʃɪ] *adj* يَتَطلب الحك [yataṭalab al-hak]
item [ˈaɪtəm] *n* بَنْد [bund]
itinerary [aɪˈtɪnərərɪ; ɪ-] *n* دليل السائح [Daleel al-saaeh]
its [ɪts] *adj* مِلْك
itself [ɪtˈsɛlf] *pron* نفسه
ivory [ˈaɪvərɪ; -vrɪ] *n* عاج [ʕa:ʒ]
ivy [ˈaɪvɪ] *n* لِبْلاب [labla:b]

jab [dʒæb] *n* وخز [waxz]
jack [dʒæk] *n* رافعة [ra:fiʕa]
jacket [ˈdʒækɪt] *n* سُترة [sutra]; **dinner jacket** *n* جاكت العشاء [Jaket al-'aashaa]; **jacket potato** *n* بطاطس مشوية بقشرها [Baṭaṭes mashweiah be'qshreha]; **life jacket** *n* سُترة النجاة [Sotrat al-najah]
jackpot [ˈdʒækˌpɒt] *n* مجموع مراهنات [Majmoo'a morahnaat]
jail [dʒeɪl] *n* سجن [siʒn] ▷ *v* يَسجِن [jasʒinu]
jam [dʒæm] *n* مربّى [murabba:]; **jam jar** *n* وعاء المربّى [We'aaa almorabey]; **traffic jam** *n* ازدحام المرور [Ezdeḥam al-moror]
Jamaican [dʒəˈmeɪkən] *adj* جامايكي [ʒa:ma:jkij] ▷ *n* جامايكي [ʒa:ma:jkij]
jammed [dʒæmd] *adj* مضغوط [madˤɣu:tˤ]
janitor [ˈdʒænɪtə] *n* حاجب [ħa:ʒib]
January [ˈdʒænjʊərɪ] *n* يناير [jana:jiru]
Japan [dʒəˈpæn] *n* اليابان [al-ja:ba:nu]
Japanese [ˌdʒæpəˈni:z] *adj* ياباني [ja:ba:ni:] ▷ *n (language)* اللغة اليابانية [Al-lghah al-yabaneyah], *(person)* ياباني [ja:ba:ni:]
jar [dʒɑ:] *n* برطمان [bartˤama:n]; **jam jar** *n* وعاء المربّى [We'aaa almorabey]
jaundice [ˈdʒɔ:ndɪs] *n* يرقان [jaraqa:n]
javelin [ˈdʒævlɪn] *n* رُمْح [rumħ]
jaw [dʒɔ:] *n* فك [fakk]
jazz [dʒæz] *n* موسيقى الجاز [Mosey'qa al-jaz]
jealous [ˈdʒɛləs] *adj* غيور [ɣaju:r]
jeans [dʒi:nz] *npl* ملابس الجينز [Malabes al-jeenz]
jelly [ˈdʒɛlɪ] *n* جيلي [ʒi:li:]
jellyfish [ˈdʒɛlɪˌfɪʃ] *n* قنديل البحر [ˈqandeel al-baḥr]
jersey [ˈdʒɜ:zɪ] *n* قميص من الصوف [ˈqamees men al-ṣoof]
Jesus [ˈdʒi:zəs] *n* يسوع [jasu:ʕ]
jet [dʒɛt] *n* أنبوب [ʔunbu:b]; **jet lag** *n* تعب بعد السفر بالطائرة [Ta'aeb ba'ad al-safar bel-ṭaerah]; **jumbo jet** *n* طائرة نفاثة [Ṭaayeara nafathah]
jetty [ˈdʒɛtɪ] *n* حاجز الماء [Hajez al-maa]
Jew [dʒu:] *n* يهودي [jahu:di:]
jewel [ˈdʒu:əl] *n* جوهرة [ʒawhara]
jeweller [ˈdʒu:ələ] *n* جواهرجي [ʒawa:hirʒi:]
jeweller's [ˈdʒu:ələz] *n* محل جواهرجي [Maḥal jawaherjey]
jewellery [ˈdʒu:əlrɪ] *n* مجوهرات [muʒawhara:t]; **I would like to put my jewellery in the safe** أريد أن أضع مجوهراتي في الخزينة [areed an aḍa'a mujaw-haraty fee al-khazeena]
Jewish [ˈdʒu:ɪʃ] *adj* عبري [ʕibri:]
jigsaw [ˈdʒɪgˌsɔ:] *n* منشار المنحنيات [Menshar al-monḥanayat]
job [dʒɒb] *n* وَظيفة [wazˤi:fa]; **job centre** *n* مركز العمل [markaz al-'aamal]
jobless [ˈdʒɒblɪs; ˈjobless] *adj* عاطل [ʕa:tˤil]
jog [dʒɒg] *v* يُمارِس رياضة العدو [Yomares reyaḍat al-'adw]
jogging [ˈdʒɒgɪŋ] *n* هَرْوَلة [harwala]
join [dʒɔɪn] *v* يَربط [jarbitˤu]
joiner [ˈdʒɔɪnə] *n* شخص اجتماعي [Shakhṣ ejtema'ay]

joint [dʒɔɪnt] *adj* مشترك [muʃtarak] ▷ *n* *(junction)* وَصْلة [wasˤla], *(meat)* مُفصَل [mafsˤal]; **joint account** *n* حساب مشترك [Hesab moshtarak]
joke [dʒəʊk] *n* نكتة [nukta] ▷ *v* يمزح [jamzaħu]
jolly [ˈdʒɒlɪ] *adj* بهيج [bahi:ʒ]
Jordan [ˈdʒɔːdᵊn] *n* الأردن [al-ʔurd]
Jordanian [dʒɔːˈdeɪnɪən] *adj* أردني [unrdunij] ▷ *n* أردني [unrdunij]
jot down [dʒɒt daʊn] *v* كتب بسرعة [Katab besor'aah]
jotter [ˈdʒɒtə] *n* دفتر صغير [Daftar ṣagheer]
journalism [ˈdʒɜːnᵊˌlɪzəm] *n* صحافة [sˤaħa:fa]
journalist [ˈdʒɜːnᵊlɪst] *n* صحفي [sˤaħafij]
journey [ˈdʒɜːnɪ] *n* رحلة [riħla]; **How long is the journey?** ما الفترة التي ستستغرقها الرحلة؟ [ma al-fatra al-laty sa-tasta-ghru'qiha al-rehla?]; **The journey takes two hours** الرحلة تستغرق ساعتين [al-rehla tasta-ghri'q sa'aatyin]
joy [dʒɔɪ] *n* بهجة [bahʒa]
joystick [ˈdʒɔɪˌstɪk] *n* عصا القيادة ['aaṣa al-'qeyadh]
judge [dʒʌdʒ] *n* قاضي [qa:dˤi:] ▷ *v* يُحاكِم [juħa:kamu]
judo [ˈdʒuːdəʊ] *n* جودو [ʒu:du:]
jug [dʒʌg] *n* إبريق [ibri:q]; **a jug of water** إبريق من الماء [ebree'q min al-maa-i]
juggler [ˈdʒʌglə; ˈjuggler] *n* مُشَعْوِذ [muʃaʕwið]
juice [dʒuːs] *n* عصير [ʕasˤi:ru]; **orange juice** *n* عصير برتقال [Aṣeer borto'qaal]
July [dʒuːˈlaɪ; dʒə-; dʒʊ-] *n* يوليو [ju:lju:]
jump [dʒʌmp] *n* قفزة طويلة ['qafzah ṭaweelah] ▷ *v* يَقْفِز [jaqfizu]; **high jump** *n* قفزة عالية ['qafzah 'aaleyah]; **jump leads** *npl* وصلة بطارية السيارة [Waṣlat baṭareyah al-sayarah]; **long jump** *n* قفزة طويلة ['qafzah ṭaweelah]
jumper [ˈdʒʌmpə] *n* مُوصِل (مِعْطف) [mu:sˤil]
jumping [dʒʌmpɪŋ] *n*; **show-jumping** *n* استعراضات القفز [Este'araḍat al-'qafz]
junction [ˈdʒʌŋkʃən] *n* وصلة [wasˤla]
June [dʒuːn] *n* يونيو [ju:nju:]; **at the beginning of June** في بداية شهر يونيو [fee bedayat shaher yon-yo]; **at the end of June** في نهاية شهر يونيو [fee nehayat shahr yon-yo]; **for the whole of June** طوال شهر يونيو [ṭewal shahr yon-yo]; **It's Monday fifteenth June** يوم الاثنين الموافق 51 يونيو [yawm al-ithnain al-muwa-fi'q 15 yon-yo]
jungle [ˈdʒʌŋgᵊl] *n* دغل [daɣl]
junior [ˈdʒuːnjə] *adj* أصغر [ʔasˤɣaru]
junk [dʒʌŋk] *n* خُرْدة [xurda]; **junk mail** *n* بريد غير مرغوب [Bareed gheer marghoob]
jury [ˈdʒʊərɪ] *n* هيئة المحلفون [Hayaat moḥalefeen]
just [dʒəst] *adv* على وجه الضبط [Ala wajh al-ḍabt]
justice [ˈdʒʌstɪs] *n* عَدَالة [ʕada:la]
justify [ˈdʒʌstɪˌfaɪ] *v* يُعَلِل [juʕallilu]

k

kangaroo [ˌkæŋɡəˈruː] *n* كُنْغُر [kanɣur]
karaoke [ˌkɑːrəˈəʊkɪ] *n* غِنَاء مع الموسيقى [Ghenaa ma'a al-mose'qa]
karate [kəˈrɑːtɪ] *n* كراتيه [kara:ti:h]
Kazakhstan [ˌkɑːzɑːkˈstæn; -ˈstɑːn] *n* كازاخستان [ka:za:xista:n]
kebab [kəˈbæb] *n* كباب [kaba:b]
keen [kiːn] *adj* قاطع [qa:tˤiʕ]
keep [kiːp] *v* يَحفَظ [jaħfazˤu]
keep-fit [ˈkiːpˌfɪt] *n* المُحافظة على الرشاقة [Al-mohafaḍh ala al-rasha'qa]
keep out [kiːp aʊt] *v* يبتعِد عن [Yabta'aed 'an]
keep up [kiːp ʌp] *v* يلاحق خطوة بخطوة [Yolaḥek khoṭwa bekhoṭwah]; **keep up with** *v* يَبقى في حالة جيدة [Yab'qaa fee ḥalah jayedah]
kennel [ˈkɛnᵊl] *n* وجار الكلب [Wejaar alkalb]
Kenya [ˈkɛnjə; ˈkiːnjə] *n* كينيا [ki:nja:]
Kenyan [ˈkɛnjən; ˈkiːnjən] *adj* كيني [ki:nij] ▷ *n* شخص كيني [Shakhs keeny]
kerb [kɜːb] *n* حاجز حجرى [Hajez hajarey]
kerosene [ˈkɛrəˌsiːn] *n* كيروسين [ki:runwsi:n]
ketchup [ˈkɛtʃəp] *n* كاتشب [ka:tʃub]
kettle [ˈkɛtᵊl] *n* غلاية [ɣalla:ja]
key [kiː] *n (for lock)* مفتاح [mifta:ħ], *(music/computer)* نغمة مميزة [Naghamaah momayazah]; **car keys** *npl* مفاتيح السيارة [Meftaḥ al-sayarah]; **Can I have a key?** هل يمكنني الاحتفاظ بمفتاح؟ [hal yamken -any al-eḥtefaaḍh be-muftaaḥ?]; **I've forgotten the key** لقد نسيت المفتاح [la'qad nasyto al-muftaaḥ]; **the key for room number two hundred and two** مفتاح الغرفة رقم مائتين واثنين [muftaaḥ al-ghurfa ra'qim ma-atyn wa ithnayn]; **The key doesn't work** المفتاح لا يعمل [al-muftaaḥ la ya'amal]; **We need a second key** إننا في حاجة إلى مفتاح آخر [ena-na fee ḥaja ela muftaaḥ aakhar]; **What's this key for?** أين يوجد مفتاح... [le-ay ghurfa hadha al-muftaaḥ?]; **Where do we get the key...?** أين يمكن أن أحصل على المفتاح...؟ [ayna yamken an naḥṣal 'ala al-muftaaḥ...?]; **Where do we hand in the key when we're leaving?** أين نترك المفتاح عندما نغادر؟ [ayna natruk al-muftaaḥ 'aendama nughader?]; **Which is the key for this door?** أين يوجد مفتاح هذا الباب؟ [ayna yujad muftaaḥ hadha al-baab?]
keyboard [ˈkiːˌbɔːd] *n* لوحة مفاتيح [Looḥat mafateeḥ]
keyring [ˈkiːˌrɪŋ] *n* عَلَاقة مفاتيح ['aalaqat mafateeḥ]
kick [kɪk] *n* رَكلة [rakla] ▷ *v* يَركُل [jarkulu]
kick off [kɪk ɒf] *v* يَستأنِف لعب كرة القدم [Yastaanef lo'ab korat al'qadam]
kick-off [kɪkɒf] *n* الركلة الأولى [Al-raklah al-ola]
kid [kɪd] *n* غلام [ɣula:m] ▷ *v* يَخدَع [jaxdaʕu]
kidnap [ˈkɪdnæp] *v* يَختطِف [jaxtatˤifu]
kidney [ˈkɪdnɪ] *n* كُلْيَة [kilja]
kill [kɪl] *v* يقتل [jaqtulu]
killer [ˈkɪlə] *n* سفاح [saffa:ħ]
kilo [ˈkiːləʊ] *n* كيلو [ki:lu:]
kilometre [kɪˈlɒmɪtə; ˈkɪləˌmiːtə] *n* كيلومتر [ki:lu:mitr]
kilt [kɪlt] *n* تنورة قصيرة بها ثنيات واسعة [Tannorah 'qaṣeerah beha thanayat wase'aah]

kind [kaɪnd] *adj* حنون [ħanu:n] ▷ *n* نوع [nawʕ]; **What kind of sandwiches do you have?** ما نوع الساندويتشات الموجودة؟ [ma naw'a al-sandweshaat al-maw-jooda?]
kindly ['kaɪndlɪ] *adv* لطفاً [lutˤfan]
kindness ['kaɪndnɪs] *n* لطف [lutˤf]
king [kɪŋ] *n* ملك [milk]
kingdom ['kɪŋdəm] *n* مملكة [mamlaka]
kingfisher ['kɪŋ,fɪʃə] *n* طائر الرفراف [Ṭaayer alrafraf]
kiosk ['ki:ɒsk] *n* كشك [kiʃk]
kipper ['kɪpə] *n* ذَكَر سمك السلمون [Dhakar samak al-salamon]
kiss [kɪs] *n* قبلة [qibla] ▷ *v* يُقبِل [juqabbilu]
kit [kɪt] *n* صندوق العدة [Ṣondok al-'aedah]; **hands-free kit** *n* سماعات [samma:ʕa:tun]; **repair kit** *n* عدة التصليح ['aodat altaṣleeh]
kitchen ['kɪtʃɪn] *n* مطبخ [matˤbax]; **fitted kitchen** *n* مطبخ مجهز [Maṭbakh mojahaz]
kite [kaɪt] *n* طائرة ورقية [Ṭaayeara wara'qyah]
kitten ['kɪtᵊn] *n* هرة صغيرة [Herah ṣagheerah]
kiwi ['ki:wi:] *n* طائر الكيوي [Ṭaarr alkewey]
knee [ni:] *n* رُكبَة [rukba]
kneecap ['ni:,kæp] *n* الرضفة [aradˤfatu]
kneel [ni:l] *v* يَركَع [jarkaʕu]
kneel down [ni:l daʊn] *v* يَسجُد [jasʒudu]
knickers ['nɪkəz] *npl* سروال قصير [Serwal 'qaṣeer]
knife [naɪf] *n* سكينة [saki:na]
knit [nɪt] *v* يَعْقِد [jaʕqidu]
knitting ['nɪtɪŋ] *n* حَبك [ħibk]; **knitting needle** *n* إبرة خياطة [Ebrat khayt]
knob [nɒb] *n* مقبض [miqbadˤ]
knock [nɒk] *n* ضربة عنيفة [Ḍarba 'aneefa] ▷ *v* يَقْرَع [jaqraʕu], *(on the door etc.)* يَقْرَع [jaqraʕu]
knock down [nɒk daʊn] *v* يَصْرَع [jasˤraʕu]
knock out [nɒk aʊt] *v* يَعمَل بعجلة من غير اتقان [jaʕmalu biʕaʒlatin min ɣajrin ʔitqa:ni]
knot [nɒt] *n* عقدة [ʕuqda]
know [nəʊ] *v* يعرف [jaʕrifu]
know-all ['nəʊɔ:l] *n* مدعي العلم بكل شيء [Moda'aey al'aelm bel-shaya]
know-how ['nəʊ,haʊ] *n* القدرة الفنية [Al'qodarh al-faneyah]
knowledge ['nɒlɪdʒ] *n* معرفة [maʕrifa]
knowledgeable ['nɒlɪdʒəbᵊl] *adj* حسن الاطلاع [Hosn al-etela'a]
known [nəʊn] *adj* مشهور [maʃhu:r]
Koran [kɔ:'rɑ:n] *n* القُرآن [al-qurʔa:nu]
Korea [kə'ri:ə] *n* كوريا [ku:rja:]; **North Korea** *n* كوريا الشمالية [Koreya al-shamaleyah]; **South Korea** *n* كوريا الجنوبية [Korya al-janoobeyah]
Korean [kə'ri:ən] *adj* كوري [ku:rijjat] ▷ *n* *(language)* اللغة الكورية [Al-loghah al-koreyah], *(person)* كوري [ku:rijja]
kosher ['kəʊʃə] *adj* شَرْعِيّ [ʃarʕij]
Kosovo ['kɔsɔvɔ; 'kɒsəvəʊ] *n* كوسوفو [ku:su:fu:]
Kuwait [kʊ'weɪt] *n* الكويت [al-kuwi:tu]
Kuwaiti [kʊ'weɪtɪ] *adj* كويتي [kuwajtij] ▷ *n* كويتي [kuwajtij]
Kyrgyzstan ['kɪəgɪz,stɑ:n; -,stæn] *n* كيرجستان [ki:raʒista:n]

l

lab [læb] *n* معمل [maʕmal]
label ['leɪbᵊl] *n* ملصق بيانات [Molsa'q bayanat]
laboratory [lə'bɒrətərɪ; -trɪ; 'læbrə,tɔːrɪ] *n* مُختَبَر [muxtabar]; **language laboratory** *n* مُختَبَر اللغة [Mokhtabar al-loghah]
labour ['leɪbə] *n* عمال [ʕummaːl]
labourer ['leɪbərə] *n* عَامِل [ʕaːmil]
lace [leɪs] *n* شريط الحذاء [Shreeṭ al-ḥedhaa]
lack [læk] *n* نقص [naqsˤ]
lacquer ['lækə] *n* ورنيش اللَّك [Warneesh al-llak]
lad [læd] *n* صبي [sˤabij]
ladder ['lædə] *n* سُلَم [sullam]
ladies ['leɪdɪz] *n*; **ladies'** *n* سيدات [sajjidaːtun]; **Where is the ladies?** أين يوجد حمام السيدات؟ [Ayn yojad ḥamam al-saydat]
ladle ['leɪdᵊl] *n* مغرفة [miɣrafa]
lady ['leɪdɪ] *n* سيدة [sajjida]
ladybird ['leɪdɪ,bɜːd] *n* خُنْفسَاء الدَعْسُوقة [Khonfesaa al-da'aso'qah]
lag [læg] *n*; **jet lag** *n* تعب بعد السفر بالطائرة [Ta'aeb ba'ad al-safar bel-ṭaerah]; **I'm suffering from jet lag** أنا أعاني من الدوار عند ركوب الطائرة [ana o-'aany min al-dawaar 'aenda rukoob al-ṭa-era]
lager ['lɑːgə] *n* جعة معتقة [Jo'aah mo'ata'qah]
lagoon [lə'guːn] *n* بُحَيْرَة [buħajra]
laid-back ['leɪdbæk] *adj* مسترخي [mustarxiː]
lake [leɪk] *n* بُحَيْرة [buħajra]
lamb [læm] *n* حَمَل [ħiml]
lame [leɪm] *adj* كسيح [kasiːħ]
lamp [læmp] *n* مصباح [misˤbaːħ]; **bedside lamp** *n* مِصْبَاح بِسَرِير [Meṣbaaḥ besareer]
lamppost ['læmp,pəʊst] *n* عمود النور ['amood al-noor]
lampshade ['læmp,ʃeɪd] *n* غطاء المصباح [Gheṭaa almeṣbaḥ]
land [lænd] *n* أرض [ʔardˤ] ▷ *v* يَهْبِط [jahbitˤu]
landing ['lændɪŋ] *n* هبوط [hubuːtˤ]
landlady ['lænd,leɪdɪ] *n* مالكة الأرض [Malekat al-arḍ]
landlord ['lænd,lɔːd] *n* صاحب الأرض [Ṣaheb ardh]
landmark ['lænd,mɑːk] *n* مَعلَم [maʕlam]
landowner ['lænd,əʊnə] *n* مالك الأرض [Malek al-arḍ]
landscape ['lænd,skeɪp] *n* منظر طبيعي [manḍhar ṭabe'aey]
landslide ['lænd,slaɪd] *n* انهيار أرضي [Enheyar ardey]
lane [leɪn] *n* زُقَاق [zuqaːq], *(driving)* زُقَاق [zuqaːq]; **cycle lane** *n* زُقَاق دائري [Zo'qa'q daerey]
language ['læŋgwɪdʒ] *n* لغة [luɣa]; **language laboratory** *n* مُختَبَر اللغة [Mokhtabar al-loghah]; **language school** *n* مدرسة لغات [Madrasah lo-ghaat]; **sign language** *n* لغة الإشارة [Loghat al-esharah]
lanky ['læŋkɪ] *adj* طويل مع هزال [Taweel ma'aa hozal]
Laos [laʊz; laʊs] *n* جمهورية لاووس [Jomhoreyat lawoos]

lap [læp] *n* حضن [ħudˁn]
laptop ['læpˌtɒp] *n* كمبيوتر محمول [Kombeyotar maḥmool]
larder ['lɑːdə] *n* موضع لحفظ الأطعمة [Mawḍe'a lehafḍh al-aṭ'aemah]
large [lɑːdʒ] *adj* عريض [ʕariːdˁ]
largely ['lɑːdʒlɪ] *adv* بدرجة كبيرة [Be-darajah kabeerah]
laryngitis [ˌlærɪn'dʒaɪtɪs] *n* التهاب الحنجرة [Eltehab al-hanjara]
laser ['leɪzə] *n* ليزر [lajzar]
lass [læs] *n* فتاة [fataːt]
last [lɑːst] *adj* أخير [ʔaxiːr] ▷ *adv* آخراً [ʔaːxiran] ▷ *v* يَستمِر [jastamirru]; **I'm delighted to meet you at last** يسعدني أن التقي بك أخيرًا [yas-'aedny an al-ta'qy beka akheran]
lastly ['lɑːstlɪ] *adv* أخيراً [ʔaxiːran]
late [leɪt] *adj (dead)* فقيد [faqiːd], *(delayed)* مُبطئ [mubtˁiʔ] ▷ *adv* متأخراً [mutaʔaxiran]
lately ['leɪtlɪ] *adv* منذ عهد قريب [monḍh 'aahd 'qareeb]
later ['leɪtə] *adv* فيما بعد [Feema baad]
Latin ['lætɪn] *n* لاتيني [laːtiːniː]
Latin America ['lætɪn ə'mɛrɪkə] *n* أمريكا اللاتينية [Amreeka al-lateeneyah]
Latin American ['lætɪn ə'mɛrɪkən] *adj* من أمريكا اللاتينية [men Amrika al lateniyah]
latitude ['lætɪˌtjuːd] *n* خط العرض [Khaṭ al-'arḍ]
Latvia ['lætvɪə] *n* لاتيفيا [laːtiːfjaː]
Latvian ['lætvɪən] *adj* لاتيفي [laːtiːfiː] ▷ *n (language)* اللغة الاتيفية [Al-loghah al-atefeyah], *(person)* شخص لاتيفي [Shakhs lateefey]
laugh [lɑːf] *n* ضحكة [dˁaħka] ▷ *v* يَضحَك [jadˁħaku]
laughter ['lɑːftə] *n* ضَحِك [dˁaħik]
launch [lɔːntʃ] *v* يُطلق [jutˁliqu]
Launderette® [ˌlɔːndə'rɛt; lɔːn'drɛt] *n* ®لاندريت [Landreet®]
laundry ['lɔːndrɪ] *n* مغسلة [miɣsala]
lava ['lɑːvə] *n* الحمم البركانية [Al-ḥemam al-borkaneyah]
lavatory ['lævətərɪ; -trɪ] *n* مرحاض [mirħaːdˁ]
lavender ['lævəndə] *n* لافندر [laːfandar]
law [lɔː] *n* قانون [qaːnuːn]; **law school** *n* كلية الحقوق [Kolayt al-ho'qooq]
lawn [lɔːn] *n* مرج [marʒ]
lawnmower ['lɔːnˌmaʊə] *n* جزازة العشب [Jazazt al-'aoshb]
lawyer ['lɔːjə; 'lɔɪə] *n* محامي [muħaːmij]
laxative ['læksətɪv] *n* ملين الأمعاء [Molayen al-am'aa]
lay [leɪ] *v* يَطْرَح [jatˁraħu]
layby ['leɪˌbaɪ] *n* مكان انتظار [Makan enteḍhar]
layer ['leɪə] *n* طَبَقة [tˁabaqa]; **ozone layer** *n* طبقة الأوزون [Taba'qat al-odhoon]
lay off [leɪ ɒf] *v* يُسَرح [jusarriħu]
layout ['leɪˌaʊt] *n* مُخطط [muxatˁatˁ]
lazy ['leɪzɪ] *adj* كسول [kasuːl]
lead[1] [liːd] *n (in play/film)* دَور رئيسي [Dawr raaesey], *(position)* مقال رئيسي في صحيفة [Ma'qal raaeaey fee ṣaheefah] ▷ *v* يَتْزَعَم [jatzaʕʕamu]; **jump leads** *npl* وصلة بطارية السيارة [Waṣlat baṭareyah al-sayarah]; **lead singer** *n* مُغَنّي حفلات [Moghaney ḥafalat]
lead[2] [lɛd] *n (metal)* قيادة [qijaːda]
leader ['liːdə] *n* قائد [qaːʔid]
lead-free [ˌlɛd'friː] *adj* خالي من الرصاص [Khaley men al-raṣaṣ]
leaf [liːf] *n* ورقة نبات [Wara'qat nabat]; **bay leaf** *n* ورق الغار [Wara'q alghaar]
leaflet ['liːflɪt] *n* نشرة [naʃra]
league [liːg] *n* جَمَاعَة [ʒamaːʕa]
leak [liːk] *n* تَسَرُب [tasarrub] ▷ *v* يسرب [jusarribu]
lean [liːn] *v* يَتَكئ [jattakiʔ]; **lean forward** *v* يَتَكئ للأمام [Yatakea lel-amam]
lean on [liːn ɒn] *v* يَستنِد على [Yastaned 'ala]
lean out [liːn aʊt] *v* يَتَكئ على [Yatakea ala]
leap [liːp] *v* يَثِب [jaθibu]; **leap year** *n* سَنة كبيسة [Sanah kabeesah]
learn [lɜːn] *v* يَتعلم [jataʕallamu]

learner ['lɜːnə; 'learner] *n* مُتَعَلِّم [mutaʕallinm]; **learner driver** *n* سائق مبتدئ [Sae'q mobtadea]
lease [liːs] *n* عقد إيجار ['aa'qd eejar] ▷ *v* يُؤجر منقولات [Yoajer man'qolat]
least [liːst] *adj* الأقل [Al'aqal]; **at least** *adv* على الأقل ['ala ala'qal]
leather ['lɛðə] *n* جلد مدبوغ [Jeld madboogh]
leave [liːv] *n* إجازة [ʔiʒaːza] ▷ *v* يَتْرك [jatruku]; **maternity leave** *n* أجازة وضع [Ajazat wad'a]; **paternity leave** *n* أجازة رعاية طفل [ajaazat re'aayat al ṭefl]; **sick leave** *n* أجازة مَرضِيَّة [Ajaza maraḍeyah]
leave out [liːv aʊt] *v* يَستبعِد [justabʕadu]
leaves [liːvz] *npl* أوراق الشجر [Awra'q al-shajar]
Lebanese [ˌlɛbəˈniːz] *adj* لبناني [lubnaːnij] ▷ *n* لبناني [lubnaːnij]
Lebanon ['lɛbənən] *n* لبنان [lubnaːn]
lecture ['lɛktʃə] *n* محاضرة [muħaːdˤara] ▷ *v* يُحاضِر [juħaːdˤiru]
lecturer ['lɛktʃərə; 'lecturer] *n* محاضر [muħaːdˤir]
leek [liːk] *n* بَصَل أخضر [Baṣal akhdar]
left [lɛft] *adj* يساري [jasaːrij] ▷ *adv* يساراً [jasaːran] ▷ *n* يسار [jasaːr]; **Go left at the next junction** اتجه نحو اليسار عند التقاطع الثاني [Etajh naḥw al-yasar 'aend al-ta'qato'a al-thaney]; **Turn left** اتجه نحو اليسار [Etajeh naḥw al-yasaar]
left-hand [ˌleftˈhænd] *adj* أعسر [ʔaʕsar]; **left-hand drive** *n* سيارة مقودها على الجانب الأيسر [Sayarh me'qwadoha ala al-janeb al-aysar]
left-handed [ˌleftˈhændɪd] *adj* أعسر [ʔaʕsar]
left-luggage [ˌleftˈlʌgɪdʒ] *n* أمتعة مُخزَّنة [Amte'aah mokhazzanah]; **left-luggage locker** *n* خزانة الأمتعة المتروكة [Khezanat al-amte'ah al-matrookah]; **left-luggage office** *n* مكتب الأمتعة [Makatb al amte'aah]
leftovers ['lɛftˌəʊvəz] *npl* بقايا الطعام [Ba'qaya ṭ a'aam]
left-wing [ˌleftˌwɪŋ] *adj* جناح أيسر [Janah aysar]
leg [lɛg] *n* رجل [riʒl]
legal ['liːgᵊl] *adj* قانوني [qaːnuːnij]
legend ['lɛdʒənd] *n* اسطورة [ʔustˤuːra]
leggings ['lɛgɪŋz] *npl* بنطلون صيق [Banṭaloon ṣaye'q]
legible ['lɛdʒəbᵊl] *adj* مقروء [maqruːʔ]
legislation [ˌlɛdʒɪsˈleɪʃən] *n* تشريع [taʃriːʕ]
leisure ['lɛʒə; 'liːʒər] *n* راحة [raːħa]; **leisure centre** *n* مركز ترفيهي [Markaz tarfehy]
lemon ['lɛmən] *n* ليمون [lajmuːn]; **with lemon** بالليمون [bil-laymoon]
lemonade [ˌlɛməˈneɪd] *n* عصير الليمون المحلى ['aaṣeer al-laymoon al-moḥala]
lend [lɛnd] *v* يُقرِض مالا [Yo'qred malan]
length [lɛŋkθ; lɛŋθ] *n* طول [tˤuːl]
lens [lɛnz] *n* عدسة [ʕadasa]; **contact lenses** *npl* عدسات لاصقة ['adasaat laṣe'qah]; **zoom lens** *n* عدسة تكبير ['adasah mokaberah]
Lent [lɛnt] *n* الصَوْم الكبير [Al-ṣawm al-kabeer]
lentils ['lɛntɪlz] *npl* نبات العدس [Nabat al-'aads]
Leo ['liːəʊ] *n* ليو [lijuː]
leopard ['lɛpəd] *n* نمر منقط [Nemr men'qaṭ]
leotard ['lɪəˌtɑːd] *n* ثوب الراقص أو البهلوان [Thawb al-ra'qes aw al-bahlawan]
less [lɛs] *adv* بدرجة أقل [Be-darajah a'qal] ▷ *pron* أقل [ʔaqallu]
lesson ['lɛsᵊn] *n* دَرْس [dars]; **driving lesson** *n* دَرْس القيادة [Dars al-'qeyadah]
let [lɛt] *v* يَدَع [jadaʕu]
let down [lɛt daʊn] *v* يَتخلى عن [Yatkhala an]
let in [lɛt ɪn] *v* يَسْمَح بالدُّخول [Yasmah bel-dokhool]
letter ['lɛtə] *n (a, b, c)* حرف [ħarf], *(message)* خطاب [xitˤaːb]; **I'd like to send this letter** أريد أن أرسل هذا الخطاب [areed an arsil hadha al-kheṭab]

letterbox [ˈlɛtəˌbɒks] *n* صندوق الخطابات [Ṣondok al-kheṭabat]
lettuce [ˈlɛtɪs] *n* خَسّ [xussu]
leukaemia [luːˈkiːmɪə] *n* لوكيميا [luːkiːmjaː]
level [ˈlɛvᵊl] *adj* منبسط [munbasitˤ] ▷ *n* منبسط [munbasitˤ]; **level crossing** *n* مزلقان [mizlaqaːnun]; **sea level** *n* مستوى سطح البحر [Mostawa saṭh al-bahr]
lever [ˈliːvə] *n* عتلة [ʕatla]
liar [ˈlaɪə] *n* كذاب [kaðaːb]
liberal [ˈlɪbərəl; ˈlɪbrəl] *adj* تحرري [taħarurij]
liberation [ˌlɪbəˈreɪʃən] *n* تحرير [taħriːr]
Liberia [laɪˈbɪərɪə] *n* ليبيريا [liːbiːrjaː]
Liberian [laɪˈbɪərɪən] *adj* ليبيري [liːbiːrij] ▷ *n* ليبيري [liːbiːrij]
Libra [ˈliːbrə] *n* الميزان [al-miːzaːnu]
librarian [laɪˈbrɛərɪən] *n* أمين المكتبة [Ameen al maktabah]
library [ˈlaɪbrərɪ] *n* مكتبة [maktaba]
Libya [ˈlɪbɪə] *n* ليبيا [liːbjaː]
Libyan [ˈlɪbɪən] *adj* ليبي [liːbij] ▷ *n* ليبي [liːbij]
lice [laɪs] *npl* قمل [qamlun]
licence [ˈlaɪsəns] *n* رُخْصَة [ruxsˤa]; **driving licence** *n* رُخْصَة القيادة [Rokhṣat al-ˈqeyadah]
lick [lɪk] *v* يَلْعَق [jalʕaqu]
lid [lɪd] *n* غطاء [ɣitˤaːʔ]
lie [laɪ] *n* كذبة [kiðba] ▷ *v* يَكْذِب [jakðđibu]
Liechtenstein [ˈlɪktənˌstaɪn; ˈlɪçtənʃtaɪn] *n* لختنشتاين [lixtunʃtaːjan]
lie down [laɪ daʊn] *v* يَكْذِب [jakðđibu]
lie in [laɪ ɪn] *v* الرقود في السرير [Alro'qood fel-sareer]
lie-in [laɪɪn] *n*; **have a lie-in** *v* الرقود في السرير [Alro'qood fel-sareer]
lieutenant [lɛfˈtɛnənt; luːˈtɛnənt] *n* ملازم أول [Molazem awal]
life [laɪf] *n* حياة [ħajaːt]; **life insurance** *n* تأمين على الحياة [Taameen ʻala al-hayah]; **life jacket** *n* سُترة النجاة [Sotrat al-najah]
lifebelt [ˈlaɪfˌbɛlt] *n* حزام النجاة من الغرق [Hezam al-najah men al-ghar'q]
lifeboat [ˈlaɪfˌbəʊt] *n* قارب نجاة [ˈqareb najah]
lifeguard [ˈlaɪfˌɡɑːd] *n* عامل الإنقاذ [ˈaamel alenˈqaḏh]; **Get the lifeguard!** اتصل بعامل الإنقاذ [itaṣel be-ˈaamil al-en'qaadh]
life-saving [ˈlife-ˌsaving] *adj* مُنقذ للحياة [Mon'qedh lel-ḥayah]
lifestyle [ˈlaɪfˌstaɪl] *n* نمط حياة [Namaṭ hayah]
lift [lɪft] *n (free ride)* توصيلة مجانية [tawṣeelah majaneyah], *(up/down)* مصعد [misˤʕad] ▷ *v* يَرفَع [jarfaʕu]; **ski lift** *n* مِصْعَد التَّزَلُّج [Meṣ'aad al-tazalog]; **Do you have a lift for wheelchairs?** هل لديك مصعد لكراسي المقعدين المتحركة؟ [hal ladyka maṣ'aad le-karasi al-mu'q'aadeen al-mutaḥarika?]; **Is there a lift in the building?** هل يوجد مصعد في المبنى؟ [hal yujad maṣ'aad fee al-mabna?]; **Where is the lift?** أين يوجد المصعد؟ [ayna yujad al-maṣ'aad?]
light [laɪt] *adj (not dark)* خفيف [xafiːf], *(not heavy)* خفيف [xafiːf] ▷ *n* ضوء [dˤawʔ] ▷ *v* يُضئ [judˤiʔ]; **brake light** *n* مصباح الفرامل [Mesbaḥ al-faramel]; **hazard warning lights** *npl* أضواء التحذير من الخطر [Aḍwaa al-tahdheer men al-khaṭar]; **light bulb** *n* مصباح اضاءة [Mesbaḥ eḍaah]; **pilot light** *n* شُعلة الاحتراق [Sho'alat al-eḥtera'q]; **traffic lights** *npl* إشارات المرور [Esharaat al-moroor]; **May I take it over to the light?** هل يمكن أن أشاهدها في الضوء؟ [hal yamken an osha-heduha fee al-ḍoe?]
lighter [ˈlaɪtə] *n* قداحة [qaddaːħa]
lighthouse [ˈlaɪtˌhaʊs] *n* منارة [manaːra]
lighting [ˈlaɪtɪŋ] *n* اضاءة [idˤaːʔa]
lightning [ˈlaɪtnɪŋ] *n* بَرْق [barq]
like [laɪk] *prep* مِثل ▷ *v* يُحِب [juħibbu]
likely [ˈlaɪklɪ] *adj* محتمل [muħtamal]
lilac [ˈlaɪlək] *adj* الليلك [allajlak] ▷ *n* لايْلاك [laːjlaːk]
Lilo® [ˈlaɪləʊ] *n* ليلو® [Leelo®]
lily [ˈlɪlɪ] *n* زنبقة [zanbaqa]; **lily of the valley** *n* زَنْبَق الوادي [Zanba'q al-wadey]

lime [laɪm] *n (compound)* جير [ʒiːr], *(fruit)* ليمون [lajmuːn]
limestone [ˈlaɪmˌstəʊn] *n* حجر الجير [Hajar al-jeer]
limit [ˈlɪmɪt] *n* قيد [qajd]; **age limit** *n* حد السّن [Had alssan]; **speed limit** *n* حد السرعة [Had alsor'aah]
limousine [ˈlɪməˌziːn; ˌlɪməˈziːn] *n* ليموزين [liːmuːziːn]
limp [lɪmp] *v* يعرُج [jaʕruʒu]
line [laɪn] *n* خط [xatˤtˤu]; **washing line** *n* خط الغسيل [Khat al-ghaseel]; **I want to make an outside call, can I have a line?** أريد إجراء مكالمة خارجية، هل يمكن أن تحول لي أحد الخطوط؟ [areed ejraa mukalama kharij-iya, hal yamkin an it-ḥawil le aḥad al-khiṭooṭ?]; **It's a bad line** هذا الخط مشوش [hatha al-khaṭ musha-wash]; **Which line should I take for...?** ما هو الخط الذي يجب أن أستقله؟ [ma howa al-khaṭ al-lathy yajeb an asta'qil-uho?]
linen [ˈlɪnɪn] *n* كتان [kattaːn]; **bed linen** *n* بياضات الأسِرَّة [Bayaḍat al-aserah]
liner [ˈlaɪnə] *n* باخِرَة رُكّاب [Bakherat rokkab]
lingerie [ˈlænʒərɪ] *n* ملابس داخلية [Malabes dakheleyah]
linguist [ˈlɪŋgwɪst] *n* عالم لغويات ['aalem laghaweyat]
linguistic [lɪŋˈgwɪstɪk] *adj* لغوي [luɣawij]
lining [ˈlaɪnɪŋ] *n* بطانة [batˤaːna]
link [lɪŋk] *n* رابط [raːbitˤ]; **link (up)** *v* يَصل بين [yaṣel bayn]
lino [ˈlaɪnəʊ] *n* مشمع الأرضية [Meshama'a al-arḍeyah]
lion [ˈlaɪən] *n* أسد [ʔasad]
lioness [ˈlaɪənɪs] *n* لبؤة [labuʔa]
lip [lɪp] *n* شفاه [ʃifaːh]; **lip salve** *n* كريم للشفاه [Kereem lel shefah]
lip-read [ˈlɪpˌriːd] *v* يَقْرَأ الشفاه [Ya'qraa al-shefaa]
lipstick [ˈlɪpˌstɪk] *n* أحمر شفاه [Ahmar shefah]
liqueur [lɪˈkjʊə; likœr] *n* مُسكِر [muskir]
liquid [ˈlɪkwɪd] *n* مادة سائلة [madah saaelah]; **washing-up liquid** *n* سائل غسيل الأطباق [Saael ghaseel al-aṭba'q]
liquidizer [ˈlɪkwɪˌdaɪzə] *n* مادة مسيلة [Madah moseelah]
list [lɪst] *n* قائمة [qaːʔima] ▷ *v* يُعِد قائمة [Yo'aed 'qaemah]; **mailing list** *n* قائمة بريد ['qaemat bareed]; **price list** *n* قائمة أسعار ['qaemat as'aar]; **waiting list** *n* قائمة انتظار ['qaemat enteḍhar]; **wine list** *n* قائمة خمور ['qaemat khomor]; **The wine list, please** قائمة النبيذ من فضلك ['qaemat al-nabeedh min faḍlak]
listen [ˈlɪsᵊn] *v* يَستمِع [jastamiʕu]; **listen to** *v* يَستمِع إلى [Yastame'a ela]
listener [ˈlɪsnə] *n* مستمع [mustamiʕ]
literally [ˈlɪtərəlɪ] *adv* حرفياً [ħarfijjan]
literature [ˈlɪtərɪtʃə; ˈlɪtrɪ-] *n* أدب [dab]
Lithuania [ˌlɪθjʊˈeɪnɪə] *n* ليتوانيا [liːtwaːnjaː]
Lithuanian [ˌlɪθjʊˈeɪnɪən] *adj* ليتواني [liːtwaːnij] ▷ *n (language)* اللغة الليتوانية [Al-loghah al-letwaneyah], *(person)* شخص ليتواني [shakhṣ letwaneyah]
litre [ˈliːtə] *n* لتر [litr]
litter [ˈlɪtə] *n* رُكَام مُبَعثَر [Rokaam moba'athar], *(offspring)* ولادة الحيوان [Weladat al-ḥayawaan]; **litter bin** *n* سلة المهملات [Salat al-mohmalat]
little [ˈlɪtᵊl] *adj* صغير [sˤaɣiːr]
live[1] [lɪv] *v* يعيش [jaʕiːʃu]
live[2] [laɪv] *adj* حي [ħajj]; **Where can we hear live music?** أين يمكننا الاستماع إلى موسيقى حية؟ [ayna yamken-ana al-istima'a ela mose'qa ḥay-a?]
lively [ˈlaɪvlɪ] *adj* بحيوية [biħajawijjatin]
live on [lɪv ɒn] *v* يعيش على [Ya'aeesh ala]
liver [ˈlɪvə] *n* كَبِدْ [kabid]
live together [lɪv] *v* يعيش سوياً [Ya'aeesh saweyan]
living [ˈlɪvɪŋ] *n* رزق [rizq]; **cost of living** *n* تكلفة المعيشة [Taklefat al-ma'aeeshah]; **living room** *n* حجرة المعيشة [Hojrat al-ma'aeshah]; **standard of living** *n* مستوى المعيشة [Mostawa al-ma'aeeshah]
lizard [ˈlɪzəd] *n* السِحلية [as-siħlijjatu]

load [ləʊd] *n* حِمل [ħiml] ▷ *v* يتلقى حملا [Yatala'qa hemlan]
loaf, loaves [ləʊf, ləʊvz] *n* رغيف [raɣi:f]
loan [ləʊn] *n* قرض [qardˤ] ▷ *v* يُقْرِض [juqridˤu]
loathe [ləʊð] *v* يَشمئِز من [Yashmaaez 'an]
lobby ['lɒbɪ] *n*; **I'll meet you in the lobby** سوف أقابلك في الردهة الرئيسية للفندق [sawfa o'qabe-loka fee al-radha al-raee-sya lel-finda'q]
lobster ['lɒbstə] *n* جَرَاد البحر [Garad al-bahr]
local ['ləʊkᵊl] *adj* محلي [maħalij]; **local anaesthetic** *n* عقار مخدر موضعي ['aa'qar mokhader mawde'aey]; **I'd like to try something local, please** أريد أن أجرب أحد الأشياء المحلية من فضلك [areed an ajar-rub aḥad al-ashyaa al-maḥal-lya min faḍlak]; **We'd like to see local plants and trees** نريد أن نرى النباتات والأشجار المحلية [nureed an nara al-naba-taat wa al-ash-jaar al-maḥali-ya]; **What's the local speciality?** ما هو الطبق المحلي المميز؟ [ma howa al-ṭaba'q al-maḥa-ly al-muma-yaz?]
location [ləʊ'keɪʃən] *n* مكان [maka:n]; **My location is...** ...أنا في المكان [ana fee al-makaan...]
lock [lɒk] *n (door)* هويس [huwajs], *(hair)* خُصلة شعر [Khoṣlat sha'ar] ▷ *v* يَقْفِل [jaqfilu]
locker ['lɒkə] *n* خزانة بقفل [Khezanah be-'qefl]; **left-luggage locker** *n* خزانة الأمتعة المتروكة [Khezanat al-amte'ah al-matrookah]
locket ['lɒkɪt] *n* دَلَايَة [dala:ja]
lock out [lɒk aʊt] *v* يُحرِم شخصاً من الدخول [Yoḥrem shakhṣan men al-dokhool]
locksmith ['lɒkˌsmɪθ] *n* صانع المفاتيح [Ṣaane'a al-mafateeḥ]
lodger ['lɒdʒə] *n* نزيل [nazi:l]
loft [lɒft] *n* عِلية [ʕilja]
log [lɒg] *n* كُتْلة خَشَبِيَّة [kutlatun xaʃabijja]
logical ['lɒdʒɪkᵊl] *adj* منطقي [mantˤiqij]
log in [lɒg ɪn] *v* يُسجل الدخول [Yosajel al-dokhool]
logo ['ləʊgəʊ; 'lɒg-] *n* شِعَار [ʃiʕa:r]
log off [lɒg ɒf] *v* يُسجِل الخروج [Yosajel al-khoroj]
log on [lɒg ɒn] *v* يَدخُل على شبكة المعلومات [Yadkhol 'ala shabakat alma'aloomat]
log out [lɒg aʊt] *v* يَخرُج من برنامج الكمبيوتر [Yakhroj men bernamej kombyotar]
lollipop ['lɒlɪˌpɒp] *n* مَصّاصَه [masˤsˤasˤa]
lolly ['lɒlɪ] *n* مَصّاصَة [masˤsa:ˤsˤa]
London ['lʌndən] *n* لندن [lund]
loneliness ['ləʊnlɪnɪs] *n* وِحْدَة [waħda]
lonely ['ləʊnlɪ] *adj* متوحد [mutawaħħid]
lonesome ['ləʊnsəm] *adj* مهجور [mahʒu:r]
long [lɒŋ] *adj* طويل [tˤawi:l] ▷ *adv* طويلًا [tˤawi:la:an] ▷ *v* يَتُوق إلى [Yatoo'q ela]; **long jump** *n* قفزة طويلة ['qafzah ṭaweelah]
longer [lɒŋə] *adv* أطول [ʔatˤwalu]
longitude ['lɒndʒɪˌtju:d; 'lɒŋg-] *n* خط طول [Khaṭ ṭool]
loo [lu:] *n* مِرْحَاض [mirħa:dˤ]
look [lʊk] *n* نظرة [nazˤra] ▷ *v* ينظر [janzˤuru]; **look at** *v* ينظر إلى [yanḍhor ela]
look after [lʊk ɑ:ftə] *v* يعتني بـ [Ya'ataney be]
look for [lʊk fɔ:] *v* يَبْحَث عن [Yabḥath an]
look round [lʊk raʊnd] *v* يَدْرس الاحتمالات قبل وضع خطة [Yadros aleḥtemalaat 'qabl waḍ'a alkhoṭah]
look up [lʊk ʌp] *v* يَرفَع بصره [Yarfa'a baṣarah]
loose [lu:s] *adj* فضفاض [fadˤfa:dˤ]
lorry ['lɒrɪ] *n* شاحِنة لوري [Shaḥenah loorey]; **lorry driver** *n* سائق لوري [Sae'q lorey]
lose [lu:z] *vi* يَضْيع [judˤajjiʕu] ▷ *vt* يَخسر [jaxsaru]

loser [ˈluːzə] *n* الخاسر [al-xa:siru]
loss [lɒs] *n* خسارة [xasa:ra]
lost [lɒst] *adj* تائه [ta:ʔih]; **lost-property office** *n* مكتب المفقودات [Maktab al-maf'qodat]
lost-and-found [ˈlɒstændˈfaʊnd] *n* مفقودات وموجودات [maf'qodat wa- maw-joodat]
lot [lɒt] *n*; **a lot** *n* نصيب [nasˤi:bun]
lotion [ˈləʊʃən] *n* مُستحضر سائل [Mosthdar saael]; **after sun lotion** *n* لوشن بعد التعرض للشمس [Loshan b'ad al-t'aroḍ lel shams]; **cleansing lotion** *n* سائل تنظيف [Sael tanḍheef]; **suntan lotion** *n* غسول سمرة الشمس [ghasool somrat al-shams]
lottery [ˈlɒtərɪ] *n* يانصيب [ja:nasˤi:b]
loud [laʊd] *adj* مدو [mudawwin]
loudly [laʊdlɪ] *adv* بصوت عال [Besot 'aaley]
loudspeaker [ˌlaʊdˈspiːkə] *n* مكبر صوت [makbar sˤawt]
lounge [laʊndʒ] *n* حجرة الجلوس [Hojrat al-joloos]; **departure lounge** *n* صالة المغادرة [Ṣalat al-moghadarah]; **transit lounge** *n* صالة العبور [Ṣalat al'aoboor]
lousy [ˈlaʊzɪ] *adj* خسيس [xasi:s]
love [lʌv] *n* حب [ħubb] ▷ *v* يُتَيِّمُ ب [Yotayam be]; **I love...** ...أنا أحب [ana aḥib]; **I love you** أحبك [aḥibak]; **Yes, I'd love to** نعم، أحب القيام بذلك [na'aam, aḥib al-'qiyam be-dhalik]
lovely [ˈlʌvlɪ] *adj* مُحبب [muħabbab]
lover [ˈlʌvə] *n* مُحِب [muħib]
low [ləʊ] *adj* منخفض [munxafidˤ] ▷ *adv* منخفضاً [munxafadˤan]; **low season** *n* فترة ركود [Fatrat rekood]
low-alcohol [ˈləʊˌælkəˌhɒl] *adj* قليلة الكحول ['qaleelat al-koḥool]
lower [ˈləʊə] *adj* أدنى [ʔadna:] ▷ *v* ينخفض [janxafidˤu]
low-fat [ˈləʊˌfæt] *adj* قليل الدسم ['qaleel al-dasam]
loyalty [ˈlɔɪəltɪ] *n* إخلاص [ʔixla:sˤ]
luck [lʌk] *n* حظ [ħazˤzˤ]
luckily [ˈlʌkɪlɪ] *adv* لحسن الطالع [Le-hosn alṭale'a]
lucky [ˈlʌkɪ] *adj* محظوظ [maħzˤuːzˤ]
lucrative [ˈluːkrətɪv] *adj* مربح [murbiħ]
luggage [ˈlʌɡɪdʒ] *n* حقائب السفر [ḥa'qaeb al-safar]; **hand luggage** *n* أمتعة محمولة في اليد [Amte'aah maḥmoolah fee al-yad]; **luggage rack** *n* حامل حقائب السفر [Hamel ha'qaeb al-safar]; **luggage trolley** *n* عربة حقائب السفر ['arabat ḥa'qaaeb al-safar]; **Can I insure my luggage?** هل يمكنني التأمين على حقائب السفر الخاصة بي؟ [hal yamken -any al-tameen 'aala ḥa'qa-eb al-safar al-khaṣa bee?]; **My luggage hasn't arrived** لم تصل حقائب السفر الخاصة بي بعد [Lam taṣel ḥa'qaeb al-safar al-khaṣah bee ba'ad]; **Where is the luggage for the flight from...?** أين حقائب السفر للرحلة القادمة من...؟ [ayna ḥa'qaeb al-safar lel-reḥla al-'qadema min...?]
lukewarm [ˌluːkˈwɔːm] *adj* فاتر [fa:tir]
lullaby [ˈlʌləˌbaɪ] *n* تهويدة [tahwi:da]
lump [lʌmp] *n* ورم [waram]
lunch [lʌntʃ] *n* غداء [ɣada:ʔ]; **lunch break** *n* استراحة غداء [Estrahet ghadaa]; **packed lunch** *n* وجبة الغذاء المعبأة [Wajbat al-ghezaa al-mo'abaah]; **Can we meet for lunch?** هل يمكننا الاجتماع على الغداء؟ [hal yamken -ana al-ejte-maa'a 'aala al-ghadaa?]
lunchtime [ˈlʌntʃˌtaɪm] *n* وَقْت الغداء [Wa'qt al-ghadhaa]
lung [lʌŋ] *n* رئة [riʔit]
lush [lʌʃ] *adj* مزدهر [muzdahir]
lust [lʌst] *n* شهوة [ʃahwa]
Luxembourg [ˈlʌksəmˌbɜːɡ] *n* لكسمبورغ [luksambu:rɣ]
luxurious [lʌɡˈzjʊərɪəs] *adj* مترف [mutraf]
luxury [ˈlʌkʃərɪ] *n* رفاهية [rafa:hijja]
lyrics [ˈlɪrɪks] *npl* قصائد غنائية ['qaṣaaed ghenaaeah]

mac [mæk] *abbr* معطف واق من المطر [Me'ataf wa'qen men al-maarṭar]
macaroni [ˌmækəˈrəʊnɪ] *npl* مكرونة [makaru:natun]
machine [məˈʃi:n] *n* ماكينة [ma:ki:na]; **answering machine** *n* جهاز الرد الآلي [Jehaz al-rad al-aaly]; **machine gun** *n* رشاش [raʃʃa:ʃun]; **machine washable** *adj* قابل للغسل في الغسالة ['qabel lel-ghaseel fee al-ghassaalah]; **sewing machine** *n* ماكينة خياطة [Makenat kheyaṭah]; **slot machine** *n* ماكينة الشقبية [Makenat al-sha'qabeyah]; **ticket machine** *n* ماكينة التذاكر [Makenat al-taḍhaker]; **vending machine** *n* ماكينة بيع [Makenat bay'a]; **washing machine** *n* غسَّالَة [ɣassa:latun]; **Can I use my card with this cash machine?** هل يمكنني استخدام بطاقتي في ماكينة الصرف الآلي هذه؟ [hal yamken -any esti-khdaam beṭa-'qatee fee makenat al-ṣarf al-aaly hadhy?]; **Is there a cash machine here?** هل توجد ماكينة صرف آلي هنا؟ [hal tojad makenat ṣarf aaly huna?]; **Is there a fax machine I can use?** هل توجد ماكينة فاكس يمكن استخدامها؟ [hal tojad makenat fax yamken istekh-damuha?]; **The cash machine swallowed my card** لقد ابتلعت ماكينة الصرف الآلي بطاقتي [la'qad ibtal-'aat makenat al-ṣarf al-aaly be-ṭa'qaty]; **Where is the nearest cash machine?** أين توجد أقرب ماكينة لصرف النقود؟ [ayna tojad a'qrab makena le-ṣarf al-no'qood?]
machinery [məˈʃi:nərɪ] *n* الآلية [al-ajjatu]
mackerel [ˈmækrəl] *n* سمك الماكريل [Samak al-makreel]
mad [mæd] *adj (angry)* مجنون [maʒnu:n], *(insane)* خبل [xabil]
Madagascar [ˌmædəˈgæskə] *n* مدغشقر [madaɣaʃqar]
madam [ˈmædəm] *n* زوجة [zawʒa]
madly [ˈmædlɪ] *adv* بجنون [biʒunu:nin]
madman [ˈmædmən] *n* مجنون [maʒnu:n]
madness [ˈmædnɪs] *n* جنون [ʒunu:n]
magazine [ˌmægəˈzi:n] *n (ammunition)* ذخيرة حربية [dhakheerah ḥarbeyah], *(periodical)* مجلة [maʒalla]
maggot [ˈmægət] *n* يَرَقَة [jaraqa]
magic [ˈmædʒɪk] *adj* سَاحِر [sa:ħir] ▷ *n* سِحْر [siħr]
magical [ˈmædʒɪkəl] *adj* سِحري [siħrij]
magician [məˈdʒɪʃən] *n* ساحر [sa:ħir]
magistrate [ˈmædʒɪˌstreɪt; -strɪt] *n* قاضي [qa:dˤi:]
magnet [ˈmægnɪt] *n* مغناطيس [miɣna:tˤi:s]
magnetic [mægˈnɛtɪk] *adj* مغناطيسي [miɣna:tˤi:sij]
magnificent [mægˈnɪfɪsᵊnt] *adj* بديع [badi:ʕ]
magpie [ˈmægˌpaɪ] *n* طائر العَقْعَق [Ṭaaer al'a'qa'q]
mahogany [məˈhɒgənɪ] *n* خشب الماهوجني [Khashab al-mahojney]
maid [meɪd] *n* خادمة [xa:dima]
maiden [ˈmeɪdᵊn] *n*; **maiden name** *n* اسم المرأة قبل الزواج [Esm al-marah 'qabl alzawaj]
mail [meɪl] *n* بريد [bari:d] ▷ *v* يُرسِل بالبريد

[Yorsel bel-bareed]; **junk mail** *n* بريد غير مرغوب [Bareed gheer marghoob]; **Is there any mail for me?** هل تلقيت أي رسائل بالبريد الإلكتروني؟ [hal tala-'qyto ay rasa-el bil-bareed al-alekitrony?]
mailbox ['meɪlˌbɒks] *n* صندوق البريد [Ṣondo'q bareed]
mailing list ['meɪlɪŋ 'lɪst] *n* قائمة بريد ['qaemat bareed]
main [meɪn] *adj* أساسي [ʔasa:sij]; **main course** *n* طبق رئيسي [Ṭaba'q raeesey]; **main road** *n* طريق رئيسي [ṭaree'q raeysey]
mainland ['meɪnlənd] *n* اليابسة [al-ja:bisatu]
mainly ['meɪnlɪ] *adv* في الدرجة الأولى [Fee al darajah al ola]
maintain [meɪn'teɪn] *v* يصون [jasˤu:nu]
maintenance ['meɪntɪnəns] *n* صيانة [sˤija:na]
maize [meɪz] *n* ذُرَة [ðura]
majesty ['mædʒɪstɪ] *n* جلالة [ʒala:la]
major ['meɪdʒə] *adj* أساسي [ʔasa:sij]
majority [mə'dʒɒrɪtɪ] *n* الأغلبية [al-ʔaɣlabijjatu]
make [meɪk] *v* يَصْنَع [jasˤnaʕu]
makeover ['meɪkˌəʊvə] *n* تحول في المظهر [taḥawol fee almaḍhhar]
maker ['meɪkə] *n* صانع [sˤa:niʕ]
make up [meɪk ʌp] *v* يَخْتَلِق [jaxtaliqu]
make-up [meɪkʌp] *n* مستحضرات التجميل [Mostahdraat al-tajmeel]
malaria [mə'lɛərɪə] *n* ملاريا [mala:rja:]
Malawi [mə'lɑ:wɪ] *n* ملاوي [mala:wi:]
Malaysia [mə'leɪzɪə] *n* ماليزيا [ma:li:zja:]
Malaysian [mə'leɪzɪən] *adj* ماليزي [ma:li:zij] ▷ *n* شخص ماليزي [shakhṣ maleezey]
male [meɪl] *adj* ذَكَرِي [ðakarij] ▷ *n* ذَكَر [ðakar]
malicious [mə'lɪʃəs] *adj* خبيث [xabi:θ]
malignant [mə'lɪgnənt] *adj* خَبيث [xabi:θ]
malnutrition [ˌmælnju:'trɪʃən] *n* سوء التغذية [Sooa al taghdheyah]
Malta ['mɔ:ltə] *n* مالطة [ma:ltˤa]
Maltese [mɔ:l'ti:z] *adj* مالطي [ma:ltˤij] ▷ *n (language)* اللغة المالطية [Al-loghah al-malṭeyah], *(person)* مالطي [ma:ltˤij]
mammal ['mæməl] *n* لبون [labu:n]
mammoth ['mæməθ] *adj* ضخم [dˤaxm] ▷ *n* ماموث [ma:mu:θ]
man, men [mæn, mɛn] *n* رَجُل [raʒul]; **best man** *n* إشبين العريس [Eshbeen al-aroos]
manage ['mænɪdʒ] *v* يُدير [judi:ru]
manageable ['mænɪdʒəbᵊl] *adj* سهل القيادة [Sahl al-'qeyadah]
management ['mænɪdʒmənt] *n* إدارة [ʔida:ra]
manager ['mænɪdʒə] *n* مدير [mudi:r]; **I'd like to speak to the manager, please** من فضلك أرغب في التحدث إلى المدير [min faḍlak arghab fee al-taḥaduth ela al-mudeer]
manageress [ˌmænɪdʒə'rɛs; 'mænɪdʒəˌrɛs] *n* مديرة [mudi:ra]
mandarin ['mændərɪn] *n (fruit)* يوسفي [ju:sufij], *(official)* اللغة الصينية الرئيسية [Al-loghah al-Ṣeneyah alraeseyah]
mangetout ['mɑ̃ʒ'tu:] *n* بِسِلّة [bisallatin]
mango ['mæŋgəʊ] *n* مَنجا [manʒa:]
mania ['meɪnɪə] *n* هَوَس [hawas]
maniac ['meɪnɪˌæk] *n* مَجذوب [maʒðu:b]
manicure ['mænɪˌkjʊə] *n* تدريم الأظافر [Tadreem al-aḍhaafe] ▷ *v* يدرم [judarrimu]
manipulate [mə'nɪpjʊˌleɪt] *v* يُعالِج باليد [Yo'aalej bel-yad]
mankind [ˌmæn'kaɪnd] *n* بشرية [baʃarijja]
man-made ['mænˌmeɪd] *adj* من صنع الإنسان [Men ṣon'a al-ensan]
manner ['mænə] *n* سلوك [sulu:k]
manners ['mænəz] *npl* سلوكيات [sulu:kijja:tun]
manpower ['mænˌpaʊə] *n* قوة بشرية ['qowah bashareyah]
mansion ['mænʃən] *n* قصر ريفي ['qaṣr reefey]

mantelpiece ['mæntᵊl,piːs] *n* رف المستوقد [Raf al-mostaw'qed]
manual ['mænjʊəl] *n* دليل التشغيل [Daleel al-tashgheel]
manufacture [,mænjʊ'fæktʃə] *v* يُصَّنِع [jusˤsˤaniʕu]
manufacturer [,mænjʊ'fæktʃərə] *n* صاحب المصنع [Ṣaheb al-maṣna'a]
manure [mə'njʊə] *n* سماد عضوي [Semad 'aodwey]
manuscript ['mænjʊ,skrɪpt] *n* مخطوطة [maxtˤuːtˤa]
many ['mɛnɪ] *adj* كثير [kaθiːr] ▷ *pron* عديد [ʕadiːdun]
Maori ['maʊrɪ] *adj* ماوري [maːwrij] ▷ *n* *(language)* اللغة الماورية [Al-loghah al-mawreyah], *(person)* شخص ماوري [Shakhṣ mawrey]
map [mæp] *n* خريطة [xariːtˤa]; **road map** *n* خريطة الطريق [Khareeṭat al-ṭaree'q]; **street map** *n* خارطة الشارع [khareṭat al-share'a]; **Can I have a map?** هل يمكن أن أحصل على خريطة؟ [hal yamken an aḥṣal 'aala khareeṭa?]; **Can you draw me a map with directions?** هل يمكن أن ترسم لي خريطة للاتجاهات؟ [Hal yomken an tarsem le khareeṭah lel-etejahaat?]; **Can you show me where it is on the map?** هل يمكن أن أري مكانه على الخريطة؟ [Hal yomken an ara makanah ala al-khareeṭah]; **Do you have a map of the tube?** هل لديكم خريطة لمحطات المترو؟ [hal ladykum khareeṭa le-muḥat-aat al-metro?]; **I need a road map of...** أريد خريطة الطريق لـ... [areed khareeṭat al-ṭaree'q le...]; **Is there a cycle map of this area?** هل يوجد خريطة لهذه المنطقة؟ [hal yujad khareeṭa le-hadhy al-manṭa'qa?]; **Where can I buy a map of the area?** أي يمكن أن أشتري خريطة للمكان؟ [ayna yamkun an ash-tary khareeṭa lel-man-ṭa'qa?]
maple ['meɪpᵊl] *n* أشجار القيقب [Ashjaar al-'qay'qab]
marathon ['mærəθən] *n* سباق الماراثون [Seba'q al-marathon]
marble ['mɑːbᵊl] *n* رُخَام [ruxaːm]
march [mɑːtʃ] *n* سَيْر [sajr] ▷ *v* يَسِير [jasiːru]
March [mɑːtʃ] *n* مارس [maːris]
mare [mɛə] *n* فرس [faras]
margarine [,mɑːdʒə'riːn; ,mɑːgə-] *n* سَمْن نباتي [Samn nabatey]
margin ['mɑːdʒɪn] *n* هامش [haːmiʃ]
marigold ['mærɪ,gəʊld] *n* الأقحوان [al-ʔuqħuwaːnu]
marijuana [,mærɪ'hwɑːnə] *n* ماريجوانا [maːriːʒwaːnaː]
marina [mə'riːnə] *n* حوض مرسى السفن [Hawḍ marsa al-sofon]
marinade *n* [,mærɪ'neɪd] ماء مالح [Maa maleḥ] ▷ *v* ['mærɪ,neɪd] يُخلل [juxallilu]
marital ['mærɪtᵊl] *adj*; **marital status** *n* الحالة الاجتماعية [Al-halah al-ejtemaayah]
maritime ['mærɪ,taɪm] *adj* بحري [baħrij]
marjoram ['mɑːdʒərəm] *n* عُشب البَرْدَقُوش ['aoshb al-barda'qoosh]
mark [mɑːk] *n* علامة [ʕalaːma] ▷ *v* *(grade)* يُعْطِي علامة مدرسية [Yo'aṭey a'alaamah madraseyah], *(make sign)* يُوَسِم [juːsimu]; **exclamation mark** *n* علامة تعجب ['alamah ta'ajob]; **question mark** *n* علامة استفهام ['alamat estefham]; **quotation marks** *npl* علامات الاقتباس ['aalamat al-e'qtebas]
market ['mɑːkɪt] *n* سُوق [suːq]; **market research** *n* دراسة السوق [Derasat al-soo'q]; **stock market** *n* البورصة [al-buːrsˤatu]
marketing ['mɑːkɪtɪŋ] *n* تسويق [taswiːqu]
marketplace ['mɑːkɪt,pleɪs] *n* السوق [as-suːqi]
marmalade ['mɑːmə,leɪd] *n* هلام الفاكهة [Holam al-fakehah]
maroon [mə'ruːn] *adj* منبوذ [manbuːð]
marriage ['mærɪdʒ] *n* زواج [zawaːʒ]; **marriage certificate** *n* عقد زواج ['aa'qd zawaj]

married [ˈmærɪd] *adj* متزوج [mutazawwiʒ]
marrow [ˈmærəʊ] *n* نخاع العظم [Nokhaa'a al-'aḍhm]
marry [ˈmærɪ] *v* يَتَزوج [jatazawwaʒu]
marsh [mɑːʃ] *n* سبخة [sabxa]
martyr [ˈmɑːtə] *n* شهيد [ʃahi:d]
marvellous [ˈmɑːvᵊləs] *adj* مدهش [mudhiʃ]
Marxism [ˈmɑːksɪzəm] *n* الماركسية [al-ma:rkisijjatu]
marzipan [ˈmɑːzɪˌpæn] *n* مَرْزيبان [marzi:ba:n]
mascara [mæˈskɑːrə] *n* ماسكارا [ma:ska:ra:]
masculine [ˈmæskjʊlɪn] *adj* مذكر [muðakkar]
mask [mɑːsk] *n* قناع [qina:ʕ]
masked [mɑːskt; masked] *adj* متنكر [mutanakkir]
mass [mæs] *n (amount)* مقدار كبير [Me'qdaar kabeer], *(church)* قُدّاس [qudda:s]
massacre [ˈmæsəkə] *n* مذبحة [maðbaħa]
massage [ˈmæsɑːʒ; -sɑːdʒ] *n* تدليك [tadli:k]
massive [ˈmæsɪv] *adj* ضَخْم [dˤaxm]
mast [mɑːst] *n* صاري [sˤa:ri:]
master [ˈmɑːstə] *n* مدرس [mudarris] ▷ *v* يُتْقِن [jutqinu]
masterpiece [ˈmɑːstəˌpiːs] *n* رائعة [ra:ʔiʕa]
mat [mæt] *n* ممسحة أرجل [Memsahat arjol]; **mouse mat** *n* لوحة الفأرة [Looḥat al-faarah]
match [mætʃ] *n (partnership)* شريك حياة [Shareek al-ḥayah], *(sport)* مباراة [muba:ra:t] ▷ *v* يُضاهي [judˤa:hi:]; **away match** *n* مباراة الذهاب [Mobarat al-dhehab]; **home match** *n* مباراة الإياب في ملعب المضيف [Mobarat al-eyab fee mal'aab al-moḍeef]; **I'd like to see a football match** أود أن أشاهد مباراة كرة قدم؟ [awid an oshahed mubaraat korat 'qadam]
matching [mætʃɪŋ] *adj* مكافئ [muka:fiʔ]
mate [meɪt] *n* رفيق [rafi:q]
material [məˈtɪərɪəl] *n* مادة [ma:dda]
maternal [məˈtɜːnᵊl] *adj* متعلق بالأم [Mota'ale'q bel om]
mathematical [ˌmæθəˈmætɪkᵊl; ˌmæθˈmæt-] *adj* متعلق بالرياضيات(رياضي)
mathematics [ˌmæθəˈmætɪks; ˌmæθˈmæt-] *npl* رياضيات [rija:dˤijja:tun]
maths [mæθs] *npl* علم الرياضيات ['aelm al-reyaḍeyat]
matter [ˈmætə] *n* مسألة [masʔala] ▷ *v* يَهُم [jahummu]
mattress [ˈmætrɪs] *n* حشية [ħiʃʃa]
mature [məˈtjʊə; -ˈtʃʊə] *adj* ناضج [na:dˤiʒ]; **mature student** *n* طالب راشد [Ṭaleb rashed]
Mauritania [ˌmɒrɪˈteɪnɪə] *n* موريتانيا [mu:ri:ta:nja:]
Mauritius [məˈrɪʃəs] *n* موريتاني [mu:ri:ta:nij]
mauve [məʊv] *adj* بنفسجي [banafsaʒij]
maximum [ˈmæksɪməm] *adj* أقصى [ʔaqsˤa:] ▷ *n* حد أقصى [Had a'qsa]
may [meɪ] *v*; **May I call you tomorrow?** هل يمكن أن أتصل بك غدا؟ [hal yamken an ataṣel beka ghadan?]; **May I open the window?** هل يمكن أن أفتح النافذة؟ [hal yamken an aftaḥ al-nafidha?]
May [meɪ] *n* مايو [ma:ju:]
maybe [ˈmeɪˌbiː] *adv* رُبما [rubbama:]
mayonnaise [ˌmeɪəˈneɪz] *n* ميونيز [maju:ni:z]
mayor, mayoress [mɛə, ˈmɛərɪs] *n* مُحَافِظ [muħa:fizˤ]
maze [meɪz] *n* متاهة [mata:ha]
me [miː] *pron* إليّ [ʔilajja]
meadow [ˈmɛdəʊ] *n* أرض خضراء [Arḍ khaḍraa]
meal [miːl] *n* وجبة [waʒba]; **Could you prepare a meal without eggs?** هل يمكن إعداد وجبة خالية من البيض؟ [hal yamken e'adad wajba khaliya min al-bayḍ?]; **Could you prepare a meal without gluten?** هل يمكن إعداد وجبة

خالية من الجلوتين؟ [hal yamken e'adad wajba khaliya min al-jilo-teen?]; **The meal was delicious** كانت الوجبة شهية [kanat il-wajba sha-heyah]
mealtime ['miːlˌtaɪm] *n* وَقْت الطعام [Wa'qt al-ṭa'aaam]
mean [miːn] *adj* حقير [ħaqiːr] ▷ *v* يَقْصِد [jaqsˤidu]
meaning ['miːnɪŋ] *n* معنى [maʕnaː]
means [miːnz] *npl* وَسائِل [wasaːʔilun]
meantime ['miːnˌtaɪm] *adv* في غضون ذلك [Fee ghodoon ḏhalek]
meanwhile ['miːnˌwaɪl] *adv* خلال ذلك [Khelal dhalek]
measles ['miːzəlz] *npl* حصبة [ħasˤabatun]; **German measles** *n* حصبة ألمانية [Haṣbah al-maneyah]; **I had measles recently** أصبت مؤخرًا بمرض الحصبة [oṣebtu mu-akharan be-maraḍ al- ḥaṣba]
measure ['mɛʒə] *v* يَقْيس [jaqisu]; **tape measure** *n* شريط قياس [Shreeṭ 'qeyas]
measurements ['mɛʒəmənts] *npl* قياسات [qijaːsaːtun]
meat [miːt] *n* لحم [laħm]; **red meat** *n* لحم أحمر [Laḥm aḥmar]; **I don't eat red meat** لا أتناول اللحوم الحمراء [la ata- nawal al-liḥoom al-ḥamraa]; **The meat is cold** إن اللحم باردة [En al-laḥm baredah]; **This meat is off** هذه اللحم ليست طازجة [Hadheh al-lahm laysat ṭazejah]
meatball ['miːtˌbɔːl] *n* كرة لحم [Korat laḥm]
Mecca ['mɛkə] *n* مكة [makkatu]
mechanic [mɪ'kænɪk] *n* ميكانيكي [miːkaːniːkij]; **Can you send a mechanic?** هل يمكن أن ترسل لي ميكانيكي؟ [hal yamken an tarsil lee meka-neeky?]
mechanical [mɪ'kænɪkᵊl] *adj* ميكانيكي [miːkaːniːkij]
mechanism ['mɛkəˌnɪzəm] *n* تقنية [tiqnija]
medal ['mɛdᵊl] *n* ميدالية [miːdaːlijja]
medallion [mɪ'dæljən] *n* مدالية كبيرة [Medaleyah kabeerah]
media ['miːdɪə] *npl* وَسائِل الإعلام [Wasaael al-e'alaam]
mediaeval [ˌmɛdɪ'iːvᵊl] *adj* متعلق بالقرون الوسطى [Mot'aale'q bel-'qroon al-wosṭa]
medical ['mɛdɪkᵊl] *adj* طبي [tˤibbij] ▷ *n* فحص طبي شامل [Fahṣ ṭebey shamel]; **medical certificate** *n* شهادة طبية [Shehadah ṭebeyah]
medication [ˌmɛdɪ'keɪʃən] *n*; **I'm on this medication** أنني أتبع هذا العلاج [ina-ny atba'a hadha al-'aelaaj]
medicine ['mɛdɪsɪn; 'mɛdsɪn] *n* دَوَاء [dawaːʔ]
meditation [ˌmɛdɪ'teɪʃən] *n* تَأمُّل [taʔammul]
Mediterranean [ˌmɛdɪtə'reɪnɪən] *adj* متوسطي [mutawassitˤij] ▷ *n* البحر المتوسط [Al-bahr al-motawaseṭ]
medium ['miːdɪəm] *adj (between extremes)* معتدل [muʕtadil]
medium-sized ['miːdɪəmˌsaɪzd] *adj* متوسط الحجم [Motawaseṭ al-hajm]
meet [miːt] *vi* يَجتَمِع [jaʒtamiʕu] ▷ *vt* يُقَابِل [juqaːbilu]
meeting ['miːtɪŋ] *n* اجتماع [ʔiʒtimaːʕ]; **I'd like to arrange a meeting with...** أرغب في ترتيب إجراء اجتماع مع.....؟ [arghab fee tar-teeb ejraa ejtemaa ma'aa...]
meet up [miːt ʌp] *v* يَلْتَقِي ب [Yalta'qey be]
mega ['mɛgə] *adj* كبير [kabiːr]
melody ['mɛlədɪ] *n* لحن [laħn]
melon ['mɛlən] *n* شَمَّام [ʃammaːm]
melt [mɛlt] *vi* يَذوب [jaðuːbu] ▷ *vt* يُذِيب [juðiːbu]
member ['mɛmbə] *n* عضو [ʕudˤw]; **Do I have to be a member?** هل يجب علي أن أكون عضوا؟ [hal yajib 'aala-ya an akoon 'auḍwan?]
membership ['mɛmbəˌʃɪp] *n* عضوية [ʕudˤwijja]; **membership card** *n* بطاقة عضوية [Beṭaqat 'aodweiah]

meme [miːm] *n* صورة معدلة طريفة [sˁuːra muʕaddala tˁariːfa]
memento [mɪˈmɛntəʊ] *n* التذكِرة [at-taðkiratu]
memo [ˈmɛməʊ; ˈmiːməʊ] *n* مذكرة [muðakkira]
memorial [mɪˈmɔːrɪəl] *n* نُصُب تذكاري [Noṣob tedhkarey]
memorize [ˈmɛməˌraɪz] *v* يَحفظ [jaħfazˁu]
memory [ˈmɛmərɪ] *n* ذَاكِرة [ðaːkira]; **memory card** *n* كارت ذاكرة [Kart dhakerah]
mend [mɛnd] *v* يُصْلِح [jusˁliħu]
meningitis [ˌmɛnɪnˈdʒaɪtɪs] *n* التهاب السحايا [Eltehab al-sahaya]
menopause [ˈmɛnəʊˌpɔːz] *n* سِن اليأس [Sen al-yaas]
menstruation [ˌmɛnstrʊˈeɪʃən] *n* طَمْثْ [tˁamθ]
mental [ˈmɛntᵊl] *adj* عقلي [ʕaqlij]
mentality [mɛnˈtælɪtɪ] *n* عقلية [ʕaqlijja]
mention [ˈmɛnʃən] *v* يَذْكُر [jaðkuru]
menu [ˈmɛnjuː] *n* قائمة طعام [ˈqaemat ṭaˈaam]; **set menu** *n* قائمة مجموعات الأغذية [ˈqaemat majmoˈaat al-oghneyah]
mercury [ˈmɜːkjʊrɪ] *n* زئبق [ziʔbaq]
mercy [ˈmɜːsɪ] *n* رحمة [raħma]
mere [mɪə] *adj* مجرد [muʒarrad]
merge [mɜːdʒ] *v* يَدمِج [judmiʒu]
merger [ˈmɜːdʒə] *n* دَمْج [damʒ]
meringue [məˈræŋ] *n* ميرنجو [miːrinʒuː]
merry [ˈmɛrɪ] *adj* بهيج [bahiːʒ]
merry-go-round [ˈmɛrɪgəʊˈraʊnd] *n* دوامة الخيل [Dawamat al-kheel]
mess [mɛs] *n* فوضى [fawdˁaː]
mess about [mɛs əˈbaʊt] *v* يَتلخبط [jatalaxbatˁu]
message [ˈmɛsɪdʒ] *n* رسالة [risaːla]; **text message** *n* رسالة نصية [Resalah naṣeyah]; **Can I leave a message with his secretary?** هل يمكنني ترك رسالة مع السكرتير الخاص به؟ [hal yamken -any tark resala maʼaa al-sikertair al-khaṣ behe?]; **Can I leave a message?** هل يمكن أن أترك رسالة؟ [hal yamken an atruk resala?]
messenger [ˈmɛsɪndʒə] *n* رسول [rasuːl]
mess up [mɛs ʌp] *v* يُخطِئ [juxtˁiʔ]
messy [ˈmɛsɪ] *adj* فوضوي [fawdˁawij]
metabolism [mɪˈtæbəˌlɪzəm] *n* عملية الأيض [ˈamaleyah al-abyaḍ]
metal [ˈmɛtᵊl] *n* معدن [maʕdin]
meteorite [ˈmiːtɪəˌraɪt] *n* حُطام النيزك [Ḥoṭaam al-nayzak]
meter [ˈmiːtə] *n* عداد [ʕaddaːd]; **parking meter** *n* عداد وقوف السيارة [ˈadaad woˈqoof al-sayarah]; **Do you have change for the parking meter?** هل معك نقود فكه لعداد موقف الانتظار؟ [Hal maˈak neˈqood fakah leˈadad mawˈqaf al-ente ḍhar?]; **Where is the electricity meter?** أين يوجد عداد الكهرباء؟ [ayna yujad ʻaadad al-kah-raba?]; **Where is the gas meter?** أين يوجد عداد الغاز؟ [ayna yujad ʻaadad al-ghaz?]
method [ˈmɛθəd] *n* طريقة [tˁariːqa]
Methodist [ˈmɛθədɪst] *adj* منهجي [manhaʒij]
metre [ˈmiːtə] *n* متر [mitr]
metric [ˈmɛtrɪk] *adj* متري [mitrij]
Mexican [ˈmɛksɪkən] *adj* مكسيكي [miksiːkij] ▷ *n* مكسيكي [miksiːkij]
Mexico [ˈmɛksɪˌkəʊ] *n* المكسيك [al-miksiːku]
microchip [ˈmaɪkrəʊˌtʃɪp] *n* شريحة صغيرة [Shareehat ṣagheerah]
microphone [ˈmaɪkrəˌfəʊn] *n* ميكروفون [miːkuruːfuːn]; **Does it have a microphone?** هل يوجد ميكروفون؟ [hal yujad mekro-fon?]
microscope [ˈmaɪkrəˌskəʊp] *n* ميكروسكوب [miːkuruːskuːb]
mid [mɪd] *adj* أوسط [ʔawsatˁ]
midday [ˈmɪdˈdeɪ] *n* منتصف اليوم [Montaṣaf al-yawm]; **at midday** عند منتصف اليوم [ˈaenda muntaṣaf al-yawm]

middle [ˈmɪdᵊl] *n* وَسَط [wasatˤ]; **Middle Ages** *npl* العصور الوسطى [Al-'aoṣoor al-woṣṭa]; **Middle East** *n* الشرق الأوسط [Al-shar'q al-awṣaṭ]
middle-aged [ˈmɪdᵊlˌeɪdʒɪd] *adj* كهل [kahl]
middle-class [ˈmɪdᵊlˌklɑːs] *adj* من الطبقة الوسطى [men al-Ṭaba'qah al-wosṭa]
midge [mɪdʒ] *n* ذُبَابَة صغيرة [Dhobabah ṣagheerah]
midnight [ˈmɪdˌnaɪt] *n* منتصف الليل [montaṣaf al-layl]; **at midnight** عند منتصف الليل ['aenda muntaṣaf al-layl]
midwife, midwives [ˈmɪdˌwaɪf, ˈmɪdˌwaɪvz] *n* قَابِلَة [qa:bila]
migraine [ˈmiːɡreɪn; ˈmaɪ-] *n* صداع النصفي [Ṣoda'a al-naṣfey]
migrant [ˈmaɪɡrənt] *adj* مهاجر [muha:ʒir] ▷ *n* مُهاجِر [muha:ʒir]
migration [maɪˈɡreɪʃən] *n* هجرة [hiʒra]
mike [maɪk] *n* ميكروفون [mi:kuru:fu:n]
mild [maɪld] *adj* لطيف [latˤi:f]
mile [maɪl] *n* مِيل [mi:l]
mileage [ˈmaɪlɪdʒ] *n* مسافة بالميل [Masafah bel-meel]
mileometer [maɪˈlɒmɪtə] *n* عداد الأميال المقطوعة ['adaad al-amyal al-ma'qto'aah]
military [ˈmɪlɪtərɪ; -trɪ] *adj* عسكري [ʕaskarij]
milk [mɪlk] *n* حليب [ħali:b] ▷ *v* يَحلِب [jaħlibu]; **baby milk** *n* لبن أطفال [Laban aṭfaal]; **milk chocolate** *n* شيكولاتة باللبن [Shekolata bel-laban]; **semi-skimmed milk** *n* حليب نصف دسم [Haleeb nesf dasam]; **skimmed milk** *n* حليب منزوع الدسم [Haleeb manzoo'a al-dasam]; **UHT milk** *n* لبن مبستر [Laban mobaster]; **with the milk separate** بالحليب دون خلطه [bil ḥaleeb doon khal-ṭuho]
milkshake [ˈmɪlkˌʃeɪk] *n* مخفوق الحليب [Makhfoo'q al-ḥaleeb]
mill [mɪl] *n* طاحونة [tˤa:ħu:na]
millennium [mɪˈlɛnɪəm] *n* الألفية [al-ʔalfijjatu]
millimetre [ˈmɪlɪˌmiːtə] *n* مليمتر [mili:mitr]
million [ˈmɪljən] *n* مليون [milju:n]
millionaire [ˌmɪljəˈnɛə] *n* مليونير [milju:ni:ru]
mimic [ˈmɪmɪk] *v* يُحاكِي [juħa:ki:]
mince [mɪns] *v* لحم مفروم [Laḥm mafroom]
mind [maɪnd] *n* عقل [ʕaqil] ▷ *v* يهتم [jahtammu]
mine [maɪn] *n* منجم [manʒam] ▷ *pron* ملكي
miner [ˈmaɪnə] *n* عامل مناجم ['aamel manajem]
mineral [ˈmɪnərəl; ˈmɪnrəl] *adj* غير عضوي [Ghayer 'aoḍwey] ▷ *n* مادة غير عضوية [Madah ghayer 'aodweyah]; **mineral water** *n* مياه معدنية [Meyah ma'adaneyah]
miniature [ˈmɪnɪtʃə] *adj* مُصَغَر [musˤaɣɣar] ▷ *n* شَكْل مُصَغَّر [Shakl moṣaghar]
minibar [ˈmɪnɪˌbɑː] *n* ثلاجة صغيرة [Thallaja ṣagheerah]
minibus [ˈmɪnɪˌbʌs] *n* ميني باص [Meny baas]
minicab [ˈmɪnɪˌkæb] *n* سيارة أجرة صغيرة [Sayarah ojrah ṣagherah]
minimal [ˈmɪnɪməl; ˈminimal] *adj* أدنى [ʔadna:]
minimize [ˈmɪnɪˌmaɪz] *v* يُخفِض إلى الحد الأدنى [juxfidˤu ʔila: alħaddi alʔadna:]
minimum [ˈmɪnɪməm] *adj* أدنى [ʔadna:] ▷ *n* حد أدنى [Had adna]
mining [ˈmaɪnɪŋ] *n* تعدين [taʕdi:n]
miniskirt [ˈmɪnɪˌskɜːt] *n* جونلة قصيرة [Jonelah 'qaṣeerah]
minister [ˈmɪnɪstə] *n* *(clergy)* كاهن [ka:hin], *(government)* وزير [wazi:r]; **prime minister** *n* رئيس الوزراء [Raees al-wezaraa]
ministry [ˈmɪnɪstrɪ] *n* *(government)* وزارة [wiza:ra], *(religion)* كهنوت [kahnu:t]
mink [mɪŋk] *n* حيوان المِنْك [Ḥayawaan almenk]

minor ['maɪnə] *adj* ثانوي [θa:nawij] ▷ *n* شخص قاصر [Shakhṣ 'qaṣer]
minority [maɪ'nɒrɪtɪ; mɪ-] *n* أقلية [ʔaqallija]
mint [mɪnt] *n (coins)* دار سك العملة [Daar ṣaak al'aomlah], *(herb/sweet)* نعناع [naʕna:ʕ]
minus ['maɪnəs] *prep* طَرْح
minute *adj* [maɪ'nju:t] دقيق الحجم [Da'qee'q al-hajm] ▷ *n* ['mɪnɪt] دقيقة [daqi:qa]; **Could you watch my bag for a minute, please?** من فضلك، هل يمكن أن أترك حقيبتي معك لدقيقة واحدة؟ [min faḍlak, hal yamkin an atrik ḥa'qebaty ma'aak le-da'qe'qa waḥeda?]
miracle ['mɪrəkᵊl] *n* معجزة [muʕʒiza]
mirror ['mɪrə] *n* مرآة [mirʔa:t]; **rear-view mirror** *n* مرآة الرؤية الخلفية [Meraah al-roayah al-khalfeyah]; **wing mirror** *n* مرآة جانبية [Meraah janebeyah]
misbehave [ˌmɪsbɪ'heɪv] *v* يُسيء التصرف [Yoseea altaṣarof]
miscarriage [mɪs'kærɪdʒ] *n* إجهاض تلقائي [Ejhaḍ tel'qaaey]
miscellaneous [ˌmɪsə'leɪnɪəs] *adj* متنوع [mutanawwiʕ]
mischief ['mɪstʃɪf] *n* إزعاج [ʔizʕa:ʒ]
mischievous ['mɪstʃɪvəs] *adj* مؤذ [muʔðin]
miser ['maɪzə] *n* بَخيل [baxi:l]
miserable ['mɪzərəbᵊl; 'mɪzrə-] *adj* تعيس [taʕi:s]
misery ['mɪzərɪ] *n* بؤس [buʔs]
misfortune [mɪs'fɔ:tʃən] *n* سوء الحظ [Soa al-ḥadh]
mishap ['mɪshæp] *n* حظ عاثر [Hadh 'aaer]
misjudge [ˌmɪs'dʒʌdʒ] *v* يُخطئ في الحكم على [yokhṭea fee al-ḥokm ala]
mislay [mɪs'leɪ] *v* يضيّع [judʕajjiʕu]
misleading [mɪs'li:dɪŋ; mis'leading] *adj* مُضَلِل [mudʕallil]
misprint ['mɪsˌprɪnt] *n* خطأ مطبعي [Khata matba'aey]
miss [mɪs] *v* يفتقد [jaftaqidu]
Miss [mɪs] *n* آنسة [ʔa:nisa]
missile ['mɪsaɪl] *n* قذيفة صاروخية ['qadheefah ṣarookheyah]
missing ['mɪsɪŋ] *adj* مفقود [mafqu:d]
missionary ['mɪʃənərɪ] *n* مُبَشِر [mubaʃʃir]
mist [mɪst] *n* شَبُورة [ʃabuwra]
mistake [mɪ'steɪk] *n* غلط [ɣalatʕ] ▷ *v* يُخطئ [juxtʕiju]
mistaken [mɪ'steɪkən] *adj* مخطئ [muxtʕiʔ]
mistakenly [mɪ'steɪkənlɪ] *adv* عن طريق الخطأ [Aan ṭaree'q al-khataa]
mistletoe ['mɪsᵊlˌtəʊ] *n* نبات الهُدَال [Nabat al-hoddal]
mistress ['mɪstrɪs] *n* خليلة [xali:la]
misty ['mɪstɪ] *adj* ضبابي [dʕaba:bij]
misunderstand [ˌmɪsʌndə'stænd] *v* يُسِئ فهم [Yoseea fahm]
misunderstanding [ˌmɪsʌndə'stændɪŋ] *n* سوء فهم [Soa fahm]
mitten ['mɪtᵊn] *n* قفاز يغطي الرسغ ['qoffaz yoghaṭey al-rasgh]
mix [mɪks] *n* مزيج [mazi:ʒ] ▷ *v* يمزج [jamziʒu]
mixed [mɪkst] *adj* مخلوط [maxlu:tʕ]; **mixed salad** *n* سلاطة مخلوطة [Salata makhloṭa]
mixer ['mɪksə] *n* خلاط [xala:atʕ]
mixture ['mɪkstʃə] *n* خليط [xali:tʕ]
mix up [mɪks ʌp] *v* يَخلِط [jaxlitʕu]
mix-up [mɪksʌp] *n* تشوش [taʃawwuʃ]
MMS [ɛm ɛm ɛs] *abbr* خدمة رسائل الوسائط المتعددة [Khedmat rasael al-wasaaeṭ almota'aadedah]
moan [məʊn] *v* يَنْدُب [jandubu]
moat [məʊt] *n* خَنْدَق مائي [Khanda'q maaey]
mobile ['məʊbaɪl] *adj* مُتَحَرِّكٌ [mutaħarrik]; **mobile home** *n* منزل متحرك [Mazel motaḥarek]; **mobile number** *n* رقم المحمول [Ra'qm almahmool]; **mobile phone** *n* هاتف جوال [Hatef jawal]
mock [mɒk] *adj* مُزَوَر [muzawwir] ▷ *v* يَهزأ ب [Yah-zaa be]

mod cons ['mɒd kɒnz] *npl* وسائل الراحة الحديثة [Wasael al-rahah al-hadethah]
model ['mɒdᵊl] *adj* مثالي [miθa:lij] ▷ *n* طراز [tˁira:z] ▷ *v* يُشَكِل [juʃakkilu]
modem ['məʊdɛm] *n* مودم [mu:dim]
moderate ['mɒdərɪt] *adj* متوسط [mutawassitˁ]
moderation [ˌmɒdə'reɪʃən] *n* اعتدال [iʕtida:l]
modern ['mɒdən] *adj* عصري [ʕasˁrij]; **modern languages** *npl* لغات حديثة [Loghat hadethah]
modernize ['mɒdəˌnaɪz] *v* يُحَدِث [juħaddiθu]
modest ['mɒdɪst] *adj* معتدل [muʕtadil]
modification [ˌmɒdɪfɪ'keɪʃən] *n* تعديل [taʕdi:l]
modify ['mɒdɪˌfaɪ] *v* يُعَدِل [juʕadilu]
module ['mɒdju:l] *n* وحدة قياس [Weḥdat 'qeyas]
moist [mɔɪst] *adj* مُبْتَل [mubtall]
moisture ['mɔɪstʃə] *n* نداوة [nada:wa]
moisturizer ['mɔɪstʃəˌraɪzə; 'moistuˌrizer; 'moistuˌriser] *n* مرطب [muratˁtˁib]
Moldova [mɒl'dəʊvə] *n* مولدافيا [mu:lda:fja:]
Moldovan [mɒl'dəʊvən] *adj* مولدافي [mu:lda:fij] ▷ *n* مولدافي [mu:lda:fij]
mole [məʊl] *n (infiltrator)* حاجز الأمواج [Hajez al-amwaj], *(mammal)* الخُلْد [al-xuldu], *(skin)* خال [xa:l]
molecule ['mɒlɪˌkju:l] *n* جزيء [ʒuzajʔ]
moment ['məʊmənt] *n* لحظة [laħzˁa]; **Just a moment, please** لحظة واحدة من فضلك [laḥḍha waheda min faḍlak]
momentarily ['məʊməntərəlɪ; -trɪlɪ] *adv* كل لحظة [Kol laḥḍhah]
momentary ['məʊməntərɪ; -trɪ] *adj* خاطف [xa:tˁif]
momentous [məʊ'mɛntəs] *adj* هام جداً [Ham jedan]
Monaco ['mɒnəˌkəʊ; mə'nɑ:kəʊ; mɔnako] *n* موناكو [mu:na:ku:]
monarch ['mɒnək] *n* ملك [milk]
monarchy ['mɒnəkɪ] *n* أُسرة حَاكمة [Osrah ḥakemah]
monastery ['mɒnəstərɪ; -strɪ] *n* دَيْر [dajr]
Monday ['mʌndɪ] *n* الإثنين [al-ʔiθnajni]
monetary ['mʌnɪtərɪ; -trɪ] *adj* متعلق بالعملة [Mota'ale'q bel-'omlah]
money ['mʌnɪ] *n* مال [ma:l]; **money belt** *n* حزام لحفظ المال [Hezam lehefḍh almal]; **pocket money** *n* مصروف الجيب [Maṣroof al-jeeb]; **Could you lend me some money?** هل يمكن تسليفي بعض المال؟ [hal yamken tas-leefy ba'aḍ al-maal?]; **I have no money** ليس معي مال [laysa ma'ay maal]; **I have run out of money** لقد نفذ مالي [la'qad nafatha malee]
Mongolia [mɒŋ'gəʊlɪə] *n* منغوليا [manɣu:lja:]
Mongolian [mɒŋ'gəʊlɪən] *adj* منغولي [manɣu:lij] ▷ *n (language)* اللغة المنغولية [Al-koghah al-manghooleyah], *(person)* منغولي [manɣu:lij]
mongrel ['mʌŋgrəl] *n* هجين [haʒi:n]
monitor ['mɒnɪtə] *n* شاشة [ʃa:ʃa]
monk [mʌŋk] *n* راهب [ra:hib]
monkey ['mʌŋkɪ] *n* قرد [qird]
monopoly [mə'nɒpəlɪ] *n* احتكار [iħtika:r]
monotonous [mə'nɒtənəs] *adj* مُمِل [mumill]
monsoon [mɒn'su:n] *n* ريح موسمية [Reeḥ mawsemeyah]
monster ['mɒnstə] *n* مسخ [masx]
month [mʌnθ] *n* شَهْر [ʃahr]
monthly ['mʌnθlɪ] *adj* شهري [ʃahrij]
monument ['mɒnjʊmənt] *n* مبنى نُصُب تذكاري [Mabna noṣob tedhkarey]
mood [mu:d] *n* حالة مزاجية [Halah mazajeyah]
moody ['mu:dɪ] *adj* متقلب المزاج [Mota'qaleb al-mazaj]
moon [mu:n] *n* قمر [qamar]; **full moon** *n* بَدْر [badrun]
moor [mʊə; mɔ:] *n* أرض سبخة [Arḍ sabkha] ▷ *v* يُوثِق [ju:θiqu]

mop [mɒp] *n* ممسحة تنظيف [Mamsaḥat tandheef]
moped ['məʊpɛd] *n* دراجة آلية [darrajah aaleyah]
mop up [mɒp ʌp] *v* يمسح [jamsaħu]
moral ['mɒrəl] *adj* (معنوي) أخلاقي [ʔaxla:qij] ▷ *n* مغزى [mayzan]
morale [mɒ'rɑ:l] *n* معنويات [maʕnawijja:t]
morals ['mɒrəlz] *npl* أخلاقيات [ʔaxla:qijja:tun]
more [mɔ:] *adj* أكثر [ʔakθaru] ▷ *adv* بدرجة أكبر [Be-darajah akbar] ▷ *pron* أكثر [ʔakθaru]; **Could you speak more slowly, please?** هل يمكن أن تتحدث ببطء أكثر إذا سمحت؟ [hal yamken an tata-ḥadath be-buṭi akthar edha samaḥt?]
morgue [mɔ:g] *n* مشرحة [maʃraħa]
morning ['mɔ:nɪŋ] *n* صباح [sˤaba:ħ]; **morning sickness** *n* غثيان الصباح [Ghathayan al-ṣabaḥ]; **Good morning** صباح الخير [ṣabaḥ al-khyer]; **in the morning** في الصباح [fee al-ṣabaḥ]; **I will be leaving tomorrow morning at ten a.m.** سوف أغادر غدا في الساعة العاشرة صباحا [sawfa oghader ghadan fee al-sa'aa al-'aashera ṣaba-han]; **I've been sick since this morning** منذ الصباح وأنا أعاني من المرض [mundho al-ṣabaah wa ana o'aany min al-maraḍ]; **Is the museum open in the morning?** هل المتحف مفتوح في الصباح؟ [hal al-mat-ḥaf maf-tooḥ fee al-ṣabaḥ]; **this morning** هذا الصباح [hatha al-ṣabaḥ]; **tomorrow morning** غدًا في الصباح [ghadan fee al-ṣabaḥ]
Moroccan [mə'rɒkən] *adj* مغربي [mayribij] ▷ *n* مغربي [mayribij]
Morocco [mə'rɒkəʊ] *n* المغرب [almayribu]
morphine ['mɔ:fi:n] *n* مورفين [mu:rfi:n]
Morse [mɔ:s] *n* مورس [mu:ris]
mortar ['mɔ:tə] *n (military)* مدفع الهاون [Madafa'a al-hawon], *(plaster)* ملاط [mala:tˤ]
mortgage ['mɔ:gɪdʒ] *n* رَهْن [rahn] ▷ *v* يَرْهن [jarhanu]
mosaic [mə'zeɪɪk] *n* فسيفساء [fusajfisa:ʔ]
Moslem ['mɒzləm] *adj* مُسلِم [muslim] ▷ *n* مُسْلِم [muslim]
mosque [mɒsk] *n* جامع [ʒa:miʕ]
mosquito [mə'ski:təʊ] *n* بعوضة [baʕu:dˤa]
moss [mɒs] *n* طُحْلُب [tˤuħlub]
most [məʊst] *adj* أقصى [ʔaqsˤa:] ▷ *adv (superlative)* إلى جد بعيد [Ela jad ba'aeed] ▷ *n (majority)* مُعظَم
mostly ['məʊstlɪ] *adv* في الأغلب [Fee al-aghlab]
MOT [ɛm əʊ ti:] *abbr* وزارة النقل [wiza:ratu annaqli]
motel [məʊ'tɛl] *n* استراحة [istira:ħa]
moth [mɒθ] *n* عثة [ʕaθθa]
mother ['mʌðə] *n* أم [ʔumm]; **mother tongue** *n* اللغة الأم [Al loghah al om]; **surrogate mother** *n* الأم البديلة [al om al badeelah]
mother-in-law ['mʌðə ɪn lɔ:] *(pl* **mothers-in-law**) *n* الحماة [al-ħama:tu]
motionless ['məʊʃənlɪs] *adj* ساكن [sa:kin]
motivated ['məʊtɪˌveɪtɪd] *adj* محفز [muħaffiz]
motivation [ˌməʊtɪ'veɪʃən; ˌmoti'vation] *n* تحفيز [taħfi:z]
motive ['məʊtɪv] *n* حافز [ħa:fiz]
motor ['məʊtə] *n* موتور [mawtu:r]; **motor mechanic** *n* ميكانيكي السيارات [Mekaneekey al-sayarat]; **motor racing** *n* سباق سيارات [Seba'q sayarat]
motorbike ['məʊtəˌbaɪk] *n* دراجة بمحرك [Darrajah be-moharrek]
motorboat ['məʊtəˌbəʊt] *n* زورق بمحرك [Zawra'q be-moḥ arek]
motorcycle ['məʊtəˌsaɪkᵊl] *n* دراجة نارية [Darrajah narreyah]
motorcyclist ['məʊtəˌsaɪklɪst] *n* سائق دراجة بخارية [Sae'q drajah bokhareyah]
motorist ['məʊtərɪst] *n* سائق سيارة [Saae'q sayarah]

motorway [ˈməʊtəˌweɪ] *n* طريق السيارات [ṭaree'q alsayaraat]
mould [məʊld] *n (fungus)* عفن [ʕafan], *(shape)* قالب [qa:lab]
mouldy [ˈməʊldɪ] *adj* متعفن [mutaʕaffin]
mount [maʊnt] *v* يَرتفع [jartafiʕu]
mountain [ˈmaʊntɪn] *n* جبل [ʒabal]; **mountain bike** *n* دراجة الجبال [Darrajah al-jebal]; **Where is the nearest mountain rescue service post?** أين يوجد أقرب مركز لخدمة الإنقاذ بالجبل؟ [ayna yujad a'qrab markaz le-khedmat al-en-'qaadh bil-jabal?]
mountaineer [ˌmaʊntɪˈnɪə] *n* متسلق الجبال [Motasale'q al-jebaal]
mountaineering [ˌmaʊntɪˈnɪərɪŋ] *n* تسلق الجبال [Tasalo'q al-jebal]
mountainous [ˈmaʊntɪnəs] *adj* جبلي [ʒabalij]
mount up [maʊnt ʌp] *v* يزيد من [Yazeed men]
mourning [ˈmɔːnɪŋ] *n* حداد [ħida:d]
mouse, mice [maʊs, maɪs] *n* فأر [faʔr]; **mouse mat** *n* لوحة الفأرة [Looḥat al-faarah]
mousse [muːs] *n* كريمة شيكولاتة [Kareemat shekolatah]
moustache [məˈstɑːʃ] *n* شارب [ʃa:rib]
mouth [maʊθ] *n* فم [fam]; **mouth organ** *n* آلة الهرمونيكا الموسيقية [Alat al-harmoneeka al-mose'qeyah]
mouthwash [ˈmaʊθˌwɒʃ] *n* غسول الفم [Ghasool al-fam]
move [muːv] *n* انتقال [intiqa:l] ▷ *vi* يَتَحرك [jataħarraku] ▷ *vt* يُحَرك [jaħarrik]
move back [muːv bæk] *v* يَتَحرك للخلف [Yatḥarak lel-khalf]
move forward [muːv fɔːwəd] *v* يَتَحرك إلى الأمام [Yatḥarak lel-amam]
move in [muːv ɪn] *v* ينتقل [jantaqilu]
movement [ˈmuːvmənt] *n* حركة [ħaraka]
movie [ˈmuːvɪ] *n* فيلم [fi:lm]
moving [ˈmuːvɪŋ] *adj* متحرك [mutaħarriki]
mow [məʊ] *v* يُجزُّ [jaʒuzzu]
mower [ˈməʊə] *n* جَزّازة [ʒazza:za]
Mozambique [ˌməʊzəmˈbiːk] *n* موزمبيق [mu:zambi:q]
mph [maɪlz pə aʊə] *abbr* مِيل لكل ساعة [Meel lekol sa'aah]
Mr [ˈmɪstə] *n* السيد [asajjidu]
Mrs [ˈmɪsɪz] *n* السيدة [asajjidatu]
Ms [mɪz; məs] *n* لَقَب للسَّيِّدَه أو الآنِسه [laqaba lissajjidati ʔaw alʔa:nisati]
MS [mɪz; məs] *abbr* مرض تصلب الأنسجة المتعددة [Maraḍ taṣalob al-ansejah al-mota'adedah]
much [mʌtʃ] *adj* كثير [kaθi:r] ▷ *adv* كثير [kaθi:run] , كثيرا [kaθi:ran]; **There's too much... in it** يوجد به الكثير من... [yujad behe al-kather min...]
mud [mʌd] *n* طين [tʕi:n]
muddle [ˈmʌdᵊl] *n* تشوش [taʃawwuʃ]
muddy [ˈmʌdɪ] *adj* موحل [mu:ħil]
mudguard [ˈmʌdˌɡɑːd] *n* رفرف العجلة [Rafraf al-'ajalah]
muesli [ˈmjuːzlɪ] *n* حبوب الميوسلي [Ḥoboob al-meyosley]
muffler [ˈmʌflə] *n* لفاع [lifa:ʕ]
mug [mʌɡ] *n* مَجّ [maʒʒ] ▷ *v* يهاجم بقصد السرقة [Yohajem be'qaṣd al-sare'qah]
mugger [ˈmʌɡə] *n* تمساح نهري أسيوي [Temsaah nahrey asyawey]
mugging [mʌɡɪŋ] *n* هجوم للسرقة [Hojoom lel-sare'qah]
muggy [ˈmʌɡɪ] *adj*; **It's muggy** الجو رطب [al-jaw raṭb]
mule [mjuːl] *n* بَغْل [baɣl]
multinational [ˌmʌltɪˈnæʃənᵊl] *adj* متعدد الجنسيات [Mota'aded al-jenseyat] ▷ *n* شركة متعددة الجنسيات [Shreakah mota'adedat al-jenseyat]
multiple [ˈmʌltɪpᵊl] *adj*; **multiple sclerosis** *n* تَلَيُّف عصبي متعدد [Talayof 'aaṣabey mota'aded]
multiplication [ˌmʌltɪplɪˈkeɪʃən] *n* مضاعفة [mudʕa:ʕafa]
multiply [ˈmʌltɪˌplaɪ] *v* يُكْثِر [jukθiru]
mum [mʌm] *n* ماما [ma:ma:]
mummy [ˈmʌmɪ] *n (body)* مومياء

[mu:mja:?], *(mother)* ماما [ma:ma:]
mumps [mʌmps] *n* التهاب الغدة النكفية [Eltehab alghda alnokafeyah]
murder ['mɜ:də] *n* جريمة قتل [Jareemat 'qatl] ▷ *v* يقتل عمداً [Ya'qtol 'aamdan]
murderer ['mɜ:dərə] *n* قاتل [qa:til]
muscle ['mʌsᵊl] *n* عضلة [ʕadˤala]
muscular ['mʌskjʊlə] *adj* عضلي [ʕadˤalij]
museum [mju:'zɪəm] *n* متحف [matħaf]; **Is the museum open every day?** هل المتحف مفتوح طوال الأسبوع؟ [hal al-mat-ḥaf maf-tooḥ ṭiwaal al-isboo'a?]; **When is the museum open?** متى يُفتح المتحف؟ [mata yoftaḥ al-matḥaf?]
mushroom ['mʌʃru:m; -rʊm] *n* عيش الغراب ['aaysh al-ghorab]
music ['mju:zɪk] *n* موسيقى [mu:si:qa:]; **folk music** *n* موسيقى شعبية [Mose'qa sha'abeyah]; **music centre** *n* مركز موسيقى [Markaz mose'qa]; **Where can we hear live music?** أين يمكننا الاستماع إلى موسيقى حية؟ [ayna yamken-ana al-istima'a ela mose'qa ḥay-a?]
musical ['mju:zɪkᵊl] *adj* موسيقي [mu:si:qij] ▷ *n* مسرحية موسيقية [Masraḥeyah mose'qeya]; **musical instrument** *n* آلة موسيقية [Aala mose'qeyah]
musician [mju:'zɪʃən] *n* عازف موسيقى ['aazef mose'qaa]
Muslim ['mʊzlɪm; 'mʌz-] *adj* مُسلِم [muslim] ▷ *n* مُسْلِم [muslim]
mussel ['mʌsᵊl] *n* أم الخُلُول [Om al-kholool]
must [mʌst] *v* يَجب [jaʒibu]
mustard ['mʌstəd] *n* خردل [xardal]
mutter ['mʌtə] *v* يُغَمْغِم [juɣamɣimu]
mutton ['mʌtᵊn] *n* لحم ضأن [Lahm ḍaan]
mutual ['mju:tʃʊəl] *adj* متبادل [mutaba:dal]
my [maɪ] *pron* ي: ضمير المتكلم المضاف إليه
Myanmar ['maɪænma:; 'mjænma:] *n* ميانمار [mija:nma:r]
myself [maɪ'sɛlf] *pron* نفسي [nafsijjun]
mysterious [mɪ'stɪərɪəs] *adj* غامض [ɣa:midˤ]
mystery ['mɪstərɪ] *n* غموض [ɣumu:dˤ]
myth [mɪθ] *n* أسطورة [ʔustˤu:ra]
mythology [mɪ'θɒlədʒɪ] *n* علم الأساطير ['aelm al asateer]

n

naff [næf] *adj* قديم الطراز ['qadeem al-ṭeraz]
nag [næg] *v* ينق [janiqqu]
nail [neɪl] *n* مسمار [misma:r]; **nail polish** *n* طلاء أظافر [Telaa aḍhafer]; **nail scissors** *npl* مقص أظافر [Ma'qaṣ aḍhafer]; **nail varnish** *n* طلاء أظافر [Ṭelaa aḍhafer]; **nail-polish remover** *n* مزيل طلاء الأظافر [Mozeel ṭalaa al-aḍhafer]
nailbrush ['neɪl,brʌʃ] *n* فرشاة أظافر [Forshat aḍhafer]
nailfile ['neɪl,faɪl] *n* مبرد أظافر [Mabrad aḍhafer]
naive [nɑː'iːv; naɪ'iːv] *adj* ساذَج [sa:ðaʒ]
naked ['neɪkɪd] *adj* عار [ʕa:r]
name [neɪm] *n* اسم [ism]; **brand name** *n* العلامة التجارية [Al-'alamah al-tejareyah]; **first name** *n* الاسم الأول [Al-esm al-awal]; **maiden name** *n* اسم المرأة قبل الزواج [Esm al-marah 'qabl alzawaj]; **I booked a room in the name of...** لقد قمت بحجز غرفة باسم... [La'qad 'qomt behajz ghorfah besm...]; **My name is...** اسمي... [ismee..]; **What's your name?** ما اسمك؟ [ma ismak?]
nanny ['nænɪ] *n* مربية [murabbija]
nap [næp] *n* غفوة [ɣafwa]
napkin ['næpkɪn] *n* منديل المائدة [Mandeel al-maaedah]
nappy ['næpɪ] *n* شراب مُسكِر [Sharaab mosker]
narrow ['nærəʊ] *adj* ضيق [dˤajjiq]
narrow-minded ['nærəʊ'maɪndɪd] *adj* ضَيِّق الأُفُق [Ḍaye'q al-ofo'q]
nasty ['nɑːstɪ] *adj* كريه [kari:h]
nation ['neɪʃən] *n* أمة [ʔumma]; **United Nations** *n* الأمم المتحدة [Al-omam al-motahedah]
national ['næʃənᵊl] *adj* قومي [qawmijju]; **national anthem** *n* نشيد وطني [Nasheed waṭney]; **national park** *n* حديقة وطنية [Hadee'qah waṭaneyah]
nationalism ['næʃənə,lɪzəm; 'næʃnə-] *n* قَوْمِيَّة [qawmijja]
nationalist ['næʃənəlɪst] *n* مُناصر للقومية [Monaṣer lel-'qawmeyah]
nationality [,næʃə'nælɪtɪ] *n* جنسية [ʒinsijja]
nationalize ['næʃənə,laɪz; 'næʃnə-] *v* يؤمِّم [juʔammimu]
native ['neɪtɪv] *adj* بلدي [baladij]; **native speaker** *n* متحدث باللغة الأم [motaḥdeth bel-loghah al-om]
NATO ['neɪtəʊ] *abbr* منظمة حلف الشمال الأطلنطي [munazˤzˤamatun ħalfa aʃʃima:li alʔatˤlantˤijji]
natural ['nætʃrəl; -tʃərəl] *adj* طبيعي [tˤabi:ʕij]; **natural gas** *n* غاز طبيعي [ghaz ṭabeeaey]; **natural resources** *npl* موارد طبيعية [Mawared ṭabe'aey]
naturalist ['nætʃrəlɪst; -tʃərəl-] *n* مُناصر للطبيعة [monaṢer lel-ṭabe'aah]
naturally ['nætʃrəlɪ; -tʃərə-] *adv* طبيعي [tˤabi:ʕijjun]
nature ['neɪtʃə] *n* طبيعة [tˤabi:ʕa]
naughty ['nɔːtɪ] *adj* شقي [ʃaqij]
nausea ['nɔːzɪə; -sɪə] *n* غثيان [ɣaθaja:n]
naval ['neɪvᵊl] *adj* بحري [baħrij]
navel ['neɪvᵊl] *n* سُرَّة [surra]
navy ['neɪvɪ] *n* أسطول [ʔustˤu:l]

navy-blue ['neɪvɪ'bluː] *adj* أزرق داكن [Azra'q daken]
NB [ɛn biː] *abbr (notabene)* ملاحظة هامة [mulaːħazˤatun haːmatun]
near [nɪə] *adj* قريب [qariːb] ▷ *adv* قُرب [qurba] ▷ *prep* بالقُرب من [Bel-'qorb men]; **Are there any good beaches near here?** هل يوجد شواطئ جيدة قريبة من هنا؟ [hal yujad shawaṭee jayida 'qareeba min huna?]; **It's very near** هل المسافة قريبة جدا؟ [al-masafa 'qareeba jedan]
nearby *adj* ['nɪəˌbaɪ] مجاور [muʒaːwir] ▷ *adv* [ˌnɪə'baɪ] على نحو قريب [Ala naḥw 'qareeb]
nearly ['nɪəlɪ] *adv* على نحو وثيق ['aala naḥwen wathee'q]
near-sighted [ˌnɪə'saɪtɪd] *adj* قريب النظر ['qareeb al- naḍhar]
neat [niːt] *adj* نظيف [nazˤiːf]
neatly [niːtlɪ] *adv* بإتقان [biʔitqaːnin]
necessarily ['nɛsɪsərɪlɪ; ˌnɛsɪ'sɛrɪlɪ] *adv* بالضرورة [bi-adˤ-dˤaruːrati]
necessary ['nɛsɪsərɪ] *adj* ضروري [dˤaruːrij]
necessity [nɪ'sɛsɪtɪ] *n* ضرورة [dˤaruːra]
neck [nɛk] *n* رَقَبَة [raqaba]
necklace ['nɛklɪs] *n* قلادة [qilaːda]
nectarine ['nɛktərɪn] *n* خُوخ [xuːx]
need [niːd] *n* حاجة [ħaːʒa] ▷ *v* يَحتاج إلى [Taḥtaaj ela]
needle ['niːdᵊl] *n* إبرة [ʔibra]; **knitting needle** *n* إبرة خياطة [Ebrat khayt]; **Do you have a needle and thread?** هل يوجد لديك إبرة وخيط؟ [hal yujad ladyka ebra wa khyṭ?]
negative ['nɛɡətɪv] *adj* سلبي [silbij] ▷ *n* إحجام [ʔiħʒaːmu]
neglect [nɪ'ɡlɛkt] *n* إهمال [ʔihmaːl] ▷ *v* يُهْمِل [juhmilu]
neglected [nɪ'ɡlɛktɪd] *adj* مهمل [muhmil]
negligee ['nɛɡlɪˌʒeɪ] *n* ثوب فضفاض [Thawb feḍeaḍ]
negotiate [nɪ'ɡəʊʃɪˌeɪt] *v* يَتفاوَض [jatafaːwadˤu]
negotiations [nɪˌɡəʊʃɪ'eɪʃənz] *npl* مفاوضات [mufaːwadˤaːtun]
negotiator [nɪ'ɡəʊʃɪˌeɪtə] *n* مفاوض [mufaːwidˤ]
neighbour ['neɪbə] *n* جار [ʒaːr]
neighbourhood ['neɪbəˌhʊd] *n* مُجَاوِرة [muʒaːwira]
neither ['naɪðə; 'niːðə] *adv* فوق ذلك [Faw'q dhalek] ▷ *conj* لا هذا ولا ذاك [La hadha wala dhaak]
neon ['niːɒn] *n* غاز النيون [Ghaz al-neywon]
Nepal [nɪ'pɔːl] *n* نيبال [niːbaːl]
nephew ['nɛvjuː; 'nɛf-] *n* ابن الأخ [Ebn al-akh]
nerve [nɜːv] *n (boldness)* وقاحة [waqaːħa], *(to/from brain)* عصب [ʕasˤab]
nerve-racking ['nɜːv'rækɪŋ] *adj* مرهق الأعصاب [Morha'q al-a'aṣaab]
nervous ['nɜːvəs] *adj* عصبي المزاج ['aṣabey]; **nervous breakdown** *n* إنهيار عصبي [Enheyar aṣabey]
nest [nɛst] *n* عش [ʕuʃ]
net [nɛt] *n* شبكة [ʃabaka]
Net [nɛt] *n* صافي [sˤaːfiː]
netball ['nɛtˌbɔːl] *n* كرة الشبكة [Korat al-shabakah]
Netherlands ['nɛðələndz] *npl* هولندا [huːlandaː]
nettle ['nɛtᵊl] *n* نبات ذو وبر شائك [Nabat dho wabar shaek]
network ['nɛtˌwɜːk] *n* شبكة [ʃabaka]; **I can't get a network** لا أستطيع الوصول إلى الشبكة [la asta-ṭee'a al-wiṣool ela al-shabaka]
neurotic [njʊ'rɒtɪk] *adj* عصابي [ʕisˤaːbij]
neutral ['njuːtrəl] *adj* حيادي [ħijaːdij] ▷ *n* شخص محايد [Moḥareb moḥayed]
never ['nɛvə] *adv* أبداً [ʔabadan]
nevertheless [ˌnɛvəðə'lɛs] *adv* وبرغم ذلك [Wa-be-raghm dhalek]
new [njuː] *adj* جديد [ʒadiːd]; **New Year** *n* رَأْس السَنَة [Raas alsanah]; **New Zealand** *n* نيوزلندا [njuːzilandaː]; **New Zealander** *n* نيوزلندي [njuːzilandiː]
newborn ['njuːˌbɔːn] *adj* طفل حديث الولادة [Tefl ḥadeeth alweladah]

newcomer ['nju:ˌkʌmə] *n* وَافِد [wa:fid]
news [nju:z] *npl* أخبار [ʔaxba:run]; **When is the news?** تى تعرض الأخبار؟ [Tee ta'areḍ alakhbaar]
newsagent ['nju:zˌeɪdʒənt] *n* وكيل أخبار [Wakeel akhbaar]
newspaper ['nju:zˌpeɪpə] *n* صحيفة [sˤaħi:fa]
newsreader ['nju:zˌri:də] *n* قارئ الأخبار ['qarey al-akhbar]
newt [nju:t] *n* سَمندل الماء [Samandal al-maa]
next [nɛkst] *adj* تالي [ta:li:] ▷ *adv* تال [ta:lin]; **next to** *prep* بجوار; **When do we stop next?** متى سنتوقف في المرة التالية؟ [mata sa-nata-wa'qaf fee al-murra al-taleya?]; **When is the next bus to...?** ما هو الموعد التالي للأتوبيس المتجه إلى...؟ [ma howa al-maw'aid al-taaly lel-baaṣ al-mutajeh ela...?]
next-of-kin ['nɛkstɒv'kɪn] *n* أقرب أفراد العائلة [A'qrab afrad al-'aaleah]
Nicaragua [ˌnɪkə'rægjʊə; nika'raɣwa] *n* نيكاراجوا [ni:ka:ra:ʒwa:]
Nicaraguan [ˌnɪkə'rægjʊən; -gwən] *adj* من نيكاراجاو [Men nekarajwa] ▷ *n* نيكاراجاوي [ni:ka:ra:ʒa:wi:]
nice [naɪs] *adj* لطيف [latˤi:f]
nickname ['nɪkˌneɪm] *n* كنية [kinja]
nicotine ['nɪkəˌti:n] *n* نيكوتين [ni:ku:ti:n]
niece [ni:s] *n* بِنْت الأخت [Bent al-okht]
Niger ['naɪ'dʒɪər] *n* النيجر [an-ni:ʒar]
Nigeria [naɪ'dʒɪərɪə] *n* نيجيريا [ni:ʒi:rja:]
Nigerian [naɪ'dʒɪərɪən] *adj* نيجيري [ni:ʒi:rij] ▷ *n* نيجيري [ni:ʒi:rij]
night [naɪt] *n* ليل [lajl]; **hen night** *n* ليلة خروج الزوجات فقط [Laylat khorooj alzawjaat fa'qat]; **night school** *n* مدرسة ليلية [Madrasah layleyah]; **stag night** *n* (حفل توديع العزوبية) للرجال [(ḥafl tawdee'a al'aozobayah) lel-rejaal]; **at night** ليلًا [lajla:]; **Good night** ليلة سعيدة [layla sa'aeeda]; **How much is it per night?** كم تبلغ تكلفة الإقامة في الليلة الواحدة؟ [kam tablugh taklifat al-e'qama fee al-layla al-waḥida?]; **I want to stay an extra night** أريد البقاء لليلة أخرى [areed al-ba'qaa le-layla ukhra]; **I'd like to stay for two nights** أريد الإقامة لليلتين [areed al-e'qama le lay-la-tain]; **last night** الليلة الماضية [al-laylah al-maaḍiya]; **tomorrow night** غدًا في الليل [ghadan fee al-layl]
nightclub ['naɪtˌklʌb] *n* نادي ليلي [Nadey layley]
nightdress ['naɪtˌdrɛs] *n* ثياب النوم [Theyab al-noom]
nightie ['naɪtɪ] *n* قميص نوم نسائي ['qamees noom nesaaey]
nightlife ['naɪtˌlaɪf] *n* الخدمات الترفيهية الليلية [Alkhadmat al-tarfeeheyah al-layleyah]
nightmare ['naɪtˌmɛə] *n* كابوس [ka:bu:s]
nightshift ['naɪtˌʃɪft] *n* نوبة ليلية [Noba layleyah]
nil [nɪl] *n* لا شيء [La shaya]
nine [naɪn] *number* تسعة [tisʕatun]
nineteen [ˌnaɪn'ti:n] *number* تسعة عشر [tisʕata ʕaʃara]
nineteenth [ˌnaɪn'ti:nθ] *adj* التاسع عشر [atta:siʕa ʕaʃara]
ninety ['naɪntɪ] *number* تسعين [tisʕi:nun]
ninth [naɪnθ] *adj* تاسع [ta:siʕ] ▷ *n* تاسع [ta:siʕ]
nitrogen ['naɪtrədʒən] *n* نيتروجين [ni:tru:ʒi:n]
no [nəʊ] *pron* ليس كذا [Lays kadha]; **no one** *pron* لا أحد [la ahad]
nobody ['nəʊbədɪ] *pron* لا أحد [la ahad]
nod [nɒd] *v* يُومئ برأسه [Yomea beraaseh]
noise [nɔɪz] *n* ضوضاء [dˤawdˤa:ʔ]; **I can't sleep for the noise** لا استطيع النوم بسبب الضوضاء [la asta-ṭee'a al-nawm besa-bab al-ḍawḍaa]
noisy ['nɔɪzɪ] *adj* ضوضاء [dˤawdˤa:ʔ]; **It's noisy** إنها غرفة بها ضوضاء [inaha ghurfa beha ḍawḍaa]; **The room is too noisy** هناك ضوضاء كثيرة جدا بالغرفة [hunaka ḍaw-ḍaa kathera jedan bil-ghurfa]

nominate [ˈnɒmɪˌneɪt] *v* يُرَشِح [juraʃʃiħu]
nomination [ˌnɒmɪˈneɪʃən; ˌnomiˈnation] *n* ترشيح [tarʃi:ħ]
none [nʌn] *pron* لا شيء [La shaya]
nonsense [ˈnɒnsəns] *n* هراء [hura:ʔ]
non-smoker [nɒnˈsməʊkə] *n* شخص غير مُدَخِن [Shakhṣ Ghayr modakhen]
non-smoking [nɒnˈsməʊkɪŋ] *adj* غير مُدَخِن [Ghayr modakhen]
non-stop [ˈnɒnˈstɒp] *adv* بدون توقف [Bedon tawaˈqof]
noodles [ˈnuːdᵊlz] *npl* مكرونة اسباجتي [Makaronah spajety]
noon [nuːn] *n* ظُهْر [zˤuhr]
nor [nɔː; nə] *conj* ولا
normal [ˈnɔːmᵊl] *adj* طبيعي [tˤabiːʕij]
normally [ˈnɔːməlɪ] *adv* بصورة طبيعية [beṣoraten ṭabeˈaey]
north [nɔːθ] *adj* شمالي [ʃamaːlij] ▷ *adv* شمالا [ʃamaːlan] ▷ *n* شمال [ʃamaːl]; **North Africa** *n* شمال أفريقيا [Shamal afreekya]; **North African** *n* شخص من شمال إفريقيا [Shakhs men shamal afreeˈqya], من شمال إفريقيا [Men shamal afreeˈqya]; **North America** *n* أمريكا الشمالية [Amreeka al- Shamaleyah]; **North American** *n* شخص من أمريكا الشمالية [Shkhṣ men Amrika al shamalyiah], من أمريكا الشمالية [men Amrika al shamalyiah]; **North Korea** *n* كوريا الشمالية [Koreya al-shamaleyah]; **North Pole** *n* القطب الشمالي [Aˈqoṭb al-shamaley]; **North Sea** *n* البحر الشمالي [Al-baḥr al-Shamaley]
northbound [ˈnɔːθˌbaʊnd] *adj* متجه شمالًا [Motajeh shamalan]
northeast [ˌnɔːθˈiːst; ˌnɔːrˈiːst] *n* شمال شرقي [Shamal sharˈqey]
northern [ˈnɔːðən] *adj* شمالي [ʃamaːlij]; **Northern Ireland** *n* أيرلندة الشمالية [Ayarlanda al-shamaleyah]
northwest [ˌnɔːθˈwɛst; ˌnɔːˈwɛst] *n* شمال غربي [Shamal gharbey]
Norway [ˈnɔːˌweɪ] *n* النرويج [ʔan-narwiːʒ]
Norwegian [nɔːˈwiːdʒən] *adj* نرويجي [narwiːʒij] ▷ *n (language)* اللغة النرويجية [Al-loghah al-narwejeyah], *(person)* نرويجي [narwiːʒij]
nose [nəʊz] *n* أنْف [ʔanf]
nosebleed [ˈnəʊzˌbliːd] *n* نزيف الأنف [Nazeef al-anf]
nostril [ˈnɒstrɪl] *n* فتحة الأنف [Fathat al-anf]
nosy [ˈnəʊzɪ] *adj* فضولي [fudˤuːlij]
not [nɒt] *adv* لا [laː]; **I'm not drinking** أنا لا أشرب. [ana la ashrab]
note [nəʊt] *n (banknote)* عملة وَرَقية [ʕumlatun waraqiːja], *(message)* ملاحظة [mulaːħazˤa], *(music)* نغمة [naɣama]; **sick note** *n* إذن غياب مرضي [edhn gheyab maraḍey]
notebook [ˈnəʊtˌbʊk] *n* مفكرة [mufakkira]
note down [nəʊt daʊn] *v* يُدون [judawwinu]
notepad [ˈnəʊtˌpæd] *n* كتيب ملاحظات [Kotayeb molaḥaḍhat]
notepaper [ˈnəʊtˌpeɪpə] *n* ورقة ملاحظات [Waraˈqat molaḥadhaat]
nothing [ˈnʌθɪŋ] *pron* شيء غير موجود [Shaya ghayr mawjood]
notice [ˈnəʊtɪs] *n (note)* إشعار [ʔiʃʕaːr], *(termination)* إنذار [ʔinðaːr] ▷ *v* يُنْذِر [junðiru]; **notice board** *n* لوحة الملاحظات [Looḥat al-molaḥḍhat]
noticeable [ˈnəʊtɪsəbᵊl] *adj* ملحوظ [malħuːzˤ]
notification [nəʊtɪfɪˈkeɪʃən] *n* إخطار [ʔixtˤaːr]
notify [ˈnəʊtɪˌfaɪ] *v* يُعلِم [juʕallimu]
nought [nɔːt] *n* لا شيء [La shaya]
noun [naʊn] *n* اسم [ism]
novel [ˈnɒvᵊl] *n* رواية [riwaːja]
novelist [ˈnɒvəlɪst] *n* رُوَائي [riwaːʔij]
November [nəʊˈvɛmbə] *n* نوفمبر [nuːfumbar]
now [naʊ] *adv* الآن [ʔal-ʔaːn]; **Do I pay now or later?** هل يجب أن أدفع الآن أم لاحقا؟ [hal yajib an adfaˈa al-aan am la-ḥeˈqan?]; **I need to pack now** أنا في حاجة لحزم أمتعتي الآن [ana fee ḥaja

le-ḥazem am-te-'aaty al-aan]

nowadays ['naʊəˌdeɪz] *adv* في هذه الأيام [Fee hadheh alayaam]

nowhere ['nəʊˌwɛə] *adv* ليس في أي مكان [Lays fee ay makan]

nuclear ['nju:klɪə] *adj* نووي [nawawij]

nude [nju:d] *adj* ناقص [na:qisˤ] ▷ *n* صورة عارية [Ṣoorah 'aareyah]

nudist ['nju:dɪst] *n* مُناصر للعُرْي [Monaṣer lel'aory]

nuisance ['nju:səns] *n* إزعاج [ʔizʕa:ʒ]

numb [nʌm] *adj* خَدِر [xadir]

number ['nʌmbə] *n* رقم [raqm]; **account number** *n* رقم الحساب [Ra'qm al-hesab]; **mobile number** *n* رقم المحمول [Ra'qm almahmool]; **number plate** *n* لوحة الأرقام [Looḥ al-ar'qaam]; **phone number** *n* رقم التليفون [Ra'qm al-telefone]; **reference number** *n* رقم مرجعي [Ra'qm marje'ay]; **room number** *n* رقم الغرفة [Ra'qam al-ghorfah]; **wrong number** *n* رقم خطأ [Ra'qam khaṭaa]; **Can I have your phone number?** هل يمكن أن أحصل على رقم تليفونك؟ [hal yamken an aḥṣal 'aala ra'qm talefonak?]; **My mobile number is...** رقم تليفوني المحمول هو... [ra'qim talefony al-maḥmool howa...]; **What is the fax number?** ما هو رقم الفاكس؟ [ma howa ra'qim al-fax?]; **What is the number of your mobile?** ما هو رقم تليفونك المحمول؟ [ma howa ra'qim talefonak al-maḥmool?]; **What's the telephone number?** ما هو رقم التليفون؟ [ma howa ra'qim al-talefon?]; **You have the wrong number** هذا الرقم غير صحيح [hatha al-ra'qum ghayr ṣaḥeeḥ]

numerous ['nju:mərəs] *adj* متعدد [mutaʕaddid]

nun [nʌn] *n* راهبة [ra:hiba]

nurse [n3:s] *n* ممرضة [mumarridˤa]; **I'd like to speak to a nurse** أرغب في استشارة ممرضة [arghab fee es-ti-sharat mu-mareḍa]

nursery ['n3:srɪ] *n* حضانة [ħadˤa:na]; **nursery rhyme** *n* أغنية أطفال [Aghzeyat aṭfaal]; **nursery school** *n* مدرسة الحضانة [Madrasah al-ḥaḍanah]

nursing home ['n3:sɪŋ həʊm] *n* دار التمريض [Dar al-tamreeḍ]

nut [nʌt] *n (device)* صمولة [sˤamu:la], *(food)* جوزة [ʒawza]; **nut allergy** *n* حساسية الجوز [Hasaseyat al-joz]

nutmeg ['nʌtmɛg] *n* جوزة الطيب [Jozat al-ṭeeb]

nutrient ['nju:trɪənt] *n* مادة مغذية [Madah moghadheyah]

nutrition [nju:'trɪʃən] *n* تغذية [taɣðija]

nutritious [nju:'trɪʃəs] *adj* مغذي [muɣaððij]

nutter ['nʌtə] *n* جامع الجوز [Jame'a al-jooz]

nylon ['naɪlɒn] *n* نايلون [na:jlu:n]

O

oak [əʊk] *n* بَلُّوط [ballu:tˤ]
oar [ɔː] *n* مجداف [miʒda:f]
oasis, oases [əʊ'eɪsɪs, əʊ'eɪsiːz] *n* واحة [wa:ħa]
oath [əʊθ] *n* قَسَم [qism]
oatmeal ['əʊtˌmiːl] *n* دقيق الشوفان [Da'qee'q al-shofaan]
oats [əʊts] *npl* شوفان [ʃu:fa:nun]
obedient [ə'biːdɪənt] *adj* مطيع [mutˤi:ʕ]
obese [əʊ'biːs] *adj* بَدين [badi:n]
obey [ə'beɪ] *v* يُطيع [jutˤi:ʕu]
obituary [ə'bɪtjʊərɪ] *n* نَعْي [naʕj]
object ['ɒbdʒɪkt] *n* شيء [ʃajʔ]
objection [əb'dʒɛkʃən] *n* اعتراض [iʕtira:dˤ]
objective [əb'dʒɛktɪv] *n* موضوعي [mawdˤu:ʕij]
oblong ['ɒbˌlɒŋ] *adj* مستطيل الشكل [Mostaṭeel al-shakl]
obnoxious [əb'nɒkʃəs] *adj* بغيض [baɣi:dˤ]
oboe ['əʊbəʊ] *n* أوبوا [ʔu:bwa:]
obscene [əb'siːn] *adj* فاحش [fa:ħiʃ]
observant [əb'zɜːvənt] *adj* شديد الانتباه [shaded al-entebah]
observatory [əb'zɜːvətərɪ; -trɪ] *n* نقطة مراقبة [No'qtat mora'qabah]
observe [əb'zɜːv] *v* يُلاحِظ [jula:ħizˤu]
observer [əb'zɜːvə; ob'server] *n* مراقب [mura:qib]
obsessed [əb'sɛst] *adj* مهووس [mahwu:s]
obsession [əb'sɛʃən] *n* حِيَازة [ħija:za]
obsolete ['ɒbsəˌliːt; ˌɒbsə'liːt] *adj* مهجور [mahʒu:r]
obstacle ['ɒbstəkᵊl] *n* عقبة [ʕaqaba]
obstinate ['ɒbstɪnɪt] *adj* مستعص [mustaʕsˤin]
obstruct [əb'strʌkt] *v* يعوق [jaʕu:qu]
obtain [əb'teɪn] *v* يَكتسِب [jaktasibu]
obvious ['ɒbvɪəs] *adj* جَلِّي [ʒalij]
obviously ['ɒbvɪəslɪ] *adv* بشكل واضح [Beshakl waḍeḥ]
occasion [ə'keɪʒən] *n* مُنَاسَبَة [muna:saba]
occasional [ə'keɪʒənᵊl] *adj* مناسبي [muna:sabij]
occasionally [ə'keɪʒənəlɪ] *adv* من وقت لآخر [Men wa'qt le-aakhar]
occupation [ˌɒkjʊ'peɪʃən] *n (invasion)* احتلال [iħtila:l], *(work)* مهنة [mihna]
occupy ['ɒkjʊˌpaɪ] *v* يَحتل [jaħtallu]
occur [ə'kɜː] *v* يقع [jaqaʕu]
occurrence [ə'kʌrəns] *n* حدوث [ħudu:θ]
ocean ['əʊʃən] *n* مُحيط [muħi:tˤ]; **Arctic Ocean** *n* المحيط القطبي الشمالي [Al-moḥeeṭ al-'qoṭbey al-shamaley]; **Indian Ocean** *n* المحيط الهندي [Almoḥeeṭ alhendey]
Oceania [ˌəʊʃɪ'ɑːnɪə] *n* أوسيانيا [ʔu:sja:nja:]
o'clock [ə'klɒk] *adv*; **after eight o'clock** بعد الساعة الثامنة [ba'ad al-sa'aa al-thamena]; **at three o'clock** في تمام الساعة الثالثة [fee tamam al-sa'aa al- thaletha]; **I'd like to book a table for four people for tonight at eight o'clock** أريد حجز مائدة لأربعة أشخاص الليلة في تمام الساعة الثامنة [areed ḥajiz ma-e-da le-arba'at ashkhaaṣ al-layla fee ta-mam al-sa'aa al-thamena]; **It's one o'clock** الساعة واحدة [al-sa'aa al-waḥeda]

October [ɒk'təʊbə] *n* أكتوبر [ʔuktu:bar]; **It's Sunday third October** يوم الأحد الموافق الثالث من أكتوبر [yawm al-aḥad al- muwa-fi'q al-thalith min iktobar]
octopus ['ɒktəpəs] *n* أخطبوط [ʔuxtˤubu:tˤ]
odd [ɒd] *adj* شاذ [ʃa:ðð]
odour ['əʊdə] *n* شذا [ʃaða:]
of [ɒv; əv] *prep* حرف وصل [ħarfu wasˤli]
off [ɒf] *adv* بعيدا [baʕi:dan] ▷ *prep* بعيد [baʕi:dun]; **time off** *n* أجازة [ʔaʒa:zatun]
offence [ə'fɛns] *n* إساءة [ʔisa:ʔa]
offend [ə'fɛnd] *v* يُسيء إلى [Yoseea ela]
offensive [ə'fɛnsɪv] *adj* مسيء [musi:ʔ]
offer ['ɒfə] *n* اقتراح [iqtira:ħ] ▷ *v* يُقدِم [juqaddimu]; **special offer** *n* عرض خاص ['aarḍ khaṣ]
office ['ɒfɪs] *n* مكتب [maktab]; **booking office** *n* مكتب الحجز [Maktab al-ḥjz]; **box office** *n* شباك التذاكر [Shobak al-taḍhaker]; **head office** *n* مكتب رئيسي [Maktab a'ala]; **information office** *n* مكتب الاستعلامات [Maktab al-este'alamaat]; **left-luggage office** *n* مكتب الأمتعة [Makatb al amte'aah]; **lost-property office** *n* مكتب المفقودات [Maktab al-maf'qodat]; **office hours** *npl* ساعات العمل [Sa'aat al-'amal]; **post office** *n* مكتب البريد [maktab al-bareed]; **registry office** *n* مكتب التسجيل [Maktab al-tasjeel]; **ticket office** *n* مكتب التذاكر [Maktab al-taḍhaker]; **tourist office** *n* مكتب سياحي [Maktab seayaḥey]; **Do you have a press office?** هل لديك مكتب إعلامي؟ [hal ladyka maktab e'a-laamy?]; **How do I get to your office?** كيف يمكن الوصول إلى مكتبك؟ [kayfa yamkin al-wiṣool ela mak-tabak?]; **When does the post office open?** متى يفتح مكتب البريد؟ [mata yaftaḥ maktab al-bareed?]
officer ['ɒfɪsə] *n* ضابط [dˤa:bitˤ]; **customs officer** *n* مسئول الجمرك [Masool al-jomrok]; **police officer** *n* ضابط شرطة [Ḍabeṭ shorṭah]; **prison officer** *n* ضابط سجن [Ḍabeṭ sejn]
official [ə'fɪʃəl] *adj* رسمي [rasmij]
off-licence ['ɒf,laɪsəns] *n* رُخصَة بيع الخمور لتناولها خارج المحل [Rokhṣat baye'a al-khomor letnawolha kharej al-maḥal]
offline [ɒf'laɪn] *adj, adv* غير مُتَّصِل بالانترنت [ɣajr muttasˤil bil-internet]
off-peak ['ɒf,pi:k] *adv* في غير وقت الذروة [Fee ghaeyr wa'qt al-dhorwah]
off-season ['ɒf,si:zᵊn] *adj* موسم راكد [Mawsem raked] ▷ *adv* ركود [Rokood]
offside ['ɒf'saɪd] *adj* خارج النطاق المُحَدد [Kharej al-neta'q al-mohadad]
often ['ɒfᵊn; 'ɒftᵊn] *adv* غالباً [ɣa:liban]
oil [ɔɪl] *n* نفط (زيت) [naftˤ] ▷ *v* يُزيت [juzajjitu]; **olive oil** *n* زيت الزيتون [Zayt al-zaytoon]
oil refinery [ɔɪl rɪ'faɪnərɪ] *n* معمل تكرير الزيت [Ma'amal takreer al-zayt]
oil rig [ɔɪl rɪg] *n* جهاز حفر آبار النفط [Gehaz ḥafr abar al-naft]
oil slick [ɔɪl slɪk] *n* طبقة زيت طافية على الماء [Ṭaba'qat zayt ṭafeyah alaa alma]
oil well [ɔɪl wɛl] *n* بئر بترول [Beear betrol]
ointment ['ɔɪntmənt] *n* مرهم [marhamunS]
OK [,əʊ'keɪ] *excl* حسناً [ħasanan]
okay [,əʊ'keɪ] *adj* مقبول [maqbu:l]; **okay!** *excl* حسناً [ħasanan]
old [əʊld] *adj* عجوز [ʕaʒu:z]
old-fashioned ['əʊld'fæʃənd] *adj* دقة قديمة [Da'qah 'qadeemah]
olive ['ɒlɪv] *n* زيتون [zajtu:n]; **olive oil** *n* زيت الزيتون [Zayt al-zaytoon]; **olive tree** *n* شجرة الزيتون [Shajarat al-zaytoon]
Oman [əʊ'ma:n] *n* عمان [ʕuma:n]
omelette ['ɒmlɪt] *n* الأومليت [ʔal-ʔu:mli:ti]
on [ɒn] *adv* على [ʕala:] ▷ *prep* على [ʕala:]; **on behalf of** *n* نيابة عن [Neyabatan 'an]; **on time** *adj* في الموعد المحدد [Fee al-maw'aed al-moḥadad]; **It's on the corner** على هذا الجانب ['ala hadha aljaneb]; **Take the first turning on your right** أتجه نحو أول منعطف على

اليمين [ʔattaʒihu naħwa ʔawwali munʕatˤafi ʕala: aljami:ni]; **The drinks are on me** المشروبات على حسابي [al-mashro-baat 'ala ḥesaby]; **What's on tonight at the cinema?** ماذا يعرض الليلة على شاشة السينما؟ [madha yu'a-raḍ al-layla 'aala sha-shat al-senama?]; **Which film is on at the cinema?** أي فيلم يعرض الآن على شاشة السينما؟ [ay filim ya'aruḍ al-aan 'ala sha-shat al-senama?]

once [wʌns] *adv* مرَّةً [marratan]

one [wʌn] *number* واحد [wa:ħidun] ▷ *pron* شخص [ʃaxsˤun]; **no one** *pron* لا أحد [la ahad]

one-off [wʌnɒf] *n* مرة واحدة [Marah waḥedah]

onion ['ʌnjən] *n* بصل [basˤal]; **spring onion** *n* بصل أخضر [Baṣal akhdar]

online ['ɒn,laɪn] *adj* متصل بالإنترنت [motaṣel bel-enternet] ▷ *adv* متصلا بالإنترنت [Motaṣelan bel-enternet]; **to go online** يتصل بالانترنت [yotaselu bel-enternet]

only ['əʊnlɪ] *adj* الأفضل [Alafḍal] ▷ *adv* فقط [faqatˤ]

open ['əʊpᵊn] *adj* مفتوح [maftu:ħ] ▷ *v* يفتح [jaftaħu]; **opening hours** *npl* ساعات العمل [Sa'aat al-'amal]; **Is it open today?** هل هو مفتوح اليوم؟ [hal how maftooḥ al-yawm?]; **Is the castle open to the public?** هل القلعة مفتوحة للجمهور؟ [hal al-'qal'aa maf-tooḥa lel-jamhoor?]; **Is the museum open in the afternoon?** هل المتحف مفتوح بعد الظهر؟ [hal al-mat-ḥaf maf-tooḥ ba'ad al-ḍhihir?]

opera ['ɒpərə] *n* الأوبرا [ʔal-ʔu:bira:]; **soap opera** *n* مسلسل درامي [Mosalsal deramey]; **What's on tonight at the opera?** ماذا يعرض الآن في دار الأوبرا؟ [madha yu'a-raḍ al-aan fee daar al-obera?]

operate ['ɒpə,reɪt] *v (to function)* يُشَغِّلُ [juʃaɣɣilu], *(to perform surgery)* يُجرَي عملية جراحية [Yojrey 'amaleyah jeraḥeyah]

operating theatre ['ɒpə,reɪtɪŋ 'θɪətə] *n* غرفة عمليات [ghorfat 'amaleyat]

operation [,ɒpə'reɪʃən] *n (surgery)* عملية جراحية ['amaleyah jeraheyah], *(undertaking)* عملية [ʕamalijja]

operator ['ɒpə,reɪtə] *n* مُشغل [muʃaɣɣil]

opinion [ə'pɪnjən] *n* رَأي [raʔjj]; **opinion poll** *n* استطلاع الرأي [Eatetla'a al-ray]; **public opinion** *n* الرأي العام [Al-raaey al-'aam]

opponent [ə'pəʊnənt] *n* خِصم [xasˤm]

opportunity [,ɒpə'tju:nɪtɪ] *n* فرصة [fursˤa]

oppose [ə'pəʊz] *v* يُعارض [juʕa:ridˤu]

opposed [ə'pəʊzd] *adj* مقابل [muqa:bil]

opposing [ə'pəʊzɪŋ] *adj* معارض [muʕa:ridˤ]

opposite ['ɒpəzɪt; -sɪt] *adj* مضاد [mudˤa:d] ▷ *adv* تِجَاه [tiʒa:ha] ▷ *prep* مواجه [Mowajeh]

opposition [,ɒpə'zɪʃən] *n* مُعارضَة [muʕa:radˤa]

optician [ɒp'tɪʃən] *n* نظاراتي [nazˤzˤa:ra:ti:]

optimism ['ɒptɪ,mɪzəm] *n* تفاؤل [tafa:ʔul]

optimist ['ɒptɪ,mɪst] *n* مُتَفَائِل [mutafa:ʔil]

optimistic [ɒptɪ'mɪstɪk] *adj* متفائل [mutafa:ʔil]

option ['ɒpʃən] *n* خِيَار [xija:r]

optional ['ɒpʃənᵊl] *adj* اختياري [ixtija:rij]

or [ɔ:] *conj* أو; **either... or** *conj* إما... أو [Emma...aw]

oral ['ɔ:rəl; 'ɒrəl] *adj* شفهي [ʃafahij] ▷ *n* فحص شفهي [Faḥṣ shafahey]

orange ['ɒrɪndʒ] *adj* برتقالي [burtuqa:lij] ▷ *n* برتقالة [burtuqa:la]; **orange juice** *n* عصير برتقال [Aṣeer borto'qaal]

orchard ['ɔ:tʃəd] *n* بستان [busta:n]

orchestra ['ɔ:kɪstrə] *n* الأوركسترا [ʔal-ʔu:rkistra:]

orchid ['ɔ:kɪd] *n* زهرة الأوركيد [Zahrat al-orkeed]

ordeal [ɔ:'di:l] *n* مأزق [maʔziq]

order ['ɔ:də] *n* طَلَبٌ [tˤalab] ▷ *v (command)*

يأمر [jaʔmuru], *(request)* يطلب [jatˤlubu]; **order form** *n* نموذج طلبية [Namodhaj ṭalabeyah]; **postal order** *n* حوالة مالية [Ḥewala maleyah]; **standing order** *n* أمر دفع شهري [Amr daf'a shahrey]

ordinary ['ɔːdənrɪ] *adj* عادي [ʕaːdij]

oregano [ˌɒrɪ'gɑːnəʊ] *n* زَعْتَر بَري [Za'atar barey]

organ ['ɔːgən] *n (body part)* عضو في الجسد ['aoḍw fee al-jasad], *(music)* آلة الأرْغُن الموسيقية [Aalat al-arghan al-moseeqeyah]; **mouth organ** *n* آلة الهرمونيكا الموسيقية [Alat al-harmoneeka al-mose'qeyah]

organic [ɔː'gænɪk] *adj* عضوي [ʕudˤwij]

organism ['ɔːgəˌnɪzəm] *n* كائن حي [Kaaen ḥay]

organization [ˌɔːgənaɪ'zeɪʃən] *n* منظمة [munazˤzˤama]

organize ['ɔːgəˌnaɪz] *v* يُنَظِم [junazˤzˤimu]

organizer ['ɔːgəˌnaɪzə; 'orgaˌnizer; 'orgaˌniser] *n*; **personal organizer** *n* منظم شخصي [monaḍhem shakhṣey]

orgasm ['ɔːgæzəm] *n* هزة الجماع [Hezat al-jemaa'a]

Orient ['ɔːrɪənt] *n* المَشْرِق [ʔalmaʃriqi]

oriental [ˌɔːrɪ'ɛntəl] *adj* مَشرِقي [maʃriqij]

origin ['ɒrɪdʒɪn] *n* أصل *(source)* [ʔasˤl]

original [ə'rɪdʒɪnəl] *adj* أصيل [ʔasˤiːl]

originally [ə'rɪdʒɪnəlɪ] *adv* في الأصل [Fee al aṣl]

ornament ['ɔːnəmənt] *n* حلية [ħilijja]

orphan ['ɔːfən] *n* يَتيم [jatiːm]

ostrich ['ɒstrɪtʃ] *n* نعامة [naʕaːma]

other ['ʌðə] *adj* أخر [ʔaxar]

otherwise ['ʌðəˌwaɪz] *adv* بطريقة أخرى [ṭaree'qah okhra] ▷ *conj* وإلا [Waelaa]

otter ['ɒtə] *n* ثعلب الماء [Tha'alab al-maaa]

ounce [aʊns] *n* الأونس [ʔal-ʔuːnsu]

our [aʊə] *adj* ملكنا

ours [aʊəz] *pron* مِلكنَا

ourselves [aʊə'sɛlvz] *pron* أنفسنا

out [aʊt] *adj* بعيد [baʕiːd] ▷ *adv* خارجاً [xaːriʒan]

outbreak ['aʊtˌbreɪk] *n* نشوب [nuʃuːb]

outcome ['aʊtˌkʌm] *n* ناتج [naːtiʒ]

outdoor ['aʊt'dɔː] *adj* خلوي [xalawij]

outdoors [ˌaʊt'dɔːz] *adv* في العراء [Fee al-'aaraa]

outfit ['aʊtˌfɪt] *n* مُعدات [muʕaddaːt]

outgoing ['aʊtˌgəʊɪŋ] *adj* منصرف [munsˤarif]

outing ['aʊtɪŋ] *n* نزهة [nuzha]

outline ['aʊtˌlaɪn] *n* مخطط تمهيدي [Mokhaṭaṭ tamheedey]

outlook ['aʊtˌlʊk] *n* مطل [matall]

out-of-date ['aʊtɒv'deɪt] *adj* متخلف [mutaxaliff]

out-of-doors ['aʊtɒv'dɔːz] *adv* في الهواء الطلق [Fe al-hawaa al-ṭal'q]

outrageous [aʊt'reɪdʒəs] *adj* شَنيع [ʃaniːʕ]

outset ['aʊtˌsɛt] *n* مُستَهل [mustahall]

outside *adj* ['aʊtˌsaɪd] خارجي [xaːriʒij] ▷ *adv* [ˌaʊt'saɪd] خارجا [xaːriʒan] ▷ *n* ['aʊt'saɪd] خارج [xaːriʒ] ▷ *prep* إلى خارج [Ela al-kharej]; **I want to make an outside call, can I have a line?** أريد إجراء مكالمة خارجية، هل يمكن أن تحول لي أحد الخطوط؟ [areed ejraa mukalama kharij-iya, hal yamkin an it-ḥawil le aḥad al-khiṭooṭ?]

outsize ['aʊtˌsaɪz] *adj* مقاس كبير [Ma'qaas kabeer]

outskirts ['aʊtˌskɜːts] *npl* ضواح [dˤawaːħin]

outspoken [ˌaʊt'spəʊkən] *adj* صريح [sˤariːħ]

outstanding [ˌaʊt'stændɪŋ] *adj* معلق [muʕallaq]

oval ['əʊvəl] *adj* بيضوي [bajdˤawij]

ovary ['əʊvərɪ] *n* مِبْيَض [mabiːdˤ]

oven ['ʌvən] *n* فرن [furn]; **microwave oven** *n* فرن الميكروويف [Forn al-maykroweef]; **oven glove** *n* قفاز فرن ['qoffaz forn]

ovenproof ['ʌvənˌpruːf] *adj* مقاوم لحرارة الفرن [Mo'qawem le-ḥarart al-forn]

over ['əʊvə] *adj* منتهي [muntahij] ▷ *prep* فوق [fawqa]

overall [ˌəʊvərˈɔːl] *adv* عموما [ʕumuːman]
overalls [ˌəʊvəˈɔːlz] *npl* بدلة العمل [Badlat al-'aamal]
overcast [ˈəʊvəˌkɑːst] *adj* معتم [muʕtim]
overcharge [ˌəʊvəˈtʃɑːdʒ] *v* يغالي في الثمن [Yoghaley fee al-thaman]
overcoat [ˈəʊvəˌkəʊt] *n* معطف [miʕtˤaf]
overcome [ˌəʊvəˈkʌm] *v* يَتَغْلب على [Yatghalab 'ala]
overdone [ˌəʊvəˈdʌn] *adj* زائد الطهو [Zaed al-ṭahw]
overdose [ˈəʊvəˌdəʊs] *n* جرعة زائدة [Jor'aah zaedah]
overdraft [ˈəʊvəˌdrɑːft] *n* افراط السحب على البنك [Efraṭ al-saḥb ala al-bank]
overdrawn [ˌəʊvəˈdrɔːn] *adj* مبالغ فيه [mobalagh feeh]
overdue [ˌəʊvəˈdjuː] *adj* فات موعد استحقاقه [Fat maw'aed esteḥ'qa'qh]
overestimate [ˌəʊvərˈɛstɪˌmeɪt] *v* يُغَالي في التقدير [Yoghaley fee al-ta'qdeer]
overheads [ˈəʊvəˌhɛdz] *npl* مصاريف عامة [Maṣareef 'aamah]
overlook [ˌəʊvəˈlʊk] *v* يَطِلّ على [Ya'aṣeb al-'aynayn]
overnight [ˈəʊvəˌnaɪt] *adv*; **Can I park here overnight?** هل يمكن أن أترك السيارة هنا إلى الصباح؟ [hal yamken an atruk al-sayara huna ela al-ṣabaḥ?]; **Can we camp here overnight?** هل يمكن أن نقوم بعمل مخيم للمبيت هنا؟ [hal yamken an na'qoom be-'aamal mukhyam lel-mabeet huna?]
overrule [ˌəʊvəˈruːl] *v* يَتحكم ب [Yataḥkam be]
overseas [ˌəʊvəˈsiːz] *adv* عبر البحار ['abr al-behar]
oversight [ˈəʊvəˌsaɪt] *n* *(mistake)* سهو [sahw], *(supervision)* إشراف [ʔiʃraːf]
oversleep [ˌəʊvəˈsliːp] *v* يَستغَرق في النوم [yastagh'q fel nawm]
overtake [ˌəʊvəˈteɪk] *v* يتجاوز [jataʒaːwazu]
overtime [ˈəʊvəˌtaɪm] *n* وَقْت إضافي [Wa'qt eḍafey]
overweight [ˌəʊvəˈweɪt] *adj* زائد الوزن [Zaed alwazn]
owe [əʊ] *v* يدين [judiːnu]
owing to [ˈəʊɪŋ tuː] *prep* بسبب
owl [aʊl] *n* بومة [buːma]
own [əʊn] *adj* ملكه [mulkahu] ▷ *v* يَمْتَلِك [jamtaliku]
owner [ˈəʊnə] *n* مالك [maːlik]; **Could I speak to the owner, please?** من فضلك هل يمكنني التحدث إلى المالك؟ [min faḍlak hal yamkin-ani al-taḥaduth ela al-maalik?]
own up [əʊn ʌp] *v* يُقِر ب [Yo'qarreb]
oxygen [ˈɒksɪdʒən] *n* أكسجين [ʔuksiʒiːn]
oyster [ˈɔɪstə] *n* صَدَفَة [sˤadafa]
ozone [ˈəʊzəʊn; əʊˈzəʊn] *n* الأوزون [ʔal-ʔuːzuːni]; **ozone layer** *n* طبقة الأوزون [Taba'qat al-odhoon]

p

PA [piː eɪ] *abbr* م.ش. [miːm. ʃiːn.]
pace [peɪs] *n* سرعة السير [Sor'aat al-seer]
pacemaker ['peɪs,meɪkə] *n* منظم الخطوات [monaḍhem al-khaṭawat]
Pacific [pə'sɪfɪk] *n* المحيط الهادي [Al-moḥeeṭ al-haadey]
pack [pæk] *n* رزمة [ruzma] ▷ *v* يَحْزِم [jaħzimu]
package ['pækɪdʒ] *n* حُزمَة [ħuzma]; **package holiday** *n* خطة عطلة شاملة الإقامة والانتقال [Khoṭ at 'aoṭlah shamelat al-e'qamah wal-ente'qal]; **package tour** *n* خطة رحلة شاملة الإقامة والانتقالات [Khotah rehalah shamelah al-e'qamah wal-ente'qalat]
packaging ['pækɪdʒɪŋ] *n* تعبئة [taʕbiʔit]
packed [pækt] *adj* مغلف [muɣallaf]; **packed lunch** *n* وجبة الغذاء المعبأة [Wajbat al-ghezaa al-mo'abaah]
packet ['pækɪt] *n* رُزْمَة [ruzma]
pad [pæd] *n* وسادة رقيقة [Wesadah ra'qee'qah]
paddle ['pædᵊl] *n* محراك [miħraːk] ▷ *v* يُجَذِّف [juʒaððifu]
padlock ['pæd,lɒk] *n* قفل [qufl]
paedophile ['piːdəʊ,faɪl] *n* حب الأطفال [Hob al-atfaal]
page [peɪdʒ] *n* صفحة [sˤafħa] ▷ *v* يستدعي [jastadʕiː]; **home page** *n* صفحة رئيسية [Ṣafḥah raeseyah]; **Yellow Pages®** *npl* يلوبيدجز® [bloobeedjez®]
pager ['peɪdʒə] *n* جهاز النداء [Jehaaz al-nedaa]
paid [peɪd] *adj* مسدد [musaddad]
pail [peɪl] *n* دلو [dalw]
pain [peɪn] *n* أَلَمْ [ʔalam]; **back pain** *n* أَلَمْ الظهر [Alam al-ḍhahr]
painful ['peɪnfʊl] *adj* مؤلم [mulim]
painkiller ['peɪn,kɪlə] *n* مسكن آلام [Mosaken lel-alam]
paint [peɪnt] *n* دِهَان [dihaːn] ▷ *v* يَطْلِي [jatˤliː]
paintbrush ['peɪnt,brʌʃ] *n* فرشاة الدهان [Forshat al-dahaan]
painter ['peɪntə] *n* رسام [rassaːm]
painting ['peɪntɪŋ] *n* لَوْحَة [lawħa]
pair [pɛə] *n* زوجان [zawʒaːni]
Pakistan [,pɑːkɪ'stɑːn] *n* باكستان [baːkistaːn]
Pakistani [,pɑːkɪ'stɑːnɪ] *adj* باكستاني [baːkistaːnij] ▷ *n* باكستاني [baːkistaːnij]
pal [pæl] *n* صديق [sˤadiːq]
palace ['pælɪs] *n* قصر [qasˤr]; **Is the palace open to the public?** هل القصر مفتوح للجمهور؟ [hal al-'qaṣir maf-tooḥ lel-jamhoor?]; **When is the palace open?** متى يُفتح القصر؟ [mata yoftaḥ al-'qaṣir?]
pale [peɪl] *adj* شاحب [ʃaːħib]
Palestine ['pælɪ,staɪn] *n* فلسطين [filastˤiːnu]
Palestinian [,pælɪ'stɪnɪən] *adj* فلسطيني [filastˤiːnij] ▷ *n* فلسطيني [filastˤiːnij]
palm [pɑːm] *n (part of hand)* راحة اليد [Rahat al-yad], *(tree)* نخلة [naxla]
pamphlet ['pæmflɪt] *n* كتيب [kutajjib]
pan [pæn] *n* مقلاة [miqlaːt]; **frying pan** *n* قلاية [qalaːjjatun]
Panama [,pænə'mɑː; 'pænə,mɑː] *n* بنما [banamaː]

pancake ['pæn,keɪk] *n* فطيرة محلاة [Faṭerah moḥalah]
panda ['pændə] *n* بَنَدا [banda:]
panic ['pænɪk] *n* ذُعْر [ðuʕr] ▷ *v* يُذْعَر [juðʕaru]
panther ['pænθə] *n* نِمْر [namir]
panties ['pæntɪz] *npl* لباس داخلي [Lebas dakhely]
pantomime ['pæntə,maɪm] *n* التمثيل الصامت [altamtheel al-ṣamet]
pants [pænts] *npl* بَنطلون [bantˤalu:nun]
paper ['peɪpə] *n* ورقة [waraqa]; **paper round** *n* طريق توزيع الصحف [ṭaree'q tawze'a al-ṣohof]; **scrap paper** *n* ورق مسودة [Wara'q mosawadah]; **toilet paper** *n* ورق المرحاض [Wara'q al-merḥaḍ]; **tracing paper** *n* ورق شفاف [Wara'q shafaf]; **wrapping paper** *n* ورق التغليف [Wara'q al-taghleef]; **writing paper** *n* ورقة كتابة [Wara'qat ketabah]
paperback ['peɪpə,bæk] *n* كتاب ورقي الغلاف [Ketab wara'qey al-gholaf]
paperclip ['peɪpə,klɪp] *n* مشبك ورق [Mashbak wara'q]
paperweight ['peɪpə,weɪt] *n* ثقالة الورق [Na'qalat al-wara'q]
paperwork ['peɪpə,wɜːk] *n* أعمال مكتبية [A'amaal maktabeyah]
paprika ['pæprɪkə; pæ'priː-] *n* فُلْفُل مطحون [Felfel maṭhoon]
paracetamol [,pærə'siːtə,mɒl; -'sɛtə-] *n*; **I'd like some paracetamol** أريد باراسيتامول [areed barasetamol]
parachute ['pærə,ʃuːt] *n* مِظَلة [mizˤalla]
parade [pə'reɪd] *n* استعراض [istiʕraːdˤ]
paradise ['pærə,daɪs] *n* جنة [ʒanna]
paraffin ['pærəfɪn] *n* بارافين [ba:ra:fi:n]
paragraph ['pærə,grɑːf; -,græf] *n* فقرة [faqra]
Paraguay ['pærə,gwaɪ] *n* باراجواي [ba:ra:ʒwa:j]
Paraguayan [,pærə'gwaɪən] *adj* من باراجواي [Men barajway] ▷ *n* شخص من باراجواي [Shakhṣ men barajway]
parallel ['pærə,lɛl] *adj* متوازي [mutawa:zi:]
paralysed ['pærə,laɪzd] *adj* مشلول [maʃlu:l]
paramedic [,pærə'medɪk] *n* طبيب مساعد [Ṭabeeb mosaa'aed]
parcel ['pɑːsᵊl] *n* علبة [ʕulba]
pardon ['pɑːdᵊn] *n* عذر [ʕuðran]
parent ['pɛərənt] *n* والد أو والدة [Waled aw waledah]; **parents** *npl* والدين [wa:lidajni]; **single parent** *n* أحد الوالدين [Aḥad al-waledayn]
parish ['pærɪʃ] *n* أبرشية [ʔabraʃijja]
park [pɑːk] *n* متنزه [mutanazzah] ▷ *v* يَركن سيارة [jarkinu sajja:ratan]; **car park** *n* موقف انتظار [Maw'qaf enteḍhar]; **national park** *n* حديقة وطنية [Hadee'qah waṭaneyah]; **theme park** *n* حديقة ألعاب [Hadee'qat al'aab]
parking [pɑːkɪŋ] *n* موقف سيارات [Maw'qaf sayarat]; **parking meter** *n* عداد وقوف السيارة ['adaad wo'qoof al-sayarah]; **parking ticket** *n* تذكرة الركن [tadhkarat al-rokn]
parliament ['pɑːləmənt] *n* برلمان [barlama:n]
parole [pə'rəʊl] *n* إطلاق سراح مشروط [Eṭla'q ṣarah mashrooṭ]
parrot ['pærət] *n* ببغاء [babbaya:ʔ]
parsley ['pɑːslɪ] *n* بَقدونس [baqdu:nis]
parsnip ['pɑːsnɪp] *n* جزر أبيض [Jazar abyaḍ]
part [pɑːt] *n* جزء [ʒuzʔ]; **spare part** *n* قطع غيار ['qaṭa'a gheyar]
partial ['pɑːʃəl] *adj* جزئي [ʒuzʔij]
participate [pɑː'tɪsɪ,peɪt] *v* يَشتَرك في [Yashtarek fee]
particular [pə'tɪkjʊlə] *adj* جدير بالذكر [Jadeer bel-dhekr]
particularly [pə'tɪkjʊləlɪ] *adv* على وجه الخصوص [Ala wajh al-khoṣoṣ]
parting ['pɑːtɪŋ] *n* رحيل [raħi:l]
partly ['pɑːtlɪ] *adv* جزئياً [ʒuzʔijan]
partner ['pɑːtnə] *n* شريك [ʃari:k]; **I have a partner** أنا مرتبط بشريك [Ana mortabeṭ beshareek]
partridge ['pɑːtrɪdʒ] *n* طائر الحَجل [Ṭaayer al-hajal]

part-time [ˈpɑːtˌtaɪm] *adj* غير مُتَفرغ [Ghayr motafaregh] ▷ *adv* بدوام جزئي [Bedwam jozay]
part with [pɑːt wɪð] *v* يَتَخلّى عن [Yatkhala 'an]
party [ˈpɑːtɪ] *n (group)* حزب [ħizb], *(social gathering)* حفلة [ħafla] ▷ *v* يَحضر حفل [Taḥdar ḥafl]; **dinner party** *n* حفلة عشاء [Ḥaflat 'aashaa]; **search party** *n* فريق البحث [Faree'q al-bahth]
pass [pɑːs] *n (in mountains)* مجاز [maʒaːz], *(meets standard)* متوافق مع المعايير [Motawaf'q fee al-m'aayeer], *(permit)* جواز مرور [Jawaz moror] ▷ *v (an exam)* يجتاز [jaʒtaːzu] ▷ *vi* يَمُرّ [jamurru] ▷ *vt* يَجْتاز [jaʒtaːzu]; **boarding pass** *n* تصريح الركوب [Taṣreeh al-rokob]; **ski pass** *n* ممر التزحلق [Mamar al-tazahlo'q]
passage [ˈpæsɪdʒ] *n (musical)* رحلة [riħla], *(route)* ممر [mamarr]
passenger [ˈpæsɪndʒə] *n* راكب [raːkib]
passion [ˈpæʃən] *n* وَلَع [walaʕ]; **passion fruit** *n* فاكهة العشق [Fakehat al-'aesh'q]
passive [ˈpæsɪv] *adj* سلبي [silbij]
pass out [pɑːs aʊt] *v* يُغْمَى عليه [Yoghma alayh]
Passover [ˈpɑːsˌəʊvə] *n* تصريح خروج [Taṣreeh khoroj]
passport [ˈpɑːspɔːt] *n* جواز سفر [Jawaz al-safar]; **passport control** *n* الرقابة على جوازات السفر [Al-re'qabah ala jawazat al-safar]; **I've forgotten my passport** لقد نسيت جواز سفري [la'qad nasyto jawaz safary]; **I've lost my passport** لقد ضاع جواز سفري [la'qad ḍa'aa jawaz safary]; **My passport has been stolen** لقد سرق جواز سفري [la'qad sure'qa jawaz safary]; **Please give me my passport back** من فضلك، أريد أن أسترد جواز سفري [min faḍlak, areed an asta-rid jawaz safary]
password [ˈpɑːsˌwɜːd] *n* كلمة السر [Kelmat al-ser]
past [pɑːst] *adj* منصرم [munsˤarim] ▷ *n* ماضٍ [maːdˤiː] ▷ *prep* بَعْد [baʕda]
pasta [ˈpæstə] *n* باستا [baːstaː]
paste [peɪst] *n* معجون [maʕʒuːn]
pasteurized [ˈpæstəˌraɪzd] *adj* مبستر [mubastar]
pastime [ˈpɑːsˌtaɪm] *n* تسلية [taslija]
pastry [ˈpeɪstrɪ] *n* معجنات [muʕaʒʒanaːt]; **puff pastry** *n* عجينة الباف باستري ['ajeenah aleyaf bastrey]; **shortcrust pastry** *n* فطيرة هَشّة [Faṭerah hashah]
patch [pætʃ] *n* رقعة [ruqʕa]
patched [pætʃt] *adj* مرقع [muraqqaʕ]
path [pɑːθ] *n* سبيل [sabiːl]; **cycle path** *n* ممر الدراجات [Mamar al-darajat]
pathetic [pəˈθɛtɪk] *adj* مثير للحزن [Mother lel-ḥozn]
patience [ˈpeɪʃəns] *n* صبر [sˤabr]
patient [ˈpeɪʃənt] *adj* صبور [sˤabuːr] ▷ *n* مريض [mariːdˤ]
patio [ˈpætɪˌəʊ] *n* فناء مرصوف [Fenaa marṣoof]
patriotic [ˈpætrɪəˌtɪk] *adj* وطني [watˤanij]
patrol [pəˈtrəʊl] *n* دَورية [dawrijja]; **patrol car** *n* سيارة الدورية [Sayarah al-dawreyah]
pattern [ˈpætᵊn] *n* نمط [namatˤ]
pause [pɔːz] *n* وَقْفَة [waqfa]
pavement [ˈpeɪvmənt] *n* رصيف [rasˤiːfu]
pavilion [pəˈvɪljən] *n* سُرادق [saraːdiq]
paw [pɔː] *n* كف الحيوان [Kaf al-ḥayawaan]
pawnbroker [ˈpɔːnˌbrəʊkə] *n* مُرهِن [murhin]
pay [peɪ] *n* دفع [dafʕ] ▷ *v* يَدفَع [jadfaʕu]; **sick pay** *n* الأجر المدفوع خلال الأجازة المرضية [Al-'ajr al-madfoo'a khelal al-'ajaza al-maraḍeyah]; **Can I pay by cheque?** هل يمكنني الدفع بشيك؟ [hal yamken -any al-daf'a be- shaik?]; **Do I have to pay duty on this?** هل يجب علي دفع رسوم على هذا الشيء؟ [hal jaʒibu ʕala: dafʕin rusu:min ʕala: ha:ða: aʃʃaj?i]; **Do I pay in advance?** هل يجب الدفع مقدما؟ [hal yajib al-dafi'a mu'qad-aman?]; **Do I pay now or later?** هل يجب أن أدفع الآن أم لاحقا؟ [hal

yajib an adfa'a al-aan am la-ḥe'qan?]; **Do we have to pay extra for electricity?** هل يجب علينا دفع مصاريف إضافية للكهرباء؟ [hal yajib 'aala-yna daf'a maṣa-reef eḍafiya lel-kah-rabaa?]; **When do I pay?** متى أدفع؟ [mata adfa'a?]; **Where do I pay?** أين يتم الدفع؟ [ayna yatim al-daf'a?]; **Will I have to pay?** هل سيكون الدفع واجبًا علي؟ [hal sayakon al-dafi'a wajeban 'aalya?]; **Will the insurance pay for it?** هل ستدفع لك شركة التأمين مقابل ذلك [hal sa-tadfaa laka share-kat al-tameen ma'qabil dhalik?]

payable ['peɪəbᵊl] *adj* واجب دفعه [Wajeb daf'aaho]

pay back [peɪ bæk] *v* يُسدِد [jusaddidu]

payment ['peɪmənt] *n* دَفْع [dafʕ]

payphone ['peɪˌfəʊn] *n* هاتف عمومي [Hatef 'aomoomy]

PC [piː siː] *n* جهاز الكمبيوتر الشخصي [ʒihaːzu alkumbjuːtr aʃʃaxsʕijji]

PDF [piː diː ɛf] *n* FDP ملف [Malaf PDF]

peace [piːs] *n* سلام [salaːm]

peaceful ['piːsfʊl] *adj* مسالم [musaːlim]

peach [piːtʃ] *n* خُوخ [xuːx]

peacock ['piːˌkɒk] *n* طاووس [tʕaːwuːs]

peak [piːk] *n* قمة [qima]; **peak hours** *npl* ساعات الذروة [Sa'aat al-dhorwah]

peanut ['piːˌnʌt] *n* حبة فول سوداني [Ḥabat fool sodaney]; **peanut allergy** *n* حساسية تجاه الفول السوداني [Hasaseyah tejah al-fool alsodaney]; **peanut butter** *n* زُبْدَة الفستق [Zobdat al-fosto'q]

pear [pɛə] *n* كُمَّثرى [kummiθraː]

pearl [pɜːl] *n* لؤلؤة [luʔluʔa]

peas [piːs] *npl* بِسلَّة [bisalati]

peat [piːt] *n* سِمَاد طبيعي [Semad ṭabe'ay]

pebble ['pɛbᵊl] *n* حصاة [ħasʕaːt]

peculiar [pɪ'kjuːlɪə] *adj* فريد [fariːd]

pedal ['pɛdᵊl] *n* دَوَّاسة [dawwaːsa]

pedestrian [pɪ'dɛstrɪən] *n* مُرْتَجِل [murtaʒil]; **pedestrian crossing** *n* ممر خاص لعبور المشاه [Mamar khaṣ leaboor al-moshah]; **pedestrian precinct** *n* منطقة مشاه [Menta'qat moshah]

pedestrianized [pɪ'dɛstrɪəˌnaɪzd] *adj* محول إلى منطقة مشاه [Meḥawel ela manṭe'qat moshah]

pedigree ['pɛdɪˌgriː] *adj* أصل [ʔasʕl]

peel [piːl] *v* يُقَشِر [juqaʃʃiru]

peg [pɛg] *n* وتد [watad]

Pekinese [ˌpiːkɪŋ'iːz] *n* كلب بِكِيني [Kalb bekkeeney]

pelican ['pɛlɪkən] *n* بَجَعَة [baʒaʕa]; **pelican crossing** *n* عبور المشاه سيراً على الأقدام ['aobor al-moshah sayran ala al-a'qdam]

pellet ['pɛlɪt] *n* كرة صغيرة [Korat ṣagheerah]

pelvis ['pɛlvɪs] *n* الحوض [alħawdʕi]

pen [pɛn] *n* قلم [qalam]; **ballpoint pen** *n* قلم حبر جاف ['qalam ḥebr jaf]; **felt-tip pen** *n* قلم ذو سن من اللباد ['qalam dho sen men al-lebad]; **fountain pen** *n* قلم حبر ['qalam ḥebr]

penalize ['piːnəˌlaɪz] *v* يُجَرِم [juʒarrimu]

penalty ['pɛnᵊltɪ] *n* جزاء [ʒazaːʔ]

pencil ['pɛnsᵊl] *n* قلم رصاص ['qalam raṣaṣ]; **pencil case** *n* مقلمة [miqlamatun]; **pencil sharpener** *n* مبراة [mibraːtun]

pendant ['pɛndənt] *n* حلية متدلية [Halabh motadaleyah]

penfriend ['pɛnˌfrɛnd] *n* صديق بالمراسلة [Ṣadeek belmoraslah]

penguin ['pɛŋgwɪn] *n* بطريق [bitʕriːq]

penicillin [ˌpɛnɪ'sɪlɪn] *n* بنسلين [binisiliːn]

peninsula [pɪ'nɪnsjʊlə] *n* شبه الجزيرة [Shebh al-jazeerah]

penknife ['pɛnˌnaɪf] *n* سكين القلم [Sekeen al-'qalam]

penny ['pɛnɪ] *n* سِنْت [sint]

pension ['pɛnʃən] *n* معاش [maʕaːʃ]

pensioner ['pɛnʃənə; 'pensioner] *n* صاحب المعاش [Ṣaheb al-ma'aash]; **old-age pensioner** *n* صاحب معاش كبير السن [Ṣaheb ma'aash kabeer al-sen]

pentathlon [pɛn'tæθlən] *n* مباراة خماسية [Mobarah khomaseyah]

penultimate [pɪˈnʌltɪmɪt] *adj* قبل الأخير [ˈqabl al akheer]
people [ˈpiːpᵊl] *npl* ناس [naːs]
pepper [ˈpɛpə] *n* فُلْفُل [fulful]
peppermill [ˈpɛpəˌmɪl] *n* مطحنة الفلفل [mathanat al-felfel]
peppermint [ˈpɛpəˌmɪnt] *n* نِعْناع [naʕnaːʕ]
per [pɜː; pə] *prep* لكل [likulli]; **per cent** *adv* بالمائة [biʕalmiʕati]; **How much is it per hour?** كم يبلغ الثمن لكل ساعة؟ [kam yablugh al-thaman le-kul sa'a a?]; **How much is it per night?** كم يبلغ الثمن لكل ساعة [kam yablugh al-thaman le-kul layla?]
percentage [pəˈsɛntɪdʒ] *n* نسبة مئوية [Nesbah meaweyah]
percussion [pəˈkʌʃən] *n* نَقْر [naqr]
perfect [ˈpɜːfɪkt] *adj* تام [taːmm]
perfection [pəˈfɛkʃən] *n* مِثالِيّة [miθaːlijja]
perfectly [ˈpɜːfɪktlɪ] *adv* على نحو كامل [Ala nahw kaamel]
perform [pəˈfɔːm] *v* يؤدي [juʔaddiː]
performance [pəˈfɔːməns] *n (artistic)* تمثيل [tamθiːll], *(functioning)* أداء [ʔadaːʔ]
perfume [ˈpɜːfjuːm] *n* عطر [ʕitʕr]
perhaps [pəˈhæps; præps] *adv* لَعَّل [laʕalla]
period [ˈpɪərɪəd] *n* مدة [mudda]; **trial period** *n* فترة المحاكمة [Fatrat al-mohkamah]
perjury [ˈpɜːdʒərɪ] *n* الحنث باليمين [Al-hanth bel-yameen]
perm [pɜːm] *n* تمويج الشعر [Tamweej al-sha'ar]
permanent [ˈpɜːmənənt] *adj* دائم [daːʔim]
permanently [ˈpɜːmənəntlɪ] *adv* بشكل دائم [Beshakl daaem]
permission [pəˈmɪʃən] *n* إِذْن [ʔiðn]
permit *n* [ˈpɜːmɪt]تصريح [tasʕriːħ] ▷ *v* [pəˈmɪt]يسمح ب [jasmaħu bi]; **work permit** *n* تصريح عمل [Taşreeh 'amal]; **Do you need a fishing permit?** هل أنت في احتياج إلى تصريح بالصيد؟ [hal anta fee ihti-yaj ela taşreeh bil-şayd?]
persecute [ˈpɜːsɪˌkjuːt] *v* يَضطهِد [jadʕtʕahidu]
persevere [ˌpɜːsɪˈvɪə] *v* يُثابِر [juθaːbiru]
Persian [ˈpɜːʃən] *adj* فارسي [faːrisij]
persistent [pəˈsɪstənt] *adj* مُصِر [musʕirru]
person [ˈpɜːsᵊn] *n* فَرد [fard]
personal [ˈpɜːsənᵊl] *adj* شخصي [ʃaxsʕij]; **personal assistant** *n* مساعد شخصي [Mosa'aed shakhşey]; **personal organizer** *n* منظم شخصي [monadhem shakhşey]; **personal stereo** *n* جهاز الصوت المجسم الشخصي [Jehaz al-şawt al-mojasam al-shakhşey]
personality [ˌpɜːsəˈnælɪtɪ] *n* هَوية [hawijja]
personally [ˈpɜːsənəlɪ] *adv* شخصياً [ʃaxsʕiːan]
personnel [ˌpɜːsəˈnɛl] *n* الموظفين [almuwazʕzʕafiːna]
perspective [pəˈspɛktɪv] *n* منظور [manzʕuːr]
perspiration [ˌpɜːspəˈreɪʃən] *n* تَعَرُّق [taʕarruq]
persuade [pəˈsweɪd] *v* يَحُثّ [jaħuθθu]
persuasive [pəˈsweɪsɪv] *adj* مقنع [muqniʕ]
Peru [pəˈruː] *n* بيرو [biːruː]
Peruvian [pəˈruːvɪən] *adj* بيروفي [biːruːfij] ▷ *n* بيروفي [biːruːfij]
pessimist [ˈpɛsɪˌmɪst] *n* مُتَشائِم [mutaʃaːʔim]
pessimistic [ˈpɛsɪˌmɪstɪk] *adj* متشائم [mutaʃaːʔim]
pest [pɛst] *n* وباء [wabaːʔ]
pester [ˈpɛstə] *v* يُضايق [judʕaːjiqu]
pesticide [ˈpɛstɪˌsaɪd] *n* مبيد حشرات [Mobeed hasharat]
pet [pɛt] *n* حيوان أليف [Hayawaan aleef]
petition [pɪˈtɪʃən] *n* التماس [iltimaːs]
petrified [ˈpɛtrɪˌfaɪd] *adj* متحجر [mutaħaʒʒir]
petrol [ˈpɛtrəl] *n* بنزين [binziːn]; **petrol station** *n* محطة بنزين [Mahatat benzene]; **petrol tank** *n* خزان بنزين

[Khazan benzeen]; **unleaded petrol** *n* بنزين خالي من الرصاص [Benzene khaly men al- raṣaṣ]; **I've run out of petrol** لقد نفذ البنزين من السيارة [la'qad nafatha al-banzeen min al-sayara]; **Is there a petrol station near here?** هل يوجد محطة بنزين قريبة من هنا؟ [hal yujad muḥaṭat banzeen 'qareeba min huna?]; **The petrol has run out** نفذ البنزين من السيارة [nafadh al-banzeen min al-sayara]

pewter ['pjuːtə] *n* سبيكة البيوتر [Sabeekat al-beyooter]

pharmacist ['fɑːməsɪst] *n* صيدلي [sˤajdalij]

pharmacy ['fɑːməsɪ] *n* صيدلية [sˤajdalijja]

PhD [piː eɪtʃ diː] *n* درجة الدكتوراه في الفلسفة [daraʒatu adduktuːraːti fiː alfalsafati]

pheasant ['fɛzᵊnt] *n* طائر التدرج [Ṭaear al-tadraj]

philosophy [fɪ'lɒsəfɪ] *n* فلسفة [falsafa]

phobia ['fəʊbɪə] *n* خوف مرضي [Khawf maraḍey]

phone [fəʊn] *n* هاتف [haːtif] ▷ *v* يَتَصِل تليفونيا [jattasˤilu tiliːfuːnijjan]; **camera phone** *n* تليفون بكاميرا [Telefoon bekamerah]; **entry phone** *n* تليفون المدخل [Telefoon al-madkhal]; **mobile phone** *n* هاتف جوال [Hatef jawal]; **phone bill** *n* فاتورة تليفون [Fatoorat telefon]; **phone number** *n* رقم التليفون [Ra'qm al-telefone]; **smart phone** *n* هاتف ذكي [Hatef zaky]; **I'd like some coins for the phone, please** أريد بعض العملات المعدنية من أجل الهاتف من فضلك [areed ba'aḍ al-'aimlaat al-ma'a-danya min ajil al-haatif min faḍlak]; **I'm having trouble with the phone** هناك مشكلة في الهاتف [hunaka mushkila fee al-haatif]; **May I use your phone?** هل يمكن أن أستخدم هاتفك؟ [hal yamken an asta-khdim ha-tifak?]

phonebook ['fəʊn,bʊk] *n* دفتر الهاتف [Daftar al-hatef]

phonebox ['fəʊn,bɒks] *n* كابينة تليفون [Kabeenat telefoon]

phonecall ['fəʊn,kɔːl] *n* اتصال هاتفي [Eteṣal hatefey]

phonecard ['fəʊn,kɑːd] *n* كارت تليفون [Kart telefone]

photo ['fəʊtəʊ] *n* صورة فوتوغرافية [Ṣorah fotoghrafeyah]; **photo album** *n* ألبوم الصور [Albom al ṣewar]

photobomb ['fəʊtəʊ,bɒm] *v* يتطفل على صورة [jatatˤaffalu ʕala: sˤuːra]

photocopier ['fəʊtəʊ,kɒpɪə] *n* ماكينة تصوير [Makenat taṣweer]

photocopy ['fəʊtəʊ,kɒpɪ] *n* نسخة ضوئية [niskha ḍaw-iyaa] ▷ *v* يستخرج نسخة [Yastakhrej noskhah]; **I'd like a photocopy of this, please** أرجو عمل نسخة ضوئية من هذا المستند [arjo al-ḥuṣool 'aala nuskha min hadha al-mustanad min faḍlak]

photograph ['fəʊtə,grɑːf; -,græf] *n* صورة فوتوغرافية [Ṣorah fotoghrafeyah] ▷ *v* يُصور فوتوغرافيا [Yoṣawer fotoghrafeyah]

photographer [fə'tɒgrəfə; pho'tographer] *n* مصور فوتوغرافي [moṣawer fotoghrafey]

photography [fə'tɒgrəfɪ] *n* التصوير الفوتوغرافي [Al-taṣweer al-fotoghrafey]

phrase [freɪz] *n* عبارة [ʕibaːra]

phrasebook ['freɪz,bʊk] *n* كتاب العبارات [Ketab al-'aebarat]

physical ['fɪzɪkᵊl] *adj* بدني [badanij] ▷ *n* متعلق بالبدن [Mota'ale'q bel-badan]

physicist ['fɪzɪsɪst] *n* فيزيائي [fiːzjaːʔij]

physics ['fɪzɪks] *npl* فيزياء [fiːzjaːʔun]

physiotherapist [,fɪzɪəʊ'θɛrəpɪst] *n* أخصائي العلاج الطبيعي [Akeṣaaey al-elaj al-ṭabeaey]

physiotherapy [,fɪzɪəʊ'θɛrəpɪ] *n* علاج طبيعي ['aelaj ṭabeye]

pianist ['pɪənɪst] *n* لاعب البيانو [La'aeb al-beyano]

piano [pɪ'ænəʊ] *n* بيانو [bijaːnuː]

pick [pɪk] *n* انتقاء [intiqaːʔ] ▷ *v* يختار [jaxtaːru]

pick on [pɪk ɒn] *v* يُسئ معاملة شخص [Yosee mo'amalat shakhṣ]
pick out [pɪk aʊt] *v* يَنتقِي [jantaqi:]
pickpocket ['pɪk,pɒkɪt] *n* نَشَّال [naʃʃa:l]
pick up [pɪk ʌp] *v* يَجْلِب [jaʒlibu]
picnic ['pɪknɪk] *n* نزهة في الهواء الطلق [Nozhah fee al-hawaa al-ṭal'q]
picture ['pɪktʃə] *n* صورة [sˤu:ra]; **picture frame** *n* إطار الصورة [Eṭar al ṣorah]; **Would you take a picture of us, please?** هل يمكن أن تلتقط لنا صورة هنا من فضلك؟ [hal yamken an talta-'qiṭ lana ṣoora min faḍlak?]
picturesque [,pɪktʃə'rɛsk] *adj* رائع [ra:ʔiʕ]
pie [paɪ] *n* فطيرة [fatˤi:ra]; **apple pie** *n* فطيرة التفاح [Faṭeerat al-tofaaḥ]; **pie chart** *n* رسم بياني دائري [Rasm bayany daery]
piece [pi:s] *n* قطعة [qitˤʕa]
pier [pɪə] *n* دعامة [daʕa:ma]
pierce [pɪəs] *v* يَخْرِق [jaxriqu]
pierced [pɪəst] *adj* مثقوب [maθqu:b]
piercing ['pɪəsɪŋ] *n* ثَقْب [θuqb]
pig [pɪg] *n* خنزير [xinzi:r]; **guinea pig** *n* *(for experiment)* حقل للتجارب [Ha'ql lel-tajareb], *(rodent)* خنزير غينيا [Khnzeer ghemyah]
pigeon ['pɪdʒɪn] *n* حمامة [ħama:ma]
piggybank ['pɪgɪ,bæŋk] *n* حصالة على شكل خنزير [Ḥaṣalah ala shakl khenzeer]
pigtail ['pɪg,teɪl] *n* ضفيرة [dˤafi:ra]
pile [paɪl] *n* خازوق [xa:zu:q]
piles [paɪlz] *npl* دعائم [daʕa:ʔimun]
pile-up [paɪlʌp] *n* تكدس [takaddus]
pilgrim ['pɪlgrɪm] *n* حَاجّ [ħa:ʒʒ]
pilgrimage ['pɪlgrɪmɪdʒ] *n* الحج [al-ħaʒʒu]
pill [pɪl] *n* حبة دواء [Habbat dawaa]; **sleeping pill** *n* حبة نوم [Habit nawm]
pillar ['pɪlə] *n* دعامة [daʕa:ma]
pillow ['pɪləʊ] *n* وِسَادة [wisa:da]
pillowcase ['pɪləʊ,keɪs] *n* غطاء الوسادة [gheṭaa al-wesadah]
pilot ['paɪlət] *n* ربان الطائرة [Roban al-ṭaaerah]; **pilot light** *n* شُعلة الاحتراق [Sho'alat al-eḥtera'q]
pimple ['pɪmpᵊl] *n* دُمّل [dumul]
pin [pɪn] *n* دبوس [dabbu:s]; **drawing pin** *n* دبوس تثبيت اللوائح [Daboos tathbeet al-lawaeh]; **rolling pin** *n* نَشَّابة [naʃʃa:batun]; **safety pin** *n* دبوس أمان [Daboos aman]; **I need a safety pin** أحتاج إلى دبوس آمن [aḥtaaj ela dub-boos aamin]
PIN [pɪn] *npl* رقم التعريف الشخصي [Ra'qam alta'areef alshakhṣey]
pinafore ['pɪnə,fɔ:] *n* مئزر [miʔzar]
pinch [pɪntʃ] *v* يَقْرِصّ [jaqrusˤu]
pine [paɪn] *n* شجرة الصَنوبر [Shajarat al-ṣonobar]
pineapple ['paɪn,æpᵊl] *n* أناناس [ʔana:na:s]
pink [pɪŋk] *adj* وردي [wardij]
pint [paɪnt] *n* باينت [ba:jant]
pip [pɪp] *n* حَبَّة [ħabba]
pipe [paɪp] *n* ماسورة [ma:su:ra]; **exhaust pipe** *n* ماسورة العادم [Masorat al-'aadem]
pipeline ['paɪp,laɪn] *n* خط أنابيب [Khaṭ anabeeb]
pirate ['paɪrɪt] *n* قُرْصان [qursˤa:n]
Pisces ['paɪsi:z; 'pɪ-] *n* الحوت [al-ħu:tu]
pistol ['pɪstᵊl] *n* مسدس [musaddas]
piston ['pɪstən] *n* مِكْبَس [mikbas]
pitch [pɪtʃ] *n* *(sound)* طبقة صوت [Ṭabaqat ṣawt], *(sport)* رَمْيَة [ramja] ▷ *v* يَرْمي [jarmi:]
pity ['pɪtɪ] *n* شفقة [ʃafaqa] ▷ *v* يُشفق على [Yoshfe'q 'aala]
pixel ['pɪksᵊl] *n* بكْسِل [biksil]
pizza ['pi:tsə] *n* بيتزا [bi:tza:]
place [pleɪs] *n* مكان [maka:n] ▷ *v* يَضع في [Yaḍa'a fee]; **place of birth** *n* مكان الميلاد [Makan al-meelad]; **Do you know a good place to go?** أتعرف مكانا جيدا يمكن أن أذهب إليه؟ [a-ta'aruf makanan jayidan yamkin an adhhab e-lay-he?]
placement ['pleɪsmənt] *n* وَضْع [wadˤʕ]
plain [pleɪn] *adj* بسيط [basi:tˤ] ▷ *n* ارض منبسطة [ardˤu munbasatˤatin]; **plain**

chocolate *n* شيكولاتة سادة [Shekolatah sada]
plait [plæt] *n* طية [tˤajja]
plan [plæn] *n* خطة [xutˤtˤa] ▷ *v* يُخطط [juxatˤtˤitˤu]; **street plan** *n* خريطة الشارع [Khareeṭat al-share'a]
plane [pleɪn] *n (aeroplane)* طائرة [tˤa:ʔira], *(surface)* سَطح مستوي [Saṭ mostawey], *(tool)* طائرة [tˤa:ʔira]
planet ['plænɪt] *n* كوكب [kawkab]
planning [plænɪŋ] *n* تخطيط [taxtˤi:tˤ]
plant [plɑ:nt] *n* نبات [naba:t], *(site/equipment)* مباني وتجهيزات [Mabaney watajheezaat] ▷ *v* يزرع [jazraʕu]; **plant pot** *n* حوض نباتات [Hawḍ nabatat]; **pot plant** *n* نبات يزرع في حاوية [Nabat yozra'a fee ḥaweyah]; **We'd like to see local plants and trees** نريد أن نرى النباتات والأشجار المحلية [nureed an nara al-naba-taat wa al-ash-jaar al-maḥali-ya]
plaque [plæk; plɑ:k] *n* قِلادة [qila:da]
plaster ['plɑ:stə] *n (for wall)* جص [ʒibsˤ], *(for wound)* مادة لاصقة [Madah laṣe'qah]
plastic ['plæstɪk; 'plɑ:s-] *adj* بلاستيكي [bla:sti:kij] ▷ *n* بلاستيك [bla:sti:k]; **plastic bag** *n* كيس بلاستيكي [Kees belasteekey]; **plastic surgery** *n* جراحة تجميلية [Jerahah tajmeeleyah]
plate [pleɪt] *n* صحيفة [sˤaħi:fa]; **number plate** *n* لوحة الأرقام [Looḥ al-ar'qaam]
platform ['plætfɔ:m] *n* منصة [minasˤsˤa]
platinum ['plætɪnəm] *n* بلاتين [bla:ti:n]
play [pleɪ] *n* لعب [laʕib] ▷ *v (in sport)* يلعب [jalʕabu], *(music)* يَعْزِف [jaʕzifu]; **play truant** *v* يتغيب [jataɣajjabu]; **playing card** *n* بطاقة لعب [Beṭaqat la'aeb]; **playing field** *n* ملعب رياضي [Mal'aab reyady]; **We'd like to play tennis** نود أن نلعب التنس؟ [nawid an nal'aab al-tanis]; **Where can I play golf?** أين يمكنني أن ألعب الجولف؟ [ayna yamken-any an al-'aab al-jolf?]
player ['pleɪə] *n (instrumentalist)* آلة عَزْف [Aalat 'aazf], *(of sport)* لاعب [la:ʕib]; **CD player** *n* مشغل الاسطوانات [Moshaghel al-esṭewanat]; **MP3 player** *n* مشغل ملفات 3PM [Moshaghel malafat MP3]; **MP4 player** *n* مشغل ملفات 4PM [Moshaghel malafat MP4]
playful ['pleɪfʊl] *adj* لعوب [laʕu:b]
playground ['pleɪ,graʊnd] *n* ملعب [malʕab]
playgroup ['pleɪ,gru:p] *n* مجموعة لعب [Majmo'aat le'aab]
PlayStation® ['pleɪ,steɪʃən] *n* بلايستيشن® [bla:jsiti:ʃn]
playtime ['pleɪ,taɪm] *n* وَقْت اللعب [Wa'qt al-la'aeb]
playwright ['pleɪ,raɪt] *n* كاتب مسرحي [Kateb masrḥey]
pleasant ['plɛzᵊnt] *adj* سار [sa:rr]
please [pli:z] *excl* من فضلك [min faḍlak]
I'd like to check in, please أريد التسجيل من فضلك [ureed at-tasjeel min faḍlak]
pleased [pli:zd] *adj* مسرور [masru:r]
pleasure ['plɛʒə] *n* سرور [suru:r]; **It was a pleasure to meet you** من دواعي سروري أن التقي بك [min dawa-'ay siro-ry an al-ta'qy bik]; **It's been a pleasure working with you** من دواعي سروري العمل معك [min dawa-'ay siro-ry al-'aamal ma'aak]; **With pleasure!** بكل سرور [bekul siroor]
plenty ['plɛntɪ] *n* وَفْرة [wafra]
pliers ['plaɪəz] *npl* كَمّاشة [kamma:ʃatun]
plot [plɒt] *n (piece of land)* قطعة أرض ['qeṭ'aat arḍ], *(secret plan)* حبكة ▷ *v (conspire)* يتآمر [jataʔa:maru]
plough [plaʊ] *n* محراث [miħra:θ] ▷ *v* يَحْرُث [jaħruθu]
plug [plʌg] *n* قابس [qa:bis]; **spark plug** *n* شمعة إشعال [Sham'aat esh'aal]
plughole ['plʌg,həʊl] *n* فتحة التوصيل [Fathat al-tawṣeel]
plug in [plʌg ɪn] *v* يُوصِل بالقابس الكهربائي [ju:sˤilu bilqa:busi alkahraba:ʔijji]
plum [plʌm] *n* برقوق [barqu:q]
plumber ['plʌmə] *n* سباك [sabba:k]
plumbing ['plʌmɪŋ] *n* سِباكة [siba:ka]
plump [plʌmp] *adj* ممتلئ الجسم [Momtaleya al-jesm]

plunge [plʌndʒ] *v* يَغْطَس [jaɣtˤusu]
plural ['plʊərəl] *n* جمع [ʒamʕ]
plus [plʌs] *prep* زائد [za:ʔidun]
plywood ['plaɪ,wʊd] *n* خشب أبلكاج [Khashab ablakaj]
p.m. [pi: ɛm] *abbr* مساءً [masa:ʔun]; **Please come home by 11p.m.** رجاء العودة بحلول الساعة الحادية عشر مساءً [rejaa al-'aawda beḥilool al-sa'aa al-ḥade-a 'aashar masa-an]
pneumonia [nju:'məʊnɪə] *n* مرض ذات الرئة [Maraḍ dhat al-re'aa]
poached [pəʊtʃt] *adj (caught illegally)* مُتَلَبِّس بالجَريمَه [Motalabes bel-jareemah], *(simmered gently)* مسلوق [maslu:q]
pocket ['pɒkɪt] *n* جيب [ʒajb]; **pocket calculator** *n* آلة حاسبة للجيب [Alah haseba lel-jeeb]; **pocket money** *n* مصروف الجيب [Maṣroof al-jeeb]
podcast ['pɒd,kɑ:st] *n* بودكاست [bu:dka:st]
poem ['pəʊɪm] *n* قصيدة [qasˤi:da]
poet ['pəʊɪt] *n* شاعر [ʃa:ʕir]
poetry ['pəʊɪtrɪ] *n* شِعْر [ʃiʕr]
point [pɔɪnt] *n* نقطة [nuqtˤa] ▷ *v* يُشير [juʃi:ru]
pointless ['pɔɪntlɪs] *adj* بلا مغزى [Bela maghdha]
point out [pɔɪnt aʊt] *v* يُوضح [ju:dˤiħu]
poison ['pɔɪzᵊn] *n* سُمّ [summ] ▷ *v* يُسَمِّم [jusammimu]
poisonous ['pɔɪzənəs] *adj* سام [sa:mm]
poke [pəʊk] *v* يَلْكُم [jalkumu]
poker ['pəʊkə] *n* لُعبَة البوكَر [Lo'abat al-bookar]
Poland ['pəʊlənd] *n* بولندة [bu:landat]
polar ['pəʊlə] *adj* قطبي [qutˤbij]; **polar bear** *n* الدب القطبي [Al-dob al-shamaley]
pole [pəʊl] *n* قطب [qutˤb]; **North Pole** *n* القطب الشمالي [A'qoṭb al-shamaley]; **pole vault** *n* قفز بالزانة ['qafz bel-zanah]; **South Pole** *n* القطب الجنوبي [Al-k'qotb al-janoobey]; **tent pole** *n* عمود الخيمة ['amood al-kheemah]
Pole [pəʊl] *n* بولندي [bu:landij]
police [pə'li:s] *n* شُرْطَة [ʃurtˤa]; **police officer** *n* ضابط شرطة [Dabeṭ shorṭah]; **police station** *n* قسم شرطة ['qesm shorṭah]
policeman, policemen [pə'li:smən, pə'li:smɛn] *n* ضابط شرطة [Ḍabeṭ shorṭah]
policewoman, policewomen [pə'li:swʊmən, pə'li:swɪmɪn] *n* ضابطة شرطة [Daabeṭ shorṭah]
policy ['pɒlɪsɪ] *n*; **insurance policy** *n* بوليصة تأمين [Booleeṣat taameen]
polio ['pəʊlɪəʊ] *n* شلل أطفال [Shalal aṭfaal]
polish ['pɒlɪʃ] *n* مادة تلميع [Madah talmee'a] ▷ *v* يَجلو [jaʒlu:]; **nail polish** *n* طلاء أظافر [Ṭelaa aḍhafer]; **shoe polish** *n* ورنيش الأحذية [Warneesh al-aḥdheyah]
Polish ['pəʊlɪʃ] *adj* بولندي [bu:landij] ▷ *n* بولندي [bu:landij]
polite [pə'laɪt] *adj* مؤدب [muʔaddab]
politely [pə'laɪtlɪ] *adv* بأدَب [Beadab]
politeness [pə'laɪtnɪs] *n* الكياسة [al-kija:satu]
political [pə'lɪtɪkᵊl] *adj* سياسي [sija:sij]
politician [,pɒlɪ'tɪʃən] *n* رجل سياسة [Rajol seyasah]
politics ['pɒlɪtɪks] *npl* سياسة [sija:sa]
poll [pəʊl] *n* اقتراع [iqtira:ʕ]; **opinion poll** *n* استطلاع الرأي [Eateṭla'a al-ray]
pollen ['pɒlən] *n* لقاح [liqa:ħ]
pollute [pə'lu:t] *v* يُلَوث [julawwiθu]
polluted [pə'lu:tɪd] *adj* مُلَوَث [mulawwaθ]
pollution [pə'lu:ʃən] *n* تلوث [talawwuθ]
Polynesia [,pɒlɪ'ni:ʒə; -ʒɪə] *n* بولينسيا [bu:li:nisja:]
Polynesian [,pɒlɪ'ni:ʒən; -ʒɪən] *adj* بولنسي [bu:linisij] ▷ *n (language)* اللغة البولينيسية [Al- loghah al-bolenseyah], *(person)* بولينيسي [bu:li:ni:sij]
pomegranate ['pɒmɪ,grænɪt; 'pɒm,grænɪt] *n* رُمَّان [rumma:n]
pond [pɒnd] *n* بِرْكَة [birka]
pony ['pəʊnɪ] *n* فَرَس قزم [Faras 'qezm]; **pony trekking** *n* رحلة على الجياد [Rehalah ala al-jeyad]

ponytail [ˈpəʊnɪˌteɪl] *n* ضفيرة [dˤafi:ra]
poodle [ˈpu:dᵊl] *n* كلب البودل [Kalb al-boodel]
pool [pu:l] *n (resources)* حوض منتج للنفط [Hawḍ montej lel-nafṭ], *(water)* حَوْض [ħawdˤ]; **paddling pool** *n* حَوض سباحة للأطفال [Haeḍ sebaha lel-aṭfaal]; **swimming pool** *n* حمام سباحة [Hammam sebaḥah]
poor [pʊə; pɔ:] *adj* فقير [faqi:r]
poorly [ˈpʊəlɪ; ˈpɔ:-] *adj* بشكل سيء [Be-shakl sayea]
popcorn [ˈpɒpˌkɔ:n] *n* فشار [fuʃa:r]
pope [pəʊp] *n* البابا [al-ba:ba:]
poplar [ˈpɒplə] *n* خشب الحور [Khashab al-ḥoor]
poppy [ˈpɒpɪ] *n* خشخاش [xaʃxa:ʃ]
popular [ˈpɒpjʊlə] *adj* شعبي [ʃaʕbij]
popularity [ˈpɒpjʊlærɪtɪ] *n* شعبية [ʃaʕbijjit]
population [ˌpɒpjʊˈleɪʃən] *n* سكان [sukka:n]
pop-up [pɒpʌp] *n* قفز [qafaza]
porch [pɔ:tʃ] *n* رواق [riwa:q]
pork [pɔ:k] *n* لحم خنزير [Lahm al-khenzeer]; **pork chop** *n* شَريحة لحم خنزير [Shareehat laḥm khenzeer]
porn [pɔ:n] *n (informal)* الإباحية [al-ʔiba:ħijatu]
pornographic [pɔ:ˈnɒgræfɪk] *adj* إباحي [ʔiba:ħij]
pornography [pɔ:ˈnɒgrəfɪ] *n* فن إباحي [Fan ebaḥey]
porridge [ˈpɒrɪdʒ] *n* عصيدة [ʕasˤi:da]
port [pɔ:t] *n (ships)* منفذ جوي أو بحري [manfaḍh jawey aw baḥrey], *(wine)* نبيذ برتغالي [nabi:ðun burtuɣa:lij]
portable [ˈpɔ:təbᵊl] *adj* محمول [maħmu:l]
porter [ˈpɔ:tə] *n* شَيَّال [ʃajja:l]
portfolio [pɔ:tˈfəʊlɪəʊ] *n* حقيبة أوراق [Ha'qeebat awra'q]
portion [ˈpɔ:ʃən] *n* حصة [ħisˤsˤa]
portrait [ˈpɔ:trɪt; -treɪt] *n* صورة للوجه [Ṣorah lel-wajh]
Portugal [ˈpɔ:tjʊgᵊl] *n* البرتغال [al-burtuɣa:l]
Portuguese [ˌpɔ:tjʊˈgi:z] *adj* برتغالي [burtuɣa:lij] ▷ *n (language)* اللغة البرتغالية [Al-loghah al-bortoghaleyah], *(person)* برتغالي [burtuɣa:lij]
position [pəˈzɪʃən] *n* مكانة [maka:na]
positive [ˈpɒzɪtɪv] *adj* إيجابي [ʔi:ʒa:bij]
possess [pəˈzɛs] *v* يمتلك [jamtaliku]
possession [pəˈzɛʃən] *n* حيازة [ħija:za]
possibility [ˌpɒsɪˈbɪlɪtɪ] *n* إمكانية [ʔimka:nijja]
possible [ˈpɒsɪbᵊl] *adj* ممكن [mumkin]; **as soon as possible** في أقرب وقت ممكن [fee a'qrab wa'qt mumkin]
possibly [ˈpɒsɪblɪ] *adv* من الممكن [Men al-momken]
post [pəʊst] *n (mail)* نظام بريدي [neḍham bareedey], *(position)* موضع [mawdˤiʕ], *(stake)* عمود [ʕamu:d] ▷ *v* يُرسِل بالبريد [Yorsel bel-bareed], *(on internet)* ينشر على الانترنت [janʃuru ʕala:l-internet]; **post office** *n* مكتب البريد [maktab al-bareed]
postage [ˈpəʊstɪdʒ] *n* أجرة البريد [ojrat al bareed]
postbox [ˈpəʊstˌbɒks] *n* صندوق البريد [Ṣondo'q bareed]
postcard [ˈpəʊstˌkɑ:d] *n* بطاقة بريدية [Beṭaqah bareedyah]
postcode [ˈpəʊstˌkəʊd] *n* رمز بريدي [Ramz bareedey]
poster [ˈpəʊstə] *n* إعلان ملصق [E'alan Molṣa'q]
postgraduate [pəʊstˈgrædjʊɪt] *n* دراسات عليا [dira:sa:t ʕaljan]
postman, postmen [ˈpəʊstmən, ˈpəʊstmɛn] *n* ساعي البريد [Sa'aey al-bareed]
postmark [ˈpəʊstˌmɑ:k] *n* خاتم البريد [Khatem al-bareed]
postpone [pəʊstˈpəʊn; pəˈspəʊn] *v* يؤجل [juaʒʒilu]
postwoman, postwomen [ˈpəʊstwʊmən, ˈpəʊstwɪmɪn] *n* ساعية البريد [Sa'aeyat al-bareed]
pot [pɒt] *n* إناء [ʔina:ʔ]; **plant pot** *n* حوض

نباتات [Hawḍ nabatat]; **pot plant** *n* نبات يزرع في حاوية [Nabat yozra'a fee ḥaweyah]
potato, potatoes [pə'teɪtəʊ, pə'teɪtəʊz] *n* بطاطس [batˤa:tˤis]; **baked potato** *n* بطاطس بالفرن [Baṭaṭes bel-forn]; **jacket potato** *n* بطاطس مشوية بقشرها [Baṭaṭes mashweiah be'qshreha]; **mashed potatoes** *npl* بطاطس مهروسة [Baṭaṭes mahrosah]; **potato peeler** *n* جهاز تقشير البطاطس [Jehaz ta'qsheer al-baṭaṭes]
potential [pə'tɛnʃəl] *adj* ممكن [mumkin] ▷ *n* إمكانية [ʔimka:nijja]
pothole ['pɒt,həʊl] *n* أُخْدُود [ʔuxdu:d]
pottery ['pɒtərɪ] *n* مصنع الفخار [Maṣna'a al-fakhaar]
potty ['pɒtɪ] *n* نونية للأطفال [Noneyah lel-aṭfaal]; **Do you have a potty?** هل توجد نونية للأطفال؟ [hal tojad non-iya lil-aṭfaal?]
pound [paʊnd] *n* رطل [ratˤl]; **pound sterling** *n* جنيه استرليني [Jeneh esterleeney]
pour [pɔː] *v* يَسْكُب [jaskubu]
poverty ['pɒvətɪ] *n* فَقْر [faqr]
powder ['paʊdə] *n* بودرة [bu:dra]; **baking powder** *n* مسحوق خبز [Masḥoo'q khobz]; **soap powder** *n* مسحوق الصابون [Masḥoo'q ṣaboon]; **talcum powder** *n* مَسْحوق الطَّلْق [Masḥoo'q al-ṭal'q]; **washing powder** *n* مسحوق الغسيل [Masḥoo'q alghaseel]
power ['paʊə] *n* قوة [quwwa]; **power cut** *n* انقطاع التيار الكهربي [En'qetaa'a al-tayar alkahrabey]; **solar power** *n* طاقة شمسية [Ṭa'qah shamseyah]
powerful ['paʊəfʊl] *adj* قوي [qawij]
practical ['præktɪkᵊl] *adj* عملي [ʕamalij]
practically ['præktɪkəlɪ; -klɪ] *adv* عمليا [ʕamalijan]
practice ['præktɪs] *n* ممارسة [muma:rasa]
practise ['præktɪs] *v* يُمارِس [juma:risu]
praise [preɪz] *v* يُثني على [Yothney 'aala]
pram [præm] *n* زورق صغير [Zawra'q ṣagheer]
prank [præŋk] *n* مزحة [mazħa]
prawn [prɔːn] *n* رُوبيَان [ru:bja:n]
pray [preɪ] *v* يُصَلي [jusˤali:]
prayer [prɛə] *n* صلاة [sˤala:t]
precaution [prɪ'kɔːʃən] *n* حيطة [ħi:tˤa]
preceding [prɪ'siːdɪŋ] *adj* سالِف [sa:lif]
precinct ['priːsɪŋkt] *n* دائرة انتخابية [Daaera entekhabeyah]; **pedestrian precinct** *n* منطقة مشاه [Menta'qat moshah]
precious ['prɛʃəs] *adj* نفيس [nafi:s]
precise [prɪ'saɪs] *adj* مُحْكَم [muħkam]
precisely [prɪ'saɪslɪ] *adv* بالتحديد [bi-at-taħdi:di]
predecessor ['priːdɪ,sɛsə] *n* سلف [salaf]
predict [prɪ'dɪkt] *v* يتنبأ [jatanabbaʔu]
predictable [prɪ'dɪktəbᵊl] *adj* مُتوَقع [mutawaqqaʕ]
prefect ['priːfɛkt] *n* تلميذ مُفَوّض [telmeedh mofawaḍ]
prefer [prɪ'fɜː] *v* يُفَضِل [jufadˤdˤilu]
preferably ['prɛfərəblɪ; 'prɛfrəblɪ] *adv* من الأفضل [Men al-'afḍal]
preference ['prɛfərəns; 'prɛfrəns] *n* تفضيل [tafdˤi:l]
pregnancy ['prɛgnənsɪ] *n* حَمْل [ħaml]
pregnant ['prɛgnənt] *adj* حَبلى [ħubla:]
prehistoric [,priːhɪ'stɒrɪk] *adj* متعلق بما قبل التاريخ [Mota'ale'q bema 'qabl al-tareekh]
prejudice ['prɛdʒʊdɪs] *n* إجْحَاف [ʔiʒħa:f]
prejudiced ['prɛdʒʊdɪst] *adj* متحامل [mutaħa:mil]
premature [,prɛmə'tjʊə; 'prɛmə,tjʊə] *adj* مبتسر [mubatasir]
premiere ['prɛmɪ,ɛə; 'prɛmɪə] *n* بارز [ba:riz]
premises ['prɛmɪsɪz] *npl* المبنى والأراضي التابعة له [Al-mabna wal-aradey al-taabe'ah laho]
premonition [,prɛmə'nɪʃən] *n* هاجس داخلي [Hajes dakheley]
preoccupied [priː'ɒkjʊ,paɪd] *adj* مشغول البال [Mashghool al-bal]

prepaid [priːˈpeɪd] *adj* مدفوع مسبقا [Madfo'a mosba'qan]
preparation [ˌprɛpəˈreɪʃən] *n* إعداد [ʔiʕdaːd]
prepare [prɪˈpɛə] *v* يُعِد [juʕidu]
prepared [prɪˈpɛəd] *adj* مُعَد [muʕadd]
Presbyterian [ˌprɛzbɪˈtɪərɪən] *adj* مشيخي [maʃjaxij] ▷ *n* كَنيسة مَشْيَخِيَّة [Kaneesah mashyakheyah]
prescribe [prɪˈskraɪb] *v* يصف علاجا [Yaṣef 'aelagan]
prescription [prɪˈskrɪpʃən] *n* وصفة طبية [Waṣfah ṭebeyah]
presence [ˈprɛzəns] *n* حضور [ħudˤuːr]
present *adj* [ˈprɛz] حاضر [ħaːdˤir] ▷ *n* [ˈprɛz] *(gift)* هدية [hadijja], *(time being)* حاضر [ħaːdˤir] ▷ *v* [prɪˈzɛnt] يُبْدي [jubdiː]; **I'm looking for a present for my husband** أنا أبحث عن هدية لزوجي [ana abḥath 'aan hadiya le-zawjee]
presentation [ˌprɛzənˈteɪʃən] *n* تقديم [taqdiːm]
presenter [prɪˈzɛntə] *n* مقدم [muqaddim]
presently [ˈprɛzəntlɪ] *adv* تواً [tawwan]
preservative [prɪˈzɜːvətɪv] *n* مادة حافظة [Madah ḥafeḍhah]
president [ˈprɛzɪdənt] *n* رئيس [raʔijs]
press [prɛs] *n* نَشْر [naʃr] ▷ *v* يَضغط [jadˤɣatˤu]; **press conference** *n* مؤتمر صحفي [Moatamar ṣaḥafey]
press-up [prɛsʌp] *n* تمرين الضغط [Tamreen al- Ḍaght]
pressure [ˈprɛʃə] *n* ضَغْط [dˤaɣtˤ] ▷ *v* يُلقي بضغط [Yol'qy be-ḍaght]; **blood pressure** *n* ضغط الدم [ḍaght al-dam]
prestige [prɛˈstiːʒ] *n* هيبة [hajba]
prestigious [prɛˈstɪdʒəs] *adj* مَهيب [mahiːb]
presumably [prɪˈzjuːməblɪ] *adv* بصورة محتملة [be ṣorah moḥtamalah]
presume [prɪˈzjuːm] *v* يُسَلِم ب [Yosalem be]
pretend [prɪˈtɛnd] *v* يَتظاهر [jatazˤaːharu]
pretext [ˈpriːtɛkst] *n* حجة [ħuʒʒa]
prettily [ˈprɪtɪlɪ] *adv* على نحو جميل [Ala nahw jameel]
pretty [ˈprɪtɪ] *adj* وَسيم [wasiːm] ▷ *adv* إلى حد معقول [Ela ḥad ma'aqool]
prevent [prɪˈvɛnt] *v* يمنع [jumnaʕu]
prevention [prɪˈvɛnʃən] *n* وقاية [wiqaːja]
previous [ˈpriːvɪəs] *adj* مُنصَرِم [munsˤarim]
previously [ˈpriːvɪəslɪ] *adv* من قبل [Men 'qabl]
prey [preɪ] *n* فريسة [fariːsa]
price [praɪs] *n* سِعر [siʕr]; **price list** *n* قائمة أسعار ['qaemat as'aar]; **retail price** *n* سعر التجزئة [Se'ar al-tajzeah]; **selling price** *n* سعر البيع [Se'ar al-bay'a]
prick [prɪk] *v* يَثْقُب [jaθqubu]
pride [praɪd] *n* فخر [faxr]
priest [priːst] *n* قسيس [qasiːs]
primarily [ˈpraɪmərəlɪ] *adv* بصورة أساسية [Beṣorah asasiyah]
primary [ˈpraɪmərɪ] *adj* أولي [ʔawwalij]; **primary school** *n* مدرسة إبتدائية [Madrasah ebtedaeyah]
primitive [ˈprɪmɪtɪv] *adj* بدائي [bidaːʔij]
primrose [ˈprɪmˌrəʊz] *n* زهرة الربيع [Zahrat al-rabee'a]
prince [prɪns] *n* أمير [ʔamiːr]
princess [prɪnˈsɛs] *n* أميرة [ʔamiːra]
principal [ˈprɪnsɪpᵊl] *adj* أصلي [ʔasˤlij] ▷ *n* مدير مدرسة [Madeer madrasah]
principle [ˈprɪnsɪpᵊl] *n* مبدأ [mabdau]
print [prɪnt] *n* نشرة مطبوعة [Nashrah maṭbo'aah] ▷ *v* يَطبَع [jatˤbaʕu]
printer [ˈprɪntə] *n (machine)* طابعة [tˤaːbiʕa], *(person)* طابعة [tˤaːbiʕa]; **Is there a colour printer?** هل توجد طابعة ملونة؟ [hal tojad ṯabe-'aa mulawa-na?]
printing [ˈprɪntɪŋ] *n*; **How much is printing?** كم تكلفة الطباعة؟ [kam taklafati atˤtˤibaːʕati]
printout [ˈprɪntaʊt] *n* مطبوعات [matˤbuːʕaːt]
priority [praɪˈɒrɪtɪ] *n* أولوية [ʔawlawijja]
prison [ˈprɪzᵊn] *n* حَبْس [ħabs]; **prison**

officer *n* ضابط سجن [Dabeṭ sejn]
prisoner [ˈprɪzənə] *n* سجين [saʒiːn]
privacy [ˈpraɪvəsɪ; ˈprɪvəsɪ] *n* سرية [sirrija]
private [ˈpraɪvɪt] *adj* خصوصي [xusˤuːsˤij]; **private property** *n* مِلكِية خاصة [Melkeyah khaṣah]
privatize [ˈpraɪvɪˌtaɪz] *v* يُخصص [juxasˤsˤisˤu]
privilege [ˈprɪvɪlɪdʒ] *n* امتياز [imtijaːz]
prize [praɪz] *n* جائزة [ʒaːʔiza]
prize-giving [ˈpraɪzˌɡɪvɪŋ] *n* تقديم الهدايا [Ta'qdeem al-hadayah]
prizewinner [ˈpraɪzˌwɪnə] *n* الفائز بالجائزة [Al-faez bel-jaaezah]
probability [ˌprɒbəˈbɪlɪtɪ] *n* احتمالية [iħtimaːlijja]
probable [ˈprɒbəbəl] *adj* محتمل [muħtamal]
probably [ˈprɒbəblɪ] *adv* على الأرجح [Ala al-arjah]
problem [ˈprɒbləm] *n* مشكلة [muʃkila]; **There's a problem with the room** هناك مشكلة ما في الغرفة [Honak moshkelatan ma fel-ghorfah]
proceedings [prəˈsiːdɪŋz] *npl* دعوى قضائية [Da'awa 'qaḍaeyah]
proceeds [ˈprəʊsiːdz] *npl* عائدات [ʕaːʔidaːtun]
process [ˈprəʊsɛs] *n* عملية [ʕamalijja]
procession [prəˈsɛʃən] *n* موكب [mawkib]
produce [prəˈdjuːs] *v* ينتج [juntiʒu]
producer [prəˈdjuːsə] *n* مُنتِج [muntiʒ]
product [ˈprɒdʌkt] *n* منتَج [mantuːʒ]
production [prəˈdʌkʃən] *n* إنتاج [ʔintaːʒ]
productivity [ˌprɒdʌkˈtɪvɪtɪ] *n* إنتاجية [ʔintaːʒijja]
profession [prəˈfɛʃən] *n* وظيفة [wazˤiːfa]
professional [prəˈfɛʃənəl] *adj* مُحترِف [muħtarif] ▷ *n* محترف [muħtarif]
professionally [prəˈfɛʃənəlɪ] *adv* باحتراف [Beḥteraaf]
profile [ˈprəʊfaɪl] *n* بيانات شخصية [bajjaːnaːt ʃaxsˤiːja]; **profile picture** *n* لمحة شخصية [lamħa ʃaxsˤiːja]
professor [prəˈfɛsə] *n* أستاذ جامعي [Ostaz jame'aey]
profit [ˈprɒfɪt] *n* ربْح [ribħ]
profitable [ˈprɒfɪtəbəl] *adj* مربح [murbiħ]
program [ˈprəʊɡræm] *n* برنامج [barnaːmaʒ] ▷ *v* يُبَرمج [jubarmiʒu]
programme [ˈprəʊɡræm] *n* برنامج *(computer)* [barnaːmaʒ]
programmer [ˈprəʊɡræmə; ˈprogrammer] *n* مُبَرْمِج [mubarmiʒ]
programming [ˈprəʊɡræmɪŋ] *n* برمجة [barmaʒa]
progress [ˈprəʊɡrɛs] *n* تقدُم [taqaddum]
prohibit [prəˈhɪbɪt] *v* يَحظر [jaħzˤuru]
prohibited [prəˈhɪbɪtɪd] *adj* محظور [maħzˤuːr]
project [ˈprɒdʒɛkt] *n* مشروع [maʃruːʕ]
projector [prəˈdʒɛktə] *n* جهاز عرض [Jehaz 'ard]
promenade [ˌprɒməˈnɑːd] *n* نزهة [nuzha]
promise [ˈprɒmɪs] *n* عهد [ʕahd] ▷ *v* يُواعد [juwaːʕidu]
promising [ˈprɒmɪsɪŋ] *adj* واعَد [waːʕada]
promote [prəˈməʊt] *v* يُروج [jurawwiʒu]
promotion [prəˈməʊʃən] *n* ترويج [tarwiːʒ]
prompt [prɒmpt] *adj* يُحَفِز [juħaffizu]
promptly [prɒmptlɪ] *adv* فورا [fawran]
pronoun [ˈprəʊˌnaʊn] *n* ضمير [dˤamiːr]
pronounce [prəˈnaʊns] *v* ينطق [jantˤiqu]
pronunciation [prəˌnʌnsɪˈeɪʃən] *n* نُطق [nutˤq]
proof [pruːf] *n (evidence)* دليل [daliːl], *(for checking)* إثبات [ʔiθbaːt]
propaganda [ˌprɒpəˈɡændə] *n* دِعَاية [diʕaːjat]
proper [ˈprɒpə] *adj* مناسب [munaːsib]
properly [ˈprɒpəlɪ] *adv* بشكل مناسب [Be-shakl monaseb]
property [ˈprɒpətɪ] *n* مِلكِية [milkijja];

private property *n* مِلكِية خاصة [Melkeyah khaṣah]
proportion [prəˈpɔːʃən] *n* نسبة [nisba]
proportional [prəˈpɔːʃənᵊl] *adj* نسبي [nisbij]
proposal [prəˈpəʊzᵊl] *n* عرض [ʕardʕ]
propose [prəˈpəʊz] *v* يقترح [jaqtariħu]
prosecute [ˈprɒsɪˌkjuːt] *v* يضطهد [jadʕtʕahidu]
prospect [ˈprɒspɛkt] *n* تَوَقَّع [tawaqqaʕa]
prospectus [prəˈspɛktəs] *n* نشرة دعائية [Nashrah de'aeyah]
prosperity [prɒˈspɛrɪtɪ] *n* إزدهار [ʔizdiha:r]
prostitute [ˈprɒstɪˌtjuːt] *n* عاهرة [ʕa:hira]
protect [prəˈtɛkt] *v* يَحمي [jaħmi:]
protection [prəˈtɛkʃən] *n* حماية [ħima:ja]
protein [ˈprəʊtiːn] *n* بروتين [bru:ti:n]
protest *n* [ˈprəʊtɛst]احتجاج [iħtiʒa:ʒ] ▷ *v* [prəˈtɛst]يَعترِض [jaʕtaridʕu]
Protestant [ˈprɒtɪstənt] *adj* بروتستانتي [bru:tista:ntij] ▷ *n* بروتستانتي [bru:tista:ntij]
proud [praʊd] *adj* فخور [faxu:r]
prove [pruːv] *v* يُثبِت [juθbitu]
proverb [ˈprɒvɜːb] *n* مَثَل [maθal]
provide [prəˈvaɪd] *v* يزود [juzawwidu]; **provide for** *v* يُعْيِل [juʕi:lu]
provided [prəˈvaɪdɪd] *conj* شَريطة أن [Shareeṭat an]
providing [prəˈvaɪdɪŋ] *conj* شَريطة أن [Shareeṭat an]
provisional [prəˈvɪʒənᵊl] *adj* شَرطي [ʃartʕij]
proximity [prɒkˈsɪmɪtɪ] *n* قرابة [qura:ba]
prune [pruːn] *n* برقوق [barqu:q]
pry [praɪ] *v* يُحَدِق بإمعان [Yoḥade'q be-em'aaan]
pseudonym [ˈsjuːdəˌnɪm] *n* اسم مُستعار [Esm most'aar]
psychiatric [ˌsaɪkɪˈætrɪk; ˌpsychiˈatric] *adj* نفسي [nafsij]
psychiatrist [saɪˈkaɪətrɪst] *n* طبيب نفساني [Ṭabeeb nafsaaney]
psychological [ˌsaɪkəˈlɒdʒɪkᵊl] *adj* سيكولوجي [sajku:lu:ʒij]
psychologist [saɪˈkɒlədʒɪst] *n* عالم نفسي ['aaalem nafsey]
psychology [saɪˈkɒlədʒɪ] *n* علم النفس ['aelm al-nafs]
psychotherapy [ˌsaɪkəʊˈθɛrəpɪ] *n* علاج نفسي ['aelaj nafsey]
PTO [piː tiː əʊ] *abbr* اقلب الصفحة من فضلك [E'qleb alṣafḥah men faḍlek]
pub [pʌb] *n* حانة [ħa:na]
public [ˈpʌblɪk] *adj* شعبي [ʃaʕbij] ▷ *n* شعب [ʃaʕb]; **public holiday** *n* أجازة عامة [ajaaza a'mah]; **public opinion** *n* الرأي العام [Al-raaey al-'aam]; **public relations** *npl* علاقات عامة ['ala'qat 'aamah]; **public school** *n* مدرسة عامة [Madrasah 'aamah]; **public transport** *n* نقل عام [Na'ql 'aam]
publican [ˈpʌblɪkən] *n* صاحب حانة [Ṣaheb hanah]
publication [ˌpʌblɪˈkeɪʃən] *n* منشور [manʃu:r]
publish [ˈpʌblɪʃ] *v* ينشر [janʃuru]
publisher [ˈpʌblɪʃə] *n* ناشر [na:ʃir]
pudding [ˈpʊdɪŋ] *n* حلوى البودينج [Ḥalwa al-boodenj]
puddle [ˈpʌdᵊl] *n* بِرْكَة [birka]
Puerto Rico [ˈpwɜːtəʊ ˈriːkəʊ; ˈpwɛə-] *n* برتو ريكو [burtu: ri:ku:]
pull [pʊl] *v* يَجذِب [jaʒðibu]
pull down [pʊl daʊn] *v* يَهْدِم [jahdimu]
pull out [pʊl aʊt] *vi* يَتَحرك بالسيارة ▷ *vt* يَقْتَلِع [jaqtaliʕu]
pullover [ˈpʊlˌəʊvə] *n* يُوْقِف السيارة [Yo'qef sayarah]
pull up [pʊl ʌp] *v* يَسْحَب [jasħabu]
pulse [pʌls] *n* نبضة [nabdʕa]
pulses [pʌlsɪz] *npl* نبضات [nabadʕa:tun]
pump [pʌmp] *n* مضخة [midʕaxxa] ▷ *v* يَضُخ [jadʕuxxu]; **bicycle pump** *n* منفاخ دراجة [Monfakh draajah]; **Pump number three, please** المضخة رقم ثلاثة من فضلك [al-maḍakha ra'qum thalath min faḍlak]

pumpkin ['pʌmpkɪn] *n* قَرْع [qarʕ]
pump up [pʌmp ʌp] *v* ينفخ [junfaxu]
punch [pʌntʃ] *n (blow)* مثقب [miθqab], *(hot drink)* شراب البَنْش المُسكِر [Sharaab al-bensh al-mosker] ▷ *v* يخرِّم [juxarrimu]
punctual ['pʌŋktjʊəl] *adj* مُنْضَبِط [mundˤabitˤ]
punctuation [ˌpʌŋktjʊ'eɪʃən] *n* وضع علامات الترقيم [Wad'a 'alamaat al-tar'qeem]
puncture ['pʌŋktʃə] *n* ثقب [θuqb]
punish ['pʌnɪʃ] *v* يُعَاقِب [juʕa:qibu]
punishment ['pʌnɪʃmənt] *n* عقاب [ʕiqa:b]; **capital punishment** *n* أقصى عقوبة [A'qsa 'aoqobah]; **corporal punishment** *n* عقوبة بدنية ['ao'qoba badaneyah]
punk [pʌŋk] *n* غلام الصوفان [ɣula:mu asˤsˤu:fa:ni]
pupil ['pju:pᵊl] *n (eye)* بُؤبُؤ العَيْن [Boaboa al-'ayn], *(learner)* تلميذ [tilmi:ð]
puppet ['pʌpɪt] *n* دمية متحركة [Domeyah motaḥarekah]
puppy ['pʌpɪ] *n* جرو [ʒarw]
purchase ['pɜ:tʃɪs] *v* يَبتَاع [jabta:ʕu]
pure [pjʊə] *adj* نقي [naqij]
purple ['pɜ:pᵊl] *adj* أرجواني [urʒuwa:nij]
purpose ['pɜ:pəs] *n* غرض [ɣaradˤ]
purr [pɜ:] *v* يخرخر [juxarxiru]
purse [pɜ:s] *n* حافظة نقود [ḥafedhat ne'qood]
pursue [pə'sju:] *v* يُلاحِق [jula:ħiqu]
pursuit [pə'sju:t] *n* ملاحقة [mula:ħaqa]
pus [pʌs] *n* قيح [qajħ]
push [pʊʃ] *v* يَدفَع [jadfaʕu]
pushchair ['pʊʃˌtʃɛə] *n* عربة طفل ['arabat ṭefl]
push-up [pʊʃʌp] *n* تمرين الضغط [Tamreen al- Ḍaght]
put [pʊt] *v* يَضع [jadˤaʕu]
put aside [pʊt ə'saɪd] *v* يَدخِر [jaddaxiru]
put away [pʊt ə'weɪ] *v* يَدخِر مالا [juddaxiru ma:la:]
put back [pʊt bæk] *v* يُرْجِع [jurʒiʕu]
put forward [pʊt fɔ:wəd] *v* يُقدِم [juqaddimu]
put in [pʊt ɪn] *v* يركب [jarrkabu]
put off [pʊt ɒf] *v* يؤخر [juʔaxiru]
put up [pʊt ʌp] *v* يَنْزِل في مكان [Yanzel fee makaan]
puzzle ['pʌzᵊl] *n* لغز [luɣz]
puzzled ['pʌzᵊld] *adj* مرتبك [murtabik]
puzzling ['pʌzlɪŋ] *adj* مُحير [muħajjir]
pyjamas [pə'dʒɑ:məz] *npl* بيجامة [bi:ʒa:matun]
pylon ['paɪlən] *n* بُرج كهرباء [Borj kahrbaa]
pyramid ['pɪrəmɪd] *n* هرم [haram]

q

Qatar [kæ'tɑː] *n* قطر [qatˤar]
quail [kweɪl] *n* طائر السمّان [Taaer al-saman]
quaint [kweɪnt] *adj* طريف [tˤari:f]
Quaker ['kweɪkə] *n* منتسب لجماعة الأصحاب [Montaseb le-jama'at al-asḥaab]
qualification [ˌkwɒlɪfɪ'keɪʃən] *n* مُؤهِل [muahhil]
qualified ['kwɒlɪˌfaɪd] *adj* مُؤهَل [muahhal]
qualify ['kwɒlɪˌfaɪ] *v* يؤهل [juʔahilu]
quality ['kwɒlɪtɪ] *n* جودة [ʒawda]
quantify ['kwɒntɪˌfaɪ] *v* يَقْيس مقدار [Ya'qees me'qdaar]
quantity ['kwɒntɪtɪ] *n* كمية [kammija]
quarantine ['kwɒrənˌtiːn] *n* حَجْر صحي [Ḥajar ṣeḥey]
quarrel ['kwɒrəl] *n* شجار [ʃiʒa:r] ▷ *v* يتشاجر مع [Yatashajar ma'a]
quarry ['kwɒrɪ] *n* طريدة [tˤari:da]
quarter ['kwɔːtə] *n* رُبْع [rubʕ]; **quarter final** *n* سباق الدور رُبع النهائي [Seba'q al-door roba'a al-nehaaey]
quartet [kwɔː'tɛt] *n* رباعية [ruba:ʕijjatu]
quay [kiː] *n* رصيف الميناء [Raṣeef al-meenaa]
queen [kwiːn] *n* ملكة [malika]
query ['kwɪərɪ] *n* تساؤل [tasa:ʔul] ▷ *v* يَسْتفهم [jastafhimu]
question ['kwɛstʃən] *n* سُؤال [sua:l] ▷ *v* يَستَجوب [jastaʒwibu]; **question mark** *n* علامة استفهام ['alamat estefham]
questionnaire [ˌkwɛstʃə'nɛə; ˌkɛs-] *n* استبيان [istibja:n]
queue [kjuː] *n* صَف [sˤaf] ▷ *v* يَصْطَف [jasˤtˤaffu]
quick [kwɪk] *adj* سريع [sari:ʕ]
quickly [kwɪklɪ] *adv* سريعاً [sari:ʕan]
quiet ['kwaɪət] *adj* هادئ [ha:diʔ]; **I'd like a quiet room** أفضل أن تكون الغرفة هادئة [ofaḍel an takoon al-ghurfa hade-a]; **Is there a quiet beach near here?** هل يوجد شواطئ هادئ قريب من هنا؟ [hal ju:ʒadu ʃawa:tˤiʔa ha:diʔi qari:bun min huna:]
quietly ['kwaɪətlɪ] *adv* بهدوء [bihudu:ʔin]
quilt [kwɪlt] *n* لحاف [liħa:f]
quit [kwɪt] *v* يُقلِع عن [Yo'qle'a 'aan]
quite [kwaɪt] *adv* فعلا [fiʕlan]
quiz, quizzes [kwɪz, 'kwɪzɪz] *n* اختبار موجز [ekhtebar mojaz]
quota ['kwəʊtə] *n* نصيب [nasˤi:b]
quotation [kwəʊ'teɪʃən] *n* عرض أسعار ['aarḍ as'aar]; **quotation marks** *npl* علامات الاقتباس ['aalamat al-e'qtebas]
quote [kwəʊt] *n* اقتباس [iqtiba:s] ▷ *v* يَقْتِبس [jaqtabisu]

r

rabbi ['ræbaɪ] *n* حاخام [ħa:xa:m]
rabbit ['ræbɪt] *n* أرنب [ʔarnab]
rabies ['reɪbi:z] *n* داء الكلب [Daa al-kalb]
race [reɪs] *n (contest)* سباق [siba:q], *(origin)* سلالة [sula:la] ▷ *v* يَتَسابق [jatasa:baqu]; **I'd like to see a horse race** أود أن أشاهد سباقًا للخيول؟ [awid an oshahed seba'qan lil-khiyool]
racecourse ['reɪs,kɔ:s] *n* حلبة السباق [ḥalabat seba'q]
racehorse ['reɪs,hɔ:s] *n* جواد السباق [Jawad al-seba'q]
racer ['reɪsə] *n* مُسَابِق [musa:biq]
racetrack ['reɪs,træk] *n* حلبة السباق [ḥalabat seba'q]
racial ['reɪʃəl] *adj* عنصري [ʕunsʕurij]
racing ['reɪsɪŋ] *n*; **horse racing** *n* سباق الخيول [Seba'q al-kheyol]; **motor racing** *n* سباق سيارات [Seba'q sayarat]; **racing car** *n* سيارة السباق [Sayarah al-seba'q]; **racing driver** *n* سائق سيارة سباق [Sae'q sayarah seba'q]
racism ['reɪsɪzəm] *n* تمييز عنصري [Tamyeez 'aonory]
racist ['reɪsɪst] *adj* متحيز عنصريا [Motaḥeyz 'aonṣoreyan] ▷ *n* عنصري [ʕunsʕurij]
rack [ræk] *n* حامل [ħa:mil]; **luggage rack** *n* حامل حقائب السفر [Hamel ha'qaeb al-safar]
racket ['rækɪt] *n (racquet)* مضرب الراكيت [Maḍrab alrakeet]; **tennis racket** *n* مضرب تنس [Maḍrab tenes]
racoon [rə'ku:n] *n* حيوان الراكون [Ḥayawaan al-rakoon]
racquet ['rækɪt] *n* مضرب كرة الطاولة [Maḍrab korat al-ṭawlah]
radar ['reɪdɑ:] *n* رادار [ra:da:r]
radiation [,reɪdɪ'eɪʃən] *n* إشعاع [ʔiʃʕa:ʕ]
radiator ['reɪdɪ,eɪtə] *n* جهاز إرسال الإشعاع [Jehaz esrsaal al-esh'aaa'a]
radio ['reɪdɪəʊ] *n* راديو [ra:dju:]; **digital radio** *n* راديو رقمي [Radyo ra'qamey]; **radio station** *n* محطة راديو [Mahaṭat radyo]; **Can I switch the radio off?** هل يمكن أن أطفئ الراديو؟ [hal yamken an aṭfee al-radio?]; **Can I switch the radio on?** هل يمكن أن أشغل الراديو؟ [hal yamken an osha-ghel al-radio?]
radioactive [,reɪdɪəʊ'æktɪv] *adj* مشع [muʃiʕʕ]
radio-controlled ['reɪdɪəʊ'kən'trəʊld] *adj* متحكم به عن بعد [Motaḥkam beh an bo'ad]
radish ['rædɪʃ] *n* فجل [fiʒl]
raffle ['ræfᵊl] *n* بيع باليانصيب [Bay'a bel-yanaṣeeb]
raft [rɑ:ft] *n* طَوْف [tˤawf]
rag [ræg] *n* خرقة [xirqa]
rage [reɪdʒ] *n* غضب شديد [ghaḍab shaded]; **road rage** *n* مشاحنات على الطريق [Moshahanaat ala al-ṭaree'q]
raid [reɪd] *n* غارة [ɣa:ra] ▷ *v* يَشُن غارة [Yashen gharah]
rail [reɪl] *n* قضبان السكة الحديدية ['qoḍban al-sekah al-ḥadeedeyah]
railcard ['reɪl,kɑ:d] *n* بطاقة للسفر بالقطار [Beṭa'qah lel-safar bel-kharej]
railings ['reɪlɪŋz] *npl* درابزينات [dara:bzi:na:tun]
railway ['reɪl,weɪ] *n* سكة حديدية [Sekah haedeedyah]; **railway station** *n* محطة سكك حديدية [Mahaṭat sekak ḥadeedeyah]

rain [reɪn] *n* مطر [matˤar] ▷ *v* يُمْطر [jumtˤiru]; **acid rain** *n* أمطار حمضية [Amṭar ḥemdeyah]; **Do you think it's going to rain?** هل تظن أن المطر سوف يسقط؟ [hal taḍhun ana al-maṭar sawfa yas'qiṭ?]; **It's raining** إنها تمطر [Enha tomṭer]
rainbow ['reɪn,bəʊ] *n* قوس قزح ['qaws 'qazh]
raincoat ['reɪn,kəʊt] *n* معطف واق من المطر [Me'ataf wa'qen men al-maarṭar]
rainforest ['reɪn,fɒrɪst] *n* غابات المطر بخط الاستواء [Ghabat al-maṭar be-khaṭ al-estwaa]
rainy ['reɪnɪ] *adj* مُمطر [mumtˤir]
raise [reɪz] *v* يُعْلي [juʕli:]
raisin ['reɪzᵊn] *n* زَبيب [zabi:b]
rake [reɪk] *n* آلة جمع الأعشاب [a:latun ʒamʕu alʔaʕʃa:bi]
rally ['rælɪ] *n* سباق الراليات [Seba'q al-raleyat]
ram [ræm] *n* كبش [kabʃ] ▷ *v* يَصْدِم بقوة [Yaṣdem be'qowah]
Ramadan [,ræmə'dɑ:n] *n* رَمَضان [ramadˤa:n]
rambler ['ræmblə] *n* مُتَجوِّل [mutaʒawwil]
ramp [ræmp] *n* طريق منحدر [Ṭaree'q monḥadar]
random ['rændəm] *adj* عشوائي [ʕaʃwa:ʔij]
range [reɪndʒ] *n (limits)* مَدَى [mada:], *(mountains)* سلسلة جبال [Selselat jebal] ▷ *v* يَتَراوح [jatara:waħu]
rank [ræŋk] *n (line)* صف [sˤaff], *(status)* مكانة [maka:na] ▷ *v* يُرَتب [jurattibu]
ransom ['rænsəm] *n* فدية [fidja]
rape [reɪp] *n (plant)* نبات اللفت [Nabat al-left], *(sexual attack)* اغتصاب [iɣtisˤa:b] ▷ *v* يغتصب (يسلب) [jaɣtasˤibu]; **I've been raped** لقد تعرضت للاغتصاب [la'qad ta-'aaraḍto lel-ighti-ṣaab]
rapids ['ræpɪdz] *npl* منحدر النهر [Monḥadar al-nahr]
rapist ['reɪpɪst; 'rapist] *n* مُغتَصِب [muɣtasˤib]
rare [rɛə] *adj (uncommon)* نادر [na:dir], *(undercooked)* نادر [na:dir]
rarely ['rɛəlɪ] *adv* نادرا [na:diran]
rash [ræʃ] *n* طفح جلدي [Ṭafh jeldey]; **I have a rash** أعاني من طفح جلدي [O'aaney men ṭafḥ jeldey]
raspberry ['rɑ:zbərɪ; -brɪ] *n* توت [tu:tt]
rat [ræt] *n* جرذ [ʒurð]
rate [reɪt] *n* معدل [muʕaddal] ▷ *v* يُثَمِن [juθamminu]; **interest rate** *n* معدل الفائدة [Moaadal al-faaedah]; **rate of exchange** *n* سعر الصرف [Se'ar al-ṣ arf]
rather ['rɑ:ðə] *adv* إلى حد ما [ʔila ħaddin ma:]
ratio ['reɪʃɪ,əʊ] *n* نسبة [nisba]
rational ['ræʃənᵊl] *adj* عقلاني [ʕaqla:nij]
rattle ['rætᵊl] *n* خشخيشة الأطفال [Khashkheeshat al-aṭfaal]
rattlesnake ['rætᵊl,sneɪk] *n* الأفعى ذات الأجراس [Al-af'aa dhat al-ajraas]
rave [reɪv] *n* هذيان [haðaja:n] ▷ *v* يُربك [jurbiku]
raven ['reɪvᵊn] *n* غراب أسود [Ghorab aswad]
ravenous ['rævənəs] *adj* مفترس [muftaris]
ravine [rə'vi:n] *n* واد عميق وضيق [Wad 'amee'q wa-ḍaye'q]
raw [rɔ:] *adj* خام [xa:m]
razor ['reɪzə] *n* موسى الحلاقة [Mosa alḥela'qah]; **razor blade** *n* شفرة حلاقة [Shafrat hela'qah]
reach [ri:tʃ] *v* يَبْلُغ [jabluɣu]
react [rɪ'ækt] *v* يَتفاعل [jatafaaʕalu]
reaction [rɪ'ækʃən] *n* تَفاعُل [tafa:ʕul]
reactor [rɪ'æktə] *n* مُفاعِل [mufa:ʕil]
read [ri:d] *v* يَقْرَأ [jaqraʔu]
reader ['ri:də] *n* قارئ [qa:riʔ]
readily ['rɛdɪlɪ; 'readily] *adv* حالاً [ħa:la:]
reading ['ri:dɪŋ] *n* قراءة [qira:ʔa]
read out [ri:d] *v* يَقْرَأ بصوت مرتفع [Ya'qraa beṣawt mortafe'a]
ready ['rɛdɪ] *adj* متأهب [mutaʔahib]
ready-cooked ['rɛdɪ'kʊkt] *adj* مطهو [matˤhuww]

real ['rɪəl] *adj* واقعي [wa:qiʕij]
realistic [ˌrɪə'lɪstɪk] *adj* واقعي [wa:qiʕij]
reality [rɪ'ælɪtɪ] *n* واقع [wa:qiʕ]; **reality TV** *n* تلفزيون الواقع [Telefezyon al-wa'qe'a]; **virtual reality** *n* واقع افتراضي [Wa'qe'a eftradey]
realize ['rɪəˌlaɪz] *v* يُدْرِك [judriku]
really ['rɪəlɪ] *adv* أحقاً [ħaqqan]
rear [rɪə] *adj* خلفي [xalfij] ▷ *n* مؤخرة الجيش [Mowakherat al-jaysh]; **rear-view mirror** *n* مرآة الرؤية الخلفية [Meraah al-roayah al-khalfeyah]
reason ['ri:zᵊn] *n* مُبَرر [mubbarir]
reasonable ['ri:zənəbᵊl] *adj* معقول [maʕqu:lin]
reasonably ['ri:zənəblɪ] *adv* على نحو معقول [Ala naḥw ma'aqool]
reassure [ˌri:ə'ʃʊə] *v* يُعيد طَمْأنَته [Yo'aeed tomaanath]
reassuring [ˌri:ə'ʃʊəɪŋ] *adj* مُطمئِن [mutʕmaʔin]
rebate ['ri:beɪt] *n* خَصْم [ħasm]
rebellious [rɪ'bɛljəs] *adj* متمرد [mutamarrid]
rebuild [ri:'bɪld] *v* يُعْيد بناء [Yo'aeed benaa]
receipt [rɪ'si:t] *n* وَصْل [wasʕl]
receive [rɪ'si:v] *v* يَستلِم [jastalimu]
receiver [rɪ'si:və] *n (electronic)* جهاز الاستقبال [Jehaz alest'qbal], *(person)* مُستَلِم [mustalim]
recent ['ri:sᵊnt] *adj* حديث [ħadi:θ]
recently ['ri:səntlɪ] *adv* حديثاً [ħadi:θan]
reception [rɪ'sɛpʃən] *n* استقبال [istiqba:l]
receptionist [rɪ'sɛpʃənɪst] *n* موظف الاستقبال [mowadhaf al-este'qbal]
recession [rɪ'sɛʃən] *n* انسحاب [insiħa:b]
recharge [ri:'tʃɑ:dʒ] *v* يُعْيد شحن بطارية [Yo'aeed shaḥn baṭareyah]
recipe ['rɛsɪpɪ] *n* وصفة طهي [Waṣfat ṭahey]
recipient [rɪ'sɪpɪənt] *n* مُتَلق [mutalaqi]
reckon ['rɛkən] *v* يحسب [jaħsubu]
reclining [rɪ'klaɪnɪŋ] *adj* منحني [munħanij]
recognizable ['rɛkəgˌnaɪzəbᵊl] *adj* ممكن تمييزه [Momken tamyezoh]
recognize ['rɛkəgˌnaɪz] *v* يَتْعَرف على [Yata'araf 'ala]
recommend [ˌrɛkə'mɛnd] *v* يُوصي [ju:sʕi:]
recommendation [ˌrɛkəmɛn'deɪʃən] *n* توصية [tawsʕijja]
reconsider [ˌri:kən'sɪdə] *v* يُعْيد النظر في [Yo'aeed al-nadhar fee]
record *n* ['rɛkɔ:d] مَحضَر [maħdʕar] ▷ *v* [rɪ'kɔ:d] يُسجِل [jusaʒʒilu]
recorded delivery [rɪ'kɔ:dɪd dɪ'lɪvərɪ] *n* بعلم الوصول [Be-'aelm al-woṣool]
recorder [rɪ'kɔ:də] *n (music)* جهاز التسجيل [Jehaz al-tasjeel], *(scribe)* مُسَجِّل [musaʒʒal]
recording [rɪ'kɔ:dɪŋ] *n* عملية التسجيل ['amalyat al-tasjeel]
recover [rɪ'kʌvə] *v* يَشفى [juʃfa:]
recovery [rɪ'kʌvərɪ] *n* شِفاء [ʃifa:ʔ]
recruitment [rɪ'kru:tmənt] *n* توظيف [tawzʕi:f]
rectangle ['rɛkˌtæŋgᵊl] *n* مستطيل [mustatʕi:l]
rectangular [rɛk'tæŋgjʊlə] *adj* مستطيل الشكل [Mostaṭeel al-shakl]
rectify ['rɛktɪˌfaɪ] *v* يُعدل [juʕaddilu]
recurring [rɪ'kʌrɪŋ] *adj* متكرر [mutakarrir]
recycle [ri:'saɪkᵊl] *v* يُعْيد استخدام [Yo'aeed estekhdam]
recycling [ri:'saɪklɪŋ] *n* إعادة تصنيع [E'aadat taṣnee'a]
red [rɛd] *adj* أحمر [ʔaħmar]; **red meat** *n* لحم أحمر [Laḥm aḥmar]; **red wine** *n* نبيذ أحمر [nabeedh aḥmar]; **Red Cross** *n* الصليب الأحمر [Al-Ṣaleeb al-aḥmar]; **Red Sea** *n* البحر الأحمر [Al-bahr al-ahmar]; **a bottle of red wine** زجاجة من النبيذ الأحمر [zujaja min al-nabeedh al-aḥmar]
redcurrant ['rɛd'kʌrənt] *n* عنب أحمر ['aenab aḥmar]
redecorate [ri:'dɛkəˌreɪt] *v* يُعْيد تزيين [Yo'aeed tazyeen]

red-haired ['rɛd,hɛəd] *adj* أحمر الشعر [Ahmar al-sha'ar]
redhead ['rɛd,hɛd] *n* شَعْر أحمر [Sha'ar ahmar]
redo [riː'duː] *v* يُعيد عمل الشيء [Yo'aeed 'aamal al-shaya]
reduce [rɪ'djuːs] *v* يُخَفض [juxaffidˤu]
reduction [rɪ'dʌkʃən] *n* تقليل [taqliːl]
redundancy [rɪ'dʌndənsɪ] *n* إسهاب (حشو) [ʔishaːb]
redundant [rɪ'dʌndənt] *adj* مطنب [mutˤanabb]
reed [riːd] *n* قصبة [qasˤaba]
reel [riːl; rɪəl] *n* بَكَرَة [bakara]
refer [rɪ'fɜː] *v* يُشير إلى [Yosheer ela]
referee [,rɛfə'riː] *n* حَكَم مباريات رياضية [Hosn almadhar]
reference ['rɛfərəns; 'rɛfrəns] *n* مرجع [marʒaʕin]; **reference number** *n* رقم مرجعي [Ra'qm marje'ay]
refill [riː'fɪl] *v* يُعيد ملء [Yo'aeed mela]
refinery [rɪ'faɪnərɪ] *n* مصفاة معمل التكرير [Mesfaah ma'amal al-takreer]; **oil refinery** *n* معمل تكرير الزيت [Ma'amal takreer al-zayt]
reflect [rɪ'flɛkt] *v* يَعْكِس [jaʕkisu]
reflection [rɪ'flɛkʃən] *n* انعكاس [inʕikaːs]
reflex ['riːflɛks] *n* رد انعكاسي [Rad en'aekasey]
refreshing [rɪ'frɛʃɪŋ; re'freshing] *adj* مُجدد للنشاط [Mojaded lel-nashat]
refreshments [rɪ'frɛʃmənts] *npl* وجبة طعام خفيفة [Wajbat t a'aam khafeefah]
refrigerator [rɪ'frɪdʒə,reɪtə] *n* ثلاجة [θallaːʒa]
refuel [riː'fjuːəl] *v* يُزود بوقود إضافي [juzawwadu biwuquːdin ʔidˤaːfijjin]
refuge ['rɛfjuːdʒ] *n* ملجأ [malʒa]
refugee [,rɛfjʊ'dʒiː] *n* لاجئ [laːʒiʔ]
refund *n* ['riː,fʌnd] إعادة دفع [E'aadat daf'a] ▷ *v* [rɪ'fʌnd] يُعيد مبلغ [juʕjidu mablayan]
refusal [rɪ'fjuːzᵊl] *n* رَفْض [rafdˤ]
refuse[1] [rɪ'fjuːz] *v* يَرفُض [jarfudˤu]
refuse[2] ['rɛfjuːs] *n* حثالة [ħuθaːla]
regain [rɪ'geɪn] *v* يَستعيد [jastaʕiːdu]
regard [rɪ'gɑːd] *n* اهتمام [ihtimaːm] ▷ *v* يَعتبر [jaʕtabiru]
regarding [rɪ'gɑːdɪŋ] *prep* فيما يتعلق بـ (بشأن) [Feema yat'ala'q be]
regiment ['rɛdʒɪmənt] *n* فوج [fawʒu]
region ['riːdʒən] *n* إقليم [iqliːm]
regional ['riːdʒənᵊl] *adj* إقليمي [iqliːmij]
register ['rɛdʒɪstə] *n* سِجل [siʒʒil] ▷ *v* يُسجل [jusaʒʒilu]; **cash register** *n* ماكينة تسجيل الكاش [Makenat tasjeel al-kaash]
registered ['rɛdʒɪstəd] *adj* مُسَجَل [mussaʒal]
registration [,rɛdʒɪ'streɪʃən] *n* تسجيل [tasʒiːlu]; **Registration number...** رقم التسجيل هو... [ra'qim al-tasjeel howa...]
regret [rɪ'grɛt] *n* نَدَم [nadima] ▷ *v* يأسف [jaʔsafu]
regular ['rɛgjʊlə] *adj* مُعتاد [muʕtaːd]
regularly ['rɛgjʊləlɪ] *adv* بانتظام [bentedham]
regulation [,rɛgjʊ'leɪʃən] *n* تنظيم , لائحة [tanzˤiːm]
rehearsal [rɪ'hɜːsᵊl] *n* بروفة [bruːfa]
rehearse [rɪ'hɜːs] *v* يُكرر [jukariru]
reimburse [,riːɪm'bɜːs] *v* يُعوّض عن [Yo'awed 'an]
reindeer ['reɪn,dɪə] *n* حيوان الرنة [ħajawaːnu arrannati]
reins [reɪnz] *npl* لِجَام [liʒaːmun]
reject [rɪ'dʒɛkt] *v* يَأبَى [jaʔbaː]
relapse ['riː,læps] *n* انتكاسة [intikaːsa]
related [rɪ'leɪtɪd] *adj* مرتبط [murtabitˤ]
relation [rɪ'leɪʃən] *n* علاقة [ʕalaːqa]; **public relations** *npl* علاقات عامة ['ala'qat 'aamah]
relationship [rɪ'leɪʃənʃɪp] *n* علاقة [ʕalaːqa]; **Sorry, I'm in a relationship** آسف، أنا على علاقة بأحد الأشخاص [ʔaːsifun ʔana: ʕala: ʕilaːqatin biʔaħadin alʔaʃxaːsˤi]
relative ['rɛlətɪv] *n* قريب [qariːb]
relatively ['rɛlətɪvlɪ] *adv* نسبيًا [nisbijan]
relax [rɪ'læks] *v* يَسترخِي [jastarxiː]

relaxation [ˌriːlækˈseɪʃən] *n* استرخاء [istirxa:ʔ]
relaxed [rɪˈlækst] *adj* مستريح [mustri:ħ]
relaxing [rɪˈlæksɪŋ] *adj* يساعد على الراحة [Yosaed ala al-rahah]
relay [ˈriːleɪ] *n* تناوب [tana:wub]
release [rɪˈliːs] *n* إطلاق [ʔitˤla:q] ▷ *v* يُطلق سراح [Yoṭle'q saraḥ]
relegate [ˈrɛlɪˌɡeɪt] *v* يُبْعِد [jubʕidu]
relevant [ˈrɛlɪvənt] *adj* وثيق الصلة [Wathee'q al-ṣelah]
reliable [rɪˈlaɪəbᵊl] *adj* موثوق به [Mawthoo'q beh]
relief [rɪˈliːf] *n* راحة [ra:ħa]
relieve [rɪˈliːv] *v* يُخفف [juxaffifu]
relieved [rɪˈliːvd] *adj* مرتاح [murta:ħ]
religion [rɪˈlɪdʒən] *n* دِينْ [dajn]
religious [rɪˈlɪdʒəs] *adj* ديني [di:nij]
reluctant [rɪˈlʌktənt] *adj* ممانع [muma:niʕ]
reluctantly [rɪˈlʌktəntlɪ] *adv* على مضض ['Ala maḍaḍ]
rely [rɪˈlaɪ] *v*; **rely on** *v* يُعَوِل على [yo'awel 'ala]
remain [rɪˈmeɪn] *v* يَبقى [jabqa:]
remaining [rɪˈmeɪnɪŋ] *adj* متبقي [muta-baqij]
remains [rɪˈmeɪnz] *npl* بقايا [baqa:ja:]
remake [ˈriːˌmeɪk] *n* إعادة صُنْع [E'aadat taṣnea'a]
remark [rɪˈmɑːk] *n* ملاحظة [mula:ħazˤa]
remarkable [rɪˈmɑːkəbᵊl] *adj* جدير بالملاحظة [Jadeer bel-molahaḍhah]
remarkably [rɪˈmɑːkəblɪ] *adv* رائعاً [ra:ʔiʕan]
remarry [riːˈmærɪ] *v* يَتزوج ثانية [Yatazawaj thaneyah]
remedy [ˈrɛmɪdɪ] *n* دواء [dawa:ʔ]
remember [rɪˈmɛmbə] *v* يَتذكر [jataðakkaru]
remind [rɪˈmaɪnd] *v* يُذَكِّر [juðakkiru]
reminder [rɪˈmaɪndə; reˈminder] *n* رسالة تذكير [Resalat tadhkeer]
remorse [rɪˈmɔːs] *n* ندم [nadam]
remote [rɪˈməʊt] *adj* ضئيل [dˤaʔijl]; **remote control** *n* التحكم عن بعد [Al-taḥakom an bo'ad]
remotely [rɪˈməʊtlɪ] *adv* عن بُعْد ['an bo'ad]
removable [rɪˈmuːvəbᵊl] *adj* قابل للنقل ['qabel lel-na'ql]
removal [rɪˈmuːvᵊl] *n* إزالة [ʔiza:la]; **removal van** *n* شاحنة نقل [Shahenat na'ql]
remove [rɪˈmuːv] *v* يُزيل [juzi:lu]
remover [rɪˈmuːvə] *n*; **nail-polish remover** *n* مزيل طلاء الأظافر [Mozeel ṭalaa al-aḍhafer]
rendezvous [ˈrɒndɪˌvuː] *n* مَوْعِد [mawʕid]
renew [rɪˈnjuː] *v* يُجَدِد [juʒaddidu]
renewable [rɪˈnjuːəbᵊl] *adj* ممكن تجديده [Momken tajdedoh]
renovate [ˈrɛnəˌveɪt] *v* يُرمم [jurammimu]
renowned [rɪˈnaʊnd] *adj* شهير [ʃahi:r]
rent [rɛnt] *n* إيجار [ʔiʒa:r] ▷ *v* يُؤَجِر [juʔaʒʒiru]; **I'd like to rent a room** أريد غرفة للإيجار [areed ghurfa lil-eejar]
rental [ˈrɛntᵊl] *n* الأجرة [alʔuʒrati]; **car rental** *n* تأجير سيارة [Taajeer sayarah]; **rental car** *n* سيارة إيجار [Sayarah eejar]
reorganize [riːˈɔːɡəˌnaɪz] *v* يُعيد تنظيم [Yo'aeed tanḍheem]
rep [rɛp] *n* نسيج مضلع [Naseej moḍala'a]
repair [rɪˈpɛə] *n* تصليح [tasˤli:ħ] ▷ *v* يُصلح [jusˤliħu]; **repair kit** *n* عدة التصليح ['aodat altaṣleeh]; **Can you repair it?** هل يمكن تصليحها؟ [hal yamken taṣleeḥ-aha?]; **Can you repair my watch?** هل يمكن تصليح ساعتي؟ [hal yamken taṣleeḥ sa'aty?]; **Can you repair this?** هل يمكن تصليح هذه؟ [hal yamken taṣleeḥ hadhy?]; **How long will it take to repair?** كم من الوقت يستغرق تصليحها؟ [kam min al-wa'qt yast-aghri'q taṣle-ḥaha?]; **How much will the repairs cost?** كم تكلفة التصليح؟ [kam taklifat al-taṣleeḥ?]; **Where can I get this repaired?** أين يمكنني تصليح هذه الحقيبة؟ [ayna yamken-any taṣleeḥ hadhe al-ḥa'qeba?]

repay [rɪˈpeɪ] *v* يَفي [jafiː]
repayment [rɪˈpeɪmənt] *n* سَداد [saddaːd]
repeat [rɪˈpiːt] *n* تكرار [tikraːr] ▷ *v* يُعيد [juʕiːdu]
repeatedly [rɪˈpiːtɪdlɪ] *adv* على نحو متكرر [ˈaala nahw motakarer]
repellent [rɪˈpɛlənt] *adj* طارد [tˤaːrid]; **insect repellent** *n* طارد للحشرات [Tared lel-ḥasharat]
repercussions [ˌriːpəˈkʌʃənz] *npl* تبعِيَّات [tabaʕijjaːtun]
repetitive [rɪˈpɛtɪtɪv] *adj* تكراري [tikraːrij]
replace [rɪˈpleɪs] *v* يَستبدل [jastabdilu]
replacement [rɪˈpleɪsmənt] *n* استبدال [istibdaːl]
replay *n* [ˈriːˌpleɪ] إعادة تشغيل [Eˈaadat tashgheel] ▷ *v* [riːˈpleɪ] يُعْيد تشغيل [Yoˈaeed tashgheel]
replica [ˈrɛplɪkə] *n* نسخة مطابقة [Noskhah moṭeˈqah]
reply [rɪˈplaɪ] *n* رَدّ [radd] ▷ *v* يُجيب [juʒiːbu]
report [rɪˈpɔːt] *n* تقرير [taqriːr] ▷ *v* يُبْلغ [juballiɣu]; **report card** *n* تقرير مدرسي [Taˈqreer madrasey]
reporter [rɪˈpɔːtə] *n* مُحَقِّق [muħaqqiq]
represent [ˌrɛprɪˈzɛnt] *v* يُمَثِل [jumaθθilu]
representative [ˌrɛprɪˈzɛntətɪv] *adj* نائب [naːʔibb]
reproduction [ˌriːprəˈdʌkʃən] *n* إعادة إنتاج [Eˈadat entaj]
reptile [ˈrɛptaɪl] *n* زواحف [zawaːħif]
republic [rɪˈpʌblɪk] *n* جمهورية [ʒunmhuːrijjati]
repulsive [rɪˈpʌlsɪv] *adj* مثير للاشمئزاز [Mother lel-sheazaz]
reputable [ˈrɛpjʊtəbᵊl] *adj* حسن السمعة [Ḥasen al-somˈaah]
reputation [ˌrɛpjʊˈteɪʃən] *n* سُمعة [sumʕa]
request [rɪˈkwɛst] *n* مطلب [matˤlab] ▷ *v* يَلْتَمِس [jaltamisu]
require [rɪˈkwaɪə] *v* يَتَطْلَب [jatatˤallabu]
requirement [rɪˈkwaɪəmənt] *n* مَطْلَب [matˤlab]
rescue [ˈrɛskjuː] *n* إنقاذ [ʔinqaːð] ▷ *v* يُنْقِذ [junqiðu]; **Where is the nearest mountain rescue service post?** أين يوجد أقرب مركز لخدمة الإنقاذ بالجبل؟ [ayna yujad aˈqrab markaz le-khedmat al-en-ˈqaadh bil-jabal?]
research [rɪˈsɜːtʃ; ˈriːsɜːtʃ] *n* بَحْثٌ دراسي [Bahth derasy]; **market research** *n* دراسة السوق [Derasat al-sooˈq]
resemblance [rɪˈzɛmbləns] *n* شبه [ʃibhu]
resemble [rɪˈzɛmbᵊl] *v* يُشْبِه [juʃabbihu]
resent [rɪˈzɛnt] *v* يَمْتَعِض [jamtaʕidˤu]
resentful [rɪˈzɛntfʊl; reˈsentful] *adj* مُستاء [mustaːʔ]
reservation [ˌrɛzəˈveɪʃən] *n* تَحَفُّظ [taħafuzˤin]
reserve [rɪˈzɜːv] *n (land)* مَحْمِيَّة [maħmijja], *(retention)* احتياطي [ʔiħtijjaːtˤij] ▷ *v* يَحْتَفِظ [jaħtafizˤu]
reserved [rɪˈzɜːvd] *adj* محجوز [maħʒuːz]
reservoir [ˈrɛzəˌvwɑː] *n* خزان [xazzaːnu]
resident [ˈrɛzɪdənt] *n* مُقِيم [muqiːm]
residential [ˌrɛzɪˈdɛnʃəl] *adj* سَكَني [sakanij]
resign [rɪˈzaɪn] *v* يَستقيل [jastaqiːl]
resin [ˈrɛzɪn] *n* مادة الراتينج [Madat al-ratenj]
resist [rɪˈzɪst] *v* يُقاوِم [juqaːwimu]
resistance [rɪˈzɪstəns] *n* مقاومة [muqaːwama]
resit [riːˈsɪt] *v* يَجْلِس مرة أخرى [Yajles marrah okhra]
resolution [ˌrɛzəˈluːʃən] *n* تصميم [tasˤmiːm]
resort [rɪˈzɔːt] *n* منتجع [muntaʒaʕ]; **resort to** *v* لجأ إلى [Lajaa ela]
resource [rɪˈzɔːs; -ˈsɔːs] *n* مَورِد [muːrad]; **natural resources** *npl* موارد طبيعية [Mawared ṭabeˈaey]
respect [rɪˈspɛkt] *n* احترام [iħtiraːm] ▷ *v* يَحترم [jaħatarimu]
respectable [rɪˈspɛktəbᵊl] *adj* محترم [muħtaram]

respectively [rɪ'spɛktɪvlɪ] *adv* على الترتيب [Ala altarteeb]
respond [rɪ'spɒnd] *v* يَستجيب [jastaʒi:bu]
response [rɪ'spɒns] *n* إستجابة [istiʒa:ba]
responsibility [rɪ,spɒnsə'bɪlɪtɪ] *n* مسؤولية [masʔuwlijja]
responsible [rɪ'spɒnsəbᵊl] *adj* مسؤول [masʔu:l]
rest [rɛst] *n* راحة [ra:ħa] ▷ *v* يَستريح [jastari:ħu]; **the rest** *n* راحة [ra:ħatun]
restaurant ['rɛstə,rɒŋ; 'rɛstrɒŋ; -rɒnt] *n* مطعم [matˤˤam]
restful ['rɛstfʊl] *adj* مُريح [muri:ħ]
restless ['rɛstlɪs] *adj* قلق [qalaq]
restore [rɪ'stɔː] *v* يَسْتَرِد [jastariddu]
restrict [rɪ'strɪkt] *v* يُقَيِّد [juqajjidu]
restructure [ri:'strʌktʃə] *v* يُعْيد إنشاء [juʕjidu ʔinʃa:ʔa]
result [rɪ'zʌlt] *n* نتيجة [nati:ʒa]; **result in** *v* يَنْجُم عن [Yanjam 'an]
resume [rɪ'zju:m] *v* يَستعيد [jastaʕi:du]
retail ['ri:teɪl] *n* بيع بالتجزئة [Bay'a bel- tajzeaah] ▷ *v* يَبْيع بالتجزئة [Yabea'a bel-tajzeaah]; **retail price** *n* سعر التجزئة [Se'ar al-tajzeah]
retailer ['ri:teɪlə] *n* بائع تجزئة [Bae'a tajzeah]
retire [rɪ'taɪə] *v* يَتقاعد [jataqa:ʕidu]
retired [rɪ'taɪəd; re'tired] *adj* متقاعد [mutaqa:ʕid]
retirement [rɪ'taɪəmənt] *n* تقاعد [taqa:ʕud]
retrace [rɪ'treɪs] *v* يعود من حيث أتى [jaʕu:du min ħajθi ʔata:]
return [rɪ'tɜ:n] *n (coming back)* عَوْدة [ʕawda], *(yield)* عائد [ʕa:ʔid] ▷ *vi* يُعْيد [juʕi:du]; **day return** *n* تذكرة ذهاب وعودة في نفس اليوم [tadhkarat dhehab we-'awdah fee nafs al-yawm]; **return ticket** *n* تذكرة إياب [tadhkarat eyab]; **tax return** *n* إقرار ضريبي [E'qrar ḍareeby]
reunion [ri:'ju:njən] *n* اجتماع الشمل [Ejtem'a alshaml]
reuse [ri:'ju:z] *v* يُعْيد استخدام [Yo'aeed estekhdam]
reveal [rɪ'vi:l] *v* يبوح ب [Yabooḥ be]
revenge [rɪ'vɛndʒ] *n* انتقام [intiqa:m]
revenue ['rɛvɪ,nju:] *n* إيراد [ʔi:ra:d]
reverse [rɪ'vɜ:s] *n* النقيض [anaqi:dˤu] ▷ *v* يَقْلِب [jaqlibu]
review [rɪ'vju:] *n* اطلاع [itˤila:ʕ]
revise [rɪ'vaɪz] *v* يُراجِع [jura:ʒiʕu]
revision [rɪ'vɪʒən] *n* مراجعة [mura:ʒaʕa]
revive [rɪ'vaɪv] *v* يُنَشِط [junaʃʃitˤ]
revolting [rɪ'vəʊltɪŋ] *adj* ثائر [θa:ʔir]
revolution [,rɛvə'lu:ʃən] *n* ثورة [θawra]
revolutionary [,rɛvə'lu:ʃənərɪ] *adj* ثوري [θawrij]
revolver [rɪ'vɒlvə] *n* سلاح ناري [Selaḥ narey]
reward [rɪ'wɔ:d] *n* مكافأة [muka:faʔa]
rewarding [rɪ'wɔ:dɪŋ] *adj* مُجْزي [muʒzi:]
rewind [ri:'waɪnd] *v* يُعْيد اللف [juʕjidu allaf]
rheumatism ['ru:mə,tɪzəm] *n* روماتيزم [ru:ma:ti:zmu]
rhubarb ['ru:bɑ:b] *n* عشب الراوند ['aoshb al-rawend]
rhyme [raɪm] *n*; **nursery rhyme** *n* أغنية أطفال [Aghzeyat atfaal]
rhythm ['rɪðəm] *n* الإيقاع [ʔal-ʔi:qa:ʕu]
rib [rɪb] *n* ضِلْع [dˤilʕ]
ribbon ['rɪbᵊn] *n* وشاح [wiʃa:ħ]
rice [raɪs] *n* أرْز [ʔurz]; **brown rice** *n* أرز أسمر [Orz asmar]
rich [rɪtʃ] *adj* غني [ɣanij]
ride [raɪd] *n* رَكْبَة [runkbatu] ▷ *v* يَركَب [jarkabu]
rider ['raɪdə] *n* راكب [ra:kib]
ridiculous [rɪ'dɪkjʊləs] *adj* تافه [ta:fih]
riding ['raɪdɪŋ] *n* ركوب [ruku:b]; **horse riding** *n* ركوب الخيل [Rekoob al-khayl]
rifle ['raɪfᵊl] *n* بندقية [bunduqijja]
rig [rɪg] *n* جهاز حفر [Jehaz hafr]; **oil rig** *n* جهاز حفر آبار النفط [Gehaz ḥafr abar al-naft]
right [raɪt] *adj (correct)* صحيح [sˤaħi:ħ], *(not left)* يمين [jami:n] ▷ *adv* بطريقة صحيحة [Be- ṭaree'qah ṣaḥeeḥah] ▷ *n* حق [ħaq]; **civil rights** *npl* حقوق مدنية

[Ḥo'qoo'q madaneyah]; **human rights** *npl* حقوق الإنسان [Ho'qoo'q al-ensan]; **right angle** *n* زاوية يُمنى [Zaweyah yomna]; **right of way** *n* حق المرور [Ha'q al-moror]; **Go right at the next junction** اتجه نحو اليمين عند التقاطع الثاني [Etajeh naḥw al-yameen]; **It wasn't your right of way** لم تكن تسير في الطريق الصحيح [lam takun ta-seer fee al-ṭaree'q al-ṣaḥeeḥ]; **Turn right** اتجه نحو اليمين [Etajeh anḥw al-yameen]

right-hand ['raɪt,hænd] *adj* على اليمين [Ala al-yameen]; **right-hand drive** *n* عجلة القيادة اليمنى ['aajalat al-'qeyadah al-yomna]

right-handed ['raɪt,hændɪd] *adj* أيمن [ʔajman]

rightly ['raɪtlɪ] *adv* بشكل صحيح [Beshakl ṣaheeḥ]

right-wing ['raɪt,wɪŋ] *adj* جناح أيمن [Janah ayman]

rim [rɪm] *n* إطار [ʔitˤa:r]

ring [rɪŋ] *n* خاتم [xa:tam] ▷ *v* يَدُق [jaduqu]; **engagement ring** *n* خاتم الخطوبة [Khatem al-khotobah]; **ring binder** *n* ملف له حلقات معدنية لتثبيت الورق [Malaf lah ḥala'qaat ma'adaneyah letathbeet al-wara'q]; **ring road** *n* طريق دائري [Ṭaree'q dayery]; **wedding ring** *n* خاتم الزواج [Khatem al-zawaj]

ring back [rɪŋ bæk] *v* يَتَصِل ثانيةً [Yataṣel thaneyatan]

ringtone ['rɪŋ,təʊn] *n* نغمة الرنين [Naghamat al-raneen]

ring up [rɪŋ ʌp] *v* يَتَّصِلُ هاتِفِيًا [Yataṣel hatefeyan]

rink [rɪŋk] *n* حلبة [ħalaba]; **ice rink** *n* حلبة من الجليد الصناعي [Halabah men aljaleed alṣena'aey]; **skating rink** *n* حلبة تَزَلّج [Ḥalabat tazaloj]

rinse [rɪns] *n* شَطْف [ʃatˤf] ▷ *v* يَشْطُف [jaʃtˤufu]

riot ['raɪət] *n* شَغْب [ʃaɣab] ▷ *v* يُشاغِب [juʃa:ɣibu]

rip [rɪp] *v* يَشق [jaʃuqqu]

ripe [raɪp] *adj* ناضج [na:dˤiʒ]

rip off [rɪp ɒf] *v* يَسرق عَلانيةً [Yasre'q 'alaneytan]

rip-off [rɪpɒf] *n* سرقة [sariqa]

rip up [rɪp ʌp] *v* يمزق [jumazziqu]

rise [raɪz] *n* صعود [sˤuʕu:d] ▷ *v* يَرْتَفِع [jartafiʕu]

risk [rɪsk] *n* مخاطرة [muxa:tˤara] ▷ *vt* يُجازِف [juʒazifu]

risky ['rɪskɪ] *adj* محفوف بالمخاطر [Maḥfoof bel-makhaater]

ritual ['rɪtjʊəl] *adj* شعائري [ʃaʕa:ʔirij] ▷ *n* شَعِيرة [ʃaʕi:ra]

rival ['raɪvᵊl] *adj* منافس [muna:fis] ▷ *n* خِصْم [xasˤm]

rivalry ['raɪvəlrɪ] *n* تنافس [tana:fus]

river ['rɪvə] *n* نهر [nahr]; **Can one swim in the river?** أيمكن السباحة في النهر؟ [a-yamkun al-sebaḥa fee al-naher?]

road [rəʊd] *n* طريق [tˤari:q]; **main road** *n* طريق رئيسي [ṭaree'q raeysey]; **ring road** *n* طريق دائري [Ṭaree'q dayery]; **road map** *n* خريطة الطريق [Khareeṭat al-ṭaree'q]; **road rage** *n* مشاحنات على الطريق [Moshahanaat ala al-ṭaree'q]; **road sign** *n* لافتة طريق [Lafetat ṭaree'q]; **road tax** *n* ضريبة طُرُق [Ḍareebat ṭoro'q]; **slip road** *n* طريق متصل بطريق سريع للسيارات أو منفصل عنه [ṭaree'q mataṣel be- ṭaree'q sarea'a lel-sayaraat aw monfaṣel 'anho]; **Are the roads icy?** هل توجد ثلوج على الطريق؟ [hal tojad thilooj 'ala al- ṭaree'q?]; **Do you have a road map of this area?** هل يوجد خريطة طريق لهذه المنطقة؟ [hal yujad khareeṭat ṭaree'q le-hadhy al-manṭa'qa?]; **I need a road map of...** أريد خريطة الطريق لـ... [areed khareeṭat al-ṭaree'q le...]; **Is the road to... snowed up?** هل توجد ثلوج على الطريق المؤدي إلى... [hal tojad thilooj 'ala al- ṭaree'q al-muad-dy ela...?]; **What is the speed limit on this road?** ما هي أقصى سرعة مسموح بها على هذا الطريق؟ [ma heya a'qṣa sur'aa masmooḥ beha 'aala hatha al-ṭaree'q?]; **Which road do I take for...?** ما هو الطريق الذي يؤدي إلى... ؟ [ma howa

al-ṭaree'q al-lathy yo-aady ela...?]
roadblock ['rəʊd,blɒk] *n* متراس [mutara:sin]
roadworks ['rəʊd,wɜ:ks] *npl* أعمال الطريق [a'amal alṭ aree'q]
roast [rəʊst] *adj* محمص [muħamasˤsˤ]
rob [rɒb] *v* يَسْلب [jaslubu]
robber [rɒbə] *n* سارق [sa:riq]
robbery ['rɒbərɪ] *n* سطو [satˤw]
robin ['rɒbɪn] *n* طائر أبو الحناء [Ṭaaer abo elḥnaa]
robot ['rəʊbɒt] *n* إنسان آلي [Ensaṇ aly]
rock [rɒk] *n* صخرة [sˤaxra] ▷ *v* يَتأرجح [jataʔarʒaħu]; **rock climbing** *n* تسلق الصخور [Tasalo'q alṣokhoor]
rocket ['rɒkɪt] *n* صاروخ [sˤa:ru:xin]
rod [rɒd] *n* قضيب [qadˤi:b]
rodent ['rəʊdᵊnt] *n* القارض [al-qa:ridˤi]
role [rəʊl] *n* دَور [dawr]
roll [rəʊl] *n* لَفّة [laffa] ▷ *v* يَلِف [jalifu]; **bread roll** *n* خبز ملفوف [Khobz malfoof]; **roll call** *n* تَفَقُّد الحضور [Tafa'qod al-ḥoḍor]
roller ['rəʊlə] *n* اسطوانة [ustˤuwa:na]
rollercoaster ['rəʊlə,kəʊstə] *n* سكة حديد بالملاهي [Sekat ḥadeed bel-malahey]
rollerskates ['rəʊlə,skeɪts] *npl* مزلجة بعجل [Mazlajah be-'aajal]
rollerskating ['rəʊlə,skeɪtɪŋ] *n* تَزَلُّج على العجل [Tazaloj 'ala al-'ajal]
Roman ['rəʊmən] *adj* روماني [ru:ma:nij]; **Roman Catholic** *n* روماني كاثوليكي [Romaney katholeykey] شخص روماني , كاثوليكي [shakhṣ romaney katholeekey]
romance ['rəʊmæns] *n* رومانسية [ru:ma:nsijja]
Romanesque [,rəʊmə'nɛsk] *adj* طراز رومانسيكي [Ṭeraz romanseekey]
Romania [rəʊ'meɪnɪə] *n* رومانيا [ru:ma:nja:]
Romanian [rəʊ'meɪnɪən] *adj* روماني [ru:ma:nij] ▷ *n (language)* اللغة الرومانية [Al-loghah al-romanyah], *(person)* روماني الجنسية [Romaney al-jenseyah]
romantic [rəʊ'mæntɪk] *adj* رومانسي [ru:ma:nsij]
roof [ru:f] *n* سَطح المبنى [Saṭh al-mabna]
roof rack ['ru:f,ræk] *n* رَف السقف [Raf alsa'qf]
room [ru:m; rʊm] *n* غرفة [ɣurfa]; **changing room** *n* غرفة تبديل الملابس [Ghorfat tabdeel al-malabes]; **dining room** *n* غرفة طعام [ghorat ṭa'aam]; **double room** *n* غرفة مزدوجة [Ghorfah mozdawajah]; **fitting room** *n* غرفة القياس [ghorfat al-'qeyas]; **living room** *n* حجرة المعيشة [Hojrat al-ma'aeshah]; **room number** *n* رقم الغرفة [Ra'qam al-ghorfah]; **room service** *n* خدمة الغرف [Khedmat al-ghoraf]; **single room** *n* غرفة لشخص واحد [ghorfah le-shakhṣ wahed]; **sitting room** *n* غرفة المعيشة [ghorfat al-ma'aeshah]; **spare room** *n* غرفة إضافية [ghorfah eḍafeyah]; **twin room** *n* غرفة مزدوجة [Ghorfah mozdawajah]; **twin-bedded room** *n* غرفة مزودة بأسرة مزدوجة [Ghorfah mozawadah be-aserah mozdawajah]; **utility room** *n* غرفة خدمات [ghorfat khadamat]; **waiting room** *n* غرفة انتظار [Ghorfat enteḍhar]; **Can I see the room?** هل يمكن أن أرى الغرفة؟ [hal yamken an ara al-ghurfa?]; **Do you have a room for tonight?** هل لديكم غرفة شاغرة الليلة؟ [hal ladykum ghurfa shaghera al-layla?]; **Does the room have air conditioning?** هل هناك تكييف هواء بالغرفة [hal hunaka takyeef hawaa bil-ghurfa?]; **How much is the room?** كم تبلغ تكلفة الإقامة بالغرفة؟ [kam tablugh taklifat al-e'qama bil-ghurfa?]; **I need a room with wheelchair access** أحتاج إلى غرفة يمكن الوصول إليها بكرسي المقعدين المتحرك [aḥtaaj ela ghurfa yamkun al-wi-ṣool e-layha be-kursi al-mu'q'aadeen al-mutaḥarek]; **I want to reserve a double room** أريد حجز غرفة لشخصين [areed ḥajiz ghurfa le-shakhiṣ-yen]; **I'd like a no smoking room** أريد غرفة غير مسموح فيها بالتدخين [areed ghurfa ghyer masmooḥ feeha bil-tadkheen]; **I'd like a room with a**

view of the sea أريد غرفة تطل على البحر [areed ghurfa ta-ṭul 'aala al-baḥir]; **I'd like to rent a room** أريد غرفة للإيجار [areed ghurfa lil-eejar]; **The room is dirty** الغرفة متسخة [al-ghurfa mutaskha]; **The room is too cold** هذه الغرفة باردة أكثر من اللازم [hathy al-ghurfa barda ak-thar min al-laazim]
roommate ['ruːm,meɪt; 'rʊm-] *n* رفيق الحجرة [Refee'q al-hohrah]
root [ruːt] *n* جذر [ʒiðr]
rope [rəʊp] *n* حَبْل [ħabl]
rope in [rəʊp ɪn] *v* يَستَعين بمساعدة شخص ما [jastaʕiːnu bimusaːʕadatin ʃaxsˤin maː]
rose [rəʊz] *n* وردة [warda]
rosé ['rəʊzeɪ] *n* نبيذ أحمر [nabeedh aḥmar]
rosemary ['rəʊzmərɪ] *n* إكليل الجبل [Ekleel al-jabal]
rot [rɒt] *v* يَتْعفَن [jataʕaffanu]
rotten ['rɒtᵊn] *adj* نتن [natin]
rough [rʌf] *adj* خشن [xaʃin]
roughly ['rʌflɪ; 'roughly] *adv* بقسوة [Be'qaswah]
roulette [ruː'lɛt] *n* روليت [ruːliːt]
round [raʊnd] *adj* مستدير [mustadiːr] ▷ *n (circle)* حلقة [ħalaqa], *(series)* دائرة [daːʔira] ▷ *prep* حول [ħawla]; **paper round** *n* طريق توزيع الصحف [taree'q tawze'a al-ṣohof]; **round trip** *n* رحلةانكفائية [Reḥlah enkefaeyah]
roundabout ['raʊndə,baʊt] *n* طريق ملتو [taree'q moltawe]
round up [raʊnd ʌp] *v* يُجمِع [juʒamiʕu]
route [ruːt] *n* مسلك [maslak]
routine [ruː'tiːn] *n* روتين [ruːtiːn]
row¹ [rəʊ] *n (line)* رُتبة [rutba] ▷ *v (in boat)* يُجدِف [juʒaddifu]
row² [raʊ] *n (argument)* مُشادّة [muʃaːda] ▷ *v (to argue)* يُجادِل [juʒaːdilu]
rowing [rəʊɪŋ] *n* تجديف [taʒdiːf]; **rowing boat** *n* قارب تجديف ['qareb tajdeef]
royal ['rɔɪəl] *adj* مَلَكي [milkiː]
rub [rʌb] *v* يَحُكّ [jaħukku]
rubber ['rʌbə] *n* ممحاة [mimħaːt]; **rubber band** *n* شريط مطاطي [shareeṭ maṭaṭey]; **rubber gloves** *npl* قفازات مطاطية ['qoffazat maṭaṭeyah]
rubbish ['rʌbɪʃ] *adj* تافه [taːfih] ▷ *n* هراء [huraːʔ]; **rubbish dump** *n* مقلب النفايات [Ma'qlab al-nefayat]
rucksack ['rʌk,sæk] *n* حقيبة ملابس تحمل على الظهر [Ha'qeebat malabes tohmal 'aala al-ḍhahr]
rude [ruːd] *adj* وقح [waqiħu]
rug [rʌg] *n* سجادة [saʒaːdda]
rugby ['rʌgbɪ] *n* رياضة الرّكبي [Reyaḍat al-rakbey]
ruin ['ruːɪn] *n* خراب [xaraːb] ▷ *v* يُدمِر [judammir]
rule [ruːl] *n* حُكم [ħukm]
rule out [ruːl aʊt] *v* يستبعد [justabʕadu]
ruler ['ruːlə] *n (commander)* حاكم [ħaːkim], *(measure)* مسطرة [mistˤara]
rum [rʌm] *n* شراب الرّم [Sharab al-ram]
rumour ['ruːmə] *n* إشاعة [ʔiʃaːʕa]
run [rʌn] *n* عَدْو [ʕaduww] ▷ *vi* يَجْري [jaʒriː] ▷ *vt* يُدير [judiːru]
run away [rʌn ə'weɪ] *v* يَهْرُب [jahrubu]
runner ['rʌnə] *n* عدّاء [ʕaddaːʔ]; **runner bean** *n* فاصوليا خضراء متعرشة [faṣoleya khadraa mota'aresha]
runner-up ['rʌnəʌp] *n* الحائز على المرتبة الثانية [Al-ḥaez ala al-martabah al-thaneyah]
running ['rʌnɪŋ] *n* ادارة, مستمر [mustamirr]
run out [rʌn aʊt] *v*; **The towels have run out** لقد استهلكت المناشف [la'qad istuh-lekat al-mana-shif]
run out of [rʌn aʊt ɒv] *v* يَستنفِذ [jastanfiðu]
run over [rʌn 'əʊvə] *v* يطفح [jatˤfaħu]
runway ['rʌn,weɪ] *n* مَدرَج [madraʒ]
rural ['rʊərəl] *adj* ريفي [riːfij]
rush [rʌʃ] *n* اندفاع [indifaːʕ] ▷ *v* يَنْدَفِع [jandafiʕu]; **rush hour** *n* وَقْت الذروة [Wa'qt al-dhorwah]
rusk [rʌsk] *n* بُقْسُماط [buqsumaːtˤin]

Russia ['rʌʃə] *n* روسيا [ru:sja:]
Russian ['rʌʃən] *adj* روسي [ru:sij] ▷ *n* *(language)* اللغة الروسية [Al-loghah al-roseyah], *(person)* روسي الجنسية [Rosey al-jenseyah]
rust [rʌst] *n* صدأ [sˤada]
rusty ['rʌstɪ] *adj* صدِئ [sˤadi?]
ruthless ['ru:θlɪs] *adj* قاسٍ [qa:sin]
rye [raɪ] *n* نبات الجاودار [Nabat al-jawdar]

S

Sabbath ['sæbəθ] *n* يوم الراحة [Yawm al-raḥah]
sabotage ['sæbəˌtɑ:ʒ] *n* عمل تخريبي ['amal takhreeby] ▷ *v* يُخَرِّب [juxxribu]
sachet ['sæʃeɪ] *n* ذرور معطر [Zaroor mo'aṭar]
sack [sæk] *n (container)* كيس [ki:s], *(dismissal)* كيس (فصل) [ki:s] ▷ *v* يَصْرِف من الخدمة [Yaṣref men al-khedmah]
sacred ['seɪkrɪd] *adj* ديني [di:nij]
sacrifice ['sækrɪˌfaɪs] *n* يُضحي [judˤaħħi:]
sad [sæd] *adj* حزين [ħazi:nu]
saddle ['sædᵊl] *n* سرج [sarʒ]
saddlebag ['sædᵊlˌbæg] *n* حقيبة سرْج الحصان [Ha'qeebat sarj al-hoṣan]
sadly [sædlɪ] *adv* بحُزْن [Beḥozn]
safari [sə'fɑ:rɪ] *n* رحلة سفاري [Reḥlat safarey]
safe [seɪf] *adj* آمِنٌ [?a:mi] ▷ *n* خزينة [xazi:na]; **I have some things in the safe** لقد وضعت بعض الأشياء في الخزينة [la'qad waḍa'ato ba'aḍ al-ash-ya fe al-khazeena]; **I would like to put my jewellery in the safe** أريد أن أضع مجوهراتي في الخزينة [areed an aḍa'a mujaw-haraty fee al-khazeena]; **Put**

that in the safe, please ضع هذا في الخزينة من فضلك [ḍa'a hadha fee al-khazena, min faḍlak]
safety ['seɪftɪ] *n* سلامة [sala:ma]; **safety belt** *n* حزام الأمان [Hezam al-aman]; **safety pin** *n* دبوس أمان [Daboos aman]
saffron ['sæfrən] *n* نبات الزعفران [Nabat al-za'afaran]
Sagittarius [ˌsædʒɪ'tɛərɪəs] *n* كوكبة القوس والرامي [Kawkabat al-'qaws wa alramey]
Sahara [sə'hɑːrə] *n* الصحراء الكبرى [Al-ṣaḥraa al-kobraa]
sail [seɪl] *n* شِراع [ʃiraːʕ] ▷ *v* يُبحِر [jubħiru]
sailing ['seɪlɪŋ] *n* الإبحار [al-ʔibħaːri]; **sailing boat** *n* قارب ابحار ['qareb ebḥar]
sailor ['seɪlə] *n* بحّار [baħħaːr]
saint [seɪnt; sənt] *n* قَدّيس [qiddiːs]
salad ['sæləd] *n* سَلاطة [salaːtˤa]; **mixed salad** *n* سلاطة مخلوطة [Salata makhloṭa]; **salad dressing** *n* صلصة السلطة [Ṣalṣat al-salata]
salami [sə'lɑːmɪ] *n* طعام السالامي [Ṭa'aam al-salamey]
salary ['sælərɪ] *n* راتب [raːtib]
sale [seɪl] *n* بيع [bajʕ]; **sales assistant** *n* مساعد المبيعات [Mosa'aed al-mobee'aat]; **sales rep** *n* مندوب مبيعات [Mandoob mabee'aat]
salesman, salesmen ['seɪlzmən, 'seɪlzmɛn] *n* مندوب مبيعات [Mandoob mabee'aat]
salesperson ['seɪlzpɜːsᵊn] *n* مندوب مبيعات [Mandoob mabee'aat]
saleswoman, saleswomen ['seɪlzwʊmən, 'seɪlzwɪmɪn] *n* مندوبة مبيعات [Mandoobat mabee'aat]
saliva [sə'laɪvə] *n* لُعاب [luʕaːb]
salmon ['sæmən] *n* سمك السلمون [Samak al-salmon]
salon ['sælɒn] *n*; **beauty salon** *n* صالون تجميل [Ṣalon ḥela'qa]
saloon [sə'luːn] *n* صالون [sˤaːluːn]; **saloon car** *n* سيارة صالون [Sayarah ṣalon]
salt [sɔːlt] *n* مِلْح [milħ]
saltwater ['sɔːltˌwɔːtə] *adj* ماء ملحي [Maa mel'ḥey]
salty ['sɔːltɪ] *adj* مملح [mumallaħ]
salute [sə'luːt] *v* يُحَيِّي [juħajjiː]
salve [sælv] *n*; **lip salve** *n* كريم للشفاه [Kereem lel shefah]
same [seɪm] *adj* عينه [ʕajinnat]
sample ['sɑːmpᵊl] *n* عينة [ʕajjina]
sand [sænd] *n* رمال [rimaːl]; **sand dune** *n* كثبان رملية [Kothban ramleyah]
sandal ['sændᵊl] *n* صندل (حذاء) [sˤandal]
sandcastle [sændkɑːsᵊl] *n* قلعة من الرمال ['qal'aah men al-remal]
sandpaper ['sændˌpeɪpə] *n* ورق السنفرة [Wara'q al-sanfarah]
sandpit ['sændˌpɪt] *n* حفرة رملية [Hofrah ramleyah]
sandstone ['sændˌstəʊn] *n* حجر رملي [Hajar ramley]
sandwich ['sænwɪdʒ; -wɪtʃ] *n* سَندويتش [sandiwiːtʃ]
San Marino [ˌsæn mə'riːnəʊ] *n* سان مارينو [saːn maːriːnuː]
sapphire ['sæfaɪə] *n* ياقوت أزرق [Ya'qoot azra'q]
sarcastic [sɑː'kæstɪk] *adj* ساخر [saːxir]
sardine [sɑː'diːn] *n* سردين [sardiːnu]
satchel ['sætʃəl] *n* حقيبة للكتب المدرسية [Ha'qeebah lel-kotob al-madraseyah]
satellite ['sætᵊˌlaɪt] *n* قمر صناعي ['qamar ṣenaaey]; **satellite dish** *n* طبق قمر صناعي [Ṭaba'q ṣena'aey]
satisfaction [ˌsætɪs'fækʃən] *n* إشباع [ʔiʃbaːʕ]
satisfactory [ˌsætɪs'fæktərɪ; -trɪ] *adj* مرضٍ [maradˤ]
satisfied ['sætɪsˌfaɪd] *adj* راضٍ [raːdˤin]; **I'm not satisfied with this** أنا لست راضية عن هذا [ana lastu raḍy-ya 'aan hadha]
sat nav ['sæt næv] *n* الاستدلال على الاتجاهات من الأقمار الصناعية [Al-estedlal ala al-etejahat men al-'qmar alṣena'ayah]

Saturday ['sætədɪ] *n* السبت [ʔa-sabti]; **last Saturday** يوم السبت الماضي [yawm al-sabit al-maḍy]; **next Saturday** يوم السبت القادم [yawm al-sabit al-'qadem]; **on Saturday** في يوم السبت [fee yawm al-sabit]; **on Saturdays** في أيام السبت [fee ayaam al-sabit]; **this Saturday** يوم السبت هذا [yawm al-sabit hadha]

sauce [sɔːs] *n* صلصة [sˤalsˤa]; **soy sauce** *n* صوص الصويا [Ṣoṣ al-ṣoyah]; **tomato sauce** *n* صلصة طماطم [Ṣalṣat ṭamaṭem]

saucepan ['sɔːspən] *n* مِقلاة (قِدر) [miqla:t]

saucer ['sɔːsə] *n* صحن الفنجان [Ṣaḥn al-fenjaan]

Saudi ['sɔːdɪ; 'saʊ-] *adj* سعودي [saʕuːdij] ▷ *n* سعودي [saʕuːdij]

Saudi Arabia ['sɔːdɪ; 'saʊ-] *n* المملكة العربية السعودية [Al-mamlakah al-'aarabeyah al-so'aodeyah]

Saudi Arabian ['sɔːdɪ ə'reɪbɪən] *adj* السعودية [ʔa-saʕuːdijjatu] ▷ *n* مواطن سعودي [Mewaṭen saudey]

sauna ['sɔːnə] *n* حمام بخار [Hammam bokhar]

sausage ['sɒsɪdʒ] *n* سجق [saʒq]

save [seɪv] *v* يُحافِظ على [Yoḥafez 'aala]

save up [seɪv ʌp] *v* يُوَفِر [juwaffiru]

savings ['seɪvɪŋz] *npl* مُدَّخَرَات [muddaxara:tin]

savoury ['seɪvərɪ] *adj* سار [sa:rr]

saw [sɔː] *n* منشار [minʃa:r]

sawdust ['sɔːˌdʌst] *n* نِشارة [niʃa:ra]

saxophone ['sæksəˌfəʊn] *n* آلة السكسية [Alat al-sekseyah]

say [seɪ] *v* يقول [jaqu:lu]

saying ['seɪɪŋ] *n* قَوْل [qawl]

scaffolding ['skæfəldɪŋ] *n* سقالات [saqa:la:t]

scale [skeɪl] *n* *(measure)* ميزان [mi:za:n], *(tiny piece)* ميزان [mi:za:n]

scales [skeɪlz] *npl* كفتي الميزان [Kafatay al-meezan]

scallop ['skɒləp; 'skæl-] *n* محار الاسقلوب [maḥar al-as'qaloob]

scam [skæm] *n* خِدَاع [xida:ʕ]

scampi ['skæmpɪ] *npl* جمبري كبير [Jambarey kabeer]

scan [skæn] *n* مسح ضوئي [Masḥ ḍawaey] ▷ *v* يمسح الكترونياً [Yamsaḥ elektroneyan]

scandal ['skændᵊl] *n* فضيحة [fadˤiːħa]

Scandinavia [ˌskændɪ'neɪvɪə] *n* إسكندنافيا [ʔiskundina:fja:]

Scandinavian [ˌskændɪ'neɪvɪən] *adj* اسكنديناڤي [ʔiskundina:fjj]

scanner ['skænə] *n* ماسح ضوئي [Maaseh daweay]

scar [skɑː] *n* ندبة [nadba]

scarce [skɛəs] *adj* قليل [qali:l]

scarcely ['skɛəslɪ] *adv* نادراً [na:diran]

scare [skɛə] *n* ذُعْر [ðuʕr] ▷ *v* يُرَوِّع [jurawwiʕu]

scarecrow ['skɛəˌkrəʊ] *n* خيال الظِل [Khayal al-ḍhel]

scared [skɛəd] *adj* خائف [xa:ʔif]

scarf, scarves [skɑːf, skɑːvz] *n* وِشاح [wiʃa:ħ]

scarlet ['skɑːlɪt] *adj* قرمزي [qurmuzij]

scary ['skɛərɪ] *adj* مخيف [muxi:f]

scene [siːn] *n* مشهد [maʃhad]

scenery ['siːnərɪ] *n* مَنْظَر [manzˤar]

scent [sɛnt] *n* عِطْر [ʕitˤr]

sceptical ['skɛptɪkᵊl; 'sceptical; 'skeptical] *adj* معتنق مذهب الشك [Mo'atane'q maḍhhab al-shak]

schedule ['ʃɛdjuːl; 'skɛdʒʊəl] *n* جدول زمني [Jadwal zamaney]

scheme [skiːm] *n* مخطط [muxatˤatˤ]

schizophrenic [ˌskɪtsəʊ'frɛnɪk; ˌschizo'phrenic] *adj* مريض بالفصَام [Mareeḍ bel-feṣaam]

scholarship ['skɒləʃɪp] *n* منحة تعليمية [Menḥah ta'aleemeyah]

school [skuːl] *n* مدرسة [madrasa]; **art school** *n* كلية الفنون [Koleyat al-fonoon]; **boarding school** *n* مدرسة داخلية [Madrasah dakheleyah]; **elementary school** *n* مدرسة نوعية [Madrasah naw'aeyah]; **infant school** *n* مدرسة أطفال [Madrasah aṭfaal]; **language**

school *n* مدرسة لغات [Madrasah lo-ghaat]; **law school** *n* كلية الحقوق [Kolayt al-ho'qooq]; **night school** *n* مدرسة ليلية [Madrasah layleyah]; **nursery school** *n* مدرسة الحضانة [Madrasah al-hadanah]; **primary school** *n* مدرسة إبتدائية [Madrasah ebtedaeyah]; **public school** *n* مدرسة عامة [Madrasah 'aamah]; **school uniform** *n* زي مدرسي موحد [Zey madrasey mowahad]; **secondary school** *n* مدرسة ثانوية [Madrasah thanaweyah]

schoolbag ['sku:lˌbæg] *n* حقيبة مدرسية [Ha'qeebah madraseyah]

schoolbook ['sku:lˌbʊk] *n* كتاب مدرسي [Ketab madrasey]

schoolboy ['sku:lˌbɔɪ] *n* تلميذ [tilmi:ð]

schoolchildren ['sku:lˌtʃɪldrən] *n* طلاب المدرسة [Tolab al-madrasah]

schoolgirl ['sku:lˌgɜ:l] *n* تلميذة [tilmi:ða]

schoolteacher ['sku:lˌti:tʃə] *n* مُدَرِّس [mudarris]

science ['saɪəns] *n* (المعرفة) عِلْم [ʕilmu]; **science fiction** *n* خيال علمي [Khayal 'aelmey]

scientific [ˌsaɪən'tɪfɪk] *adj* علمي [ʕilmij]

scientist ['saɪəntɪst] *n* عَالِم [ʕa:lim]

scifi ['saɪˌfaɪ] *n* خيال علمي [Khayal 'aelmey]

scissors ['sɪzəz] *npl* مقص [miqasˤun]; **nail scissors** *npl* مقص أظافر [Ma'qaṣ adhafer]

sclerosis [sklɪə'rəʊsɪs] *n*; **multiple sclerosis** *n* تَلَيُّف عصبي متعدد [Talayof 'aaṣabey mota'aded]

scoff [skɒf] *v* يَسخَر من [Yaskhar men]

scold [skəʊld] *v* يُعَنِف [juʕannifu]

scooter ['sku:tə] *n* دراجة الرِجْل [Darrajat al-rejl]

score [skɔ:] *n (game/match)* مجموع نقاط [Majmo'aat ne'qaat], *(of music)* مجموع النقاط [Majmoo'a al-nekat] ▷ *v* يُحْرِز [juħrizu]

Scorpio ['skɔ:pɪˌəʊ] *n* العقرب [al-ʕaqrabi]

scorpion ['skɔ:pɪən] *n* عقرب [ʕaqrab]

Scot [skɒt] *n* اسكتلاندي [iskutla:ndi:]

Scotland ['skɒtlənd] *n* اسكتلاندة [iskutla:ndatu]

Scots [skɒts] *adj* اسكتلانديون [iskutla:ndiju:na]

Scotsman, Scotsmen ['skɒtsmən, 'skɒtsmɛn] *n* اسكتلاندي [iskutla:ndi:]

Scotswoman, Scotswomen ['skɒtsˌwʊmən, 'skɒtsˌwɪmɪn] *n* اسكتلاندية [iskutla:ndijja]

Scottish ['skɒtɪʃ] *adj* اسكتلاندي [iskutla:ndi:]

scout [skaʊt] *n* كَشَّاف [kaʃʃa:f]

scrap [skræp] *n (dispute)* عِراك [ʕira:k], *(small piece)* فَضْلَة [fadˤla] ▷ *v* يتشاجر [jataʃa:ʒaru]; **scrap paper** *n* ورق مسودة [Wara'q mosawadah]

scrapbook ['skræpˌbʊk] *n* سِجل القصاصات [Sejel al'qeṣaṣat]

scratch [skrætʃ] *n* خدش [xudʃu] ▷ *v* يَخدِش [jaxdiʃu]

scream [skri:m] *n* صراخ [sˤura:x] ▷ *v* يصيح [jasˤi:ħu]

screen [skri:n] *n* شاشة تليفزيون [Shashat telefezyoon]; **plasma screen** *n* شاشة بلازما [Shashah blazma]; **screen (off)** *v* يَحْجِب [jaħʒubu]

screen-saver ['skri:nseɪvər] *n* شاشة تَوَقُف [Shashat taw'qof]

screw [skru:] *n* مسمار قلاووظ [Mesmar 'qalawoodh]

screwdriver ['skru:ˌdraɪvə] *n* مفك [mifakk]

scribble ['skrɪbᵊl] *v* يخربش [juxarbiʃu]

scroll [skrəul] *v* يمرّ على قائمة [jamurru ʕala: qa:ʔima]

scrub [skrʌb] *v* يَفْرُك [jafruku]

sculptor ['skʌlptə] *n* مَثَّال [maθθa:l]

sculpture ['skʌlptʃə] *n* فن النحت [Fan al-naht]

sea [si:] *n* بَحْر [baħr]; **North Sea** *n* البحر الشمالي [Al-bahr al-Shamaley]; **Red Sea** *n* البحر الأحمر [Al-bahr al-ahmar]; **sea**

level *n* مستوى سطح البحر [Mostawa saṭh al-bahr]; **sea water** *n* مياه البحر [Meyah al-baḥr]
seafood ['siːˌfuːd] *n* الأطعمة البحرية [Al-aṭ'aemah al-baḥareyh]
seagull ['siːˌɡʌl] *n* نورس البحر [Nawras al-baḥr]
seal [siːl] *n (animal)* حيوان الفقمة (حيوان) [Ḥayawaan al-fa'qmah], *(mark)* خِتم [xitm] ▷ *v* يَختِم [jaxtimu]
seam [siːm] *n* ندبة [nadba]
seaman, seamen ['siːmən, 'siːmɛn] *n* جندي بحري [Jondey baharey]
search [sɜːtʃ] *n* بَحْثٌ [baħθ] ▷ *v* يُفَتِش [jufattiʃu]; **search engine** *n* محرك البحث [moḥarek al-baḥth]; **search party** *n* فريق البحث [Faree'q al-bahth]
seashore ['siːˌʃɔː] *n* شاطئ البحر [Shaṭeya al-baḥr]
seasick ['siːˌsɪk] *adj* مصاب بدوار البحر [Moṣab be-dawar al-baḥr]
seaside ['siːˌsaɪd] *n* ساحل البحر [saḥel al-baḥr]
season ['siːzᵊn] *n* موسم [mawsim]; **high season** *n* موسم ازدهار [Mawsem ezdehar]; **low season** *n* فترة ركود [Fatrat rekood]; **season ticket** *n* التذاكر الموسمية [Al-tadhaker al-mawsemeyah]
seasonal ['siːzənᵊl] *adj* موسمي [mawsimijjat]
seasoning ['siːzənɪŋ] *n* توابل [tawaːbil]
seat [siːt] *n (constituency)* عضوية في مجلس تشريعي ['aoḍweyah fee majles tashreaey], *(furniture)* مقعد [maqʕad]; **aisle seat** *n* كرسي بجوار الممر [Korsey be-jewar al-mamar]; **window seat** *n* مقعد بجوار النافذة [Ma'q'aad bejwar al-nafedhah]; **Excuse me, that's my seat** معذرة، هذا هو مقعدي؟ [ma'a-dhera, hadha howa ma'q'aady]; **I have a seat reservation** لقد قمت بحجز المقعد [la'qad 'qimto be-ḥajis al-ma'q'aad]; **I'd like a non-smoking seat** أريد مقعد في العربة المخصصة لغير المدخنين [areed ma'q'aad fee al-'aaraba al-mukhaṣaṣa le-ghyr al-mudakhineen]; **I'd like a seat in the smoking area** أريد مقعد في المكان المخصص للمدخنين [areed ma'q'ad fee al-makan al-mukhaṣaṣ lel -mudakhineen]; **I'd like a window seat** أريد مقعد بجوار النافذة [areed ma'q'aad be-jewar al-nafedha]; **Is this seat free?** هل يمكن الجلوس في هذا المقعد؟ [hal yamken al-jiloos fee hadha al-ma'q-'aad?]; **Is this seat taken?** هل هذا المقعد محجوز؟ [hal hadha al-ma'q'ad maḥjooz?]; **The seat is too high** المقعد مرتفع جدا [al-ma'q'ad mur-taf'a jedan]; **The seat is too low** المقعد منخفض جدا [al-ma'q'ad mun-khafiḍ jedan]; **We'd like to reserve two seats for tonight** نريد حجز مقعدين في هذه الليلة [nureed ḥajiz ma'q-'aad-ayn fee hadhy al-layla]
seatbelt ['siːtˌbɛlt] *n* حزام الأمان المثبت في المقعد [Ḥezam al-aman al-mothabat fee al-ma'q'aad]
seaweed ['siːˌwiːd] *n* طُحْلُب بحري [Ṭoḥleb baḥahrey]
second ['sɛkənd] *adj* الثاني [aθ-θaːniː] ▷ *n* ثانِيَة [θaːnija]; **second class** *n* درجة ثانية [Darajah thaneyah]
second-class ['sɛkəndˌklɑːs] *adj* مرتبة ثانية [Martabah thaneyah]
secondhand ['sɛkəndˌhænd] *adj* مستعمل [mustaʕmal]
secondly ['sɛkəndlɪ] *adv* ثانياً [θaːniːan]
second-rate ['sɛkəndˌreɪt] *adj* من الدرجة الثانية [Men al-darajah althaneyah]
secret ['siːkrɪt] *adj* سِرِيّ [sirij] ▷ *n* سِرّ [sirr]; **secret service** *n* خدمة سرية [Khedmah serreyah]
secretary ['sɛkrətrɪ] *n* سكرتير [sikirtiːr]
secretly ['siːkrɪtlɪ] *adv* سِراً [sirran]
sect [sɛkt] *n* طائفة [tˤaːʔifa]
section ['sɛkʃən] *n* قسم [qism]
sector ['sɛktə] *n* قطاع [qitˤaːʕ]
secure [sɪ'kjʊə] *adj* مُأمَّن [muʔamman]
security [sɪ'kjʊərɪtɪ] *n* الأمن [alʔamnu]; **security guard** *n* حارس الأمن [Ḥares al-amn]; **social security** *n* ضمان اجتماعي [Ḍaman ejtema'ay]

sedative ['sɛdətɪv] *n* عقار مسكن ['aa'qaar mosaken]
see [siː] *v* يرى [jara:]
seed [siːd] *n* بِذْرة [biðra]
seek [siːk] *v* يَبْحَث عن [Yabhath an]
seem [siːm] *v* يَبْدو [jabdu:]
seesaw ['siːˌsɔː] *n* أرجوحة [ʔurʒuːħa]
see-through ['siːˌθruː] *adj* شَفَّافة [ʃaffa:fat]
seize [siːz] *v* يستَولي على [Yastwley 'ala]
seizure ['siːʒə] *n* نوبة مرضية [Nawbah maraḍeyah]
seldom ['sɛldəm] *adv* نادرا ما [Naderan ma]
select [sɪ'lɛkt] *v* يَتخَير [jataxajjaru]
selection [sɪ'lɛkʃən] *n* اصطفاء [isˤtˤifa:ʔ]
self-assured ['sɛlfəˈʃʊəd] *adj* واثق بنفسه [Wathe'q benafseh]
self-catering ['sɛlfˌkeɪtərɪŋ] *n* خدمة ذاتية [Khedmah ḍateyah]
self-centred ['sɛlfˌsɛntəd] *adj* مُحِب لنفسه [Moḥeb le-nafseh]
self-conscious ['sɛlfˌkɒnʃəs] *adj* خجول [xaʒu:l]
self-contained ['sɛlfˌkən'teɪnd] *adj* متميز بضبط النفس [Motameyez bedṭ al-nafs]
self-control ['sɛlfˌkən'trəʊl] *n* ضبط النفس [Ḍabṭ al-nafs]
self-defence ['sɛlfˌdɪ'fɛns] *n* الدفاع عن النفس [Al-defaa'a 'aan al-nafs]
self-discipline ['sɛlfˌdɪsɪplɪn] *n* ضبط النفس [Ḍabṭ al-nafs]
self-employed ['sɛlɪm'plɔɪd] *adj* حُر المهنة [Ḥor al-mehnah]
selfie ['sɛlfɪ] *n* صورة ذاتية [sˤu:ra ða:ti:ja]
selfish ['sɛlfɪʃ] *adj* أناني [ʔana:nij]
self-service ['sɛlfˌsɜːvɪs] *adj* خدمة ذاتية [Khedmah ḍateyah]
sell [sɛl] *v* يَبيع [jabi:ʕu]; **sell-by date** *n* تاريخ انتهاء الصلاحية [Tareekh enthaa al-ṣalaḥeyah]; **selling price** *n* سعر البيع [Se'ar al-bay'a]
sell off [sɛl ɒf] *v* يَبيع بالتصفية [Yabea'a bel-taṣfeyah]
Sellotape® ['sɛləˌteɪp] *n* شريط لاصق [Shreeṭ laṣe'q]
sell out [sɛl aʊt] *v* يَبيع المخزون [Yabea'a al-makhzoon]
semester [sɪ'mɛstə] *n* فصل دراسي [Faṣl derasey]
semi ['sɛmɪ] *n* شبه [ʃibhu]
semicircle ['sɛmɪˌsɜːkᵊl] *n* نصف دائرة [Nesf daaeyrah]
semicolon [ˌsɛmɪ'kəʊlən] *n* فصلة منقوطة [faṣelah man'qoṭa]
semifinal [ˌsɛmɪ'faɪnᵊl] *n* مباراة شبه نهائية [Mobarah shebh nehaeyah]
send [sɛnd] *v* يبْعَث ب [Yab'ath be]
send back [sɛnd bæk] *v* يُرْجِع [jurʒiʕu]
sender ['sɛndə] *n* مُرسِل [mursil]
send off [sɛnd ɒf] *v* يَطلُب الإرسال بالبريد [jatˤlubu alʔirsa:la bilbari:di]
send out [sɛnd aʊt] *v* يَبعث ب [Tab'aath be]
Senegal [ˌsɛnɪ'gɔːl] *n* السنغال [as-siniɣa:lu]
Senegalese [ˌsɛnɪgə'liːz] *adj* سِنغالي [siniɣa:lij] ▷ *n* سِنغالي [siniɣa:lij]
senior ['siːnjə] *adj* الأعلى مقاما [Al a'ala ma'qaman]; **senior citizen** *n* شخص متقدم العمر [Shakhṣ mota'qadem al-'aomr]
sensational [sɛn'seɪʃənᵊl] *adj* مُثِير [muθi:r]
sense [sɛns] *n* حاسة [ħa:ssa]; **sense of humour** *n* حس الفكاهة [Hes al-fokahah]
senseless ['sɛnslɪs] *adj* عديم الاحساس ['adeem al-ehsas]
sensible ['sɛnsɪbᵊl] *adj* محسوس [maħsu:s]
sensitive ['sɛnsɪtɪv] *adj* حساس [ħassa:s]
sensuous ['sɛnsjʊəs] *adj* حسي [ħissij]
sentence ['sɛntəns] *n* *(punishment)* حُكم [ħukm], *(words)* جملة [ʒumla] ▷ *v* يَحْكُم على [Yaḥkom 'ala]
sentimental [ˌsɛntɪ'mɛntᵊl] *adj* حساس [ħassa:s]
separate *adj* ['sɛpərɪt] منفصل [munfasˤil] ▷ *v* ['sɛpəˌreɪt] يُفرِق [jufarriqu]

separately [ˈsɛpərətlɪ] *adv* بصورة منفصلة [Beşorah monfaşelah]
separation [ˌsɛpəˈreɪʃən] *n* انفصال [infisˤaːl]
September [sɛpˈtɛmbə] *n* سبتمبر [sibtumbar]
sequel [ˈsiːkwəl] *n* نتيجة [natiːʒa]
sequence [ˈsiːkwəns] *n* تسلسل [tasalsul]
Serbia [ˈsɜːbɪə] *n* الصرب [asˤ-sˤirbu]
Serbian [ˈsɜːbɪən] *adj* صربي [sˤirbij] ▷ *n (language)* اللغة الصربية [Al-loghah al-şerbeyah], *(person)* صربي [sˤirbij]
sergeant [ˈsɑːdʒənt] *n* ضابط رَقيب [Ḍabeṭ ra'qeeb]
serial [ˈsɪərɪəl] *n* حلقة مسلسلة [Ḥala'qah mosalsalah]
series [ˈsɪəriːz; -rɪz] *n* متتالية [mutataːlija]
serious [ˈsɪərɪəs] *adj* جاد [ʒaːdd]
seriously [ˈsɪərɪəslɪ] *adv* جدياً [ʒiddiːan]
sermon [ˈsɜːmən] *n* موعظة [mawʕizˤa]
servant [ˈsɜːvᵊnt] *n* موظف حكومي [mowaḍhaf ḥokomey]; **civil servant** *n* موظف حكومة [mowaḍhaf hokomah]
serve [sɜːv] *n* مدة خدمة [Modat khedmah] ▷ *v* يَخدِم [jaxdimu]
server [ˈsɜːvə] *n (computer)* جهاز السيرفر [Jehaz al-servo], *(person)* خادم [xaːdim]
service [ˈsɜːvɪs] *n* خدمة [xidma] ▷ *v* يُزَوِد [juzawwidu]; **room service** *n* خدمة الغرف [Khedmat al-ghoraf]; **secret service** *n* خدمة سرية [Khedmah serreyah]; **service area** *n* منطقة تقديم الخدمات [Menta'qat ta'qdeem al- khadamat]; **service charge** *n* رَسْم الخدمة [Rasm al-khedmah]; **service station** *n* محطة الخدمة [Mahaṭat al-khedmah]; **social services** *npl* خدمات اجتماعية [Khadamat ejtem'aeyah]; **I want to complain about the service** أريد في تقديم شكاوى بشأن الخدمة [areed ta'q-deem shakawee be-shan al-khedma]; **Is service included?** هل الفاتورة شاملة الخدمة؟ [hal al-fatoora shamelat al-khidma?]; **Is there a charge for the service?** هل هناك مصاريف للحصول على الخدمة؟ [Hal honak maşareef lel-ḥoşol ala al-khedmah]; **Is there room service?** هل هناك خدمة للغرفة؟ [hal hunaka khidma lil-ghurfa?]; **The service was terrible** كانت الخدمة سيئة للغاية [kanat il-khidma say-ia el-ghaya]
serviceman, servicemen [ˈsɜːvɪsˌmæn; -mən, ˈsɜːvɪsˌmɛn] *n* جندي [ʒundij]
servicewoman, servicewomen [ˈsɜːvɪsˌwʊmən, ˈsɜːvɪsˌwɪmɪn] *n* امرأة ملتحقة بالقوات المسلحة [Emraah moltahe'qah bel-'qwat al-mosallaha]
serviette [ˌsɜːvɪˈɛt] *n* منديل المائدة [Mandeel al-maaedah]
session [ˈsɛʃən] *n* جلسة [ʒalsa]
set [sɛt] *n* مجموعة كتب [Majmo'aat kotob] ▷ *v* يهين [juhajji?]
setback [ˈsɛtbæk] *n* توقف [tawaqquf]
set menu [sɛt ˈmɛnjuː] *n* قائمة مجموعات الأغذية ['qaemat majmo'aat al-oghneyah]
set off [sɛt ɒf] *v* يَبْدأ الرِّحْلَه [jabdaʔu arriħlata]
set out [sɛt aʊt] *v* يَعْرِض [jaʕridˤu]
settee [sɛˈtiː] *n* أريكة [ʔriːka]
settle [ˈsɛtᵊl] *v* يرسخ [jurassixu]
settle down [ˈsɛtᵊl daʊn] *v* يستقر [jastaqirru]
seven [ˈsɛvᵊn] *number* سبعة [sabʕatun]
seventeen [ˈsɛvᵊnˈtiːn] *number* سبعة عشر [sabʕata ʕaʃara]
seventeenth [ˈsɛvᵊnˈtiːnθ; ˈseventeenˈth] *adj* سابع عشر [saːbiʕa ʕaʃara]
seventh [ˈsɛvᵊnθ] *adj* سابع [saːbiʕu] ▷ *n* السابع [as-saːbiʕu]
seventy [ˈsɛvᵊntɪ] *number* سبعين [sabʕiːna]
several [ˈsɛvrəl] *adj* عديد [ʕadiːd] ▷ *pron* عِدَّة
sew [səʊ] *v* يُخيط [juxiːtˤu]
sewer [ˈsuːə] *n* بالوعة [baːluːʕa]

sewing ['səʊɪŋ] *n* خِيَاطة [xaja:tˁa]; **sewing machine** *n* ماكينة خياطة [Makenat kheyaṭah]
sew up [səʊ ʌp] *v* يُخيط تماما [Yokhayeṭ tamaman]
sex [sɛks] *n* جنس [ʒins]
sexism ['sɛksɪzəm] *n* التفرقة العنصرية بحسب الجنس [Al-tafre'qa al'aonṣoreyah beḥasab al-jens]
sexist ['sɛksɪst] *adj* مؤيد للتفرقة العنصرية بحسب الجنس [Moaed lel-tare'qa al'aonṣeryah behasb aljens]
sexual ['sɛksjʊəl] *adj* جنسي [ʒinsij]; **sexual intercourse** *n* جماع [ʒima:ʕun]
sexuality [ˌsɛksjʊ'ælɪtɪ; ˌsexu'ality] *n* مَيْل جنسي [Mayl jensey]
sexy ['sɛksɪ] *adj* مثير جنسيا [Motheer jensyan]
shabby ['ʃæbɪ] *adj* بالٍ [ba:lin]
shade [ʃeɪd] *n* ظل [ẓˁill]
shadow ['ʃædəʊ] *n* ظِل [zˁill]; **eye shadow** *n* ظل العيون [ḍhel al-'aoyoon]
shake [ʃeɪk] *vi* يَهتَز [jahtazzu] ▷ *vt* يَهُز [jahuzzu]
shaken ['ʃeɪkən] *adj* مهزوز [mahzu:zz]
shaky ['ʃeɪkɪ] *adj* متقلقل [mutaqalqil]
shallow ['ʃæləʊ] *adj* ضحل [dˁaħl]
shambles ['ʃæmbəlz] *npl* مجزر [maʒzarun]
shame [ʃeɪm] *n* خزي [xizj]
shampoo [ʃæm'puː] *n* شامبو [ʃa:mbu:]; **Do you sell shampoo?** هل تبيع شامبوهات [hal tabee'a shambo-haat?]
shape [ʃeɪp] *n* مَظْهَر [mazˁhar]
share [ʃɛə] *n* سهم مالي [Sahm maley] ▷ *v* يُشارك [juʃa:riku]
shareholder ['ʃɛəˌhəʊldə] *n* حامل أسهم [Hamel ashom]
share out [ʃɛə aʊt] *v* يُقَسِم [juqassimu]
shark [ʃɑːk] *n* (سمك) سمك القرش [Samak al-'qersh]
sharp [ʃɑːp] *adj* حاد [ħa:dd]
shave [ʃeɪv] *v* يَحْلِق [jaħliqu]; **shaving cream** *n* كريم الحلاقة [Kereem al-helaka]; **shaving foam** *n* رغوة الحلاقة [Raghwat ḥela'qah]
shaver ['ʃeɪvə] *n* ماكينة حِلاقة [Makenat ḥela'qa]
shawl [ʃɔːl] *n* شال [ʃa:l]
she [ʃiː] *pron* هي
shed [ʃɛd] *n* غُرفة خشبية [Ghorfah khashabeyah]
sheep [ʃiːp] *n* نعجة [naʕʒa]
sheepdog ['ʃiːpˌdɒg] *n* كلب الراعي [Kalb al-ra'aey]
sheepskin ['ʃiːpˌskɪn] *n* جلد الغنم [Jeld al-ghanam]
sheer [ʃɪə] *adj* مُطْلَق [mutˁlaq]
sheet [ʃiːt] *n* ملاءة [malla:ʔa]; **balance sheet** *n* ميزانية [mi:za:nijjatun]; **fitted sheet** *n* ملاءة مثبتة [Melaah mothabatah]
shelf, shelves [ʃɛlf, ʃɛlvz] *n* رَف [raff]
shell [ʃɛl] *n* محارة [maħa:ra]; **shell suit** *n* زي رياضي [Zey reyaḍey]
shellfish ['ʃɛlˌfɪʃ] *n* محار [maħa:r]; **I'm allergic to shellfish** عندي حساسية من المحار ['aendy ḥasas-eyah min al-maḥar]
shelter ['ʃɛltə] *n* ملتجأ [multaʒa]
shepherd ['ʃɛpəd] *n* راعي [ra:ʕi:]
sherry ['ʃɛrɪ] *n* خَمْر الشِري [Khamr alsherey]
shield [ʃiːld] *n* حجاب واق [Hejab wa'q]
shift [ʃɪft] *n* تَغَيُر [taɣajjur] ▷ *v* يحول [juħawwilu]
shifty ['ʃɪftɪ] *adj* واسع الحيلة [Wase'a al-ḥeelah]
Shiite ['ʃiːaɪt] *adj* شيعي [ʃi:ʕij]
shin [ʃɪn] *n* قَصَبة الرِجْل ['qaṣabat al-rejl]
shine [ʃaɪn] *v* يَلْمَع [jalmaʕu]
shiny ['ʃaɪnɪ] *adj* لامع [la:miʕ]
ship [ʃɪp] *n* سَفينة [safi:na]
shipbuilding ['ʃɪpˌbɪldɪŋ] *n* بناء السفن [Benaa al-sofon]
shipment ['ʃɪpmənt] *n* شَحنة [ʃaxna]
shipwreck ['ʃɪpˌrɛk] *n* حطام السفينة [Hoṭam al-safeenah]
shipwrecked ['ʃɪpˌrɛkt] *adj* سفينة محطمة [Safeenah mohaṭamah]
shipyard ['ʃɪpˌjɑːd] *n* تِرْسَانة السُفن [Yarsanat al-sofon]
shirt [ʃɜːt] *n* قميص [qami:sˁ]; **polo shirt**

n قميص بولو ['qameeṣ bolo]
shiver ['ʃɪvə] *v* يَرتعِش [jartaʕiʃu]
shock [ʃɒk] *n* صَدْمَة [sʕadma] ▷ *v* يَصْدِم [jasʕdimu]; **electric shock** *n* صَدمَة كهربائية [Ṣadmah kahrbaeyah]
shocking ['ʃɒkɪŋ] *adj* مصدم [musʕdim]
shoe [ʃuː] *n* حذاء [ħiðaːʔ]; **shoe polish** *n* ورنيش الأحذية [Warneesh al-aḥdheyah]; **shoe shop** *n* محل أحذية [Maḥal aḥdheyah]; **Can you re-heel these shoes?** هل يمكن إعادة تركيب كعب لهذا الحذاء؟ [hal yamken e'aa-dat tarkeeb ka'ab le-hadha al-ḥedhaa?]; **Can you repair these shoes?** هل يمكن تصليح هذا الحذاء؟ [hal yamken taṣleeḥ hadha al-ḥedhaa?]
shoelace ['ʃuːˌleɪs] *n* رباط الحذاء [Rebaṭ al-hedhaa]
shoot [ʃuːt] *v* يُطْلِق [jutʕliqu]
shooting ['ʃuːtɪŋ] *n* إطلاق النار [Eṭla'q al nar]
shop [ʃɒp] *n* محل [maħall]; **antique shop** *n* متجر المقتنيات القديمة [Matjar al-mo'qtanayat al-'qadeemah]; **gift shop** *n* متجر هدايا [Matjar hadaya]; **shop assistant** *n* مساعد في متجر [Mosa'aed fee matjar]; **shop window** *n* واجهة العرض في المتجر [Wagehat al-'aarḍ fee al-matjar]; **What time do the shops close?** ما هو موعد إغلاق المحلات التجارية؟ [ma howa maw-'aid eghla'q al-maḥalat al-tejar-iya?]
shopkeeper ['ʃɒpˌkiːpə] *n* صاحب المتجر [Ṣaheb al-matjar]
shoplifting ['ʃɒpˌlɪftɪŋ; 'shopˌlifting] *n* سرقة السلع من المَتَاجِر [Sare'qat al-sela'a men al-matajer]
shopping ['ʃɒpɪŋ] *n* تسوق [tasawwuq]; **shopping bag** *n* كيس التسوق [Kees al-tasawo'q]; **shopping centre** *n* مركز تسوق [Markaz tasawe'q]; **shopping trolley** *n* ترولي التسوق [Trolley altasaw'q]
shore [ʃɔː] *n* ساحل [saːħil]
short [ʃɔːt] *adj* قصير [qasʕiːr]; **short story** *n* قصة قصيرة ['qeṣah 'qaṣeerah]
shortage ['ʃɔːtɪdʒ] *n* عجز [ʕaʒz]
shortcoming ['ʃɔːtˌkʌmɪŋ] *n* موطن ضعف [Mawṭen ḍa'af]
shortcut ['ʃɔːtˌkʌt] *n* طريق مختصر [ṭaree'q mokhtaṣar]
shortfall ['ʃɔːtˌfɔːl] *n* قلة [qilla]
shorthand ['ʃɔːtˌhænd] *n* اختزال [ixtizaːl]
shortlist ['ʃɔːtˌlɪst] *n* قائمة مرشحين ['qaemat morashaḥeen]
shortly ['ʃɔːtlɪ] *adv* قريباً [qariːban]
shorts [ʃɔːts] *npl* شورت [ʃuːrt]
short-sighted ['ʃɔːt'saɪtɪd] *adj* قصير النظر ['qaṣeer al-naḍhar]
short-sleeved ['ʃɔːtˌsliːvd] *adj* قصير الأكمام ['qaṣeer al-akmam]
shot [ʃɒt] *n* حقنة [ħuqna]; **I need a tetanus shot** أحتاج إلى حقنة تيتانوس [aḥtaaj ela ḥe'qnat tetanus]
shotgun ['ʃɒtˌɡʌn] *n* بندقية رش [Bonde'qyat rash]
shoulder ['ʃəʊldə] *n* كتف [katif]; **hard shoulder** *n* كتف طريق صلب [Katef ṭaree'q ṣalb]; **shoulder blade** *n* لَوْح الكَتِف [Looh al-katef]; **I've hurt my shoulder** لقد أصبت في كتفي [la'qad oṣibto fee katfee]
shout [ʃaʊt] *n* صيحة [sʕajħa] ▷ *v* يصيح [jasʕiːħu]
shovel ['ʃʌvᵊl] *n* جاروف [ʒaːruːf]
show [ʃəʊ] *n* معرض [maʕridʕ] ▷ *v* يَعْرِض [jaʕridʕu]; **show business** *n* مجال الاستعراض [Majal al-este'araḍ]
shower ['ʃaʊə] *n* دُش [duʃʃ]; **shower cap** *n* غطاء الشعر للاستحمام [ghetaa al-sha'ar lel-estehmam]; **shower gel** *n* جل الاستحمام [Jel al-estehmam]
showerproof ['ʃaʊəˌpruːf] *adj* مقاوم للبلل [Mo'qawem lel-balal]
showing ['ʃəʊɪŋ] *n* مظهر [mazʕhar]
show off [ʃəʊ ɒf] *v* يَسعَى للفت الأنظار [Yas'aa lelaft alanḍhaar]
show-off [ʃəʊɒf] *n* المتفاخر [almutafaːxiru]
show up [ʃəʊ ʌp] *v* يَظْهر [jazʕharu]
shriek [ʃriːk] *v* يصرخ [jasʕruxu]

shrimp [ʃrɪmp] *n* جمبري [ʒambarij]
shrine [ʃraɪn] *n* ضريح [dˤari:ħ]
shrink [ʃrɪŋk] *v* يَتقلص [jataqallasˤu]
shrub [ʃrʌb] *n* شُجَيرة [ʃuʒajra]
shrug [ʃrʌg] *v* يهز كتفيه [Yahoz katefayh]
shrunk [ʃrʌŋk] *adj* متقلص [mutaqallisˤ]
shudder [ˈʃʌdə] *v* يَنتفض [jantafidˤu]
shuffle [ˈʃʌfᵊl] *v* يُلَخْبط [julaxbitˤu]
shut [ʃʌt] *v* يُغلِق [juɣliqu]
shut down [ʃʌt daʊn] *v* يَقْفِل [jaqfilu]
shutters [ˈʃʌtəz] *n* مصراع النافذة [meṣraa'a alnafedhah]
shuttle [ˈʃʌtᵊl] *n* مكوك [makku:k]
shuttlecock [ˈʃʌtᵊlˌkɒk] *n* كُرَة الريشة [Korat al-reeshaa]
shut up [ʃʌt ʌp] *v* يَسكُت [jaskutu]
shy [ʃaɪ] *adj* متحفظ [mutaħaffizˤ]
Siberia [saɪˈbɪərɪə] *n* سيبيريا [si:bi:rja:]
siblings [ˈsɪblɪŋz] *npl* أشقاء [ʔaʃiqa:ʔun]
sick [sɪk] *adj* عليل [ʕali:l]; **sick leave** *n* أجازة مَرضِيّة [Ajaza maraḍeyah]; **sick note** *n* إذن غياب مرضي [edhn gheyab maraḍey]; **sick pay** *n* الأجر المدفوع خلال الأجازة المرضية [Al-'ajr al-madfoo'a khelal al-'ajaza al-maraḍeyah]
sickening [ˈsɪkənɪŋ] *adj* مُمْرِض [mumridˤ]
sickness [ˈsɪknɪs] *n* سقم [saqam]; **morning sickness** *n* غثيان الصباح [Ghathayan al-ṣabaḥ]; **travel sickness** *n* دُوار السفر [Dowar al-safar]
side [saɪd] *n* جانب [ʒa:nib]; **side effect** *n* آثار جانبية [Aathar janeebyah]; **side street** *n* شارع جانبي [Share'a janebey]
sideboard [ˈsaɪdˌbɔːd] *n* بُوفيه [bu:fi:h]
sidelight [ˈsaɪdˌlaɪt] *n* ضوء جانبي [Ḍowa janebey]
sideways [ˈsaɪdˌweɪz] *adv* من الجنب [Men al-janb]
sieve [sɪv] *n* منخُل [manxal]
sigh [saɪ] *n* تنهيدة [tanhi:da] ▷ *v* يَتنهَد [jatanahhadu]
sight [saɪt] *n* رؤية [ruja]
sightseeing [ˈsaɪtˌsiːɪŋ] *n* زيارة المعالم السياحية [Zeyarat al-ma'aalem al-seyahyah]
sign [saɪn] *n* لافتة [la:fita] ▷ *v* يُوقِع [juwaqiʕu]; **road sign** *n* لافتة طريق [Lafetat ṭaree'q]; **sign language** *n* لغة الإشارة [Loghat al-esharah]
signal [ˈsɪgnᵊl] *n* إشارة [ʔiʃa:ra] ▷ *v* يُومئ [ju:miʔu]; **busy signal** *n* إشارة إنشغال الخط [Esharat ensheghal al-khat]
signature [ˈsɪgnɪtʃə] *n* توقيع [tawqi:ʕ]
significance [sɪgˈnɪfɪkəns] *n* دِلالة [dala:la]
significant [sɪgˈnɪfɪkənt] *adj* هام [ha:mm]
sign on [saɪn ɒn] *v* يَبْدأ التسجيل [jabdaʔu attasʒi:la]
signpost [ˈsaɪnˌpəʊst] *n* عمود الإشارة [ʻamood al-esharah]
Sikh [siːk] *adj* تابع للديانة السيخية [Tabe'a lel-zobabah al-sekheyah] ▷ *n* السيخي [assi:xijju]
silence [ˈsaɪləns] *n* صَمْت [sˤamt]
silencer [ˈsaɪlənsə] *n* كاتم للصوت [Katem lel-ṣawt]
silent [ˈsaɪlənt] *adj* صامت [sˤa:mit]
silk [sɪlk] *n* حرير [ħari:r]
silly [ˈsɪlɪ] *adj* أبْلَه [ʔablah]
silver [ˈsɪlvə] *n* فضة [fidˤdˤa]
similar [ˈsɪmɪlə] *adj* مماثل [muma:θil]
similarity [ˈsɪmɪˈlærɪtɪ] *n* تَشابُه [taʃa:buh]
simmer [ˈsɪmə] *v* يَغْلي برفق [Yaghley beref'q]
simple [ˈsɪmpᵊl] *adj* بسيط [basi:tˤ]
simplify [ˈsɪmplɪˌfaɪ] *v* يُبَسِط [jubassitˤu]
simply [ˈsɪmplɪ] *adv* ببساطة [Bebasata]
simultaneous [ˌsɪməlˈteɪnɪəs; ˌsaɪməlˈteɪnɪəs] *adj* متزامن [mutaza:min]
simultaneously [ˌsɪməlˈteɪnɪəslɪ] *adv* فوري [fawrijjun]
sin [sɪn] *n* خطيئة [xatˤi:ʔa]
since [sɪns] *adv* قديماً [qadi:man] ▷ *conj* منذ [Monz] ▷ *prep* مُنْذ; **I've been sick since Monday** منذ يوم الاثنين وأنا أعاني من المرض [mundho yawm al-ithnayn wa ana o'aany min al-maraḍ]

sincere [sɪnˈsɪə] *adj* مُخْلِص [muxlisˤ]
sincerely [sɪnˈsɪəlɪ] *adv* بإخلاص [biʔixlasˤin]
sing [sɪŋ] *v* يُغَنّي [juɣanni:]
singer [ˈsɪŋə] *n* مغني [muɣanni:]; **lead singer** *n* مُغَنّي حفلات [Moghaney ḥafalat]
singing [ˈsɪŋɪŋ] *n* غناء [ɣina:ʔ]
single [ˈsɪŋɡəl] *adj* أعزب [ʔaʕzab] ▷ *n* فرد [fard]; **single bed** *n* سَرير فردي [Sareer fardey]; **single parent** *n* أحد الوالدين [Aḥad al-waledayn]; **single room** *n* غرفة لشخص واحد [ghorfah le-shakhṣ wahed]; **single ticket** *n* تذكرة فردية [tadhkarat fardeyah]; **I want to reserve a single room** أريد حجز غرفة لفرد واحد [areed ḥajiz ghurfa le-fard waḥid]
singles [ˈsɪŋɡəlz] *npl* مباراة فردية [Mobarah fardeyah]
singular [ˈsɪŋɡjʊlə] *n* مفرد [mufrad]
sinister [ˈsɪnɪstə] *adj* مَشْئُوم [maʃʔwm]
sink [sɪŋk] *n* بالوعة [ba:lu:ʕa] ▷ *v* يغرق [jaɣraqu]
sinus [ˈsaɪnəs] *n* تجويف [taʒwi:f]
sir [sɜː] *n* سيدي [sajjidi:]
siren [ˈsaɪərən] *n* صَفّارَة إنْذار [Ṣafarat endhar]
sister [ˈsɪstə] *n* أخت [ʔuxt]
sister-in-law [ˈsɪstə ɪn lɔː] *n* أخت الزوجة [Okht alzawjah]
sit [sɪt] *v* يَقْعُد [jaqʕudu]
sitcom [ˈsɪtˌkɒm] *n* كوميديا الموقف [Komedya al-maw'qf]
sit down [sɪt daʊn] *v* يَجْلِس [jaʒlisu]
site [saɪt] *n* موقع [mawqiʕ]; **building site** *n* موقع البناء [Maw'qe'a al-benaa]; **caravan site** *n* موقع المَقْطورَة [Maw'qe'a al-ma'qṭorah]
situated [ˈsɪtjʊˌeɪtɪd] *adj* كائن [ka:ʔin]
situation [ˌsɪtjʊˈeɪʃən] *n* وضع [wadˤʕ]
six [sɪks] *number* ستة [sittatun]
sixteen [ˈsɪksˈtiːn] *number* ستة عشر [sittata ʕaʃara]
sixteenth [ˈsɪksˈtiːnθ; ˈsixˈteenth] *adj* السادس عشر [assa:disa ʕaʃara]
sixth [sɪksθ] *adj* السادس [as-sa:disu]
sixty [ˈsɪkstɪ] *number* ستون [sittu:na]
size [saɪz] *n* حجم [ħaʒm]
skate [skeɪt] *v* يَتَزَلج [jatazallaʒu]
skateboard [ˈskeɪtˌbɔːd] *n* لوح التزلج [Lawh al-tazalloj]; **I'd like to go skateboarding** أريد ممارسة رياضة التزلج على لوح التزلج [areed mu-ma-rasat reyaḍat al-tazal-oj 'aala lawḥ al-tazal-oj]
skateboarding [ˈskeɪtˌbɔːdɪŋ] *n* تَزَلّج على اللوح [Tazaloj 'ala al-looh]
skates [skeɪts] *npl* زلاجات [zala:ʒa:tun]
skating [ˈskeɪtɪŋ] *n* تَزَلّج [tazaluʒ]; **skating rink** *n* حلبة تَزَلّج [Ḥalabat tazaloj]
skeleton [ˈskɛlɪtən] *n* هيكل عظمي [Haykal adhmey]
sketch [skɛtʃ] *n* مُخَطَط [muxatˤtˤatˤ] ▷ *v* يُخَطّط بدون تَفاصيل [Yokhaṭeṭ bedon tafaṣeel]
skewer [ˈskjʊə] *n* سيخ [si:x]
ski [skiː] *n* زلاجة [zala:ʒa] ▷ *v* يَتَزحلق على الثلج [Yatazahal'q ala al-thalj]; **ski lift** *n* مِصْعَد التَّزَلّج [Meṣ'aad al-tazalog]; **ski pass** *n* ممر التزحلق [Mamar al-tazahlo'q]; **I want to hire cross-country skis** أريد أن أؤجر زلاجة لمسافات طويلة; **I want to hire downhill skis** أريد أن أؤجر زلاجة لهبوط التل [areed an o-ajer zalaja le-hoboṭ al-tal]; **I want to hire skis** أريد أن أؤجر زلاجة [areed an o-ajer zalaja]
skid [skɪd] *v* يَنْزَلق [janzaliqu]
skier [ˈskiːə] *n* مُتَزَلّج [mutazalliʒ]
skiing [ˈskiːɪŋ] *n* تَزَلّج [tazzaluʒ]
skilful [ˈskɪlfʊl] *adj* بارع [ba:riʕ]
skill [skɪl] *n* مهارة [maha:ra]
skilled [skɪld] *adj* ماهر [ma:hir]
skimpy [ˈskɪmpɪ] *adj* هزيل [hazi:l]
skin [skɪn] *n* جلد [ʒildu]
skinhead [ˈskɪnˌhɛd] *n* حليق الرأس [Halee'q al-raas]
skinny [ˈskɪnɪ] *adj* هزيل الجسم [Hazeel al-jesm]
skin-tight [ˈskɪnˈtaɪt] *adj* ضيق جدا [Ḍaye'q jedan]
skip [skɪp] *v* يَتخطى [jataxatˤtˤa:]
skirt [skɜːt] *n* جونلة [ʒawnala]

skive [skaɪv] *v* يَتَكاسَل [jataka:salu]
skull [skʌl] *n* جمجمة [ʒumʒuma]
sky [skaɪ] *n* سماء [sama:ʔ]
skyscraper ['skaɪ,skreɪpə] *n* ناطحة سحاب [Naṭehat saḥab]
slack [slæk] *adj* متوان [mitwa:n]
slam [slæm] *v* يُغْلِق الباب [Yoghle'q albab]
slang [slæŋ] *n* عامِّية [ʕa:mmija]
slap [slæp] *v* يُهْين [juhi:nu]يَصْفَع , [jasʕfaʕu]
slash [slæʃ] *n*; **forward slash** *n* شرطة مائلة للأمام [Sharṭah maelah lel-amam]
slate [sleɪt] *n* اردواز [ardwa:z]
slave [sleɪv] *n* عبد [ʕabd] ▷ *v* يَستعبد [jasataʕbidu]
sledge [slɛdʒ] *n* مزلجة [mizlaʒa]
sledging ['slɛdʒɪŋ] *n* تَزَلُج [tazaluʒ]
sleep [sli:p] *n* نوم [nawm] ▷ *v* ينام [jana:mu]; **sleeping bag** *n* كيس النوم [Kees al-nawm]; **sleeping car** *n* عربة النوم ['arabat al-nawm]; **sleeping pill** *n* حبة نوم [Habit nawm]; **I can't sleep** لا أستطيع النوم [la asta-ṭee'a al-nawm]; **I can't sleep for the heat** لا يمكنني النوم بسبب حرارة الغرفة [la yam-kinuni al-nawm be-sabab ḥararat al-ghurfa]; **I can't sleep for the noise** لا استطيع النوم بسبب الضوضاء [la asta-ṭee'a al-nawm besa-bab al-ḍawḍaa]
sleeper ['sli:pə] *n*; **Can I reserve a sleeper?** هل يمكن أن أحجز عربة للنوم؟ [hal yamken an aḥjiz 'aaraba lel-nawm?]; **I want to book a sleeper to...** أريد حجز عربة للنوم بالقطار المتجه إلى... [ʔuri:du ħaʒza ʕarabata linnawmi bilqitʕa:ri almuttaʒihi ʔila]
sleep in [sli:p ɪn] *v* يتأخر في النوم في الصباح [Yataakhar fee al-nawm fee al-ṣabah]
sleepwalk ['sli:p,wɔ:k] *v* يَمشي أثناء نومه [Yamshee athnaa nawmeh]
sleepy ['sli:pɪ] *adj* نعسان [naʕsa:n]
sleet [sli:t] *n* مطر متجمد [Maṭar motajamed] ▷ *v* تمطر مطرا متجمدا [Tomṭer maṭran motajamedan]

sleeve [sli:v] *n* كم [kumm]
sleeveless ['sli:vlɪs] *adj* بدون أكمام [Bedon akmaam]
slender ['slɛndə] *adj* رفيع [rafi:ʕ]
slice [slaɪs] *n* شَريحة [ʃari:ħa] ▷ *v* يُقَطِّع إلى شرائح [Yo'qaṭe'a ela shraeḥ]
slick [slɪk] *n*; **oil slick** *n* طبقة زيت طافية على الماء [Ṭaba'qat zayt ṭafeyah alaa alma]
slide [slaɪd] *n* زلاقَةٌ [zalla:qa] ▷ *v* ينزلق [janzaliqu]
slight [slaɪt] *adj* طفيف [tʕafi:f]
slightly ['slaɪtlɪ] *adv* بدرجة طفيفة [Bedarajah ṭafeefah]
slim [slɪm] *adj* نحيف [naħi:f]
sling [slɪŋ] *n* حَمَّالة [ħamma:la]
slip [slɪp] *n (mistake)* هفوة [hafwa], *(paper)* قصاصة [qusʕa:sʕa], *(underwear)* قميص تحتي ['qameeṣ taḥtey] ▷ *v* يَزِّل [jazillu]; **slip road** *n* طريق متصل بطريق سريع للسيارات أو منفصل عنه [taree'q mataṣel be- ṭaree'q sarea'a lel-sayaraat aw monfaṣel 'anho]; **slipped disc** *n* إنزلاق غضروفي [Enzela'q ghodrofey]
slipper ['slɪpə] *n* شبشب حمام [Shebsheb ḥamam]
slippery ['slɪpərɪ; -prɪ] *adj* زَلِق [zalaqa]
slip up [slɪp ʌp] *v* يَرْتَكِبُ خطأ [Yartekab khaṭaa]
slip-up [slɪpʌp] *n* خطأ [xatʕa]
slope [sləʊp] *n* منحدر [munħadir]; **nursery slope** *n* منحدر التزلج للمبتدئين [monḥadar al-tazaloj lel-mobtadeen]; **How difficult is this slope?** ما مدى صعوبة هذا المنحدر؟ [ma mada ṣo'aobat hatha al-mun-ḥadar?]; **Where are the beginners' slopes?** أين توجد منحدرات المبتدئين؟ [Ayn tojad monḥadrat al-mobtadean?]
sloppy ['slɒpɪ] *adj* قذر [qaðir]
slot [slɒt] *n* فَتْحة [fatħa]; **slot machine** *n* ماكينة الشقبية [Makenat al-sha'qabeyah]
Slovak ['sləʊvæk] *adj* سلوفاكي [slu:fa:kij] ▷ *n (language)* اللغة السلوفاكية [Al-logha al-slofakeyah], *(person)* مواطن سلوفاكي

[Mowaṭen slofakey]
Slovakia [sləʊ'vækɪə] *n* سلوفاكيا [slu:fa:kija:]
Slovenia [sləʊ'vi:nɪə] *n* سلوفانيا [sluvi:f:nija:]
Slovenian [sləʊ'vi:nɪən] *adj* سلوفاني [slu:fa:ni:] ▷ *n (language)* اللغة السلوفانية [Al-logha al-slofaneyah], *(person)* مواطن سلوفاني [Mowaṭen slofaney]
slow [sləʊ] *adj* بَطِيءٌ [batˤi:ʔ]
slow down [sləʊ daʊn] *v* يُبْطئ [jubtˤiʔ]
slowly [sləʊlɪ] *adv* ببطء [Beboṭa]; **Could you speak more slowly, please?** هل يمكن أن تتحدث ببطء أكثر إذا سمحت؟ [hal yamken an tata-ḥadath be-buṭi akthar edha samaḥt?]
slug [slʌg] *n* يرقانة [jaraqa:na]
slum [slʌm] *n* حي الفقراء [Hay al-fo'qraa]
slush [slʌʃ] *n* طين رقيق القوام [Ṭeen ra'qee'q al'qawam]
sly [slaɪ] *adj* كتوم [katu:m]
smack [smæk] *v* يَصْفَع [jasˤfaʕu]
small [smɔ:l] *adj* صغير [sˤaɣi:r]; **small ads** *npl* إعلانات صغيرة [E'alanat ṣaghera]; **It's too small** إنه صغير جدا [inaho ṣagheer jedan]; **The room is too small** الغرفة صغيرة جدا [al-ghurfa ṣagherah jedan]
smart [sma:t] *adj* ذكي [ðakij]; **smart phone** *n* هاتف ذكي [Hatef zaky]
smash [smæʃ] *v* يُهَشم [juhaʃʃimu]
smashing ['smæʃɪŋ] *adj* ساحِق [sa:ħiq]
smell [smɛl] *n* رائحة [ra:ʔiħa] ▷ *vi* يَنْبَعِثُ رائحَةً [Yab'ath raeḥah] ▷ *vt* يَشم [jaʃummu]; **I can smell gas** أنني أشم رائحة غاز [ina-ny ashum ra-e-hat ghaaz]; **My room smells of smoke** هناك رائحة دخان بغرفتي [hunaka ra-eḥa dukhaan be-ghurfaty]; **There's a funny smell** توجد رائحة غريبة في الغرفة [toojad raeḥa ghareba fee al-ghurfa]
smelly ['smɛlɪ] *adj* كريه الرائحة [Kareeh al-raaehah]
smile [smaɪl] *n* ابتسامة [ʔibtisa:ma] ▷ *v* يبتسم [jabtasimu]
smiley ['smaɪlɪ] *n* (صورة الوجه المبتسم) سمايلي [(sˤu:ratu alwaʒhi almubtasimi) sma:jliiji]
smoke [sməʊk] *n* دخان [duxa:n] ▷ *v* يُدخِن [juðaxinu]; **smoke alarm** *n* كاشف الدُخان [Kashef al-dokhan]; **My room smells of smoke** هناك رائحة دخان بغرفتي [hunaka ra-eḥa dukhaan be-ghurfaty]
smoked ['sməʊkt] *adj* مُدَخَّنٌ [mudaxxin]
smoker ['sməʊkə] *n* مُدَخِن [muðaxxin]
smoking ['sməʊkɪŋ] *n* التدخين [Al-tadkheen]; **I'd like a no smoking room** أريد غرفة غير مسموح فيها بالتدخين [areed ghurfa ghyer masmooḥ feeha bil-tadkheen]; **I'd like a smoking room** أريد غرفة مسموح فيها بالتدخين [areed ghurfa masmooḥ feeha bil-tadkheen]
smoky ['sməʊkɪ] *adj*; **It's too smoky here** يوجد هنا الكثير من المدخنين [yujad huna al-kather min al-muda-khineen]
smooth [smu:ð] *adj* نعومة [nuʕu:mat]
smoothie ['smu:ðɪ] *n* عصير كثيف [ʕasˤi:r kaθi:f]
SMS [ɛs ɛm ɛs] *n* خدمة الرسائل القصيرة [xidmatu arrasa:ʔili alqasˤi:rati]
smudge [smʌdʒ] *n* لَطْخَة [latˤxa]
smug [smʌg] *adj* مَزهُوٌّ بِنَفْسِه [Mazhowon benafseh]
smuggle ['smʌgᵊl] *v* يُهَرِب [juharribu]
smuggler ['smʌglə] *n* مهرب بضائع [Moharreb badae'a]
smuggling ['smʌglɪŋ] *n* تهريب [tahri:bu]
snack [snæk] *n* وجبة خفيفة [Wajbah khafeefah]; **snack bar** *n* متجر الوجبات السريعة [Matjar al-wajabat al-sarey'aa]
snail [sneɪl] *n* حلزون [ħalazu:n]
snake [sneɪk] *n* ثعبان [θuʕba:n]
snap [snæp] *v* يَكْسِر [jaksiru]
snapshot ['snæp,ʃɒt] *n* لقطة فوتوغرافية [La'qṭah fotoghrafeyah]
snarl [sna:l] *v* يُشَابِك [juʃa:biku]
snatch [snætʃ] *v* يخْتَطِف [jixtatˤifu]
sneakers ['sni:kəz] *npl* زوج أحذية رياضية [Zawj ahzeyah Reyaḍeyah]
sneeze [sni:z] *v* يَعطس [jaʕtˤisu]
sniff [snɪf] *v* يَتنشَق [jatanaʃʃaqu]

snigger ['snɪɡə] *v* يَضحَك ضحكاً نصف مكبوت [Yadhak dehkan nesf makboot]
snob [snɒb] *n* متكبر [mutakabbir]
snooker ['snu:kə] *n* لُعْبَةُ السُّنُوكِر [Lo'abat al-sonoker]
snooze [snu:z] *n* نومة خفيفة [Nomah khafeefa] ▷ *v* يَغْفُو [jaɣfu]
snore [snɔ:] *v* يَغُطّ في النوم [yaghoṭ fee al-nawm]
snorkel ['snɔ:kᵊl] *n* سباحة تحت الماء [Sebaḥah taḥt al-maa]
snow [snəʊ] *n* ثلج [θalʒ] ▷ *v* تمطر ثلجا [Tomṭer thaljan]
snowball ['snəʊ,bɔ:l] *n* كرة ثلج [Korat thalj]
snowboard ['snəʊ,bɔ:d] *n*; **I want to hire a snowboard** أريد إيجار لوح تزلج [areed e-jar lawḥ tazaluj]
snowflake ['snəʊ,fleɪk] *n* كتلة ثلج رقيقة [Kotlat thalj ra'qee'qah]
snowman ['snəʊ,mæn] *n* رجل الثلج [Rajol al-thalj]
snowplough ['snəʊ,plaʊ] *n* محراث الثلج [Mehrath thalj]
snowstorm ['snəʊ,stɔ:m] *n* عاصفة ثلجية ['aasefah thaljeyah]
so [səʊ] *adv* كذلك; **so (that)** *conj* وهكذا [wahakadha]
soak [səʊk] *v* ينقع [janqaʕu]
soaked [səʊkt] *adj* منقوع [manqu:ʕ]
soap [səʊp] *n* صابون [sˤa:bu:n]; **soap dish** *n* طبق صابون [Taba'q ṣaboon]; **soap opera** *n* مسلسل درامي [Mosalsal deramey]; **soap powder** *n* مسحوق الصابون [Mashoo'q ṣaboon]; **There is no soap** لا يوجد صابون [la yujad ṣaboon]
sob [sɒb] *v* ينشج [janʃaʒu]
sober ['səʊbə] *adj* مقتصد [muqtasˤid]
sociable ['səʊʃəbᵊl] *adj* شخص اجتماعي [Shakhṣ ejtema'ay]
social ['səʊʃəl] *adj* اجتماعي [ʔiʒtima:ʕij]; **social media** *n* وسائل التواصل الاجتماعي [wasa:ʔil at-tawa:sˤul al-ʔiʒtima:ʕij]; **social security** *n* ضمان اجتماعي [Ḍaman ejtema'ay]; **social services** *npl* خدمات اجتماعية [Khadamat ejtem'aeyah];
social worker *n* أخصائي اجتماعي [Akhṣey ejtema'ay]
socialism ['səʊʃə,lɪzəm] *n* اشتراكية [ʔiʃtira:kijja]
socialist ['səʊʃəlɪst] *adj* اشتراكي [ʔiʃtira:kij] ▷ *n* اشتراكي [ʔiʃtira:kij]
society [sə'saɪətɪ] *n* مجتمع [muʒtamaʕ]
sociology [,səʊsɪ'ɒlədʒɪ] *n* علم الاجتماع ['aelm al-ejtema'a]
sock [sɒk] *n* جورب قصير [Jawrab 'qaṣeer]
socket ['sɒkɪt] *n* مقبس [miqbas]; **Where is the socket for my electric razor?** أين المقبس الخاص بماكينة الحلاقة؟ [ayna al-ma'qbas al-khaaṣ be-makenat al-ḥelaa'qa?]
sofa ['səʊfə] *n* كَنَبَة [kanaba]; **sofa bed** *n* كنبة سرير [Kanabat sereer]
soft [sɒft] *adj* ناعم [na:ʕim]; **soft drink** *n* مشروب غازي [Mashroob ghazey]
softener ['sɒfᵊnə; 'softener] *n*; **Do you have softener?** هل لديك مسحوق منعم للملابس؟ [hal ladyka mas-ḥoo'q mun-'aim lel-malabis?]
software ['sɒft,wɛə] *n* برامج [bara:miʒ]
soggy ['sɒɡɪ] *adj* نَدِي [nadij]
soil [sɔɪl] *n* تربة [turba]
solar ['səʊlə] *adj* شمسي [ʃamsij]; **solar power** *n* طاقة شمسية [Ṭa'qah shamseyah]; **solar system** *n* نظام شمسي [neḍham shamsey]
soldier ['səʊldʒə] *n* جندي [ʒundij]
sold out [səʊld aʊt] *adj* مُبَاعٌ [muba:ʕ]
solicitor [sə'lɪsɪtə] *n* محامي ولاية [Moḥamey welayah]
solid ['sɒlɪd] *adj* صَلْب [sˤalb]
solo ['səʊləʊ] *n* عمل منفرد ['amal monfared]
soloist ['səʊləʊɪst] *n* مغني أو عازف منفرد [Moghaney aw 'aazef monfared]
soluble ['sɒljʊbᵊl] *adj* قابل للذوبان ['qabel lel-dhawaban]
solution [sə'lu:ʃən] *n* حل [ħall]; **cleansing solution for contact lenses** محلول مطهر للعدسات اللاصقة [maḥlool muṭaher lil-'aada-saat al-laṣi'qa]

solve [sɒlv] *v* يَحل مشكلة [Taḥel al-moshkelah]
solvent ['sɒlvənt] *n* مذيب [muðiːb]
Somali [səʊ'mɑːlɪ] *adj* صومالي [sˤsˤuːmaːlij] ▷ *n (language)* اللغة الصومالية [Al-loghah al-Ṣomaleyah], *(person)* صومالي [sˤsˤuːmaːlij]
Somalia [səʊ'mɑːlɪə] *n* الصومال [asˤ-sˤuːmaːlu]
some [sʌm; səm] *adj* بعض [baʕdˤu] ▷ *pron* البعض [Alba'aḍ]; **Could you lend me some money?** هل يمكن تسليفي بعض المال؟ [hal yamken tas-leefy ba'aḍ al-maal?]; **Here's some information about my company** تفضل بعض المعلومات المتعلقة بشركتي [tafaḍal ba'aḍ al-ma'a-lomaat al-muta'a-le'qa be-share-katy]; **There are some people injured** هناك بعض الأشخاص المصابين [hunaka ba'aḍ al-ash-khaaṣ al-muṣabeen]
somebody ['sʌmbədɪ] *pron* شخص ذو شأن [shakhṣdho shaan]
somehow ['sʌm,haʊ] *adv* بطريقة ما [ṭaree'qah ma]
someone ['sʌm,wʌn; -wən] *pron* شخص ما [Shakhṣ ma]
someplace ['sʌm,pleɪs] *adv* مكان ما [Makan ma]
something ['sʌmθɪŋ] *pron* شيء ما [Shaya ma]
sometime ['sʌm,taɪm] *adv* يوماً ما [Yawman ma]
sometimes ['sʌm,taɪmz] *adv* أحيانا [Aḥyanan]
somewhere ['sʌm,wɛə] *adv* مكان ما [Makan ma]
son [sʌn] *n* ابن [ʔibn]; **My son is lost** فقد ابني [fo'qeda ibny]; **My son is missing** إن ابني مفقود [enna ibny maf-'qood]
song [sɒŋ] *n* أغْنيَّة [ʔuɣnijja]
son-in-law [sʌn ɪn lɔː] (*pl* **sons-in-law**) *n* زوج الإبنة [Zawj al-ebnah]
soon [suːn] *adv* قريباً [qariːban]
sooner ['suːnə] *adv* عاجلا [ʕaːʒilaː]
soot [sʊt] *n* سُخام [suxaːm]
sophisticated [sə'fɪstɪ,keɪtɪd] *adj* متكلف [mutakallif]
soppy ['sɒpɪ] *adj* مشبع بالماء [Moshaba'a bel-maa]
soprano [sə'prɑːnəʊ] *n* صوت السوبرانو [Ṣondok alsobrano]
sorbet ['sɔːbeɪ; -bɪt] *n* مثلجات الفاكهة [Mothalajat al-fakehah]
sorcerer ['sɔːsərə] *n* مُشعوذ [muʃaʕwið]
sore [sɔː] *adj* محزن [muħzin] ▷ *n* حُزْن [ħuzn]; **cold sore** *n* قرحة البرد حول الشفاة ['qorḥat al-bard ḥawl al-shefah]
sorry ['sɒrɪ] *interj*; **I'm sorry** أنا [ʔana]; **I'm sorry to trouble you** أناأسف للإزعاج [Ana asef lel-ez'aaj]; **I'm very sorry, I didn't know the regulations** أنا أسف لعدم معرفتي باللوائح [Ana aasef le'aadam ma'arefatey bel-lawaeah]; **Sorry we're late** أعتذر، فالوقت متأخر [ʔaʕtaðiru faːlwaqtu mutaʔaxxirun]; **Sorry, I didn't catch that** أعتذر، لم ألاحظ ذلك [A'atadher, lam olaḥeḍh dhalek]; **Sorry, I'm not interested** معذرة، أنا غير مهتم بهذا الأمر [maʕðaratun ʔana: ɣajru muhtammin biha:ða: alʔamri]
sort [sɔːt] *n* صنف [sˤinf]
sort out [sɔːt aʊt] *v* يَفْرز [jufrizu]
SOS [ɛs əʊ ɛs] *n* إشارة استغاثة [ʔiʃaːratun istiɣaːθa]
so-so [səʊsəʊ] *adv* أقل من المقبول [A'qal men alma'qbool]
soul [səʊl] *n* نَفْس [nafsin]
sound [saʊnd] *adj* سليم [saliːm] ▷ *n* صوت [sˤawt]
soundtrack ['saʊnd,træk] *n* موسيقى تصويرية [Mose'qa taṣweereyah]
soup [suːp] *n* حساء [ħasaːʔ]; **What is the soup of the day?** ما هو حساء اليوم؟ [ma howa ḥasaa al-yawm?]
sour ['saʊə] *adj* حامض [ħaːmidˤ]
south [saʊθ] *adj* جنوبي [ʒanuːbij] ▷ *adv* جنوباً [ʒanuːban] ▷ *n* جنوب [ʒanuːbu]; **South Africa** *n* جنوب أفريقيا [Janoob afree'qya]; **South African** *n* جنوب أفريقي [Janoob afree'qy], شخص من جنوب

أفريقيا [Shkhṣ men janoob afree'qya]; **South America** *n* أمريكا الجنوبية [Amrika al janobeyiah]; **South American** *n* شخص من[Janoob amriky] جنوب أمريكي , أمريكا الجنوبية [Shakhṣ men amreeka al-janoobeyah]; **South Korea** *n* كوريا الجنوبية [Korya al-janoobeyah]; **South Pole** *n* القطب الجنوبي [Al-k'qotb al-janoobey]

southbound ['saʊθˌbaʊnd] *adj* متجه للجنوب [Motageh lel-janoob]

southeast [ˌsaʊθ'i:st; ˌsaʊ'i:st] *n* جنوب شرقي [Janoob shr'qey]

southern ['sʌðən] *adj* واقع نحو الجنوب [Wa'qe'a nahw al-janoob]

southwest [ˌsaʊθ'wɛst; ˌsaʊ'wɛst] *n* جنوب غربي [Janoob gharbey]

souvenir [ˌsu:və'nɪə; 'su:vəˌnɪə] *n* تذكار [tiðka:r]; **Do you have souvenirs?** هل يوجد لديكم هدايا تذكارية؟ [hal yujad laday-kum hada-ya tedhka-reya?]

soya ['sɔɪə] *n* صويا [sˤu:sˤu]

spa [spɑ:] *n* منتجع صحي [Montaja'a ṣeḥey]

space [speɪs] *n* فضاء [fadˤa:ʔ]

spacecraft ['speɪsˌkrɑ:ft] *n* سَفينة الفضاء [Safenat al-faḍaa]

spade [speɪd] *n* مجراف [miʒra:f]

spaghetti [spə'gɛtɪ] *n* مكرونة سباجتي [Makaronah spajety]

Spain [speɪn] *n* أسبانيا [ʔisba:nja:]

spam [spæm] *n* رسائل غير مرغوبة [rasa:ʔilu ɣajr marɣu:ba]

Spaniard ['spænjəd] *n* أسباني [ʔisba:nij]

spaniel ['spænjəl] *n* كلب السبنيلي [Kalb al-sebneeley]

Spanish ['spænɪʃ] *adj* أسباني [ʔisba:nij] ▷ *n* أسباني [ʔisba:nij]

spank [spæŋk] *v* يُوَبخ بقسوة [Yowabekh be-'qaswah]

spanner ['spænə] *n* مفتاح ربط [Meftaḥ rabṭ]

spare [spɛə] *adj* احتياطي [ʔiħtijja:tˤij] ▷ *v* يَجْتنب [jaʒtanibu]; **spare part** *n* قطع غيار ['qaṭa'a gheyar]; **spare room** *n* غرفة إضافية [ghorfah eḍafeyah]; **spare time** *n* وَقْت فراغ [Wa'qt faragh]; **spare tyre** *n* إطار إضافي [Eṭar eḍafy]; **spare wheel** *n* عجلة إضافية ['aagalh eḍafeyah]; **Is there any spare bedding?** هل يوجد مرتبة احتياطية؟ [hal yujad ferash iḥte-yaṭy?]

spark [spɑ:k] *n* شرارة [ʃara:ra]; **spark plug** *n* شمعة إشعال [Sham'aat esh'aal]

sparrow ['spærəʊ] *n* عصفور [ʕusˤfu:r]

spasm ['spæzəm] *n* تقلص عضلي [Ta'qaloṣ 'aḍaley]

spatula ['spætjʊlə] *n* ملعقة البسط [Mel'a'qat al-bast]

speak [spi:k] *v* يتكلم [jatakalamu]

speaker ['spi:kə] *n* مكبر الصوت [Mokabber al-ṣawt]; **native speaker** *n* متحدث باللغة الأم [motaḥdeth bel-loghah al-om]

speak up [spi:k ʌp] *v* يتحدث بحرية وبدون تحفظ [yathadath be-ḥorreyah wa-bedon taḥaffoḍh]

special ['spɛʃəl] *adj* خاص [xa:sˤsˤ]; **special offer** *n* عرض خاص ['arḍ khaṣ]

specialist ['spɛʃəlɪst] *n* متخصص [mutaxasˤsˤisˤ]

speciality [ˌspɛʃɪ'ælɪtɪ] *n* تَخَصُص [taxasˤusˤsˤ]

specialize ['spɛʃəˌlaɪz] *v* يَتَخصص [jataxasˤsˤasˤu]

specially ['spɛʃəlɪ] *adv* خاصة [xa:sˤsˤatu]

species ['spi:ʃi:z; 'spi:ʃɪˌi:z] *n* أنواع [ʔanwa:ʕ]

specific [spɪ'sɪfɪk] *adj* محدد [muħadadd]

specifically [spɪ'sɪfɪklɪ] *adv* تحديداً [taħdi:dan]

specify ['spɛsɪˌfaɪ] *v* يحدد [juħaddidu]

specs [spɛks] *npl* نظارة [nazˤzˤa:ratun]

spectacles ['spɛktəkəlz] *npl* نظارة [nazˤzˤa:ratun]

spectacular [spɛk'tækjʊlə] *adj* مشهدي [maʃhadij]

spectator [spɛk'teɪtə] *n* مُشاهِد [muʃa:hid]

speculate ['spɛkjʊˌleɪt] *v* يَتَأمل [jataʔammalu]

speech [spi:tʃ] *n* خُطبة [xutˤba]

speechless ['spi:tʃlɪs] *adj* فاقد القدرة

على الكلام [Fa'qed al-'qodrah 'aala al-kalam]
speed [spi:d] *n* سرعة [surʕa]; **speed limit** *n* حد السرعة [Had alsor'aah]; **What is the speed limit on this road?** ما هي أقصى سرعة مسموح بها على هذا الطريق؟ [ma heya a'qsa sur'aa masmooḥ beha 'aala hatha al- ṯaree'q?]
speedboat ['spi:d,bəʊt] *n* زورق بخاري سريع [Zawra'q bokharey sarea'a]
speeding ['spi:dɪŋ] *n* زيادة السرعة [Zeyadat alsor'aah]
speedometer [spɪ'dɒmɪtə] *n* عداد السرعة ['adaad al-sor'aah]
speed up [spi:d ʌp] *v* يُسْرِع [jusriʕu]
spell [spɛl] *n (magic)* نَوبة [nawba], *(time)* سحر [siħr] ▷ *v* يَسحِر [jasħiru]
spellchecker ['spɛl,tʃɛkə] *n* مصحح التهجئة [Moṣaheh altahjeaah]
spelling ['spɛlɪŋ] *n* تهجئة [tahʒiʔa]
spend [spɛnd] *v* يَقْضِي [jaqdˤi:]
sperm [spɜ:m] *n* مَنِيّ [manij]
spice [spaɪs] *n* توابل [tawa:bil]
spicy ['spaɪsɪ] *adj* متبل [mutabbal]; **The food is too spicy** الطعام متبل أكثر من اللازم [al-ṭa'aam mutabal akthar min al-laazim]
spider ['spaɪdə] *n* عنكبوت [ʕankabu:t]
spill [spɪl] *v* يُريق [juri:qu]
spinach ['spɪnɪdʒ; -ɪtʃ] *n* سبانخ [saba:nix]
spine [spaɪn] *n* عمود فقري ['amood fa'qarey]
spinster ['spɪnstə] *n* عانس [ʕa:nis]
spire [spaɪə] *n* ورقة عشب [Wara'qat 'aoshb]
spirit ['spɪrɪt] *n* رَوح [ru:ħ]
spirits ['spɪrɪts] *npl* مشروبات روحية [Mashroobat rooḥeyah]
spiritual ['spɪrɪtjʊəl] *adj* رَوحي [ru:ħij]
spit [spɪt] *n* بُصاق [busˤa:q] ▷ *v* يبصق [jabsˤuqu]
spite [spaɪt] *n* ضغينة [dˤaɣi:na] ▷ *v* يَحْقِد على [yaḥ'qed 'alaa]
spiteful ['spaɪtfʊl; 'spiteful] *adj* حاقد [ħa:qid]
splash [splæʃ] *v* يَرُش [jaruʃʃu]
splendid ['splɛndɪd] *adj* مُدْهِش [mudhiʃ]
splint [splɪnt] *n* شريحة [ʃari:ħatt]
splinter ['splɪntə] *n* شظية [ʃazˤijja]
split [splɪt] *v* يَنْقَسِم [janqasim]
split up [splɪt ʌp] *v* يَنْفَصِل [janfasˤilu]
spoil [spɔɪl] *v* يُفسِد [jufsidu]
spoilsport ['spɔɪl,spɔ:t] *n* مفسد المتعة [Mofsed al-mot'aah]
spoilt [spɔɪlt] *adj* مدلل [mudallal]
spoke [spəʊk] *n* مكبح العربة [Makbaḥ al-'arabah]
spokesman, spokesmen ['spəʊksmən, 'spəʊksmɛn] *n* مُتَحدِّث باسم [Motaḥadeth besm]
spokesperson ['spəʊks,pɜrsən] *n* مُتَحدِّث باسم [Motaḥadeth besm]
spokeswoman, spokeswomen ['spəʊks,wʊmən, 'spəʊks,wɪmɪn] *n* مُتَحدِّثة باسم [Motaḥadethah besm]
sponge [spʌndʒ] *n (cake)* إسفنج [ʔisfanʒ], *(for washing)* إسفنجة [ʔisfanʒa]; **sponge bag** *n* حقيبة مبطنة [Ha'qeebah mobaṭanah]
sponsor ['spɒnsə] *n* راعي [ra:ʕi:] ▷ *v* يَرعَى [jarʕa:]
sponsorship ['spɒnsəʃɪp] *n* رعاية [riʕa:ja]
spontaneous [spɒn'teɪnɪəs] *adj* عفوي [ʕafawij]
spooky ['spu:kɪ; 'spooky] *adj* شَبحي [ʃabaħij]
spoon [spu:n] *n* ملعقة [milʕaqa]; **Could I have a clean spoon, please?** هل يمكنني الحصول على ملعقة نظيفة من فضلك؟ [hal yamken -any al-ḥuṣool 'aala mil-'aa'qa naḍheefa min faḍlak?]
spoonful ['spu:n,fʊl] *n* مقدار ملعقة صغيرة [Me'qdar mel'a'qah ṣagheerah]
sport [spɔ:t] *n* رياضة [rija:dˤa]; **winter sports** *npl* رياضات شتوية [Reyḍat shetweyah]
sportsman, sportsmen ['spɔ:tsmən, 'spɔ:tsmɛn] *n* رجل رياضي [Rajol reyaḍey]

sportswear ['spɔːtsˌwɛə] *n* ملابس رياضية [Malabes reyaḍah]
sportswoman, sportswomen ['spɔːtsˌwʊmən, 'spɔːtsˌwɪmɪn] *n* سيدة رياضية [Sayedah reyaḍah]
sporty ['spɔːtɪ] *adj* (رياضي) متعلق بالألعاب الرياضية [(Reyaḍey) mota'ale'q bel-al'aab al-reyaḍah]
spot [spɒt] *n (blemish)* بُقْعَة [wasˤma], *(place)* مكان [maka:n] ▷ *v* يَستطلِع [jastatˤliˤu]
spotless ['spɒtlɪs; 'spotless] *adj* نظيف تماما [naḍheef tamaman]
spotlight ['spɒtˌlaɪt] *n* ضوء مُسَلَّط [Dawa mosalt]
spotty ['spɒtɪ] *adj* مرقط [muraqqatˤ]
spouse [spaʊs] *n* زوجة [zawʒa]
sprain [spreɪn] *n* التواء المفصل [El-tewaa al-mefṣal] ▷ *v* يلوي المفصل [Yalwey al-mefṣal]
spray [spreɪ] *n* رشاش [raʃʃa:ʃ] ▷ *v* يَنْثُر [janθuru]; **hair spray** *n* سْبراي الشعر [Sbray al-sha'ar]
spread [sprɛd] *n* انتشار [intiʃa:r] ▷ *v* ينتشر [jantaʃiru]
spread out [sprɛd aʊt] *v* ينتشر [jantaʃiru]
spreadsheet ['sprɛdˌʃiːt] *n* ورقة عمل [Wara'qat 'aamal]
spring [sprɪŋ] *n (coil)* زُنْبُرك [zunburk], *(season)* الربيع [arrabi:ʕu]; **spring onion** *n* بصل أخضر [Baṣal akhdar]
spring-cleaning ['sprɪŋˌkliːnɪŋ] *n* تنظيف شامل للمنزل بعد انتهاء الشتاء [tanḍheef shamel lel-manzel ba'ad entehaa al-shetaa]
springtime ['sprɪŋˌtaɪm] *n* فصل الربيع [Faṣl al-rabeya]
sprinkler ['sprɪŋklə; 'sprinkler] *n* مرشة [miraʃʃa]
sprint [sprɪnt] *n* سباق قصير سريع [Seba'q 'qaṣer sare'a] ▷ *v* يَرْكُض بِسُرْعَه [Yrkoḍ besor'aah]
sprinter ['sprɪntə] *n* مُتَسابِق [mutasa:biq]
sprouts [spraʊts] *npl* براعم الورق [Bra'aem al-wara'q]; **Brussels sprouts** *npl* كرنب بروكسيل [Koronb brokseel]
spy [spaɪ] *n* جاسوس [ʒa:su:s] ▷ *v* يَتَجسس [jataʒassasu]
spying ['spaɪɪŋ] *n* تجسس [taʒassus]
squabble ['skwɒbᵊl] *v* يَتَخاصم [jataxa:sˤamu]
squander ['skwɒndə] *v* يُبَدِد [jubaddidu]
square [skwɛə] *adj* مربع الشكل [Moraba'a al-shakl] ▷ *n* ميدان [majda:n]
squash [skwɒʃ] *n* نبات القَرْع [Nabat al-'qar'a] ▷ *v* يهرس [juharrisu]
squeak [skwiːk] *v* يَزْعَق [jazʕaqu]
squeeze [skwiːz] *v* يَعْصِر [jaʕsˤiru]
squeeze in [skwiːz ɪn] *v* يَحْشو [Yaḥsho]
squid [skwɪd] *n* حبار [ħabba:r]
squint [skwɪnt] *v* يَحْول عَيْنه [Yoḥawel aynah]
squirrel ['skwɪrəl; 'skwɜːrəl; 'skwʌr-] *n* سِنجاب [sinʒa:b]
Sri Lanka [ˌsriː 'læŋkə] *n* سِري لانكا [sri: la:nka:]
stab [stæb] *v* يطعن [jatˤˤanu]
stability [stə'bɪlɪtɪ] *n* استقرار [istiqra:r]
stable ['steɪbᵊl] *adj* مستقر [mustaqir] ▷ *n* اسطبل [istˤabl]
stack [stæk] *n* كومة منتظم [Komat montaḍhem]
stadium, stadia ['steɪdɪəm, 'steɪdɪə] *n* استاد [sta:d]
staff [stɑːf] *n (stick or rod)* عارضة [ʕa:ridˤa], *(workers)* عاملين [ʕa:mili:na]
staffroom ['stɑːfˌruːm] *n* غرفة العاملين [Ghorfat al'aameleen]
stage [steɪdʒ] *n* خشبة المسرح [Khashabat al-masrah]
stagger ['stægə] *v* يَتَهادى [jataha:da:]
stain [steɪn] *n* لطخة [latˤxa] ▷ *v* يُلَطِخ [julatˤtˤixu]; **stain remover** *n* مزيل البقع [Mozeel al-bo'qa,a]
staircase ['stɛəˌkeɪs] *n* دَرَج [durʒ]
stairs [stɛəz] *npl* سلالم [sala:limun]
stale [steɪl] *adj* مبتذل [mubtaðal]
stalemate ['steɪlˌmeɪt] *n* ورطة [wartˤa]

stall [stɔːl] *n* مربط الجواد [Marbaṭ al-jawad]
stamina ['stæmɪnə] *n* قدرة على الاحتمال ['qodrah ala al-eḥtemal]
stammer ['stæmə] *v* يَتلْعثم [jatalaʕθamu]
stamp [stæmp] *n* دمغة [damɣa] ▷ *v* يَدوس [jadu:su]
stand [stænd] *v* يَقِفْ [jaqifu]
standard ['stændəd] *adj* قياسي [qija:sij] ▷ *n* مقياس [miqja:s]; **standard of living** *n* مستوى المعيشة [Mostawa al-ma'aeeshah]
stand for [stænd fɔː] *v* يَرْمُز [jarmuzu]
stand out [stænd aʊt] *v* يَتمَيز [jatamajjazu]
standpoint ['stænd,pɔɪnt] *n* نقطة الاستشراف [No'qṭat al-esteshraf]
stands [stændz] *npl* أجنحة عرض [Ajnehat 'arḍ]
stand up [stænd ʌp] *v* يَنْهَض [janhadˤu]
staple ['steɪpᵊl] *n (commodity)* إنْتاج رَئيسي [Entaj raaesey], *(wire)* رزَّة سلكية [Rozzah selkeyah] ▷ *v* يُدَبِّس الأوراق [Yodabes al-wra'q]
stapler ['steɪplə; 'stapler] *n* دَبَّاسَة [dabba:sa]
star [stɑː] *n (person)* نجم [naʒm], *(sky)* نجمة [naʒma] ▷ *v* يُزَين بالنجوم [Yozaeyen bel-nejoom]; **film star** *n* نجم سينمائي [Najm senemaaey]
starch [stɑːtʃ] *n* نشا [naʃa:]
stare [stɛə] *v* يُحملِق [juħamliqu]
stark [stɑːk] *adj* صارم [sˤa:rim]
start [stɑːt] *n* بَدْء [badʔ] ▷ *vi* يبدأ [jabdaʔu] ▷ *vt* يَبْدأ [jabdaʔu]; **When does the film start?** متى يبدأ عرض الفيلم؟ [mata yabda 'aarḍ al-filim?]
starter ['stɑːtə] *n* بادِئ [ba:diʔ]
startle ['stɑːtᵊl] *v* يُرَوْع فجأة [Yorawe'a fajaah]
start off [stɑːt ɒf] *v* يَبْدأ الحركة والنشاط [Yabdaa alḥarakah wal-nashaṭ]
starve [stɑːv] *v* يجوِّع [jaʒuːʕu]
state [steɪt] *n* حالة [ħa:la] ▷ *v* يُصَرح بـ [Yoṣareh be]; **Gulf States** *npl* دُوَل الخليج العربي [Dowel al-khaleej al'arabey]
statement ['steɪtmənt] *n* بَيَانٌ [baja:n]; **bank statement** *n* كشف بنكي [Kashf bankey]
station ['steɪʃən] *n* محطة [maħatˤtˤa]; **bus station** *n* محطة أوتوبيس [Mahaṭat otobees]; **metro station** *n* محطة مترو [Mahaṭat metro]; **petrol station** *n* محطة بنزين [Mahaṭat benzene]; **police station** *n* قسم شرطة ['qesm shorṭah]; **radio station** *n* محطة راديو [Mahaṭat radyo]; **railway station** *n* محطة سكك حديدية [Mahaṭat sekak ḥadeedeyah]; **service station** *n* محطة الخدمة [Mahaṭat al-khedmah]; **tube station** *n* محطة أنفاق [Mahaṭat anfa'q]; **How far are we from the bus station?** ما هي المسافة بيننا وبين محطة الأتوبيس؟ [ma heya al-masafa bay-nana wa bayn muḥaṭat al- baaṣ?]; **Is there a petrol station near here?** هل يوجد محطة بنزين قريبة من هنا؟ [hal yujad muḥaṭat banzeen 'qareeba min huna?]; **Where is the nearest tube station?** أين توجد أقرب محطة للمترو؟ [ayna tojad a'qrab muḥaṭa lel-metro?]
stationer's ['steɪʃənəz] *n* مكتبة لبيع الأدوات المكتبية [maktabatun libajʕi alʔadawa:ti almaktabijjati]
stationery ['steɪʃənərɪ] *n* أدوات مكتبية [Adawat maktabeyah]
statistics [stə'tɪstɪks] *npl* إحصائيات [ʔiħsˤa:ʔijja:tun]
statue ['stætjuː] *n* تمثال [timθa:l]
status ['steɪtəs] *n*; **marital status** *n* الحالة الاجتماعية [Al-halah al-ejtemaayah]
status quo ['steɪtəs kwəʊ] *n* الوضع الراهن [Al-waḍ'a al-rahen]
stay [steɪ] *n* إقامة [ʔiqa:ma] ▷ *v* يُقيم [juqimu]; **I want to stay from Monday till Wednesday** أريد الإقامة من يوم الاثنين إلى يوم الأربعاء [areed al-e'qama min yawm al-ithnayn ela yawm al-arbe'aa]; **I'd like to stay for two nights** أريد الإقامة لليلتين [areed al-e'qama le lay-la-tain]

stay in [steɪ ɪn] *v* يمْكُث [jamkuθu]
stay up [steɪ ʌp] *v* يَظَل [jazˤallu]
steady ['stɛdɪ] *adj* مطرد [mutˤrad]
steak [steɪk] *n* شَريحة لحم [Shareehat laḥm]; **rump steak** *n* شريحة من لحم البقر [Shreeḥa men laḥm al-ba'qar]
steal [sti:l] *v* يَسرِق [jasriqu]
steam [sti:m] *n* بُخَار [buxa:r]
steel [sti:l] *n* صُلْبُ [sˤalb]; **stainless steel** *n* صلب غير قابل للصدأ [Ṣalb ghayr 'qabel lel-ṣadaa]
steep [sti:p] *adj* شاهِق [ʃa:hiq]
steeple ['sti:pᵊl] *n* بُرْج الكنيسة [Borj al-kaneesah]
steering ['stɪərɪŋ] *n* توجيه [tawʒi:h]; **steering wheel** *n* عجلة القيادة ['aagalat al-'qeyadh]
step [stɛp] *n* خطوة [xutˤwa]
stepbrother ['stɛp,brʌðə] *n* أخ من زوجة الأب أو زوج الأم [Akh men zawjat al ab]
stepdaughter ['stɛp,dɔ:tə] *n* رَبيبة [rabi:ba]
stepfather ['stɛp,fɑ:ðə] *n* زوج الأم [Zawj al-om]
stepladder ['stɛp,lædə] *n* سُلَم نقال [Sollam na'q'qaal]
stepmother ['stɛp,mʌðə] *n* زوجة الأب [Zawj al-aab]
stepsister ['stɛp,sɪstə] *n* أخت من زوجة الأب أو زوج الأم [Okht men zawjat al ab aw zawj al om]
stepson ['stɛp,sʌn] *n* رَبيب [rabi:b]
stereo ['stɛrɪəʊ; 'stɪər-] *n* ستريو [stirju:]; **personal stereo** *n* جهاز الصوت المجسم الشخصي [Jehaz al-ṣawt al-mojasam al-shakhṣey]; **Is there a stereo in the car?** هل يوجد نظام ستريو بالسيارة؟ [hal yujad neḍham stereo bil-sayara?]
stereotype ['stɛrɪə,taɪp; 'stɪər-] *n* شكل نمطي [Shakl namaṭey]
sterile ['stɛraɪl] *adj* عقيم [ʕaqi:m]
sterilize ['stɛrɪ,laɪz] *v* يُعَقِم [juʕaqqimu]
sterling ['stɜ:lɪŋ] *n* الاسترليني [al-istirli:nijju]
steroid ['stɪərɔɪd; 'stɛr-] *n* سترودي [stirwudij]
stew [stju:] *n* طعام مطهو بالغلي [ṭ a'aam maṭhoo bel-ghaley]
steward ['stjʊəd] *n* مُضِيف [mudˤi:f]
stick [stɪk] *n* عصا [ʕasˤa:] ▷ *v* يَغْرُز [jaɣruzu]; **stick insect** *n* الحشرة العصوية [Al-hasherah al-'aodweia]; **walking stick** *n* عصا المشي ['asaa almashey]
sticker ['stɪkə] *n* ملصق [mulsˤaq]
stick out [stɪk aʊt] *v* يمكث [jamkuθu]
sticky ['stɪkɪ] *adj* لزج [laziʒ]
stiff [stɪf] *adj* قاسٍ [qa:sin]
stifling ['staɪflɪŋ] *adj* خانق [xa:niq]
still [stɪl] *adj* ثابت [θa:bit] ▷ *adv* لا يزال [La yazaal]
sting [stɪŋ] *n* لدغة [ladɣa] ▷ *v* يلدغ [jaldaɣu]
stingy ['stɪndʒɪ] *adj* قارص [qa:risˤ]
stink [stɪŋk] *n* رائحة كريهة [Raaehah kareehah] ▷ *v* يَنْتِن [jantinu]
stir [stɜ:] *v* يُقَلِب [juqallibu]
stitch [stɪtʃ] *n* ألم مفاجئ [Alam Mofajea] ▷ *v* يَدرُز [jadruzu]
stock [stɒk] *n* مخزون [maxzu:n] ▷ *v* يَخْزِن [jaxzunu]; **stock cube** *n* مكعب حساء [Moka'aab ḥasaa]; **stock exchange** *n* سُوق الأوراق المالية [Soo'q al-awra'q al-maleyah]; **stock market** *n* البورصة [al-bu:rsˤatu]
stockbroker ['stɒk,brəʊkə] *n* سِمسار البورصة [Semsar al-borṣah]
stockholder ['stɒk,həʊldə] *n* مساهم [musa:him]
stocking ['stɒkɪŋ] *n* جورب [ʒawrab]
stock up [stɒk ʌp] *v*; **stock up on** *v* يُجَهِّز بالسِّلَع [Yojahez bel-sela'a]
stomach ['stʌmək] *n* معدة [maʕida]
stomachache ['stʌmək,eɪk] *n* ألم المَعِدة [Alam alma'aedah]
stone [stəʊn] *n* حجر [ħaʒar]
stool [stu:l] *n* كرسي بلا ظهر أو ذراعين [Korsey bela ḍhahr aw dhera'aayn]
stop [stɒp] *n* توقف [tawaqquf] ▷ *vi* يَتوَقف [jatawaqqafu] ▷ *vt* يوقف [ju:qifu]; **bus stop** *n* موقف أوتوبيس [Maw'qaf

otobees]; **full stop** *n* نُقْطَة [nuqtˤatun]; **Do we stop at...?** هل سنتوقف في... [hal sanata-wa'qaf fee...?]; **Does the train stop at...?** هل يتوقف القطار في...؟ [hal yata-wa'qaf al-'qeṭaar fee...?]; **My watch has stopped** لقد توقفت ساعتي [la'qad tawa-'qafat sa'aaty]; **When do we stop next?** متى سنتوقف في المرة التالية؟ [mata sa-nata-wa'qaf fee al-murra al-taleya?]; **Where do we stop for lunch?** متى سنتوقف لتناول الغذاء؟ [mata sa-nata-wa'qaf le-tanawil al-ghadaa?]

stopover ['stɒpˌəʊvə] *n* توقف في رحلة [Tawa'qof fee rehlah]

stopwatch ['stɒpˌwɒtʃ] *n* ساعة الإيقاف [Saa'ah al-e'qaaf]

storage ['stɔːrɪdʒ] *n* مخزن [maxzan]

store [stɔː] *n* محل تجاري [Maḥal tejarey] ▷ *v* يُخزِن [juxazzinu]; **department store** *n* محل مكون من أقسام [Maḥal mokawan men a'qsaam]

storm [stɔːm] *n* عاصفة [ʕaːsˤifa]

stormy ['stɔːmɪ] *adj* عاصف [ʕaːsˤif]; **It's stormy** الجو عاصف [al-jaw 'aaṣuf]

story ['stɔːrɪ] *n* قصة [qisˤsˤa]; **short story** *n* قصة قصيرة ['qeṣah 'qaṣeerah]

stove [stəʊv] *n* موقد [mawqid]

straight [streɪt] *adj* مستقيم [mustaqiːm]; **straight on** *adv* في خط مستقيم [Fee khad mosta'qeem]

straighteners ['streɪtᵊnəz] *npl* مواد أو أدوات الفرد [Mawaad aw adawaat alfard]

straightforward [ˌstreɪt'fɔːwəd] *adj* صريح [sˤariːħ]

strain [streɪn] *n* إرْهاق [ʔirhaːq] ▷ *v* يُوَتِّرُ [juwattiru]

strained [streɪnd] *adj* مرهق [murhiq]

stranded ['strændɪd] *adj* مجدول [maʒduːl]

strange [streɪndʒ] *adj* غريب [ɣariːb]

stranger ['streɪndʒə] *n* شخص غريب [Shakhṣ ghareeb]

strangle ['stræŋgᵊl] *v* يَخنِق [jaxniqu]

strap [stræp] *n* طوق [tˤawq]; **watch strap** *n* سُوَار الساعة [Sowar al-sa'aah]

strategic [strə'tiːdʒɪk] *adj* إستراتيجي [ʔistiraːtiːʒij]

strategy ['strætɪdʒɪ] *n* إستراتيجية [ʔistiraːtiːʒijja]

straw [strɔː] *n* قش [qaʃʃ]

strawberry ['strɔːbərɪ; -brɪ] *n* فراولة [faraːwla]

stray [streɪ] *n* ضَالّ [dˤaːl]

stream [striːm] *n* جدول [ʒadwal] ▷ *v (on computer)* ينشر بالبث المتواصل [janʃuru bil-baθθ al-mutawaːsˤil]

street [striːt] *n* شارع [ʃaːriʕ]; **street map** *n* خارطة الشارع [khareṭat al-share'a]; **street plan** *n* خريطة الشارع [Khareeṭat al-share'a]

streetlamp ['striːtˌlæmp] *n* مصباح الشارع [Mesbaḥ al-share'a]

streetwise ['striːtˌwaɪz] *adj* محنك [muħannak]

strength [strɛŋθ] *n* قوة [quwwa]

strengthen ['strɛŋθən] *v* يَقْوِي [juqawwiː]

stress [strɛs] *n* ضغط [dˤaɣtˤ] ▷ *v* يُؤَكِّد [juʔakkidu]

stressed ['strɛst] *adj* متوتر [mutawattir]

stressful ['strɛsfʊl] *adj* مسبب توتر [Mosabeb tawator]

stretch [strɛtʃ] *v* يمتد [jamtadu]

stretcher ['strɛtʃə] *n* نقالة [naqqaːla]

stretchy ['strɛtʃɪ] *adj* مطاطي [matˤaːtˤij]

strict [strɪkt] *adj* حازم [ħaːzim]

strictly [strɪktlɪ] *adv* بحزم [biħazmin]

strike [straɪk] *n* ضربة [dˤarba] ▷ *vi* يَرْتَطِم ب [Yartaṭem be], *(suspend work)* يُضرِب [judˤribu] ▷ *vt* يَضرِب [jadˤribu]

striker ['straɪkə] *n* ضَارِب [dˤaːrib]

striking ['straɪkɪŋ] *adj* لافت للنظر [Lafet lel-nadhar]

string [strɪŋ] *n* سِلْك [silk]

strip [strɪp] *n* شريطة [ʃariːtˤa] ▷ *v* يُجَرِد [juʒarridu]

stripe [straɪp] *n* قماش مقلم ['qomash mo'qallem]

striped [straɪpt; striped] *adj* مقلم [muqallam]

stripper ['strɪpə] *n* راقصة تعري [Ra'qeṣat ta'arey]
stripy ['straɪpɪ] *adj* مقلم [muqallam]
stroke [strəʊk] *n (apoplexy)* جلطة [ʒaltˤa], *(hit)* جلطة [ʒaltˤa] ▷ *v* يُلاطِف [julaːtˤifu]
stroll [strəʊl] *n* تَجَوُّل [taʒawwul]
strong [strɒŋ] *adj* مركز [markazu]
strongly [strɒŋlɪ] *adv* بقوة [Be-'qowah]
structure ['strʌktʃə] *n* هيكل [hajkal]
struggle ['strʌgᵊl] *v* يُكافِح [jukaːfiħu]
stub [stʌb] *n* الجذل [al-ʒaðalu]
stubborn ['stʌbᵊn] *adj* عنيد [ʕaniːd]
stub out [stʌb aʊt] *v* يَخمد [jaxmudu]
stuck [stʌk] *adj* محبوس [maħbuːsa]
stuck-up [stʌkʌp] *adj* مغرور [maɣruːr]
stud [stʌd] *n* مزرعة خيل استيلاد [Mazra'at khayl esteelaad]
student ['stjuːdᵊnt] *n* طالب [tˤaːlib]; **student discount** *n* خصم للطلاب [Khaṣm lel-ṭolab]
studio ['stjuːdɪˌəʊ] *n* استوديو [stuːdjuː]; **studio flat** *n* شقة ستديو [Sha'qah stedeyo]
study ['stʌdɪ] *v* يَدْرِس [jadrusu]
stuff [stʌf] *n* حشوة [ħaʃwa]
stuffy ['stʌfɪ] *adj* غاضب [ɣaːdˤib]
stumble ['stʌmbᵊl] *v* يَتَعثر [jataʕaθθaru]
stunned [stʌnd] *adj* مذهول [maðhuːl]
stunning ['stʌnɪŋ] *adj* مذهل [muðhil]
stunt [stʌnt] *n* عمل مثير ['aamal Mother]
stuntman, stuntmen ['stʌntmən, 'stʌntmɛn] *n* رَجُل المخاطر [Rajol al-makhater]
stupid ['stjuːpɪd] *adj* غبي [ɣabijju]
stutter ['stʌtə] *v* يُتَمْتِم [jutamtimu]
style [staɪl] *n* لباس [libaːs]
styling ['staɪlɪŋ] *n*; **Do you sell styling products?** هل تبيع مستحضرات لتسريح الشعر؟ [hal tabee'a musta-ḥḍaraat le-tasreeḥ al-sha'air?]
stylist ['staɪlɪst] *n* مُصَمِم أزياء [Moṣamem azyaa]
subject ['sʌbdʒɪkt] *n* موضوع [mawdˤuːʕ]
submarine ['sʌbməˌriːn; ˌsʌbmə'riːn] *n* غواصة [ɣawwaːsˤa]
subscription [səb'skrɪpʃən] *n* اشتراك [iʃtiraːk]
subsidiary [səb'sɪdɪərɪ] *n* شركة تابعة [Sharekah tabe'ah]
subsidize ['sʌbsɪˌdaɪz] *v* يُقَدِم العون المالي ل [juqadimu alʕawana almaːliː li]
subsidy ['sʌbsɪdɪ] *n* إعانة مالية [E'aanah maleyah]
substance ['sʌbstəns] *n* جوهر [ʒawhar]
substitute ['sʌbstɪˌtjuːt] *n* تَبْدِيل [tabdiːl] ▷ *v* يَحل محل [Taḥel maḥal]
subtitled ['sʌbˌtaɪtᵊld] *adj* مزود بعنوان فرعي [Mozawad be'aonwan far'aey]
subtitles ['sʌbˌtaɪtᵊlz] *npl* عناوين فرعية ['anaween far'aeyah]
subtle ['sʌtᵊl] *adj* مُهذَب [muhaððab]
subtract [səb'trækt] *v* يُسقِط من [Yos'qeṭ men]
suburb ['sʌbɜːb] *n* ضاحية [dˤaːħija]
suburban [sə'bɜːbᵊn] *adj* ساكن الضاحية [Saken al-ḍaheyah]
subway ['sʌbˌweɪ] *n* نفق [nafaq]
succeed [sək'siːd] *v* ينجح [janʒaħu]
success [sək'sɛs] *n* نجاح [naʒaːħ]
successful [sək'sɛsfʊl] *adj* ناجح [naːʒiħ]
successfully [sək'sɛsfʊlɪ] *adv* بنجاح [binaʒaːħin]
successive [sək'sɛsɪv] *adj* مُتَعاقِب [mutaʕaːqib]
successor [sək'sɛsə] *n* وريث [wariːθ]
such [sʌtʃ] *adj* كبير [kabiːr] ▷ *adv* جداً [ʒidan]
suck [sʌk] *v* يَرضَع [jardˤaʕu]
Sudan [suː'dɑːn; -'dæn] *n* السودان [as-suːdaːnu]
Sudanese [ˌsuːdᵊ'niːz] *adj* سوداني [suːdaːnij] ▷ *n* سوداني [suːdaːnij]
sudden ['sʌdᵊn] *adj* مفاجئ [mufaːʒiʔ]
suddenly ['sʌdᵊnlɪ] *adv* فجأةً [faʒʔatun]
sue [sjuː; suː] *v* يُقاضي [juqaːdˤiː]
suede [sweɪd] *n* جلد مزأبر [Jeld mazaabar]
suffer ['sʌfə] *v* يُعانْي [juʕaːniː]
sufficient [sə'fɪʃənt] *adj* غير كافي [Ghayr kafey]
suffocate ['sʌfəˌkeɪt] *v* يَخنِق [jaxniqu]

sugar ['ʃʊɡə] *n* سكر [sukar]; **icing sugar** *n* سكر ناعِم [Sokar na'aem]; **no sugar** بدون سكر [bedoon suk-kar]
sugar-free ['ʃʊɡəfriː] *adj* خالي من السكر [Khaley men al-oskar]
suggest [sə'dʒɛst; səɡ'dʒɛst] *v* يَقْتَرِح [jaqtariħu]
suggestion [sə'dʒɛstʃən] *n* اقتراح [iqtiraːħ]
suicide ['suːɪˌsaɪd; 'sjuː-] *n* ينتحر [jantaħiru]; **suicide bomber** *n* مفجر انتحاري [Mofajer enteḥaarey]
suit [suːt; sjuːt] *n* دعوى [daʕwaː] ▷ *v* يُلائِم [julaːʔimu]; **bathing suit** *n* لباس الاستحمام [Lebas al-estehmam]; **shell suit** *n* زي رياضي [Zey reyaḍey]
suitable ['suːtəbᵊl; 'sjuːt-] *adj* ملائم [mulaːʔim]
suitcase ['suːtˌkeɪs; 'sjuːt-] *n* حقيبة سفر [Ha'qeebat al-safar]
suite [swiːt] *n* جناح في فندق [Janaḥ fee fond'q]
sulk [sʌlk] *v* يَحْرِد [jaħridu]
sulky ['sʌlkɪ] *adj* مقطب الجبين [Mo'qṭ ab al-jabeen]
sultana [sʌl'tɑːnə] *n* زَبيب سلطانة [Zebeeb solṭanah]
sum [sʌm] *n* خلاصة [xulaːsˤa]
summarize ['sʌməˌraɪz] *v* يُلَخِص [julaxxisˤu]
summary ['sʌmərɪ] *n* ملخص [mulaxxasˤ]
summer ['sʌmə] *n* الصيف [asˤ-sˤajfu]; **summer holidays** *npl* الأجازات الصيفية [Al-ajazat al-ṣayfeyah]; **after summer** بعد فصل الصيف [ba'ad faṣil al-ṣayf]; **during the summer** خلال فصل الصيف [khelal faṣl al-ṣayf]; **in summer** في الصيف [fee al-ṣayf]
summertime ['sʌməˌtaɪm] *n* فصل الصيف [Faṣl al-ṣayf]
summit ['sʌmɪt] *n* مؤتمر قمة [Moatamar 'qemmah]
sum up [sʌm ʌp] *v* يجمع [juʒammiʕu]
sun [sʌn] *n* شَمْس [ʃams]
sunbathe ['sʌnˌbeɪð] *v* يَأخُذ حمام شمس [yaakhoḍ hammam shams]
sunbed ['sʌnˌbɛd] *n* حمام شمس [Ḥamam shams]
sunblock ['sʌnˌblɒk] *n* كريم للوقاية من الشمس [Kreem lel-we'qayah men al-shams]
sunburn ['sʌnˌbɜːn] *n* سَفْعَة شمس [Saf'aat ahams]
sunburnt ['sʌnˌbɜːnt] *adj* مسفوع بأشعة الشمس [Masfoo'a be-ashe'aat al-shams]
suncream ['sʌnˌkriːm] *n* كريم الشمس [Kreem shams]
Sunday ['sʌndɪ] *n* الأحد [al-ʔaħadu]; **on Sunday** في يوم الأحد [fee yawm al-aḥad]
sunflower ['sʌnˌflaʊə] *n* عباد الشمس ['aabaad al-shams]
sunglasses ['sʌnˌɡlɑːsɪz] *npl* نظارات شمسية [naḍharat shamseyah]
sunlight ['sʌnlaɪt] *n* ضوء الشمس [Ḍawa al-shams]
sunny ['sʌnɪ] *adj* مشمس [muʃmis]; **It's sunny** الجو مشمس [al-jaw mushmis]
sunrise ['sʌnˌraɪz] *n* شروق الشمس [Sheroo'q al-shams]
sunroof ['sʌnˌruːf] *n* فتحة سَقف [Fathat sa'qf]
sunscreen ['sʌnˌskriːn] *n* واقي الشمس [Wa'qey al-shams]
sunset ['sʌnˌsɛt] *n* غُروب [ɣuruːb]
sunshine ['sʌnˌʃaɪn] *n* أشعة الشمس [Ashe'aat al-shams]
sunstroke ['sʌnˌstrəʊk] *n* ضربة شمس [Ḍarbat shams]
suntan ['sʌnˌtæn] *n* سُمرة الشمس [Somrat al-shams]; **suntan lotion** *n* غسول سمرة الشمس [ghasool somrat al-shams]; **suntan oil** *n* زيت سمرة الشمس [Zayt samarat al-shams]
super ['suːpə] *adj* ممتاز جدا [Momtaaz jedan]
superb [sʊ'pɜːb; sjʊ-] *adj* فاتن [faːtin]
superficial [ˌsuːpə'fɪʃəl] *adj* سَطحي [satˤħij]
superior [suː'pɪərɪə] *adj* مكانة أعلى [Makanah a'ala] ▷ *n* أعلى مكانة [A'ala makanah]

supermarket ['su:pə,ma:kɪt] *n* سوبر ماركت [su:br ma:rkit]; **I need to find a supermarket** أريد الذهاب إلى السوبر ماركت [areed al-dhehaab ela al-subar market]

supernatural [,su:pə'nætʃrəl; -'nætʃərəl] *adj* خارق للطبيعة [Khare'q lel-ṭabe'aah]

superstitious [,su:pə'stɪʃəs] *adj* خرافي [xura:fij]

supervise ['su:pə,vaɪz] *v* يُشرِف [juʃrifu]

supervisor ['su:pə,vaɪzə] *n* مشرف [muʃrif]

supper ['sʌpə] *n* عَشاء [ʕaʃa:ʔ]

supplement ['sʌplɪmənt] *n* مُكَمِّل [mukammill]

supplier [sə'plaɪə] *n* مورد [muwarrid]

supplies [sə'plaɪz] *npl* توريدات [tawri:da:tun]

supply [sə'plaɪ] *n* إمداد [ʔimda:d] ▷ *v* يُزَوِّد [juzawwidu]; **supply teacher** *n* مُدرِّس بديل [Modares badeel]

support [sə'pɔ:t] *n* دعم [daʕm] ▷ *v* يدعم [jadʕamu]

supporter [sə'pɔ:tə] *n* المؤيد [al-muajjidu]

suppose [sə'pəʊz] *v* يَظُن [jazʕunnu]

supposedly [sə'pəʊzɪdlɪ] *adv* على افتراض [Ala eftraḍ]

supposing [sə'pəʊzɪŋ] *conj* بافتراض [Be-efteraḍ]

surcharge ['sɜ:,tʃɑ:dʒ] *n* ضريبة إضافية [Ḍareba eḍafeyah]

sure [ʃʊə; ʃɔ:] *adj* متأكد [mutaʔakkid]

surely ['ʃʊəlɪ; 'ʃɔ:-] *adv* بالتأكيد [bi-at-taʔki:di]

surf [sɜ:f] *n* ركوب الأمواج [Rokoob al-amwaj] ▷ *v* يَتَصَفح الانترنت [Yataṣafaḥ al-enternet]; **Where can you go surfing?** أين يمكنك ممارسة رياضة ركوب الأمواج؟ [ayna yamken-ak muma-rasat riyaḍat rokob al-amwaj?]

surface ['sɜ:fɪs] *n* سَطح [satʕħ]

surfboard ['sɜ:f,bɔ:d] *n* لوح الركمجة [Looḥ al-rakmajah]

surfer ['sɜ:fə] *n* مُتَصَّفِح الانترنت [Motaṣafeḥ al-enternet]

surfing ['sɜ:fɪŋ] *n* الركمجة [ar-rakmaʒatu]

surge [sɜ:dʒ] *n* مَوْجَة [mawʒa]

surgeon ['sɜ:dʒən] *n* جراح [ʒarra:ħ]

surgery ['sɜ:dʒərɪ] *n* *(doctor's)* جراحة [ʒira:ħa], *(operation)* عملية جراحية ['amaleyah jeraheyah]; **cosmetic surgery** *n* جراحة تجميل [Jerahat tajmeel]; **plastic surgery** *n* جراحة تجميلية [Jerahah tajmeeleyah]

surname ['sɜ:,neɪm] *n* لقب [laqab]

surplus ['sɜ:pləs] *adj* فائض [fa:ʔidʕ] ▷ *n* فَائِض [fa:ʔidʕ]

surprise [sə'praɪz] *n* مفاجئة [mufa:ʒaʔa]

surprised [sə'praɪzd] *adj* متفاجئ [mutafa:ʒiʔ]

surprising [sə'praɪzɪŋ] *adj* مفاجئ [mufa:ʒiʔ]

surprisingly [sə'praɪzɪŋlɪ] *adv* على نحو مفاجئ [Ala naḥw mofaheya]

surrender [sə'rɛndə] *v* يُسَلِّم [jusallimu]

surround [sə'raʊnd] *v* يحيط [juħi:tʕu]

surroundings [sə'raʊndɪŋz] *npl* البيئة المُحيطة [Al- beeaah almoheeṭah]

survey ['sɜ:veɪ] *n* مسح [masħ]

surveyor [sɜ:'veɪə] *n* ماسح الأراضي [Maseh al-araaḍey]

survival [sə'vaɪvᵊl] *n* بَقاء [baqa:ʔ]

survive [sə'vaɪv] *v* ينجو من [janʒu: min]

survivor [sə'vaɪvə; sur'vivor] *n* نَاجِ [na:ʒin]

suspect *n* ['sʌspɛkt]مشْتبه به [Moshtabah beh] ▷ *v* [sə'spɛkt]يَشتبِه ب [Yashtabeh be]

suspend [sə'spɛnd] *v* يُرْجِئ [jurʒiʔ]

suspenders [sə'spɛndəz] *npl* حمالات البنطلون [Hammalaat al- banṭaloon]

suspense [sə'spɛns] *n* تشويق [taʃwi:q]

suspension [sə'spɛnʃən] *n* تعليق [taʕli:q]; **suspension bridge** *n* جسر معلق [Jesr mo'aala'q]

suspicious [sə'spɪʃəs] *adj* مشبوه [maʃbu:h]

swallow ['swɒləʊ] *n* طائر السنونو [Ṭaaer

al-sonono] ▷ *vi* يبتلع [jabtaliʕu] ▷ *vt* يَبْلع [jablaʕu]
swamp [swɒmp] *n* أرض وحلة [Arḍ waḥelah]
swan [swɒn] *n* إوزة [ʔiwazza]
swap [swɒp] *v* يقَايِض [juqujidˤu]
swat [swɒt] *v* يَضرِب ضربة عنيفة [Yaḍreb ḍarban 'aneefan]
sway [sweɪ] *v* يَتمَايل [jatama:jalu]
Swaziland ['swɑ:zɪˌlænd] *n* سوازيلاند [swa:zi:la:nd]
swear [swɛə] *v* يَحلِف [jaħlifu]
swearword ['swɛəˌwɜ:d] *n* شتيمة [ʃati:ma]
sweat [swɛt] *n* عرق [ʕirq] ▷ *v* يَعْرَق [jaʕraqu]
sweater ['swɛtə] *n* بلوفر [bulu:far]; **polo-necked sweater** *n* سُترة بولو برقبة [Sotrat bolo be-ra'qabah]
sweatshirt ['swɛtˌʃɜ:t] *n* كنزة فضفاضة يرتديها الرياضيون [Kanzah feḍfaḍh yartadeha al-reyadeyon]
sweaty ['swɛtɪ] *adj* مبلل بالعرق [Mobala bel-ara'q]
swede [swi:d] *n* اللّفْت السويدي [Al-left al-sweedey]
Swede [swi:d] *n* سويدي [swi:dij]
Sweden ['swi:dᵊn] *n* السويد [as-suwi:du]
Swedish ['swi:dɪʃ] *adj* سويدي [swi:dij] ▷ *n* اللغة السويدية [Al-loghah al-sweedeyah]
sweep [swi:p] *v* يَكْنِس [jaknisu]
sweet [swi:t] *adj (pleasing)* عذب [ʕaðb], *(taste)* حلو [ħulw] ▷ *n* حلوى [ħalwa:]
sweetcorn ['swi:tˌkɔ:n] *n* ذرة سكري [dhorah sokarey]
sweetener ['swi:tᵊnə] *n* مواد تحلية [mawa:dun taħlijja]
sweets ['swi:tz] *npl* حلويات [ħalawija:tun]
sweltering ['swɛltərɪŋ] *adj* شديد الحر [Shadeed al-har]
swerve [swɜ:v] *v* ينحرف [janħarifu]
swim [swɪm] *v* يَسبَح [jasbaħu]
swimmer ['swɪmə] *n* سابح [sa:biħ]
swimming ['swɪmɪŋ] *n* سباحة [siba:ħa]; **swimming costume** *n* زي السباحة [Zey sebaḥah]; **swimming pool** *n* حمام سباحة [Hammam sebaḥah]; **swimming trunks** *npl* سِروال سباحة [Serwl sebaḥah]; **Where is the public swimming pool?** أين يوجد حمام السباحة العام؟ [ayna yujad ḥamam al-sebaḥa al-'aam?]
swimsuit ['swɪmˌsu:t; -ˌsju:t] *n* مَايوه [ma:ju:h]
swing [swɪŋ] *n* تَأَرْجُح [taʔarʒuħ] ▷ *v* يتمايل [jatama:jalu]
Swiss [swɪs] *adj* سويسري [swi:srij] ▷ *n* سويسري [swi:srij]
switch [swɪtʃ] *n* مفتاح كهربائي [Meftaḥ kahrabaey] ▷ *v* يُحَوِّل [juħawwilu]
switchboard ['swɪtʃˌbɔ:d] *n* لوحة مفاتيح تحكم [Looḥat mafateeḥ taḥakom]
switch off [swɪtʃ ɒf] *v* يُطفِئ [jutˤfiʔ]
switch on [swɪtʃ ɒn] *v* يُشغِّل [juʃaɣɣilu]
Switzerland ['swɪtsələnd] *n* سويسرا [swi:sra:]
swollen ['swəʊlən] *adj* منتفخ [muntafixx]
sword [sɔ:d] *n* سيف [sajf]
swordfish ['sɔ:dˌfɪʃ] *n* سمك سياف البحر [Samak aayaf al-baḥr]
swot [swɒt] *v* يَدْرُس بجد [Yadros bejed]
syllable ['sɪləbᵊl] *n* مقطع لفظي [Ma'qṭa'a lafḍhy]
syllabus ['sɪləbəs] *n* خلاصة بحث أو منهج دراسي [Kholaṣat bahth aw manhaj derasey]
symbol ['sɪmbᵊl] *n* رَمز [ramz]
symmetrical [sɪ'mɛtrɪkᵊl] *adj* متماثل [mutama:θil]
sympathetic [ˌsɪmpə'θɛtɪk] *adj* متعاطف [mutaʕa:tˤif]
sympathize ['sɪmpəˌθaɪz] *v* يَتعاطف [jataʕa:tˤafu]
sympathy ['sɪmpəθɪ] *n* تعاطف [taʕa:tˤuf]
symphony ['sɪmfənɪ] *n* سِمفونية [samfu:nijja]
symptom ['sɪmptəm] *n* علامة [ʕala:ma]

synagogue ['sɪnəˌɡɒɡ] *n* معبد اليهود [Ma'abad al-yahood]
syndrome ['sɪndrəʊm] *n*; **Down's syndrome** *n* متلازمة داون [Motalazemat dawon]
Syria ['sɪrɪə] *n* سوريا [su:rja:]
Syrian ['sɪrɪən] *adj* سوري [su:rij] ▷ *n* سوري [su:rij]
syringe ['sɪrɪndʒ; sɪ'rɪndʒ] *n* حقنة [ħuqna]
syrup ['sɪrəp] *n* شراب [ʃara:b]
system ['sɪstəm] *n* نظام [nizˤa:m]; **immune system** *n* جهاز المناعة [Jehaz al-mana'aa]; **solar system** *n* نظام شمسي [neḍham shamsey]; **systems analyst** *n* محلل نظم [Moḥalel noḍhom]
systematic [ˌsɪstɪ'mætɪk] *adj* نظامي [nizˤa:mij]

table ['teɪbᵊl] *n (chart)* جدول [ʒadwal], *(furniture)* منضدة [mindˤada]; **bedside table** *n* كومودينو [ku:mu:di:nu:]; **coffee table** *n* طاولة قهوة [Ṭawlat 'qahwa]; **dressing table** *n* طَاولَة زينة [Ṭawlat zeenah]; **table tennis** *n* كرة الطاولة [Korat al-ṭawlah]; **table wine** *n* خَمْر الطعام [Khamr al-ṭa'aam]
tablecloth ['teɪbᵊlˌklɒθ] *n* غطاء مائدة [Gheṭa'a maydah]
tablespoon ['teɪbᵊlˌspu:n] *n* ملعقة مائدة [Mel'a'qat maedah]
tablet ['tæblɪt] *n* لوحة [lawħa]
taboo [tə'bu:] *adj* معزول بوصفه محرما [Ma'azool bewaṣfeh moḥaraman] ▷ *n* محرمات مقدسات [moḥaramat mo'qadasat]
tackle ['tækᵊl; 'teɪkᵊl] *n* عدة [ʕudda] ▷ *v* يُمْسِك ب [Yomsek be]; **fishing tackle** *n* معدات صيد السمك [Mo'aedat ṣayed al-samak]
tact [tækt] *n* لباقة [laba:qa]
tactful ['tæktfʊl] *adj* لبق [labiq]
tactics ['tæktɪks] *npl* تكتيكات [tikti:ka:tun]
tactless ['tæktlɪs] *adj* غير لبق [Ghaey labe'q]

tadpole ['tæd,pəʊl] *n* فرخ الضفدع [Farkh al-ḍofda'a]
tag [tæg] *n* علامة [ʕala:ma]
Tahiti [tə'hi:tɪ] *n* تاهيتي [ta:hi:ti:]
tail [teɪl] *n* ذَيِّل [ðajl]
tailor ['teɪlə] *n* خَيَّاط [xajja:tˤ]
Taiwan ['taɪ'wɑ:n] *n* تايوان [ta:jwa:n]
Taiwanese [,taɪwɑ:'ni:z] *adj* تايواني [ta:jwa:nij] ▷ *n* تايواني [ta:jwa:nij]
Tajikistan [tɑ:,dʒɪkɪ'stɑ:n; -stæn] *n* طاجكستان [tˤa:ʒikista:n]
take [teɪk] *v* يَأخُذ [jaʔxuðu], *(time)* يَأخُذ [jaʔxuðu]
take after [teɪk 'ɑ:ftə] *v* يُشْبِه [juʃbihu]
take apart [teɪk ə'pɑ:t] *v* يُفَكِّك إلى أجْزاء [Yo'fakek ela ajzaa]
take away [teɪk ə'weɪ] *v* ينقل [junqalu]
takeaway ['teɪkə,weɪ] *n* وجبات سريعة [Wajabat sarey'aa]
take back [teɪk bæk] *v* يَسحب كلامه [Yasḥab kalameh]
taken ['teɪkən] *adj*; **Is this seat taken?** هل هذا المقعد محجوز؟ [hal hadha al-ma'q'ad maḥjooz?]
take off [teɪk ɒf] *v* يَخلع ملابسه [Yakhla'a malabesh]
takeoff ['teɪk,ɒf] *n* إقلاع [ʔiqla:ʕ]
take over [teɪk 'əʊvə] *v* يَتَوَلَّى [jatawalla:]
takeover ['teɪk,əʊvə] *n* استلام [ʔistila:m]
takings ['teɪkɪŋz] *npl* إيصالات [ʔi:sˤa:la:tun]
tale [teɪl] *n* حكاية [ħika:ja]
talent ['tælənt] *n* موهبة [mawhiba]
talented ['tæləntɪd] *adj* موهوب [mawhu:b]
talk [tɔ:k] *n* كلام [kala:m] ▷ *v* يتحدث [jataħaddaθu]; **talk to** *v* يتحدث إلى [yataḥdath ela]
talkative ['tɔ:kətɪv] *adj* ثرثار [θarθa:r]
tall [tɔ:l] *adj* طويل القامة [Ṭaweel al-'qamah]
tame [teɪm] *adj* مُرَوَّض [murawwidˤ]
tampon ['tæmpɒn] *n* سِدادة [sadda:da]
tan [tæn] *n* سُمرة [sumra]
tandem ['tændəm] *n* دراجة ترادفية [Darrajah tradofeyah]
tangerine [,tændʒə'ri:n] *n* يوسفي [ju:sufij]
tank [tæŋk] *n (combat vehicle)* دبابة [dabba:ba], *(large container)* صهريج [sˤihri:ʒ]; **petrol tank** *n* خزان بنزين [Khazan benzeen]; **septic tank** *n* غُرفة تفتيش [Ghorfat tafteesh]
tanker ['tæŋkə] *n* ناقلة بترول [Na'qelat berool]
tanned [tænd] *adj* له جلد برونزي اللون [lahu ʒildun bru:nziji allawni]
tantrum ['tæntrəm] *n* نوبة غضب [Nawbat ghaḍab]
Tanzania [,tænzə'nɪə] *n* تنزانيا [tanza:nja:]
Tanzanian [,tænzə'nɪən] *adj* تانزاني [ta:nza:nij] ▷ *n* تانزاني [ta:nza:nij]
tap [tæp] *n* حنفية [ħanafijja]
tap-dancing ['tæp,dɑ:nsɪŋ] *n* رقص الكلاكيت [Ra'qṣ al-kelakeet]
tape [teɪp] *n* شريط [ʃari:tˤ] ▷ *v* يُسَجِّل على شريط [Yosajel 'aala shereeṭ]; **tape measure** *n* شريط قياس [Shreeṭ 'qeyas]; **tape recorder** *n* مسجل شرائط [Mosajal sharayeṭ]; **Can I have a tape for this video camera, please?** هل يمكن أن أحصل على شريط فيديو لهذه الكاميرا من فضلك؟ [hal yamken an aḥsal 'aala shar-eeṭ video le- hadhy al-kamera min faḍlak?]
target ['tɑ:gɪt] *n* هَدَف [hadaf]
tariff ['tærɪf] *n* تعريفة [taʕri:fa]
tarmac ['tɑ:mæk] *n* طريق اسفلتي [ṭaree'q asfaltey]
tarpaulin [tɑ:'pɔ:lɪn] *n* تربولين: قماش مشمع [tarbawli:n: qumma:ʃun muʃmaʕ]
tarragon ['tærəgən] *n* عُشْب الطرخون ['aoshb al-ṭarkhoon]
tart [tɑ:t] *n* فَطيرَة مَحْشُوَّة [Faṭeerah maḥshowah]
tartan ['tɑ:tᵊn] *adj* زِيْ الطرطان الاسكتلندي [zijju atˤtˤartˤa:n ala:skutlandijji]
task [tɑ:sk] *n* مهمة [mahamma]
Tasmania [tæz'meɪnɪə] *n* تسمانيا [tasma:nja:]

taste [teɪst] *n* طعم [tˤaʕm] ▷ *v* يَتَذَوق [jataðawwaqu]
tasteful ['teɪstfʊl] *adj* حسن الذوق [Hosn aldhaw'q]
tasteless ['teɪstlɪs] *adj* عديم الذوق ['aadeem al-dhaw'q]
tasty ['teɪstɪ] *adj* لذيذ المذاق [Ladheedh al-madha'q]
tattoo [tæ'tu:] *n* وَشْم [waʃm]
Taurus ['tɔ:rəs] *n* الثور [aθθawri]
tax [tæks] *n* ضريبة [dˤari:ba]; **income tax** *n* ضريبة دخل [Ḍareebat dakhl]; **road tax** *n* ضريبة طُرُق [Ḍareebat ṭoro'q]; **tax payer** *n* دافع الضرائب [Daafe'a al-ḍarayeb]; **tax return** *n* إقرار ضريبي [E'qrar ḍareeby]
taxi ['tæksɪ] *n* تاكسي [ta:ksi:]; **taxi driver** *n* سائق تاكسي [Sae'q taksey]; **taxi rank** *n* موقف سيارات تاكسي [Maw'qaf sayarat taksy]; **How much is the taxi fare into town?** ما هي أجرة التاكسي داخل البلد؟ [ma heya ejrat al-taxi dakhil al-balad?]; **I left my bags in the taxi** لقد تركت حقائبي في التاكسي [la'qad ta-rakto ḥa'qa-eby fee al-taxi]; **I need a taxi** أنا في حاجة إلى تاكسي [ana fee ḥaja ela taxi]; **Please order me a taxi for 8 o'clock** من فضلك احجز لي تاكسي في الساعة الثامنة [min faḍlak iḥjiz lee taxi fee al-sa'aa al-thamina]; **Where can I get a taxi?** أين يمكن استقلال التاكسي؟ [Ayn yomken este'qlal al-taksey?]; **Where is the taxi stand?** أين يوجد موقف التاكسي؟ [ayna maw'qif al-taxi?]
TB [ti: bi:] *n* سُلّ [sull]
tea [ti:] *n* شاي [ʃa:j]; **herbal tea** *n* شاي بالأعشاب [Shay bel-a'ashab]; **tea bag** *n* كيس شاي [Kees shaay]; **tea towel** *n* مَناشِف الصُحون [Manashef al-ṣoḥoon]; **A tea, please** شاي من فضلك [shaay min faḍlak]; **Could we have another cup of tea, please?** هل يمكن من فضلك الحصول على كوب آخر من الشاي؟ [hal yamken min faḍlak al-ḥusool 'aala koob aakhar min al-shay?]
teach [ti:tʃ] *v* يُدَرِّس [judarrisu]
teacher ['ti:tʃə] *n* مدرس [mudarris]; **supply teacher** *n* مُدرّس بديل [Modares badeel]
teaching ['ti:tʃɪŋ] *n* تَعْليم [taʕli:m]
teacup ['ti:ˌkʌp] *n* فنجان شاي [Fenjan shay]
team [ti:m] *n* فريق [farjq]
teapot ['ti:ˌpɒt] *n* براد الشاي [Brad shaay]
tear[1] [tɪə] *n* *(from eye)* دَمْعَة [damʕa]
tear[2] [tɛə] *n* *(split)* تَمْزيق [tamzi:q] ▷ *v* يُمَزِّق [jumazziqu]; **tear up** *v* يَتَمْزَق [jatamzzaqu]
teargas ['tɪəˌgæs] *n* غاز مسيل للدموع [Ghaz moseel lel-domooa]
tease [ti:z] *v* يُضَايِق [judˤa:jiqu]
teaspoon ['ti:ˌspu:n] *n* ملعقة شاي [Mel'a'qat shay]
teatime ['ti:ˌtaɪm] *n* ساعة تناول الشاي [Saa'ah tanawol al-shay]
technical ['tɛknɪkᵊl] *adj* تقني [tiqnij]
technician [tɛk'nɪʃən] *n* فَنّي [fannij]
technique [tɛk'ni:k] *n* أسلوب [ʔuslu:b]
techno ['tɛknəʊ] *n* تقني [tiqnij]
technological [tɛk'nɒlədʒɪkᵊl] *adj* تكنولوجي [tiknu:lu:ʒij]
technology [tɛk'nɒlədʒɪ] *n* تكنولوجيا [tiknu:lu:ʒja:]
tee [ti:] *n* الهدف في لعبة الجولف [Al-hadaf fy le'abat al-jolf]
teenager ['ti:nˌeɪdʒə] *n* بالغ [ba:liɣ]
teens [ti:nz] *npl* بالغون [baleghoon]
tee-shirt ['ti:ˌʃɜ:t] *n* تي شيرت [ti: ʃi:rt]
teethe [ti:ð] *v* يُسَنِّن [jusanninu]
teetotal [ti:'təʊtᵊl] *adj* لا يشرب الكحوليات [la: jaʃrabu alkuħu:lija:t]
telecommunications [ˌtɛlɪkəˌmju:nɪ'keɪʃənz] *npl* الاتصالات السلكية [Al-etṣalat al-selkeyah]
telegram ['tɛlɪˌgræm] *n* تلغراف [tiliɣra:f]; **Can I send a telegram from here?** هل يمكن إرسال تلغراف من هنا؟ [hal yamken ersaal tal-ghraf min huna?]
telephone ['tɛlɪˌfəʊn] *n* تليفون [tili:fu:n]; **telephone directory** *n* دليل الهاتف [Daleel al-hatef]; **How much is it to telephone...?** كم تبلغ تكلفة المكالمة

التليفونية إلى... [kam tablugh taklifat al-mukalama al-talefoniya ela...?]; **I need to make an urgent telephone call** أنا في حاجة إلى إجراء مكالمة تليفونية عاجلة [ana fee ḥaja ela ejraa mukalama talefoniya 'aajela]; **What's the telephone number?** ما هو رقم التليفون؟ [ma howa ra'qim al-talefon?]

telesales ['tɛlɪˌseɪlz] *npl* مبيعات بالتليفون [Mabee'aat bel-telefoon]

telescope ['tɛlɪˌskəʊp] *n* تليسكوب [tili:sku:b]

television ['tɛlɪˌvɪʒən] *n* تلفاز [tilfa:z]; **cable television** *n* وَصْلة تلفزيونية [Wṣlah telefezyoneyah]; **colour television** *n* تليفزيون ملون [Telefezyon molawan]; **digital television** *n* تليفزيون رقمي [telefezyoon ra'qamey]; **Where is the television?** أين أجد جهاز التلفاز؟ [ayna ajid jehaz al-tilfaz?]

tell [tɛl] *v* يُخبر [juxbiru]

teller ['tɛlə] *n* رَاوِي [ra:wi:]

tell off [tɛl ɒf] *v* يُوَبِخ [juwabbixu]

telly ['tɛlɪ] *n* تلفاز [tilfa:z]

temp [tɛmp] *n* عامِل مُؤَقَّت ['aamel mowa'qat]

temper ['tɛmpə] *n* مِزَاج [miza:ʒ]

temperature ['tɛmprɪtʃə] *n* درجة الحرارة [Darajat al-haraarah]; **I'd like something for a temperature** أريد شيئًا للارتفاع درجة الحرارة [areed shyan le-irtifa'a darajat al-ḥarara]; **She has a temperature** إنها مصابة بارتفاع في درجة الحرارة [inaha muṣa-ba be-irtefa'a fee darajat al-ḥarara]

temple ['tɛmpᵊl] *n* معبد [muʕabbad]; **Is the temple open to the public?** هل المعبد مفتوح للجمهور؟ [hal al-ma'abad maf-tooḥa lel-jamhoor?]; **When is the temple open?** متى يُفتح المعبد؟ [mata yoftaḥ al-ma'abad?]

temporary ['tɛmpərərɪ; 'tɛmprərɪ] *adj* مُؤَقَّت [muʔaqqat]

tempt [tɛmpt] *v* يُغْري [juɣri:]

temptation [tɛmp'teɪʃən] *n* إغراء [ʔiɣra:ʔ]

tempting ['tɛmptɪŋ] *adj* مغر [muɣrin]

ten [tɛn] *number* عشرة [ʕaʃaratun]

tenant ['tɛnənt] *n* مستأجر [mustaʔʒir]

tend [tɛnd] *v* يرعى [jarʕa:]

tendency ['tɛndənsɪ] *n* مَيل [majl]

tender ['tɛndə] *adj* لطيف [latˁi:f]

tendon ['tɛndən] *n* وتر [watar]

tennis ['tɛnɪs] *n* تنس [tinis]; **table tennis** *n* كرة الطاولة [Korat al-ṭawlah]; **tennis player** *n* لاعب تنس [La'aeb tenes]; **tennis racket** *n* مضرب تنس [Maḍrab tenes]; **How much is it to hire a tennis court?** كم يتكلف استئجار ملعب تنس؟ [kam yo-kalaf esti-jar mal'aab tanis?]; **Where can I play tennis?** أين يمكنني أن ألعب التنس؟ [ayna yamken-any an al-'aab al-tanis?]

tenor ['tɛnə] *n* آلة التينور الموسيقية [aalat al teenor al mose'qeiah]

tense [tɛns] *adj* متوتر [mutawattir] ▷ *n* صيغة الفعل [Ṣeghat al-fe'al]

tension ['tɛnʃən] *n* توتر [tawattur]

tent [tɛnt] *n* خَيْمة [xajma]; **tent peg** *n* وتد الخيمة [Watad al-kheemah]; **tent pole** *n* عمود الخيمة ['amood al-kheemah]

tenth [tɛnθ] *adj* العاشر [al-ʕa:ʃiru] ▷ *n* العاشر [al-ʕa:ʃiru]

term [tɜ:m] *n (description)* أَجَل [ʔaʒal], *(division of year)* فصل من فصول السنة [Faṣl men foṣol al-sanah]

terminal ['tɜ:mɪnᵊl] *adj* طرفي [tˁarafajj] ▷ *n* طرف [tˁaraf]

terminally ['tɜ:mɪnᵊlɪ] *adv* إلى النهاية [Ela al-nehayah]

terrace ['tɛrəs] *n* شُرفة مكشوفة [Shorfah makshofah]

terraced ['tɛrəst] *adj* مزود بشرفة [Mozawad be-shorfah]

terrible ['tɛrəbᵊl] *adj* مريع [muri:ʕ]

terribly ['tɛrəblɪ; 'terribly] *adv* بشكل مريع [Be-shakl moreeḥ]

terrier ['tɛrɪə] *n* كلب ترير [Kalb tereer]

terrific [tə'rɪfɪk] *adj* مُرَوِّع [murawwiʕ]

terrified ['tɛrɪˌfaɪd] *adj* مرعوب [marʕu:b]

terrify [ˈtɛrɪˌfaɪ] *v* يُخيف [juxi:f]
territory [ˈtɛrɪtərɪ; -trɪ] *n* إقليم [iqli:m]
terrorism [ˈtɛrəˌrɪzəm] *n* إرهاب [ʔirha:b]
terrorist [ˈtɛrərɪst] *n* إرهابي [ʔirha:bij]; **terrorist attack** *n* هجوم إرهابي [Hojoom ʻerhaby]
test [tɛst] *n* اختبار [ixtiba:r] ▷ *v* يَخْتَبِر [jaxtabiru]; **driving test** *n* اختبار القيادة [Ekhtebar al-ʼqeyadah]; **smear test** *n* فحص عنق الرحم [Fahṣ ʻaonoʼq al-raḥem]; **test tube** *n* أنبوب اختبار [Anbob ekhtebar]
testicle [ˈtɛstɪkᵊl] *n* خصية [xisˤja]
tetanus [ˈtɛtənəs] *n* تيتانوس [ti:ta:nu:s]; **I need a tetanus shot** أحتاج إلى حقنة تيتانوس [aḥtaaj ela ḥeʼqnat tetanus]
text [tɛkst] *n* نص [nasˤsˤ] ▷ *v* يَضع نصا [Yaḍaʼa naṣan]; **text message** *n* رسالة نصية [Resalah naṣeyah]
textbook [ˈtɛkstˌbʊk] *n* كتاب دراسي [Ketab derasey]
textile [ˈtɛkstaɪl] *n* نسيج [nasi:ʒ]
Thai [taɪ] *adj* تايلاندي [ta:jla:ndij] ▷ *n* *(language)* اللغة التايلاندية [Al-logha al-taylandeiah], *(person)* تايلاندي [ta:jla:ndij]
Thailand [ˈtaɪˌlænd] *n* تايلاند [ta:jla:nd]
than [ðæn; ðən] *conj* مِنْ [min]
thank [θæŋk] *v* يَشكر [jaʃkuru]
thanks [θæŋks] *excl* شكراً! [Shokran!]
that [ðæt; ðət] *adj* هذا [haða:] ▷ *conj* جداً [ʒidan] ▷ *pron* ذَلِك, هذا [haða:]; **Does that contain alcohol?** هل يحتوى هذا على الكحول؟ [hal yaḥ-tawy hadha ʻaala al-kiḥool?]
thatched [θætʃt] *adj* مسقوف بالقش [Masʼqoof bel-ʼqash]
thaw [θɔː] *v*; **It's thawing** بدأ الدفء في الجو [Badaa al-defaa fee al-jaw]
the [ðə] *art* لام التعريف [liummi attaʕri:fi]
theatre [ˈθɪətə] *n* مسرح [masraħ]; **operating theatre** *n* غرفة عمليات [ghorfat ʻamaleyat]; **What's on at the theatre?** ماذا يعرض الآن على خشبة المسرح؟ [madha yuʼa-raḍ al-aan ʻaala kha-shabat al-masraḥ?]
theft [θɛft] *n* سرقة [sariqa]; **identity theft** *n* سرقة الهوية [Sareʼqat al-hawyiah]; **I want to report a theft** أريد التبليغ عن وقوع سرقة [areed al-tableegh ʻan wiʼqooʼa sareʼqa]
their [ðɛə] *pron* ضمير الملكية للجمع
theirs [ðɛəz] *pron* مِلكهم
them [ðɛm; ðəm] *pron* ضمير الغائب للجمع
theme [θiːm] *n* موضوع [mawdˤu:ʕ]; **theme park** *n* حديقة ألعاب [Hadeeʼqat alʼaab]
themselves [ðəmˈsɛlvz] *pron* أنفسهم
then [ðɛn] *adv* آنذاك [ʔa:naða:ka] ▷ *conj* ثُم
theology [θɪˈɒlədʒɪ] *n* لاهوت [la:hu:t]
theory [ˈθɪərɪ] *n* نظرية [nazˤarijja]
therapy [ˈθɛrəpɪ] *n* علاج [ʕila:ʒ]
there [ðɛə] *adv* هناك [huna:ka]; **How do I get there?** كيف يمكن أن أصل إلى هناك؟ [kayfa yamkin an aṣal ela hunaak?]; **It's over there** إنه هناك [inaho honaka]
therefore [ˈðɛəˌfɔː] *adv* لذلك [ledhalek]
thermometer [θəˈmɒmɪtə] *n* ترمومتر [tirmu:mitir]
Thermos® [ˈθɜːməs] *n* ثيرموس® [θi:rmu:s]
thermostat [ˈθɜːməˌstæt] *n* ثرموستات [θirmu:sta:t]
these [ðiːz] *adj* هؤلاء ▷ *pron* هؤلاء
they [ðeɪ] *pron* هُم
thick [θɪk] *adj* سَميك [sami:k]
thickness [ˈθɪknɪs] *n* سَماكة [sama:ka]
thief [θiːf] *n* لص [lisˤsˤ]
thigh [θaɪ] *n* فخذ [faxð]
thin [θɪn] *adj* نحيف [naħi:f]
thing [θɪŋ] *n* أمْر [ʔamr]
think [θɪŋk] *v* يُفكر [jufakkiru]
third [θɜːd] *adj* ثالث [θa:liθ] ▷ *n* الثالث [aθ-θa:liθu]; **third-party insurance** *n* تأمين عن الطرف الثالث [Tameen lada algheer]; **Third World** *n* العالم الثالث [Al-ʼaalam al-thaleth]
thirdly [θɜːdlɪ] *adv* ثالثاً [θa:liθan]
thirst [θɜːst] *n* ظمأ [zˤama]
thirsty [ˈθɜːstɪ] *adj* ظمآن [zˤamʔa:n]

thirteen ['θɜː'tiːn] *number* ثلاثة عشر [θala:θata ʕaʃara]
thirteenth ['θɜː'tiːnθ; 'thir'teenth] *adj* ثالث عشر [θa:liθa ʕaʃara]
thirty ['θɜːtɪ] *number* ثلاثون [θala:θu:na]
this [ðɪs] *adj* هذا [haða:] ▷ *pron* هذا [haða:]; **I'll have this** سوف أتناول هذا [sawfa ata-nawal hadha]; **What is in this?** ماذا يوجد في هذا؟ [madha yujad fee hadha?]
thistle ['θɪsᵊl] *n* شَوْك [ʃawk]
thorn [θɔːn] *n* شَوْكَة [ʃawka]
thorough ['θʌrə] *adj* شامِل [ʃa:mil]
thoroughly ['θʌrəlɪ] *adv* بشكل شامل [Be-shakl shamel]
those [ðəʊz] *adj* هذه ▷ *pron* هؤلاء
though [ðəʊ] *adv* رغم ذلك [Raghm dhalek] ▷ *conj* ولو أن
thought [θɔːt] *n* تفكير [tafki:r]
thoughtful ['θɔːtfʊl] *adj* مستغرق في التفكير [Mostaghre'q fee al-tafkeer]
thoughtless ['θɔːtlɪs] *adj* طائش [tˁa:ʔiʃ]
thousand ['θaʊzənd] *number* ألف [ʔalfun]
thousandth ['θaʊzənθ; 'thousandth] *adj* الألف [al-ʔalfu] ▷ *n* جزء من ألف [Joza men al alf]
thread [θrɛd] *n* خَيْط [xajtˁ]
threat [θrɛt] *n* تهديد [tahdi:d]
threaten ['θrɛtᵊn] *v* يُهَدِد [juhaddidu]
threatening ['θrɛtᵊnɪŋ] *adj* تهديدي [tahdi:dij]
three [θriː] *number* ثلاثة [θala:θatun]
three-dimensional [ˌθriːdɪ'mɛnʃənᵊl] *adj* ثلاثي الأبعاد [Tholathy al-ab'aad]
thrifty ['θrɪftɪ] *adj* مزدهر [muzdahir]
thrill [θrɪl] *n* رعشة [raʕʃa]
thrilled [θrɪld] *adj* مُنتشي [muntaʃij]
thriller ['θrɪlə] *n* تَشْويق [taʃwi:q]
thrilling ['θrɪlɪŋ; 'thrilling] *adj* مُفرِح [mufriħ]
throat [θrəʊt] *n* حنجرة [ħanʒura]
throb [θrɒb] *v* يَخفِق [jaxfiqu]
throne [θrəʊn] *n* عرش [ʕarʃ]
through [θruː] *prep* خلال [xila:la]
throughout [θruː'aʊt] *prep* طوال [tˁiwa:la]
throw [θrəʊ] *v* يَرمي [jarmi:]
throw away [θrəʊ ə'weɪ] *v* يَتَخَلَّص [jataxallasˁu]
throw out [θrəʊ aʊt] *v* يَقْذِف [jaqðifu]
throw up [θrəʊ ʌp] *v* يقيء [jaqi:ʔu]
thrush [θrʌʃ] *n* دُجّ [duʒʒ]
thug [θʌg] *n* سَفّاح [saffa:ħ]
thumb [θʌm] *n* إبهام اليد [Ebham al-yad]
thumb tack ['θʌmˌtæk] *n* مسمار صغير يدفع بالإبهام [Mesmar sagheer yodfa'a bel-ebham]
thump [θʌmp] *v* يجلد [juʒallidu]
thunder ['θʌndə] *n* رَعْد [raʕd]
thunderstorm ['θʌndəˌstɔːm] *n* عاصفة رعدية ['aasefah ra'adeyah]
thundery ['θʌndərɪ] *adj* مصحوب برعد [Maṣḥoob bera'ad]
Thursday ['θɜːzdɪ] *n* يوم الخميس [jawmul xami:si]; **on Thursday** في يوم الخميس [fee yawm al-khamees]
thyme [taɪm] *n* الزعتر [az-zaʕtari]
Tibet [tɪ'bɛt] *n* تيبت [ti:bit]
Tibetan [tɪ'bɛtᵊn] *adj* تيبيتي [ti:bi:tij] ▷ *n* *(language)* اللغة التيبتية [Al-loghah al-tebeteyah], *(person)* شخص تيبيتي [Shakhṣ tebetey]
tick [tɪk] *n* حشرة القرادة [Hashrat al-'qaradah] ▷ *v* يُتَكْتِك [jutaktiku]
ticket ['tɪkɪt] *n* تذكرة [taðkira]; **bus ticket** *n* تذكرة أوتوبيس [tadhkarat otobees]; **one-way ticket** *n* تذكرة ذهاب [tadhkarat dhehab]; **parking ticket** *n* تذكرة الركن [tadhkarat al-rokn]; **return ticket** *n* تذكرة إياب [tadhkarat eyab]; **season ticket** *n* التذاكر الموسمية [Al-tadhaker al-mawsemeyah]; **single ticket** *n* تذكرة فردية [tadhkarat fardeyah]; **stand-by ticket** *n* تذكرة انتظار [tadhkarat entedhar]; **ticket barrier** *n* حاجز وضع التذاكر [Hajez wad'a al-tadhaker]; **ticket collector** *n* جامع التذاكر [Jame'a al-tadhaker]; **ticket inspector** *n* مفتش التذاكر [Mofatesh tadhaker]; **ticket machine** *n* ماكينة

التذاكر [Makenat al-taḍhaker]; **ticket office** *n* مكتب التذاكر [Maktab al-taḍhaker]
tickle [ˈtɪkᵊl] *v* يُدغدِغ [judaydiɣu]
ticklish [ˈtɪklɪʃ] *adj* سريع الغضب [Saree'a al-ghaḍab]
tick off [tɪk ɒf] *v* يَضَع عَلامة صَح [Beḍa'a 'aalamat ṣaḥ]
tide [taɪd] *n* مد وجزر [Mad wa-jazr]
tidy [ˈtaɪdɪ] *adj* مرتب [murattab] ▷ *v* يُرَتِّب [jurattibu]
tidy up [ˈtaɪdɪ ʌp] *v* يُهَنْدِم [juhandimu]
tie [taɪ] *n* رباط العنق [Rebaṭ al-'aono'q] ▷ *v* يُقَيِّد [juqajjidu]; **bow tie** *n* رباط عنق على شكل فراشة [Rebaṭ 'ala shakl frashah]
tie up [taɪ ʌp] *v* يَرْتَبِط مع [Yartabeṭ ma'aa]
tiger [ˈtaɪɡə] *n* نمر مخطط [Namer mokhaṭaṭ]
tight [taɪt] *adj* مُحْكَم [muħkam]
tighten [ˈtaɪtᵊn] *v* يُضَيِّق [judˤajjiqu]
tights [taɪts] *npl* بنطلون ضيق [banṭaloon ḍaye'q]
tile [taɪl] *n* أنبوب فخاري [Onbob fokhary]
tiled [ˈtaɪld] *adj* مكسو بالقرميد [Makso bel-'qarmeed]
till [tɪl] *conj* إلى أن ▷ *n* دُرج النقود [Dorj al-no'qood]
timber [ˈtɪmbə] *n* أشجار الغابات [Ashjaar al-ghabat]
time [taɪm] *n* وَقْت [waqt]; **closing time** *n* وَقْت الإغلاق [Wa'qt al-eghlaa'q]; **dinner time** *n* وَقْت العشاء [Wa'qt al-'aashaa]; **on time** *adj* في الموعد المحدد [Fee al-maw'aed al-moḥadad]; **spare time** *n* وَقْت فراغ [Wa'qt faragh]; **time off** *n* أجازة [ʔaʒa:zatun]; **time zone** *n* نطاق زمني [Neṭa'q zamaney]
time bomb [ˈtaɪmˌbɒm] *n* قنبلة موقوتة ['qonbolah maw'qota]
timer [ˈtaɪmə] *n* ميقاتي [mi:qa:tij]
timeshare [ˈtaɪmˌʃɛə] *n* مُشاركة في الوقت [Mosharakah fee al-wa'qt]
timetable [ˈtaɪmˌteɪbᵊl] *n* جدول زمني [Jadwal zamaney]
tin [tɪn] *n* صفيح [sˤafi:ħ]; **tin-opener** *n* فتاحة علب [fatta ḥat 'aolab]
tinfoil [ˈtɪnˌfɔɪl] *n* ورق فضي [Wara'q feḍey]
tinned [tɪnd] *adj* معلب [muʕallab]
tinsel [ˈtɪnsəl] *n* أشرطة للزينة [Ashreṭah lel-zeena]
tinted [ˈtɪntɪd] *adj* ملون على نحو خفيف [Molawan ala naḥw khafeef]
tiny [ˈtaɪnɪ] *adj* ضئيل [dˤaʔijl]
tip [tɪp] *n (end of object)* طرف مستدق [Ṭaraf mostabe'q], *(reward)* إكرامية [ʔikra:mijja], *(suggestion)* فكرة مفيدة [Fekrah mofeedah] ▷ *v (incline)* يَميل [jami:lu], *(reward)* يمنح بقشيشاً [Yamnaḥ ba'qsheeshan]
tipsy [ˈtɪpsɪ] *adj* مترنح [mutarannih]
tiptoe [ˈtɪpˌtəʊ] *n* رَأس إصبع القدم [Raas eṣbe'a al-'qadam]
tired [ˈtaɪəd] *adj* متعب [mutʕab]
tiring [ˈtaɪəɪŋ] *adj* منهك [munhak]
tissue [ˈtɪsjuː; ˈtɪʃuː] *n (anatomy)* نَسيج الجِسْم [Naseej al-jesm], *(paper)* منديل ورقي [Mandeel wara'qey]
title [ˈtaɪtᵊl] *n* لَقَبٌ [laqab]
to [tuː; tʊ; tə] *prep* إلى [ʔila:]; **Can I speak to Mr...?** هل يمكن أن أتحدث إلى السيد... [hal yamken an ata-ḥadath ela al-sayid...?]; **I need someone to look after the children tonight** أحتاج إلى شخص يعتني بالأطفال ليلًا [aḥtaaj ela shakhiṣ y'atany be-al-aṭfaal laylan]; **I need to get to...** أريد أن أذهب إلى... [Areed an adhhab ela...]; **I'm going to...** سوف أذهب إلى... [Sawf adhhab ela]; **When is the first bus to...?** ما هو موعد أول أتوبيس متجه إلى... [ma howa maw-'aid awal baaṣ mutajih ela...?]
toad [təʊd] *n* ضفدع الطين [Ḍofda'a al- ṭeen]
toadstool [ˈtəʊdˌstuːl] *n* فطر الغاريقون [Feṭr al-gharekoon]
toast [təʊst] *n (grilled bread)* خبز محمص [Khobz mohammṣ], *(tribute)* مشروب النَّخْب [Mashroob al-nnkhb]
toaster [ˈtəʊstə] *n* محمصة خبز كهربائية

[Mohamaṣat khobz kahrobaeyah]
tobacco [tə'bækəʊ] *n* تبغ [tibɣ]
tobacconist's [tə'bækənɪsts] *n* مَتجر السجائر [Matjar al-sajaaer]
tobogganing [tə'bɒgənɪŋ] *n* تزلق [tazaluq]
today [tə'deɪ] *adv* اليَوْم [aljawma]
toddler ['tɒdlə] *n* طفل صغير عادة ما بين السنة الأولى والثانية [Ṭefl ṣagheer 'aaadatan ma bayn al-sanah wal- sana-tayen]
toe [təʊ] *n* إصبع القدم [Eṣbe'a al'qadam]
toffee ['tɒfɪ] *n* حلوى [ħalwa:]
together [tə'gɛðə] *adv* سويا [sawijjan]
Togo ['təʊgəʊ] *n* توجو [tu:ʒu:]
toilet ['tɔɪlɪt] *n* حمام [ħamma:m]; **toilet bag** *n* حقيبة أدوات الاستحمام [Ha'qeebat adwat al-estehmam]; **toilet paper** *n* ورق المرحاض [Wara'q al-merḥaḍ]; **toilet roll** *n* لفة ورق المرحاض [Lafat wara'q al-merhad]; **Are there any accessible toilets?** هل توجد حمامات مناسبة للمعاقين؟ [hal tojad ḥama-maat muna-seba lel-mu'aa'qeen?]; **Can I use the toilet?** هل يمكن أن استعمل الحمام؟ [hal yamken an asta'a-mil al-ḥam-maam?]; **Is there a toilet on board?** هل هناك حمام في الأتوبيس؟ [hal hunaka ḥamaam fee al-oto-bees?]
toiletries ['tɔɪlɪtri:s] *npl* مستلزمات الحمام [Mostalzamat al-hammam]
token ['təʊkən] *n* علامة [ʕala:ma]
tolerant ['tɒlərənt] *adj* متسامح [mutasa:miħ]
toll [təʊl] *n* رسوم [rusu:m]; **Is there a toll on this motorway?** هل هناك رسوم يتم دفعها للمرور بهذا الطريق؟ [hal hunaka risoom yatim daf-'aaha lel-miroor be-hadha al- ṭaree'q?]; **Where can I pay the toll?** أين سأدفع رسوم المرور بالطريق؟ [ayna sa-adfa'a rosom al-miroor bil-ṭaree'q?]
tomato, tomatoes [tə'mɑ:təʊ, tə'mɑ:təʊz] *n* طماطم [tˤama:tˤim]; **tomato sauce** *n* صلصة طماطم [Ṣalṣat ṭamaṭem]
tomb [tu:m] *n* مقبرة [maqbara]
tomboy ['tɒm,bɔɪ] *n* فتاة متشبهة بالصبيان [fata:tun mutaʃabbihatun bisˤsˤabja:ni]
tomorrow [tə'mɒrəʊ] *adv* غداً [ɣadan]
ton [tʌn] *n* طنّ [tˤunn]
tone [təʊn] *n*; **dialling tone** *n* نغمة الاتصال [Naghamat al-eteṣal]; **engaged tone** *n* رنين انشغال الخط [Raneen ensheghal al-khaṭ]
Tonga ['tɒŋgə] *n* مملكة تونجا [Mamlakat tonja]
tongue [tʌŋ] *n* لسان [lisa:n]; **mother tongue** *n* اللغة الأم [Al loghah al om]
tonic ['tɒnɪk] *n* دواء مُقوِي [Dawaa mo'qawey]
tonight [tə'naɪt] *adv* في هذه الليلة [Fee hadheh al-laylah]
tonsillitis [,tɒnsɪ'laɪtɪs] *n* التهاب اللوزتين [Eltehab al-lawzateyn]
tonsils ['tɒnsəlz] *npl* لوزتين [lawzatajni]
too [tu:] *adv* أيضا [ʔajdˤan]
tool [tu:l] *n* أداة [ʔada:t]
tooth, teeth ['tu:θ, ti:θ] *n* سِن [sin]; **wisdom tooth** *n* ضرس العقل [Ḍers al-a'aql]
toothache ['tu:θ,eɪk] *n* وجع الأسنان [Waja'a al-asnaan]
toothbrush ['tu:θ,brʌʃ] *n* فرشاة الأسنان [Forshat al-asnaan]
toothpaste ['tu:θ,peɪst] *n* معجون الأسنان [ma'ajoon asnan]
toothpick ['tu:θ,pɪk] *n* عود الأسنان ['aood al-asnan]
top [tɒp] *adj* علوي [ʕulwij] ▷ *n* قمة [qima]
topic ['tɒpɪk] *n* موضوع مقالة أو حديث [Mawḍoo'a ma'qaalah aw hadeeth]
topical ['tɒpɪkᵊl] *adj* موضعي [mawdˤiʕij]
top-secret ['tɒp'si:krɪt] *adj* سري للغاية [Serey lel-ghayah]
top up [tɒp ʌp] *v*; **Can you top up the windscreen washers?** هل يمكن أن تملئ خزان المياه لمساحات الزجاج؟ [hal yamken an tamlee khazaan al-meaah le-massa-ḥaat al-zujaaj?]; **Where can I buy a top-up card?** أين يمكن أن أشتري

كارت إعادة شحن [ayna yamken an ash-tary kart e-'aadat shahin?]
torch [tɔːtʃ] *n* كشاف كهربائي [Kashaf kahrabaey]
tornado [tɔːˈneɪdəʊ] *n* إعصار قمعي [E'aṣar 'qam'ay]
tortoise [ˈtɔːtəs] *n* سُلحفاة [sulħufaːt]
torture [ˈtɔːtʃə] *n* تعذيب [taʕðiːb] ▷ *v* يُعَذِب [juʕaððibu]
toss [tɒs] *v* يقذف [jaqðifu]
total [ˈtəʊtᵊl] *adj* إجمالي [ʔiʒmaːlij] ▷ *n* إجمالي [ʔiʒmaːlij]
totally [ˈtəʊtᵊlɪ] *adv* بشكل كامل [Beshakl kaamel]
touch [tʌtʃ] *v* يَلْمِس [jalmisu]
touchdown [ˈtʌtʃˌdaʊn] *n* هبوط الطائرة [Hoboot al-ṭaerah]
touched [tʌtʃt] *adj* ممسوس [mamsuːs]
touching [ˈtʌtʃɪŋ] *adj* فيما يتعلق بـ [Feema yat'ala'q be]
touchline [ˈtʌtʃˌlaɪn] *n* خط التماس [Khaṭ al-tamas]
touchpad [ˈtʌtʃˌpæd] *n* لوحة اللمس [Lawḥat al-lams]
touchy [ˈtʌtʃɪ] *adj* سريع الانفعال [Saree'a al-enfe'aal]
tough [tʌf] *adj* قوي [qawij]
toupee [ˈtuːpeɪ] *n* خصلة شعر مستعار [khoṣlat sha'ar mosta'aar]
tour [tʊə] *n* جولة [ʒawla] ▷ *v* يَتَجوَل [jataʒawwalu]; **guided tour** *n* جولة إرشادية [Jawlah ershadeyah]; **package tour** *n* خطة رحلة شاملة الإقامة والانتقالات [Khotah rehalah shamelah al-e'qamah wal-ente'qalat]; **tour guide** *n* مرشد سياحي [Morshed seyaḥey]; **tour operator** *n* منظم رحلات [monaḍhem raḥalat]
tourism [ˈtʊərɪzəm] *n* سياحة [sijaːħa]
tourist [ˈtʊərɪst] *n* سائح [saːʔiħ]; **tourist office** *n* مكتب سياحي [Maktab seayaḥey]
tournament [ˈtʊənəmənt; ˈtɔː-; ˈtɜː-] *n* سلسلة مباريات [Selselat mobarayat]
towards [təˈwɔːdz; tɔːdz] *prep* تجاه
tow away [təʊ əˈweɪ] *v* يَجُر سيارة [Yajor sayarah]
towel [ˈtaʊəl] *n* منشفة [minʃafa]; **bath towel** *n* منشفة الحمام [Manshafah alḥammam]; **dish towel** *n* فوطة تجفيف الأطباق [Foṭah tajfeef al-aṭbaa'q]; **sanitary towel** *n* منشفة صحية [Manshafah ṣeḥeyah]; **tea towel** *n* مَناشِف الصُحون [Manashef al-ṣoḥoon]
tower [ˈtaʊə] *n* بُرْج [burʒ]
town [taʊn] *n* بلدة [balda]; **town centre** *n* وَسَط المدينة [Wasaṭ al-madeenah]; **town hall** *n* دار البلدية [Dar al-baladeyah]; **town planning** *n* تخطيط المدينة [Takhṭeeṭ almadeenah]
toxic [ˈtɒksɪk] *adj* سُمي [summij]
toy [tɔɪ] *n* لعبة [luʕba]
trace [treɪs] *n* أثر [ʔaθar]
tracing paper [ˈtreɪsɪŋ ˈpeɪpə] *n* ورق شفاف [Wara'q shafaf]
track [træk] *n* مسار [masaːr]
track down [træk daʊn] *v* يَتَتبع [jatatabbaʕu]
tracksuit [ˈtrækˌsuːt; -ˌsjuːt] *n* بدلة تدريب [Badlat tadreeb]
tractor [ˈtræktə] *n* جرار [ʒaraar]
trade [treɪd] *n* تجارة [tiʒaːra]; **trade union** *n* نقابة العمال [Ne'qabat al-'aomal]; **trade unionist** *n* عضو نقابة عمالية ['aḍw ne'qabah a'omaleyah]
trademark [ˈtreɪdˌmɑːk] *n* علامة تجارية ['alamah tejareyah]
tradition [trəˈdɪʃən] *n* تقليد [taqliːd]
traditional [trəˈdɪʃənᵊl] *adj* تقليدي [taqliːdij]
traffic [ˈtræfɪk] *n* مُرور [muruːr]; **traffic jam** *n* ازدحام المرور [Ezdeḥam al-moror]; **traffic lights** *npl* إشارات المرور [Esharaat al-moroor]; **traffic warden** *n* شُرطي المرور [Shrṭey al-moror]
tragedy [ˈtrædʒɪdɪ] *n* مأساة [maʔsaːt]
tragic [ˈtrædʒɪk] *adj* مأساوي [maʔsaːwij]
trailer [ˈtreɪlə] *n* عربة مقطورة ['arabat ma'qtoorah]
train [treɪn] *n* قطار [qitˤaːr] ▷ *v* يُدرب [judarribu]; **Does the train stop at...?**

هل يتوقف القطار في...؟ [hal yata-wa'qaf al-'qeṭaar fee...?]; **How frequent are the trains to...?** ما هي المدة الفاصلة بين القطارات؟ [Ma heya almodah alfaselah bayn al'qeṭaraat]; **I've missed my train** لم أتمكن من اللحاق بالقطار [lam atamakan min al-leḥa'q bil-'qeṭaar]; **Is the train wheelchair-accessible?** هل يمكن الوصول إلى القطار بالكراسي المتحركة؟ [hal yamken al-wiṣool ela al-'qeṭaar bel-karasi al-mutaḥarika?]; **Is this the train for...?** هل هذا هو القطار المتجه إلى...؟ [hal hadha howa al-'qeṭaar al-mutajeh ela...?]; **The next available train, please** ما هو موعد القطار التالي من فضلك؟ [ma howa maw-'aid al-'qeṭaar al-taaly min faḍlak?]; **What time does the train arrive in...?** ما هو موعد وصول القطار إلى... [ma howa maw-'aid wiṣool al-'qeṭaar ela...?]; **What time does the train leave?** ما هو موعد مغادرة القطار؟ [ma howa maw-'aid mughadarat al-'qeṭaar?]; **When is the first train to...?** ما هو موعد أول قطار متجه إلى...؟ [ma howa maw-'aid awal 'qeṭaar mutajih ela...?]; **When is the next train to...?** ما هو موعد القطار التالي المتجه إلى...؟ [ma howa maw-'aid al-'qeṭaar al-taaly al-mutajih ela...?]; **Where can I get a train to...?** كيف يمكن أن أركب القطار المتجه إلى... [kayfa yamkin an arkab al-'qetaar al-mutajih ela...?]; **Which platform does the train leave from?** على أي رصيف يغادر القطار؟ ['ala ay raṣeef yo-ghader al-'qeṭaar?]

trained ['treɪnd] *adj* مُدَرَب [mudarrib]

trainee [treɪ'niː] *n* متدرب [mutadarrib]

trainer ['treɪnə] *n* مُدَرِب [mudarrib]

trainers ['treɪnəz] *npl* مدربون [mudarribu:na]

training ['treɪnɪŋ] *n* تدريب [tadri:b]; **training course** *n* دروة تدريبية [Dawrah tadreebeyah]

tram [træm] *n* ترام [tra:m]

tramp [træmp] *n (beggar)* مُتَسَوِّل [mutasawwil], *(long walk)* رحلة سيرًا على الأقدام [rehalah sayran ala al-a'qdam]

trampoline ['træmpəlɪn; -ˌliːn] *n* منصة البهلوان [Manaṣat al-bahlawan]

tranquillizer ['træŋkwɪˌlaɪzə] *n* مُهَدِّئ [muhaddi?]

transaction [træn'zækʃən] *n* مُعَاملة [muʕa:mala]

transcript ['trænskrɪpt] *n* سجل مدرسي [Sejel madrasey]

transfer *n* ['trænsfɜː] تحويل [taħwi:l] ▷ *v* [træns'fɜː] تحويل [taħwi:lun]; **How long will it take to transfer?** كم يستغرق التحويل؟ [kam yasta-ghri'q al-taḥweel?]; **I would like to transfer some money from my account** أريد تحويل بعض الأموال من حسابي [areed taḥweel ba'aḍ al-amwal min ḥesaaby]; **Is there a transfer charge?** هل يحتسب رسم تحويل؟ [hal yoḥ-tasab rasim taḥ-weel?]

transform [træns'fɔːm] *v* يُبَدِل [jubaddilu]

transfusion [træns'fjuːʒən] *n* نقل الدم [Na'ql al-dam]; **blood transfusion** *n* نقل الدم [Na'ql al-dam]

transistor [træn'zɪstə] *n* ترانزستور [tra:nzistu:r]

transit ['trænsɪt; 'trænz-] *n* عبور [ʕubu:r]; **transit lounge** *n* صالة العبور [Ṣalat al'aoboor]

transition [træn'zɪʃən] *n* انتقال [intiqa:l]

translate [træns'leɪt; trænz-] *v* يُترجم [jutarʒimu]

translation [træns'leɪʃən; trænz-] *n* ترجمة [tarʒama]

translator [træns'leɪtə; trænz-; trans'lator] *n* مترجم [muntarʒim]

transparent [træns'pærənt; -'pɛər-] *adj* شَفَّاف [ʃaffa:f]

transplant ['træns,plɑːnt] *n* زرع الأعضاء [Zar'a al-a'aḍaa]

transport *n* ['træns,pɔːt] نقل [naql] ▷ *v* [træns'pɔːt] ينقل [junqalu]; **public transport** *n* نقل عام [Na'ql 'aam]

transvestite [trænz'vɛstaɪt] *n* المخنث [al-muxannaθu]

trap [træp] *n* مصيدة [misˤjada]

trash [træʃ] *n* قمامة [quma:ma]
traumatic ['trɔːməˌtɪk] *adj* جرحي [ʒarħij]
travel ['trævᵊl] *n* سفر [safar] ▷ *v* يُسافر [jusa:firu]; **travel agency** *n* وكالة سفريات [Wakalat safareyat]; **travel agent's** *n* مكتب وكيل السفريات [Maktab wakeel al-safareyat]; **travel sickness** *n* دُوار السفر [Dowar al-safar]
traveller ['trævələ; 'trævlə] *n* مسافر [musa:fir]; **traveller's cheque** *n* شيك سياحي [Sheek seyahey]
travelling ['trævᵊlɪŋ] *n* سَفَر [safar]
tray [treɪ] *n* صينية [sˤi:nijja]
treacle ['triːkᵊl] *n* دِبْس السكّر [Debs al-sokor]
tread [trɛd] *v* يَدوس [jadu:su]
treasure ['trɛʒə] *n* كنز [kanz]
treasurer ['trɛʒərə] *n* أمين الصندوق [Ameen alṣondoo'q]
treat [triːt] *n* دعوة إلى طعام أو شراب [Dawah elaa ṭa'aam aw sharaab] ▷ *v* يَستضيف [jastadˤi:fu]
treatment ['triːtmənt] *n* معاملة [muʕa:mala]
treaty ['triːtɪ] *n* معاهدة [muʕa:hada]
treble ['trɛbᵊl] *v* يَزداد ثلاثة أضعاف [Yazdad thalathat aḍ'aaf]
tree [triː] *n* شجرة [ʃaʒara]
trek [trɛk] *n* رحلة بعربة ثيران [Rehlah be-arabat theran] ▷ *v* يُسافِر سَفْرَة طَويلَة [jusa:firu safratan tˤawi:latan]
trekking ['trɛkɪŋ] *n*; **I'd like to go pony trekking** أود أن أقوم بنزهة على ظهر الخيول؟ [awid an a'qoom be-nozha 'aala ḍhahir al-khiyool]
tremble ['trɛmbᵊl] *v* يَرتعِد [jartaʕidu]
tremendous [trɪ'mɛndəs] *adj* هائل [ha:ʔil]
trench [trɛntʃ] *n* خَنْدَق [xandaq]
trend [trɛnd] *n* نزعة [nazʕa] ▷ *v* يتجه وينتشر [jattaʒihu wa-jantaʃiru]
trendy ['trɛndɪ] *adj* مواكب للموضة [Mowakeb lel-moḍah]
trial ['traɪəl] *n* محاكمة [muħa:kama]; **trial period** *n* فترة المحاكمة [Fatrat al-moḥkamah]
triangle ['traɪˌæŋgᵊl] *n* مثلث [muθallaθ]
tribe [traɪb] *n* قبيلة [qabi:la]
tribunal [traɪ'bjuːnᵊl; trɪ-] *n* محكمة [maħkama]
trick [trɪk] *n* خدعة [xudʕa] ▷ *v* يُوهِم [juhimu]
tricky ['trɪkɪ] *adj* مخادع [muxa:diʕ]
tricycle ['traɪsɪkᵊl] *n* دراجة ثلاثية [Darrajah tholatheyah]
trifle ['traɪfᵊl] *n* تَافِه [ta:fih]
trim [trɪm] *v* يُزَين [juzajjinu]
Trinidad and Tobago ['trɪnɪˌdæd ænd tə'beɪgəʊ] *n* جمهورية ترينيداد وتوباغو [ʒumhu:rijjatu tri:ni:da:d wa tu:ba:ɣu:]
trip [trɪp] *n* رحلة قصيرة [Rehalh 'qaṣeerah]; **business trip** *n* رحلة عمل [Reḥlat 'aamal]; **round trip** *n* رحلةانكفائية [Reḥlah enkefaeyah]; **trip (up)** *v* يَتَعَثَّر [jataʕaθθaru]
triple ['trɪpᵊl] *adj* ثلاثي [θula:θij]
triplets ['trɪplɪts] *npl* ثُلاثِي [θula:θijjun]
triumph ['traɪəmf] *n* انتصار [intisˤa:r] ▷ *v* يَنْتَصِر [jantasˤiru]
trivial ['trɪvɪəl] *adj* تَافِه [ta:fih]
trolley ['trɒlɪ] *n* عربة الترولي ['arabat al-troley]; **luggage trolley** *n* عربة حقائب السفر ['arabat ḥa'qaaeb al-safar]; **shopping trolley** *n* ترولي التسوق [Trolley altasaw'q]
trombone [trɒm'bəʊn] *n* ترومبون [tru:mbu:n]
troops ['truːps] *npl* فرق كشافة [Fear'q kashafah]
trophy ['trəʊfɪ] *n* تذكار انتصار [tedhkaar enteṣar]
tropical ['trɒpɪkᵊl] *adj* استوائي [istiwa:ʔij]
trot [trɒt] *v* يَخِبُّ الفَرَس [Yakheb al-faras]
trouble ['trʌbᵊl] *n* قلق [qalaq]
troublemaker ['trʌbᵊlˌmeɪkə] *n* مثير المتاعب [Mother al-mataa'aeb]
trough [trɒf] *n* جُرن [ʒurn]
trousers ['traʊzəz] *npl* بَنطلون [bantˤalu:nun]

trout [traʊt] *n* سمك السَّلْمون المُرَقَّط [Samak al-salamon almora'qaṭ]
trowel ['traʊəl] *n* مسطرين [mistˤarajni]
truant ['tru:ənt] *n*; **play truant** *v* يتغيب [jataɣajjabu]
truce [tru:s] *n* هدنة [hudna]
truck [trʌk] *n* شاحِنة [ʃa:ħina]; **breakdown truck** *n* شاحنة قَطْر [Shaḥenat 'qaṭr]; **truck driver** *n* سائق شاحنة [Sae'q shahenah]
true [tru:] *adj* حقيقي [ħaqi:qij]
truly ['tru:lɪ] *adv* بحَقٍّ [biħaqqin]
trumpet ['trʌmpɪt] *n* بُوق [bu:q]
trunk [trʌŋk] *n* جِذْع [ʒiðʕ]; **swimming trunks** *npl* سِروال سباحة [Serwl sebaḥah]
trunks [trʌŋks] *npl* بنطلون قصير [Banṭaloon 'qaṣeer]
trust [trʌst] *n* ائتمان [iʔtima:n] ▷ *v* يَثِق ب [Yathe'q be]
trusting ['trʌstɪŋ] *adj* مؤتمن [muʔtaman]
truth [tru:θ] *n* حقيقة [ħaqi:qa]
truthful ['tru:θfʊl] *adj* صادق [sˤa:diq]
try [traɪ] *n* تجربة [taʒriba] ▷ *v* يُجَرب [juʒarribu]
try on [traɪ ɒn] *v* يَقِيس ثوباً [Ya'qees thawban]
try out [traɪ aʊt] *v* يَضع تحت الاختبار [Yaḍa'a taḥt al-ekhtebar]
T-shirt ['ti:ˌʃɜ:t] *n* قميص قصير الكمين ['qameeṣ 'qaṣeer al-kmayen]
tsunami [tsʊ'næmɪ] *n* تسونامي [tsu:na:mi:]
tube [tju:b] *n* أنبوبة [ʔunbu:ba]; **inner tube** *n* أنبوب داخلي [Anboob dakheley]; **test tube** *n* أنبوب اختبار [Anbob ekhtebar]; **tube station** *n* محطة أنفاق [Mahaṭat anfa'q]
tuberculosis [tjʊˌbɜ:kjʊ'ləʊsɪs] *n* سُلّ [sull]
Tuesday ['tju:zdɪ] *n* يوم الثلاثاء [Yawm al-tholathaa]; **Shrove Tuesday** *n* ثلاثاء المرافع [Tholathaa almrafe'a]; **on Tuesday** في يوم الثلاثاء [fee yawm al-thalathaa]
tug-of-war ['tʌgɒv'wɔ:] *n* صراع عنيف [Ṣera'a 'aneef]
tuition [tju:'ɪʃən] *n* تعليم [taʕli:m]; **tuition fees** *npl* رسوم التعليم [Rasm al-ta'aleem]
tulip ['tju:lɪp] *n* توليب [tawli:bu]
tummy ['tʌmɪ] *n* بطن [batˤn]
tumour ['tju:mə] *n* وَرَمْ [waram]
tuna ['tju:nə] *n* سمك التونة [Samak al-tonah]
tune [tju:n] *n* مقطوعة موسيقية [Ma'qṭoo'aah moose'qeyah]
Tunisia [tju:'nɪzɪə; -'nɪsɪə] *n* تونس [tu:nus]
Tunisian [tju:'nɪzɪən; -'nɪsɪən] *adj* تونسي [tu:nusij] ▷ *n* تونسي [tu:nusij]
tunnel ['tʌnᵊl] *n* نفق [nafaq]
turbulence ['tɜ:bjʊləns] *n* اضطراب [idˤtˤira:b]
Turk [tɜ:k] *n* تُركي [turkij]
turkey ['tɜ:kɪ] *n* ديِّك رومي [Deek roomey]
Turkey ['tɜ:kɪ] *n* تركيا [turkija:]
Turkish ['tɜ:kɪʃ] *adj* تركي [turkij] ▷ *n* تُركي [turkij]
turn [tɜ:n] *n* دَوْرَة [dawra] ▷ *v* يَدْوُر [jadu:ru]
turn around [tɜ:n ə'raʊnd] *v* يَبْرُم [jabrumu]
turn back [tɜ:n bæk] *v* يَرجِع [jarʒiʕu]
turn down [tɜ:n daʊn] *v* يُقَلِّل [juqallilu]
turning ['tɜ:nɪŋ] *n* منعطف [munʕatˤaf]; **Is this the turning for...?** هل هذا هو المنعطف الذي يؤدي إلى...؟ [hal hadha howa al-mun'aa-ṭaf al-ladhy yo-addy ela...?]; **Take the first turning on your right** أتجه نحو أول منعطف على اليمين [ʔattaʒihu naħwa ʔawwali munʕatˤafi ʕala: aljami:ni]; **Take the second turning on your left** اتجه نحو المنعطف الثاني على اليسار [Etajeh naḥw almon'ataf althaney ala alyasaar]
turnip ['tɜ:nɪp] *n* نبات اللفت [Nabat al-left]
turn off [tɜ:n ɒf] *v* يُطْفِئ [jutˤfiʔ]
turn on [tɜ:n ɒn] *v* يُشْعِل [juʃʕilu]
turn out [tɜ:n aʊt] *v* يوقِف [ju:qifu]

turnover ['tɜːnˌəʊvə] *n* انقلاب [inqila:b]
turn round [tɜːn raʊnd] *v* يَبْرُم [jabrumu]
turnstile ['tɜːnˌstaɪl] *n* بوابة متحركة [Bawabah motaharekah]
turn up [tɜːn ʌp] *v* يَظْهَر [jazˤharu]
turquoise ['tɜːkwɔɪz; -kwɑːz] *adj* فيروزي [fajruːzij]
turtle ['tɜːtᵊl] *n* سُلحفاة [sulħufa:t]
tutor ['tjuːtə] *n* مدرس خصوصي [Modares khoṣooṣey]
tutorial [tjuː'tɔːrɪəl] *n* درس خصوصي [Dars khoṣoṣey]
tuxedo [tʌk'siːdəʊ] *n* بذلة غامقة اللون للرجال [Badlah ghame'qah al-loon lel-rejal]
TV [tiː viː] *n* تليفزيون [tili:fizju:n]; **plasma TV** *n* تليفزيون بلازما [Telefezyoon ra'qamey]; **reality TV** *n* تلفزيون الواقع [Telefezyon al-wa'qe'a]; **Does the room have a TV?** هل يوجد تليفزيون بالغرفة [hal yujad tali-fizyon bil-ghurfa?]
tweet [twiːt] *v* يُعَلِّقُ على تويتر [juʕalliqu ʕala: "twitter"]
tweezers ['twiːzəz] *npl* ملاقط صغيرة [Mala'qeṭ ṣagheerah]
twelfth [twɛlfθ] *adj* ثاني عشر [θa:nija ʕaʃara]
twelve [twɛlv] *number* اثنا عشر [iθnata: ʕaʃara]
twentieth ['twɛntɪɪθ; 'twentieth] *adj* العشرون [al-ʕiʃru:na]
twenty ['twɛntɪ] *number* عشرون [ʕiʃru:na]
twice [twaɪs] *adv* مرتين [marratajni]
twin [twɪn] *n* توأم [tawʔam]; **twin beds** *npl* سريرين منفصلين [Sareerayn monfaṣelayen]; **twin room** *n* غرفة مزدوجة [Ghorfah mozdawajah]; **twin-bedded room** *n* غرفة مزودة بأسرة مزدوجة [Ghorfah mozawadah be-aserah mozdawajah]
twinned ['twɪnd] *adj* مزدوج [muzdawaʒ]
twist [twɪst] *v* يلوي [jalwi:]
twit [twɪt] *n* يَسْخَر من [Yaskhar men]
two [tuː] *num* اثنين [iθnajni]
type [taɪp] *n* نوع [nawʕ] ▷ *v* يُصَنِف [jusˤannifu]; **Have you cut my type of hair before?** هل قمت من قبل بقص شعري من نوع شعري [hal 'qumt min 'qabil be-'qaṣ sha'ar min naw'a sha'ary?]
typewriter ['taɪpˌraɪtə] *n* آلة كاتبة [aala katebah]
typhoid ['taɪfɔɪd] *n* مرض التيفود [Maraḍ al-tayfood]
typical ['tɪpɪkᵊl] *adj* نموذجي [namu:ðaʒij]
typist ['taɪpɪst] *n* تايبِسْت [ta:jbist]
tyre ['taɪə] *n* إطار العجلة [Eṭar al ajalah]; **spare tyre** *n* إطار إضافي [Eṭar eḍafy]

UFO ['ju:fəʊ] *abbr* جسم غامض [ʒismun ɣa:midˤun]
Uganda [ju:'gændə] *n* أوغندا [ʔu:ɣanda:]
Ugandan [ju:'gændən] *adj* أوغندي [ʔu:ɣandij] ▷ *n* أوغندي [ʔu:ɣandij]
ugly ['ʌglɪ] *adj* قبيح [qabi:ħ]
UK [ju: keɪ] *n* المملكة المتحدة [Al-mamlakah al-motahedah]
Ukraine [ju:'kreɪn] *n* أوكرانيا [ʔu:kra:nja:]
Ukrainian [ju:'kreɪnɪən] *adj* أوكراني [ʔu:kra:nij] ▷ *n (language)* اللغة الأوكرانية [Al loghah al okraneiah], *(person)* أوكراني [ʔu:kra:nij]
ulcer ['ʌlsə] *n* قرحة [qurħa]
Ulster ['ʌlstə] *n* مقاطعة أولستر [muqa:tˤaʕatun ʔu:lstr]
ultimate ['ʌltɪmɪt] *adj* أقصى [ʔaqsˤa:]
ultimately ['ʌltɪmɪtlɪ] *adv* حتمياً [ħatmi:an]
ultimatum [ˌʌltɪ'meɪtəm] *n* إنذار [ʔinða:r]
ultrasound ['ʌltrəˌsaʊnd] *n* موجات فوق صوتية [mawʒa:tun fawqa sˤawtijjatin]
umbrella [ʌm'brɛlə] *n* مظلة [mizˤalla]
umpire ['ʌmpaɪə] *n* حَكَم [ħakam]
UN [ju: ɛn] *abbr* الأمم المتحدة [Al-omam al-motahedah]
unable [ʌn'eɪbᵊl] *adj*; **unable to** *adj* عاجز [ʕa:ʒizun]
unacceptable [ˌʌnək'sɛptəbᵊl] *adj* غير مقبول [Ghayr ma'qool]
unanimous [ju:'nænɪməs] *adj* إجماعي [ʔiʒma:ʕij]
unattended [ˌʌnə'tɛndɪd] *adj* بدون مُرافق [Bedon morafe'q]
unavoidable [ˌʌnə'vɔɪdəbᵊl] *adj* متعذر تجنبه [Mota'adhar tajanobah]
unbearable [ʌn'bɛərəbᵊl] *adj* لا يحتمل [La yaḥtamel]
unbeatable [ʌn'bi:təbᵊl] *adj* لا يقهر [La yo'qhar]
unbelievable [ˌʌnbɪ'li:vəbᵊl] *adj* لايصدق [la:jusˤaddaq]
unbreakable [ʌn'breɪkəbᵊl] *adj* غير قابل للكسر [Ghayr 'qabel lelkasr]
uncanny [ʌn'kænɪ] *adj* غريب [ɣari:b]
uncertain [ʌn'sɜ:tᵊn] *adj* غير واثق [Ghayr wathe'q]
uncertainty [ʌn'sɜ:tᵊntɪ] *n* عدم التأكد ['adam al-taakod]
unchanged [ʌn'tʃeɪndʒd] *adj* غير متغير [Ghayr motaghayer]
uncivilized [ʌn'sɪvɪˌlaɪzd] *adj* غير متحضر [ghayer motahaḍer]
uncle ['ʌŋkᵊl] *n* عَمّ [ʕamm]
unclear [ʌn'klɪə] *adj* غير واضح [Ghayr waḍeḥ]
uncomfortable [ʌn'kʌmftəbᵊl] *adj* غير مريح [Ghaeyr moreeḥ]
unconditional [ˌʌnkən'dɪʃənᵊl] *adj* غير مشروط [Ghayr mashrooṭ]
unconscious [ʌn'kɒnʃəs] *adj* فاقد الوعي [Fa'qed al-wa'aey]
uncontrollable [ˌʌnkən'trəʊləbᵊl] *adj* متعذر التحكم فيه [Mota'adher al-tahakom feeh]
unconventional [ˌʌnkən'vɛnʃənᵊl] *adj* غير تقليدي [Gheer ta'qleedey]
undecided [ˌʌndɪ'saɪdɪd] *adj* غير مفصول فيه [Ghaey mafṣool feeh]

undeniable [ˌʌndɪˈnaɪəbᵊl] *adj* لا يمكن إنكاره [La yomken enkareh]
under [ˈʌndə] *prep* تحت [taħta]
underage [ˌʌndərˈeɪdʒ] *adj* قاصر [qaːsˤir]
underestimate [ˌʌndərɛstɪˈmeɪt] *v* يَسْتَخِف [jastaxiffu]
undergo [ˌʌndəˈɡəʊ] *v* يَتحمل [jataħammalu]
undergraduate [ˌʌndəˈɡrædjʊɪt] *n* طالب لم يتخرج بعد [ṭ aleb lam yatakharaj ba'aad]
underground *adj* [ˈʌndəˌɡraʊnd] تحت سطح الأرض [Taht sath al arḍ] ▷ *n* [ˈʌndəˌɡraʊnd] سكة حديد تحت الأرض [Sekah hadeed taht al-arḍ]
underline [ˌʌndəˈlaɪn] *v* يَرسِم خطا تحت [Yarsem khaṭan taḥt]
underneath [ˌʌndəˈniːθ] *adv* في الأسفل [Fee al-asfal] ▷ *prep* أسفل
underpaid [ˌʌndəˈpeɪd] *adj* مدفوع بأقل من القيمة [Madfoo'a be-a'qal men al-q'eemah]
underpants [ˈʌndəˌpænts] *npl* سِروال تحتي [Serwaal taḥtey]
underpass [ˈʌndəˌpɑːs] *n* مَمَر سُفْلِي [Mamar sofley]
underskirt [ˈʌndəˌskɜːt] *n* تنورة تحتية [Tanorah taḥteyah]
understand [ˌʌndəˈstænd] *v* يَفْهَم [jafhamu]
understandable [ˌʌndəˈstændəbᵊl] *adj* مفهوم [mafhuːm]
understanding [ˌʌndəˈstændɪŋ] *adj* متفهم [mutafahhim]
undertaker [ˈʌndəˌteɪkə] *n* حانوتي [ħaːnuːtij]
underwater [ˈʌndəˈwɔːtə] *adv* تحت الماء [Taḥt al-maa]
underwear [ˈʌndəˌwɛə] *n* ملابس داخلية [Malabes dakheleyah]
undisputed [ˌʌndɪˈspjuːtɪd] *adj* مُسَلَّم به [Mosalam beh]
undo [ʌnˈduː] *v* يَفُكُ [jafukku]
undoubtedly [ʌnˈdaʊtɪdlɪ; unˈdoubtedly] *adv* يَقْيناً [jaqiːnan]
undress [ʌnˈdrɛs] *v* يُعَرِّي [juʕarriː]
unemployed [ˌʌnɪmˈplɔɪd] *adj* عاطل عن العمل [ˈaatel ˈaan al-ˈaamal]
unemployment [ˌʌnɪmˈplɔɪmənt] *n* بطالة [bitˤaːla]
unexpected [ˌʌnɪkˈspɛktɪd] *adj* غير متوقع [Ghayer motwa'qa'a]
unexpectedly [ˌʌnɪkˈspɛktɪdlɪ] *adv* على نحو غير متوقع [Ala naḥw motawa'qa'a]
unfair [ʌnˈfɛə] *adj* جائر [ʒaːʔir]
unfaithful [ʌnˈfeɪθfʊl] *adj* خائن [xaːʔin]
unfamiliar [ˌʌnfəˈmɪljə] *adj* غير مألوف [Ghayer maaloof]
unfashionable [ʌnˈfæʃənəbᵊl] *adj* غير مواكب للموضة [Ghayr mowakeb lel-moḍah]
unfavourable [ʌnˈfeɪvərəbᵊl; -ˈfeɪvrə-] *adj* معاد [muʕaːd]
unfit [ʌnˈfɪt] *adj* غير صالح [Ghayer Ṣaleḥ]
unfollow [ʌnˈfɔləu] *v* يزيل متابعا [juziːlu mutaːbiʕan]
unforgettable [ˌʌnfəˈɡɛtəbᵊl] *adj* لا يمكن نسيانه [La yomken nesyanh]
unfortunately [ʌnˈfɔːtʃənɪtlɪ] *adv* لسوء الحظ [Le-soa al-haḍh]
unfriend [ʌnˈfrɛnd] *v* يزيل صديقا [juziːlu sˤadiːqan]
unfriendly [ʌnˈfrɛndlɪ] *adj* غير ودي [Ghayr wedey]
ungrateful [ʌnˈɡreɪtfʊl] *adj* عاق [ʕaːqq]
unhappy [ʌnˈhæpɪ] *adj* تعيس [taʕiːs]
unhealthy [ʌnˈhɛlθɪ] *adj* غير صحي [Ghayr ṣshey]
unhelpful [ʌnˈhɛlpfʊl] *adj* غير مفيد [Ghayr mofeed]
uni [ˈjuːnɪ] *n* أحادي [ʔuħaːdij]
unidentified [ˌʌnaɪˈdɛntɪˌfaɪd] *adj* غير محدد الهوية [Ghayr mohadad al-haweyah]
uniform [ˈjuːnɪˌfɔːm] *n* زي رسمي [Zey rasmey]; **school uniform** *n* زي مدرسي موحد [Zey madrasey mowaḥad]
unimportant [ˌʌnɪmˈpɔːtᵊnt] *adj* غير هام [Ghayr ham]

uninhabited [ˌʌnɪnˈhæbɪtɪd] *adj* غير مسكون [Ghayr maskoon]
unintentional [ˌʌnɪnˈtɛnʃənᵊl] *adj* غير متعمد [Ghayr mota'amad]
union [ˈjuːnjən] *n* اتحاد [ittiħa:d]; **European Union** *n* الاتحاد الأوروبي [Al-tehad al-orobey]; **trade union** *n* نقابة العمال [Ne'qabat al-'aomal]
unique [juːˈniːk] *adj* فريد [fari:d]
unit [ˈjuːnɪt] *n* وحدة [waħda]
unite [juːˈnaɪt] *v* يُوحد [juwaħħidu]
United Kingdom [juːˈnaɪtɪd ˈkɪŋdəm] *n* المملكة المتحدة [Al-mamlakah al-motahedah]
United States [juːˈnaɪtɪd steɪts] *n* الولايات المتحدة [Al-welayat al-motḥedah al-amreekeyah]
universe [ˈjuːnɪˌvɜːs] *n* كَوْن [kawn]
university [ˌjuːnɪˈvɜːsɪtɪ] *n* جامعة [ʒa:miʕa]
unknown [ʌnˈnəʊn] *adj* غير معروف [Gheyr ma'aroof]
unleaded [ʌnˈlɛdɪd] *n* خلو من الرصاص [Khelow men al-raṣaṣ]; **unleaded petrol** *n* بنزين خالي من الرصاص [Benzene khaly men al- raṣaṣ]
unless [ʌnˈlɛs] *conj* إلا إذا [Elaa edha]
unlike [ʌnˈlaɪk] *prep* مختلف عن [Mokhtalef an]
unlikely [ʌnˈlaɪklɪ] *adj* غير محتمل [Ghaeyr moḥtamal]
unlisted [ʌnˈlɪstɪd] *adj* غير مُدرّج [Ghayer modraj]
unload [ʌnˈləʊd] *v* يُفْرغ حمولة [Yofaregh ḥomolah]
unlock [ʌnˈlɒk] *v* يَفْتَح القفل [Yaftaḥ al-'qafl]
unlucky [ʌnˈlʌkɪ] *adj* غير محظوظ [Ghayer mahḍhooḍh]
unmarried [ʌnˈmærɪd] *adj* غير متزوج [Ghayer motazawej]
unnecessary [ʌnˈnɛsɪsərɪ; -ɪsrɪ] *adj* غير ضروري [Ghayer ḍarorey]
unofficial [ˌʌnəˈfɪʃəl] *adj* غير رسمي [Ghayer rasmey]
unpack [ʌnˈpæk] *v* يَفُك [jafuku]
unpaid [ʌnˈpeɪd] *adj* غير مسدد [Ghayr mosadad]
unpleasant [ʌnˈplɛzᵊnt] *adj* غير سار [Ghayr sar]
unplug [ʌnˈplʌg] *v* يَنزَع القابس الكهربائي [janzaʕu alqa:busi alkahraba:ʔijji]
unpopular [ʌnˈpɒpjʊlə] *adj* غير محبوب [Ghaey maḥboob]
unprecedented [ʌnˈprɛsɪˌdɛntɪd] *adj* جديد [ʒadi:d]
unpredictable [ˌʌnprɪˈdɪktəbᵊl] *adj* لا يمكن التنبؤ به [La yomken al-tanaboa beh]
unreal [ʌnˈrɪəl] *adj* غير حقيقي [Ghayer ha'qee'qey]
unrealistic [ˌʌnrɪəˈlɪstɪk] *adj* غير واقعي [Ghayer wa'qe'aey]
unreasonable [ʌnˈriːznəbᵊl] *adj* غير معقول [Ghear ma'a'qool]
unreliable [ˌʌnrɪˈlaɪəbᵊl] *adj* غير جدير بالثقة [Ghaayr jadeer bel-the'qa]
unroll [ʌnˈrəʊl] *v* يَبْسِط [jabsitˤu]
unsatisfactory [ˌʌnsætɪsˈfæktərɪ; -trɪ] *adj* غير مرضي [Ghayr marḍa]
unscrew [ʌnˈskruː] *v* يَفُكّ اللولب [Yafek al-lawlab]
unshaven [ʌnˈʃeɪvᵊn] *adj* غير حليق [Ghayr ḥalee'q]
unskilled [ʌnˈskɪld] *adj* غير بارع [gheer bare'a]
unstable [ʌnˈsteɪbᵊl] *adj* غير مستقر [Ghayr mosta'qer]
unsteady [ʌnˈstɛdɪ] *adj* متقلب [mutaqalibb]
unsuccessful [ˌʌnsəkˈsɛsfʊl] *adj* غير ناجح [ghayr najeḥ]
unsuitable [ʌnˈsuːtəbᵊl; ʌnˈsjuːt-] *adj* غير مناسب [Ghayr monaseb]
unsure [ʌnˈʃʊə] *adj* غير متأكد [Ghayer moaakad]
untidy [ʌnˈtaɪdɪ] *adj* غير مُرتب [Ghayer moratb]
untie [ʌnˈtaɪ] *v* يحُل [jaħullu]
until [ʌnˈtɪl] *conj* حتى [ħatta:] ▷ *prep* إلى أنْ
unusual [ʌnˈjuːʒʊəl] *adj* غير معتاد [Ghayer mo'ataad]

unwell [ʌn'wɛl] *adj* معتل [muʕtal]
unwind [ʌn'waɪnd] *v* يَفُكّ [jafukku]
unwise [ʌn'waɪz] *adj* غير حكيم [Ghayer hakeem]
unwrap [ʌn'ræp] *v* يَفُض [jafudˤdˤu]
unzip [ʌn'zɪp] *v* يفتح النشاط [Yaftah nashat]
up [ʌp] *adv* عالياً [ʕa:lijan]
upbringing ['ʌp,brɪŋɪŋ] *n* تربية [tarbija]
upcycle ['ʌpsaɪkl] *v* يطوّر لإعادة الاستخدام [jutˤawwiru li-ʔiʕa:dat il-istixda:m]
update *n* ['ʌp,deɪt]يَجعَله عصريا [Tej'aalah 'aṣreyan] ▷ *v* [ʌp'deɪt]يَجعَله عصريا [Tej'aalah 'aṣreyan]
upgrade [ʌp'greɪd] *n*; **I want to upgrade my ticket** أريد تغيير تذكرتي إلى درجة أعلى [areed taghyeer tadhkeraty ela daraja a'ala]
uphill ['ʌp'hɪl] *adv* قائم على مرتفع ['qaem ala mortafa'a]
upload [ʌp'ləud] *v* يرسل بالانترنت [jursilu bil-internet]
upper ['ʌpə] *adj* فوقي [fawqi:]
upright ['ʌp,raɪt] *adv* عموديا [ʕamu:dijan]
upset *adj* [ʌp'sɛt]قَلِق [qalaq] ▷ *v* [ʌp'sɛt]يَنْقَلِب [janqalibu]
upside down ['ʌp,saɪd daʊn] *adv* مقلوب رأسا على عقب [Ma'qloob raasan 'ala 'aa'qab]
upstairs ['ʌp'stɛəz] *adv* بالأعلى [Bel'aala]
uptight [ʌp'taɪt] *adj* عصبي جداً ['aṣabey jedan]
up-to-date [ʌptʊdeɪt] *adj* مُحَدَث [muħaddiθ]
upwards ['ʌpwədz] *adv* صاعداً [sˤa:ʕidan]
uranium [jʊ'reɪnɪəm] *n* يورانيوم [ju:ra:nju:mi]
urgency ['ɜ:dʒənsɪ] *n* أهمية مُلحة [Ahameiah molehah]
urgent ['ɜ:dʒənt] *adj* مُلِحّ [milħ]
urine ['jʊərɪn] *n* بَوْل [bawl]
URL [ju: ɑ: ɛl] *n* محدد مكان الموارد الموحد [muħaddidun maka:n almuwa:rid almuwaħħad]
Uruguay ['jʊərə,gwaɪ] *n* أوروجواي [uwru:ʒwa:j]
Uruguayan [,jʊərə'gwaɪən] *adj* أوروجواياني [ʔu:ru:ʒwa:ja:ni:] ▷ *n* الأوروجواياني [al-ʔu:ru:ʒwa:ja:ni:]
us [ʌs] *pron* نا [na:]; **We'd like to see nobody but us all day!** لا نريد أن نرى أي شخص آخر غيرنا طوال اليوم! [la nureed an nara ay shakhṣ akhar ghyrana ṭewaal al-yawm!]
US [ju: ɛs] *n* الولايات المتحدة [Al-welayat al-motḥedah al-amreekeyah]
USA [ju: ɛs eɪ] *n* الولايات المتحدة الأمريكية [Alwelayat almotahdah al amrikiyah]
USB stick [ju: ɛs bi:-] *n* عصا ذاكرة [ʕasˤa: ðа:kira]
use *n* [ju:s]استخدام [istixda:mu] ▷ *v* [ju:z]يَستخدِم [jastaxdimu]; **It is for my own personal use** إنه للاستخدام الشخصي [inaho lel-estikhdam al-shakhṣi]
used [ju:zd] *adj* مُستَخدَم [mustaxdamu]
useful ['ju:sfʊl] *adj* نافع [na:fiʕ]
useless ['ju:slɪs] *adj* عديم الجدوى ['aadam al-jadwa]
user ['ju:zə] *n* مُستَخْدِم [mustaxdim]; **internet user** *n* مُستخدِم الانترنت [Mostakhdem al-enternet]
user-friendly ['ju:zə,frɛndlɪ] *adj* سهل الاستخدام [Sahl al-estekhdam]
username ['ju:zəneɪm] *n* اسم المستخدم [ism il-mustaxdim]
use up [ju:z ʌp] *v* يَستهلك كلية [Yastahlek koleyatan]
usual ['ju:ʒʊəl] *adj* معتاد [muʕta:d]; **Is it usual to give a tip?** هل من المعتاد إعطاء بقشيش؟ [hal min al-mu'a-taad e'aṭaa ba'q-sheesh?]
usually ['ju:ʒʊəlɪ] *adv* عادة [ʕa:datun]
U-turn ['ju:,tɜ:n] *n* ملف على شكل حرف U [Malaf 'ala shakl ḥarf U]
Uzbekistan [,ʌzbɛkɪ'stɑ:n] *n* أوزباكستان [ʔu:zba:kista:n]

vacancy ['veɪkənsɪ] *n* عطلة [ʕutʕla]
vacant ['veɪkənt] *adj* شاغِر [ʃa:ɣir]
vacate [və'keɪt] *v* يجلو عن مكان [Yajloo 'an al-makaan]
vaccinate ['væksɪˌneɪt] *v* يُلَقِح [julaqqiħu]
vaccination [ˌvæksɪ'neɪʃən] *n* تلقيح [talqi:ħ]
vacuum ['vækjʊəm] *v* يُنَظِف بمكنسة كهربائية [junazʕzʕifu bimiknasatin kahraba:ʔijjatin]; **vacuum cleaner** *n* مكنسة كهربائية [Meknasah kahrobaeyah]
vague [veɪg] *adj* مبهم [mubham]
vain [veɪn] *adj* تافه [ta:fih]
valid ['vælɪd] *adj* مَشروع [maʃru:ʕ]
valley ['vælɪ] *n* وادي [wa:di:]
valuable ['væljʊəbᵊl] *adj* نفيس [nafi:s]
valuables ['væljʊəbᵊlz] *npl* نَفَائِس [nafa:ʔisun]
value ['vælju:] *n* قيمة [qi:ma]
vampire ['væmpaɪə] *n* مصاص دماء [Maṣaṣ demaa]
van [væn] *n* جناح [ʒana:ħ]; **breakdown van** *n* عربة الأعطال ['arabat al-a'ataal]; **removal van** *n* شاحِنة نقل [Shahenat na'ql]
vandal ['vændᵊl] *n* مخرب [muxarrib]
vandalism ['vændəˌlɪzəm] *n* تَخْرِيب [taxri:b]
vandalize ['vændəˌlaɪz] *v* يُخَّرِب المِمتلكات العامة والخاصة عن عمد [Yokhareb al-momtalakat al-'aamah 'an 'amd]
vanilla [və'nɪlə] *n* فانيليا [fa:ni:lja:]
vanish ['vænɪʃ] *v* يَغيب عن الأنظار [Yagheeb 'an al-anḍhaar]
vape [veɪp] *v* يُدَخِّن سيجارة الكترونية بخارية [judaxxinu si:ʒa:ra iliktru:ni:ja buxa:ri:ja]
variable ['vɛərɪəbᵊl] *adj* قابل للتغيير ['qabel lel-tagheyer]
varied ['vɛərɪd] *adj* معدل [muʕaddal]
variety [və'raɪɪtɪ] *n* تنوع [tanawwuʕ]
various ['vɛərɪəs] *adj* مختلف [muxtalif]
varnish ['vɑ:nɪʃ] *n* ورنيش [warni:ʃu] ▷ *v* يُصْقِل [jasʕqulu]; **nail varnish** *n* طلاء أظافر [Ṭelaa aḍhafer]
vary ['vɛərɪ] *v* يُغَيْر [juɣajjiru]
vase [vɑ:z] *n* زهرية [zahrijja]
VAT [væt] *abbr* ضريبة القيمة المضافة [dʕari:batu alqi:mati almudʕa:fati]; **Is VAT included?** هل يكون شاملاً ضريبة القيمة المضافة؟ [hal yakoon sha-melan ḍare-bat al-'qema al-muḍafa?]
Vatican ['vætɪkən] *n* الفاتيكان [al-fa:ti:ka:ni]
vault [vɔ:lt] *n*; **pole vault** *n* قفز بالزانة ['qafz bel-zanah]
veal [vi:l] *n* لحم عجل [Laḥm 'aejl]
vegan ['vi:gən] *n* نباتي [naba:tij]; **Do you have any vegan dishes?** هل يوجد أي أطباق نباتية؟ [hal yujad ay aṭbaa'q nabat-iya?]
vegetable ['vɛdʒtəbᵊl] *n* خضار [xudʕa:r]
vegetarian [ˌvɛdʒɪ'tɛərɪən] *adj* نباتي [naba:tij] ▷ *n* نباتي [naba:tij]; **Do you have any vegetarian dishes?** هل يوجد أي أطباق نباتية؟ [hal yujad ay aṭbaa'q nabat-iya?]
vegetation [ˌvɛdʒɪ'teɪʃən] *n* حياة نباتية [Hayah Nabateyah]
vehicle ['vi:ɪkᵊl] *n* عَرَبة [ʕaraba]
veil [veɪl] *n* خمار [xima:r]
vein [veɪn] *n* وريد [wari:d]

Velcro® ['vɛlkrəʊ] *n* ®فيلكرو [fi:lkru:]
velvet ['vɛlvɪt] *n* نُعُومة [nuʕu:ma]
vendor ['vɛndɔ:] *n* بائع [ba:ʔiʕ]
Venezuela [ˌvɛnɪ'zweɪlə] *n* فنزويلا [finzwi:la:]
Venezuelan [ˌvɛnɪ'zweɪlən] *adj* فنزويلي [finizwi:li:] ▷ *n* فنزويلي [finizwi:li:]
venison ['vɛnɪzᵊn; -sᵊn] *n* لحم غزال [Laḥm ghazal]
venom ['vɛnəm] *n* سُمّ [summ]
ventilation [ˌvɛntɪ'leɪʃən] *n* تهوية [tahwijatin]
venue ['vɛnju:] *n* مكان الحوادث [Makan al-ḥawadeth]
verb [vɜ:b] *n* فعل [fiʕl]
verdict ['vɜ:dɪkt] *n* حُكم المحلفين [Hokm al-mohallefeen]
versatile ['vɜ:səˌtaɪl] *adj* متعدد الجوانب [Mota'aded al-jawaneb]
version ['vɜ:ʃən; -ʒən] *n* نسخة [nusxa]
versus ['vɜ:səs] *prep* ضد [dˁiddun]
vertical ['vɜ:tɪkᵊl] *adj* رَأسي [raʔsij]
vertigo ['vɜ:tɪˌgəʊ] *n* دُوار [duwa:r]
very ['vɛrɪ] *adv* جدا [ʒidan]
vest [vɛst] *n* صدرة [sˁadra]
vet [vɛt] *n* طبيب بيطري [Ṭabeeb bayṭareey]
veteran ['vɛtərən; 'vɛtrən] *adj* محنك [muħannak] ▷ *n* محارب قديم [Moḥareb 'qadeem]
veto ['vi:təʊ] *n* حق الرفض [Ha'q al-rafḍ]
via ['vaɪə] *prep* عن طريق [An ṭaree'q al-khaṭaa]
vicar ['vɪkə] *n* قِسّ [qiss]
vice [vaɪs] *n* رذيلة [raðiːla]
vice versa ['vaɪsɪ 'vɜ:sə] *adv* والعكس كذلك [Wal-'aaks kaḍalek]
vicinity [vɪ'sɪnɪtɪ] *n* منطقة مجاورة [Menta'qat mojawerah]
vicious ['vɪʃəs] *adj* أثيم [ʔaθi:m]
victim ['vɪktɪm] *n* ضحية [dˁaħijja]
victory ['vɪktərɪ] *n* نصر [nasˁr]
video ['vɪdɪˌəʊ] *n* فيديو [fi:dju:]; **video camera** *n* كاميرا فيديو [Kamera fedyo]
videophone ['vɪdɪəˌfəʊn] *n* هاتف مرئي [Hatef mareay]

Vietnam [ˌvjɛt'næm] *n* فيتنام [fi:tna:m]
Vietnamese [ˌvjɛtnə'mi:z] *adj* فيتنامي [fi:tna:mij] ▷ *n* *(language)* اللغة الفيتنامية [Al-loghah al-fetnameyah], *(person)* شخص فيتنامي [Shakhṣ fetnamey]
view [vju:] *n* منظر [manzˁar]
viewer ['vju:ə] *n* مشاهد التلفزيون [Moshahadat al-telefezyon]
viewpoint ['vju:ˌpɔɪnt] *n* وجهة نظر [Wejhat naḍhar]
vile [vaɪl] *adj* وَضيع [wadˁi:ʕ]
villa ['vɪlə] *n* فيلا [fi:la:]; **I'd like to rent a villa** أريد فيلا للإيجار [areed villa lil-eejar]
village ['vɪlɪdʒ] *n* قرية [qarja]
villain ['vɪlən] *n* شِرِّير [ʃirri:r]
vinaigrette [ˌvɪneɪ'grɛt] *n* صَلْصَة السَّلَطَة [sˁalsˁatu assalatˁati]
vine [vaɪn] *n* كَرْمَة العنب [Karmat al'aenab]
vinegar ['vɪnɪgə] *n* خل [xall]
vineyard ['vɪnjəd] *n* كَرْم [karam]
viola [vɪ'əʊlə] *n* آلة الفيولا الموسيقية [aalat al veiola al mose'qeiah]
violence ['vaɪələns] *n* عنف [ʕunf]
violent ['vaɪələnt] *adj* عنيف [ʕani:f]
violin [ˌvaɪə'lɪn] *n* آلة الكَمَان الموسيقية [Aalat al-kaman al-moose'qeyah]
violinist [ˌvaɪə'lɪnɪst] *n* عازف الكمان ['aazef al-kaman]
viral ['vaɪərəl] *adj* **to go viral** ينتشر سريعا على الانترنت [jantaʃiru sari:ʕan ʕala:l-internet]
virgin [çvɜ:dʒɪn] *n* عذراء [ʕaðra:ʔ]
Virgo ['vɜ:gəʊ] *n* العذراء [al-ʕaðra:ʔi]
virtual ['vɜ:tʃʊəl] *adj* واقعي [wa:qiʕij]; **virtual reality** *n* واقع افتراضي [Wa'qe'a eftraḍey]
virus ['vaɪrəs] *n* فيروس [fi:ru:s]
visa ['vi:zə] *n* فيزا [fi:za:]
visibility [ˌvɪzɪ'bɪlɪtɪ] *n* وضوح [wudˁu:ħ]
visible ['vɪzɪbᵊl] *adj* مرئي [marʔij]
visit ['vɪzɪt] *n* زيارة [zija:ra] ▷ *v* يَزُور [jazu:ru]; **visiting hours** *npl* ساعات الزيارة [Sa'at al-zeyadah]; **Can we visit the castle?** أيمكننا زيارة القلعة؟ [a-yamkun-ana zeyarat al-'qal'aa?]; **Do**

we have time to visit the town? هل الوقت متاح لزيارة المدينة؟ [hal al-wa'qt muaaḥ le-ziyarat al-madeena?]; **I'm here visiting friends** أنا هنا لزيارة أحد الأصدقاء [ʔana: huna: lizija:ratin ʔaħada alʔasˤdiqa:ʔa]; **We'd like to visit...** نريد زيارة... [nureed ze-yarat...]
visitor [ˈvɪzɪtə] *n* زائر [za:ʔir]; **visitor centre** *n* مركز زائري [Markaz zaerey]
visual [ˈvɪʒʊəl; -zjʊ-] *adj* بصري [basˤarij]
visualize [ˈvɪʒʊəˌlaɪz; -zjʊ-] *v* يَتَصور [jatasˤawwaru]
vital [ˈvaɪtᵊl] *adj* حيوي [ħajawij]
vitamin [ˈvɪtəmɪn; ˈvaɪ-] *n* فيتامين [fi:ta:mi:n]
vivid [ˈvɪvɪd] *adj* لامِع [la:miʕ]
vlog [vlɔg] *n* يدوِّن بالفيديو [judawwinu bil-fi:dyu:]
vlogger [ˈvlɔgə] *n* مدوِّن بالفيديو [mudawwin bil-fi:dyu:]
vocabulary [vəˈkæbjʊlərɪ] *n* مُفردات اللغة [Mofradat Al-loghah]
vocational [vəʊˈkeɪʃənᵊl] *adj* مهني [mihanij]
vodka [ˈvɒdkə] *n* فودكا [fu:dka:]
voice [vɔɪs] *n* صوت [sˤawt]
voicemail [ˈvɔɪsˌmeɪl] *n* بريد صوتي [Bareed ṣawṭey]
void [vɔɪd] *adj* باطل [ba:tˤil] ▷ *n* فَراغ [fara:ɣ]
volcano, volcanoes [vɒlˈkeɪnəʊ, vɒlˈkeɪnəʊz] *n* بركان [burka:n]
volleyball [ˈvɒlɪˌbɔ:l] *n* كرة طائرة [Korah Ṭaayeara]
volt [vəʊlt] *n* حركة دائرية [ħarakatun da:ʔirijja]
voltage [ˈvəʊltɪdʒ] *n* جهد كهربي [Jahd kahrabey]
volume [ˈvɒlju:m] *n* حَجْم [ħaʒm]
voluntarily [ˈvɒləntərɪlɪ] *adv* بشكل متعمد [Be-shakl mota'amad]
voluntary [ˈvɒləntərɪ; -trɪ] *adj* طَوْعي [tˤawʕij]
volunteer [ˌvɒlənˈtɪə] *n* متطوع [mutatˤawwiʕ] ▷ *v* يتطوع [jatatˤawwaʕu]
vomit [ˈvɒmɪt] *v* يَتقيأ [jataqajjaʔu]
vote [vəʊt] *n* تصويت [tasˤwi:t] ▷ *v* يُصَوت [jusˤawwitu]
voucher [ˈvaʊtʃə] *n* إيصال [ʔi:sˤa:l]; **gift voucher** *n* قسيمة هدية [ˈqaseemat hadeyah]
vowel [ˈvaʊəl] *n* حرف متحرك [ħurfun mutaħarrik]
vulgar [ˈvʌlgə] *adj* سُوقي [su:qij]
vulnerable [ˈvʌlnərəbᵊl] *adj* قابل للجرح [ˈqabel lel-jarh]
vulture [ˈvʌltʃə] *n* نسر [nasr]

wafer ['weɪfə] *n* رقاقة [ruqa:qa]
waffle ['wɒfᵊl] *n* وَافِل [wa:fil] ▷ *v* يَرغي في الكلام [Yarghey fel kalaam]
wage [weɪdʒ] *n* أجْر [ʔaʒr]
waist [weɪst] *n* خَصر [xasˤr]
waistcoat ['weɪs,kəʊt] *n* صدرية [sˤadrijja]
wait [weɪt] *v* يَتَوَقَّع [jatawaqqaʕu]; **wait for** *v* ينتظر [jantazˤiru]; **waiting list** *n* قائمة انتظار ['qaemat enteḍhar]; **waiting room** *n* غرفة انتظار [Ghorfat enteḍhar]
waiter ['weɪtə] *n* نادل [na:dil]
waitress ['weɪtrɪs] *n* نادلة [na:dila]
wait up [weɪt ʌp] *v* يُطيل السهر [Yoṭeel alsaḥar]
waive [weɪv] *v* يَتنازَل عن [Tetnazel 'an]
wake up [weɪk ʌp] *v* يَستيقظ [jastajqizˤu]
Wales [weɪlz] *n* ويلز [wi:lzu]
walk [wɔ:k] *n* مُشوار [miʃwa:r] ▷ *v* يَمْشي [jamʃi:]
walkie-talkie [,wɔ:kɪ'tɔ:kɪ] *n* جهاز راديو للإرسال والاستقبال [ʒiha:zu ra:diju: lilʔirsa:li wa ali:stiqba:li]
walking ['wɔ:kɪŋ] *n* مَشْي [maʃj]; **walking stick** *n* عصا المشي ['asaa almashey]
walkway ['wɔ:k,weɪ] *n* ممشى [mamʃa:]
wall [wɔ:l] *n* جدار [ʒida:r]
wallet ['wɒlɪt] *n* محفظة [miħfazˤa]; **My wallet has been stolen** لقد سرقت محفظة نقودي [la'qad sore'qat meḥ-faḍhat ni-'qoody]
wallpaper ['wɔ:l,peɪpə] *n* ورق حائط [Wara'q ḥaeṭ]
walnut ['wɔ:l,nʌt] *n* جوز [ʒawz]
walrus ['wɔ:lrəs; 'wɒl-] *n* حيوان الفَظ [Ḥayawan al-fadh]
waltz [wɔ:ls] *n* رقصة الفالس [Ra'qṣat al-fales] ▷ *v* يَرقص الفالس [Yar'qos al-fales]
wander ['wɒndə] *v* يتجول [jataʒawwalu]
want [wɒnt] *v* يُريد [juri:du]
war [wɔ:] *n* حرب [ħarb]; **civil war** *n* حرب أهلية [Ḥarb ahleyah]
ward [wɔ:d] *n* *(area)* دائرة من مدينة [Dayrah men madeenah], *(hospital room)* جناح من مستشفى [Janah men al-mostashfa]
warden ['wɔ:dᵊn] *n* وَصِيّ [wasˤij]; **traffic warden** *n* شُرطي المرور [Shrṭey al-moror]
wardrobe ['wɔ:drəʊb] *n* خزانة الثياب [Khezanat al-theyab]
warehouse ['wɛə,haʊs] *n* مستودع [mustawdaʕu]
warm [wɔ:m] *adj* دافئ [da:fiʔ]
warm up [wɔ:m ʌp] *v* يُسَخِّن [jusaxxinu]
warn [wɔ:n] *v* يُحذِر [juħaððiru]
warning ['wɔ:nɪŋ] *n* تحذير [taħði:r]; **hazard warning lights** *npl* أضواء التحذير من الخطر [Aḍwaa al-tahdheer men al-khaṭar]
warranty ['wɒrəntɪ] *n* كفالة [kafa:la]
wart [wɔ:t] *n* نتوء صغير [Netoa ṣagheer]
wash [wɒʃ] *v* يَغْسِل [jaɣsilu]; **car wash** *n* غسيل سيارة [ghaseel sayaarah]
washable ['wɒʃəbᵊl] *adj*; **machine washable** *adj* قابل للغسل في الغسالة ['qabel lel-ghaseel fee al-ghassaalah]; **Is it washable?** هل هذا يمكن غسله؟ [hal hadha yamken ghas-loho?]

washbasin [ˈwɒʃˌbeɪsᵊn] *n* حوض الغسل [Hawd al-ghaseel]
washing [ˈwɒʃɪŋ] *n* غسيل [ɣassi:l]; **washing line** *n* خط الغسيل [Khat al-ghaseel]; **washing machine** *n* غسَّالَة [ɣassa:latun]; **washing powder** *n* مسحوق الغسيل [Mashoo'q alghaseel]; **Do you have washing powder?** هل لديك مسحوق غسيل [hal ladyka mas-hoo'q ghaseel?]
washing-up [ˈwɒʃɪŋʌp] *n* غسيل الأطباق [ghaseel al-atba'q]; **washing-up liquid** *n* سائل غسيل الأطباق [Saael ghaseel al-aṭba'q]
wash up [wɒʃ ʌp] *v* يَغْسِل الأطباق [Yagh-sel al-aṭbaa'q]
wasp [wɒsp] *n* دبور [dabu:r]
waste [weɪst] *n* فضلات [fadˤala:t] ▷ *v* يُبَدِد [jubaddidu]
watch [wɒtʃ] *n* ساعة يدوية [Saa'ah yadaweyah] ▷ *v* يُشاهد [juʃa:hidu]; **digital watch** *n* ساعة رقمية [Sa'aah ra'qameyah]
watch out [wɒtʃ aʊt] *v* يَحْتَرِس [jaħtarisu]
water [ˈwɔːtə] *n* مياه [mijja:hu] ▷ *v* يَروي [jarwi:]; **drinking water** *n* مياه الشرب [Meyah al-shorb]; **mineral water** *n* مياه معدنية [Meyah ma'adaneyah]; **sea water** *n* مياه البحر [Meyah al-baḥr]; **sparkling water** *n* مياه فوارة [Meyah fawarah]; **watering can** *n* رشاش مياه [Rashah meyah]; **How deep is the water?** كم يبلغ عمق المياه؟ [kam yablugh 'aom'q al-meah?]; **Is hot water included in the price?** هل يشمل السعر توفير المياه الساخنة؟ [hal yash-mil al-si'ar taw-feer al-me-yah al-sakhina?]; **There is no hot water** لا توجد مياه ساخنة [La tojad meyah sakhena]
watercolour [ˈwɔːtəˌkʌlə] *n* لون مائي [Lawn maaey]
watercress [ˈwɔːtəˌkrɛs] *n* قرة العين ['qorat al-'ayn]
waterfall [ˈwɔːtəˌfɔːl] *n* شَلَّال [ʃalla:l]
watermelon [ˈwɔːtəˌmɛlən] *n* بطيخة [batˤi:xa]
waterproof [ˈwɔːtəˌpruːf] *adj* مقاوم للمياه [Mo'qawem lel-meyah]
water-skiing [ˈwɔːtəˌskiːɪŋ] *n* تَزَلُج على المياه [Tazaloj 'ala al-meyah]
wave [weɪv] *n* موجة [mawʒa] ▷ *v* يُلَوِح [julawwiħu]
wavelength [ˈweɪvˌlɛŋθ] *n* طول الموجة [Tool al-majah]
wavy [ˈweɪvɪ] *adj* متموج [mutamawwiʒ]
wax [wæks] *n* شمع [ʃamʕ]
way [weɪ] *n* سبيل [sabi:l]; **right of way** *n* حق المرور [Ha'q al-moror]
way in [weɪ ɪn] *n* ممر دخول [Mamar dokhool]
way out [weɪ aʊt] *n* منفذ خروج [Manfaz khoroj]
we [wiː] *pron* نحن
weak [wiːk] *adj* ضعيف [dˤaʕi:f]
weakness [ˈwiːknɪs] *n* ضعف [dˤiʕfa]
wealth [wɛlθ] *n* ثروة [θarwa]
wealthy [ˈwɛlθɪ] *adj* ثري [θarij]
weapon [ˈwɛpən] *n* سلاح [sila:ħ]
wear [wɛə] *v* يَرتدي [jartadi:]
weasel [ˈwiːzᵊl] *n* ابن عرسة [ibnu ʕarusatin]
weather [ˈwɛðə] *n* طقس [tˤaqs]; **weather forecast** *n* توقعات حالة الطقس [Tawa'qo'aat ḥalat al-ṭaqs]; **What awful weather!** ما هذا الطقس السيئ [Ma hadha al-ṭa'qs al-sayea]
web [wɛb] *n* شبكة عنكبوتية [Shabakah 'ankaboteyah]; **web address** *n* عنوان الويب ['aonwan al-web]; **web browser** *n* متصفح شبكة الإنترنت [Motaṣafeḥ shabakat al-enternet]
webcam [ˈwɛbˌkæm] *n* كاميرا الانترنت [Kamera al-enternet]
webmaster [ˈwɛbˌmɑːstə] *n* مُصَمِم موقع [Moṣamem maw'qe'a]
website [ˈwɛbˌsaɪt] *n* موقع الويب [Maw'qe'a al-weeb]
webzine [ˈwɛbˌziːn] *n* منشور الكتروني [Manshoor elektrooney]
wedding [ˈwɛdɪŋ] *n* زِفَاف [zifa:f];

wedding anniversary *n* عيد الزواج ['aeed al-zawaj]; **wedding dress** *n* فستان الزفاف [Fostaan al-zefaf]; **wedding ring** *n* خاتم الزواج [Khatem al-zawaj]

Wednesday ['wɛnzdɪ] *n* الأربعاء [al-ʔarbiʕa:ʔi]; **Ash Wednesday** *n* أربعاء الرماد [Arba'aa alramad]; **on Wednesday** في يوم الأربعاء [fee yawm al-arbe-'aa]

weed [wi:d] *n* عشبة ضارة ['aoshabah ḍarah]

weedkiller ['wi:d,kɪlə] *n* مبيد الأعشاب الضارة [Mobeed al'ashaab al-ḍarah]

week [wi:k] *n* أسبوع [ʔusbu:ʕ]; **a week ago** منذ أسبوع [mundho isboo'a]; **How much is it for a week?** كم تبلغ التكلفة الأسبوعية؟ [kam tablugh al-taklifa al-isboo-'aiya?]; **last week** الأسبوع الماضي [al-esboo'a al-maaḍy]; **next week** الأسبوع التالي [al-esboo'a al-taaly]

weekday ['wi:k,deɪ] *n* يوم في الأسبوع [Yawm fee al-osboo'a]

weekend [,wi:k'ɛnd] *n* عطلة أسبوعية ['aoṭlah osboo'ayeah]

weep [wi:p] *v* يَنْتَحِب [jantaħibu]

weigh [weɪ] *v* يَزِن [jazinu]

weight [weɪt] *n* وَزْن [wazn]

weightlifter ['weɪt,lɪftə] *n* رافع الأثقال [Rafe'a al-ath'qaal]

weightlifting ['weɪt,lɪftɪŋ] *n* رفع الأثقال [Raf'a al-th'qaal]

weird [wɪəd] *adj* عجيب [ʕaʒi:b]

welcome ['wɛlkəm] *n* ترحيب [tarħi:b] ▷ *v* يَحْتَفي بـ [Yaḥtafey be]; **welcome!** *excl* مرحبا [marħaban]

well [wɛl] *adj* حَسَن [ħasan] ▷ *adv* كُلِيَةً [kulijjatun] ▷ *n* بئر [biʔr]; **oil well** *n* بئر بترول [Beear betrol]

well-behaved ['wɛl'bɪ'heɪvd] *adj* حسن السلوك [Hasen al-solook]

wellies ['wɛlɪz] *npl* حذاء برقبة [Hedhaa be-ra'qabah]

wellingtons ['wɛlɪŋtənz] *npl* حذاء برقبة [Hedhaa be-ra'qabah]

well-known ['wɛl'nəʊn] *adj* مشهور [maʃhu:r]

well-off ['wɛl'ɒf] *adj* حسن الأحوال [Hosn al-ahwaal]

well-paid ['wɛl'peɪd] *adj* حسن الدخل [Hosn al-dakhl]

Welsh [wɛlʃ] *adj* ويلزي [wi:lzij] ▷ *n* ويلزي [wi:lzij]

west [wɛst] *adj* غربي [ɣarbij] ▷ *adv* غرباً [ɣarban] ▷ *n* غَرْب [ɣarb]; **West Indian** *n* ساكن الهند الغربية [Saken al-hend al-gharbeyah]; **West Indies** *npl* جزر الهند الغربية [Jozor al-hend al-gharbeyah]

westbound ['wɛst,baʊnd] *adj* متجه غرباً [Motajeh gharban]

western ['wɛstən] *adj* غربي [ɣarbij] ▷ *n* وسترن [Western]

wet [wɛt] *adj* مبتل [mubtal]

wetsuit ['wɛt,su:t] *n* بدلة الغوص [Badlat al-ghawṣ]

whale [weɪl] *n* حوت [ħu:t]

what [wɒt; wət] *adj* أيّ ▷ *pron* ما [ma:]; **What do you do?** ماذا تعمل؟ [madha ta'amal?]; **What is it?** ما هذا؟ [ma hatha?]; **What is the word for...?** ما هي الكلمة التي تعني...؟ [ma heya al-kalema al-laty ta'any...?]

wheat [wi:t] *n* قمح [qamħ]; **wheat intolerance** *n* حساسية القمح [Hasaseyah al-'qamḥ]

wheel [wi:l] *n* عجلة [ʕaʒala]; **spare wheel** *n* عجلة إضافية ['aagalh eḍafeyah]; **steering wheel** *n* عجلة القيادة ['aagalat al-'qeyadh]

wheelbarrow ['wi:l,bærəʊ] *n* عجلة اليد ['aagalat al-yad]

wheelchair ['wi:l,tʃɛə] *n* كرسي بعجلات [Korsey be-'ajalat]

when [wɛn] *adv* متى [mata:] ▷ *conj* عندما; **When does it begin?** متى يبدأ العمل هنا؟ [mata yabda al-'aamal huna?]; **When does it finish?** متى ينتهي العمل هنا؟ [mata yan-tahy al-'aamal huna?]; **When is it due?** متى سيحين الموعد؟ [mata sa-ya-ḥeen al-maw'aid?]

where [wɛə] *adv* أين [ʔajna] ▷ *conj* حيث [ħajθu]; **Where are we?** أين نحن الآن؟ [ayna naḥno al-aan?]; **Where are you from?** من أين أنت؟ [min ayna anta?]; **Where are you staying?** أين تقيم؟ [Ayn to'qeem?]; **Where can we meet?** أين يمكن أن نتقابل؟ [ayna yamken an nata-'qabal?]; **Where can you go...?** أين يمكن الذهاب لـ...؟ [ayna yamken al-dhehaab le...?]; **Where do I pay?** أين يتم الدفع؟ [ayna yatim al-daf'a?]; **Where do I sign?** أين مكان التوقيع؟ [ayna makan al-taw'qe'a?]; **Where is...?** أين يوجد... [ayna yujad...?]; **Where is the gents?** أين يوجد حمام الرجال؟ [Ayn yojad ḥamam al-rejal]
whether ['wɛðə] *conj* سواء
which [wɪtʃ] *pron* أيّ، أيّة [ayyat]
while [waɪls] *conj* حينما ▷ *n* فترة وجيزة [Fatrah wajeezah]
whip [wɪp] *n* سَوط [sawtˤ]; **whipped cream** *n* كريمة مخفوقة [Keremah makhfoo'qah]
whisk [wɪsk] *n* مَضْرَب [midˤrabu]
whiskers ['wɪskəz] *npl* شَوَارِب [ʃawa:ribun]
whisky ['wɪskɪ] *n* وسْكي [wiski:]; **malt whisky** *n* ويسكي الشعير المجفف [Weskey al-she'aeer al-mojafaf]
whisper ['wɪspə] *v* يهمس [jahmisu]
whistle ['wɪsᵊl] *n* صُفّارة [sˤaffa:ra] ▷ *v* يُصَفِر [jusˤaffiru]
white [waɪt] *adj* أبيض [ʔabjadˤ]; **egg white** *n* بياض البيض [Bayaḍ al-bayḍ]; **a carafe of white wine** دورق من النبيذ الأبيض [dawra'q min al-nabeedh al-abyaḍ]
whiteboard ['waɪt,bɔ:d] *n* لوحة بيضاء [Looḥ bayḍaa]
whitewash ['waɪt,wɒʃ] *v* يبيض [jubajjidˤu]
whiting ['waɪtɪŋ] *n* سمك الأبيض [Samak al-abyaḍ]
who [hu:] *pron* مَنْ [man]
whole [həʊl] *adj* سليم [sali:m] ▷ *n* وحدة كاملة [Weḥdah kamelah]
wholefoods ['həʊl,fu:dz] *npl* أغذية متكاملة [Aghzeyah motakamelah]
wholemeal ['həʊl,mi:l] *adj* طحين الاسمر [tˤaħi:nu ila:smari]
wholesale ['həʊl,seɪl] *adj* جملي [ʒumalij] ▷ *n* بيع بالجملة [Bay'a bel-jomlah]
whom [hu:m] *pron* مَنْ [man]
whose [hu:z] *adj* خاص به [Khaṣ beh] ▷ *pron* لمن
why [waɪ] *adv* لماذا [lemadha]
wicked ['wɪkɪd] *adj* كريه [kari:h]
wide [waɪd] *adj* عريض [ʕari:dˤ] ▷ *adv* عريضا [ʕari:dˤun]
widespread ['waɪd,sprɛd] *adj* منتشر [muntaʃir]
widow ['wɪdəʊ] *n* أرملة [ʔarmala]
widower ['wɪdəʊə] *n* أرمل [ʔarmal]
width [wɪdθ] *n* اتساع [ittisa:ʕ]
wife, wives [waɪf, waɪvz] *n* زوجة [zawʒa]
WiFi [waɪ faɪ] *n* ماركة واي فاي خاصة بالتكنولوجيا التحتية للشبكات المحلية اللاسلكية [ma:rikatun wa ajji fa:j xa:sˤatin bittiknu:lu:ʒija: attaħtijjati liʃʃabakti almaħallijjati alla:silkijjati]
wig [wɪg] *n* باروكة [ba:ru:ka]
wild [waɪld] *adj* بري [barij]
wildlife ['waɪld,laɪf] *n* حياة برية [Hayah bareyah]
will [wɪl] *n (document)* وَصْية [wasˤijja], *(motivation)* إرادة [ʔira:da]
willing ['wɪlɪŋ] *adj* مستعد [mustaʕidd]
willingly ['wɪlɪŋlɪ] *adv* عن طيب خاطر [An ṭeeb khaṭer]
willow ['wɪləʊ] *n* شجرة الصِفْصَاف [Shajart al-ṣefṣaf]
willpower ['wɪl,paʊə] *n* قوة الإرادة ['qowat al-eradah]
wilt [wɪlt] *v* يَذبُل [jaðbulu]
win [wɪn] *v* يفوز [jafu:zu]
wind[1] [wɪnd] *n* رياح [rijja:ħ] ▷ *vt (with a blow etc.)* يُهَوي [juhawi:]
wind[2] [waɪnd] *v (coil around)* يُهَوي [juhawi:]
windmill ['wɪnd,mɪl; 'wɪn,mɪl] *n*

طاحونة هواء [ṭaḥoonat hawaa]
window [ˈwɪndəʊ] *n* نافذة [na:fiða]; **shop window** *n* واجهة العرض في المتجر [Wagehat al-'aarḍ fee al-matjar]; **window pane** *n* لوح زجاجي [Loḥ zojajey]; **window seat** *n* مقعد بجوار النافذة [Ma'q'aad bejwar al-nafedhah]; **I can't open the window** لا يمكنني فتح النافذة [la yam-kinuni faitḥ al-nafitha]; **I'd like a window seat** أريد مقعد بجوار النافذة [areed ma'q'aad be-jewar al-nafedha]; **May I close the window?** هل يمكن أن أغلق النافذة؟ [hal yamken an aghli'q al-nafidha?]; **May I open the window?** هل يمكن أن أفتح النافذة؟ [hal yamken an aftaḥ al-nafidha?]
windowsill [ˈwɪndəʊˌsɪl] *n* عتبة النافذة ['aatabat al-nafedhah]
windscreen [ˈwɪndˌskri:n] *n* الزجاج الأمامي [Al-zojaj al-amamy]; **windscreen wiper** *n* ماسحة زجاج السيارة [Masehat zojaj sayarh]; **Could you clean the windscreen?** أيمكنك تنظيف الزجاج الأمامي من فضلك؟ [a-yamkun-ika tanḍheef al-zujaj al-ama-me min faḍlak?]; **The windscreen is broken** لقد تحطم الزجاج الأمامي [la'qad taḥa-ṭama al-zujaj al-amamy]
windsurfing [ˈwɪndˌsɜ:fɪŋ] *n* تَزَلُّج شِرَاعِي [Tazaloj shera'aey]
windy [ˈwɪndɪ] *adj* مذرو بالرياح [Madhro bel-reyah]
wine [waɪn] *n* خمر [xamr]; **house wine** *n* خمر هاوس واين [Khamr hawees wayen]; **red wine** *n* نبيذ أحمر [nabeedh aḥmar]; **table wine** *n* خَمْر الطعام [Khamr al-ṭa'aam]; **wine list** *n* قائمة خمور ['qaemat khomor]; **This stain is wine** هذه البقعة بقعة خمر [hathy al-bu'q-'aa bu'q-'aat khamur]; **This wine is not chilled** هذا الخمر ليس مثلج [hatha al-khamur lysa muthal-laj]
wineglass [ˈwaɪnˌglɑ:s] *n* زجاجة الخمر [Zojajat al-khamr]
wing [wɪŋ] *n* جناح [ʒana:ħ]; **wing mirror** *n* مرآة جانبية [Meraah janebeyah]
wink [wɪŋk] *v* يَغْمِز [jaɣmizu]
winner [ˈwɪnə] *n* شخص فائز [Shakhṣ faaez]
winning [ˈwɪnɪŋ] *adj* فائز [fa:ʔiz]
winter [ˈwɪntə] *n* الشتاء [aʃ-ʃita:ʔi]; **winter sports** *npl* رياضات شتوية [Reyḍat shetweyah]
wipe [waɪp] *v* يَمْسَح [jamsaħu]; **baby wipe** *n* منديل أطفال [Mandeel aṭfaal]
wipe up [waɪp ʌp] *v* يَمْسَح [jamsaħu]
wire [waɪə] *n* سِلْك [silk]; **barbed wire** *n* سلك شائك [Selk shaaek]
wisdom [ˈwɪzdəm] *n* حِكمة [ħikma]; **wisdom tooth** *n* ضرس العقل [Ḍers al-a'aql]
wise [waɪz] *adj* حكيم [ħaki:m]
wish [wɪʃ] *n* أمنية [ʔumnijja] ▷ *v* يَتَمَنَى [jatamanna:]
wit [wɪt] *n* فِطْنَة [fitˤna]
witch [wɪtʃ] *n* ساحرة [sa:ħira]
with [wɪð; wɪθ] *prep* مع [maʕa]; **Can I leave a message with his secretary?** هل يمكنني ترك رسالة مع السكرتير الخاص به؟ [hal yamken -any tark resala ma'aa al-sikertair al-khaṣ behe?]; **It's been a pleasure working with you** من دواعي سروري العمل معك [min dawa-'ay siro-ry al-'aamal ma'aak]
withdraw [wɪðˈdrɔ:] *v* يَسحَب [jasħabu]
withdrawal [wɪðˈdrɔ:əl] *n* إنسحاب [ʔinsiħa:b]
within [wɪˈðɪn] *prep (space)* داخل [Dakhel], *(term)* داخل [Dakhel]
without [wɪˈðaʊt] *prep* بدون [bidu:ni]; **I'd like it without..., please** أحب تناوله بدون...من فضلك [aḥib tana-wilaho be-doon... min faḍlak]
witness [ˈwɪtnɪs] *n* شاهد [ʃa:hid]; **Jehovah's Witness** *n* طائفة شهود يهوه المسيحية [Ṭaaefat shehood yahwah al-maseyheyah]
witty [ˈwɪtɪ] *adj* فَطِن [fatˤin]
wolf, wolves [wʊlf, wʊlvz] *n* ذئب [ðiʔb]
woman, women [ˈwʊmən, ˈwɪmɪn] *n* امرأة [imraʔa]

wonder [ˈwʌndə] *v* يَتَعجب [jataʕaʒʒabu]
wonderful [ˈwʌndəfʊl] *adj* عجيب [ʕaʒiːb]
wood [wʊd] *n (forest)* غابة [ɣaːba], *(material)* خشب [xaʃab]
wooden [ˈwʊdᵊn] *adj* خشبي [xaʃabij]
woodwind [ˈwʊdˌwɪnd] *n* آلة نفخ موسيقية [Aalat nafkh mose'qeyah]
woodwork [ˈwʊdˌwɜːk] *n* أعمال الخشب [A'amal al khashab]
wool [wʊl] *n* صوف [sˤuːf]; **cotton wool** *n* قطن طبي ['qoṭn ṭebey]
woollen [ˈwʊlən] *adj* صوفي [sˤuːfij]
woollens [ˈwʊlənz] *npl* أنسجة صوفية [Ansejah ṣoofeyah]
word [wɜːd] *n* كلمة [kalima]; **all one word** كلمة واحدة فقط [kilema waḥeda fa'qaṭ]; **What is the word for...?** ما هي الكلمة التي تعني... [ma heya al-kalema al-laty ta'any...?]
work [wɜːk] *n* عمل [ʕamal] ▷ *v* يَعمَل [jaʕmalu]; **work experience** *n* خبرة العمل [Khebrat al'aamal]; **work of art** *n* عمل فني ['amal faney]; **work permit** *n* تصريح عمل [Taṣreeh 'amal]; **work station** *n* محطة عمل [Mahaṭat 'aamal]; **How does the ticket machine work?** كيف تعمل ماكينة التذاكر؟ [kayfa ta'amal makenat al-tathaker?]; **How does this work?** كيف يعمل هذا؟ [Kayfa ya'amal hatha?]; **I hope we can work together again soon** أتمنى أن نستطيع معاودة العمل سويًا في وقت قريب [ata-mana an nasta-ṭee'a mo'aawadat al-'aamal sa-waian fee wa'qt 'qareeb]; **I work in a factory** أعمل في أحد المصانع [A'amal fee aḥad al-maṣaane'a]; **I'm here for work** أنا هنا للعمل [ana huna lel-'aamal]; **The... doesn't work properly** إن... لا يعمل كما ينبغي [enna... la ya'amal kama yanbaghy]; **The air conditioning doesn't work** التكيف لا يعمل [al-tak-yeef la ya'amal]; **The brakes don't work** الفرامل لا تعمل [Al-faramel la ta'amal]; **The flash is not working** إن الفلاش لا يعمل [enna al-flaash la ya'amal]; **The gears are not working** ناقل السرعات لا يعمل [na'qil al-sur'aat la ya'amal]; **This doesn't work** هذا لا يعمل كما ينبغي [hatha la-ya'amal kama yan-baghy]; **Where do you work?** أين تعمل؟ [ayna ta'amal?]
worker [ˈwɜːkə] *n* عامل [ʕaːmil]; **social worker** *n* أخصائي اجتماعي [Akhṣey ejtema'ay]
workforce [ˈwɜːkˌfɔːs] *n* قوة العاملة ['qowah al-'aamelah]
working-class [ˈwɜːkɪŋklɑːs] *adj* طبقة عاملة [Ṭaba'qah 'aaamelah]
workman, workmen [ˈwɜːkmən, ˈwɜːkmɛn] *n* عامِل [ʕaːmil]
work out [wɜːk aʊt] *v* يَحُل [jaħullu]
workplace [ˈwɜːkˌpleɪs] *n* محل العمل [Maḥal al-'aamal]
workshop [ˈwɜːkˌʃɒp] *n* ورشة العمل [Warshat al-'aamal]
workspace [ˈwɜːkˌspeɪs] *n* مكان العمل [Makan al-'amal]
workstation [ˈwɜːkˌsteɪʃən] *n* مكان عمل [Makan 'aamal]
world [wɜːld] *n* عالم [ʕaːlam]; **Third World** *n* العالم الثالث [Al-'aalam al-thaleth]; **World Cup** *n* كأس العالم [Kaas al-'aalam]
worm [wɜːm] *n* دُودَة [duːda]
worn [wɔːn] *adj* رَثّ [raθθ]
worried [ˈwʌrɪd] *adj* قَلِق [qalaq]
worry [ˈwʌrɪ] *v* يَقْلَق [jaqlaqu]
worrying [ˈwʌrɪɪŋ] *adj* مقلق [muqliq]
worse [wɜːs] *adj* أسوأ [ʔaswaʔ] ▷ *adv* على نحو أسوأ [Ala nahw aswaa]
worsen [ˈwɜːsᵊn] *v* يَجعله أسوأ [Tej'aalah aswaa]
worship [ˈwɜːʃɪp] *v* يَعبُد [jaʕbudu]
worst [wɜːst] *adj* الأسوأ [Al-aswaa]
worth [wɜːθ] *n* قيمة مالية ['qeemah maleyah]
worthless [ˈwɜːθlɪs] *adj* عديم القيمة ['adeem al-'qeemah]
would [wʊd; wəd] *v*; **I would like to wash the car** أريد أن أغسل السيارة

[areed an aghsil al-sayara]; **We would like to go cycling** أريد ممارسة رياضة ركوب الدراجات [areed mu-ma-rasat reyaḍat rikoob al-darrajaat]

wound [wu:nd] *n* جرح [ʒurħ] ▷ *v* يجرح [jaʒraħu]

wrap [ræp] *v* يُغلف [juɣallifu]; **wrapping paper** *n* ورق التغليف [Wara'q al-taghleef]

wrap up [ræp ʌp] *v* يُغَلِف [juɣallifu]

wreck [rɛk] *n* خراب [xara:b] ▷ *v* يُحطِم [juħatˤimu]

wreckage ['rɛkɪdʒ] *n* حطام [ħutˤa:m]

wren [rɛn] *n* طائر الغِطاس [Ṭaayer al-ghaṭas]

wrench [rɛntʃ] *n* مفتاح ربط وفك الصواميل [Meftaḥ rabṭ wafak al-ṣawameel] ▷ *v* يُحَرِف [juħarrifu]

wrestler ['rɛslə] *n* مُصارع [musˤa:riʕ]

wrestling ['rɛslɪŋ] *n* مصارعة [musˤa:raʕa]

wrinkle ['rɪŋkᵊl] *n* تجعيد [taʒʕi:d]

wrinkled ['rɪŋkᵊld] *adj* متجعد [mutaʒaʕid]

wrist [rɪst] *n* معصم [miʕsˤam]

write [raɪt] *v* يَكْتُب [jaktubu]

write down [raɪt daʊn] *v* يُدَوِن [judawwinu]

writer ['raɪtə] *n* الكاتب [Al-kateb]

writing ['raɪtɪŋ] *n* كتابة [kita:ba]; **writing paper** *n* ورقة كتابة [Wara'qat ketabah]

wrong [rɒŋ] *adj* خاطئ [xa:tˤiʔ] ▷ *adv* على نحو خاطئ [Ala nahwen khaṭea]; **wrong number** *n* رقم خطأ [Ra'qam khaṭaa]

X

Xmas ['ɛksməs; 'krɪsməs] *n* كريسماس [kri:sma:s]

X-ray [ɛksreɪ] *n* صورَةٌ شُعاعِيَّة [Ṣewar sho'aeyah] ▷ *v* يصور بأشعة إكس [jasˤu:ru biʔaʃʕati ʔiks]

xylophone ['zaɪlə,fəʊn] *n* آلة الإكسيليفون الموسيقية [aalat al ekseelefon al mose'qeiah]

yacht [jɒt] *n* يخت [jaxt]
yard [jɑːd] *n (enclosure)* حظيرة [ħazˤiːra], *(measurement)* ياردة [jaːrda]
yawn [jɔːn] *v* يَتَثاءب [jataθaːʔabu]
year [jɪə] *n* سَنَة [sana]; **academic year** *n* عام دراسي ['aam derasey]; **financial year** *n* سَنة مالية [Sanah maleyah]; **leap year** *n* سَنة كبيسة [Sanah kabeesah]; **New Year** *n* رَأس السَنَة [Raas alsanah]
yearly ['jɪəlɪ] *adj* كل سنة [Kol sanah] ▷ *adv* سنويا [sanawijan]
yeast [jiːst] *n* خَمِيرَة [xamiːra]
yell [jɛl] *v* يَهْتِف [jahtifu]
yellow ['jɛləʊ] *adj* أصفر [ʔasˤfar]; **Yellow Pages®** *npl* يلوبيدجز® [bloobeedjez®]
Yemen ['jɛmən] *n* اليَمَنْ [al-jamanu]
yes [jɛs] *excl* نعم [niʕma]
yesterday ['jɛstədɪ; -ˌdeɪ] *adv* أمس [ʔamsun]; **the day before yesterday** أمس الأول [ams al-a-wal]
yet [jɛt] *adv (interrogative)* حتى الآن [Ḥata alaan], *(with negative)* حتى الآن [Ḥata alaan] ▷ *conj (nevertheless)* حتى الآن [Ḥata alaan]
yew [juː] *n* شجر الطقسوس [Shajar al-ṭa'qsoos]
yield [jiːld] *v* يَهِبْ [jahibu]
yoga ['jəʊgə] *n* يُوجَا [juːʒaː]
yoghurt ['jəʊgət; 'jɒg-] *n* زبادي [zabaːdij]
yolk [jəʊk] *n* صفار [sˤafaːr]
you [juː; jʊ] *pron (plural)* أنت [ʔanta], *(singular polite)* أنت [ʔanta], *(singular)* أنت [ʔanta]; **Are you alright?** هل أنت على ما يرام [hal anta 'aala ma yoraam?]
young [jʌŋ] *adj* شَاب [ʃaːbb]
younger [jʌŋə] *adj* أصغر [ʔasˤɣaru]
youngest [jʌŋɪst] *adj* الأصغر [al-ʔasˤɣaru]
your [jɔː; jʊə; jə] *adj (plural)* الخاص بك [alxaːsˤ bik], *(singular polite)* الخاص بك [alxaːsˤ bik], *(singular)* الخاص بك [alxaːsˤ bik]
yours [jɔːz; jʊəz] *pron (plural)* لك [lak], *(singular polite)* لك [lak], *(singular)* لك [lak]
yourself [jɔː'sɛlf; jʊə-] *pron* نفسك [Nafsek], *(intensifier)* نفسك [Nafsek], *(polite)* نفسك [Nafsek]
yourselves [jɔː'sɛlvz] *pron (intensifier)* أنفسكم [Anfosokom], *(polite)* أنفسكم [Anfosokom], *(reflexive)* أنفسكم [Anfosokom]
youth [juːθ] *n* شباب [ʃabaːb]; **youth club** *n* نادي الشباب [Nadey shabab]; **youth hostel** *n* دار الشباب [Dar al-shabab]

Z

zoo [zuː] *n* حديقة الحيوان [Hadee'qat al-hayawan]
zoology [zəʊˈɒlədʒɪ; zuː-] *n* علم الحيوان ['aelm al-hayawan]
zoom [zuːm] *n*; **zoom lens** *n* عدسة تكبير ['adasah mokaberah]
zucchini [tsuːˈkiːnɪ; zuː-] *n* كوسة [kuːsa]

Zambia [ˈzæmbɪə] *n* زامبيا [zaːmbjaː]
Zambian [ˈzæmbɪən] *adj* زامبي [zaːmbij] ▷ *n* زامبي [zaːmbij]
zebra [ˈziːbrə; ˈzɛbrə] *n* الحمار الوحشي [Al-hemar al-wahshey]; **zebra crossing** *n* ممر للمشاة ملون بالأبيض والأسود [Mamar lel-moshah molawan bel-abyaḍ wal-aswad]
zero, zeroes [ˈzɪərəʊ, ˈzɪərəʊz] *n* صفر [sˤifr]
zest [zɛst] *n* *(excitement)* نَكْهة [nakha], *(lemon-peel)* نَكْهَة [nakha]
Zimbabwe [zɪmˈbɑːbwɪ; -weɪ] *n* زيمبابوي [ziːmbaːbwij]
Zimbabwean [zɪmˈbɑːbwɪən; -weɪən] *adj* دولة زيمبابوي [Dawlat zembabway] ▷ *n* مواطن زيمبابوي [Mewaṭen zembabway]
zinc [zɪŋk] *n* زنك [zink]
zip [zɪp] *n* حيوية [ħajawijja]; **zip (up)** *v* يُغْلِق زِمام البنطلون [yoghle'q zemam albantaaloon]
zit [zɪt] *n* بثرة [baθra]
zodiac [ˈzəʊdɪˌæk] *n* دائرة البروج [Dayrat al-boroj]
zone [zəʊn] *n* منطقة [mintˤaqa]; **time zone** *n* نطاق زمني [Neṭa'q zamaney]

ARABIC-ENGLISH

عربي - إنجليزي

ا

ائتمان credit, trust *n* [iʔtima:n]
كارت ائتمان
[Kart eateman] *n* credit card
أب dad *n* [ʔab]
أب روحي
[Af rooḥey] *n* godfather *(baptism)*
زوجة الأب
[Zawj al-aab] *n* stepmother
آب app *n* [ʔa:b]
إباحي pornographic *adj* [ʔiba:ħij]
فن إباحي
[Fan ebaḥey] *n* pornography
ابتاع purchase *v* [ʔebta:ʕa]
ابتدائي initial *adj* [ibtida:ʔij]
ابتز blackmail *v* [ʔebtazza]
ابتزاز blackmail *n* [ʔibtiza:z]
ابتسامة smile *n* [ʔibtisa:ma]
ابتسامة عريضة
[Ebtesamah areeḍah] *n* grin
ابتسم smile *v* [ʔebtasama]
ابتعِد *v* [ʔebtaʕida]
يبتعِد عن
[Yabta'aed 'an] *v* keep out
ابتكار innovation *n* [ibtika:r]
ابتكاري innovative *adj* [ibtika:rij]
ابتكر devise *v* [ʔebtakara]
ابتلع swallow *vi* [ʔebtalaʕa]

ابتهاج cheer *n* [ibtiha:ʒ]
إبتهج cheer *v* [ʔebtahiʒa]
أبجدية alphabet *n* [ʔabaʒadijja]
إبحار *n* [ʔibħa:r]
ما هو موعد الإبحار؟
[ma howa maw-'aid al-ebḥar?] When do we sail?
أبحر sail *v* [ʔabħara]
أبخِرَة fumes *npl* [ʔabxiratun]
أبدا always *adv* [ʔabadan]
أنا لا أشرب الخمر أبدا
[ana la ashrab al-khamr abadan] I never drink wine
ابداء display *n* [ibda:ʔ]
إبداع creation *n* [ʔibda:ʕ]
أبْدع create *v* [ʔabdaʕa]
أبدى present *v* [ʔabda:]
إبر *n* [ʔibar]
وخز بالإبر
[Wakhz bel-ebar] *n* acupuncture
إبرة needle *n* [ʔibra]
إبرة خياطة
[Ebrat khayṭ] *n* knitting needle
هل يوجد لديك إبرة وخيط؟
[hal yujad ladyka ebra wa khyṭ?] Do you have a needle and thread?
أبرشية parish *n* [ʔabraʃijja]
أبرم turn round *v* [ʔabarama]
أبريق pitcher, jug *n* [ibri:q]
أبريق القهوة
[Abreeq al-'qahwah] *n* coffeepot
أبريل April *n* [ʔabri:l]
يوم كذبة أبريل
[yawm kedhbat abreel] *n* April Fools' Day
إبزيم buckle *n* [ʔibzi:m]
إبط armpit *n* [ʔibitˤ]
أبطأ slow down *v* [ʔabtˤaʔa]
أبطل cancel *vt* [ʔabtˤala]
أبعد relegate *v* [ʔabʕada]
أبكم dummy *n* [ʔabkam]
أبلغ report *v* [ʔablaɣa]
يُبَلغ عن
[Yoballegh an] *v* inform
أبْله silly *adj* ◁ idiot *n* [ʔablah]
ابن son *n* [ʔibn]

ابن الإبن
[Ebn el-ebn] *n* grandson
ابن الأخ
[Ebn al-akh] *n* nephew
زوجة الابن
[Zawj al-ebn] *n* daughter-in-law
إن ابني مفقود
[enna ibny maf-'qood] My son is missing
فقد ابني
[fo'qeda ibny] My son is lost
ابنة daughter *n* [ibna]
فقدت ابنتي
[fo'qedat ibnaty] My daughter is lost
زوج الإبنة
[Zawj al-ebnah] *n* son-in-law
إبهام *n* [ʔibha:m]
إبهام اليد
[Ebham al-yad] *n* thumb
أبو ظبي Abu Dhabi *n* [ʔabu zˁabj]
أبى reject *v* [ʔaba:]
أبيض blank *n* ◁ white *adj* [ʔabjadˁ]
اتبع follow *vt* [ʔetbaʕa]
اتجه *v* [ʔettaʒaha]
يتجه وينتشر
[yattajih wa-yantashir] *v* trend
من فضلك، أي الأتوبيسات يتجه إلى...؟
[Men faḍlek, ay al-otobeesaat yatjeh ela...] Excuse me, which bus goes to...?
هل يتجه هذا الأتوبيس إلى...؟
[hal yata-jih hadha al-baaṣ ela...?] Does this bus go to...?
هل يوجد أتوبيس يتجه إلى المطار؟
[Hal yojad otobees yatjeh ela al-maṭaar?] Is there a bus to the airport?
اتحاد union *n* [ittiħa:d]
الاتحاد الأوروبي
[Al-tehad al-orobey] *n* European Union
اتساع width *n* [ittisa:ʕ]
اتصال communication, *n* [ittisˁa:l] contact
اتصال هاتفي
[Eteṣal hatefey] *n* phonecall
كود الاتصال بمنطقة أو بلد
[Kod al-eteṣal bemanṭe'qah aw balad] *n* dialling code
نغمة الاتصال
[Naghamat al-eteṣal] *n* dialling tone
نظام الاتصال الداخلي
[nedhaam aleteṣaal aldakheley] *n* intercom
أين يمكنني الاتصال بك؟
[ayna yamken-any al-etiṣal beka?] Where can I contact you?
من الذي يمكن الاتصال به في حالة حدوث أي مشكلات؟
[man allaðiː jumkinu alittisˁaːlu bihi fiː ħaːlatin ħuduːθin ʔajji muʃkilaːtin] Who do we contact if there are problems?
إتصال connection *n* [ʔittisˁsˁl]
الاتصالات السلكية
[Al-etṣalat al-selkeyah] *npl* telecommunications
اتصل contact, dial *v* [ʔettasˁala]
يَتَّصِل بـ
[Yataṣel be] *v* communicate
يتصل بالانترنت
[yattaṣil bil-internet] to go online
سوف أتصل بك غدا
[sawfa ataṣil beka ghadan] I'll call back tomorrow
من فضلك، اتصل بخدمة الأعطال
[min faḍlak, itaṣil be-khidmat al-e'ṭaal] Call the breakdown service, please
هل لي أن اتصل بالمنزل؟
[hal lee an ataṣil bil-manzil?] May I phone home?
إتفاق agreement *n* [ʔittifa:q]
أتقن master *v* [ʔatqana]
اتكأ lean *v* [ʔettakaʔa]
يَتَكِئ على
[Yatakea ala] *v* lean out
يَتَكِئ للأمام
[Yatakea lel-amam] *v* lean forward
أتم *v* [ʔatamma]
أن يتم تقديم الإفطار
[An yatem ta'qdeem al-efṭaar] Where is breakfast served?
هل يتم أخذ الدولارات؟
[hal yatum akhidh al-dolar-aat?] Do you

take dollars?
هل يتم قبول بطاقات الائتمان؟ [hal yatum 'qubool be-ṭa'qaat al-eeteman?] Do you take credit cards?
إتهام [ittiha:m] *n* accusation
أتّهم [ʔettahama] *v* accuse ◁ *vt* charge (*accuse*)
أتوبيس [ʔatu:bi:s] *n* coach
أتوبيس المطار [Otobees al-maṭar] *n* airport bus
أين توجد أقرب محطة للأتوبيس؟ [Ayn tojad a'qrab maḥaṭah lel-otobees] Where is the nearest bus stop?
أين توجد محطة الأتوبيس؟ [ayna tojad muḥaṭat al-baaṣ?] Where is the bus station?
أين يمكن استقلال الأتوبيس إلى...؟ [Ayn yomken este'qlal al-otobees ela...?] Where do I get a bus for...?
ما هو موعد الأتوبيس المتجه إلى المدينة؟ [ma howa maw-'aid al-baaṣ al-mutajih ela al-madena?] When is the bus tour of the town?
ما هي المسافة بيننا وبين محطة الأتوبيس؟ [ma heya al-masafa bay-nana wa bayn muḥaṭat al- baaṣ?] How far are we from the bus station?
من فضلك، أي الأتوبيسات يتجه إلى...؟ [Men faḍlek, ay al-otobeesaat yatjeh ela...] Excuse me, which bus goes to...?
أتي [ʔata:] *v* come
يأتي من [Yaatey men] *v* come from
أثاث [ʔaθa:θ] *n* furniture
آثار [ʔa:θa:r] *n*
عالم آثار ['aalem aathar] *n* archaeologist
علم الآثار ['Aelm al-aathar] *n* archaeology
إثبات [ʔiθba:t] *n* proof (*for checking*)
أثبت [ʔaθbata] *v* prove
أثبّط [ʔaθbatˤa] *v*
يُثبط من الهمة [yothabeṭ men al-hemah] *v* discourage
آثر [ʔa:θar] *n*
آثار جانبية [Aathar janeebyah] *n* side effect
أثر [ʔaθar] *n* effect, trace, influence
أثر القدم [Athar al'qadam] *n* footprint
أثّر [ʔaθθara] *v* affect
يُؤثر في [Yoather fee] *v* impress, influence
أثري [ʔaθarij] *adj* archaeological
نقوش أثرية [No'qoosh athareyah] *npl* graffiti
اثنا عشر [iθnata: ʕaʃara] *number* twelve
أثنى [ʔaθna:] *v*
يُثني على [Yothney 'aala] *v* praise
إثنين [iθnajni] *number* two
أثيم [ʔaθi:m] *adj* vicious
إثيوبي [ʔiθju:bij] *adj* Ethiopian
مواطن إثيوبي [Mowaṭen ethyobey] *n* Ethiopian
إثيوبيا [ʔiθju:bja:] *n* Ethiopia
أجاب [ʔajaʒaba] *v* must
يَجب عليه [Yajeb alayh] *v* have to
ما الذي يجب أن ألبسه؟ [ma al-lathy yajib an al-basaho?] What should I wear?
أجاب [ʔaʒa:ba] *v* answer, reply
إجابة [ʔiʒa:ba] *n* answer
هل يمكن أن ترسل لي الإجابة في رسالة؟ [hal yamken an tarsil lee al-ejaba fee resala?] Can you text me your answer?
أجازة [ʔaʒa:za] *n* time off, holiday
أجازة رعاية طفل [ajaazat re'aayat al ṭefl] *n* paternity leave
أجازة عامة [ajaaza a'mah] *n* public holiday
أجازة لممارسة الأنشطة [ajaaza lemomarsat al 'anshe ṭah] *n* activity holiday
أجازة مَرضِيَّة

[Ajaza maradeyah] *n* sick leave
أجازة وضع
[Ajazat wad'a] *n* maternity leave
أجازة سعيدة
[ejaaza sa'aeeda] Enjoy your holiday!
أنا أقضي أجازة هنا
[ana a'q-dy ejaza huna] I'm on holiday here
أنا هنا في أجازة
[ana huna fee ejasa] I'm here on holiday
إجازة [ʔiʒa:za] leave *n*
أجْبر [ʔaʒbara] force *v*
اجْتاز [ʔeʒta:za] pass, go through *vt*
اجتماع [ʔiʒtima:ʕ] assembly, *n* meeting
علم الاجتماع
['aelm al-ejtema'a] *n* sociology
اجتماع الشمل
[Ejtem'a alshaml] *n* reunion
اجتماعي [ʔiʒtima:ʕij] social *adj*
أخصائي اجتماعي
[Akhsey ejtema'ay] *n* social worker
ضمان اجتماعي
[Daman ejtema'ay] *n* social security
خدمات اجتماعية
[Khadamat ejtem'aeyah] *npl* social services
الحالة الاجتماعية
[Al-halah al-ejtemaayah] *n* marital status
شخص اجتماعي
[Shakhs ejtema'ay] *adj* sociable
شخص اجتماعي
[Shakhs ejtema'ay] *adj* joiner
اجتمع [ʔeʒtamaʕa] get together, *v* gather, meet up
اجْتنب [ʔeʒtanaba] spare *v*
إجْحَاف [ʔiʒħa:f] prejudice *n*
أجر [ʔaʒr] fee (رسم) *n*
أجّر [ʔaʒʒara] hire *(rental)* *n*
أجْر [ʔaʒr] wage *n*
وجر [ʔaʒʒara] rent *v*
يُؤَجر منقولات
[Yoajer man'qolat] *v* lease
هل يمكن أن نؤجر أدوت التزلج هنا؟
[hal yamken an no-ajer adawat al-tazal-oj huna?] Can we hire skis here?
إجراء [ʔiʒra:ʔu] *n*
أريد إجراء مكالمة تليفونية
[areed ejraa mukalama talefonia] I want to make a phonecall
هل يمكن أن أقوم بإجراء مكالمة تليفونية من هنا؟
[hal yamken an a'qoom be-ijraa mukalama talefonia min huna?] Can I phone from here?
أجرة [ʔuʒra] rental, price *n*
سيارة أجرة صغيرة
[Sayarah ojrah sagherah] *n* minicab
أجرة السفر
[Ojrat al-safar] *n* fare
أجرة البريد
[ojrat al bareed] *n* postage
ما هي أجرة التاكسي للذهاب إلى المطار؟
[ma heya ejrat al-taxi lel-thehaab ela al-mataar?] How much is the taxi to the airport?
أجرم [ʔaʒrama] penalize, convict *v*
أجرَى [ʔaʒra:] *v*
يُجرَي عملية جراحية
[Yojrey 'amaleyah jeraheyah] *v* operate *(to perform surgery)*
أجل [ʔaʒl] *n*
ماذا يوجد هناك لأجل الأطفال؟
[madha yujad hunaka le-ajel al-atfaal?] What is there for children to do?
أجّل [ʔaʒʒala] postpone *v*
أجَل [ʔaʒal] term *(description)* *n*
أجلى [ʔaʒla] polish *v*
يجلو عن مكان
[Yajloo 'an al-makaan] *v* vacate
إجماع [ʔiʒma:ʕ] consensus *n*
إجماعي [ʔiʒma:ʕij] unanimous *adj*
إجمالي [ʔiʒma:lij] total *n* ◁ total *adj*
أجمع [ʔeʒmmaʕa] collect, sum *v* up, add up
أجمع [ʔaʒamaʕ] round up *v*
أجنبي [ʔaʒnabij] alien, foreign *adj* foreigner *n* ◁

أجنحة [ʔaʒniħatu] *npl*
أجنحة عرض
[Ajnehat 'arḍ] *n* stands
إجهاض [ʔiʒha:dˤ] *n* abortion
إجهاض تلقائي
[Ejhaḍ tel'qaaey] *n* miscarriage
أجوف [ʔaʒwaf] *adj* hollow
أحادي [ʔuħa:dij] *adj* university
أحاط [ʔaħa:tˤa] *v* surround
أحب [ʔaħaba] *v*
أحبك
[aḥibak] I love you
أنا أحب...
[ana aḥib] I love...
أنا لا أحب...
[ana la oḥibo...] I don't like...
أحبّ [ʔaħabba] *v* like
إحباط [ʔiħba:tˤ] *n* depression
أحبك [ʔaħabaka] *v* crochet
احتاج [ʔeħta:ʒa] *v*
يَحتاج إلى
[Taḥtaaj ela] *v* need
احتاج إلى [ʔiħta:ʒa ʔila] *v*
أحتاج إلى الذهاب إلى طبيب أسنان
[aḥtaaj ela al-dhehaab ela ṭabeeb asnaan] I need a dentist
أحتاج إلى شخص يعتني بالأطفال ليلًا
[aḥtaaj ela shakhiṣ y'atany be-al-aṭfaal laylan] I need someone to look after the children tonight
هل تحتاج إلى أي شيء؟
[hal taḥtaaj ela ay shay?] Do you need anything?
احتجاج [iħtiʒa:ʒ] *n* protest
احتجاز [iħtiʒa:z] *n* detention
احتراف [iħtira:f] *n*
باحتراف
[Beḥteraaf] *adv* professionally
احتراق [ʔiħtira:q] *n* fire
شعلة الاحتراق
[Sho'alat al-eḥtera'q] *n* pilot light
احترام [iħtira:m] *n* respect
احترس [ʔeħtarasa] *v* watch out
احترق [ʔeħtaraqa] *v*
يَحترق عن آخره
[Yaḥtare'q 'an aakherh] *vt* burn down

احترم [ʔeħtarama] *v* respect
احتفاظ [ʔiħtifa:zˤ] *n* keeping, guarding
هل يمكنني الاحتفاظ بمفتاح؟
[hal yamken -any al-eḥtefaadh be-muftaaḥ?] Can I have a key?
هل يمكنني الاحتفاظ بها؟
[hal yamken -any al-eḥtefaadh beha?] May I keep it?
احتفال [iħtifa:l] *n* celebration
احتفظ [ʔiħtafizˤa] *v* reserve
يَحتَفظ ب
[taḥtafeḍh be] *vt* hold
احتفظ بالباقي
[iḥ-tafuḍh bil-ba'qy] Keep the change
لا تحتفظ بشحنها
[la taḥtafiḍh be-shaḥ-neha] It's not holding its charge
هل يمكنك أن تحتفظ لي بذلك؟
[hal yamken -aka an taḥ-tafeḍh lee be-dhalik?] Could you hold this for me?
احْتفل [ʔeħtafala] *v* celebrate
احْتَفي [ʔeħtafa:] *v*
يَحْتَفي بـ
[Yaḥtafey be] *n* welcome
احتقار [iħtiqa:r] *n* contempt
احتقان [iħtiqa:n] *n* congestion
احتقر [ʔeħtaqara] *v* despise
احتكار [iħtika:r] *n* monopoly
احتل [ʔeħtalla] *v* occupy
احتلال [iħtila:l] *n* occupation *(invasion)*
احتمالية [iħtima:lijja] *n* probability
احتمل [ʔiħtamala] *v*
لا يحتمل
[La yaḥtamel] *adj* unbearable
احتوي [ʔeħtawa:] *v* contain
احتياطي [ʔiħtijja:tˤij] *adj* spare ◁ *n* reserve *(retention)*
احتيال [iħtija:l] *n* fraud
إحجام [ʔiħʒa:mu] *n* negative
أحد [ʔaħad] *n* anyone
أحدث [juħaddiθu] *v* modernize
أحد عشر [ʔaħada ʕaʃar] *number* eleven
أحْرز [ʔaħraza] *v* score

إحسان [ʔiħsa:n] *n* charity
أحسن [ʔaħsana] *v* improve
إحصاء [ʔiħsˤa:ʔ] *n*
إحصاء رسمي
[Ehṣaa rasmey] *n* census
إحصائيات [ʔiħsˤa:ʔijja:t] *n* statistics
أحفاد [ʔaħfa:dun] *npl* grandchildren
أحقاً [ħaqqan] *adv* really
إحكام [ʔiħka:mu] *n* precision, accuracy
هل يمكنك إحكام الأربطة لي من فضلك؟
[hal yamken -aka eḥkaam al-arbe-ṭa lee min faḍlak?] Can you tighten my bindings, please?
أحل [ʔaħalla] *v* untie
أحل [ʔaħala] *v*
يَحِل مشكلة
[Taḥel al-moshkelah] *v* solve
أحمر [ʔaħmar] *adj* red
أحمر خدود
[Ahmar khodod] *n* blusher
أحمر شفاه
[Ahmar shefah] *n* lipstick
عنب أحمر
['aenab aḥmar] *n* redcurrant
الصليب الأحمر
[Al-Ṣaleeb al-aḥmar] *n* Red Cross
البحر الأحمر
[Al-bahr al-ahmar] *n* Red Sea
شَعْر أحمر
[Sha'ar ahmar] *n* redhead
لحم أحمر
[Laḥm aḥmar] *n* red meat
نبيذ أحمر
[nabeedh aḥmar] *n* rosé
هل يمكن أن ترشح لي نوع جيد من النبيذ الأحمر
[hal yamken an tura-shiḥ lee naw'a jayid min al-nabeedh al-aḥmar] Can you recommend a good red wine?
أحمق [ʔaħmaq] *adj* idiotic, daft
أحيا [ʔaħjja:] *v* salute
أخ [ʔax] *n* brother
أخ من زوجة الأب أو زوج الأم
[Akh men zawjat al ab] *n* stepbrother

ابن الأخ
[Ebn al-akh] *n* nephew
أخاف [ʔaxa:fa] *v* terrify
أخبار [ʔaxba:run] *npl* news
تى تعرض الأخبار؟
[Tee ta'areḍ alakhbaar] When is the news?
أخبر [ʔaxbara] *vt* tell
أخت [ʔuxt] *n* sister
أخت الزوجة
[Okht alzawjah] *n* sister-in-law
أخت من زوجة الأب أو زوج الأم
[Okht men zawjat al ab aw zawj al om] *n* stepsister
بَنْت الأخت
[Bent al-okht] *n* niece
اختار [ʔexta:ra] *v* choose ◁ *vt* pick
اختَبِئ [ʔextabaʔ] *vi* hide
اختبار [ixtiba:r] *n* test
أنبوب اختبار
[Anbob ekhtebar] *n* test tube
اختبار الدم
[Ekhtebar al-dam] *n* blood test
اختبار القيادة
[Ekhtebar al-'qeyadah] *n* driving test
اختبار موجز
[ekhtebar mojaz] *n* quiz
اخْتَبر [ʔextabara] *v* test
اختَتَم [ʔextatama] *vt* conclude, finish
اختراع [ixtira:ʕ] *n* invention
اخترع [ʔextaraʕa] *v* invent
اختزال [ixtiza:l] *n* shorthand
اختصار [ixtisˤa:r] *n* abbreviation
باختصار
[bekhteṣaar] *adv* briefly
اختطف [ʔextatˤafa] *v* hijack, kidnap
اخْتَطَف [ʔextatˤafa] *v* snatch
اختفاء [ixtifa:ʔ] *n* disappearance
اخْتفي [ʔextafa:] *v* disappear
اختلاف [ixtila:f] *n* difference
اختلاف الرأى
[Ekhtelaf al-raaey] *n* disagreement
اخْتَلَق [ʔextalaqa] *v* make up
اختنَق [ʔextanaqa] *vi* choke
اختيار [ixtija:r] *n* choice
اختياري [ixtija:rij] *adj* optional

أُخْدُود pothole *n* [ʔuxdu:d]
أخذ take *vt* [ʔaxaða]
هل يمكن أن تأخذ مقاسي من فضلك؟
[hal yamken an takhudh ma'qa-see min faḍlak?] Can you measure me, please?
هل يمكنك أن تأخذ بيدي من فضلك؟
[hal yamken -aka an takhudh be-yady min faḍlak?] Can you guide me, please?
آخر *adj* [ʔa:xar]
فى مكان آخر
[Fee makaan aakhar] *adv* elsewhere
ما هو آخر موعد للمركب المتجه إلى...؟
[ma howa aakhir maw'aid lel-markab al-mutajeh ela...?] When is the last sailing to...?
ما هو موعد آخر قطار متجه إلى...؟
[ma howa maw-'aid aakhir 'qeṭaar mutajih ela...?] When is the last train to...?
هل لديكم أي شيء آخر؟
[hal ladykum ay shay aakhar?] Have you anything else?
آخَر another *n* [ʔa:xaru]
أخر put off *v* [aʔaxara]
أخر other *adj* [ʔaxar]
آخراً last *adv* [ʔa:xiran]
أخرق clumsy, awkward *adj* [ʔaxraq]
أخرى other *pron* [ʔuxra:]
متى ستتحرك السيارات مرة أخرى؟
[mata satata-ḥarak al-saya-raat murra ukhra?] When will the road be clear?
هل لديك أي غرف أخرى؟
[hal ladyka ay 'quraf okhra?] Do you have any others?
أخصائي *adj* [ʔaxisˤa:ʔijju]
أخصائي العلاج الطبيعي
[Akeṣaaey al-elaj al-ṭabeaey] *n* physiotherapist
أخضر green *(colour) adj* [ʔaxdˤar]
أخطأ mistake *v* [ʔaxtˤʔa]
يُخطئ في الحكم على
[yokhṭea fee al-ḥokm ala] *v* misjudge
أخطأ mess up *v* [ʔaxtˤaʔa]
إخطار notification *n* [ʔixtˤa:r]
أخطبوط octopus *n* [ʔuxtˤubu:tˤ]
أخفى hide *vt* [ʔaxfa:]

إخلاص loyalty *n* [ʔixla:sˤ]
أخلاق character *n* [ʔaxla:q]
دَمِث الأخلاق
[Dameth al-akhla'q] *adj* good-natured
أخلاقي moral (معنوي) *adj* [ʔaxla:qij]
أخلاقي مِهَني
[Akhla'qy mehany] *adj* ethical
لا أخلاقي
[La Akhla'qy] *adj* immoral
أخلاقيات morals *npl* [ʔaxla:qijja:tun]
أخلى evacuate *v* [ʔaxla:]
أخير last *adj* [ʔaxi:r]
قبل الأخير
['qabl al akheer] *adj* penultimate
أخيراً lastly *adv* [ʔaxi:ran]
أداء performance *n* [ʔada:ʔ]
اداة tool, instrument *n* [ʔada:t]
أدوات الإسعافات الأولية
[Adawat al-es'aafaat al-awaleyah] *n* first-aid kit
أدار run *vt* ◁ manage *v* [ʔada:ra]
إدارة administration, *n* [ʔida:ra] management
إدارة الحوادث والطوارئ
[Edarat al-hawadeth wa-al-tawarea] *n* accident & emergency department
مدير الإدارة التنفيذية
[Modeer el-edarah al-tanfeedheyah] *n* CEO
إداري administrative *adj* [ʔida:rij]
أداع let *v* [ʔada:ʕa]
أدان owe, condemn *v* [ʔada:na]
أدب literature *n* [dab]
أدَب culture *n* [ʔadab]
بأدب
[Beadab] *adv* politely
إدخر save *(money) v* [ʔeddaxara]
أدخل enter *vt* [ʔadxala]
إدراك comprehension *n* [ʔidra:k]
أدرك realize *v* [ʔadraka]
أدرَياتيكي Adriatic *adj* [ʔadrija:ti:ki:]
البحر الأدرياتيكي
[Albahr al adriateky] *n* Adriatic Sea
إدِّعاء allegation *n* [ʔiddiʕa:ʔ]
أدنى *v* ◁ lower, minimal *adj* [ʔadna:] minimum

أدنى درجة
[Adna darajah] *n* inferior
حد أدنى
[Had adna] *n* minimum
astonish *v* [ʔadhaʃa] **أدهش**
perform *v* [ʔadda] **أدى**
if *conj* [ʔiða:] **إذا**
dissolve, melt *vt* [ʔaða:ba] **أذاب**
advertise *v* [ʔaða:ʕa] **أذاع**
broadcast *v* [ʔaða:ʕa] **أذاع**
broadcast *n* [ʔiða:ʕa] **إذاعة**
Azerbaijan *n* [ʔaðarbajʒa:n] **أذربيجان**
adj [ʔaðarbi:ʒa:nij] **أذربيجاني**
Azerbaijani
Azerbaijani *n* ◁
panic *v* [ʔaðʕara] **أذعَر**
permission *n* [ʔiðn] **اذن**
اذن بالدخول
[Edhn bel-dekhool] *n* admittance
ear *n* [ʔuðun] **أذن**
سماعات الأذن
[Sama'at al-odhon] *npl* earphones
سدادات الأذن
[Sedadat alodhon] *npl* earplugs
ألم الأذن
[Alam al odhon] *n* earache
طبلة الأذن
[Ṭablat alozon] *n* eardrum
permission *n* [ʔiðn] **إذن**
amaze *v* [ʔaðhala] **أذهل**
hurt *v* [ʔaðja] **أذى**
want *v* [ʔara:da] **أراد**
أريد... من فضلك
[areed... min faḍlak] I'd like..., please
أريد أن أتركها في...
[Areed an atrokha fee...] I'd like to leave it in...
أريد أن أتحدث مع... من فضلك
[areed an ataḥad-ath ma'aa... min faḍlak] I'd like to speak to..., please
أريد أن أذهب إلى...
[Areed an adhhab ela...] I need to get to...
.أريد تذكرتين من فضلك
[Areed tadhkaratayn men faḍlek.] I'd like two tickets, please

أريد التسجيل في الرحلة من فضلك
[areed al-tasjeel fee al-reḥla min faḍlak] I'd like to check in, please
أريد الذهاب إلى السوبر ماركت
[areed al-dhehaab ela al-subar market] I need to find a supermarket
will *(motivation)* *n* [ʔira:da] **إرادة**
spill *vt* [ʔara:qa] **أراق**
four *number* [ʔarbaʕatun] **أربعة**
number [ʔarbaʕata ʕaʃr] **أربعة عشر**
fourteen
forty *number* [ʔarbaʕu:na] **أربعون**
confuse, rave *v* [ʔarbaka] **أربك**
doubt *v* [ʔerta:ba] **ارتاب**
engagement *n* [irtiba:tˤ] **ارتباط**
muddle *n* [irtiba:k] **ارتباك**
v [ʔertabatˤa] **ارتبط**
يَرْتَبِط مع
[Yartabeṭ ma'aa] *v* tie up
shock *n* [rtiʒa:ʒ] **ارتجاج**
ارتجاج في المخ
[Ertejaj fee al-mokh] *n* concussion
bounce *vi* [ʔertadda] **ارتدّ**
wear *vt* [ʔartada:] **ارتدى**
v [ʔertatˤama] **ارتطم**
يَرْتَطِم ب
[Yartaṭem be] *vi* strike
tremble *v* [ʔertaʕada] **ارتعد**
shiver *v* [ʔertaʕaʃa] **ارتعش**
height *n* [irtifa:ʕ] **ارتفاع**
climb, go up, rise *v* [ʔertafaʕa] **ارتفع**
commit *v* [ʔertakaba] **ارتكب**
يَرْتَكِبُ خطأ
[Yartekab khaṭaa] *v* slip up
suspend *v* [ʔarʒaʔa] **أرْجأ**
back, put back, *v* [ʔarʒaʕa] **أرجَع**
send back
Argentine *adj* [ʔarʒunti:nij] **أرجنتيني**
Argentinian *(person)* *n* ◁
purple *adj* [urʒuwa:nij] **أرجواني**
seesaw *n* [ʔurʒu:ħa] **أرجوحة**
الأرجوحة الشبكية
[Al orjoha al shabakiya] *n* hammock
please! *excl* [ʔarʒu:ka] **أرجوك**
buttocks *npl* [ʔarda:fun] **أرْداف**
n ◁ Jordanian *adj* [unrdunij] **أردني**

Jordanian
اردواز slate *n* [ardwa:z]
أرز rice *n* [ʔurz]
أرز أسمر
[Orz asmar] *n* brown rice
إرسال sending, shipping *n* [irsa:l]
جهاز إرسال الإشعاع
[Jehaz esrsaal al-esh'aaa'a] *n* radiator
أريد إرسال فاكس
[areed ersaal fax] I want to send a fax
أين يمكن إرسال هذه الكروت؟
[ayna yamken ersaal hadhy al-korot?] Where can I post these cards?
كم تبلغ تكلفة إرسال هذا الطرد؟
[kam tablugh taklifat ersal hadha al-ṭard?] How much is it to send this parcel?
لقد قمت بإرسال حقائبي مقدما
[la'qad 'qimto be-irsaal ḥa'qa-eby mu-'qadaman] I sent my luggage on in advance
أرسل forward *v* [ʔarsala]
يُرسِل رسالةً بالفاكس
[yorsel resalah bel-fax] *v* fax
يُرْسِل بريدا إلكترونيا
[yorsel bareedan electroneyan] *v* email
يرسل بالانترنت
[yorsel bil-internet] *vt* upload
إرشادي guide *adj* [ʔirʃa:dijjat]
جولة إرشادية
[Jawlah ershadeyah] *n* guided tour
أرشيف archive *n* [ʔarʃi:f]
أرض land *n* [ʔardˤ]
صاحب الأرض
[Ṣaheb ardh] *n* landlord
سَطح الأرض
[Saṭh alarḍ] *n* ground
أرض سبخة
[Arḍ sabkha] *n* moor
أرض خضراء
[Arḍ khaḍraa] *n* meadow
أرض المعارض
[Arḍ al ma'ariḍ] *n* fairground
تحت سطح الأرض
[Taht saṭh al arḍ] *adv* underground
مالك الأرض
[Malek al-arḍ] *n* landowner
إرضاع breast-feeding *n* [ʔirdˤa:ʕ]
هل يمكنني إرضاعه هنا؟
[hal yamken -any erḍa-'aaho huna?] Can I breast-feed here?
أرضي *adj* [ʔardˤij]
الدور الأرضي
[Aldoor al-arḍey] *n* ground floor
الكرة الأرضية
[Al-korah al-ardheyah] *n* globe
أرضية floor *n* [ʔardˤijja]
أرْعب frighten *v* [ʔarʕaba]
أرْغن organ *(music)* *n* [ʔurɣun]
آلة الأرْغن الموسيقية
[Aalat al-arghan al-moseeqeyah] *n* organ *(music)*
أرْفق attach *v* [ʔarfaqa]
أرق insomnia *n* [ʔaraq]
أرمل widower *n* [ʔarmal]
أرملة widow *n* [ʔarmala]
أرمني Armenian *adj* [ʔarminij]
◁ Armenian *(person)* *n*
اللغة الأرمنية
[Al-loghah al-armeeneyah] *(language)* *n* Armenian
أرمنيا Armenia *n* [ʔarminja:]
أرنب hare, rabbit *n* [ʔarnab]
إرهاب terrorism *n* [ʔirha:b]
إرهابي terrorist *n* [ʔirha:bij]
هجوم إرهابي
[Hojoom 'erhaby] *n* terrorist attack
إرْهاق strain *n* [ʔirha:q]
إريتريا Eritrea *n* [ʔiri:tirja:]
أريكة settee *n* [ʔri:ka]
أزال remove *v* [ʔaza:la]
يُزيل الغموض
[yozeel al-ghmooḍ] *v* clear up
يزيل صديقا
[yozeel ṣadeeqan] *v* unfriend
يزيل متابعا
[yozeel mutaabi'an] *v* unfollow
إزالة removal *n* [ʔiza:la]
أزداد *v* [ʔezda:da]
يَزداد ثلاثة أضعاف
[Yazdad thalathat aḍ'aaaf] *v* triple
ازدحام crowd *n* [izdiħa:m]

ازدحام المرور
[Ezdeḥam al-moror] *n* traffic jam
هل هناك طريق بعيد عن ازدحام المرور؟
[hal hunaka ṭaree'q ba'aeed 'aan izde-ḥam al-miroor?] Is there a route that avoids the traffic?
ازدهار bloom, flourishing *n* [izdiha:r]
موسم ازدهار
[Mawsem ezdehar] *n* high season
إزدهار prosperity *n* [ʔizdiha:r]
أزرق blue *adj* [ʔazraq]
أزرق داكن
[Azra'q daken] *n* navy-blue
إزعاج mischief, nuisance *n* [ʔizʕa:ʒ]
إزعَج disturb *v* [ʔazʕaʒa]
أزِل slip *vi* [ʔazalla]
أزمة crisis *n* [ʔazma]
أزمة قلبية
[Azmah 'qalbeyah] *n* heart attack
إزميل chisel *n* [ʔizmi:l]
أزهر flower, blossom *v* [ʔazhara]
أساء *v* [ʔasaʔa]
يُسِئ فهم
[Yoseea fahm] *v* misunderstand
أساء *v* [ʔasa:ʔa]
يُسيء إلى
[Yoseea ela] *v* offend
يُسيء استخدام
[Yosea estekhdam] *v* abuse
إساءة offence *n* [ʔisa:ʔa]
أساس basis *n* [ʔasa:s]
أساسات *npl* [ʔasa:sa:tun] foundations
أساسي basic, main, *adj* [ʔasa:sij] major
بصورة أساسية
[Beṣorah asasiyah] *adv* primarily
بشكل أساسي
[Beshkl asasy] *adv* basically
أساسيات basics *npl* [ʔasa:sijja:tun]
أسباني *n* ◁ Spanish *adj* [ʔisba:nij] Spaniard, Spanish
أسبانيا Spain *n* [ʔisba:njja:]
أسبرين aspirin *n* [ʔasbiri:n]
أسبوع week *n* [ʔusbu:ʕ]
أريد تذكرة تزلج لمدة أسبوع
[areed tadhkera tazaluj le-mudat isboo'a] I'd like a ski pass for a week
الأسبوع التالي
[al-esboo'a al-taaly] next week
الأسبوع الذي يلي الأسبوع المقبل
[al-esboo'a al-ladhy yalee al-esboo'a al-mu'qbil] the week after next
الأسبوع الماضي
[al-esboo'a al-maaḍy] last week
الأسبوع قبل الماضي
[al-esboo'a 'qabil al-maaḍy] the week before last
في غضون أسبوع
[fee ghoḍon isboo'a] a week from today
كم تبلغ تكلفة الإقامة الأسبوعية بالغرفة؟
[kam tablugh taklifat al-e'qama al-isbo-'aiya bil-ghurfa?] How much is it per week?
منذ أسبوع
[mundho isboo'a] a week ago
أسبوعي weekly *adj* [ʔusbu:ʕij]
كم تبلغ التكلفة الأسبوعية؟
[kam tablugh al-taklifa al-isboo-'aiya?] How much is it for a week?
استئجار rent *n* [isti:ʒa:r]
استئجار سيارة
[isti-jar sayara] *n* rental car
أريد استئجار موتوسيكل
[Oreed esteajaar motoseekl] I want to rent a motorbike
إستأجر hire *(people)* *v* [ʔestaʔʒara]
أستاذ *n* [ʔusta:ð]
أستاذ جامعي
[Ostaz jame'aey] *n* professor
استئناف appeal *n* [ʔistiʔna:f]
استأنف continue *vi* [ʔestaʔnafa]
يَستَأنِف حكما
[Yastaanef al-hokm] *v* appeal
استبداد [istibda:d]
استبداد وتهديد افتراضي
[istibdaad wa-tahdeed iftiraaḍee] cyberbulling

استبدال [istibda:l] *n* replacement
استبدل [ʔestabdala] *v* replace
استبعد [ʔestabʕada] *v* rule out, exclude, leave out
استبيان [istibja:n] *n* questionnaire
استثمار [istiθma:r] *n* investment
استثمر [ʔestaθmara] *v* invest
استثناء [istiθna:ʔ] *n* exception
استثنائي [istiθna:ʔij] *adj* exceptional, extraordinary
إستجابة [istiʒa:ba] *n* response
استجدى [ʔestaʒda:] *v* beg
استجواب [istiʒwa:b] *n* inquest
استجوب [ʔestaʒwaba] *v* interrogate, question
استجيب [ʔestaʒa:ba] *v* respond
استحق [ʔestaħaqqa] *v* deserve
متى يستحق الدفع؟
[mata yasta-ḥi'q al-daf'a?] When is it due to be paid?
استحم [ʔestaħamma] *v* swim
استحمام [istiħma:m] *n* bathing
سائل استحمام
[Saael estehmam] *n* bubble bath
غطاء الشعر للاستحمام
[ghetaa al-sha'ar lel-estehmam] *n* shower cap
جل الاستحمام
[Jel al-estehmam] *n* shower gel
حقيبة أدوات الاستحمام
[Ha'qeebat adwat al-estehmam] *n* toilet bag
أين توجد أماكن الاستحمام؟
[ayna tojad amaken al-estiḥmam?] Where are the showers?
استحى [ʔestaħa:] *v* blush
استخدام [istixda:mu] *n* use
سهل الاستخدام
[Sahl al-estekhdam] *adj* user-friendly
استخدام الحاسب الآلي
[Estekhdam al-haseb al-aaly] *n* computing
يُسيء استخدام
[Yosea estekhdam] *v* abuse
يُفضل استخدامه قبل التاريخ المُحدد
[Yofaḍḍal estekhdamoh 'qabl al-tareekh al-mohaddad] *adj* best-before date
إنه للاستخدام الشخصي
[inaho lel-estikhdam al-shakhṣi] It is for my own personal use
هل يمكنني استخدام تليفوني من فضلك؟
[hal yamken -any esti-khdaam talefonak min faḍlak?] Can I use your phone, please?
هل يمكنني استخدام بطاقتي في ماكينة الصرف الآلي هذه؟
[hal yamken -any esti-khdaam beṭa-'qatee fee makenat al-ṣarf al-aaly hadhy?] Can I use my card with this cash machine?
استخدم [ʔestaxdama] *v* use
استخرج [ʔestaxraʒa] *v*
يستخرج نسخة
[Yastakhrej noskhah] *v* photocopy
اسْتخف [ʔestaxaffa] *v* underestimate
استدانِ [ʔestada:na] *v* borrow
استدعى [ʔestadʕa:] *v* page, call
استدلال [ʔistidla:l] *n* guidance
الاستدلال على الاتجاهات من الأقمار الصناعية
[Al-estedlal ala al-etejahat men al-'qmar alṣena'ayah] *n* sat nav
إستراتيجي [ʔistira:ti:ʒij] *adj* strategic
إستراتيجية [ʔistira:ti:ʒijja] *n* strategy
استراح [ʔestara:ħa] *vi* rest
استراحة [istira:ħa] *n* rest, break
استراحة غداء
[Estrahet ghadaa] *n* lunch break
أسترالي [ʔustra:lij] *adj* Australian ⊲ *n* Australian
أستراليا [ʔustra:lija:] *n* Australia
استرخاء [istirxa:ʔ] *n* relaxation
استرخَى [ʔestarxa:] *vi* relax
استرد [ʔestarada] *v*
أريد أن أسترد نقودي
[areed an asta-rid ni'qodi] I want my money back
هل يمكن أن أسترد المال مرة أخرى؟
[hal yamken an asta-rid al-maal marra

okhra?] Can I have a refund?
اشْترد [ʔestaradda] *v* restore, get back
استرليني [ʒunajh] *n*
جنيه استرليني
[Jeneh esterleeney] *n* pound sterling
استسلم [ʔestaslama] *v* give in
استشار [ʔestaʃa:ra] *v* consult
استضاف [ʔestadˤa:fa] *v* treat, entertain (يسلي)
استطاع [ʔestatˤa:ʕa] *v*
لا يستطع التنفس
[la ystạ-ṭee'a al-tanaf-uss] He can't breathe
استطاع [ʔestatˤa:ʕa] *v* can
استطلاع [istitˤla:ʕ] *n* study
استطلاع الرأي
[Eatetḷa'a al-ray] *n* opinion poll
محب للاستطلاع
[Moḥeb lel-estetḷaa'a] *adj* curious
استطلع [ʔestatˤlaʕa] *v* spot
يَستطلع الرأي
[Yastaṭle'a al-ray] *v* canvass
استعاد [ʔestaʕa:da] *v* regain, resume
استعبد [ʔesataʕbada] *v* slave
استعجال [istiʕʒa:l] *n* hurry
استعجل [ʔestaʕʒala] *v* hurry up
استعراض [istiʕra:dˤ] *n* parade
استعراضات القفز
[Este'araḍat al-'qafz] *n* show-jumping
مجال الاستعراض
[Majal al-este'araḍ] *n* show business
استعلام [istiʕla:m] *n* inquiry
استعلامات [istiʕla:ma:tun] *npl*
مكتب الاستعلامات
[Maktab al-este'alamaat] *n* enquiry desk
استعلم عن [ʔestaʕlama ʕan] *v* inquire
استعمال [stiʕma:lin] *n*
سوء استعمال
[Sooa este'amal] *v* abuse
ما هي طريقة استعماله؟
[ma heya ṯaree-'qat esti-'amal-uho?] How should I take it?
استغرق [ʔestaɣraqa] *v*
كم من الوقت يستغرق تصليحها؟
[kam min al-wa'qt yast-aghri'q taṣle-ḥaha?] How long will it take to repair?
ما الفترة التي سأستغرقها للوصول إلى...؟
[Ma al-fatrah alatey sastaghre'qha lel-woṣool ela...] How long will it take to get to...?
ما هي المدة التي يستغرقها العبور؟
[ma heya al-mudda al-laty yasta-ghri'q-uha al-'auboor?] How long does the crossing take?
استغل [ʔestaɣalla] *v* exploit
استغلال [istiɣla:l] *n* exploitation
استغنى [ʔestaɣna:] *v*
يَستغني عن
[Yastaghney 'aan] *v* do without
استفاد [ʔestafa:da] *v* benefit
استفاق [ʔestafa:qa] *v* come round
استفهم [ʔestafhama] *v* query
استقال [ʔestaqa:l] *v* resign
استقبال [istiqba:l] *n* reception
جهاز الاستقبال
[Jehaz alest'qbal] *n* receiver *(electronic)*
موظف الاستقبال
[mowadhaf al-este'qbal] *n* receptionist
استقر [ʔestaqarra] *v* settle down
استقرار [istiqra:r] *n* stability
استقلال [istiqla:lu] *n* independence
استكشف [ʔestakʃafa] *v* explore
استلام [ʔistila:m] *n* takeover
استلام الأمتعة
[Estelam al-amte'aah] *n* baggage reclaim
استلم [ʔestalama] *v* receive
استمارة [istima:ra] *n*
استمارة مطالبة
[Estemarat moṭalabah] *n* claim form
استماع [ʔistima:ʕ] *n* listening
أين يمكننا الاستماع إلى عازفين محليين يعزفون الموسيقى؟
[ayna yamken-ana al-istima'a ela 'aazifeen ma-ḥaliyeen y'azifoon al-mose'qa?] Where can we hear local musicians play?
استمتاع [ʔistimta:ʕ] *n* pleasure

نتمنى الاستمتاع بوجبتك [nata-mana al-estim-ta'a be-waj-bataka] Enjoy your meal!
استمتع v [ʔestamtaʕa]
هل تستمتع بهذا العمل؟ [Hal tastamte'a behadha al-'amal] Do you enjoy it?
هل استمتعت؟ [hal istam-ta'at?] Did you enjoy yourself?
استمتع ب enjoy v [ʔestamtaʕa bi]
استمر go on, carry v [ʔestamarra] continue vt ◁ on, last
استمع listen v [ʔestamaʕa]
يَستمِع إلى [Yastame'a ela] v listen to
استند v [ʔestanada]
يَستنِد على [Yastaned 'ala] v lean on
استنساخ clone n [istinsa:x]
اسْتَنْسخ clone v [ʔestansax]
استنشق breathe in v [ʔestanʃaqa]
استنفذ run out of v [ʔestanfaða]
استهلك v [ʔestahlaka]
يَستهلك كلية [Yastahlek koleyatan] v use up
استواء n [istiwa:ʔ]
غابات المطر بخط الاستواء [Ghabat al-maṭar be-khaṭ al-estwaa] n rainforest
خط الاستواء [Khaṭ al-estwaa] n equator
استوائي tropical adj [istiwa:ʔij]
استوديو studio n [stu:dju:]
استورد import v [ʔestawrada]
استَولى v [ʔestawla:]
يستَولي على [Yastwley 'ala] v seize
إستوني n ◁ Estonian adj [ʔistu:nij] Estonian (person)
اللغة الإستوانية [Al-loghah al-estwaneyah] (language) n Estonian
إستونيا Estonia n [ʔistu:nja:]
أستيراد import n [istijra:d]
استيقظ wake up v [ʔestajqazˤa]

أسد lion n [ʔasad]
أسر capture v [ʔasira]
إسرائيل Israel n [ʔisra:ʔijl]
إسرائيلي Israeli adj [ʔisra:ʔi:lij] Israeli n ◁
أسرة family n [ʔusra]
هل توجد أسرة للأطفال؟ [hal tojad a-serra lil-aṭfaal?] Do you have a cot?
هل يوجد لديكم أسرة فردية بدورين؟ [Hal yoojad ladaykom aserah fardeyah bedoorayen?] Do you have any single sex dorms?
أسْرع accelerate, hurry, v [ʔasraʕa] speed up
اسطبل stable n [istˤabl]
اسطوانة cylinder, n [ustˤuwa:na] CD, roller
اسطوانة دي في دي [Esṭwanah DVD] n DVD
مشغل اسطوانات دى في دي [Moshaghel esṭwanat D V D] n DVD player
ناسخ لاسطوانات دى في دي [Nasekh le-sṭewanat D V D] n DVD burner
هل يمكنك وضع هذه الصور على اسطوانة من فضلك؟ [hal yamken -aka waḍi'a hadhy al-ṣowar 'aala eṣti-wana min faḍlak?] Can you put these photos on CD, please?
اسطورة legend, myth n [ʔustˤu:ra]
علم الأساطير ['aelm al asateer] n mythology
أسطول navy n [ʔustˤu:l]
إسعاف help n [ʔisʕa:f]
سيارة إسعاف [Sayarat es'aaf] n ambulance
اتصل بعربة الإسعاف [itaṣel be-'aarabat al-es'aaf] Call an ambulance
أسعد v [ʔasʕada]
يسعدني أن التقي بك أخيرًا [yas-'aedny an al-ta'qy beka akheran] I'm delighted to meet you at last
أسف sorrow, regret n [ʔasaf]

أناأسف للإزعاج
[Ana asef lel-ez'aaj] I'm sorry to trouble you

أسف [ʔasfa] *v* regret

أسفل [ʔasfala] *adv* underneath

في الأسفل
[Fee al-asfal] *adv* underneath

أسفل [ʔasfalu] *adj* underneath ◃ *prep* beneath

إسفنج [ʔisfanʒ] *n* sponge

إسفنجة [ʔisfanʒa] *n* sponge *(for washing)*

أسقط [ʔasqatˤa] *v*

يُسقِط من
[Yos'qeṭ men] *v* subtract

أسْقف [asquf] *n* bishop

اسكتلاندة [iskutla:ndatu] *n* Scotland

اسكتلاندي [iskutla:ndi:] *adj* Scottish ◃ *n* Scot, Scotsman

اسكتلاندية [iskutla:ndijja] *n* Scotswoman

اسكتلانديون[iskutla:ndiju:na] Scots *adj*

إسكندنافيا [ʔiskundina:fja:] *n* Scandinavia

إسكندينافي [ʔiskundina:fjj] *adj* Scandinavian

إسلامي [ʔisla:mij] *adj* Islamic

أسلوب [ʔuslu:b] *n* technique

اسم [ism] *n* name, noun

اسم المرأة قبل الزواج
[Esm al-marah 'qabl alzawaj] *n* maiden name

اسم مستعار
[Esm mostaar] *n* alias

اسم مُستعار
[Esm most'aar] *n* pseudonym

اسم مُختَصَر
[Esm mokhtaṣar] *n* acronym

الاسم الأول
[Al-esm al-awal] *n* first name

اسم المستخدم
[esm il-mustakhdim] *n* username

اسمي...
[ismee..] My name is...

لقد قمت بحجز غرفة باسم...
[La'qad 'qomt behajz ghorfah besm...] I booked a room in the name of...

ما اسمك؟
[ma ismak?] What's your name?

أسمر [ʔasmar] *adj* brown

أرز أسمر
[Orz asmar] *n* brown rice

أسمر محمر
[Asmar mehmer] *adj* auburn

خبز أسمر
[Khobz asmar] *n* brown bread

إسمنت [ʔasmant] *n* cement

أسنان [ʔasna:nu] *npl* teeth

إسهاب [ʔisha:b] *n* (حشو) redundancy

إسهال [ʔisha:l] *n* diarrhoea

أعاني من الإصابة بالإسهال
[o-'aany min al-eṣaaba bel-es-haal] I have diarrhoea

إسهام [ʔisha:m] *n* contribution

أسهم [ʔashama] *v* contribute

أسوأ [ʔaswaʔ] *adj* worse

الأسوأ
[Al-aswaa] *adj* worst

أسود [ʔaswad] *adj* black

أسى [ʔasa:] *n* grief

آسيا [ʔa:sja:] *n* Asia

آسيوي [ʔa:sjawij] *adj* Asian, Asiatic ◃ *n* Asian

أشار [ʔeʃa:ra] *v* point

يُشير إلى
[Yosheer ela] *v* refer

يشير إلى
[Yosheer ela] *v* indicate

إشارة [ʔiʃa:ra] *n* signal

إشارة إنشغال الخط
[Esharat ensheghal al-khat] *n* engaged tone

إشارات المرور
[Esharaat al-moroor] *npl* traffic lights

عمود الإشارة
['amood al-esharah] *n* signpost

لغة الإشارة
[Loghat al-esharah] *n* sign language

إشاعة [ʔiʃa:ʕa] *n* rumour

إشباع [ʔiʃba:ʕ] *n* satisfaction

أشبع [ʔaʃbaʕa] *v*
لقد شبعت
[la'qad sha-be'ato] I'm full
أشبه [ʔaʃabbah] *v* resemble
أشبه [ʔaʃbbaha] *v* look like
اشتبه [ʔeʃtabaha] *v*
يَشتَبِه ب
[Yashtabeh be] *v* suspect
اشتراك [iʃtira:k] *n* subscription
اشتراكي [ʔiʃtira:kij] *adj* socialist
n ◁ socialist
اشتراكية [ʔiʃtira:kijja] *n* socialism
اشترك [ʔeʃtaraka] *v*
يَشتَرك في
[Yashtarek fee] *v* participate
اشتري [ʔeʃtara:] *v* buy
سوف أشتريه
[sawfa ashtareeh] I'll take it
أين يمكن أن أشتري خريطة للبلد؟
[ayna yamken an ash-tary khareeṭa lil-balad?] Where can I buy a map of the country?
أين يمكن أن أشتري الهدايا؟
[ayna yamken an ash-tary al-hadaya?] Where can I buy gifts?
اشتعال [iʃtiʕa:l] *n* ignition
قابل للاشتعال
['qabel lel-eshte'aal] *adj* flammable
اشتمل [ʔeʃtamila] *v*
هل يشتمل على خضروات؟
[hal yash-tamil 'aala khiḍra-waat?] Are the vegetables included?
إشراف [ʔiʃra:f] *n* supervision
أشرطة [ʔaʃritˤa] *n*
أشرطة للزينة
[Ashreṭah lel-zeena] *n* tinsel
إشعار [ʔiʃʕa:r] *n* notice *(note)*
إشعاع [ʔiʃʕa:ʕ] *n* radiation
إشعال [ʔiʃʕa:l] *n* making a fire
إشعال الحرائق
[Esha'aal alḥarae'q] *n* arson
إشعال النار
[Esh'aal al-naar] *n* bonfire
شمعة إشعال
[Sham'aat esh'aal] *n* spark plug
أشعة [ʔuʃiʕʕatu] *npl*
أشعة الشمس
[Ashe'aat al-shams] *n* sunshine
أشعل [ʔaʃʕala] *v* turn on
أشفق [ʔaʃfaqa] *v*
يُشفق على
[Yoshfe'q 'aala] *v* pity
أشقاء [ʔaʃʃiqa:ʔun] *npl* siblings
أشقر [ʔaʃqar] *n* blonde
اشمئز [ʔeʃmaʔazza] *v*
يَشمئِز من
[Yashmaaez 'an] *v* loathe
أصاب [ʔasˤa:ba] *v* hit
لقد أصيب أحد الأشخاص
[la'qad oṣeba aḥad al-ash-khaaṣ] Someone is injured
إصابة [ʔisˤa:ba] *n* injury
إصابة بالإيدز- إيجابية
[Eṣaba bel edz – ejabeyah] *adj* HIV-positive
إصابة بالإيدز- سلبية
[Eṣaba bel edz – salbeyah] *adj* HIV-negative
أصبح [ʔasˤbaħa] *v* become
إصبع [ʔisˤbaʕ] *n* finger
إصبع القدم
[Eṣbe'a al'qadam] *n* toe
إصدار [ʔisˤda:r] *n* issue
إصدار التعليمات
[Eṣdar al ta'alemat] *n* briefing
أصَر [ʔasˤarra] *v*
يُصِر على
[Yoṣṣer 'aala] *v* insist
اصطاد [ʔesˤtˤa:da] *v*
هل نستطيع أن نصطاد هنا؟
[hal nasta-ṭee'a an naṣ-ṭaad huna?] Can we fish here?
اصطاد [ʔesˤtˤa:da] *vi* fish
اصْطدم [ʔesˤtˤadama] *vi* clash
اصْطف [ʔesˤtˤaffa] *v* queue
اصطفاء [isˤtˤifa:ʔ] *n* selection
إصطناعي [ʔisˤtˤina:ʕij] *adj* artificial
أصغر [ʔasˤɣaru] *adj* junior, younger
أصفر [ʔasˤfar] *adj* yellow
أصْقل [ʔasˤqala] *v* varnish
أصل [ʔasˤl] *adj* pedigree *n* ◁ *(source)* origin

في الأصل [Fee al aṣl] *adv* originally
إصلاح repair *n* [ʔisˤlaːħ]
أين توجد أقرب ورشة لإصلاح الدراجات؟ [ayna tojad a'qrab warsha le-eṣlaḥ al-darrajaat?] Where is the nearest bike repair shop?
أين توجد أقرب ورشة لإصلاح الكراسي المتحركة؟ [ayna tojad a'qrab warsha le-eṣlaḥ al-karasy al-mutaḥarika?] Where is the nearest repair shop for wheelchairs?
هل يمكن أن أحصل على عدة الإصلاح؟ [Hal yomken an aḥsol ala 'aedat eṣlaḥ] Can I have a repair kit?
أصلح repair, fix *v* [ʔasˤlaħa]
أصلع bald *adj* [ʔasˤlaʕ]
أصلي genuine, principal *adj* [ʔasˤlij]
موطن أصلي [Mawṭen aṣley] *n* homeland
أصم deaf *adj* [ʔasˤamm]
أصهار in-laws *npl* [ʔasˤhaːrun]
أصيل original *adj* [ʔasˤiːl]
أضاء light *v* [ʔadˤaːʔa]
إضاءة lighting *n* [idˤaːʔa]
أضاف add *v* [ʔadˤaːfa]
يضيف صديقا [yuḍeef ṣadeeqan] *vt* friend
إضافة addition *n* [ʔidˤaːfatan]
بالإضافة إلى [Bel-edafah ela] *adv* besides
إضافة additive *n* [ʔidˤaːfa]
إضافي additional *adj* [ʔidˤaːfij]
إطار إضافي [Eṭar eḍafy] *n* spare tyre
ضريبة إضافية [Ḍareba eḍafeyah] *n* surcharge
عجلة إضافية ['aagalh eḍafeyah] *n* spare wheel
إضراب strike *n* [ʔidˤraːb]
بسبب وجود إضراب [besabab wijood eḍraab] Because there was a strike
أضرب strike (*suspend vi* [ʔadˤraba] *work*)
اضطراب turbulence *n* [idˤtˤiraːb]
اضطهد prosecute, *v* [ʔedˤtˤahada] persecute
إطار frame, rim *n* [ʔitˤaːr]
إطار إضافي [Eṭar eḍafy] *n* spare tyre
إطار الصورة [Eṭar al ṣorah] *n* picture frame
إطار العجلة [Eṭar al ajalah] *n* tyre
أطاع obey *v* [ʔatˤaːʕa]
أطال *v* [ʔatˤaːla]
يُطيل السهر [Yoṭeel alsahar] *v* wait up
أطرى flatter, applaud *v* [ʔatˤraː]
أطعم feed *vt* [ʔatˤʕama]
أطعمة food *n* [ʔatˤʕima]
الأطعمة البحرية [Al-aṭ'aemah al-baḥareyh] *n* seafood
أطفأ turn off *v* [ʔatˤfaʔa]
اطلاع review *n* [itˤilaːʕ]
إطلاق release *n* [ʔitˤlaːq]
إطلاق سراح مشروط [Eṭla'q ṣarah mashrooṭ] *n* parole
إطلاق النار [Eṭla'q al nar] *n* shooting
أطلق launch, shoot *vt* [ʔatˤlaqa]
يُطلق سراح [Yoṭle'q sarah] *v* release
أطلنطي Atlantic *n* [ʔatˤlantˤij]
أطول longer *adv* [ʔatˤwalu]
أعاد bring back, return, *v* [ʔaʕaːda] repeat
يُعيد عمل الشيء [Yo'aeed 'aamal al-shaya] *v* redo
يُعيد تزيين [Yo'aeed tazyeen] *v* redecorate
يُعيد تشغيل [Yo'aeed tashgheel] *v* replay
يُعيد تنظيم [Yo'aeed tanḍheem] *v* reorganize
يُعيد تهيئة [Yo'aeed taheyaah] *v* format
يُعيد استخدام [Yo'aeed estekhdam] *v* recycle, reuse
يُعيد النظر في [Yo'aeed al-naḍhar fee] *v* reconsider

يُعْيد بناء
[Yo'aeed benaa] v rebuild
يُعْيد شحن بطارية
[Yo'aeed shaḥn baṭareyah] v recharge
يُعْيد طَمْأَنَتَه
[Yo'aeed ṭomaanath] v reassure
يُعْيد ملء
[Yo'aeed mela] v refill
هل يجب أن أعيد السيارة إلى هنا مرة أخرى؟
[hal yajib an a'aeed al-sayarah ela huna marra okhra?] Do I have to return the car here?
إعادة [ʔiʕa:da] n returning, restoring
إعادة صُنْع
[E'aadat taṣnea'a] n remake
إعادة تصنيع
[E'aadat taṣnee'a] n recycling
إعادة تشغيل
[E'aadat tashgheel] n replay
إعادة دفع
[E'aadat daf'a] n refund
رجاء إعادة إرسال الفاكس
[rejaa e-'aadat ersaal al-fax] Please resend your fax
أين يمكن أن أشتري كارت إعادة شحن
[ayna yamken an ash-tary kart e-'aadat shaḥin?] Where can I buy a top-up card?
إعاقة [ʔiʕa:qa] n disability
أعال [ʔaʕa:la] v provide for
إعانة [ʔiʕa:na] n help, aid
إعانة بَطَالة
[E'anat baṭalah] n dole
إعانة مالية
[E'aanah maleyah] n subsidy
اعتبر [ʔeʕtabara] v regard
اعتدال [iʕtida:l] n moderation
اعتذار [ʔiʕtiðа:r] n apology
اعتذر [ʔaʕtaðara] v apologize
اعتراض [iʕtira:dˁ] n objection
اعتراف [iʕtira:f] n acknowledgement, admission
اعترض [ʔeʕtaradˁa] v protest
اعترَف [ʔeʕtarafa] v confess
اعْتَزِم [ʔeʕtazama] v intend to

اعتقاد [ʕtiqa:d] n belief
اعتقال [ʔiʕtiqa:l] n arrest
اعتقد [ʔeʕtaqada] v
أعتقد أنه سوف يكون هناك رعدا
[a'ata'qid anna-ho sawfa yakoon hunaka ra'adan] I think it's going to thunder
اعتماد [ʕtima:d] n
أوراق اعتماد
[Awra'q e'atemaad] n credentials
اعتمد [ʔeʕtamada] v
يعتمد على
[jaʕtamidu ʕala:] v count on
اعتمد على [ʔeʕtamada ʕala:] v depend
يعتمد على
[jaʕtamidu ʕala:] v count on
اعتنى [ʔeʕtana:] v care
يعتني بـ
[Ya'ataney be] v look after
إعجاب [ʔiʕʒa:b] n admiration
أعجب ب [ʔoʕʒiba bi] v
يُعجب بـ
[Yo'ajab be] v admire
أعدّ [ʔaʕada] v prepare
أعدّ [ʔaʕadda] v calculate
إعداد [ʔiʕda:d] n preparation
أعدم [ʔaʕdama] v execute
أعزب [ʔaʕzab] n ◁ single adj bachelor
أعسر [ʔaʕsar] adj left-hand, left-handed
أعشاب [ʔaʕʃa:bun] npl herbs
شاي بالأعشاب
[Shay bel-a'ashab] n herbal tea
إعصار [ʔiʕsˁa:r] n hurricane
إعصار قمعي
[E'aṣar 'qam'ay] n tornado
إعطاء [ʔiʕtˁa:ʔ] n giving
اعتقد أنه قد تم إعطاء الباقي لك خطأ
[a'ata'qid an-naka a'aṭytani al-baa-'qy khaṭa-an] I think you've given me the wrong change
أعْطى [ʔaʕtˁa:] vt give
إعلام [ʔiʕla:m] n information
وَسائِل الإعلام
[Wasaael al-e'alaam] npl media
إعلان [ʔiʕla:n] n advert,

advertisement, announcement

صناعة الإعلان
[Ṣena'aat al e'alan] *n* advertising

إعلان تجارى
[E'alaan tejarey] *n* commercial

إعلان ملصق
[E'alan Molṣa'q] *n* poster

إعلانات صغيرة
[E'alanat ṣaghera] *npl* small ads

إعلاني advertising *adj* [ʔiʕlaːniː]

فاصل إعلاني
[Faṣel e'alaany] *n* commercial break

أعلم instruct, notify *v* [ʔaʕallama]

أعلن announce, declare *v* [ʔaʕlana]

أعلى higher *adj* [ʔaʕlaː]

أعلى مكانة
[A'ala makanah] *n* superior

الأعلى مقاماً
[Al a'ala ma'qaman] *adj* senior

بالأعلى
[Bel'aala] *adv* upstairs

أعْلى raise *v* [ʔaʕlaː]

أعمال work *n* [ʔaʕmaːl]

رَجُل أعمال
[Rajol a'amal] *n* businessman

سيدة أعمال
[Sayedat a'amaal] *n* businesswoman

أعمال تجارية
[A'amaal tejareyah] *n* business

أعمال الخشب
[A'amal al khashab] *npl* woodwork

أعمال الطريق
[a'amal alṭ aree'q] *n* roadworks

أعمال منزلية
[A'amaal manzelyah] *n* housework

جدول أعمال
[Jadwal a'amal] *n* agenda

درجة رجال الأعمال
[Darajat rejal ala'amal] *n* business class

اغتسال *n* [ʔiɣtisaːl]

هل يوجد أماكن للاغتسال؟
[hal yujad amakin lel-ightisaal?] Are there showers?

اغتصاب rape *(sexual attack)* *n* [iɣtisˤaːb]

لقد تعرضت للاغتصاب
[la'qad ta-'aaraḍto lel-ighti-ṣaab] I've been raped

إغتصب rape (يسلب) *v* [ʔeɣtasˤaba]

أغذية food *n* [ʔaɣðijjat]

أغذية متكاملة
[Aghzeyah motakamelah] *npl* wholefoods

إغْراء temptation *n* [ʔiɣraːʔ]

أغْرى tempt *v* [ʔaɣraː]

أغسطس August *n* [ʔuɣustˤus]

إغلاق closure *n* [ʔiɣlaːq]

وَقْت الإغلاق
[Wa'qt al-eghlaa'q] *n* closing time

أغلب most *adj* [ʔaɣlab]

في الأغلب
[Fee al-aghlab] *adv* mostly

أغلق shut, close *v* [ʔaɣlaqa]

يُغْلِق الباب
[Yoghle'q albab] *v* slam

إغماء faint *n* [ʔiɣmaːʔ]

يُصَاب بإغماء
[yoṣab be-eghmaa] faint

أغْمِى *v* [ʔaɣmaː]

يُغْمَى عليه
[Yoghma alayh] *v* pass out

أغْنَى sing *v* [ʔaɣnaː]

أغنية song *n* [ʔuɣnija]

أغنية أطفال
[Aghzeyat aṭfaal] *n* nursery rhyme

أغنية مرحة
[ogneyah mareha] *n* carol

أغْنِيَّة song *n* [ʔuɣnijja]

إفَادة notice, *n* [ʔifaːda] communication

الإفادة بالرأي
[Al-efadah bel-raay] *n* feedback

أفَاق awake *v* [ʔafaːqa]

افتراض assumption *n* [iftiraːdˤ]

على افتراض
[Ala eftraḍ] *adv* supposedly

بافتراض
[Be-efteraḍ] *conj* supposing

افتراضي *n* [iftiraːdˤij]

واقع افتراضي
[Wa'qe'a eftraḍey] *n* virtual reality

افْتَرِض assume *v* [ʔeftaradˤa]

افتقد [ʔeftaqada] *vt* miss
افراط [ifra:tˤ] *n* excess
افراط السحب على البنك
[Efraṭ al-saḥb ala al-bank] *n* overdraft
أفريقي [ʔifri:qij] *adj* African
جنوب أفريقي
[Janoob afree'qy] *adj* South African
أفريقيا [ʔifri:qija:] *n* Africa
جمهورية أفريقيا الوسطى
[Jomhoreyat afre'qya al-wosṭa] *n* Central African Republic
جنوب أفريقيا
[Janoob afree'qya] *n* South Africa
شخص من جنوب أفريقيا
[Shkhṣ men janoob afree'qya] *n* South African
شمال أفريقيا
[Shamal afreekya] *n* North Africa
إفريقيا [ʔifri:qja:] *n* Africa
شخص من شمال إفريقيا
[Shakhs men shamal afree'qya] *n* North African
من شمال إفريقيا
[Men shamal afree'qya] *adv* North African
أفريكاني [ʔafri:ka:nij] *n*
اللغة الأفريكانية
[Al-loghah al-afreekaneyah] *n* Afrikaans
أفسد [ʔafsada] *vt* spoil
أفشى [ʔafʃa:] *v* disclose
أفضل [ʔafdˤalu] *adj* best, better
من الأفضل
[Men al-'afḍal] *adv* preferably
إفطار [ʔiftˤa:r] *n* breakfast
إفطار كونتيننتال
[Eftaar kontenental] *n* continental breakfast
مبيت وإفطار
[Mabeet wa eftaar] *n* bed and breakfast, B&B
غير شاملة للإفطار
[gheyr shamela lel-eftaar] without breakfast
شاملة الإفطار
[shamelat al-eftaar] with breakfast
ما هو موعد الإفطار
[ma howa maw-'aid al-eftaar?] What time is breakfast?
هل يمكن أن أتناول الإفطار داخل غرفتي؟
[hal yamken an ata-nawal al-eftaar dakhil ghurfaty?] Can I have breakfast in my room?
أفعى [ʔafʕa:] *n*
الأفعى ذات الأجراس
[Al-af'aa dhat al-ajraas] *n* rattlesnake
افغانستان [ʔafɣa:nista:n] *n* Afghanistan
أفغاني [ʔafɣa:nij] *adj* Afghan ⊲ *n* Afghan
أفقي [ʔufuqij] *adj* horizontal
أفوكاتو [ʔafu:ka:tu:] *n* solicitor, avocado
ثمرة الأفوكاتو
[Thamarat al-afokatoo] *n* avocado
أقام [ʔaqama] *v* stay
إقامة [ʔiqa:ma] *n* stay
أريد الإقامة لليلتين
[areed al-e'qama le lay-la-tain] I'd like to stay for two nights
اقتباس [iqtiba:s] *n* quote
علامات الاقتباس
['aalamat al-e'qtebas] *n* quotation marks
اقتبس [ʔeqtabasa] *v* quote
اقتحام [iqtiħa:m] *n* break-in
اقتراح [iqtira:ħ] *n* offer, suggestion
اقتراع [iqtira:ʕ] *n* poll
اقترب [ʔeqtaraba] *v* approach
اقترح [ʔeqtaraħa] *v* propose, suggest
اقتصاد [iqtisˤa:d] *n* economy
علم الاقتصاد
['aelm al-e'qtesad] *npl* economics
اقتصادي [iqtisˤa:dij] *adj* economic
عالم اقتصادي
['aalem e'qteṣaadey] *n* economist
اقتصد [ʔeqtasˤada] *v* economize
اقتطع [ʔeqtatˤaʕa] *v* deduct
إقتلع [ʔeqtalaʕa] *v* pull out
أقحوان [ʔuqħuwa:n] *n* daisy, chamomile
زهرة الأقحوان

[Thamrat al-o'qhowan] *n* daisy
أقدام [ʔaqda:mun] *npl* feet
إقدام [ʔiqda:m] *n* courage
أقدم [aqdam] *adv* earlier
أقر [ʔaqara] *v* (confess) admit
يُقِر ب
[Yo'qarreb] *v* own up
إقرار [ʔiqrar] *n* confession
إقرار ضريبي
[E'qrar dareeby] *n* tax return
أقراص [ʔaqra:sˤ] *n*
لا أتناول الأقراص
[la ata-nawal al-a'qraas] I'm not on the pill
أقرض [ʔaqradˤa] *v* loan
يُقرِض مالا
[Yo'qred malan] *v* loan
أقسام [ʔaqsa:mun] *npl* part, department
محل مكون من أقسام
[Mahal mokawan men a'qsaam] *n* department store
أقسم [ʔaqassama] *v* share out ◁ *vt* divide
أقصى [ʔaqsˤa:] *adj* maximum, most, ultimate
أقصى عقوبة
[A'qsa 'aoqobah] *n* capital punishment
أقل [ʔaqallu] *adj* fewer
على الأقل
['ala ala'qal] *adv* at least
الأقل
[Al'aqal] *adj* least
إقلاع [ʔiqla:ʕ] *n* takeoff
أقلع [ʔaqalaʕa] *v*
يُقلِع عن
[Yo'qle'a 'aan] *vt* quit
أقلع [ʔaqlaʕa] *v*
يُقلِع عن
[Yo'qle'a an] *v* give up
أقلية [ʔaqallija] *n* minority
إقليم [iqli:m] *n* region, territory
إقليمي [iqli:mij] *adj* regional
أقنع [ʔaqnaʕa] *v*
يُقنِع بـ
[Yo'qn'a be] *v* convince

أقواس [ʔaqwa:sun] *npl* brackets (round)
أكاديمي [ʔaka:di:mij] *adj* academic
أكاديمية [ʔaka:di:mijja] *n* academy
أكبر [ʔakbaru] *adj* bigger
اكتئاب [iktiʔa:b] *n* depression
مضاد للاكتئاب
[Modad lel-ekteaab] *n* antidepressant
اكتسب [ʔektasaba] *v* obtain, earn
اكتشف [ʔektaʃafa] *v*, discover, find out
أكتوبر [ʔuktu:bar] *n* October
أكثر [ʔakθaru] *adj* more ◁ *adv* best, better
أكثّر [ʔakθara] *v* multiply
أكد [ʔakadda] *v* emphasize
يُؤَكِد على
[Yoaked ala] *v* confirm
أكّد [ʔakkada] *v* stress
أكر [ʔakr] *n* acre
إكرامية [ʔikra:mijja] *n* (reward) tip
أكروبات [ʔakru:ba:t] *n* acrobat
إكزيما [ikzi:ma:] *n* eczema
أكسجين [ʔuksiʒi:n] *n* oxygen
أكل [ʔakl] *n*
صالح للأكل
[Saleh lel-aakl] *adj* edible
شراهة الأكل
[Sharahat alakal] *n* bulimia
أكل [ʔakala] *vt* eat
إكليل [ʔikli:l] *n*
إكليل الجبل
[Ekleel al-jabal] *n* rosemary
أكورديون [ʔaku:rdju:n] *n* accordion
الإباحية [al-ʔiba:ħijatu] *n* porn
الإبحار [al-ʔibħa:ri] *n* sailing
الاثنين [al-ʔiθnajni] *n* Monday
في يوم الاثنين
[fee yawm al-ithnayn] on Monday
يوم الاثنين الموافق 15 يونيو
[yawm al-ithnain al-muwa-fi'q 15 yon-yo] It's Monday fifteenth June
الأجرة [alʔuʒrati] *n* rental
الأحد [al-ʔaħadu] *n* Sunday
يوم الأحد الموافق الثالث من أكتوبر
[yawm al-ahad al- muwa-fi'q al-thalith

min iktobar] It's Sunday third October
الأربعاء Wednesday n [al-ʔarbiʕa:ʔi]
في يوم الأربعاء
[fee yawm al-arbe-'aa] on Wednesday
الأرجنتين n [ʔal-ʔarʒunti:n] Argentina
الأردن Jordan n [al-ʔurd]
الأرض earth n [al-ʔardˤi]
الاسترليني n [al-istirli:nijju] sterling
الإسلام Islam n [al-ʔisla:mu]
الأصغر youngest adj [al-ʔasˤɣaru]
الأطلس atlas n [ʔal-ʔatˤlasu]
الأغلبية majority n [al-ʔaɣlabijjatu]
الأفق horizon n [al-ʔufuqi]
الاقحوان n [al-uqħuwa:nu] chrysanthemum
الأقحوان n [al-ʔuqħuwa:nu] marigold
الإكوادور Ecuador n [al-ikwa:du:r]
الألف thousandth adj [al-ʔalfu]
الألفية millennium n [al-ʔalfijjatu]
الآلية machinery n [al-ajjatu]
آلام n [a:la:m]
مسكن آلام
[Mosaken lel-alam] n painkiller
الأمن security n [alʔamnu]
الآن now adv [ʔal-ʔa:n]
من فضلك هل يمكنني الآن أن أطلب ما أريده؟
[min faḍlak hal yamkin-ani al-aan an aṭlib ma areed-aho?] Can I order now, please?
الانترنت Internet n [al-intirnit]
الأنثروبولوجيا [ʔal-anthropology nʔanθiru:bu:lu:ʒja:]
الإنجيل Bible n [al-ʔinʒi:lu]
الأوبرا opera n [ʔal-ʔu:bira:]
الأوركسترا n [ʔal-ʔu:rkistra:] orchestra
الأوروجواياني n [al-ʔu:ru:ʒwa:ja:ni:] Uruguayan
الأوزون ozone n [ʔal-ʔu:zu:ni]
الأومليت omelette n [ʔal-ʔu:mli:ti]
الأونس ounce n [ʔal-ʔu:nsu]
الإيقاع rhythm n [ʔal-ʔi:qa:ʕu]

البابا pope n [al-ba:ba:]
ألباني n ◁ Albanian adj [ʔalba:nij] Albanian (person)
ألبانيا Albania n [ʔalba:nja:]
البحرين Bahrain n [al-baħrajni]
البرازيل Brazil n [ʔal-bara:zi:lu]
البربادوس n [ʔalbarba:du:s] Barbados
البرتغال Portugal n [al-burtuɣa:l]
البسة clothing n [ʔalbisa]
البندق hazelnut n [al-bunduqi]
البوذية Buddhism n [al-bu:ðijjatu]
البورصة stock n [al-bu:rsˤatu] market
البوسنة Bosnia v [ʔal-bu:snatu]
البوسنة والهرسك [ʔal-bu:snatu Bosnia and nwa ʔal-hirsik] Herzegovina
ألبوم album n [ʔalbu:m]
ألبوم الصور
[Albom al ṣewar] n photo album
آلة machine n [a:la]
آلة الصنج الموسيقية
[Alat al-ṣanj al-mose'qeyah] npl cymbals
آلة الإكسيليفون الموسيقية
[aalat al ekseelefon al mose'qeiah] n xylophone
آلة التينور الموسيقية
[aalat al teenor al mose'qeiah] n tenor
آلة الفيولا الموسيقية
[aalat al veiola al mose'qeiah] n viola
آلة حاسبة
[Aalah ḥasbah] n calculator
آلة كاتبة
[aala katebah] n typewriter
آلة كشف الشذوذ الجنسي
[aalat kashf al sheḍhoḍh al jensy] n fruit machine
التاسع عشر adj [atta:siʕa ʕaʃara] nineteenth
التذكرة memento n [at-taðkiratu]
التفاف n [iltifa:f]
التفاف إبهام القدم
[Eltefaf ebham al-'qadam] n bunion
التقط v [ʕeltaqatˤa]
هل يمكن أن تلتقط لنا صورة هنا من

فضلك؟
[hal yamken an talta-'qiṭ lana ṣoora min faḍlak?] Would you take a picture of us, please?
تَقى v [ʔeltaqa:]
يَلْتَقي ب
[Yalta'qey be] v meet up
تماس n [iltima:s] petition
تَمس v [ʔeltamasa] request
تهاب n [ʔiltiha:b] inflammation
التهاب السحايا
[Eltehab al-sahaya] n meningitis
التهاب الغدة النكفية
[Eltehab alghda alnokafeyah] n mumps
التهاب الحنجرة
[Eltehab al-hanjara] n laryngitis
التهاب الكبد
[El-tehab al-kabed] n hepatitis
التهاب المثانة
[El-tehab al-mathanah] n cystitis
التهاب المفاصل
[Eltehab al-mafaṣel] n arthritis
التهاب شُعَبي
[Eltehab sho'aaby] n bronchitis
تهاب n [ʔiltiha:bun]
التهاب الزائدة
[Eltehab al-zaedah] n appendicitis
تواء n [ʔiltiwa:ʔ] bend
ثالث n [aθ-θa:liθu] third
ثامن adj [aθθa:min] eighth
ثامن عشر adj [aθ-θa:min ʕaʃar] eighteenth
ثاني adj [aθ-θa:ni:] second
ثلاثاء n [aθ-θula:θa:ʔu]
في يوم الثلاثاء
[fee yawm al-thalathaa] on Tuesday
ثور n [aθθawri] Taurus
جابون n [al-ʒa:bu:n] Gabon
جَدي n [alʒadjju] Capricorn
جدين npl [al-ʒaddajni] grandparents
جذل n [al-ʒaðalu] stub
جزائر n [ʔal-ʒaza:ʔiru] Algeria
جمعة n [al-ʒumuʕatu] Friday
في يوم الجمعة
[fee yawm al-jum'aa] on Friday
يوم الجمعة الموافق الحادي والثلاثين من ديسمبر
[yawm al-jum'aa al- muwa-fi'q al-ḥady waal-thalatheen min desambar] on Friday, December thirty-first
الجوزاء n [al-ʒawza:ʔu] Gemini
الحادي عشر number [al-ħa:di: ʕaʃar]
الحادي عشر
[al-ħa:di: ʕaʃar] adj eleventh
الحاضرين npl [ʔal-ħa:dˤiri:na] attendance
الحج n [al-ħaʒʒu] pilgrimage
الحماة n [al-ħama:tu] mother-in-law
الحمو n [alħamu:] father-in-law
الحوت n [al-ħu:tu] Pisces
الحوض n [alħawdˤi] pelvis
إلخ abbr [ʔilax] etc
الخاسر n [al-xa:siru] loser
الخامس عشر adj [al-xa:mis ʕaʃar] fifteenth
الخُلد (mammal) n [al-xuldu] mole
الخميس n [al-xami:su]
في يوم الخميس
[fee yawm al-khamees] on Thursday
الدانمارك n [ad-da:nma:rk] Denmark
الذي pron [al-laði:] who, that, which
ما الذي بك؟
[ma al-lathy beka?] What's wrong?
الرابع عشر adj [ar-ra:biʕu ʕaʃari] fourteenth
الربيع (season) n [arrabi:ʕu] spring
الرضفة n [aradˤfatu] kneecap
الركمجة n [ar-rakmaʒatu] surfing
إلزامي adj [ʔilza:mij] compulsory
الزبّال n [az-zabba:lu] dustman
الزعتر n [az-zaʕtari] thyme
السابع n [as-sa:biʕu] seventh
السادس adj [as-sa:disu] sixth
السادس عشر [assa:disa ʕaʃara] sixteenth adj
السبت n [ʔa-sabti] Saturday
في يوم السبت
[fee yawm al-sabit] on Saturday
السحلية n [as-siħlijjatu] lizard
السعودية adj [ʔa-saʕu:dijjatu] Saudi

Arabian

السنغال [as-siniɣa:lu] *n* Senegal

السنونو [as-sunu:nu:] *n*

طائر السنونو

[Ṭaaer al-sonono] *n* swallow

السودان [as-su:da:nu] *n* Sudan

السوق [as-su:qi] *n* marketplace

السويد [as-suwi:du] *n* Sweden

السيخي [assi:xijju] *n* Sikh

تابع للديانة السيخِية

[Tabe'a lel-zobabah al-sekheyah] *adj* Sikh

السيد [asajjidu] *n* Mr

السيدة [asajjidatu] *n* Mrs

الشتاء [aʃ-ʃita:ʔi] *n* winter

الشيشان [aʃ-ʃi:ʃa:n] *n* Chechnya

الصرب [asˤ-sˤirbu] *n* Serbia

الصومال [asˤ-sˤu:ma:lu] *n* Somalia

الصيف [asˤ-sˤajfu] *n* summer

الصين [asˤ-sˤi:nu] *n* China

ألعاب القوى[ʔalʕa:bun ʔalqiwa:] athletics *npl*

العاشر [al-ʕa:ʃiru] *adj* tenth *n* ◁ tenth

العذراء [al-ʕaðra:ʔi] *n* Virgo

العراق [al-ʕira:qi] *n* Iraq

العشرون [al-ʕiʃru:na] *adj* twentieth

العقرب [al-ʕaqrabi] *n* Scorpio

إلغاء [ʔilɣa:ʔ] *n* abolition, cancellation

الغوص [al-ɣawsˤu] *n* diving

ألغى [ʕalɣa:] *v* abolish

ألف [ʔalfun] *number* thousand

جزء من ألف

[Joza men al alf] *n* thousandth

الفاتيكان [al-fa:ti:ka:ni] *n* Vatican

الفاحص [al-fa:ħisˤu] *n* examiner

القارض [al-qa:ridˤi] *n* rodent

القرآن [al-qurʔa:nu] *n* Koran

ألقى [ʔalqa:] *v*

يُلْقِي بضغط

[Yol'qy be-ḍaght] *v* pressure

يُلْقِي الضوء على

[Yol'qy al-ḍawa 'aala] *v* highlight

يُلْقِي النفايات

[Yol'qy al-nefayat] *v* dump

القيود [al-quju:du] *npl* handcuffs

الكاميرون [al-ka:mi:ru:n] *n* Cameroon

الكتروني [iliktru:nijjat] *adj* electronic

بريد الكتروني

[Bareed elektrooney] *n* email

كتاب الكتروني

[Ketab elektrooney] *n* e-book

لعبة الكترونية

[Lo'abah elektroneyah] *n* computer game

إلكتروني [ʔiliktru:ni:] *adj* electronic

هل تلقيت أي رسائل بالبريد الإلكتروني؟

[hal tala-'qyto ay rasa-el bil-bareed al-alekitrony?] Is there any mail for me?

الكترونيات [ilikturu:nijja:tun] *npl* electronics

الكترونية [ilikturu:nijja] *n*

تجارة الكترونية

[Tejarah elektroneyah] *n* e-commerce

إلكترونية [ʔilikturu:nijjat] *adj*

تذكرة إلكترونية

[Tadhkarah elektroneyah] *n* e-ticket

الكونغو [al-ku:nɣu:] *n* Congo

الكويت [al-kuwi:tu] *n* Kuwait

الكياسة [al-kija:satu] *n* politeness

الله [allahu] *n* Allah, God

ألم [ʔalama] *v* ache

ألم [ʔalam] *n* pain

ألم الأذن

[Alam al odhon] *n* earache

ألم المَعِدة

[Alam alma'aedah] *n* stomachache

ألم مفاجئ

[Alam Mofajea] *n* stitch

ألَمْ الظهر

[Alam al-ḍhahr] *n* back pain

إن ظهري به آلام

[enna ḍhahry behe aa-laam] My back is sore

أريد أخذ حقنة لتخفيف الألم

[areed akhdh ḥu'qna le-takhfeef al-alam] I want an injection for the pain

أعاني من ألم في صدري

[o-'aany min alam fee ṣadry] I have a

Niger *n* [an-ni:ʒar] **النيجر**
god *n* [ʔilah] **إله**
India *n* [al-hindi] **الهند**
n [al-handu:ra:si] **الهندوراس**
Honduras
n [ʔalu:minju:m] **ألومونيوم**
aluminium
automatic *adj* [ajj] **آلي**
me *pron* [ʔilajja] **إليّ**
to *prep* [ʔila:] **إلى**
automatically *adv* [ajjan] **آليا**
Japan *n* [al-ja:ba:nu] **اليابان**
mainland *n* [al-ja:bisatu] **اليابسة**
fibre *n* [ʔalja:f] **ألياف**
adj [ʔali:f] **أليف**
حيوان أليف
[Hayawaan aleef] *n* pet
Yemen *n* [al-jamanu] **اليَمَنْ**
today *adv* [aljawma] **اليَوْم**
Greece *n* [al-ju:na:ni] **اليونان**
mother *n* [ʔumm] **أم**
أم الأب أو الأم
[Om al-ab aw al-om] *n* grandmother
الأم البديلة
[al om al badeelah] *n* surrogate mother
الأم المُربية
[al om almorabeyah] *n* godmother
اللغة الأم
[Al loghah al om] *n* mother tongue
زوج الأم
[Zawj al-om] *n* stepfather
متعلق بالأم
[Mota'ale'q bel om] *adj* maternal
emirate *n* [ʔima:ra] **إمارة**
إمارة أندورة
[ʔima:ratu ʔandu:rata] *n* Andorra
prep ◁ before *adv* [ʔama:ma] **أمام**
before
إلى الأمام
[Ela al amam] *adv* forward
n ◁ front *adj* [ʔama:mij] **أمامي**
foreground
safety, security *n* [ʔama:n] **أمان**
حزام الأمان المثبت في المقعد
[Hezam al-aman al-mothabat fee al-ma'q'aad] *n* seatbelt

pain in my chest
أشعر بألم هنا
[ash-'aur be-alam huna] It hurts here
موضع الألم هنا
[mawdi'a al-alam huna] It hurts here
هل يمكنك إعطائي شيئًا لتخفيف الألم؟
[hal yamken -aka e'ata-ee shay-an le-takhfeef al-alam?] Can you give me something for the pain?
n [al-ma:rkisijjatu] **الماركسية**
Marxism
cue *n* [ʔilma:ʕ] **إلماع**
author *n* [ʔal-muallifu] **المؤلف**
n ◁ German *adj* [ʔalma:nij] **ألماني**
German *(person)*
اللغة الألمانية
[Al loghah al almaniyah] *(language) n* German
حصبة ألمانية
[Hasbah al-maneyah] *n* German measles
Germany *n* [ʔalma:nijja:] **ألمانيا**
supporter *n* [al-muajjidu] **المؤيد**
bouncer *n* [al-mutabaʒʒiħ] **المتبجح**
show-off *n* [almutafa:xiru] **المتفاخر**
Hungary *n* [al-maʒari] **المجر**
[l-moheet al- **المحيط الهادي** Pacific *n*haadey]
n [al-muxannaθu] **المخنث**
transvestite
Christ *n* [al-masi:ħu] **المَسيح**
n [al-masi:ħijjatu] **المَسيحية**
Christianity
Far East *n* [ʔalmaʃriqi] **المَشرق**
Morocco *n* [almaɣribu] **المغرب**
Mexico *n* [al-miksi:ku] **المكسيك**
n [almuwazˤzˤafi:na] **الموظفين**
personnel
Libra *n* [al-mi:za:nu] **الميزان**
help! *excl* [al-naʒdati] **النجدة**
Norway *n* [ʔan-narwi:ʒ] **النرويج**
decrease *n* [an-naqsˤu] **النقص**
reverse *n* [anaqi:dˤu] **النقيض**
ferret *n* [an-nimsu] **النِمْس**
Austria *n* [ʔa-nnamsa:] **النَمسا**
gender *n* [an-nawʕu] **النَوْع**

أمانة [ʔama:na] *n* honesty
إمبراطور [ʔimbara:tˤu:r] *n* emperor
إمبراطورية [ʔimbara:tˤu:rijja] *n* empire
أمبير [ʔambi:r] *n* amp
أمة [ʔumma] *n* nation
الأمم المتحدة [Al-omam al-motahedah] *n* United Nations
امتحان [imtiħa:n] *n* exam
امتد [ʔemtada] *vi* stretch
امتداد [imtida:d] *n* (توسع) extension
امتطى [ʔemtatˤa:] *v*
هل يمكننا أن نمتطي الجياد؟ [hal yamken -ana an namta-ṭy al-ji-yaad?] Can we go horse riding?
أمتِعَة [ʔamtiʕa] *n* baggage
أمتعة محمولة في اليد [Amte'aah maḥmoolah fee al-yad] *n* hand luggage
أمتعة مُخزَّنة [Amte'aah mokhazzanah] *n* left-luggage
استلام الأمتعة [Estelam al-amte'aah] *n* baggage reclaim
مكتب الأمتعة [Makatb al amte'aah] *n* left-luggage office
وَزن الأمتعة المسموح به [Wazn al-amte'aah al-masmooh beh] *n* baggage allowance
امْتَعض [ʔemtaʕadˤa] *v* resent
امتلك [ʔemtalaka] *v* possess, own
امتياز [imtija:z] *n* concession, privilege
أمحى [ʔamħa:] *v* erase
إمداد [ʔimda:d] *n* supply
أمر [ʔamr] *n* thing
أمر دفع شهري [Amr daf'a shahrey] *n* standing order
أمر [ʔamara] *v* order
امرأة [imraʔa] *n* woman
امرأة ملتحقة بالقوات المسلحة [Emraah moltahe'qah bel-'qwat al-mosallaha] *n* servicewoman
أمريكا [ʔamri:ka:] *n* America
أمريكا الجنوبية [Amrika al janobeyiah] *n* South America
أمريكا الشمالية [Amreeka al- Shamaleyah] *n* North America
أمريكا اللاتينية [Amreeka al-lateeneyah] *n* Latin America
أمريكا الوسطى [Amrika al wostaa] *n* Central America
شخص من أمريكا الشمالية [Shkhṣ men Amrika al shamalyiah] *n* North American
من أمريكا الشمالية [men Amrika al shamalyiah] *adv* North American
من أمريكا اللاتينية [men Amrika al lateniyah] *adj* Latin American
أمريكي [ʔamri:kij] *adj* American ◁ *n* American
جنوب أمريكي [Janoob amriky] *adj* South American
الولايات المتحدة الأمريكية [Alwelayat almotahdah al amrikiyah] *n* USA
كرة القدم الأمريكية [Korat al-'qadam al-amreekeyah] *n* American football
أمس [ʔamsun] *adv* yesterday
أمس الأول [ams al-a-wal] the day before yesterday
منذ الأمس وأنا أعاني من المرض [mundho al-ams wa ana o'aany min al-maraḍ] I've been sick since yesterday
امساك [imsa:k] *n* stopping
مصاب بالامساك [Moṣab bel-emsak] *adj* constipated
أمسك [ʔamasaka] *v*
يُمْسِك ب [Yomsek be] *v* tackle ◁ *vt* catch
يمسك بإحكام [Yamsek be-ehkam] *v* grip
أمطر [ʔamtˤara] *v* rain
تمطر ثلجا [Tomṭer thaljan] *v* snow

تمطر مطرا متجمدا [Tomṭer maṭran motajamedan] *v* sleet

مكانية possibility, *n* [ʔimka:nijja] potential

مكن *v* [ʔamkana]

أين يمكنني كيّ هذا؟ [Ayna yomkenaney kay hadhah] Where can I get this ironed?

هل هذا يمكن غسله؟ [hal hadha yamken ghas-loho?] Is it washable?

هل يمكن أن أجربها [hal yamken an ajar-rebha] Can I try it on?

هل يمكن أن نتقابل فيما بعد؟ [hal yamken an nta'qabal fema ba'ad?] Shall we meet afterwards?

هل يمكن تصليح هذه؟ [hal yamken taṣleeḥ hadhy?] Can you repair this?

هل يمكنك كتابة ذلك على الورق إذا سمحت؟ [hal yamken -aka ketabat dhaleka 'aala al-wara'q edha samaḥt?] Could you write it down, please?

مل hope *n* [ʔamal]

خيبة الأمل [Khaybat al-amal] *n* disappointment

مفعم بالأمل [Mof-'am bel-amal] *adv* hopefully

مل hope *v* [ʔamela]

ملاء dictation *n* [ʔimla:ʔ]

ملى *v* [ʔamla:]

يُمْلي عليه [Yomely 'aleyh] *v* boss around

مّم nationalize *v* [ʔammama]

من safety, security *n* [ʔa:min]

غير آمن [Ghayr aamen] *adj* insecure

هل هذا المكان آمن للسباحة؟ [hal hadha al-makaan aamin lel-sebaḥa?] Is it safe to swim here?

هل هو آمن للأطفال [hal howa aamin lil-aṭfaal?] Is it safe for children?

هل هو آمن للأطفال؟ [hal howa aamin lil-aṭfaal?] Is it safe for children?

آمن reckon *v* [ʔamana]

آمِنْ safe *adj* [ʔa:mi]

أمن safety, security *n* [ʔamn]

حارس الأمن [Ḥares al-amn] *n* security guard

أمّن insure *v* [ʔammana]

أمنية wish *n* [ʔumnijja]

أمواج waves *npl* [ʔamwa:ʒun]

ركوب الأمواج [Rokoob al-amwaj] *n* surf

أمي illiterate *adj* [ʔumijju]

أمير prince *n* [ʔami:r]

أميرة princess *n* [ʔami:ra]

أميري fiscal *adj* [ʔami:rij]

أمين honest *adj* [ʔami:n]

أمين الصندوق [Ameen alṣondoo'q] *n* treasurer

أمين المكتبة [Ameen al maktabah] *n* librarian

غير أمين [Gheyr amen] *adj* dishonest

أن if, that, a,though *conj* [ʔanna]

لأن [liʔanna] *conj* because

أنّ groan *v* [ʔanna]

أنا I *pron* [ʔana]

إناء pot *n* [ʔina:ʔ]

أناناس pineapple *n* [ʔana:na:s]

أناني selfish *adj* [ʔana:nij]

إنْبَعج dent *v* [ʔenbaʕaʒa]

أنبوب jet, tube, pipe *n* [ʔunbu:b]

أنبوب اختبار [Anbob ekhtebar] *n* test tube

أنبوب التصريف [Anboob altaṣreef] *n* drainpipe

أنبوب فخاري [Onbob fokhary] *n* tile

أنبوبة tube *n* [ʔunbu:ba]

أنت you *pron* [ʔanta]

انتاج production *n* [inta:ʒ]

تخفيض الانتاج [Takhfeeḍ al-entaj] *n* cutback

إنتاج production *n* [ʔinta:ʒ]

إعادة إنتاج

[E'adat entaj] *n* reproduction
إنْتاج رَئيسي
[Entaj raaesey] *v* staple *(commodity)*
productivity *n* [ʔinta:ʒijja] **إنتاجية**
attention *n* [ʔintiba:h] **أنتباه**
شديد الانتباه
[shaded al-entebah] *adj* observant
produce *v* [ʔantaʒa] **أنتج**
weep *v* [ʔentaħaba] **انْتحب**
suicide *v* [ʔetaħara] **انتحر**
election *n* [intixa:b] **انتخاب**
n [intixa:ba:t] **انتخابات**
انتخابات عامة
[Entekhabat 'aamah] *n* general election
electoral *adj* [intixa:bijjat] **انتخابي**
دائرة انتخابية
[Daaera entekhabeyah] *n* constituency
elect *v* [ʔentaxaba] **انتخب**
delegate *n* [intida:b] **انتداب**
delegate *v* [ʔantadaba] **انتدب**
Internet *n* [intirnit] **انترنت**
جرائم الكمبيوتر والانترنت
[Jraem al-kmobyoter wal-enternet] *n* cybercrime
مقهى الانترنت
[Ma'qha al-enternet] *n* cybercafé
Internet *n* [ʔintirnit] **إنترنت**
متصلا بالإنترنت
[Motaṣelan bel-enternet] *adv* online
هل هناك اتصال لاسلكي بالإنترنت داخل الحجرة
[hal hunak ite-ṣaal la-silki bel-internet dakhil al-ḥijra?] Does the room have wireless internet access?
هل يوجد أي مقهى للإنترنت هنا؟
[hal yujad ay ma'qha lel-internet huna?] Are there any Internet cafés here?
spread *n* [intiʃa:r] **انتشار**
vt ◁ spread out *v* [ʔentaʃara] **انتشر**
spread
ينتشر سريعا على الانترنت
[yantashir sariee'an 'alal-internet] to go viral
triumph *n* [intisˤa:r] **انتصار**
تذكار انتصار
[tedhkaar enteṣar] *n* trophy

triumph *v* [ʔentasˤara] **انْتَصر**
waiting *n* [intizˤa:r] **انتظار**
غرفة انتظار
[Ghorfat enteḍhar] *n* waiting room
هل يوجد مكان انتظار للسيارات بالقرب من هنا؟
[hal yujad makan inti-ḍhar lil-sayaraat bil-'qurb min huna?] Is there a car park near here?
order *n* [intizˤa:m] **انتظام**
بانتظام
[bentedham] *adv* regularly
hang on, *v* [ʔentazˤara] **انتظر**
wait for
ينتظر قليلا
[yantḍher 'qaleelan] *v* hold on
انتظرني من فضلك
[intaḍhirny min faḍlak] Please wait for me
هل يمكن أن تنتظر هنا دقائق قليلة؟
[hal yamken an tanta-ḍher huna da'qa-e'q 'qalela?] Can you wait here for a few minutes?
shudder *v* [ʔentafadˤa] **انتفض**
pick *n* [intiqa:ʔ] **انتقاء**
critical *adj* [intiqa:dij] **انتقادي**
shift, transition *n* [intiqa:l] **انتقال**
revenge *n* [intiqa:m] **انتقام**
criticize *v* [ʔentaqada] **انتقد**
move in *v* [ʔentaqala] **انتقل**
pick out *v* [ʔentaqa:] **انتقى**
relapse *n* [intika:sa] **انتكاسة**
membership *n* [ntima:ʔ] **انتماء**
الانتماء الوطني
[Al-entemaa alwaṭaney] *n* citizenship
v [ʔentama:] **انتمي**
ينتمي إلى
[Yantamey ela] *v* belong to
ending *n* [intiha:ʔ] **انتهاء**
تاريخ الانتهاء
[Tareekh al-entehaa] *n* expiry date
موعد الانتهاء
[Maw'aed al-entehaa] *n* deadline
end *v* [ʔentaha:] **إنْتَهى**
female *n* [ʔunθa:] **أنثى**
achievement *n* [ʔinʒa:z] **إنجاز**

إنْجَرف drift vi [ʔenʒarafa]
أنْجزْ fulfil v [ʔanʒaza]
إنجلترا England n [ʔinʒiltira:]
أنجليزي English adj [inʒili:zij]
إنجليزي n ◁ English adj [ʔinʒili:zij] English
مواطنة إنجليزية [Mowaṭenah enjlezeyah] n Englishwoman
هل يوجد لديكم كتيب باللغة الإنجليزية؟ [hal yujad laday-kum kuty-ib bil-lugha al-injile-ziya?] Do you have a leaflet in English?
إنجليزية n [ʔinʒali:zijja]
هل تتحدث الإنجليزية [hal tata- ḥadath al-injileez-iya?] Do you speak English?
أنجولا Angola n [ʔanʒu:la:]
أنجولي n ◁ Angolan adj [ʔanʒu:lij] Angolan
إنجيل gospel n [ʔinʒi:l]
انحدار slope, decline n [ʔinħida:r]
هل هو شديد الانحدار؟ [hal howa shadeed al-inḥi-daar?] Is it very steep?
انحدر descend v [ʔenħadara]
انحراف diversion (road) n [inħira:f]
انحرف swerve v [ʔenħarafa]
انحناء bow n [inħina:ʔ]
انحنى bend over v [ʔenħana:]
انخفض lower, come down v [ʔenxafadˤa]
اندفاع rush n [indifa:ʕ]
إندفع dash, rush vi [ʔandafaʕa]
أندونيسي n [ʔandu:ni:sij] Indonesian (person) ◁ Indonesian adj
أندونيسيا n [ʔandu:ni:sjja:] Indonesia
إنذار alarm, notice n [ʔinða:r] (termination), ultimatum
إنذار سرقة [endhar sare'qa] n burglar alarm
إنذار حريق [endhar Haree'q] n fire alarm
إنذار كاذب [endhar kadheb] n false alarm
آنذاك then adv [ʔa:naða:ka]
أنْذر notice v [ʔanðara]
إنزلاق slipping n [ʔinzila:q]
إنزلاق غضروفي [Enzela'q ghodrofey] n slipped disc
انزلق slide, skid v [ʔenzalaqa]
إنسان human being n [ʔinsa:n]
إنسان آلي [Ensan aly] n robot
حقوق الإنسان [Ho'qoo'q al-ensan] npl human rights
من صنع الإنسان [Men ṣon'a al-ensan] adj man-made
إنساني human adj [ʔinsa:nij]
ضمير إنساني [Ḍameer ensaney] n conscience
آنسة Miss n [ʔa:nisa]
انسحاب recession n [insiħa:b]
إنسِحاب withdrawal n [ʔinsiħa:b]
أنسحب drag vt [ʔensaħaba]
إنسداد blockage n [insida:d]
أنسولين insulin n [ʔansu:li:n]
أنْشأ construct v [ʔanʃaʔa]
إنشاء construction n [ʔinʃa:ʔ]
أنشوجة anchovy n [ʔunʃu:da]
انْصَرف get away v [ʔensˤarafa]
انطباع impression n [intˤibba:ʕ]
إنطلق go ahead v [ʔentˤalaqa]
أنْعش freshen up v [ʔanʕaʃa]
انعكاس reflection n [inʕika:s]
انعكاسي adj [inʕika:sij]
رد انعكاسي [Rad en'aekasey] n reflex
أنْف nose n [ʔanf]
انفجار explosion n [infiʒa:r]
انفجار عاطفي [Enfejar 'aatefy] n gust
انفجر blow up, burst v [ʔenfaʒara]
لقد انفجر إطار السيارة [la'qad infajara eṭar al-sayara] The tyre has burst
انفراد isolation n [ʔinfira:d]
هل يمكنني التحدث إليك على انفراد؟ [hal yamken -any al-taḥaduth elayka 'aala enfi-raad?] Can I speak to you in

private?
separation *n* [infisˤa:l] **اِنفصال**
split up *v* [ʔenfasˤala] **اِنْفصل**
n [infiʕa:l] **انفعال**
سريع الانفعال
[Saree'a al-enfe'aal] *adj* touchy
flu *n* [ʔinfilwa:nza:] **إنفلوانزا**
إنفلوانزا الطيور
[Enfelwanza al-ṭeyor] *n* bird flu
influenza *n* [ʔanfluwanza:] **أنفلونزا**
rescue *n* [ʔinqa:ð] **إنقاذ**
عامل الإنقاذ
['aamel alen'qaḍh] *n* lifeguard
حبل الإنقاذ
[Habl elen'qadh] *n* helpline
أين يوجد أقرب مركز لخدمة الإنقاذ بالجبل؟
[ayna yujad a'qrab markaz le-khedmat al-en-'qaadh bil-jabal?] Where is the nearest mountain rescue service post?
rescue *v* [ʔanqaða] **أَنْقَذ**
split *vt* [ʔenqasama] **اِنْقسم**
decrease *v* [ʔanqasˤa] **أنقص**
disruption *n* [inqitˤa:ʕ] **انقطاع**
انقطاع التيار الكهربي
[En'qetaa'a al-tayar alkahrabey] *n* power cut
go off *v* [ʔenqatˤaʕa] **انقطع**
turnover *n* [inqila:b] **انقلاب**
capsize, upset *v* [ʔenqalaba] **انقلب**
n [inqija:d] **انقياد**
سهل الانقياد
[Sahl al-en'qyad] *adj* easy-going
denial *n* [ʔinka:ruhu] **إنكار**
لا يمكن إنكاره
[La yomken enkareh] *adj* undeniable
deny *v* [ʔankara] **أنكر**
v [ʔenkasara] **انكسر**
لقد انكسرت علبة التروس
[la'qad inkasarat 'ailbat al-tiroos] The gearbox is broken
collapse *v* [ʔenha:ra] **انهار**
v [ʔenhamaka] **انْهمك**
يَنْهَمك في القيل والقال
[Yanhamek fee al-'qeel wa al-'qaal] *v* gossip

finalize *v* [ʔanha:] **أنْهى**
avalanche, crash, *n* [ʔinhija:r] **انهيار** collapse
انهيار أرضي
[Enheyar ardey] *n* landslide
إنهيار عصبي
[Enheyar aṣabey] *n* nervous breakdown
species *npl* [ʔanwa:ʕ] **أنواع**
n [ʔa:nija] **آنية**
آنية من الصيني
[Aaneyah men al-ṣeeney] *n* china
elegant *adj* [ʔani:q] **أنيق**
anaemia *n* [ʔani:mja:] **أنيميا**
مُصاب بالأنيميا
[Moṣaab bel-aneemeya] *n* anaemic
insult, slap *v* [ʔaha:na] **أهان**
insult *n* [ʔiha:na] **إهانة**
shake *vi* [ʔehtazza] **اهتز**
mind *vi* [ʔehtamma] **اهتم**
concern, *n* [ihtima:m] **اهتمام** interest *(curiosity)*, regard
يُثير اهتمام
[yotheer ehtemam] *v* interest
agitation *n* [htija:ʒ] **اهتياج**
شديد الاهتياج
[Shdeed al-ehteyaj] *adj* frantic
growl *v* [ʔahdara] **أهْدر**
family *n* [ʔahl] **أهل**
أهل البيت
[Ahl al-bayt] *n* household
qualify *v* [ʔahala] **أهّل**
hello! *excl* [ʔahlan] **أهلا**
family *adj* [ʔahlij] **أهلي**
حرب أهلية
[Ḥarb ahleyah] *n* civil war
neglect *n* [ʔihma:l] **إهمال**
neglect *v* [ʔahmala] **أهْمَل**
importance *n* [ʔahamijja] **أهمية**
أهمية مُلحة
[Ahameiah molehah] *n* urgency
oboe *n* [ʔu:bwa:] **أوبوا**
coach *n* [ʔu:tu:bi:s] **أوتوبيس**
تذكرة أوتوبيس
[tadhkarat otobees] *n* bus ticket
محطة أوتوبيس
[Mahaṭat otobees] *n* bus station

موقف أوتوبيس
[Maw'qaf otobees] *n* bus stop
autograph *n* [ʔu:tu:ʒra:f] **أوتوجراف**
moor *v* [ʔawθaqa] **أوثق**
n [ʔu:rki:d] **أوركيد**
زهرة الأوركيد
[Zahrat al-orkeed] *n* orchid
Europe *n* [ʔu:ru:bba:] **أوروبا**
European *adj* [ʔu:ru:bij] **أوروبي**
الاتحاد الأوروبي
[Al-tehad al-orobey] *n* European Union
شخص أوروبي
[Shakhs orobby] *n* European
Uruguay *n* [uwru:ʒwa:j] **أوروجواي**
adj [ʔu:ru:ʒwa:ja:ni:] **أوروجواياني**
Uruguayan
n [ʔu:zba:kista:n] **أوزباكستان**
Uzbekistan
goose, swan *n* [ʔiwazza] **إوزة**
n [ʔu:zu:n] **أوزون**
طبقة الأوزون
[Taba'qat al-odhoon] *n* ozone layer
n [ʔu:stra:la:sja:] **أوسترالاسيا**
Australasia
mid *adj* [ʔawsatˤ] **أوسط**
Oceania *n* [ʔu:sja:nja:] **أوسيانيا**
recommend *v* [ʔawsˤa:] **أوصى**
point out *v* [ʔawdˤaħa] **أوضح**
clarify *v* [ʔawdˤaħa] **أوضح**
Uganda *n* [ʔu:ɣanda:] **أوغندا**
n ◂ Ugandan *adj* [ʔu:ɣandij] **أوغندي**
Ugandan
sign *v* [ʔawaqaʕa] **أوقع**
stop, turn out *v* [ʔawqafa] **أوقف**
يُوْقِف السيارة
[Yo'qef sayarah] *v* pullover
n ◂ Ukrainian *adj* [ʔu:kra:nij] **أوكراني**
Ukrainian *(person)*
اللغة الأوكرانية
[Al loghah al okraneiah] *(language) n*
Ukrainian
Ukraine *n* [ʔu:kra:nja:] **أوكرانيا**
first *n* ◂ first *adj* [ʔawwal] **أول**
الاسم الأول
[Al-esm al-awal] *n* first name
ما هو موعد أول قطار متجه إلى...؟
[ma howa maw-'aid awal 'qetaar mutajih ela...?] When is the first train to...?
first, firstly *adv* [ʔawwala:] **أولا**
priority *n* [ʔawlawijja] **أولوية**
primary *adj* [ʔawwalij] **أولي**
الأحرف الأولى
[Al-aḥrof al-ola] *npl* initials
في الدرجة الأولى
[Fee al darajah al ola] *adv* mainly
إسعافات أولية
[Es'aafat awaleyah] *n* first aid
signal *v* [ʔawmaʔa] **أومأ**
يُومئ برأسه
[Yomea beraaseh] *v* nod
trick *v* [ʔewhama] **أوهم**
any *adj* [ʔajju] **أي**
أي شخص
[Ay shakhṣ] *pron* anybody
أي شيء
[Ay shaya] *n* anything
أي من
[Ay men] *pron* any
على أي حال
[Ala ay ḥal] *adv* anyway
بأي طريقة
[Be-ay ṭaree'qah] *adv* anyhow
في أي مكان
[Fee ay makan] *adv* anywhere
positive *adj* [ʔi:ʒa:bij] **إيجابي**
rent *n* [ʔjʒa:r] **إيجار**
ideology *n* [ʔajdu:lu:ʒijja] **أيدولوجية**
revenue *n* [ʔi:ra:d] **إيراد**
Iran *n* [ʔi:ra:n] **إيران**
n ◂ Iranian *adj* [ʔi:ra:nij] **إيراني**
Iranian *(person)*
Ireland *n* [ʔajrlanda:] **أيرلندا**
n [ʔajrlanda] **أيرلندة**
أيرلندة الشمالية
[Ayarlanda al-shamaleyah] *n* Northern Ireland
Irish *adj* [ajrlandij] **أيرلندي**
الأيرلندي
[Alayarlandey] *n* Irish
adj [ijrlandij] **إيرلندي**
رَجُل إيرلندي
[Rajol ayarlandey] *n* Irishman

ايرلندية [ijrlandijja] Irishwoman *n*
أيس [ʔa:js] *n*
ستيك الآيس كريم
[Steek al-aayes kreem] *n* ice lolly
آيس كريم
[aayes kreem] *n* ice cream
أيسلاندي [ʔajsla:ndi:] Icelandic *adj*
الأيسلندي
[Alayeslandey] *n* Icelandic
أيسلندا [ʔajslanda:] Iceland *n*
إيصال [ʔi:sˤa:l] voucher *n*
إيصالات [ʔi:sˤa:la:tun] takings *npl* *(money)*
أيضا [ʔajdˤan] also, else, too *adv*
إيضاحي [ʔi:dˤa:ħijjat] *adj*
تجربة إيضاحية
[Tajrebah eeḍaheyah] *n* demonstration
إيطالي [ʔi:tˤa:lij] Italian *adj* ⊲ *n*
Italian *(person)*
اللغة الإيطالية
[alloghah al eṭaleyah] *(language)* *n* Italian
إيطاليا [ʔi:tˤa:lija:] Italy *n*
إيقاف [ʔi:qa:f] stopping *n*
لا يمكنني إيقاف تشغيله
[la yam-kinuni e-'qaaf tash-ghe-lehe] I can't turn the heating off
لن أقوم بإيقاف تشغيله
[Lan a'qoom be-ee'qaf tashgheeleh] It won't turn off
هل يمكن إيقاف السيارة بالقرب منا؟
[hal yamken e'qaaf al-sayara bil-'qurb min-na?] Can we park by our site?
أيقونة [ʔajqu:na] icon *n*
أيل [ʔajl] deer *n*
إيماءة [ʔi:ma:ʔa] gesture *n*
إيمان [ʔi:ma:n] faith *n*
أيمن [ʔajman] right-handed *adj*
إيموجي [i:mu:ʒi:] emoji *adj*
أين [ʔajna] where *adv*
أين تسكن؟
[ayna taskun?] Where do you live?
أين تقيم؟
[Ayn to'qeem?] Where are you staying?
أين يمكن أن نتقابل؟
[ayna yamken an nata-'qabal?] Where can we meet?
أين يمكنني إرضاع الرضيع؟
[ayna yamken-any erḍa'a al-raḍee'a?] Where can I breast-feed the baby?
أين يوجد قسم الشرطة؟
[ayna yujad 'qisim al- shurṭa?] Where is the police station?
من أين أنت؟
[min ayna anta?] Where are you from?
إيواء [ʔi:wa:ʔ] lodging *n*
دار إيواء
[Dar eewaa] *n* dormitory *(large bedroom)*

ب in, on, with, by *prep* [bi]

بجانب
[Bejaneb] *prep* beside

بائع vendor *n* [ba:ʔiʕ]

بائع تجزئة
[Bae'a tajzeah] *n* retailer

بائع زهور
[Bae'a zohor] *n* florist

باب door *n* [ba:b]

جرس الباب
[Jaras al-bab] *n* doorbell

درجة الباب
[Darajat al-bab] *n* doorstep

مقبض الباب
[Me'qbaḍ al-bab] *n* door handle

أين يوجد باب الخروج...؟
[Ayn yojad bab al-khoroj...] Which exit for...?

أين يوجد مفتاح الباب الأمامي؟
[ayna yujad muftaaḥ al-baab al-ama-my?] Which is the key for the front door?

أين يوجد مفتاح الباب الخلفي؟
[ayna yujad muftaaḥ al-baab al-khalfy?] Which is the key for the back door?

أين يوجد مفتاح هذا الباب؟
[ayna yujad muftaaḥ hadha al-baab?] Which is the key for this door?

اترك الباب مغلقا
[itruk al-baab mughla'qan] Keep the door locked

الباب لا يُغلَق
[al-baab la yoghla'q] The door won't close

الباب لا يُقفَل
[al-baab la yo'qfal] The door won't lock

لقد أوصد الباب وأنا بخارج الغرفة
[la'qad o-ṣeda al-baab wa ana be kharej al-ghurfa] I have locked myself out of my room

بابا daddy *n* [ba:ba:]

بُؤبُؤ *n* [buʔbuʔ]

بُؤبُؤ العَيْن
[Boaboa al-'ayn] *n* pupil *(eye)*

بإتقان neatly *adv* [biʔitqa:nin]

باح *v* [ba:ħa]

يبوح ب
[Yabooḥ be] *v* reveal

بإحكام close *adv* [biʔiħka:min]

باخِرَة *n* [baxira]

باخِرَة رُكّاب
[Bakherat rokkab] *n* liner

بإخلاص sincerely *adv* [biʔixlasˤin]

بادئ starter *n* [ba:diʔ]

باذنجان aubergine *n* [ba:ðinʒa:n]

بار bar *(alcohol)* *n* [ba:r]

ساقي البار
[Sa'qey al-bar] *n* bartender

بئر well *n* [biʔr]

باراجواي Paraguay *n* [ba:ra:ʒwa:j]

شخص من باراجواي
[Shakhṣ men barajway] *n* Paraguayan

من باراجواي
[Men barajway] *adj* Paraguayan

باراسيتامول *n* [ba:ra:si:ta:mu:l]

أريد باراسيتامول
[areed barasetamol] I'd like some paracetamol

بارافين paraffin *n* [ba:ra:fi:n]

بؤرة focus *n* [buʔra]

ثنائي البؤرة
[Thonaey al-booarah] *npl* bifocals

بارد cold *adj* [ba:rid]

إن الطعام بارد أكثر من اللازم
[enna al-ṭa'aam bared akthar min al-laazim] The food is too cold
إن اللحم باردة
[En al-laḥm baredah] The meat is cold
الحمامات باردة
[al-doosh bared] The showers are cold
هذه الغرفة باردة أكثر من اللازم
[hathy al-ghurfa barda ak-thar min al-laazim] The room is too cold
بارز [ba:riz] *adj* outstanding
بارع [ba:riʕ] *adj* skilful
غير بارع
[gheer bare'a] *adj* unskilled
بارك [ba:raka] *v* bless
باروكة [ba:ru:ka] *n* wig
بأس [baʔs] *adj*
لا بأس
[la baas] No problem
لا بأس من أخذ الأطفال
[la baas min akhth al-aṭfaal] Is it OK to take children?
بؤس [buʔs] *n* misery
باستا [ba:sta:] *n* pasta
باستمرار [bistimrarin] *adv* continually
باسكي [ba:ski:] *adj* Basque ◃ *n* Basque *(person)*
باص [ba:sˤ] *n*
ميني باص
[Meny baas] *n* minibus
بَاض [ba:dˤa] *v* whitewash, bleach
باطل [ba:tˤil] *adj* void
باطني [ba:tˤinij] *adj* inner
باع [ba:ʕa] *v* sell
يَبْيع المخزون
[Yabea'a al-makhzoon] *v* sell out
يَبْيع بالتصفية
[Yabea'a bel-taṣfeyah] *v* sell off
يَبْيع بالتجزئة
[Yabea'a bel-tajzeaah] *v* retail
هل تبيع كروت التليفون؟
[hal tabee'a kroot al-talefon?] Do you sell phonecards?
باعِث [ba:ʕiθ] *n* incentive
بَاقَة [ba:qa] *n* bouquet
باكراً [ba:kiran] *adv* early
باكستان [ba:kista:n] *n* Pakistan
باكستاني [ba:kista:nij] *adj* Pakistani ◃ *n* Pakistani
بال [ba:lin] *adj* shabby
بالبَيْت [bi-al-bajti] *adv* at home
بالتأكيد [bi-at-taʔki:di] *adv* surely
بالتحديد [bi-at-taħdi:di] *adv* precisely
بالتدريج [bi-at-tadri:ʒi] *adv* gradually
بالحاح [bi-ilħa:ħin] *adv* instantly
بالضرورة [bi-adˤ-dˤaru:rati] *adv* necessarily
بالغ [ba:liɣ] *n* grown-up, teenager
بالغ [ba:laɣa] *v* exaggerate
بالفعل [bi-al-fiʕli] *adv* already
بالكاد [bil-ka:di] *adv* hardly
بالكامل [bialka:mili] *adv* completely
بالمائة [biʕalmiʕati] *adv* per cent
بالوعة [ba:lu:ʕa] *n* sewer, washbasin
بالون [ba:lu:n] *n* balloon
لبان بالون
[Leban balloon] *n* bubble gum
باليه [ba:li:h] *n* ballet
راقص باليه
[Ra'qeṣ baleeh] *n* ballet dancer
راقصة باليه
[Ra'ṣat baleeh] *n* ballerina
أين يمكنني أن أشتري تذاكر لعرض الباليه؟
[ayna yamken-any an ashtray tadhaker le-'aarḍ al-baleh?] Where can I buy tickets for the ballet?
بأمانة [biʔama:nati] *adv* honestly
بانجو [ba:nʒu:] *n*
آلة البانجو الموسيقية
[Aalat al-banjoo al-mose'qeyah] *n* banjo
بإنْصَاف [bi-ʔinsˤa:fin] *adv* fairly
باهت [ba:hit] *adj* dim
باينت [ba:jant] *n* pint
ببغاء [babbaɣa:ʔ] *n* parrot
بترول [bitru:l] *n* petroleum
بئر بترول
[Beear betrol] *n* oil well
بتسوانا [butswa:na:] *n* Botswana
بثَبَات [biθaba:tin] *adv* constantly
بَثْرة [baθra] *n* pimple, blister

بَجَعَة pelican *n* [baʒaʕa]
بجنون madly *adv* [biʒunu:nin]
بحّار sailor *n* [baħħa:r]
بحث search *n* [baħθ]
محب للبحث والتحقيق
[moḥeb lel-baḥth wal-taḥ'qeeq] *adj* inquisitive
بَحْث دراسي
[Bahth derasy] *n* research
بحث *v* [baħaθa]
يَبْحَث عن
[Yabḥath an] *v* look for, seek
إننا نبحث عن...
[ena-na nabḥath 'aan...] We're looking for...
أنا أبحث عن بطاقات بريدية
[ana abḥath 'aan beṭa-'qaat baree-diya] I'm looking for postcards
أنا أبحث هدية لطفلي
[Ana abḥath ḥadeyah letḟley] I'm looking for a present for a child
نحن نبحث عن أحد الفنادق
[naḥno nabḥath 'aan aḥad al-fanadi'q] We're looking for a hotel
بحر sea *n* [baħr]
ساحل البحر
[saḥel al-baḥr] *n* seaside
عبر البحار
['abr al-behar] *adv* overseas
البحر الأحمر
[Al-bahr al-ahmar] *n* Red Sea
البحر الشمالي
[Al-baḥr al-Shamaley] *n* North Sea
البحر الكاريبي
[Al-baḥr al-kareebey] *n* Caribbean
البحر المتوسط
[Al-bahr al-motawaset] *n* Mediterranean
مستوى سطح البحر
[Mostawa saṭh al-bahr] *n* sea level
مياه البحر
[Meyah al-baḥr] *n* sea water
أريد غرفة تطل على البحر
[areed ghurfa ta-ṭul 'aala al-baḥir] I'd like a room with a view of the sea
أعاني من دوار البحر
[o-'aany min dawaar al-baḥar] I get travel-sick
هل تظهر هنا قناديل البحر؟
[hal taḍhhar huna 'qana-deel al-baḥir?] Are there jellyfish here?
هل البحر مرتفع اليوم؟
[hal al-baḥr murta-fi'a al-yawm?] Is the sea rough today?
بحري maritime, naval *adj* [baħrij]
رحلة بحرية
[Rehalh bahreyah] *n* cruise
جندي بحري
[Jondey baharey] *n* seaman
الأطعمة البحرية
[Al-aṭ'aemah al-baḥareyh] *n* seafood
بحزم strictly *adv* [biħazmin]
بحَق truly *adv* [biħaqqin]
بُحَيْرة lake, lagoon *n* [buħajra]
بحيوية lively *adj* [biħajawijjatin]
بَخّاخ inhaler *n* [baxxa:x]
بُخار steam *n* [buxa:r]
بَخْس inexpensive *adj* [baxs]
بَخيل miser *adj* [baxi:l]
بدا seem *v* [bada:]
بَدْء start *n* [badʔ]
بدأ begin, start *v* [badaʔa]
يَبْدأ الحركة والنشاط
[Yabdaa alḥarakah wal-nashat] *v* start off
متى يبدأ العرض؟
[mata yabda al-'aarḍ?] When does the performance begin?
متى يبدأ العمل هنا؟
[mata yabda al-'aamal huna?] When does it begin?
بدائي primitive *adj* [bida:ʔij]
بداخل into *prep* [bida:xili]
بداية beginning *n* [bida:ja]
في بداية شهر يونيو
[fee bedayat shaher yon-yo] at the beginning of June
بَدد squander, waste *v* [baddada]
بَدْر full moon *n* [badr]
بدروم basement *n* [bidru:m]
بدل *v* [baddala]
أين أستطيع أن أبدل ملابسي؟
[ayna astaṭe'a an abid-il mala-bisy]

Where do I change?
هل يمكن أن أبدل الغرف
[hal yamken an abad-il al-ghuraf?] Can I switch rooms?
alter, transform v [baddala] **بَدّل**
instead of prep [badalan] **بدلا**
بدلًا من ذلك
[Badalan men ḍhalek] adv instead of that
fancy dress, outfit n [badla] **بدلة**
بدلة تدريب
[Badlat tadreeb] n tracksuit
بدلة العمل
[Badlat al-'aamal] n overalls
بدلة الغوص
[Badlat al-ghawṣ] n wetsuit
physical adj [badanij] **بدني**
عقوبة بدنية
['ao'qoba badaneyah] n corporal punishment
without prep [bidu:ni] **بدون**
بدون توقف
[Bedon tawa'qof] adv non-stop
magnificent adj [badi:ʕ] **بديع**
alternative n [badi:l] **بديل**
fat n ◁ obese adj [badi:n] **بَدِين**
seed n [biðra] **بِذْرة**
suit n [baðla] **بَذلة**
بذلة غامقة اللون للرجال
[Badlah ghame'qah al-loon lel-rejal] n tuxedo
innocent adj [bari:ʔ] **برئ**
n ◁ Brazilian adj [bara:zi:lij] **برازيلي** Brazilian
flower n [bara:ʕim] **براعم**
براعم الورق
[Bra'aem al-wara'q] n sprouts
software n [bara:miʒ] **برامج**
brandy n [bra:ndi:] **براندي**
سأتناول براندي
[sa-ata-nawal brandy] I'll have a brandy
Portuguese adj [burtuɣa:lij] **برتغالي**
Portuguese (person) n ◁
اللغة البرتغالية
[Al-loghah al-bortoghaleyah] (language) n Portuguese

orange (fruit) n [burtuqa:l] **برتقال**
عصير برتقال
[Aṣeer borto'qaal] n orange juice
orange n [burtuqa:la] **برتقالة**
orange adj [burtuqa:lij] **برتقالي**
Puerto n [burtu: ri:ku:] **برتو ريكو** Rico
tower n [burʒ] **برج**
برج محصن
[Borj mohaṣṣan] n dungeon
بُرج كهرباء
[Borj kahrbaa] n pylon
بُرْج الكنيسة
[Borj al-kaneesah] n steeple
cold n [bard] **برد**
أريد شيئًا للبرد
[areed shyan lel-bard] I'd like something for a cold
أعاني من البرد
[o-'aany min al-barid] I have a cold
أشعر بالبرد
[ash-'aur bil-bard] I'm cold
v [brada] **برد**
يبرد بمبرد
[Yobared bemobared] v file (smoothing)
chill v [barrada] **برّد**
n [bardaqu:ʃ] **بَرْدَقوش**
عُشب البَرْدَقوش
['aoshb al-barda'qoosh] n marjoram
account for v [barara] **برر**
v [baroza] **برْز**
يَبْرُز من
[Yabroz men] v come out
jar n [bartˤama:n] **برطمان**
flea n [barɣu:θ] **برغوث**
lightning n [barq] **بَرْق**
plum, prune n [barqu:q] **برقوق**
volcano n [burka:n] **بركان**
volcanic adj [burka:nijjat] **بركانية**
الحمم البركانية
[Al-ḥemam al-borkaneyah] n lava
pond, puddle n [birka] **بِرْكَة**
parliament n [barlama:n] **بَرلمان**
programme v [barmaʒ] **بَرمج**
programming n [barmaʒa] **برمجة**
barrel n [birmi:l] **برميل**

برنامج programme, *n* [barna:maʒ]
(computer) programme
برنامج حواري
[Barnamaj hewary] *n* chat show
بَرْهن demonstrate *v* [barhana]
بروتستانتي *adj* [bru:tista:ntij]
Protestant
Protestant *n* ◁
بروتين protein *n* [bru:ti:n]
برودة cold *n* [buru:da]
شديد البرودة
[Shadeedat al-broodah] *adj* freezing
بروش brooch *n* [bru:ʃ]
بروفة rehearsal, test *n* [bru:fa]
بروكسيل *n* [bru:ksi:l]
كرنب بروكسيل
[Koronb brokseel] *n* Brussels sprouts
برونز bronze *n* [bru:nz]
بري wild *adj* [barrij]
بريد post *n* [bari:d]
صندوق البريد
[Ṣondo'q bareed] *n* postbox
عنوان البريد الإلكتروني
['aonwan al-bareed al-electrooney] *n* email address
بريد غير مرغوب
[Bareed gheer marghoob] *n* junk mail
بريد جوي
[Bareed jawey] *n* airmail
بريد الكتروني
[Bareed elektrooney] *n* email
يُرْسِل بريدا إلكترونيا
[Yorsel bareedan electroneyan] *v* email
ما المدة التي يستغرقها بالبريد العادي؟
[ma al-mudda al-laty yasta-ghru'qoha bil-bareed al-al-'aadee?] How long will it take by normal post?
بريدي postal *adj* [bari:dij]
نظام بريدي
[neḍham bareedey] *n* post *(mail)*
هل يمكن أن أحصل على طوابع لأربعة كروت بريدية؟
[hal yamken an aḥṣal 'aala ṭawa-bi'a le-arba'aat kiroot baree-diya?] Can I have stamps for four postcards to...

بريطاني British *adj* [bri:tˤa:nij]
British *n* ◁
بريطانيا Britain *n* [bri:tˤa:nja:]
بريطانيا العظمى
[Beretanyah al-'aoḍhma] *n* Great Britain
بستان orchard *n* [busta:n]
بُستاني gardener *n* [busta:nij]
بَسْتَنة gardening *n* [bastana]
بسط unroll *v* [basitˤa]
بَسط simplify *v* [basatˤa]
بسكويت biscuit *n* [baskawi:t]
بسلة peas *n* [bisalati]
بَسَلة mangetout *n* [bisallatin]
بسهولة easily *adv* [bisuhu:latin]
بسيط plain, simple *adj* [basi:tˤ]
ببساطة
[Bebasata] *adv* simply
بشر *v* [baʃara] (يحك بسطح خشن)
grate
بَشَرَة complexion *n* [baʃra]
بشري human *adj* [baʃarijjat]
قوة بشرية
['qowah bashareyah] *n* manpower
بشرية mankind *n* [baʃarijja]
بَشِع hideous *adj* [baʃiʕ]
بُصَاق spit *n* [busˤa:q]
بصدق faithfully *adv* [bisˤidqin]
بصر vision *n* [basˤar]
أعاني من ضعف البصر
[o-'aany min ḍu'auf al-baṣar] I'm visually impaired
بصري visual *adj* [basˤarij]
بصق spit *v* [bsˤaqa]
بصل onion *n* [basˤal]
بصل أخضر
[Baṣal akhdar] *n* spring onion
بصلة *n* [basˤala]
بصلة النبات
[baṣalat al-nabat] *n* bulb *(electricity)*
بصمة imprint *n* [basˤma]
بصمة الإصبع
[Baṣmat al-eṣba'a] *n* fingerprint
بصمة كربونية
[Baṣma karbonyah] *n* carbon footprint
بضائع goods *npl* [badˤa:ʔiʕun]
بطء slowness *n* [butˤʔ]

ببطء
[Beboṭa] *adv* slowly
هل يمكن أن تتحدث ببطء أكثر إذا سمحت؟
[hal yamken an tata-ḥadath be-buṭi akthar edha samaḥt?] Could you speak more slowly, please?
بطارية battery *n* [batˤtˤa:rijja]
أريد بطارية جديدة
[areed baṭaariya jadeeda] I need a new battery
هل لديك أي بطاريات كهربية لهذه الكاميرا؟
[hal ladyka ay baṭa-reyaat le-hadhy al-kamera?] Do you have batteries for this camera?
بطاطس potato *n* [batˤa:tˤis]
بطاطس بالفرن
[Baṭaṭes bel-forn] *npl* jacket potato
بطاطس مشوية بقشرها
[Baṭaṭes mashweiah be'qshreha] *n* jacket potato
بطاطس مهروسة
[Baṭaṭes mahrosah] *n* mashed potatoes
شرائح البطاطس
[Sharaeh al- baṭaṭes] *npl* crisps
بطاقة card *n* [bitˤa:qa]
بطاقة عضوية
[Beṭaqat 'aodweiah] *n* membership card
بطاقة تهنئة
[Beṭaqat tahneaa] *n* greetings card
بطاقة بريدية
[Beṭaqah bareedyah] *n* postcard
بطاقة شخصية
[beṭ a'qah shakhṣeyah] *n* identity card, ID card
بطاقة لعب
[Beṭaqat la'aeb] *n* playing card
لقد سرقت بطاقتي
[la'qad sore'qat be-ṭa'qaty] My card has been stolen
هل لديك بطاقة تجارية؟
[hal ladyka beṭa'qa tejar-eya?] Do you have a business card?
هل يتم قبول بطاقات الخصم؟
[hal yatum 'qubool be-ṭa'qaat al-khaṣim?] Do you take debit cards?
هل يمكنني الدفع ببطاقة الائتمان؟
[hal yamken -any al-daf'a be- beṭa-'qat al-etemaan?] Can I pay by credit card?
هل يمكنني الحصول على سلفه نقدية ببطاقة الائتمان الخاصة بي؟
[hal yamken -any al-ḥuṣool 'aala silfa na'qdiya be- beṭa-'qat al-etemaan al-khaṣa bee?] Can I get a cash advance with my credit card?
بطالة unemployment *n* [bitˤa:la]
بَطَالة *n* [batˤa:la]
إعانة بَطَالة
[E'anat baṭalah] *n* dole
بِطَانَة lining *n* [batˤa:na]
بَطانية blanket *n* [batˤa:nijja]
بطانية كهربائية
[Baṭaneyah kahrobaeyah] *n* electric blanket
من فضلك أريد بطانية إضافية
[min faḍlak areed baṭa-nya eḍa-fiya] Please bring me an extra blanket
بطة duck *n* [batˤtˤa]
بطريق penguin *n* [bitˤri:q]
بطل champion *(competition)*, *n* [batˤal] hero *(novel)*
بَطَلة heroine *n* [batˤala]
بطن stomach *n* [batˤn]
سُرَّة البطن
[Sorrat al-batn] *n* belly button
بَطنِيّ coeliac *adj* [batˤnij]
بطولة championship *n* [butˤu:la]
بَطِيءٌ slow *adj* [batˤi:ʔ]
بطِيخة watermelon *n* [batˤi:xa]
بَعَثَ *v* [baʕaθa]
يَبْعَث ب
[Yab'ath be] *v* send
يَبعث ب
[Tab'aath be] *v* send out
يَبْعَثُ رائحَة
[Yab'ath raeḥah] *vi* smell
بِعْثَة expedition *n* [biʕθa]
بَعد after, *prep* ◂ after *conj* [baʕda] besides
بَعْد ذلك
[Ba'ad dhalek] *adv* afterwards

بَعْدَما
[Ba'dama] *prep* after
بعد الميلاد
[Ba'ad al-meelad] *abbr* AD
فيما بعد
[Feema baad] *adv* later
بُعْد [buʕd] *n* dimension
عن بُعْد
['an bo'ad] *adv* remotely
بعض [baʕdˁu] *adj* few, some
أي يمكن أن أشتري بعض البطاقات البريدية؟
[ʔajji jumkinu ʔan ʔaʃtari: baʕdˁa albitˁa:qa:ti albari:dijjati] Where can I buy some postcards?
هناك بعض الأشخاص المصابين
[hunaka ba'aḍ al-ash-khaaṣ al-muṣabeen] There are some people injured
بعمق [biʕumqin] *adv* deeply
بعوضة [baʕu:dˁa] *n* mosquito
بعيد [baʕi:d] *adj* distant, far, out
المسافة ليست بعيدة
[al-masaafa laysat ba'aeeda] It's not far
هل المسافة بعيدة؟
[hal al-masafa ba'aeda?] Is it far?
بعيدا [baʕi:dan] *adv* off, away
بغبغاء [babbaɣa:ʔ] *n* budgerigar, budgie
بغض [buɣdˁ] *n* hatred
بغض [baɣadˁa] *v* hate
بَغْل [baɣl] *n* mule
بغيض [baɣi:dˁ] *adj* obnoxious
بفظاظة [bifazˁa:zˁatin] *adv* grossly
بفعالية [bifaʕa:lijjatin] *adv* effectively
بَقاء [baqa:ʔ] *n* survival
بَقال [baqqa:l] *n* grocer
بقالة [baqa:la] *n* groceries
بَقايا [baqa:ja:] *npl* remains
بقة [baqqa] *n* bug
بَقدونس [baqdu:nis] *n* parsley
بقر [baqar] *n* cattle
راعي البقر
[Ra'aey al-ba'qar] *n* cowboy
بقرة [baqara] *n* cow

بُقسماط [buqsuma:tˁ] *n*
بُقسماط مطحون
[Bo'qsomat maṭhoon] *n* breadcrumbs
بُقسُماط [buqsuma:tˁin] *n* rusk
بقشيش [baqʃi:ʃan] *n* tip
يمنح بقشيشاً
[Yamnaḥ ba'qsheeshan] *vt* tip *(reward)*
هل من المعتاد إعطاء بقشيش؟
[hal min al-mu'a-taad e'aṭaa ba'q-sheesh?] Is it usual to give a tip?
بقع [buqaʕ] *n* stain
مزيل البقع
[Mozeel al-bo'qa,a] *n* stain remover
بُقعَة [wasˁma] *n* spot *(blemish)*
بقي [baqa:] *v* remain
بُكَاء [buka:ʔ] *n* cry
بكتريا [baktirja:] *npl* bacteria
قابل للتحلل بالبكتريا
['qabel lel-tahalol bel-bekteriya] *n* biodegradable
بَكَرَة [bakara] *n* reel
بكسل [biksil] *n* pixel
بَكفاءة [bikafa:ʔatin] *adv* efficiently
بكين [biki:n] *n* Beijing
بلاتين [bla:ti:n] *n* platinum
بلاستيك [bla:sti:k] *n* plastic
بلاستيكي [bla:sti:kij] *adj* plastic
كيس بلاستيكي
[Kees belasteekey] *n* plastic bag
بلاط [bala:tˁ] *n*
بلاط القصر
[Balaṭ al-'qaṣr] *n* court
بلاك بيري® [bla:k bi:ri:] *n* BlackBerry®
بلايستيشن® [bla:jsiti:ʃn] *n* PlayStation®
بلجيكا [bilʒi:ka:] *n* Belgium
بلجيكي [bilʒi:kij] *adj* Belgian ◃ *n* Belgian
بلد [balad] *n* country, city, village
بَلَد نام
[Baladen namen] *n* developing country
ما هي أجرة التاكسي داخل البلد؟
[ma heya ejrat al-taxi dakhil al-balad?] How much is the taxi fare into town?
ما هي المسافة بيننا وبين وسط البلد؟

[ma heya al-masafa bay-nana wa bayn waṣaṭ al-balad?] How far are we from the town centre?
بلدة town *n* [balda]
هل يوجد لديكم أي شيء يحمل طابع هذه البلدة؟
[hal yujad laday-kum ay shay yaḥmil ṭabi'a hadhy al-balda?] Have you anything typical of this town?
بلدي native *adj* [baladij]
بَلْطة axe *n* [baltˁa]
بلطجي bully *n* [baltˁaʒij]
بلطف gently *adv* [bilutˁfin]
بلع swallow *vt* [balaʕa]
بلغ *v* [balaɣa]
كم يبلغ سعر ذلك؟
[kam yablugh si'ar thalik?] How much does that come to?
كم يبلغ عمق المياه؟
[kam yablugh 'aom'q al-meah?] How deep is the water?
كم يبلغ ثمن تذكرة الذهاب فقط؟
[Kam yablogh thaman tadhkarat aldhehab fa'qaṭ?] How much is a single ticket?
كم يبلغ البقشيش الذي علي أن أدفعه؟
[Kam yablogh al-ba'qsheesh aladhey 'alay an adfa'aoh?] How much should I give as a tip?
كم يبلغ زمن العرض؟
[kam yablugh zamin al-'aarḍ?] How long does the performance last?
كم يبلغ طولك؟
[kam yablugh ṭoolak?] How tall are you?
كم يبلغ وزنك؟
[kam yablugh waznak?] How much do you weigh?
بلّغ reach *v* [balaɣa]
بلغاري Bulgarian *adj* [balɣa:ri:]
Bulgarian *(person)* *n* ◁
اللغة البلغارية
[Al-loghah al-balghareyah] *(language)* *n* Bulgarian
بلغاريا Bulgaria *n* [bulɣa:rja:]
بلقاني Balkan *adj* [balqa:nij]
بَلل drench *v* [balala]

بلّور crystal *n* [billawr]
بلوزة blouse *n* [blu:za]
بَلوط oak *n* [ballu:tˁ]
بلوفر sweater *n* [bulu:far]
بلياردو *n* [bilaja:rdu:]
لعبة البلياردو
[Lo'abat al-belyardo] *n* billiards
بليزر blazer *n* [blajzir]
بن coffee *n* [bunn]
حبوب البن
[Ḥobob al-bon] *n* coffee bean
بناء building *n* [bina:ʔ]
بناء على
[Benaa ala] *adv* accordingly
موقع البناء
[Maw'qe'a al-benaa] *n* building site
بنّاء bricklayer, builder *n* [banna:ʔ]
constructive *adj* ◁
بناية block *(buildings)* *n* [bina:ja]
بناية عالية
[Benayah 'aaleyah] *n* high-rise
بِنْت lass *n* [bint]
بِنْت الأخت
[Bent al-okht] *n* niece
بنجاح successfully *adv* [binaʒa:ħin]
بنجر beetroot *n* [banʒar]
بنجلاديش Bangladesh *n* [banʒla:di:ʃ]
بنجلاديشي *adj* [banʒla:di:ʃij] Bangladeshi
Bangladeshi *n* ◁
بنجو *n* [banʒu:]
لعبة البنجو
[Lo'abat al-benjo] *n* bingo
بَنْد item *n* [bund]
بَندَا panda *n* [banda:]
بندقية gun, rifle *n* [bunduqijja]
بندقية رش
[Bonde'qyat rash] *n* shotgun
بنزين petrol *n* [binzi:n]
خزان بنزين
[Khazan benzeen] *n* petrol tank
بنزين خالي من الرصاص
[Benzene khaly men al- raṣaṣ] *n* unleaded petrol
محطة بنزين
[Mahaṭat benzene] *n* petrol station

بنسلين [binisili:n] n penicillin
بنطلون [bantˤalu:n] npl trousers
بنطلون صيق
[Banṭaloon ṣaye'q] npl leggings
بنطلون ضيق
[banṭaloon ḍaye'q] n tights
بنطلون قصير
[Banṭaloon 'qaṣeer] npl trunks
حمالات البنطلون
[Hammalaat al- banṭaloon] npl suspenders
هل يمكن أن أجرب هذا البنطلون؟
[hal yamken an ajar-reb hadha al-ban-taloon?] Can I try on these trousers?
بنفسجي [banafsaʒij] adj mauve
بنك [bank] n (finance) bank
بنك تجاري
[Bank Tejarey] n merchant bank
موظف بنك
[mowaḍhaf bank] n banker
ما هي المسافة بينا وبين البنك؟
[Ma heya al-masafa bayna wa been al-bank?] How far is the bank?
هل يوجد بنك هنا؟
[hal yujad bank huna?] Is there a bank here?
بنكي [bankij] adj
حساب بنكي
[Hesab bankey] n bank account
كشف بنكي
[Kashf bankey] n bank statement
مصاريف بنكية
[Maṣareef Bankeyah] npl bank charges
بنما [banama:] n Panama
بني [bana:] vt build
بُنِّيّ [bunnij] adj brown
بِنْيَة [binja] n structure
بِنْيَة أساسية
[Benyah asaseyah] n infrastructure
بهجة [bahʒa] n delight, joy
بهدوء [bihudu:ʔin] adv quietly
بهيج [bahi:ʒ] adj jolly, merry
بواب [bawwa:b] n doorman
بوابة [bawwa:ba] n gate
بوابة متحركة
[Bawabah motaharekah] n turnstile
بواسطة [biwa:sitˤati] prep by
بودرة [bu:dra] n powder
بودكاست [bu:dka:st] n podcast
بودل [bu:dal] n
كلب البودل
[Kalb al-boodel] n poodle
بودينج [bu:di:nʒ] n
حلوى البودينج
[Ḥalwa al-boodenj] n sweet
بوذا [bu:ða:] n Buddha
بوذي [bu:ðij] adj Buddhist ◃ n Buddhist
بورما [bu:rma:] n Burma
بورمي [bu:rmij] adj Burmese ◃ n Burmese (person)
اللغة البورمية
[Al-loghah al-bormeyah] (language) n Burmese
بوسني [bu:snij] n (person) Bosnian
بوصة [bawsˤa] n inch
بوصلة [bawsˤala] n compass
بوضوح [biwudˤu:ħin] adv clearly
بوفيه [bu:fi:h] n sideboard
عربة البوفيه
['arabat al-boofeeh] n dining car
بوق [bu:q] n trumpet, cornet, horn
بوكر [bu:kar] n
لعبَة البوكَر
[Lo'abat al-bookar] n poker
بَوْل [bawl] n urine
بولندة [bu:landat] n Poland
بولندي [bu:landij] adj Polish ◃ n Pole, Polish
بولنسي [bu:linisij] adj Polynesian
بوليصة [bu:li:sˤa] n
بوليصة تأمين
[Booleeṣat taameen] n insurance policy
بوليفي [bu:li:fij] adj Bolivian ◃ n Bolivian
بوليفيا [bu:lijfja:] n Bolivia
بولينسيا [bu:li:nisja:] n Polynesia
بولينيسي [bu:li:ni:sij] n Polynesian (person)
اللغة البولينيسية
[Al- loghah al-bolenseyah] (language) n

Polynesian
owl *n* [bu:ma] **بومة**
environment *n* [bi:ʔit] **بيئة**
صديق للبيئة
[Ṣadeek al-beeaah] *adj* environmentally friendly
علم البيئة
['aelm al-beeah] *n* ecology
البيئة المُحيطة
[Al- beeaah almoheeṭah] *npl* surroundings
desperately *adv* [bijaʔsin] **بيأس**
bedding *npl* [bajja:dˤa:tun] **بياضات**
بياضات الأسرّة
[Bayaḍat al-aserah] *n* bed linen
account (بالأسباب) *n* [baja:n] **بيان** *(report)*
data *npl* [baja:na:tun] **بيانات**
بيانات شخصية
[bayyaanaat shakhṣiyya] *n* profile
piano *n* [bija:nu:] **بيانو**
لاعب البيانو
[La'aeb al-beyano] *n* pianist
ecological, *adj* [bi:ʔij] **بيئي** environmental
house *n* [bajt] **بيت**
أهل البيت
[Ahl al-bayt] *n* household
بيت من طابق واحد
[Bayt men ṭabe'q wahed] *n* bungalow
pizza *n* [bi:tza:] **بيتزا**
beige *n* [bi:ʒ] **بيج**
pyjamas *n* [bi:ʒa:ma] **بيجامة**
beer *n* [bi:ra] **بيرة**
مصنع البيرة
[maṣna'a al-beerah] *n* brewery
Peru *n* [bi:ru:] **بيرو**
Biro® *n* [bi:ru:] **بيرو®**
n ◁ Peruvian *adj* [bi:ru:fij] **بيروفي** Peruvian
n [bi:ru:qra:tˤijjati] **بيروقراطية** bureaucracy
beret *n* [bi:ri:h] **بيريه**
baseball *adj* [bi:sbu:l] **بيسبول**
egg *n* [bajdˤ] **بيض**
بيض عيد الفصح
[Bayḍ 'aeed al-feṣh] *n* Easter egg
بيض مخفوق
[Bayḍ makhfou'q] *n* scrambled eggs
لا أستطيع تناول البيض النيئ
[la astạ-ṭee'a ta-nawil al-bayḍ al-nee] I can't eat raw eggs
egg *n* [bajdˤa] **بيضة**
صفار البيض
[Ṣafar al-bayḍ] *n* egg yolk
بيضة مسلوقة
[Bayḍah maslo'qah] *n* boiled egg
بياض البيض
[Bayaḍ al-bayḍ] *n* egg white
كأس البيضة
[Kaas al-bayḍah] *n* eggcup
oval *adj* [bajdˤawij] **بيضوي**
sale *n* [bajʕ] **بيع**
الأكثر مبيعا
[Al-akthar mabe'aan] *adj* bestseller
بيع بالتجزئة
[Bay'a bel- tajzeaah] *n* retail
بيع بالجملة
[Bay'a bel-jomlah] *n* wholesale
طاولة بيع
[Ṭawelat bey'a] *n* counter
v [bee:ʕa] **بِيع**
أين تُباع التذاكر؟
[ayna tuba'a al-tadhaker?] Where can I get tickets?, Where do I buy a ticket?
bikini *n* [bi:ki:ni:] **بيكيني**
Belarussian, *n* [bi:la:ru:sij] **بيلاروسي** Belarussian *(person)*
اللغة البيلاروسية
[Al-loghah al-belaroseyah] *(language) n* Belarussian
between *prep* [bajna] **بين**
بينما
[bajnama:] *conj* as
while, *conj* [bajnama:] **بينما** whereas, as
بينما
[bajnama:] *conj* as
n [biju:tar] **بيوتر**
سبيكة البيوتر
[Sabeekat al-beyooter] *n* pewter
biological *adj* [bju:lu:ʒij] **بيولوجي**

بيولوجي إحصائي
[Bayology ehṢaey] *adj* biometric
biology *n* [bju:lu:ʒja:] **بيولوجيا**

lost *adj* [ta:ʔih] **تائه**
following *n* [ta:biʕa] **تابع**
شركة تابعة
[Sharekah tabe'ah] *n* subsidiary
coffin, box, case *n* [ta:bu:t] **تابوت**
impact *n* [taʔθi:r] **تأثير**
crown *n* [ta:ʒ] **تاج**
dealer *n* [ta:ʒir] **تاجر**
تاجر الأسماك
[Tajer al-asmak] *n* fishmonger
تاجر مخدرات
[Tajer mokhaddrat] *n* drug dealer
rental, lease *n* [taʔʒi:r] **تأجير**
تأجير سيارة
[Taajeer sayarah] *n* car rental
DVD هل تقومون بتأجير أجهزة؟
[Hal ta'qomoon betaajeer ajhezat DVD?]
Do you rent DVDs?
هل يمكن تأجير عربات للأطفال؟
[hal yamken ta-jeer 'aarabat lil-aṭfaal?]
Do you hire push-chairs?
delay *n* [taʔʒi:l] **تأجيل**
لقد تم تأجيل موعد الرحلة
[la'qad tum-a ta-jeel maw-'aid al-reḥla]
The flight has been delayed
delay *v* [taʔaxxara] **تأخر**
يتأخر في النوم في الصباح

[Yataakhar fee al-nawm fee al-ṣabah] *v* sleep in
هل تأخر القطار عن الموعد المحدد؟
[hal ta-akhar al-'qiṭaar 'aan al-maw'aid al-muḥadad?] Is the train running late?
تأخير delay *n* [taʔxi:r]
تأديب discipline *n* [taʔdi:b]
تأرجح rock *v* [taʔarʒaħa]
تأرجُح swing *n* [taʔarʒuħ]
تاريخ date, history *n* [ta:ri:x]
تاريخ الانتهاء
[Tareekh al-entehaa] *n* expiry date
متعلق بما قبل التاريخ
[Mota'ale'q bema 'qabl al-tareekh] *adj* prehistoric
يُفضل استخدامه قبل التاريخ المُحدد
[Yofaḍḍal estekhdamoh 'qabl al-tareekh al-mohaddad] *adj* best-before date
ما هو التاريخ؟
[ma howa al-tareekh?] What is the date?
تاريخي historical *adj* [ta:ri:xij]
تاسع ninth *n* ◁ ninth *adj* [ta:siʕ]
تأشيرة visa *n* [taʔʃi:ra]
لدي تأشيرة دخول
[la-daya ta-sherat dikhool] I have an entry visa
هذه هي التأشيرة
[hathy heya al-taa-sheera] Here is my visa
تافه trivial, rubbish, *adj* [ta:fih] trifle *n* ◁ ridiculous, vain
تاكسي taxi *n* [ta:ksi:]
موقف سيارات تاكسي
[Maw'qaf sayarat taksy] *n* taxi rank
أنا في حاجة إلى تاكسي
[ana fee ḥaja ela taxi] I need a taxi
أين يمكن استقلال التاكسي؟
[Ayn yomken este'qlal al-taksey?] Where can I get a taxi?
لقد تركت حقائبي في التاكسي
[la'qad ta-rakto ḥa'qa-eby fee al-taxi] I left my bags in the taxi
من فضلك احجز لي تاكسي
[min faḍlak iḥjiz lee taxi] Please order me a taxi

تأكيد confirmation *n* [taʔki:d]
بكل تأكيد
[Bekol taakeed] *adv* absolutely, definitely
تالٍ next *adv* [ta:lin]
تآلف *v* [taʔallafa]
يَتآلف من
[Yataalaf men] consist of
تالي further, next *adj* [ta:li:]
متى سنتوقف في المرة التالية؟
[mata sa-nata-wa'qaf fee al-murra al-taleya?] When do we stop next?
ما هو الموعد التالي للأتوبيس المتجه إلى...؟
[ma howa al-maw'aid al-taaly lel-baaṣ al-mutajeh ela...?] When is the next bus to...?
ما هو موعد القطار التالي من فضلك؟
[ma howa maw-'aid al-'qeṭaar al-taaly min faḍlak?] The next available train, please
تام perfect *adj* [ta:mm]
تآمر plot *(secret plan)* *v* [taʔa:mara]
تأمل speculate *v* [taʔammala]
تأمُّل meditation *n* [taʔammul]
تأمين insurance *n* [taʔmi:n]
تأمين سيارة
[Taameen sayarah] *n* car insurance
تأمين ضد الحوادث
[Taameen ḍed al-hawaadeth] *n* accident insurance
تأمين على الحياة
[Taameen 'ala al-hayah] *n* life insurance
تأمين السفر
[Taameen al-safar] *n* travel insurance
تأمين عن الطرف الثالث
[Tameen lada algheer] *n* third-party insurance
بوليصة تأمين
[Booleeṣat taameen] *n* insurance policy
شهادة تأمين
[Shehadat taameen] *n* insurance certificate
أحتاج إلى إيصال لأجل التأمين
[aḥtaaj ela eṣaal leajl al-taameen] I need a receipt for the insurance

تفضل هذه هي بيانات التأمين الخاص بي
[Tafaḍal hadheh heya beyanaat altaameen alkhaṣ bee] Here are my insurance details

لدي تأمين صحي خاص
[la-daya ta-meen ṣiḥy khaṣ] I have private health insurance

ليس لدي تأمين في السفر
[laysa la-daya ta-meen lel-safar] I don't have travel insurance

هل ستدفع لك شركة التأمين مقابل ذلك
[hal sa-tadfaa laka share-kat al-tameen ma'qabil dhalik?] Will the insurance pay for it?

هل لديك تأمين؟
[hal ladyka ta-meen?] Do you have insurance?

تانزاني [ta:nza:nij] *adj* Tanzanian ◁ *n* Tanzanian

تأنق [taʔannaqa] *v* dress up

تاهيتي [ta:hi:ti:] *n* Tahiti

تايبست [ta:jbist] *n* typist

تايلاند [ta:jla:nd] *n* Thailand

تايلاندي [ta:jla:ndij] *adj* Thai ◁ *n* Thai *(person)*

اللغة التايلاندية
[Al-logha al-taylandeiah] *(language) n* Thai

تايوان [ta:jwa:n] *n* Taiwan

تايواني [ta:jwa:nij] *adj* Taiwanese ◁ *n* Taiwanese

تَبادل [taba:dala] *v* exchange

تَباهى [taba:ha:] *v* boast

تباين [taba:jun] *n* contrast

تبديل [tabdi:l] *n* change, substitute

أين غرف تبديل الملابس؟
[ayna ghuraf tabdeel al-malabis?] Where are the clothes lockers?

تَبَرع [tabarraʕa] *v* donate

تبعيّات [tabaʕijja:t] *n* repercussions

تبغ [tibɣ] *n* tobacco

تبن [tibn] *n* hay

تَبَنّي [tabanni:] *n* adoption

تَبَنى [tabanna:] *v* (يُقر) adopt

تبين [tabajjana] *v* figure out

تَتبع [tatabbaʕa] *v* track down

تَثاءب [taθa:ʔaba] *v* yawn

تثقيفي [taθqi:fij] *adj* informative

تجارب [taʒa:rib] *n* experiment

حقل للتجارب
[Ha'ql lel-tajareb] *n* guinea pig *(for experiment)*

تجارة [tiʒa:ra] *n* trade

تجارة الكترونية
[Tejarah elektroneyah] *n* e-commerce

تجاري [tiʒa:rij] *adj* commercial

إعلان تجاري
[E'alaan tejarey] *n* commercial

أعمال تجارية
[A'amaal tejareyah] *n* business

فاتورة تجارية
[Fatoorah tejareyah] *n* invoice

ما هو موعد إغلاق المحلات التجارية؟
[ma howa maw-'aid eghla'q al-maḥalat al-tejar-iya?] What time do the shops close?

تِجَاه [tiʒa:ha] *adv* opposite

تَجاهل [taʒa:hala] *v* ignore

تجاوز [taʒa:waza] *v* pass *(on road)*, go past

تجديد [taʒdi:d] *n*

ممكن تجديده
[Momken tajdedoh] *adj* renewable

تجديف [taʒdi:f] *n* canoeing, rowing

أين يمكن أن أمارس رياضة التجديف بالقوارب الصغيرة؟
[ayna yamken an omares riyaḍat al-tajdeef bil- 'qawareb al-ṣaghera?] Where can we go canoeing?

أين يمكننا أن نذهب للتجديف؟
[ʔajna jumkinuna: ʔan naðhabu littaʒdi:fi] Where can we go rowing?

تجربة [taʒriba] *n* experiment, try

تجربة إيضاحية
[Tajrebah eeḍaheyah] *n* demo

تجسس [taʒassus] *n* spying

تَجسس [taʒassasa] *vi* spy

تجشأ [taʒaʃʃaʔa] *vi* burp

تَجَشؤ [taʒaʃʃuʔ] *n* burp

تجعيد [taʒʕi:d] *n* wrinkle

ماكينة تجعيد الشعر
[Makeenat taj'aeed sha'ar] *n* curler
تجفيف drying *n* [taʒfi:f]
تجفيف الشعر
[Tajfeef al-saha'ar] *n* blow-dry
لوحة تجفيف
[Lawhat tajfeef] *n* draining board
هل يمكنك من فضلك تجفيفه؟
[hal yamken -aka min faḍlak taj-fefaho?] Can you dye my hair, please?
هل يوجد مكان ما لتجفيف الملابس؟
[hal yujad makan ma le-tajfeef al-malabis?] Is there somewhere to dry clothes?
تجمد freezing *n* [taʒammud]
مانع للتجمد
[Mane'a lel-tajamod] *n* antifreeze
تَجمد freeze *vi* [taʒammada]
تجمع meeting *n* [taʒammuʕ]
متى يحين موعد التجمع؟
[mata yaḥeen maw'aid al-tajamu'a?] When is mass?
تجميل *n* [taʒmi:l]
جراحة تجميل
[Jerahat tajmeel] *n* plastic surgery
مستحضرات التجميل
[Mostahdraat al-tajmeel] *n* make-up
تجميلي cosmetic *adj* [taʒmi:lij]
مادة تجميلية تبرز الملامح
[Madah tajmeeleyah tobrez al-malameḥ] *n* highlighter
تَجنب avoid *v* [taʒanabba]
تجول wander, tour *v* [taʒawwala]
تَجَوّل stroll *n* [taʒawwul]
تجويف sinus *n* [taʒwi:f]
تَحَالُف alliance *n* [taħa:luf]
تحت below *prep* ◁ below *adv* [taħta]
تحتي lower *adj* [taħtij]
سِروال تحتي
[Serwaal taḥtey] *n* underpants
تحدٍّ challenge *n* [taħaddin]
تحدث talk *vi* [taħaddaθa]
يتحدث إلى
[yataḥdath ela] *v* talk to
يتحدث بحرية وبدون تحفظ
[yathadath be-ḥorreyah wa-bedon taḥaffodh] *v* speak up
تحدى challenge *v* [taħadda:]
تحديداً specifically *adv* [taħdi:dan]
تحذير warning *n* [taħði:r]
أضواء التحذير من الخطر
[Aḍwaa al-tahdheer men al-khaṭar] *npl* hazard warning lights
تحرري liberal *adj* [taħarurij]
تحرك movement *n* [taħaruk]
لا يمكنها التحرك
[la yam-kinuha al-taḥaruk] She can't move
تحرّك *v* [taħarraka]
متى يتحرك أول ناقل للمتزلجين؟
[mata yata-ḥarak awal na'qil lel-muta-zalijeen?] When does the first chair-lift go?
تَحرك shift *vi* [taħarraka]
يَتَحرك إلى الأمام
[Yatḥarak lel-amam] *v* move forward
يَتَحرك للخلف
[Yatḥarak lel-khalf] *v* move back
تحرير liberation *n* [taħri:r]
تحريك moving *n* [taħri:k]
هل يمكنك تحريك سيارتك من فضلك؟
[hal yamken -aka taḥreek saya-ratuka min faḍlak?] Could you move your car, please?
تحسّن *v* [taħassana]
أتمنى أن تتحسن حالة الجو
[ata-mana an tata-ḥasan ḥalat al-jaw] I hope the weather improves
تَحَسُّن advance *n* [taħassun]
تحسين improvement *n* [taħsi:n]
تَحَطَم wreck, crash *v* [taħatˤtˤama]
تَحَطُّم wreck *n* [taħatˤum]
تحفظ reservation *n* [taħafuzˤin]
تحفيز motivation *n* [taħfi:z]
تحقيق investigation *n* [taħqi:qu]
تحكم control *n* [taħakkum]
التحكم عن بعد
[Al-taḥakom an bo'ad] *n* remote control
وحدة التحكم في ألعاب الفيديو
[Wehdat al-tahakom fee al'aab al-vedyoo] *n* games console
لقد تعطلت مفاتيح التحكم عن العمل

[la'qad ta-'aaṭalat mafa-teeḥ al-taḥa-kum 'aan al-'aamal] The controls have jammed

تحكم v [taħakkama]

يَتحكم ب

[Yataḥkam be] v overrule

تحكيم arbitration n [taħki:m]

تحلية sweet n [taħlija]

تحليق n [taħli:q]

التحليق في الجو

[Al-taḥlee'q fee al-jaw] n gliding

تحليل analysis n [taħli:l]

تحمل undergo v [taħammala]

تحميل download n [taħmi:l]

تحميل للحاسوب

[taḥmeel lil-ḥaasoob] n feed

تحول diversion n [taħawwul]

تحول في المظهر

[taḥawol fee almaḍhhar] n makeover

تحّول convert v [taħawwala]

تحويل transfer n [taħwi:l]

قابل للتحويل

['qabel lel-taḥweel] adj convertible

كم يستغرق التحويل؟

[kam yasta-ghri'q al-taḥweel?] How long will it take to transfer?

تحية greeting n [taħijja]

تَخاصم squabble v [taxa:sˤama]

تخرج graduation n [taxarruʒ]

تخريب vandalism n [taxri:b]

تخريبي destructive adj [taxri:bij]

عمل تخريبي

['amal takhreeby] n sabotage

تَخصص specialize v [taxasˤsˤasˤa]

تَخَصص speciality n [taxasˤusˤsˤ]

تخطى skip vt [taxatˤtˤa:]

تخطيط planning n [taxtˤi:tˤ]

تخطيط المدينة

[Takhṭeeṭ almadeenah] n town planning

تخطيط بياني

[Takhṭeeṭ bayany] n graph

تخفيض reduction n [taxfi:dˤ]

تخفيض الانتاج

[Takhfeeḍ al-entaj] n cutback

تخفيض قيمة العملة

[Takhfeeḍ 'qeemat al'aomlah] n devaluation

هل هناك تخفيض؟

[hal hunaka takhfeeḍ?] Is there a reduction?

هل يوجد أي تخفيضات لطلبة؟

[hal yujad ay takhfeeḍ-aat lel-ṯalaba?] Are there any reductions for students?

هل يوجد أي تخفيضات للأطفال؟

[hal yujad ay takhfeeḍ-aat lil-aṭfaal?] Are there any reductions for children?

تخفيف relief n [taxfi:f]

لا أريد أخذ حقنة لتخفيف الألم

[la areed akhith ḥu'qna li-takhfeef al-alam] I don't want an injection for the pain

تخلص n [taxallusˤ]

ممكن التخلص منه

[Momken al-takhalos menh] adj disposable

تَخَلّص throw away v [taxallasˤa]

تخلف lag behind v [taxallafa]

تخلّف v [taxallafa]

لقد تخلفت عنه

[la'qad takha-lafto 'aanho] I've been left behind

تخلى v [taxalla:]

يَتخلى عن

[Yatkhala an] v let down

يَتَخَلّى عن

[Yatkhala 'an] v part with

تخم frontier n [tuxm]

تخمين guess n [taxmi:n]

تخّير select v [taxajjara]

تَخَيّل imagine, fancy v [taxajjala]

تَخَيّلي imaginary adj [taxajjulij]

تدخل go in v [tadaxxala]

تدخين smoking n [tadxi:n]

التدخين

[Al-tadkheen] n smoking

أريد غرفة مسموح فيها بالتدخين

[areed ghurfa masmooḥ feeha bil-tadkheen] I'd like a smoking room

تدرج n [tadruʒ]

طائر التدرج

[Ṭaear al-tadraj] n pheasant

تدريب training *n* [tadri:b]
تدريجي gradual *adj* [tadri:ʒij]
تدريس teaching *n* [tadri:s]
هل تقومون بالتدريس؟
[hal ta'qo-moon bil-tadrees?] Do you give lessons?
تدريم *n* [tadri:m]
تدريم الأظافر
[Tadreem al-aḍhaafe] *n* manicure
تدفئة heating *n* [tadfiʔa]
تدفئة مركزية
[Tadfeah markazeyah] *n* central heating
إن نظام التدفئة لا يعمل
[enna neḍham al-tad-fe-a la ya'amal] The heating doesn't work
تدفق current *(flow)* *n* [tadaffuq]
تدفق flow *v* [tadaffaqa]
تدليك massage *n* [tadli:k]
تدمير destruction *n* [tadmi:r]
تدوير cycling *n* [tadwi:ru]
تدوينة blogpost *n* [tadwi:na]
تذكار souvenir *n* [tiðka:r]
تَذكر remember *v* [taðakkara]
تذكرة ticket, pass *n* [taðkira]
تذكرة إلكترونية
[Tadhkarah elektroneyah] *n* e-ticket
تذكرة إياب
[tadhkarat eyab] *n* return ticket
تذكرة أوتوبيس
[tadhkarat otobees] *n* bus ticket
تذكرة الركن
[tadhkarat al-rokn] *n* parking ticket
تذكرة انتظار
[tadhkarat enteḍhar] *n* stand-by ticket
تذكرة ذهاب
[tadhkarat dhehab] *n* single ticket
تذكرة ذهاب وعودة في نفس اليوم
[tadhkarat dhehab we-'awdah fee nafs al-yawm] *n* day return
تذكرة فردية
[tadhkarat fardeyah] *n* single ticket
شباك التذاكر
[Shobak al-taḍhaker] *n* box office
ماكينة التذاكر
[Makenat al-taḍhaker] *n* ticket machine
تذكرة طفل
[tadhkerat ṭifil] a child's ticket
كم يبلغ ثمن تذكرة الذهاب والعودة؟
[Kam yablogh thaman tadhkarat al-dhab wal-'awdah?] How much is a return ticket?
لقد ضاعت تذكرتي
[la'qad ḍa'aat taḍhkeraty] I've lost my ticket
ما هو ثمن تذكرة التزلج؟
[ma howa thaman tathkarat al-tazal-oj?] How much is a ski pass?
من أين يمكن شراء تذكرة الأتوبيس؟
[Men ayen yomken sheraa tadhkarat al otoobees?] Where can I buy a bus card?
هل يمكن أن أشتري التذاكر هنا؟
[hal yamken an ashtary al-tadhaker huna?] Can I buy the tickets here?
تَذوق taste *v* [taðawwaqa]
تراجع عن back out *v* [tara:ʒaʕa ʕan]
ترام tram *n* [tra:m]
تَراوح range *v* [tara:waħa]
تربة soil *n* [turba]
تربوي educational *adj* [tarbawij]
تربية upbringing *n* [tarbija]
ترتيب arrangement *n* [tarti:b]
على الترتيب
[Ala altarteeb] *adv* respectively
ترجم translate *v* [tarʒama]
هل يمكن أن تترجم لي من فضلك؟
[hal yamken an tutar-jim lee min faḍlak?] Could you act as an interpreter for us, please?
ترجمة translation *n* [tarʒama]
ترحيب welcome *n* [tarħi:b]
تردد frequency *n* [taraddud]
تَردد hesitate *v* [taraddada]
ترشيح nomination *n* [tarʃi:ħ]
جهاز ترشيح
[Jehaz tarsheeh] *n* filter
ترفيه *n* [tarfi:h]
هل يوجد ملهي للترفيه هنا؟
[hal yujad mula-hee lel-tarfeeh huna?] Is there a play park near here?
تُرْقوة collarbone *n* [turquwa]
ترك leave *v* [taraka]

أين يمكن أن أترك متعلقاتي الثمينة؟ [ayna yamken an atruk muta-'ala'qaty al-thameena?] Where can I leave my valuables?
تَرَكَّز focus v [tarakkaza]
تركي Turkish adj [turkij]
تركيا Turkey n [turkija:]
تركيب composition, n [tarki:b] instalment
تركيز concentration n [tarki:z]
ترمومتر n [tirmu:mitir] thermometer
تَرنم hum v [tarannama]
ترنيمة hymn n [tarni:ma]
ترويج promotion n [tarwi:ʒ]
ترياق antidote n [tirja:q]
تزامن coincidence n [taza:mana]
تَزامن coincide v [taza:mana]
تزحلق sledging, n [tazaħluq] skating, rolling, sliding
ممر التزحلق [Mamar al-tazahlo'q] n ski pass
تَزَلُّج على العجل [Tazaloj 'ala al-'ajal] n rollerskating
تَزَلُّج على الجليد [Tazaloj 'ala al-jaleed] n ice-skating
تَزَلُّج على اللوح [Tazaloj 'ala al-looh] n skateboarding
تَزَلُّج على المياه [Tazaloj 'ala al-meyah] n water-skiing
تَزَلُّج شِرَاعِي [Tazaloj shera'aey] n windsurfing
حلبة تَزَلُّج [Ḥalabat tazaloj] n skating rink
أين يمكنك ممارسة رياضة التزحلق على الماء؟ [ayna yamken-ak muma-rasat riyaḍat al-tazaḥlu'q 'ala al-maa?] Where can you go water-skiing?
تَزَعَّم lead vt [tzaʕʕama]
تزلج n [tazaluʒ]
لوح التزلج [Lawh al-tazalloj] n skateboard
أريد إيجار عصي تزلج [areed e-jar 'aoṣy tazaluj] I want to hire ski poles
أين يمكن أن نؤجر معدات التزلج؟ [ayna yamken an noa-jer mo'aedat al-tazal-oj?] Where can I hire skiing equipment?
أين يمكن أن نذهب للتزلج على الجليد؟ [ayna yamken an nadhhab lel-tazaluj 'ala al-jaleed?] Where can we go ice-skating?
ما هي أسهل ممرات التزلج؟ [ma heya as-hal mama-raat al-tazal-oj?] Which are the easiest runs?
من أين يمكن أن نشتري تذاكر التزلج؟ [min ayna yamken an nash-tary tadhaker al-tazal-oj?] Where can I buy a ski pass?
تزلج skate v [tazallaʒa]
أين يمكن أن نتزلج على عربات التزلج؟ [ayna yamken an natazalaj 'ala 'aarabat al-tazal-oj?] Where can we go sledging?
تَزَلُّج skiing n [tazzaluʒ]
تزلق tobogganing n [tazaluq]
تَزوج marry v [tazawwaʒa]
يَتَزوج ثانية [Yatazawaj thaneyah] v remarry
تزوير forgery n [tazwi:r]
تَزيين n [tazji:nu]
تَزيين الحلوى [Tazyeen al-ḥalwa] n icing
تساؤل query n [tasa:ʔul]
تَسابق race vi [tasa:baqa]
تسجل v [tasaʒʒala]
يتسجل فى فندق [Yatasajal fee fondo'q] v check in
تسجيل registration n [tasʒi:lu]
عملية التسجيل ['amalyat al-tasjeel] n recording
جهاز التسجيل [Jehaz al-tasjeel] n recorder *(music)*
التسجيل فى فندق [Al-tasjeel fee fondo'q] n check-in
ماكينة تسجيل الكاش [Makenat tasjeel al-kaash] n till
مكتب التسجيل [Maktab al-tasjeel] n registry office
تسخين heating n [tasxi:n]
تَسَرُّب leak n [tasarrub]

تسريح n [tasri:ħ]
هل تبيع مستحضرات لتسريح الشعر؟
[hal tabee'a musta-ḥdaraat le-tasreeḥ al-sha'air?] Do you sell styling products?
تسريحة hairstyle n [tasri:ħa]
أريد تسريحة جديدة تمامًا
[areed tas-reeḥa jadeeda ta-maman] I want a completely new style
هذه التسريحة من فضلك
[hathy al-tasreeḥa min faḍlak] This style, please
تسريع acceleration n [tasri:ʕ]
تسعة nine *number* [tisʕatun]
تسعة عشر *number* [tisʕata ʕaʃara] nineteen
تسعين ninety *number* [tisʕi:nun]
تسلسل sequence n [tasalsul]
تسلق climbing n [tasalluq]
تسلق الصخور
[Tasalo'q alṣokhoor] n rock climbing
تسلق الجبال
[Tasalo'q al-jebal] n mountaineering
أود أن أذهب للتسلق؟
[awid an adhhab lel tasalo'q] I'd like to go climbing
تَسلق climb v [tasallaqa]
تَسلل hack (كمبيوتر) v [tasallala]
تسلية pastime n [taslija]
تسليم delivery n [tasli:m]
تسمانيا Tasmania n [tasma:nja:]
تسمم poisoning n [tasammum]
تسمم الدم
[Tasamom al-dam] n blood poisoning
التسمم الغذائي
[Al-tasmom al-ghedhaaey] n food poisoning
تسهيل n [tashi:l]
ما هي التسهيلات التي تقدمها للمعاقين؟
[ma heya al-tas-helaat al-laty tu'qadem-ha lel-mu'aa'qeen?] What facilities do you have for people with disabilities?
تسوق shopping n [tasawwuq]
ترولي التسوق
[Trolley altasaw'q] n shopping trolley
تسونامي tsunami n [tsu:na:mi:]
تسوية compromise n [taswija]
تسويق marketing n [taswi:qu]
تَشابُه similarity n [taʃa:buh]
تشاجر scrap, fall out v [taʃa:ʒara]
يتشاجر مع
[Yatashajar ma'a] v row
تشاد Chad n [tʃa:d]
تشبث hug n [taʃabbuθ]
تشجيع encouragement n [taʃʒi:ʕ]
تشخيص diagnosis n [taʃxi:sˤ]
تشريع legislation n [taʃri:ʕ]
تشغيل working, n [taʃɣi:l] functioning
إعادة تشغيل
[E'aadat tashgheel] n replay
لا يمكنني تشغيله
[la yam-kinuni tash-gheloho] I can't turn the heating on
لن أقوم بتشغيله
[Lan a'qoom betashgheeloh] It won't turn on
تشوش muddle, mix-up n [taʃawwuʃ]
تشويق suspense, thriller n [taʃwi:q]
تشيكي Czech *adj* [tʃi:kij]
اللغة التشيكية
[Al-loghah al-teshekeyah] *(language)* n Czech
شخص تشيكي
[Shakhṣ tesheekey] *(person)* n Czech
تشيلي Chilean *adj* [tʃi:lij]
دولة تشيلي
[Dawlat tesheeley] n Chile
مواطن تشيلي
[Mowaṭen tsheeley] n Chilean
تصادف v [tasˤa:dafa]
يتصادف مع
[Yataṣaadaf ma'a] v bump into
تصادم collision n [tasˤa:dum]
تصادم collide v [tasˤa:dama]
تصحيح correction n [tasˤħi:ħ]
تصديق n [tasˤdi:q]
غير قابل للتصديق
[Ghayr 'qabel leltaṣdee'q] *adj* fabulous
تَصَرف behave v [tasˤarrafa]

تصريح [tasˤri:ħ] permission, permit
تصريح عمل
[Taṣreeh 'amal] *n* work permit
تصريح خروج
[Taṣreeh khoroj] *n* Passover
تصريح الركوب
[Taṣreeh al-rokob] *n* boarding pass
هل أنت في احتياج إلى تصريح؟
[hal anta fee iḥti-yaj ela taṣreeḥ?] Do you need a permit?
هل يوجد أي تخفيضات مع هذا التصريح؟
[hal yujad ay takhfeeḍ-aat ma'aa hadha al-taṣ-reeḥ?] Is there a reduction with this pass?
تصريف [tasˤri:f] *n*
أنبوب التصريف
[Anboob altaṣreef] *n* drainpipe
تصريف الأفعال
[Taṣreef al-afaal] *n* conjugation
تصّفح [tassˤaffaħa] browse *vt*
يَتَصَفح الانترنت
[Yataṣafaḥ al-enternet] *v* surf
تصفيف [tasˤfi:f] alignment *n*
تصفيف الشعر
[taṣfeef al-sha'ar] *n* hairstyle
تصفيق [tasˤfi:q] applause *n*
تصليح [tasˤli:ħ] repair *n*
عدة التصليح
['aodat altaṣleeh] *n* repair kit
أين يمكنني تصليح هذه الحقيبة؟
[ayna yamken-any taṣleeḥ hadhe al-ḥa'qeba?] Where can I get this repaired?
كم تكلفة التصليح؟
[kam taklifat al-taṣleeḥ?] How much will the repairs cost?
هل تستحق أن يتم تصليحها؟
[hal tasta-ḥi'q an yatum taṣle-ḥaha?] Is it worth repairing?
هل يمكن تصليح ساعتي؟
[hal yamken taṣleeḥ sa'aaty?] Can you repair my watch?
تصميم [tasˤmi:m] design, *n* resolution
تصنيف [tasˤni:f] assortment *n*
تَصور [tasˤawwara] visualize *v*
تصويت [tasˤwi:t] vote *n*
تصوير [tasˤwi:r] drawing, *n* photography
التصوير الفوتوغرافي
[Al-taṣweer al-fotoghrafey] *n* photography
أين يوجد أقرب محل لبيع معدات التصوير الفوتوغرافي؟
[Ayn yoojad a'qrab mahal lebay'a mo'aedat al-taṣweer al-fotoghrafey] Where is the nearest place to buy photography equipment?
هل يمكنني القيام بالتصوير السينمائي هنا؟
[hal yamken -any al-'qeyaam bil-taṣ-weer al-sena-maiy huna?] Can I film here?
تَضَخُّم [tadˤaxxum] inflation *n*
تَضمن [tadˤammana] include *v*
تطرف [tatˤarruf] extremism *n*
تطريز [tatˤri:z] embroidery *n*
تطعيم [tatˤʕi:m] vaccination *n*
أنا أحتاج إلى تطعيم
[ana aḥtaaj ela ṭaṭ-'aeem] I need a vaccination
تطفّل [tatˤaffala]
يتطفل على صورة
[yataṭaffal 'ala ṣoora] *vt* photobomb
تَطلّب [tatˤallaba] require *v*
تطور [tatˤawwur] development *n*
تطور [tatˤawwara] develop *vi*
يطوّر لإعادة الاستخدام
[yuṭawwir li-i'aadat il-istikhdaam] *vt* upcycle
تطوع [tatˤawwaʕa] volunteer *v*
تظاهر [tazˤa:hara] pretend *v*
تعادل [taʕa:dala] *v*
يتعادل مع
[Yata'aaadal ma'a] *v* tie *(equal with)*
تعارَض [taʕa:radˤa] disagree *v*
تعاطف [taʕa:tˤuf] sympathy *n*
تعاطف [taʕa:tˤafa] sympathize *v*
تعاون [taʕa:wun] cooperation *n*
تعاون [taʕa:wana] collaborate *v*
تعب [taʕib] exhaustion *n*

تعب بعد السفر بالطائرة
[Ta'aeb ba'ad al-safar bel-ṭaerah] *n* jetlag
أشعر بالتعب
[ash-'aur bil-ta'aab] I'm tired
تعبئة packaging *n* [taʕbiʔit]
تعبير expression *n* [taʕbi:r]
تعتيم blackout *n* [taʕti:m]
تَعَثَّر trip, stumble *v* [taʕaθθara]
تعجب wonder *v* [taʕaʒʒaba]
تعديل modification *n* [taʕdi:l]
تعدين mining *n* [taʕdi:n]
تعذيب torture *n* [taʕði:b]
تعرض *v* [taʕarradˤa]
لقد تعرضت حقائبي للضرر
[la'qad ta-'aaraḍat ḥa'qa-eby lel-ḍarar] My luggage has been damaged
تعَرف *v* [taʕarrafa]
يَتَعَرف على
[Yata'araf 'ala] *v* recognize
تَعَرَّق perspiration *n* [taʕarruq]
تعري *adj* [taʕarri:]
راقصة تعري
[Ra'qeṣat ta'arey] *n* stripper
تعريف definition, *n* [taʕri:f] description
تعريف الهوية
[Ta'areef al-haweyah] *n* identification
تعريفة tariff, notice *n* [taʕri:fa]
تعشيقة gear *(mechanism)* *n* [taʕʃi:qa]
تعطل break down *v* [taʕatˤtˤala]
لقد تعطلت سيارتي
[la'qad ta-'aaṭalat sayaraty] My car has broken down
ماذا أفعل إلى تعطلت السيارة؟
[madha af'aal edha ta'aa-ṭalat al-sayara?] What do I do if I break down?
تَعَطّل breakdown *n* [taʕatˤul]
تعفن decay, rot *v* [taʕaffana]
تعقل discretion *n* [taʕaqqul]
تعقيد complication *n* [taʕqi:d]
تعلق *v* [taʕallaqa]
فيما يتعلق بـ
[Feema yat'ala'q be] *adj* moving
تعلم learn *v* [taʕallama]

تعليق caption, *n* [taʕli:q] commentary, suspension
تعليم teaching, *n* [taʕli:m] education, tuition
تعليم عالي
[Ta'aleem 'aaaly] *n* higher education
تعليم الكبار
[Ta'aleem al-kebar] *n* adult education
نظام التعليم الإضافي
[neḍham al-ta'aleem al-eḍafey] *n* higher education *(lower-level)*
تعليمات *npl* [taʕli:ma:tun] instructions
تعليمي educational *adj* [taʕli:mijjat]
منحة تعليمية
[Menḥah ta'aleemeyah] *n* scholarship
تعميد *n* [tʕmi:d]
حفلة التعميد
[Ḥaflat alt'ameed] *n* christening
تعويض compensation *n* [taʕwi:dˤ]
تعيس miserable, *adj* [taʕi:s] unhappy
تغذية nutrition *n* [taɣðija]
سوء التغذية
[Sooa al taghdheyah] *n* malnutrition
تغطية coverage *n* [taɣtˤija]
تغطية الكيك
[taghṭeyat al-keek] *n* frosting
تَغلب *v* [taɣallaba]
يَتَغلب على
[Yatghalab 'ala] *v* get over
يَتَغلَب على
[Yatghalab 'ala] *v* overcome
يَتَغْلَب على
[Yatghalab 'ala] *v* cope
تغَيّب play truant *v* [taɣajjaba]
تغير shift, change *n* [taɣajjur]
تغير المناخ
[Taghyeer almonakh] *n* climate change
تغير change *vi* [taɣajjara]
تغيير change *n* [taɣji:r]
قابل للتغيير
['qabel lel-tagheyer] *adj* changeable, variable
أريد تغيير تذكرتي
[areed taghyeer tadhkeraty] I want to

change my ticket
أين يمكنني تغيير ملابس الرضيع؟
[ayna yamken-any taghyeer ma-labis al-raḍee'a?] Where can I change the baby?
هل من المتوقع أن يحدث تغيير في حالة الجو
[Hal men al-motwa'qa'a an yahdoth tagheer fee ḥalat al-jaw] Is the weather going to change?
تفاؤل optimism *n* [tafa:ʔul]
تفاح apple *n* [tuffa:ħ]
عصير تفاح
['aaṣeer tofaḥ] *n* cider
فطيرة التفاح
[Faṭeerat al-tofaaḥ] *n* apple pie
تفاحة apple *n* [tuffa:ħa]
تفادي flee *v* [tafa:da:]
تفاعل react *v* [tafaaʕala]
تَفَاعُل reaction *n* [tafa:ʕul]
تفاهم *n* [tafa:hum]
هناك سوء تفاهم
[hunaka so-i tafa-hum] There's been a misunderstanding
تفاوض negotiate *v* [tafa:wadˤa]
تفتيش *n* [tafti:ʃ]
غرفة تفتيش
[Ghorfat tafteesh] *n* septic tank
تفجير bombing *n* [tafʒi:r]
تَفَحَص *v* [tafaħħasˤa] (يستجوب) examine
تفريغ unpacking *n* [tafri:ɣ]
يجب على تفريغ الحقائب
[yajib 'aala-ya taf-reegh al-ḥa'qaeb] I have to unpack
تفصيل detail *n* [tafsˤi:l]
تفضيل preference *n* [tafdˤi:l]
تفقد *v* [tafaqqada]
أين يمكن أن أتفقد حقائبي؟
[ayna yamken e-da'a ḥa'qa-eby?] Where do I check in my luggage?
تَفَقُّد review, inspection *n* [tafaqqud]
تَفَقُّد الحضور
[Tafa'qod al-ḥoḍor] *n* roll call
تفكير thought *n* [tafki:r]
مستغرق في التفكير
[Mostaghre'q fee al-tafkeer] *adj* thoughtful
تقابل *v* [taqa:bala]
متى سنتقابل
[Mata sanata'qabal] Where shall we meet?
تقاطع junction, way out *n* [taqa:tˤuʕ]
اتجه نحو اليمين عند التقاطع الثاني
[Etajeh naḥw al-yameen] Go right at the next junction
السيارة بالقرب من التقاطع رقم...
[al-sayara bil-'qurb min al-ta'qa-ṭu'a ra'qim...] The car is near junction number...
ما هو التقاطع الذي يوصل إلى...؟
[ma howa al-ta'qa-ṭu'a al-lathy yo-waṣil ela...?] Which junction is it for...?
تقاعد retirement *n* [taqa:ʕud]
تقاعد *v* [taqa:ʕada]
لقد تقاعدت عن العمل
[Le'qad ta'qa'adt 'an al-'amal] I'm retired
تقاعد retire *v* [taqa:ʕada]
تقدم progress *n* [taqaddum]
تقدم advance *v* [taqadama]
تقدير estimate *n* [taqdi:r]
تقديم presentation *n* [taqdi:m]
تقديم الهدايا
[Ta'qdeem al-hadayah] *n* prize-giving
تقريبا approximately, *adv* [taqri:ban] almost
تقريبي approximate *adj* [taqri:bij]
تقرير report *n* [taqri:r]
تقرير مدرسي
[Ta'qreer madrasey] *n* report card
تقسيم division *n* [taqsi:m]
تقشير peeling *n* [taqʃi:r]
جهاز تقشير البطاطس
[Jehaz ta'qsheer al-baṭaṭes] *n* potato peeler
تقطير filtration, *n* [taqtˤi:r] distillation
معمل التقطير
[Ma'amal alta'qṭeer] *n* distillery
تقلص contraction *n* [taqallunsˤ]
تقلص عضلي
[Ta'qaloṣ 'aḍaley] *n* spasm

تقلّص shrink *v* [taqallasˤa]
تقليد tradition *n* [taqli:d]
تقليدي conventional, *adj* [taqli:dij] traditional
غير تقليدي [Gheer ta'qleedey] *adj* unconventional
تقليل reduction *n* [taqli:l]
تقني technical *adj* [tiqnij] techie *n* ◁
تقنية mechanism *n* [tiqnija]
تقويم calendar *n* [taqwi:m]
تقيأ vomit *v* [taqajjaʔa]
تَكاسَل skive *v* [taka:sala]
تكبير enlargement *n* [takbi:r]
تَكْتك tick *v* [taktaka]
تكتيكات tactics *npl* [takti:ka:tun]
تكثيف condensation *n* [takθi:f]
تكدس pile-up *n* [takaddus]
تكرار repeat *n* [tikra:r]
تكراري repetitive *adj* [tikra:rij]
تكريس dedication *n* [takri:s]
تكلفة cost *n* [taklufa]
تكلفة المعيشة [Taklefat al-ma'aeeshah] *n* cost of living
كم تبلغ تكلفة المكالمة التليفونية إلى...؟ [kam tablugh taklifat al-mukalama al-talefoniya ela...?] How much is it to telephone...?
كم تبلغ تكلفة ذلك؟ [kam tablugh taklifat dhalik?] How much does that cost?
هل يشمل ذلك تكلفة الكهرباء؟ [hal yash-mil dhalik tak-lifat al-kah-rabaa?] Is the cost of electricity included?
تكلم speech *n* [takallum]
عسر التكلم ['aosr al-takalom] *n* dyslexia
تكلم speak *v* [takalama]
تكنولوجي *adj* [tiknu:lu:ʒij] technological
تكنولوجيا *n* [tiknu:lu:ʒja:] technology
تَكَيف adapt *v* [takajjafa]
تكييف regulation, *n* [takji:fu] adjusting
تكييف الهواء [Takyeef al-hawaa] *n* air conditioning
هل هناك تكييف هواء بالغرفة [hal hunaka takyeef hawaa bil-ghurfa?] Does the room have air conditioning?
تل hill *n* [tall]
تلاءم *v* [tala:ʔama]
يَتلائم مع [Yatalaam ma'a] *v* fit in
تلخبط mess about *v* [talaxbatˤa]
تلعثم stammer *v* [talaʕθama]
تلغراف telegram *n* [tiliɣra:f]
أريد إرسال تلغراف [areed ersaal tal-ghraaf] I want to send a telegram
هل يمكن إرسال تلغراف من هنا؟ [hal yamken ersaal tal-ghraf min huna?] Can I send a telegram from here?
تلفاز television, TV *n* [tilfa:z]
أين أجد جهاز التلفاز؟ [ayna ajid jehaz al-tilfaz?] Where is the television?
تلفزيون television *n* [tilifiziju:n]
تلفزيون الواقع [Telefezyon al-wa'qe'a] *n* reality TV
وَصْلَة تلفزيونية [Wṣlah telefezyoneyah] *n* cable television
هل يوجد قاعة لمشاهدة التلفزيون؟ [hal yujad 'qa'aa le-musha-hadat al-tali-fizyon?] Is there a television lounge?
تلفزيوني *adj* [tilifizju:nij]
دائرة تلفزيونية مغلقة [Daerah telefezyoneyah moghla'qa] *n* CCTV
تَلَقف grab *v* [talaqqafa]
تلقى *v* [talaqqa:]
يتلقى حملا [Yatala'qa ḥemlan] *v* load
تلقيح vaccination *n* [talqi:ħ]
تلَمس *v* [talammasa]
يَتلَمس طريقه في الظلام [Yatalamas ṭaree'qah fee al-ḍhalam] *v* grope

تلميح hint *n* [talmi:ħ]
تلميذ, تلميذة [tilmi:ðun, tilmi:ða, pupil, schoolboy, *n*tilmi:ða] schoolgirl
تلميذ داخلي
[telmeedh dakhely] *n* boarder
تلميذة schoolgirl *n* [tilmi:ða]
تلوث pollution *n* [talawwuθ]
تلوين colouring *n* [talwi:n]
تليسكوب telescope *n* [tili:sku:b]
تليفريك chairlift *n* [tili:fri:k]
تليفزيون TV *n* [tili:fizju:n]
تليفزيون رقمي
[telefezyoon ra'qamey] *n* digital television
تليفزيون بلازما
[Telefezyoon ra'qamey] *n* plasma TV
تليفزيون ملون
[Telefezyon molawan] *n* colour television
شاشة تليفزيون
[Shashat telefezyoon] *n* screen
هل يوجد تليفزيون بالغرفة
[hal yujad tali-fizyon bil-ghurfa?] Does the room have a TV?
تليفون telephone *n* [tili:fu:n]
رقم التليفون
[Ra'qm al-telefone] *n* phone number
تليفون المدخل
[Telefoon al-madkhal] *n* entry phone
تليفون بكاميرا
[Telefoon bekamerah] *n* camera phone
تليفون مزود بوظيفة الرد الآلي
[Telephone mozawad be-waḍheefat al-rad al-aaley] *n* answerphone
كارت تليفون
[Kart telefone] *n* cardphone, phonecard
تليفوني [tili:fu:nij] *adj*
يجب أن أقوم بإجراء مكالمة تليفونية
[yajib an a'qoom be-ijraa mukalama talefonia] I must make a phonecall
تماما fully, *adv* [tama:man] altogether, exactly
تمايل swing, sway *vi* [tama:jala]
تمْتم stutter *v* [tamtama]
تمثال statue *n* [timθa:l]
تمثيل acting *n* [tamθi:ll]
التمثيل الصامت
[altamtheel al-ṣamet] *n* pantomime
تمريض *n* [tamri:dˁ]
دار التمريض
[Dar al-tamreeḍ] *n* nursing home
تمرين exercise *n* [tamri:n]
تمرين الضغط
[Tamreen al- Ḍaght] *n* push-up
تَمزّق tear up *v* [tamzzaqa]
تَمْزيق tear *(split)* *n* [tamzi:q]
تمساح crocodile *n* [timsa:ħ]
تمساح أمريكي
[Temsaah amreekey] *n* alligator
تمساح نهري أسيوي
[Temsaah nahrey asyawey] *n* mugger
تَمَنى wish *v* [tamanna:]
تمويج *n* [tamwi:ʒu]
تمويج الشعر
[Tamweej al-sha'ar] *n* perm
تمويل finance *n* [tamwi:l]
تمويل جماعي
[tamweel jamaa'ee] *n* crowdfunding
تَمَيز stand out *v* [tamajjaza]
تمييز discrimination *n* [tamji:z]
تمييز عنصري
[Tamyeez 'aonory] *n* racism
ممكن تمييزه
[Momken tamyezoh] *adj* recognizable
تنازل waiver, surrender, *n* [tana:zul] fight
أريد عمل الترتيبات الخاصة بالتنازل عن تعويض التصادم
[areed 'aamal al-tar-tebaat al-khaṣa bil-tanazul 'aan ta'aweeḍ al-ta-ṣadum] I'd like to arrange a collision damage waiver
تنازَل *v* [tana:zala]
يَتنازَل عن
[Tetnazel 'an] *v* waive
تناسل breed *v* [tana:sala]
تنافس rivalry *n* [tana:fus]
تنافس compete *v* [tana:fasa]
تنافسي competitive *adj* [tana:fusij]
تناقض contradiction *n* [tana:qudˁ]
تناوب relay *n* [tana:wub]

تناول taking, having *n* [tana:wul]
أحب تناوله بدون...من فضلك
[aḥib tana-wilaho be-doon... min faḍlak] I'd like it without..., please
أحب تناوله وبه...زائد من فضلك
[aḥib tana-wilaho be-zeyaada... min faḍlak] I'd like it with extra..., please
لا يمكنني تناول الأسبرين
[la yam-kinuni tanawil al-asbireen] I can't take aspirin
ماذا تريد تناوله في الإفطار
[madha tureed tana-wilho fee al-eftaar?] What would you like for breakfast?
تناول *v* [tana:wala]
سوف أتناول هذا
[sawfa ata-nawal hadha] I'll have this
ماذا تريد أن تتناول؟
[madha tureed an tata-nawal?] What would you like to eat?
هل يمكن أن أتناول أحد المشروبات؟
[Hal yomken an atanaawal aḥad al-mashroobat?] Can I get you a drink?
هل يمكن أن أتناول الإفطار داخل غرفتي؟
[hal yamken an ata-nawal al-eftaar dakhil ghurfaty?] Can I have breakfast in my room?
تنبأ predict *v* [tanabbaʔa]
يتنَبأ ب
[Yatanabaa be] *v* foresee
تنبؤ forecast *n* [tanabuʔ]
لا يمكن التنبؤ به
[La yomken al-tanaboa beh] *adj* unpredictable
تنجيم *n* [tanʒi:m]
علم التنجيم
[A'elm al-tanjeem] *n* astrology
تنزانيا Tanzania *n* [tanza:nija:]
تنزه hill-walking *n* [tanazzuh]
التنزه بين المرتفعات
[Altanazoh bayn al-mortaf'aat] *n* hill-walking
تنس tennis *n* [tinis]
تنس الريشة
[Tenes al-reshah] *n* badminton
لاعب تنس
[La'aeb tenes] *n* tennis player
مضرب تنس
[Maḍrab tenes] *n* tennis racket
ملعب تنس
[Mal'aab tenes] *n* tennis court
نود أن نلعب التنس؟
[nawid an nal'aab al-tanis] We'd like to play tennis
تنسيق format *n* [tansi:q]
تنشق sniff *v* [tanaʃʃaqa]
تنظيف cleaning *n* [tanzˤi:f]
تنظيف شامل للمنزل بعد انتهاء الشتاء
[tanḍheef shamel lel-manzel ba'ad entehaa al-shetaa] *n* spring-cleaning
خادم للتنظيف
[Khadem lel-tanḍheef] *n* cleaner
محل التنظيف الجاف
[Mahal al- tanḍheef al-jaf] *n* dry-cleaner's
تنظيم regulation *n* [tanzˤi:m]
تنظيم المعسكرات
[Tanṭeem al-mo'askarat] *n* camping
تنظيم النسل
[tanḍheem al-nasl] *n* birth control
تنفس breathing *n* [tanaffus]
تنفَس breathe *v* [tanafasa]
تنفيذ execution *n* [tanfi:ð]
تنفيذي executive *adj* [tanfi:ðijjat]
سُلطة تنفيذية
[Soltah tanfeedheyah] (مدير) *n* executive
تنكّر disguise *v* [tanakkara]
تنهَد sigh *v* [tanahhada]
تنهيدة sigh *n* [tanhi:da]
تنوب *n* [tannu:b]
شجر التنوب
[Shajar al-tanob] *n* fir (tree)
تنورة *n* [tannu:ra]
تنورة تحتية
[Tanorah taḥteyah] *n* underskirt
تنورة قصيرة بها ثنيات واسعة
[Tannorah 'qaṣeerah beha thanayat wase'aah] *n* kilt
تنوع variety *n* [tanawwuʕ]
تنين dragon *n* [tinni:n]
تهادى stagger *v* [taha:da:]

spelling *n* [tahʒiʔa] **تهجئة**
مصحح التهجئة
[Moṣaheh altahjeaah] *n* spellchecker
threat *n* [tahdi:d] **تهديد**
threatening *adj* [tahdi:dij] **تهديدي**
smuggling *n* [tahri:bu] **تهريب**
ironic *adj* [tahakumij] **تهكمي**
charge *(accusation)* *n* [tuhma] **تهمة**
congratulations *npl* [tahniʔat] **تهنئة**
ventilation *n* [tahwijatin] **تهوية**
lullaby *n* [tahwi:da] **تهويدة**
soon *adv* [tawwan] **توا**
seasoning, spice *n* [tawa:bil] **توابل**
balance *n* [tawa:zun] **توازن**
n [tawa:lajtu] **تواليت**
السيفون لا يعمل في التواليت
[al-seefon la ya'amal fee al-toilet] The toilet won't flush
twin *n* [tawʔam] **توأم**
berry, raspberry *n* [tu:tt] **توت**
توت بري
[Toot barrey] *n* cranberry
تُوتٌ أزرق
[Toot azra'q] *n* blueberry
tension *n* [tawattur] **توتر**
مسبب توتر
[Mosabeb tawator] *adj* stressful
documentation *n* [tawθi:q] **توثيق**
Togo *n* [tu:ʒu:] **توجو**
direction, steering *n* [tawʒi:h] **توجيه**
npl [tawʒi:ha:tun] **توجيهات** directions
flush (يتدفق) *v* [tawarrada] **تَورد**
v [tawarratˤa] **تَوَرط**
يَتَوَرط في
[Yatawaraṭ fee] *v* get into
supply *n* [tawri:d] **توريد**
توريد الطعام
[Tarweed al-ṭa'aam] *n* catering
supplies *npl* [tawri:da:tun] **توريدات**
n [tawzi:ʕ] **توزيع**
صُنبور توزيع
[Ṣonboor twazea'a] *n* dispenser
طريق توزيع الصحف
[ṭaree'q tawze'a al-ṣohof] *n* paper round
recommendation *n* [tawsˤijja] **توصية**

conveyance *n* [tawsˤi:l] **توصيل**
طلب التوصيل
[Ṭalab al-tawseel] *n* hitchhiking
أريد إرسال ساعي لتوصيل ذلك
[areed ersaal sa'ay le-tawṣeel hadha] I want to send this by courier
هل يمكن توصيل حقائبي إلى أعلى؟
[hal yamken tawṣeel ḥa'qa-ebee ela a'ala?] Could you have my luggage taken up?
n [tawsˤi:la] **توصيلة**
توصيلة مجانية
[tawṣeelah majaneyah] *n* ride *(free ride)*
illustration *n* [tawdˤi:ħ] **توضيح**
recruitment *n* [tawzˤi:f] **توظيف**
availability *n* [tawaffur] **تَوَفرٌ**
n [tawq] **توق**
توق شديد
[Too'q shaded] *n* anxiety
v [tawaqa] **تُوق**
يَتُوق إلى
[Yatoo'q ela] *v* long
expect, wait *v* [tawaqqaʕa] **تَوَقع**
prospect *n* [tawaqqaʕa] **تَوَقع**
setback, stop *n* [tawaqquf] **توقف**
توقف في رحلة
[Tawa'qof fee rehlah] *n* stopover
شاشة تَوَقُف
[Shashat taw'qof] *n* screen-saver
v [tawaqafa] **توقف**
هل سنتوقف في ...؟
[hal sanata-wa'qaf fee...?] Do we stop at...?
هل يتوقف القطار في...؟
[hal yata-wa'qaf al-'qeṭaar fee...?] Does the train stop at...?
stop *vi* [tawaqqafa] **تَوَقف**
signature *n* [tawqi:ʕ] **توقيع**
take over *v* [tawalla:] **تَوَلى**
tulip *n* [tawli:bu] **توليب**
reproduction, *n* [tawli:d] **توليد** midwifery
مستشفى توليد
[Mostashfa tawleed] *n* maternity hospital
n [tu:nʒa:] **تونجا**

مملكة تونجا [Mamlakat tonja] *n* Tonga
تونس [tu:nus] *n* Tunisia
تونسي [tu:nusij] *adj* Tunisian ◁ *n* Tunisian
تيار [tajja:r] *n* *(electricity)* current
تيبت [ti:bit] *n* Tibet
تيبتي [ti:bitij] *adj*
اللغة التيبتية [Al-loghah al-tebeteyah] *(language)* *n* Tibetan
تيبيتي [ti:bi:tij] *adj* Tibetan
شخص تيبيتي [Shakhṣ tebetey] *(person)* *n* Tibetan
تيتانوس [ti:ta:nu:s] *n* tetanus
تيّم [tajjamma] *v*
يُتيمّ ب [Yotayam be] *v* love
تين [ti:n] *n* fig

ث

ثائر [θa:ʔir] *adj* rebellious, furious
ثابت [θa:bit] *adj* fixed, still
ثابر [θa:bara] *v* persevere
ثالثاً [θa:liθan] *adv* thirdly
ثالث عشر [θa:liθa ʕaʃara] *adj* thirteenth
ثانوي [θa:nawij] *adj* minor
ثاني [θa:ni:] *adj* next, second
اتجه نحو اليسار عند التقاطع الثاني [Etajh naḥw al-yasar 'aend al-ta'qato'a al-thaney] Go left at the next junction
ثانياً [θa:ni:an] *adv* secondly
ثانية [θa:nija] *n* second
ثاني عشر [θa:nija ʕaʃara] *adj* twelfth
ثبّت [θabbata] *v* do up, fix
ثدي [θadjj] *n* breast
ثرثار [θarθa:r] *adj* talkative
ثرموستات [θirmu:sta:t] *n* thermostat
ثروة [θarwa] *n* wealth
ثري [θarij] *adj* wealthy
ثعبان [θuʕba:n] *n* snake
ثعلب [θaʕlab] *n* fox
ثعلب الماء [Tha'alab al-maaa] *n* otter
ثقافة [θaqa:fa] *n* culture
ثقافي [θaqa:fij] *adj* cultural

ثقالة [θaqqa:la] *n* weight
ثقالة الورق
[Na'qalat al-wara'q] *n* paperweight
ثقب [θuqb] *n* aperture, puncture, piercing
ثقب [θaqaba] *v* prick, bore
يثقب بمثقاب
[Yath'qob bemeth'qaab] *vt* drill
ثقة [θiqa] *n* confidence *(secret)*, confidence *(trust)*
غير جدير بالثقة
[Ghaayr jadeer bel-the'qa] *adj* unreliable
ثقة بالنفس
[The'qah bel-nafs] *n* confidence *(self-assurance)*
ثقيل [θaqi:l] *adj* heavy
إنه ثقيل جدا
[inaho tha'qeel jedan] This is too heavy
ثلاث [θala:θun] *number*
عندي ثلاثة أطفال
['aendy thalathat atfaal] I have three children
ثلاثاء [θula:θa:ʔ] *n* Tuesday
ثلاثاء المرافع
[Tholathaa almrafe'a] *n* Shrove Tuesday
ثلاثة [θala:θatun] *number* three
ثلاثة عشر [θala:θata ʕaʃara] *number* thirteen
ثلاثون [θala:θu:na] *number* thirty
ثلاثي [θula:θij] *adj* triple
ثلاثي الأبعاد
[Tholathy al-ab'aad] *adj* three-dimensional
ثُلاثي [θula:θijjun] *npl* triplets
ثلاجة [θalla:ʒa] *n* fridge, refrigerator
ثلاجة صغيرة
[Thallaja sagheerah] *n* minibar
ثلج [θalʒ] *n* snow
رجل الثلج
[Rajol al-thalj] *n* snowman
صندوق الثلج
[Sondoo'q al-thalj] *n* icebox
ثلج أسود
[thalj aswad] *n* black ice
كرة ثلج
[Korat thalj] *n* snowball
كتلة ثلج رقيقة
[Kotlat thalj ra'qee'qah] *n* snowflake
محراث الثلج
[Mehrath thalj] *n* snowplough
مكعب ثلج
[Moka'aab thalj] *n* ice cube
يَتَزحلق على الثلج
[Yatazahal'q ala al-thalj] *v* ski
تتساقط الثلوج
[tata-sa'qat al-tholooj] It's snowing
الثلوج كثيفة جدا
[al- tholoj kathefa jedan] The snow is very heavy
هل تعتقد أن الثلوج سوف تتساقط؟
[hal ta'ata-'qid an-na al-thilooj sawfa tata-sa'qat?] Do you think it will snow?
ثلوج [θulu:ʒ] *n*
ماكينة إزالة الثلوج
[Makenat ezalat al-tholo'j] *n* de-icer
ثمانون [θama:nu:na] *number* eighty
ثمانية [θama:nijatun] *number* eight
ثمانية عشر [θama:nijata ʕaʃara] *number* eighteen
ثمرة [θamara] *n* fruit
ثمرة العُليق
[Thamrat al-'alay'q] *n* blackberry
ثمرة البلوط
[Thamarat al-baloot] *n* acorn
ثمرة الكاجو
[Thamarat al-kajoo] *n* cashew
ثَمِل [θamil] *adj* drunk
ثمَن [θaman] *n* cost, value
مرتفع الثمن
[mortafe'a al-thaman] *adj* expensive
كم يبلغ الثمن لكل ساعة
[kam yablugh al-thaman le-kul layla?] How much is it per night?
لقد طلب مني ثمنًا باهظًا
[la'qad tuleba min-y thamanan ba-hedhan] I've been overcharged
ما هو ثمن التذاكر؟
[Ma hwa thamn al-tadhaker?] How much are the tickets?
ثمّن [θammana] *v* rate
ثمن [θumun] *n* eighth
ثمين [θami:n] *adj* valuable

أريد أن أضع بعض الأشياء الثمينة في الخزينة

[areed an aḍa'a ba'aḍ al-ashiaa al-thameena fee al-khazeena] I'd like to put my valuables in the safe

ثني **bend** v [θana:]

ثنية **crease** n [θanja]

ثوب **garment** n [θawb]

ثوب الراقص أو البهلوان

[Thawb al-ra'qes aw al-bahlawan] n leotard

ثوب فضفاض

[Thawb feḍeaḍ] n negligee

ثور **bull** n [θawr]

ثورة **revolution** n [θawra]

ثوري **revolutionary** adj [θawrij]

ثوم **garlic** n [θu:m]

ثوم معمر

[Thoom mo'aamer] npl chives

هل به ثوم؟

[hal behe thoom?] Is there any garlic in it?

ثياب **clothing** n [θija:b]

ثياب النوم

[Theyab al-noom] n nightdress

أيجب أن نرتدي ثيابًا خاصة؟

[ayajib an nartady the-aban khaṣa?] Is there a dress-code?

ثيرموس® **Thermos®** n [θi:rmu:s]

جائر **unfair** adj [ʒa:ʔir]

جائزة **award, prize** n [ʒa:ʔiza]

الفائز بالجائزة

[Al-faez bel-jaaezah] n prizewinner

جاتوه **gateau** n [ʒa:tu:]

جاد **serious** adj [ʒa:dd]

جادل **argue, row** (to argue) v [ʒa:dala]

جاذبية **attraction** n [ʒa:ðibijja]

جار **neighbour** n [ʒa:r]

جاروف **shovel** n [ʒa:ru:f]

جاز **jazz** n [ʒa:z]

موسيقى الجاز

[Mosey'qa al-jaz] n jazz

جازف **risk** v [ʒazafa]

جاسوس **spy** n [ʒa:su:s]

جاسوسية **espionage** n [ʒa:su:sijja]

جاف **dry** adj [ʒa:ff]

تنظيف جاف

[tanḍheef jaf] n dry-cleaning

جاف تماماً

[Jaf tamaman] n bone dry

أنا شعري جاف

[ana sha'ary jaaf] I have dry hair

كأس من مشروب الشيري الجاف من فضلك

[Kaas mashroob al-sheery al-jaf men faḍlek] A dry sherry, please

جاكت [ʒa:kit] n jacket
جاكت العشاء
[Jaket al-'aashaa] n dinner jacket
جاكيت ثقيل
[Jaket tha'qeel] n anorak
جالس [ʒa:lasa] v
يُجالس الأطفال
[Yojales al-aṭfaal] v babysit
جاليري [ʒa:li:ri:] n gallery
جامايكي [ʒa:ma:jkij] adj Jamaican
◁ n Jamaican
جامبيا [ʒa:mbija:] n Gambia
جامع [ʒa:miʕ] adj inclusive ◁ n mosque
جامع التذاكر
[Jame'a al-tadhaker] n ticket collector
جامع الجوز
[Jame'a al-jooz] n nutter
جامعة [ʒa:miʕa] n university
جامعي [ʒa:miʕij] adj academic
الحرم الجامعي
[Al-ḥaram al-jame'aey] n campus
جامل [ʒa:mala] v compliment
جاموسة [ʒa:mu:sa] n buffalo
جانب [ʒa:nib] n side
بجانب
[Bejaneb] prep beside
جانبي [ʒa:nibij] adj
ضوء جانبي
[Ḍowa janebey] n sidelight
آثار جانبية
[Aathar janeebyah] n side effect
شارع جانبي
[Share'a janebey] n side street
جاهز [ʒa:hiz] adj bought
جاهزة [ʒa:hizat] adj
السيارة ستكون جاهزة
[al-sayara sa-ta-koon ja-heza] When will the car be ready?
متى ستكون جاهزة للتشغيل؟
[mata sata-koon jaheza lel-tash-gheel?] When will it be ready?
جاهل [ʒa:hil] adj ignorant
جبال [ʒiba:l] npl mountains
جبال الألب
[ʒiba:lu al-ʔalbi] npl Alps
جبال الأنديز
[ʒiba:lu al-ʔandi:zi] npl Andes
جبل
[ʒabal] n mountain
جبل جليدي
[Jabal jaleedey] n iceberg
دراجة الجبال
[Darrajah al-jebal] n mountain bike
أريد غرفة مطلة على الجبال
[areed ghurfa muṭella 'aala al-jebaal] I'd like a room with a view of the mountains
أين يوجد أقرب كوخ بالجبل؟
[ayna yujad a'qrab kookh bil-jabal?] Where is the nearest mountain hut?
جبان [ʒaba:n] adj cowardly ◁ n coward
جبد [ʒabad] adj fit
جبلي [ʒabalij] adj mountainous
جبن [ʒubn] n cheese
جبن قريش
[Jobn 'qareesh] n cottage cheese
ما نوع الجبن؟
[ma naw'a al-jibin?] What sort of cheese?
جبهة [ʒabha] n forehead
جثة [ʒuθθa] n corpse
جحيم [ʒaħi:m] n hell
جد [ʒadd] n granddad, grandfather, grandpa
الجَدّ الأكبر
[Al-jad al-akbar] n great-grandfather
جداً [ʒidan] adv very
مسرور جداً
[Masroor jedan] adj delighted
إلى جد بعيد
[Ela jad ba'aeed] adv most
جدار [ʒida:r] n wall
الجدار الواقي
[Al-jedar al-wa'qey] n firewall
جدة [ʒadda] n grandma, granny
الجدة الأكبر
[Al-jaddah al-akbar] n great-grandmother
جَدد [ʒaddada] v renew
جدف [ʒaddafa] v row (in boat)
جَدَلي [ʒadalij] adj controversial

جدول [ʒadwal] *n* stream, table *(chart)*
جدول أعمال
[Jadwal a'amal] *n* agenda
جدول زمني
[Jadwal zamaney] *n* schedule, timetable
جدياً [ʒiddi:an] *adv* seriously
جديد [ʒadi:d] *adj* new, unprecedented
جدير [ʒadi:r] *adj* worthy
جدير بالذكر
[Jadeer bel-dhekr] *adj* particular
جدير بالملاحظة
[Jadeer bel-molahaḍhah] *adj* remarkable
جذاب [ʒaððaːb] *adj* attractive
جذب [ʒaðaba] *vt* ◁ attract *v* pull
جذر [ʒiðr] *n* root
جذع [ʒiðʕ] *n* trunk
جذف [ʒaððafa] *vi* paddle
جر [ʒarra] *v*
يَجُر سيارة
[Yajor sayarah] *v* tow away
جرأ [ʒaraʔa] *v* dare
جرئ [ʒariʔ] *adj* daring
جراب [ʒira:b] *n* bag, holdall
جراج [ʒara:ʒ] *n* garage
جراح [ʒarra:ħ] *n* surgeon
جراحة [ʒira:ħa] *n* surgery
جراحة تجميل
[Jerahat tajmeel] *n* plastic surgery
جراحة تجميلية
[Jerahah tajmeeleyah] *n* plastic surgery
جراد [ʒara:d] *n*
جراد الجندب
[Jarad al-jandab] *n* grasshopper
جراد البحر
[Jarad al-bahr] *n* crayfish
جَرَاد البحر
[Garad al-baḥr] *n* lobster
جرار [ʒaraar] *n* tractor
جرافة [ʒarra:fa] *n* bulldozer
جرافيك [ʒara:fi:k] *n*
رسوم جرافيك
[Rasm jrafek] *npl* graphics
جرام [ʒra:m] *n* gramme
جرانيت [ʒara:ni:t] *n*
حجر الجرانيت
[Ḥajar al-jraneet] *n* granite
جرب [ʒarraba] *v* try
هل يمكن أن أجربها من فضلك؟
[hal yamken an ajar-rebha min faḍlak?] Can I test it, please?
جرثومة [ʒurθu:ma] *n* germ
جرح [ʒurħ] *n* injury, wound
قابل للجرح
['qabel lel-jarh] *adj* vulnerable
جرح [ʒaraħa] *v* injure, wound
جرحي [ʒarħij] *adj* traumatic
جَرد [ʒarrada] *v* strip
جرَذ [ʒurð] *n* rat
جرس [ʒaras] *n* bell
جرس الباب
[Jaras al-bab] *n* doorbell
جرعة [ʒurʕa] *n* dose
جرعة زائدة
[Jor'aah zaedah] *n* overdose
جرف [ʒurf] *n* drift, cliff
جرم [ʒurm] *n* crime
جرائم الكمبيوتر والانترنت
[Jraem al-kmobyoter wal-enternet] *n* cybercrime
جُرن [ʒurn] *n* trough
جرو [ʒarw] *n* puppy
جرى [ʒara:] *v* run
يَجْري بالفرس
[Yajree bel-faras] *v* gallop
جريدة [ʒari:da] *n* newspaper
أين يمكن أن أشتري الجرائد الإخبارية؟
[Ayn yomken an ashtray al-jraaed al-yawmeyah] Where can I buy a newspaper?
أين يوجد أقرب محل لبيع الجرائد؟
[Ayn yojad a'qrab mahal leby'a aljraaed?] Where is the nearest shop which sells newspapers?
هل يوجد لديكم جرائد إخبارية؟
[hal yujad laday-kum jara-ed ekhbar-iya?] Do you have newspapers?
جريمة [ʒari:ma] *n* crime
شريك في جريمة
[Shareek fee jareemah] *n* accomplice
جرينلاند [ʒri:nala:ndi] *n* Greenland

جَزَّ [ʒazza] v mow
جزء [ʒuzʔ] n part
جزء صغير
[Joza ṣagheer] n bit
جزء ذو أهمية خاصة
[Joza dho ahammeyah khaṣah] n highlight
لا يعمل هذا الجزء كما ينبغي
[la ya'amal hatha al-juz-i kama yan-baghy] This part doesn't work properly
جَزَأ [ʒazzaʔa] v break up
جزاء [ʒaza:ʔ] n penalty
جزائري [ʒaza:ʔirij] adj Algerian
شخص جزائري
[Shakhṣ jazayry] n Algerian
جزار [ʒazza:r] n butcher
جزازة [ʒazza:zatu] n mower
جزازة العشب
[Jazazt al-'aoshb] n lawnmower
جزئي [ʒuzʔij] adj partial
بدوام جزئي
[Bedwam jozay] adv part-time
جزئياً [ʒuzʔijan] adv partly
جزر [ʒazar] n carrot
جزر أبيض
[Jazar abyad] n parsnip
جزر الهند الغربية
[Jozor al-hend al-gharbeyah] n West Indies
جزر الباهاما [ʒuzuru ʔal-ba:ha:ma:] npl Bahamas
جزيء [ʒuzajʔ] n molecule
جزيرة [ʒazi:ra] n island
جزيرة استوائية غير مأهولة
[Jozor ghayr maahoolah] n desert island
شبه الجزيرة
[Shebh al-jazeerah] n peninsula
جسر [ʒisr] n bridge, embankment
جسر معلق
[Jesr mo'aala'q] n suspension bridge
جسم [ʒism] n body
جسم السفينة
[Jesm al-safeenah] n hull
جسم مضاد
[Jesm moḍad] n antibody

جشع [ʒaʃiʕ] adj greedy
جص [ʒibsˤ] n plaster *(for wall)*
جعة [ʒunʕa] n
جعة معتقة
[Jo'aah mo'ata'qah] n lager
جعَل [ʒaʕala] v
يَجعَله عصريا
[Tej'aalah 'aṣreyan] v update
جغرافيا [ʒuɣra:fja:] n geography
جفاف [ʒafa:f] n drought
جَفف [ʒaffafa] v dry
جفن [ʒafn] n eyelid
جَل [ʒil] n gel
جل الشعر
[Jel al-sha'ar] n hair gel
جلالة [ʒala:la] n majesty
جلب [ʒlaba] v fetch, pick up
جَلَبة [ʒalaba] n fuss
جلد [ʒildu] n skin
جلد الغنم
[Jeld al-ghanam] n sheepskin
جلد مدبوغ
[Jeld madboogh] n leather
جلد مزأبر
[Jeld mazaabar] n suede
قشعريرة الجلد
['qash'aarerat al-jeld] n goose pimples
جلد [ʒalada] v thump
جلس [ʒalasa] v
هل يمكن أن نجلس معا؟
[hal yamken an najlis ma'aan?] Can we have seats together?
جلس [jaʒlasa] v sit down
يَجْلِس مرة أخرى
[Yajles marrah okhra] v resit
جلسة [ʒalsa] n session
جلطة [ʒaltˤa] n stroke
جلوتين [ʒlu:ti:n] n gluten
جلوس [ʒulu:s] n sitting
حجرة الجلوس
[Hojrat al-joloos] n lounge
أين يمكنني الجلوس؟
[ayna yamken-any al-jiloos?] Where can I sit down?
هل يوجد مكان يمكنني الجلوس فيه؟
[hal yujad makan yamken -ini al-juloos

feehe?] Is there somewhere I can sit down?
جلوكوز glucose *n* [ʒluku:z]
جَلي obvious *adj* [ʒalij]
جليد ice *n* [ʒali:d]
جليدي icy *adj* [ʒali:dij]
نهر جليدي
[Nahr jaleedey] *n* glacier
جليس companion *(male)* *n* [ʒali:s]
جليس أطفال
[Jalees atfaal] *n* babysitter
جليسة companion *(female)* *n* [ʒali:sa]
جليسة أطفال
[Jaleesat atfaal] *n* nanny
جليل glorious *adj* [ʒali:l]
جماع sexual intercourse *n* [ʒima:ʕ]
جماعة lot *n* [ʒama:ʕa]
جماعي collective *adj* [ʒama: ʕij]
جمال beauty *n* [ʒama:l]
جمانزيوم gym *n* [ʒimna:zju:mi]
أخصائي الجمنازيوم
[akhesaaey al-jemnazyom] *n* gymnast
تدريبات الجمنازيوم
[Tadreebat al-jemnazyoom] *npl* gymnastics
جمبري shrimp *n* [ʒambarij]
جمبري كبير
[Jambarey kabeer] *n* scampi
جمجمة skull *n* [ʒumʒuma]
جمركي *adj* [ʒumrukij]
رسوم جمركية
[Rosoom jomrekeyah] *npl* customs
جمع plural *n* [ʒamʕ]
جمعة Friday *n* [ʒumuʕa]
الجمعة العظيمة
[Al-jom'ah al-'aadheemah] *n* Good Friday
جمعية association *n* [ʒamʕijja]
جمل camel *n* [ʒamal]
جملة sentence *(words)* *n* [ʒumla]
جملي wholesale *adj* [ʒumalij]
جمهور audience *n* [ʒumhu:r]
جمهور الناخبين
[Jomhoor al-nakhebeen] *n* electorate
جمهورية republic *n* [ʒunmhu:rijjati]
جمهورية أفريقيا الوسطى
[Jomhoreyat afre'qya al-wosta] *n* Central African Republic
جمهورية التشيك
[Jomhoreyat al-tesheek] *n* Czech Republic
جمهورية الدومنيكان
[Jomhoreyat al-domenekan] *n* Dominican Republic
جميع all *adj* [ʒami:ʕ]
جميل beautiful *adj* [ʒami:l]
على نحو جميل
[Ala nahw jameel] *adv* prettily
بشكل جميل
[Beshakl jameel] *adv* beautifully
جنائي criminal *adj* [ʒina:ʔij]
جناح van, wing *n* [ʒana:ħ]
جناح أيسر
[Janah aysar] *adj* left-wing
جناح أيمن
[Janah ayman] *adj* right-wing
جناح من مستشفى
[Janah men al-mostashfa] *n* ward *(hospital room)*
جنازة funeral *n* [ʒana:za]
جنب side *n* [ʒanbun]
من الجنب
[Men al-janb] *adv* sideways
جنة paradise, heaven *n* [ʒanna]
جندي serviceman, soldier *n* [ʒundij]
جندي بحري
[Jondey baharey] *n* seaman
جنس category, class, *n* [ʒins] gender, sex
مؤيد للتفرقة العنصرية بحسب الجنس
[Moaed lel-tare'qa al'aonseryah behasb aljens] *n* sexist
مشته للجنس الآخر
[Mashtah lel-jens al-aakahar] *adj* heterosexual
جنسي sexual *adj* [ʒinsij]
مثير جنسيا
[Motheer jensyan] *adj* sexy
مُثير للشهوة الجنسية
[Motheer lel shahwah al-jenseyah] *adj* erotic
مَيْل جِنسي

[Mayl jensey] *n* sexuality
جنسية [ʒinsijja] *n* nationality
جنوب [ʒanu:bu] *n* south
جنوب أفريقيا
[Janoob afree'qya] *n* South Africa
جنوب شرقي
[Janoob shr'qey] *n* southeast
متجه للجنوب
[Motageh lel-janoob] *adj* southbound
واقع نحو الجنوب
[Wa'qe'a nahw al-janoob] *adj* southern
جنوباً [ʒanu:ban] *adv* south
جنوبي [ʒanu:bij] *adj* south
القارة القطبية الجنوبية
[Al-'qarah al-'qoṭbeyah al-janoobeyah] *n* Antarctic
القطب الجنوبي
[Al-k'qotb al-janoobey] *n* South Pole
شخص من أمريكا الجنوبية
[Shakhṣ men amreeka al-janoobeyah] *n* South American
قطبي جنوبي
['qoṭbey janoobey] *adj* Antarctic
كوريا الجنوبية
[Korya al-janoobeyah] *n* South Korea
جنون [ʒunu:n] *n* madness
جنية [ʒinnija] *n* fairy
جنين [ʒani:n] *n* foetus
جنيني [ʒani:nijjun] *adv* antenatal
جنيه [ʒunajh] *n*
جنيه استرليني
[Jeneh esterleeney] *n* pound sterling
جهاز [ʒiha:z] *n* apparatus, gear (*equipment*), appliance
جهاز الرد الآلي
[Jehaz al-rad al-aaly] *n* answerphone
جهاز المناعة
[Jehaz al-mana'aa] *n* immune system
جهاز النداء الآلي
[Jehaz al-nedaa al-aaley] *n* bleeper
جهاز حفر
[Jehaz hafr] *n* rig
جهد [ʒuhd] *n* effort
جهد كهربي
[Jahd kahrabey] *n* voltage
بجهد شديد
[Bejahd shaded] *adv* barely
جهّز [ʒahhaza] *v* (يوفر) accommodate
يُجَهِّز بالسِّلَع
[Yojahez bel-sela'a] *v* stock up on
جهل [ʒahl] *n* ignorance
جو [ʒaww] *n* weather, air, atmosphere
الجو شديد البرودة
[al-jaw shaded al-boroda] It's freezing cold
الجو شديد الحرارة
[al-jaw shaded al-ḥarara] It's very hot
كيف ستكون حالة الجو غدا؟
[kayfa sata-koon ḥalat al-jaw ghadan?] What will the weather be like tomorrow?
ما هي حالة الجو المتوقعة غدا؟
[ma heya ḥalat al-jaw al-muta-wa'qi'aa ghadan?] What's the weather forecast?
هل من المتوقع أن يحدث تغيير في حالة الجو
[Hal men al-motwa'qa'a an yahdoth tagheer fee ḥalat al-jaw] Is the weather going to change?
جواتيمالا [ʒwa:ti:ma:la:] *n* Guatemala
جواد [ʒawa:d] *n*
جواد السباق
[Jawad al-seba'q] *n* racehorse
جواز [ʒawa:z] *n* permit
جواز سفر
[Jawaz al-safar] *n* passport
جواز مرور
[Jawaz moror] *n* pass (*permit*)
الأطفال مقيدون في هذا الجواز
[Al-aṭfaal mo'aydoon fee hadha al-jawaz] The children are on this passport
لقد سرق جواز سفري
[la'qad sure'qa jawaz safary] My passport has been stolen
لقد ضاع جواز سفري
[la'qad ḍa'aa jawaz safary] I've lost my passport
لقد نسيت جواز سفري

[la'qad nasyto jawaz safary] I've forgotten my passport
jeweller *n* [ʒawa:hirʒi:] **جواهرجي**
محل جواهرجي
[Mahal jawaherjey] *n* jeweller's
quality *n* [ʒawda] **جودة**
judo *n* [ʒu:du:] **جودو**
stocking *n* [ʒawrab] **جورب**
جورب قصير
[Jawrab 'qaṣeer] *n* sock
Georgian *adj* [ʒu:rʒij] **جورجي**
مواطن جورجي
[Mowaṭen jorjey] *n* Georgian *(person)*
Georgia *(country)* *n* [ʒu:rʒja:] **جورجيا**
ولاية جورجيا
[Welayat jorjeya] *n* Georgia *(US state)*
walnut *n* [ʒawz] **جوز**
جامع الجوز
[Jame'a al-jooz] *n* nutter
حساسية الجوز
[Hasaseyat al-joz] *n* nut allergy
nut *(food)* *n* [ʒawza] **جوزة**
جوزة الهند
[Jawzat al-hend] *n* coconut
hunger *n* [ʒu:ʕ] **جوع**
starve *v* [ʒu:ʕa] **جوّع**
hungry *adj* [ʒawʕa:n] **جوعان**
choir *n* [ʒawqa] **جَوْقَة**
jockey *n* [ʒu:kij] **جوكي**
tour *n* [ʒawla] **جولة**
جولة إرشادية
[Jawlah ershadeyah] *n* guided tour
n [ʒu:lf] **جولف**
رياضة الجولف
[Reyadat al-jolf] *n* golf
ملعب الجولف
[Mal'aab al-jolf] *n* golf course
نادي الجولف
[Nady al-jolf] *n* golf club *(game)*
أين يمكنني أن ألعب الجولف؟
[ayna yamken-any an al-'aab al-jolf?] Where can I play golf?
skirt *n* [ʒawnala] **جونلة**
جونلة قصيرة
[Jonelah 'qaṣeerah] *n* miniskirt
substance *n* [ʒawhar] **جوهر**
jewel *n* [ʒawhara] **جوهرة**
essential *adj* [ʒawharij] **جَوهَري**
air *adj* [ʒawwij] **جوي**
ما المدة التي يستغرقها بالبريد الجوي؟
[ma al-mudda al-laty yasta-ghru'qoha bil-bareed al-jaw-wy?] How long will it take by air?
n [ʒawijja] **جوية**
أريد تغيير رحلتي الجوية
[areed taghyeer rehlaty al-jaw-wya] I'd like to change my flight
Guyana *n* [ʒuja:na:] **جيانا**
pocket *n* [ʒajb] **جيب**
guitar *n* [ʒi:ta:r] **جيتار**
good, excellent *adj* [ʒajjid] **جيد**
إنه جيد جدًا
[inaho jayed jedan] It's quite good
هل يوجد شواطئ جيدة قريبة من هنا؟
[hal yujad shawaṭee jayida 'qareeba min huna?] Are there any good beaches near here?
well *adv* [ʒajjidan] **جيدًا**
مذاقه ليس جيدًا
[madha-'qaho laysa jay-edan] It doesn't taste very nice
هل نمت جيدًا؟
[hal nimt jayi-dan?] Did you sleep well?
lime *(compound)* *n* [ʒi:r] **جير**
n [ʒi:ra:nju:mi] **جيرانيوم**
نبات الجيرانيوم
[Nabat al-jeranyom] *n* geranium
army *n* [ʒajʃ] **جيش**
generation *n* [ʒi:l] **جيل**
jelly *n* [ʒi:li:] **جيلي**
n [ʒi:n] **جين**
جين وراثي
[Jeen werathey] *n* gene
n [ʒi:nz] **جينز**
ملابس الجينز
[Malabes al-jeenz] *npl* jeans
genetic *adj* [ʒi:nnij] **جيني**
geology *n* [ʒju:lu:ʒja:] **جيولوجيا**

ح

حائز *n* [ħa:ʔiz]
الحائز على المرتبة الثانية
[Al-ḥaez ala al-martabah al-thaneyah] *n* runner-up
حائط wall *n* [ħa:ʔitˤ]
ورق حائط
[Wara'q ḥaet] *n* wallpaper
حَاجٌ pilgrim *n* [ħa:ʒʒ]
حاجب eyebrow, janitor *n* [ħa:ʒib]
حاجة need *n* [ħa:ʒa]
حاجة ملحة
[Hajah molehah] *n* demand
إننا في حاجة إلى مفتاح آخر
[ena-na fee ḥaja ela muftaaḥ aakhar] We need a second key
أنا في حاجة إلى مكواة
[ana fee ḥaja ela muk-wat] I need an iron
نحن في حاجة إلى المزيد من المفارش
[naḥno fee ḥaja ela al-mazeed min al-mafa-rish] We need more sheets
حاجز barrier *n* [ħa:ʒiz]
حاجز الأمواج
[Hajez al-amwaj] *n* mole *(infiltrator)*
حاجز الماء
[Hajez al-maa] *n* jetty
حاجز حجري
[Hajez hajarey] *n* kerb
حاجز وضع التذاكر
[Hajez wad'a al-tadhaker] *n* ticket barrier
حاخام rabbi *n* [ħa:xa:m]
حاد sharp *adj* [ħa:dd]
حادث accident *n* [ħa:diθ]
إدارة الحوادث والطوارئ
[Edarat al-hawadeth wa-al-tawarea] *n* accident & emergency department
تأمين ضد الحوادث
[Taameen ḍed al-hawaadeth] *n* accident insurance
تعرضت لحادث
[ta'aar-ḍto le-ḥadith] I've had an accident
لقد وقع لي حادث
[la'qad wa'qa lee ḥadeth] I've been in an accident
ماذا أفعل عند وقوع حادث؟
[madha af'aal 'aenda wi-'qoo'a ḥadeth?]What do I do if I have an accident?
حادثة *n* [ħa:diθa]
كانت هناك حادثة
[kanat hunaka ḥadetha] There's been an accident!
حار hot *adj* [ħa:rr]
فلفل أحمر حار
[Felfel aḥmar ḥar] *n* chilli
هذه الغرفة حارة أكثر من اللازم
[hathy al-ghurfa ḥara ak-thar min al-laazim] The room is too hot
حارب fight *v* [ħa:raba]
حارَة *n* [ħa:ra]
أنت تسير في حارة غير صحيحة
[Anta taseer fee ḥarah gheyr ṣaheehah] You are in the wrong lane
حارس guard *n* [ħa:ris]
حارس الأمن
[Ḥares al-amn] *n* security guard
حارس المرمى
[Hares al-marma] *n* goalkeeper
حارس شخصي
[ḥares shakhṣ] *n* bodyguard
حازم strict *adj* [ħa:zim]
حاسب calculator, *n* [ħa:sib]

computer
علوم الحاسب الآلي
['aoloom al-ḥaseb al-aaly] *n* computer science
استخدام الحاسب الآلي
[Estekhdam al-haseb al-aaly] *n* computing
حاسبة *n* [ħaːsiba]
آلة حاسبة
[Aalah ḥasbah] *n* calculator
آلة حاسبة للجيب
[Alah haseba lel-jeeb] *n* pocket calculator
حاسة sense *n* [ħaːssa]
حاسة السمع
[Hasat al-sama'a] *n* audition
حاسم decisive *adj* [ħaːsim]
غير حاسم
[Gahyr hasem] *adj* indecisive
حاشية border *n* [ħaːʃija]
حاضر *n* ◁ present *adj* [ħaːdˤir]
present *(time being)*
حاضر lecture *v* [ħaːdˤara]
حافة edge *n* [ħaːffa]
حافز motive *n* [ħaːfiz]
حافظ guardian *n* [ħaːfizˤa]
مادة حافظة
[Madah ḥafeḍhah] *n* preservative
حافظ *v* [ħaːfazˤa]
يُحافِظ على
[Yoḥafez 'aala] *v* save
حافظة folder, wallet *n* [ħaːfizˤa]
حافلة carriage *(train)* *n* [ħaːfila]
حاقد spiteful *adj* [ħaːqid]
حاكم ruler *(commander)* *n* [ħaːkim]
حاكم judge *v* [ħaːkama]
حال situation *n* [ħaːl]
على أي حال
[Ala ay ḥal] *adv* anyway
في الحال
[Fee al-hal] *adv* immediately
هل يجب علي دفعها في الحال؟
[hal yajib 'aala-ya daf'aa-ha fee al-ḥaal?] Do I have to pay it straightaway?
هل يمكنك تصليحها في الحال؟
[hal yamken -aka taṣlee-ḥaha fee al-ḥaal?] Can you do it straightaway?
حالاً readily *adv* [ħaːlaː]
حالة state, situation, *n* [ħaːla] condition
الحالة الاجتماعية
[Al-halah al-ejtemaayah] *n* marital status
حالة طارئة
[Ḥalah ṭareaa] *n* emergency
حالة مزاجية
[Halah mazajeyah] *n* mood
حالي current *adj* [ħaːlij]
حالياً currently *adv* [ħaːlijjan]
حامض sour *adj* [ħaːmidˤ]
حامل rack *n* [ħaːmil]
حامل أسهم
[Hamel ashom] *n* shareholder
حامل حقائب السفر
[Hamel ha'qaeb al-safar] *n* luggage rack
حامل حقيبة الظهر
[Hamel ha'qeebat al-ḍhahr] *n* backpacker
حانة pub *n* [ħaːna]
صاحب حانة
[Ṣaheb hanah] *n* publican
حانوتي undertaker *n* [ħaːnuːtij]
حاول attempt *v* [ħaːwala]
حاوِية container *n* [ħaːwija]
حب love *n* [ħubb]
حب الأطفال
[Hob al-atfaal] *n* paedophile
حب الشباب
[Hob al-shabab] *n* acne
حبار squid *n* [ħabbaːr]
حبة grain, seed, tablet *n* [ħabba]
حبة الحمص
[Habat al-hommoṣ] *n* chickpea
حبة نوم
[Habit nawm] *n* sleeping pill
حِبر ink *n* [ħibr]
حَبْس prison *n* [ħabs]
حَبك knitting *n* [ħibk]
حبل cord, rope *n* [ħabl]
الحبل الشوكي
[Al-ḥabl alshawkey] *n* spinal cord

حبل الغسيل
[ḥ abl al-ghaseel] *n* washing line
pregnant *adj* [ħubla:] **حَبلى**
cereal *n* [ħubu:b] **حبوب**
حبوب البن
[Ḥobob al-bon] *n* coffee bean
darling *n* [ħabi:b] **حبيب**
n [ħabi:ba] **حبيبة**
حبيبات خشنة
[Ḥobaybat khashabeyah] *npl* grit
ultimately *adv* [ħatmi:an] **حتمياً**
even *adv* [ħatta:] **حتى**
persuade *v* [ħaθθa] **حث**
refuse *n* [ħuθa:la] **حثالة**
veil, cover *n* [ħiʒa:b] **حجاب**
حجاب واقى
[Ḥejab wara'qey] *n* dashboard
حجاب واق
[Hejab wa'q] *n* shield
screen *v* [ħaʒaba] **حجب**
argument, document, *n* [ħuʒʒa] **حجة** pretext
stone *n* [ħaʒar] **حجر**
أحجار الدومينو
[Ahjar al-domino] *npl* dominoes
حجر رملي
[Hajar ramley] *n* sandstone
حجر الجرانيت
[Ḥajar al-jraneet] *n* granite
حجر الجير
[Hajar al-jeer] *n* limestone
حجر كريم
[Ajar kareem] *n* gem
حَجْر صحي
[Ḥajar ṣeḥey] *n* quarantine
room *n* [ħuʒra] **حجرة**
حجرة دراسية
[Ḥojrat derasah] *n* classroom
حجرة لحفظ المعاطف
[Hojarah le-hefḍh al-ma'atef] *n* cloakroom
هل هناك تدفئة بالحجرة
[hal hunaka tad-fiaa bil-ḥijra?] Does the room have heating?
هل يوجد وصلة إنترنت داخل الحجرة
[hal yujad wṣlat internet dakhil al-ḥijra?] Is there an Internet connection in the room?
reservation *n* [ħaʒz] **حجز**
حجز مقدم
[Hajz mo'qadam] *n* advance booking
لدي حجز
[la-daya ḥajiz] I have a reservation
لقد أكدت حجزي بخطاب
[la'qad akad-to ḥajzi bekhe-ṭab] I confirmed my booking by letter
هل يمكن أن أغير الحجز الذي قمت به؟
[hal yamken an aghyir al-ḥajiz al-ladhy 'qumt behe?] Can I change my booking?
reserve *v* [ħʒiza] **حجز**
أريد حجز غرفة لشخص واحد
[areed ḥajiz ghurfa le-shakhiṣ waḥid] I'd like to book a double room, I'd like to book a single room
أين يمكنني أن أحجز ملعبًا؟
[ayna yamken-any an aḥjiz mal-'aaban?] Where can I book a court?
size, volume *n* [ħaʒm] **حجم**
n [ħuʒajra] **حُجَيْرَة**
حُجَيْرَةُ الطَّيَّار
[Ḥojayrat al-ṭayar] *n* cockpit
boundary *n* [ħadd] **حد**
حد أقصى
[Had a'qsa] *n* maximum
mourning *n* [ħida:d] **حداد**
event *n* [ħadaθ] **حدث**
حدث عرضي
[Hadth 'aradey] *n* incident
v [ħadaθa] **حدث**
ماذا حدث
[madha ḥadatha?] What happened?
من الذي يحدثني؟
[min al-ladhy yoḥadi-thny?] Who am I talking to?
happen *v* [ħadaθa] **حدث**
specify *v* [ħaddada] **حدد**
intuition *n* [ħads] **حَدْس**
gaze *v* [ħaddaqa] **حدق**
يُحَدِق بإمعان
[Yoḥade'q be-em'aan] *v* pry
occurrence *n* [ħudu:θ] **حدوث**

حدوق n [ħaddu:q]
سمك الحدوق
[Samak al-ḥadoo'q] n haddock
حديث recent adj [ħadi:θ]
حديثاً recently adv [ħadi:θan]
حديثة n [ħadi:θa]
لغات حديثة
[Loghat hadethah] npl modern languages
حديد iron n [ħadi:d]
سكة حديد تحت الأرض
[Sekah hadeed taht al-arḍ] n underground
محل تاجر الحديد والأدوات المعدنية
[Maḥal tajer alḥadeed wal-adwat al-ma'adaneyah] n ironmonger's
حديدي iron adj [ħadi:dijjat]
قضبان السكة الحديدية
['qoḍban al-sekah al-ḥadeedeyah] n rail
حديقة garden n [ħadi:qa]
حديقة ألعاب
[Hadee'qat al'aab] n theme park
حديقة الحيوان
[Hadee'qat al-hayawan] n zoo
حديقة وطنية
[Hadee'qah waṭaneyah] n national park
حذاء shoe n [ħiða:ʔ]
حذاء عالي الساق
[hedhaa 'aaley al-sa'q] n boot
حذاء الباليه
[hedhaa al-baleeh] npl ballet shoes
حذاء برقبة
[Hedhaa be-ra'qabah] npl wellingtons
زوج أحذية رياضية
[Zawj ahzeyah Reyaḍeyah] n sneakers
هل يمكن إعادة تركيب كعب لهذا الحذاء؟
[hal yamken e'aa-dat tarkeeb ka'ab le-hadha al-ḥedhaa?] Can you re-heel these shoes?
هل يمكن تصليح هذا الحذاء؟
[hal yamken taṣleeḥ hadha al-ḥedhaa?] Can you repair these shoes?
حذر cautious adj [ħaðir]
بحذر
[beḥadhar] adv cautiously
توخي الحذر
[ta-wakhy al-ḥadhar] Take care
حذّر warn v [ħaððara]
حَذَر caution n [ħaðar]
حَذِرٌ careful adj [ħaðir]
حذَف eliminate v [ħðefa]
حذف delete v [ħaðafa]
حَذِق cute adj [ħaðiq]
حر free (no restraint) adj [ħurr]
شديد الحر
[Shadeed al-har] adj sweltering
يعمل بشكل حر
[Ya'amal beshakl ḥor] adj freelance
حُر adj [ħurru]
حُر المهنة
[Ḥor al-mehnah] adj self-employed
حرارة heat n [ħara:ra]
درجة الحرارة
[Darajat al-haraarah] n temperature
درجة حرارة سلزيوس
[Darajat ḥararah selezyos] n degree Celsius
درجة حرارة فهرنهايتي
[Darjat hararh ferhrenhaytey] n degree Fahrenheit
لا يمكنني النوم بسبب حرارة الغرفة
[la yam-kinuni al-nawm be-sabab ḥararat al-ghurfa] I can't sleep because of the heat
حرب war n [ħarb]
حرب أهلية
[Ḥarb ahleyah] n civil war
حرة n [ħura]
أين يوجد السوق الحرة؟
[ayna tojad al-soo'q al-ḥorra?] Where is the duty-free shopping?
حرث plough vt [ħaraθa]
حرد sulk v [ħarada]
حَرَر free v [ħarrara]
حرَس guard v [ħarasa]
حرف letter (a, b, c) n [ħarf]
حرف ساكن
[ḥarf saken] n consonant
حرف عطف
[Harf 'aaṭf] n conjunction
حَرَّف wrench v [ħarrafa]

حرفة craft *n* [ħirfa]
حِرَفي craftsman *n* [ħirafij]
حَرفياً literally *adv* [ħarfijjan]
حرق burn *n* [ħuriqa]
حرق burn *vt* [ħaraqa]
حرقة burning *n* [ħurqa]
حرقة في فم المعدة
[Hor'qah fee fom al-ma'adah] *n* heartburn
حَرَّك shift *vt* [ħarraka]
حرَكة movement *n* [ħaraka]
حركة مفاجئة
[Ḥarakah mofajeah] *n* hitch
حرم *n* [ħaram]
الحرم الجامعي
[Al-ḥaram al-jame'aey] *n* campus
حرَّم *v* [ħarrama]
يُحرِم شخصاً من الدخول
[Yoḥrem shakhṣan men al-dokhool] *v* lock out
حَرَّم forbid *v* [ħarrama]
حرية freedom *n* [ħurrijja]
حرير silk *n* [ħari:r]
حريق sack *n* [ħari:q]
سُلم النجاة من الحريق
[Solam al-najah men al-ḥaree'q] *n* fire escape
طفاية الحريق
[Ṭafayat ḥaree'q] *n* fire extinguisher
حزام belt *n* [ħiza:m]
حزام الأمان
[Hezam al-aman] *n* safety belt
حزام النجاة من الغرق
[Hezam al-najah men al-ghar'q] *n* lifebelt
حزام لحفظ المال
[Hezam lehefḍh almal] *n* money belt
حزب party *(group)* *n* [ħizb]
حزم *n* [ħuzam]
أنا في حاجة لحزم أمتعتي الآن
[ana fee ḥaja le-ḥazem am-te-'aaty al-aan] I need to pack now
حَزم pack *vt* [ħazama]
حِزمة bunch, parcel *n* [ħuzma]
حُزن sorrow, sore *n* [ħuzn]
بحُزن
[Beḥozn] *adv* sadly
حزين sad *adj* [ħazi:nu]
حِس sense, feeling *n* [ħiss]
الحِس العام
[Al-ḥes al-'aaam] *n* common sense
حساء soup *n* [ħasa:ʔ]
ما هو حساء اليوم؟
[ma howa ḥasaa al-yawm?] What is the soup of the day?
حساب account *(in bank)* *n* [ħisa:b]
رقم الحساب
[Ra'qm al-hesab] *n* account number
حساب جاري
[Hesab tejarey] *n* current account
حساب بنكي
[Hesab bankey] *n* bank account, bank balance
حساب مشترك
[Hesab moshtarak] *n* joint account
يخصم مباشرةً من حساب العميل
[Yokhṣam mobasharatan men hesab al'ameel] *n* direct debit
المشروبات على حسابي
[al-mashro-baat 'ala ḥesaby] The drinks are on me
حساس sensitive, *adj* [ħassa:s] sentimental
غير حساس
[Ghayr hasas] *adj* insensitive
حساسية allergy *n* [ħasa:sijja]
حساسية تجاه الفول السوداني
[Hasaseyah tejah al-fool alsodaney] *n* peanut allergy
حساسية الجوز
[Hasaseyat al-joz] *n* nut allergy
حسب reckon *v* [ħsaba]
حَسَب count *v* [ħasaba]
حُسبان calculation *n* [ħusba:n]
حسد envy *n* [ħasad]
حسد envy *v* [ħasada]
حَسْم rebate *n* [ħasm]
حَسَن well *adj* [ħasan]
حسن الاطلاع
[Hosn al-etela'a] *adj* knowledgeable
حسن المظهر
[Hosn al-maḍhar] *adj* good-looking

حُسْن excellence, beauty *n* [ħusn]
حسن السلوك
[Ḥasen al-solook] *adj* well-behaved
حسن الأحوال
[Hosn al-ahwaal] *adj* well-off
حسن الدخل
[Hosn al-dakhl] *adj* well-paid
لحسن الطالع
[Le-hosn alṭale'a] *adj* luckily
حسناً okay!, OK! *excl* [ħasanan]
حسود envious *adj* [ħasu:d]
حسي sensuous *adj* [ħissij]
حشد crowd, presenter *n* [ħaʃd] *(multitude)*
حشرة insect *n* [ħaʃara]
الحشرة العصوية
[Al-hasherah al-'aodweia] *n* stick insect
حشرة صرار الليل
[Hashrat ṣarar al-layl] *n* cricket *(insect)*
حشرة القرادة
[Hashrat al-'qaradah] *n* tick
حشو filling *n* [ħaʃw]
لقد تآكل الحشو
[la'qad ta-aa-kala al-ḥasho] A filling has fallen out
هل يمكنك عمل حشو مؤقت؟
[hal yamken -aka 'aamal ḥasho mo-a'qat?] Can you do a temporary filling?
حشوة stuffing *n* [ħaʃwa]
حشي swot, charge *vi* [ħaʃeja] *(electricity)*
حشية mattress *n* [ħiʃja]
حشيش cannabis *n* [ħaʃi:ʃ]
حشيش مخدر
[Hashesh mokhader] *n* marijuana
حصاة pebble *n* [ħasˤa:t]
حصاة المرارة
[Haṣat al-mararah] *n* gallstone
حصاد harvest *n* [ħasˤa:d]
حصالة *n* [ħasˤsˤa:la]
حصالة على شكل خنزير
[Haṣalah ala shakl khenzeer] *n* piggybank
حصان horse *n* [ħisˤa:n]
حصان خشبي هزاز
[Heṣan khashabey hazaz] *n* rocking horse
حدوة الحصان
[Hedawat heṣan] *n* horseshoe
حصبة measles *n* [ħasˤaba]
حصبة ألمانية
[Haṣbah al-maneyah] *n* German measles
حصة portion *n* [ħisˤsˤa]
حصد harvest *v* [ħasˤada]
حصل *v* [jaħsˤala]
يَحصُل على
[Taḥṣol 'ala] *v* get
هل يمكن أن أحصل على جدول المواعيد من فضلك؟
[hal yamken an aḥṣal 'aala jadwal al-mawa-'aeed min faḍlak?] Can I have a timetable, please?
حصن fort *n* [ħisˤn]
حصول acquisition *n* [ħusˤu:l]
أرغب في الحصول على خمسمائة...
[Arghab fee al-ḥoṣol alaa khomsamah...] I'd like five hundred...
أريد الحصول على أرخص البدائل
[areed al-ḥuṣool 'aala arkhaṣ al-badaa-el] I'd like the cheapest option
كيف يمكن لنا الحصول على التذاكر؟
[kayfa yamkun lana al-ḥuṣool 'aala al-tadhaker?] Where can we get tickets?
هل يمكنني استخدام بطاقتي للحصول على أموال نقدية؟
[hal yamken -any esti-khdaam beṭa-'qatee lil-ḥiṣool 'aala amwaal na'qdiya?] Can I use my card to get cash?
هل يمكنني الحصول على شوكة نظيفة من فضلك؟
[hal yamken -any al-ḥuṣool 'aala shawka naḍhefa min faḍlak?] Could I have a clean fork please?
حصى gravel *n* [ħasˤa:]
حضارة civilization *n* [ħadˤa:ra]
حضانة nursery *n* [ħadˤa:na]
حضانة أطفال
[Haḍanat aṭfal] *n* crêche

حضر n [ħadˤr]
حضر التجول
[haḍr al-tajawol] n curfew
حضر v [ʔeħadˤara]
يَحضر حفل
[Taḥḍar ḥafl] v party
حضّر attend, bring v [ħadˤdˤara]
حضن lap n [ħudˤn]
حضور presence n [ħudˤu:r]
حطام wreckage n [ħutˤa:m]
سفينة محطمة
[Safeenah mohaṭamah] adj shipwrecked
حطام السفينة
[Hoṭam al-safeenah] n shipwreck
حُطام النيزك
[Hoṭaam al-nayzak] n meteorite
حطم wreck v [ħatˤama]
حظ luck n [ħazˤzˤ]
حظ سعيد
[haḍh sa'aeed] n fortune
لسوء الحظ
[Le-soa al-haḍh] adv unfortunately
لحسن الحظ
[Le-hosn al-haḍh] adv fortunately
حظر ban n [ħazˤr]
حظر prohibit v [ħazˤara]
حظيرة yard *(enclosure)* n [ħazˤi:ra]
حفار digger n [ħaffa:r]
حفر dig vt [ħafara]
حفرة hole n [ħufra]
حفرة رملية
[Hofrah ramleyah] n sandpit
حَفّز prompt v [ħaffaza]
حفظ keep vt ◁ memorize v [ħafazˤa]
يَحفظ في ملف
[yahfaḍh fee malaf] v file *(folder)*
حفل gathering, event n [ħafl]
حفل راقص
[Half ra'qeṣ] n ball *(dance)*
أين يمكنني شراء تذاكر الحفل الغنائي؟
[ayna yamken-any sheraa tadhaker al-ḥafil al-ghenaee?] Where can I buy tickets for the concert?
نحن هنا لحضور حفل زفاف
[naḥno huna le-ḥiḍor ḥafil zafaaf] We are here for a wedding

حفلة party *(social gathering)* n [ħafla]
حفلة عشاء
[Ḥaflat 'aashaa] n dinner party
حفلة موسيقية
[Haflah mose'qeyah] n concert
حفيد grandchild n [ħafi:d]
حفيدة granddaughter n [ħafi:da]
حق right n [ħaq]
حق الرفض
[Ha'q al-rafḍ] n veto
حق المرور
[Ha'q al-moror] n right of way
حقوق الإنسان
[Ho'qoo'q al-ensan] npl human rights
حقوق الطبع والنشر
[Ho'qoo'q al-ṭab'a wal-nashr] n copyright
حقوق مدنية
[Ḥo'qoo'q madaneyah] npl civil rights
حقا right excl ◁ indeed adv [ħaqqan]
حقد v [ħaqada]
يَحْقِد على
[yaḥ'qed 'alaa] v spite
حقق achieve v [ħaqqaqa]
حقل field n [ħaql]
حقل النشاط
[Ha'ql al-nashaṭ] n career
حقل للتجارب
[Ha'ql lel-tajareb] n guinea pig *(for experiment)*
حقن injection n [ħaqn]
حقن inject v [ħaqana]
حقنة shot, syringe n [ħuqna]
أحتاج إلى حقنة تيتانوس
[aḥtaaj ela ḥe'qnat tetanus] I need a tetanus shot
حقوق law npl [ħuqu:qun]
كلية الحقوق
[Kolayt al-ho'qooq] n law school
حقيبة bag n [ħaqi:ba]
حقيبة صغيرة
[Ha'qeebah ṣagheerah] n bum bag
حقيبة سرْج الحصان
[Ha'qeebat sarj al-hoṣan] n saddlebag
حقيبة أوراق
[Ha'qeebat awra'q] n portfolio

حقيبة أوراق جلدية
[Ha'qeebat awra'q jeldeyah] *n* briefcase
حقيبة الظهر
[Ha'qeebat al-dhahr] *n* rucksack
حقيبة للرحلات القصيرة
[Ha'qeebah lel-rahalat al-'qaseerah] *n* overnight bag
حقيبة للكتب المدرسية
[Ha'qeebah lel-kotob al-madraseyah] *n* satchel
حقيبة مبطنة
[Ha'qeebah mobatanah] *n* sponge bag
حقيبة ملابس تحمل على الظهر
[Ha'qeebat malabes tohmal 'aala al-dhahr] *n* rucksack
حقيبة من البوليثين
[Ha'qeebah men al-bolytheleyn] *n* polythene bag
حقيبة يد
[Ha'qeebat yad] *n* handbag
شكرًا لا أحتاج إلى حقيبة
[shukran la ahtaj ela ha'qeba] I don't need a bag, thanks
من فضلك هل يمكنني الحصول على حقيبة أخرى؟
[min fadlak hal yamkin-ani al-husool 'aala ha'qeba okhra?] Can I have an extra bag, please?
حقير stingy *adj* [ħaqi:r]
حقيقة fact, truth *n* [ħaqi:qa]
حقيقي true *adj* [ħaqi:qij]
غير حقيقي
[Ghayer ha'qee'qey] *adj* unreal
حك scratching *n* [ħakka]
يَتَطلب الحك
[yatatalab al-hak] *adj* itchy
حكّ rub *v* [ħakka]
حكاية tale *n* [ħika:ja]
إحدى حكايات الجان
[Ahad hekayat al-jan] *n* fairytale
حكم *v* [ħakama]
يَحْكُم على
[Yahkom 'ala] *v* sentence
حَكَم umpire *n* [ħakam]
حَكَم مباريات رياضية
[Hosn almadhar] *n* referee

حُكم rule, sentence *n* [ħukm] *(punishment)*
حُكم المحلفين
[Hokm al-mohallefeen] *n* verdict
حُكْم ذاتي
[hokm dhatey] *n* autonomy
حِكمة wisdom *n* [ħikma]
حَكومة government *n* [ħukuwamt]
موظف حكومة
[mowadhaf hokomah] *n* civil servant
حكومي *adj* [ħuku:mij] governmental
موظف حكومي
[mowadhaf hokomey] *n* servant
حكيم wise *adj* [ħaki:m]
غير حكيم
[Ghayer hakeem] *adj* unwise
حل solution *n* [ħall]
حل *v* [ħalla]
يَحل محل
[Tahel mahal] *v* substitute
حلّ work out *v* [ħalla]
حلاق shaving, barber *n* [ħalla:q]
ماكينة حلاقة
[Makeenat helaqah] *npl* clippers
صالون حلاقة
[Salon helaqah] *n* hairdresser's
شفرة حلاقة
[Shafrat hela'qah] *n* razor blade
ماكينة حِلاقَة
[Makenat hela'qa] *n* shaver
موسى الحلاقة
[Mosa alhela'qah] *n* razor
حلب milk *v* [ħalaba]
حلبة rink *n* [ħalaba]
حلبة تَزَلُج
[Halabat tazaloj] *n* skating rink
حلبة السباق
[h alabat seba'q] *n* racetrack
حلبة من الجليد الصناعي
[Halabah men aljaleed alsena'aey] *n* ice rink
حلزون snail *n* [ħalazu:n]
حلف swear *v* [ħalafa]
حلق shave *v* [ħalaqa]
حلقة round, circle, ring *n* [ħalaqa]

حلل analyse *v* [ħallala]
حلم dream *n* [ħulm]
حلم dream *v* [ħalama]
حلو sweet *(taste) adj* [ħulw]
حلوى sweet, toffee *n* [ħalwa:]
حلوى البودينج
[Ḥalwa al-boodenj] *n* sweet
قائمة الحلوى من فضلك
['qaemat al-ḥalwa min faḍlak] The dessert menu, please
حلويات sweets *npl* [ħalawija:tun]
حليب milk *n* [ħali:b]
حليب منزوع الدسم
[Haleeb manzoo'a al-dasam] *n* skimmed milk
حليب نصف دسم
[Haleeb nesf dasam] *n* semi-skimmed milk
بالحليب دون خلطه
[bil ḥaleeb doon khal-ṭuho] with the milk separate
حلية ornament *n* [ħilijja]
حلية متدلية
[Halabh motadaleyah] *n* pendant
حليف ally *n* [ħali:f]
حليق shaved *adj* [ħali:q]
غير حليق
[Ghayr ḥalee'q] *adj* unshaven
حمار donkey *n* [ħima:r]
الحمار الوحشي
[Al-hemar al-wahshey] *n* zebra
حماسة enthusiasm *n* [ħama:sa]
حُماق chickenpox *n* [ħumaq]
حمالة braces, sling *n* [ħamma:la]
حمالة ثياب
[Hammalt theyab] *n* hanger
حَمَّالة صَدْر
[Hammalat ṣadr] *n* bra
حمام bath, loo, toilet *n* [ħamma:m]
بُرْنس حمام
[Bornos hammam] *n* dressing gown
حمام بخار
[Hammam bokhar] *n* sauna
مستلزمات الحمام
[Mostalzamat al-hammam] *npl* toiletries
منشفة الحمام
[Manshafah alḥammam] *n* bath towel
يَأخُذ حمام شمس
[yaakhoḍ hammam shams] *v* sunbathe
الحمام تغمره المياه
[al-ḥamaam taghmurho al-me-aa] The bathroom is flooded
هل يوجد حمام خاص داخل الحجرة
[hal yujad ḥamam khaṣ dakhil al-ḥujra?] Does the room have a private bathroom?
حمامات baths *npl* [ħamma:ma:tun]
حمامة pigeon *n* [ħama:ma]
حماية protection *n* [ħima:ja]
حمض acid *n* [ħimdˤ]
حمضي *adj* [ħimdˤijjat]
أمطار حمضية
[Amṭar ḥemdeyah] *n* acid rain
حمل pregnancy *n* [ħaml]
عازل طبى لمنع الحمل
['aazel ṭebey le-man'a al-haml] *n* condom
حمل حقيبة الظهر
[Hamal ha'qeebat al-ḍhahr] *n* backpacking
منع الحمل
[Man'a al-ḥml] *n* contraception
مواد مانعة للحمل
[Mawad mane'aah lel-haml] *n* contraceptive
حمل download *v* [ħammala]
حمل carry *vt* [ħamala]
حَمَل lamb *n* [ħiml]
حَمْل pregnancy *n* [ħaml]
حِمل load *n* [ħiml]
حَملة campaign *n* [ħamla]
حملق stare, *v* [ħamlaqa] glare (يسطع)
حُمولة cargo *n* [ħumu:la]
حمى fever *n* [ħumma:]
حمى protect *v* [ħama:]
حميم close, intimate *adj* [ħami:m]
حنث *n* [ħinθ]
الحنث باليمين
[Al-ḥanth bel-yameen] *n* perjury
حنجرة throat *n* [ħanʒura]
حنفية tap *n* [ħanafijja]

affectionate, kind *adj* [ħanu:n] **حنون**
longing *adj* [ħani:n] **حنين**
حنين إلى الوطن
[Ḥaneem ela al-waṭan] *adj* homesick
dialogue *n* [ħiwa:ru] **حوار**
n [ħawa:la] **حوالة**
حوالة مالية
[Ḥewala maleyah] *n* postal order
about *prep* [ħawa:laj] **حوالي**
hovercraft *n* [ħawwa:ma] **حَوَّامَة**
whale *n* [ħu:t] **حوت**
poplar *n* [ħu:r] **حور**
خشب الحور
[Khashab al-ḥoor] *n* poplar, wood
n [ħu:rijja] **حورية**
حورية الماء
[Ḥooreyat al-maa] *n* mermaid
basin, pool *n* [ħawdˤdˤ] **حوض**
حوض سمك
[Hawḍ al-samak] *n* aquarium
حوض استحمام
[Hawḍ estehmam] *n* bathtub
حوض السفن
[Hawḍ al-sofon] *n* dock
حوض الغسل
[Hawḍ al-ghaseel] *n* washbasin
حوض مرسى السفن
[Hawḍ marsa al-sofon] *n* marina
حوض منتج للنفط
[Hawḍ montej lel-naft] *n* pool *(resources)*
حوض نباتات
[Hawḍ nabatat] *n* plant pot
pool *(water)* *n* [ħawdˤ] **حَوض**
حَوض سباحة للأطفال
[Ḥaeḍ sebaha lel-aṭfaal] *n* paddling pool
round *prep* [ħawla] **حول**
v [ħawwala] **حوّل**
يَحْول عَيْنَه
[Yoḥawel aynah] *v* squint
switch *v* [ħawwala] **حَوّل**
live *adj* [ħajj] **حي**
حي الفقراء
[Hay al-fo'qraa] *n* slum
life *n* [ħaja:t] **حياة**
على قيد الحياة
[Ala 'qayd al-hayah] *adj* alive
حياة برية
[Hayah bareyah] *n* wildlife
مُنقذ للحياة
[Mon'qedh lel-ḥayah] *adj* life-saving
نمط حياة
[Namaṭ hayah] *n* lifestyle
neutral *n* [ħija:dij] **حيادي**
possession *n* [ħija:za] **حيازة**
where *conj* [ħajθu] **حيث**
حيث أن
[Hayth ann] *adv* as, because
everywhere *adv* [ħajθuma:] **حيثما**
precaution *n* [ħi:tˤa] **حيطة**
animal *n* [ħajawa:n] **حيوان**
حيوان أليف
[Ḥayawaan aleef] *n* pet
حيوان الغُرَير
[Ḥayawaan al-ghoreer] *n* badger
حيوان الهمستر
[Heyawaan al-hemester] *n* hamster
vital *adj* [ħajawij] **حيوي**
مضاد حيوي
[Moḍad ḥayawey] *n* antibiotic
zip *n* [ħajawijja] **حيوية**

بالخارج
[Bel-kharej] *adv* abroad
خارجاً [xa:riʒan] *adv* out, outside
خارجي [xa:riʒij] *adj* exterior, outside
أريد إجراء مكالمة خارجية، هل يمكن أن تحول لي أحد الخطوط؟
[areed ejraa mukalama kharij-iya, hal yamkin an it-ḥawil le aḥad al-khiṭoot?] I want to make an outside call, can I have a line?
خارطة [xa:ritˤatu] *n* map, chart
خارطة الشارع
[khareṭat al-share'a] *n* street map
خارق [xa:riq] *adj* out-of-the-ordinary
خارق للطبيعة
[Khare'q lel-ṭabe'aah] *adj* supernatural
خازوق [xa:zu:q] *n* pole
خاص [xa:sˤsˤ] *adj* special
عرض خاص
['aarḍ khaṣ] *n* special offer
خاصة [xa:sˤsˤatan] *adv* specially
خاط [xa:tˤa] *v* sew
خاطئ [xa:tˤiʔ] *adj* incorrect, wrong
على نحو خاطئ
[Ala nahwen khaṭea] *adv* wrong
خاطر [xa:tˤir] *n* thought, wish
عن طيب خاطر
[An ṭeeb khaṭer] *adv* willingly
خاطف [xa:tˤif] *adj* momentary
خاف [xa:fa] *v* fear
خالٍ [xa:lin] *adj* empty
خال [xa:l] *n* (skin) mole
خالد [xa:lid] *adj* eternal
خالي [xa:li:] *adj* free (of)
خالى من الرصاص
[Khaley men al-raṣaṣ] *adj* lead-free
هل توجد أطباق خالية من الجلوتين؟
[hal tojad aṭba'q khaleya min al-jiloteen?] Do you have gluten-free dishes?
هل توجد أطباق خالية من منتجات الألبان؟
[hal tojad aṭba'q khaleya min munta-jaat al-albaan?] Do you have dairy-free dishes?
هل يمكن إعداد وجبة خالية من

خائر [xa:ʔir] *adj* excellent
خائر القوى
[Khaaer al-'qowa] *adj* faint
خائف [xa:ʔif] *adj* afraid, apprehensive, scared
خائف من الأماكن المغلقة
[Khaef men al-amaken al-moghla'ah] *adj* claustrophobic
خائن [xa:ʔin] *adj* unfaithful
خاتم [xa:tam] *n* ring
خاتم الخطوبة
[Khatem al-khotobah] *n* engagement ring
خاتم البريد
[Khatem al-bareed] *n* postmark
خاتم الزواج
[Khatem al-zawaj] *n* wedding ring
خاتمة [xa:tima] *n* conclusion
خادم [xa:dim] *n* server (person), servant
خادمة [xa:dima] *n* maid
خادمة فى فندق
[Khademah fee fodo'q] *n* maid
خارج [xa:riʒ] *n* outside
خارج النطاق المُحَدد
[Kharej al-neta'q al-mohadad] *adv* offside

الجلوتين؟
[hal yamken e'adad wajba khaliya min al-jilo-teen?] Could you prepare a meal without gluten?
خام [xa:m] *adj* raw
خامة [xa:ma] *n*
ماهي خامة؟
[ma heya khamat al-ṣuni'a?] What is the material?
خامس [xa:mis] *adj* fifth
خان [xa:na] *n* inn
خان [xa:na] *v* betray
خانق [xa:niq] *adj* stifling
خبّ [xabba] *v*
يَخِبُّ الفَرَس
[Yakheb al-faras] *v* trot
خباز [xabba:z] *n* baker
خبرة [xibra] *n* experience
خبرة العمل
[Khebrat al'aamal] *n* work experience
قليل الخبرة
['qaleel al-khebrah] *adj* inexperienced
خبز [xubz] *n* bread, baking
خبز أسمر
[Khobz asmar] *n* brown bread
خبز محمص
[Khobz mohammṣ] *n* toast *(grilled bread)*
خبز ملفوف
[Khobz malfoof] *n* roll
كِسْرة خبز
[Kesrat khobz] *n* crumb
محمصة خبز كهربائية
[Mohamaṣat khobz kahrobaeyah] *n* toaster
من فضلك أحضر لي المزيد من الخبز
[min faḍlak iḥḍir lee al-mazeed min al-khibz] Please bring more bread
هل تريد بعض الخبز؟
[hal tureed ba'aḍ al-khubz?] Would you like some bread?
خبز [xabaza] *v* bake
خبل [xabil] *adj* mad *(insane)*
خبيث [xabi:θ] *adj* malicious, malignant
خبير [xabi:r] *n* expert
ختم [xatama] *v* seal
ختم [xitm] *n* seal *(mark)*
خجلان [xaʒla:n] *n* ashamed
خجول [xaʒu:l] *adj* self-conscious
خد [xadd] *n* cheek
خِدَاع [xida:ʕ] *n* scam
خَدِر [xadir] *adj* numb
خدش [xudʃu] *n* scratch
خدش [xadaʃa] *v* scratch
خدع [xadaʕa] *v* bluff, kid
خدعة [xudʕa] *n* trick
خدم [xadama] *v* serve
خدمة [xidma] *n* service
خدمة رسائل الوسائط المتعددة
[Khedmat rasael al-wasaaeṭ almota'aadedah] *n* MMS
خدمة سرية
[Khedmah serreyah] *n* secret service
خدمة الغرف
[Khedmat al-ghoraf] *n* room service
خدمة ذاتية
[Khedmah ḍateyah] *n* self-service, self-catering *(lodging)*
مدة خدمة
[Modat khedmah] *n* serve
محطة الخدمة
[Mahaṭat al-khedmah] *n* service station
أريد في تقديم شكاوى بشأن الخدمة
[areed ta'q-deem shakawee be-shan al-khedma] I want to complain about the service
أي الصيدليات تقدم خدمة الطوارئ؟
[ay al-ṣyda-lyaat to'qadem khidmat al-ṭawa-ree] Which pharmacy provides emergency service?
كانت الخدمة سيئة للغاية
[kanat il-khidma say-ia el-ghaya] The service was terrible
هل هناك مصاريف للحصول على الخدمة؟
[Hal honak maṣareef lel-ḥoṣol ala al-khedmah] Is there a charge for the service?
خديعة [xadi:ʕa] *n* bluff
خراب [xara:b] *n* ruin, wreck
خراج [xura:ʒ] *n* abscess
أعاني من وجود خراج

[o-'aany min wijood khuraaj] I have an abscess
خُرَّاج abscess *n* [xurra:ʒ]
خرافي superstitious *n* [xura:fij]
خرّب sabotage *v* [xxarraba]
خرّب *v* [xarraba]
يُخَرِب الممتلكات العامة والخاصة عن عمد
[Yokhareb al-momtalakat al-'aaamah 'an 'amd] *v* vandalize
خربش scribble *v* [xarbaʃa]
خرج *v* [xraʒa]
متى سيخرج من المستشفى؟
[mata sa-yakhruj min al-mus-tashfa?] When will he be discharged?
خرج get out *v* [xaraʒa]
خرخر purr *v* [xarxara]
خُرْدة junk *n* [xurda]
خردل mustard *n* [xardal]
خرزة bead *n* [xurza]
خرشوف artichoke *n* [xarʃu:f]
خرصانة concrete *n* [xarasˤa:na]
خرطوشة cartridge *n* [xartˤu:ʃa]
خرطوم hose *n* [xurtˤu:m]
خرطوم المياه
[Kharṭoom al-meyah] *n* hosepipe
خرق pierce *v* [xaraqa]
خِرَقة rag *n* [xirqa]
خرّم punch *v* [xarrama]
خروج way out, departure *n* [xuru:ʒ]
أين يوجد باب الخروج؟
[ayna yujad bab al-khorooj?] Where is the exit?
خروف sheep *n* [xaru:f]
صوف الخروف
[Ṣoof al-kharoof] *n* fleece
خريج graduate *n* [xirri:ʒ]
خريطة map *n* [xari:tˤa]
خريطة البروج
[khareeṭat al-brooj] *n* horoscope
خريطة الطريق
[Khareeṭat al-ṭaree'q] *n* road map
أريد خريطة الطريق لـ...
[areed khareeṭat al-ṭaree'q le...] I need a road map of...
أين يمكن أن أشتري خريطة للمنطقة؟
[ayna yamken an ash-tary khareeṭa lil-manṭa'qa?] Where can I buy a map of the region?
هل لديكم خريطة لمحطات المترو؟
[hal ladykum khareeṭa le-muḥaṭ-aat al-metro?] Do you have a map of the tube?
هل يمكن أن أري مكانه على الخريطة؟
[Hal yomken an ara makanah ala al-khareeṭah] Can you show me where it is on the map?
هل يمكنني الحصول على خريطة المترو من فضلك؟
[hal yamken -any al-ḥuṣool 'aala khareeṭat al-mitro min faḍlak?] Could I have a map of the tube, please?
هل يوجد لديك خريطة... ؟
[hal yujad ladyka khareeṭa...?] Have you got a map of...?
خريف *n* [xari:f]
الخريف
[Al-khareef] *n* autumn
خزان reservoir *n* [xazza:nu]
خزان بنزين
[Khazan benzeen] *n* petrol tank
خزانة safe, closet, cabinet *n* [xiza:na]
خزانة الأمتعة المتروكة
[Khezanat al-amte'ah al-matrookah] *n* left-luggage locker
خزانة الثياب
[Khezanat al-theyab] *n* wardrobe
خزانة بقفل
[Khezanah be-'qefl] *n* locker
خزانة كتب
[Khezanat kotob] *n* bookcase
خزانة للأطباق والكؤوس
[Khezanah lel aṭba'q wal-koos] *n* cupboard
خزانة ملابس بأدراج
[Khezanat malabes be-adraj] *n* chest of drawers
خزفي ceramic *adj* [xazafij]
خزن stock *v* [xazana]
خزّن store *v* [xazzana]
خزي shame *n* [xizj]
خزينة safe *n* [xazi:na]

أريد أن أضع مجوهراتي في الخزينة [areed an aḍa'a mujaw-haraty fee al-khazeena] I would like to put my jewellery in the safe
ضع هذا في الخزينة من فضلك [ḍa'a hadha fee al-khazena, min faḍlak] Put that in the safe, please
خَسّ lettuce *n* [xussu]
خسارة loss *n* [xasa:ra]
خسر lose *vt* [xasara]
خسيس rubbish *adj* [xasi:s]
خشب wood *(material)* *n* [xaʃab]
خشب أبلكاج [Khashab ablakaj] *n* plywood
خشبة *n* [xaʃabatu]
خشبة المسرح [Khashabat al-masraḥ] *n* stage
خشبي wooden *adj* [xaʃabij]
خشخاش poppy *n* [xaʃxa:ʃ]
خشخيشة *n* [xaʃxi:ʃa]
خشخيشة الأطفال [Khashkheeshat al-aṭfaal] *n* rattle
خشن harsh, rough *adj* [xaʃin]
خص belong *v* [xasˤsˤa]
خِصب fertile *adj* [xisˤb]
خَصر waist *n* [xasˤr]
خصص privatize *v* [xasˤsˤasˤa]
خُصلة *n* [xusˤla]
خُصلة شعر [Khoṣlat sha'ar] *n* lock *(hair)*
خصم discount *n* [xasˤm]
خصم للطلاب [Khaṣm lel-ṭolab] *n* student discount
هل يتم قبول بطاقات الخصم؟ [hal yatum 'qubool be-ṭa'qaat al-khaṣim?] Do you take debit cards?
خَصْم adversary, opponent, *n* [xasˤm] rival
خصوص *n* [xusˤu:sˤ]
على وجه الخصوص [Ala wajh al-khoṣoṣ] *adv* particularly
خصوصا especially *adv* [xusˤwusˤan]
خصوصي private *adj* [xusˤu:sˤij]
خصية testicle *n* [xisˤja]
خضار vegetable *n* [xudˤa:r]
خضر vegetables *npl* [xudˤar]

متجر الخضر والفاكهة [Matjar al-khoḍar wal-fakehah] *n* greengrocer's
خط queue *n* [xatˤtˤu]
إشارة إنشغال الخط [Esharat ensheghal al-khat] *n* engaged tone
خط أنابيب [Khaṭ anabeeb] *n* pipeline
خط التماس [Khaṭ al-tamas] *n* touchline
خط الاستواء [Khaṭ al-estwaa] *n* equator
خط طول [Khaṭ ṭool] *n* longitude
ما هو الخط الذي يجب أن أستقله؟ [ma howa al-khaṭ al-lathy yajeb an asta'qil-uho?] Which line should I take for...?
خطأ mistake *n* [xatˤa]
رقم خطأ [Ra'qam khaṭaa] *n* wrong number
خطأ فادح [Khata fadeh] *n* blunder
خطأ مطبعي [Khata matba'aey] *n* misprint
خطاب letter, message, *n* [xitˤa:b] speech, address
أريد أن أرسل هذا الخطاب [areed an arsil hadha al-kheṭab] I'd like to send this letter
خُطاف crook *n* [xutˤa:f]
خُطبة speech *n* [xutˤba]
خطة scheme *n* [xutˤtˤa]
خطر danger *n* [xatˤar]
هل يوجد خطر من وجود الكتلة الجليدية المنحدرة؟ [hal yujad khatar min wijood al-kutla al-jalee-diya al-muḥadera?] Is there a danger of avalanches?
خطف abduct *v* [xatˤafa]
خطوة step *n* [xutˤwa]
خطيئة sin *n* [xatˤi:ʔa]
خطيب fiancé *n* [xatˤi:b]
خطيبة fiancée *n* [xatˤi:ba]
خطير dangerous *adj* [xatˤi:r]

خلنج [xalnaʒ] *n*
نبات الخلنج
[Nabat al-khalnaj] *n* heather
خفاش [xuffa:ʃ] *n* bat *(mammal)*
خفر [xafar] *n* guard
خفر السواحل
[Khafar al-ṣawaḥel] *n* coastguard
خفض [xaffadˤa] *v* reduce
خفف [xafaffa] *v* dilute, relieve
خفق [xafaqa] *v* throb
خفي [xafij] *adj* hidden
خفيف [xafi:f] *adj* light *(not dark)*, light *(not heavy)*
خل [xall] *n* vinegar
خلاصة [xula:sˤa] *n* summary
خلاصة بحث أو منهج دراسي
[Kholaṣat bahth aw manhaj derasey] *n* syllabus
خلاط [xala:tˤ] *n* mixer
خلاط كهربائي
[Khalaṭ kahrabaey] *n* liquidizer
خلاف [xila:f] *n* contrast, difference
بخلاف
[Be-khelaf] *prep* apart from
خلاق [xalla:q] *adj* creative
خلال [xila:la] *prep* through
خلال ذلك
[Khelal dhalek] *adv* meanwhile
خلط [xalatˤa] *v* mix up
خلع [xalaʕa] *v*
يخلع ملابسه
[Yakhla'a malabesh], take off
خلف [xalfa] *adv* behind
للخلف
[Lel-khalf] *adv* backwards
خلفي [xalfij] *adj* rear
متجه خلفاً
[Motajeh khalfan] *adj* back
خلفية [xalfijja] *n* background
خلل [xallala] *v* marinade
خلود [xulu:d] *n* eternity
خلول [xulu:l] *n*
أم الخلول
[Om al-kholool] *n* mussel
خلوي [xalawij] *adj* outdoor
خلية [xalijja] *n* cell

خليج [xali:ʒ] *n* bay
دول الخليج العربي
[Dowel al-khaleej al'arabey] *npl* Gulf States
خليط [xali:tˤ] *n* mixture
خليلة [xali:la] *n* mistress
خمار [xima:r] *n* veil
خماسي [xuma:sij] *adj* five-part
مباراة خماسية
[Mobarah khomaseyah] *n* pentathlon
خمد [xamada] *v* stub out
خمر [xamr] *n* wine
خمْر الشِري
[Khamr alsherey] *n* sherry
خمْر الطعام
[Khamr al-ṭa'aam] *n* table wine
هذا الخمر ليس مثلج
[hatha al-khamur lysa muthal-laj] This wine is not chilled
هذه البقعة بقعة خمر
[hathy al-bu'q-'aa bu'q-'aat khamur] This stain is wine
خمْسة [xamsatun] *number* five
خمْسة عشر [xamsata ʕaʃar] *number* fifteen
خمْسون [xamsu:na] *number* fifty
خمّن [xammana] *v* guess
خميرَة [xami:ra] *n* yeast
خنْدق [xandaq] *n* trench
خنْدق مائي
[Khanda'q maaey] *n* moat
خنزير [xinzi:r] *n* pig
خنزير غينيا
[Khnzeer ghemyah] *n* guinea pig *(rodent)*
فخذ الخنزير المدخن
[Fakhdh al-khenzeer al-modakhan] *n* ham
لحم خنزير
[Lahm al-khenzeer] *n* pork
لحم خنزير مقدد
[Laḥm khanzeer me'qaded] *n* bacon
خنْفساء [xunfusa:ʔ] *n* beetle
خنْفساء الدعْسوقة
[Khonfesaa al-da'aso'qah] *n* ladybird
خنق [xanaqa] *v* strangle, suffocate

خُوخ [xu:x] *n* nectarine, peach
خوذة [xuwða] *n* helmet
هل يمكن أن أحصل على خوذة؟
[hal yamken an aḥṣal 'aala khoo-dha?] Can I have a helmet?
خوف [xawf] *n* fear
خوف مرضي
[Khawf maraḍey] *n* phobia
خوّف [xawwafa] *v* intimidate
خِيَار [xija:r] *n* cucumber, option
خَيَّاط [xajja:tˤ] *n* tailor
خياطة [xija:tˤa] *n* sewing
ماكينة خياطة
[Makenat kheyaṭah] *n* sewing machine
خِيَاطة [xaja:tˤa] *n* sewing
خَيال [xaja:l] *n* imagination
خيال علمي
[Khayal 'aelmey] *n* science fiction
خيال الظِل
[Khayal al-ḍhel] *n* scarecrow
خَيَالِي [xaja:lij] *adj* fantastic
خيب [xajba] *n*
خيبة الأمل
[Khaybat al-amal] *n* disappointment
خيّب [xajjaba] *v* disappoint
خير [xajr] *adj* good
بخير، شكرا
[be-khair, shukran] Fine, thanks
خَيْزُرَان [xajzura:n] *n* bamboo
خيط [xajatˤa] *v*
يُخيط تماما
[Yokhayeṭ tamaman] *v* sew up
خَيْط [xajtˤ] *n* thread
خَيْط تنظيف الأسنان
[Khayṭ tandheef al-asnan] *n* dental floss
خيل [xajl] *n* horse
ركوب الخيل
[Rekoob al-khayl] *n* horse riding
دوامة الخيل
[Dawamat al-kheel] *n* merry-go-round
أود أن أشاهد سباقًا للخيول؟
[awid an oshahed seba'qan lil-khiyool] I'd like to see a horse race
أود أن أقوم بنزهة على ظهر الخيول؟
[awid an a'qoom be-nozha 'aala ḍhahir al-khiyool] I'd like to go pony trekking
هيا نذهب لركوب الخيل
[hya nadhhab le-rikoob al-khayl] Let's go horse riding
خيم [xajjama] *v* camp
خيمة [xajma] *n* tent
عمود الخيمة
['amood al-kheemah] *n* tent pole
نريد موقع لنصب الخيمة
[nureed maw'qi'a le-naṣib al-khyma] We'd like a site for a tent
هل يمكن أن ننصب خيمتنا هنا؟
[Hal yomken an nansob khaymatna hona?] Can we pitch our tent here?

داء illness *n* [da:ʔ]

داء البواسير

[Daa al-bawaseer] *n* piles

داء الكلب

[Daa al-kalb] *n* rabies

دائرة circle, round *(series)* *n* [da:ʔira]

دائرة تلفزيونية مغلقة

[Daerah telefezyoneyah moghla'qa] *n* CCTV

دائرة البروج

[Dayrat al-boroj] *n* zodiac

دائرة انتخابية

[Daaera entekhabeyah] *n* constituency, precinct

دائرة من مدينة

[Dayrah men madeenah] *n* ward *(area)*

الدائرة القطبية الشمالية

[Al-daerah al'qoṭbeyah al-Shamaleyah] *n* Arctic Circle

دائري circular *adj* [da:ʔirij]

طريق دائري

[Ṭaree'q dayery] *n* ring road

دائم permanent *adj* [da:ʔim]

بشكل دائم

[Beshakl daaem] *adv* permanently

دائما always *adv* [da:ʔiman]

دَاخِل inside *n* [da:xila]

دَاخِلٌ interior *n* [da:xil]

دَاخَلاً inside *adv* [da:xila:]

داخلي domestic, indoor, *adj* [da:xilij] internal

أنبوب داخلي

[Anboob dakheley] *n* inner tube

تلميذ داخلي

[telmeedh dakhely] *n* boarder

لباس داخلي

[Lebas dakhely] *n* panties

مدرسة داخلية

[Madrasah dakheleyah] *n* boarding school

ملابس داخلية

[Malabes dakheleyah] *n* underwear

مُصَمِم داخلي

[Moṣamem dakheley] *n* interior designer

نظام الاتصال الداخلي

[nedhaam aleteṣaal aldakheley] *n* intercom

ما الأنشطة الرياضية الداخلية المتاحة؟

[ma al-anshiṭa al-reyaḍya al-dakhiliya al-mutaḥa?] What indoor activities are there?

داخلياً indoors *adv* [da:xilijjan]

دار house, building *n* [da:r]

دار سك العملة

[Daar ṣaak al'aomlah] *n* mint *(coins)*

دار ضيافة

[Dar eḍafeyah] *n* guesthouse

دار البلدية

[Dar al-baladeyah] *n* town hall

دار الشباب

[Dar al-shabab] *n* youth hostel

دار المجلس التشريعى

[Dar al-majles al-tashre'aey] *n* council house

ماذا يعرض الآن في دار الأوبرا؟

[madha yu'a-raḍ al-aan fee daar al-obera?] What's on tonight at the opera?

دارة circuit *n* [da:ra]

داس stamp *vt* ⊲ step on *v* [da:sa]

دافئ warm *adj* [da:fiʔ]

دافع *n* [da:fiʕ]

دافع الضرائب
[Daafe'a al-ḍarayeb] *n* tax payer
دافع [da:fa؟a] *v* defend
دانماركي [da:nma:rkij] *adj* Danish
n Dane ◁
دانمركي [da:nmarkijjat] *adj*
اللغة الدانمركية
[Al-loghah al-danmarkeyah] *(language) n* Danish
دُبّ [dubb] *n* bear
دُب تيدي بير
[Dob tedey beer] *n* teddy bear
دبابة [dabba:ba] *n* *(combat vehicle)* tank
دَبَّاسَة [dabba:sa] *n* stapler
دَبَّس [dabbasa] *v*
يُدَبِّس الأوراق
[Yodabes al-wra'q] *v* staple
دِبْس [dibs] *n*
دِبْس السكر
[Debs al-sokor] *n* treacle
دبلوما [diblu:ma:] *n* diploma
دبلوماسي [diblu:ma:sij] *adj* diplomatic
n diplomat ◁
دبور [dabu:r] *n* wasp
دبوس [dabbu:s] *n* pin
دبوس أمان
[Daboos aman] *n* safety pin
دبوس تثبيت اللوائح
[Daboos tathbeet al-lawaeh] *n* drawing pin
دبوس شعر
[Daboos sha'ar] *n* hairgrip
دُجّ [duʒʒ] *n* thrush
دجاجة [daʒa:ʒa] *n* hen, chicken
دَجّال [daʒʒa:l] *n* juggler
دخان [duxa:n] *n* smoke
كاشف الدُخان
[Kashef al-dokhan] *n* smoke alarm
هناك رائحة دخان بغرفتي
[hunaka ra-eḥa dukhaan be-ghurfaty] My room smells of smoke
دخل [daxl] *n* income
ضريبة دخل
[Ḍareebat dakhl] *n* income tax
دخل [daxala] *v* access, come in
دَخْل [daxla] *n* income
دخَّن [daxxana] *v* smoke
أين يمكن أن أدخن؟
[ayna yamken an adakhin?] Where can I smoke?
هل أنت ممن يدخنون؟
[hal anta me-man yoda-khinoon?] Do you smoke?
يُدَخِّن سيجارة الكترونية بخارية
[yudakhkhin seejaara elektroniyya bukhaariyya] vape
دخول [duxu:l] *n* (مادة) entry
رَسْم الدخول
[Rasm al-dokhool] *n* entrance fee
يَسمَح بالدخول
[Yasmaḥ bel-dokhool] *v* admit *(allow in)*
دخيل [daxi:l] *adj* exotic, alien
درابزين [dara:bizi:n] *n* banister
درابَزينات [dara:bzi:na:tun] *npl* railings
دراجة [darra:ʒa] *n* cycle
راكب الدراجة
[Rakeb al-darrajah] *n* cyclist
دراجة ترادفية
[Darrajah tradofeyah] *n* tandem
دراجة آلية
[darrajah aaleyah] *n* moped
دراجة الرِجْل
[Darrajat al-rejl] *n* scooter
دراجة الجبال
[Darrajah al-jebal] *n* mountain bike
دراجة بخارية
[Darrajah bokhareyah] *n* cycle *(bike)*
دراجة بمحرك
[Darrajah be-moharrek] *n* motorbike
دراجة نارية
[Darrajah narreyah] *n* motorcycle
دراجة هوائية
[Darrajah hawaeyah] *n* bike
منفاخ دراجة
[Monfakh draajah] *n* bicycle pump
دراسة [dira:sa] *n* study
دراسة السوق
[Derasat al-soo'q] *n* market research
لا زلت في الدراسة
[la zilto fee al-deraasa] I'm still studying

راسي academic *adj* [dira:sij]
عام دراسي
['aam derasey] *n* academic year
حجرة دراسية
[Ḥojrat derasah] *n* classroom
كتاب دراسي
[Ketab derasey] *n* textbook
منهج دراسي
[Manhaj derasey] *n* curriculum
راما drama *n* [dra:ma:]
رامي dramatic *adj* [dra:mij]
رب driveway *n* [darb]
رّب train *vt* [darraba]
رَج staircase *n* [daraʒ]
رج drawer *n* [durʒ]
درج الأسطوانات المدمجة
[Dorj al-esṭewanaat al-modmajah] *n* CD-ROM
دُرج العربة
[Dorj al-'aarabah] *n* glove compartment
دُرج النقود
[Dorj al-no'qood] *n* till
رجة degree, class *n* [daraʒa]
إلى درجة فائقة
[Ela darajah fae'qah] *adv* extra
درجة رجال الأعمال
[Darajat rejal ala'amal] *n* business class
درجة سياحية
[Darjah seyaḥeyah] *n* economy class
درجة أولى
[Darajah aula] *adj* first-class
درجة ثانية
[Darajah thaneyah] *n* second class
درجة الباب
[Darajat al-bab] *n* doorstep
درجة الحرارة
[Darajat al-ḥaraarah] *n* temperature
درجة حرارة سلزيوس
[Darajat ḥararah selezyos] *n* degree Celsius
درجة حرارة فهرنهايتي
[Darjat hararh ferhrenhaytey] *n* degree Fahrenheit
درجة حرارة مئوية
[Draajat ḥaraarah meaweyah] *n* degree centigrade
بدرجة أقل
[Be-darajah a'qal] *adv* less
بدرجة أكبر
[Be-darajah akbar] *adv* more
بدرجة كبيرة
[Be-darajah kabeerah] *adv* largely
من الدرجة الثانية
[Men al-darajah althaneyah] *adj* second-rate
دردار elm *n* [darda:r]
شجر الدردار
[Shajar al-dardaar] *n* elm tree
دردش chat *v* [dardaʃa]
دردشة chat *n* [dardaʃa]
درز stitch *v* [daraza]
درس study *v* [darasa]
يَدْرُس بجد
[Yadros bejed] *v* swot *(study)*
دَرس teach *v* [darrasa]
دَرْس lesson *n* [dars]
درس خصوصي
[Dars khoṣoṣey] *n* tutorial
دَرْس القيادة
[Dars al-'qeyadah] *n* driving lesson
هل يمكن أن نأخذ دروسا؟
[hal yamken an nakhudh di-roosan?] Can we take lessons?
دِرْع armour *n* [dirʕ]
درم do one's nails *v* [darrama]
دروة *n* [dirwa]
دروة تدريبية
[Dawrah tadreebeyah] *n* training course
دستة dozen *n* [dasta]
دستور constitution *n* [dustu:r]
دسم fat *n* [dasam]
قليل الدسم
['qaleel al-dasam] *adj* low-fat
الطعام كثير الدسم
[al-ṭa'aam katheer al-dasim] The food is very greasy
دش shower *n* [duʃʃ]
الدش لا يعمل
[al-doosh la ya'amal] The shower doesn't work
الدش متسخ
[al-doosh mutasikh] The shower is dirty

دعا invite *v* [daʕa:]
يَدْعو إلى
[Yad'aoo ela] *v* call for
دِعائم piles *npl* [daʕa:ʔimun]
دُعَابة humour *n* [duʕa:ba]
دعامة pier, pillar, *n* [daʕa:ma] support
دِعَايَة propaganda *n* [diʕa:jat]
دعم support, backing *n* [daʕm]
دعم back up *v* ◁ support *n* [dʕama]
دعوة invitation *n* [daʕwa]
دعوة إلى طعام أو شراب
[Dawah elaa ṭa'aam aw sharaab] *n* treat
دعوى suit *n* [daʕwa:]
دعوى قضائية
[Da'awa 'qaḍaeyah] *n* proceedings
دَغدغ tickle *v* [daɣdaɣa]
دِغل jungle *n* [daɣl]
دَغَل bush *(thicket) n* [daɣal]
دفء warmth *n* [difʔ]
بدأ الدفء في الجو
[Badaa al-defaa fee al-jaw] It's thawing
دفاع defence *n* [difa:ʕ]
الدفاع عن النفس
[Al-defaa'a 'aan al-nafs] *n* self-defence
دفتر notebook *n* [diftar]
دفتر صغير
[Daftar ṣagheer] *n* notepad
دفتر العناوين
[Daftar al-'aanaaween] *n* address book
دفتر الهاتف
[Daftar al-hatef] *n* phonebook
دفتر تذاكر من فضلك
[daftar tadhaker min faḍlak] A book of tickets, please
دفع payment *n* [dafʕ]
دفع بالغيبة
[Dafa'a bel-ghaybah] *n* alibi
واجب دفعه
[Wajeb daf'aaho] *adj* payable
أين يتم الدفع؟
[ayna yatim al-daf'a?] Where do I pay?
هل سيكون الدفع واجبًا علي؟
[hal sayakon al-dafi'a wajeban 'aalya?] Will I have to pay?
هل يجب الدفع مقدما؟
[hal yajib al-dafi'a mu'qad-aman?] Do I pay in advance?
دفع pay, push *v* [dfaʕa]
متى أدفع؟
[mata adfa'a?] When do I pay?
هل هناك أية إضافة تدفع؟
[hal hunaka ayaty eḍafa tudfa'a?] Is there a supplement to pay?
دفع بالخَصم المباشر
[daf' bil-khaṣm al-mubaashir] *n* contactless
هل يمكن أن تدفع سيارتي
[hal yamken an tadfa'a sayaraty?] Can you give me a push?
يجب أن تدفع لي
[yajib an tad-fa'a lee...] You owe me...
دفن bury *v* [dafana]
دقّ ring *v* [daqqa]
دقّة *n* [daqqa]
دقة قديمة
[Da'qah 'qadeemah] *adj* old-fashioned
دِقّة accuracy *n* [diqqa]
بدقّة
[Bedae'qah] *adv* accurately
دقق *v* [daqqaqa]
يدقق الحسابات
[Yoda'qe'q al-ḥesabat] *v* audit
دقيق accurate *adj* [daqi:q]
غير دقيق
[Ghayer da'qee'q] *adj* inaccurate
دقيق الحجم
[Da'qee'q al-hajm] *adj* minute
دقيق الشوفان
[Da'qee'q al-shofaan] *n* porridge
دقيق طحين
[Da'qee'q ṭaheen] *n* flour
دقيقة minute *n* [daqi:qa]
من فضلك، هل يمكن أن أترك حقيبتي معك لدقيقة واحدة؟
[min faḍlak, hal yamkin an atrik ha'qebaty ma'aak le-da'qe'qa waḥeda?] Could you watch my bag for a minute, please?
هناك أتوبيس يغادر كل 20 دقيقة
[Honak otobees yoghader kol 20 da'qee'qa] The bus runs every twenty

minutes
دكتاتوري bossy n [dikta:tu:rij]
دلالة significance n [dala:la]
دَلاية locket n [dala:ja]
دلو pail, bucket n [dalw]
دليل directory, evidence, n [dali:l] handbook, proof
دليل التشغيل
[Daleel al-tashgheel] n manual
دليل الهاتف
[Daleel al-hatef] n telephone directory
استعلامات دليل الهاتف
[Este'alamat daleel al-hatef] npl directory enquiries
ما هو رقم استعلامات دليل التليفون؟
[ma howa ra'qim esti'a-lamaat daleel al-talefon?] What is the number for directory enquiries?
دم blood n [dam]
ضغط الدم
[ḍaghṭ al-dam] n blood pressure
تسمم الدم
[Tasamom al-dam] n blood poisoning
اختبار الدم
[Ekhtebar al-dam] n blood test
فصيلة دم
[faṣeelat dam] n blood group
نقل الدم
[Na'ql al-dam] n blood transfusion, transfusion
هذه البقعة بقعة دم
[hathy al-bu'q-'aa bu'q-'aat dum] This stain is blood
دمار destruction n [dama:r]
مسبب لدمار هائل
[Mosabeb ledamar haael] adj devastating
دماغ brain n [dima:ɣ]
دمث adj [damiθ]
دَمِث الأخلاق
[Dameth al-akhla'q] adj good-natured
دمج merge v [damaʒa]
دمْج merger n [damʒ]
دمّر destroy v [dammara]
دمّر ruin v [dammara]
دمْعة tear *(from eye)* n [damʕa]
دِمغة stamp n [damɣa]
دُمّل pimple n [dumul]
دموي bloody n [damawij]
دمية doll n [dumja]
دمية متحركة
[Domeyah motaḥarekah] n puppet
دنيم n [dani:m]
قماش الدنيم القطنى
['qomash al-deneem al-'qotney] n denim
دِنيم n [dini:mi]
سروال من قماش الدِنيم القطنى
[Serwal men 'qomash al-deneem al-'qotney] n jeans
دِهان paint n [diha:n]
دُهني greasy adj [duhnij]
دواء remedy, medicine n [dawa:ʔ]
دواء مُقوي
[Dawaa mo'qawey] n tonic
حبة دواء
[Habbat dawaa] n tablet
دوار vertigo, motion n [duwa:ru] sickness
دوار الجو
[Dawar al-jaw] n airsick
دُوار vertigo n ◁ dizzy adj [duwa:r]
دوّاسة pedal n [dawwa:sa]
دوام length of time n [dawa:m]
دوام كامل
[Dawam kamel] adj full-time
دوخة vertigo, nausea n [du:xa]
أعاني من الدوخة
[o-'aany min al-dokha] I suffer from vertigo
أشعر بدوخة
[ash-'aur be-dowkha] I feel dizzy
لا زلت أعاني من الدوخة
[la zilto o'aany min al-dokha] I keep having dizzy spells
دُودَة worm n [du:da]
دور round, floor, role n [dawr]
دور رئيسي
[Dawr raaesey] n lead *(in play/film)*
على من الدور؟
[Ala man al-door?] Whose round is it?
في أي دور تقع هذه الغرفة
[fee ay dawr ta'qa'a hadhy al-ghurfa?]

What floor is it on?
في أي دور توجد محلات الأحذية؟
[fee ay dawr tojad maḥa-laat al-aḥ-dhiyah?] Which floor are shoes on?
دور [dawara] v turn, cycle
السيارة لا تدور
[al-sayara la tadoor] The car won't start
يجب أن تدور إلى الخلف
[yajib an tadoor ela al-khalf] You have to turn round
دَوَران [dawara:n] n circulation
دورة [dawra] n cycle (recurring period), turn
دورة تنشيطية
[Dawrah ṭansheeṭeyah] n refresher course
دَوْرَة تعليمية
[Dawrah ta'aleemeyah] n course
دورق [dawraq] n carafe, flask
دورق من النبيذ الأبيض
[dawra'q min al-nabeedh al-abyaḍ] a carafe of white wine
دَورية [dawrijja] n patrol
دولاب [du:la:b] n
أي من دولاب من هذه الدواليب يخصني؟
[ay doolab lee?] Which locker is mine?
دُولار [du:la:r] n dollar
دولة [dawla] n country
دولة تشيلي
[Dawlat tesheeley] n Chile
دُولفين [du:lfi:n] n dolphin
دولي [dawlij] adj international
أين يمكن أن أقوم بإجراء مكالمة دولية؟
[ayna yamken an a'qoom be-ijraa mukalama daw-liya?] Where can I make an international phonecall?
هل تبيع كروت المكالمات الدولية التليفونية؟
[hal tabee'a kroot al-muka-lamat al-daw-liya al-talefoniya?] Do you sell international phonecards?
دومنيكان [du:mini:ka:n] adj Dominican
جمهورية الدومنيكان
[Jomhoreyat al-domenekan] n Dominican Republic
دومينو [du:mi:nu:] n
أحجار الدومينو
[Ahjar al-domino] npl dominoes
لعبة الدومينو
[Loabat al-domeno] n domino
دوّن [dawwana] v note down, blog, write down
يدوِّن بالفيديو
[yudawwin bil-vidyo] v vlog
دير [dajr] n monastery
دَيْر الراهبات
[Deer al-rahebat] n convent
دَيْر الرهبان
[Deer al-rohban] n abbey, monastery
هل الدير مفتوحة للجمهور؟
[Hal al-deer maftoḥah lel-jomhoor?] Is the monastery open to the public?
ديزيل [di:zi:l] n
وقود الديزيل
[Wa'qood al-deezel] n diesel
ديسكو [di:sku:] n disco
ديسمبر [di:sambar] n December
دى في دي [di:fi: di:] n
اسطوانة دى في دي
[Esṭwanah DVD] n DVD
ديك [di:k] n cock
ديك رومي
[Deek roomey] n turkey
ديك صغير
[Deek ṣagheer] n cockerel
ديكتاتور [di:kta:tu:r] n dictator
ديمقراطي [di:muqra:tˤij] adj democratic
ديمقراطية [di:muqra:tˤijja] n democracy
دَيْن [dajn] n debt
دِين [dajn] n religion
ديناصور [di:na:sˤu:r] n dinosaur
ديناميكي [di:na:mi:kajj] adj dynamic
ديني [di:nij] adj religious, sacred

melt *vi* [ða:ba] **ذاب**
wolf *n* [ðiʔb] **ذئب**
personal *adj* [ða:tij] **ذاتي**
سيرة ذاتية
[Seerah dhateyah] *n* CV
حُكْم ذاتي
[ḥokm ḍhatey] *n* autonomy
v [ða:qa] **ذاق**
هل يمكنني تذوقها؟
[hal yamken -any tadha-we'qha?] Can I taste it?
memory *n* [ða:kira] **ذَاكِرة**
n [ða:hib] **ذاهِب**
نحن ذاهبون إلى...
[naḥno dhahe-boon ela...] We're going to...
fly *n* [ðuba:ba] **ذُبَابَة**
ذبَابَة صغيرة
[Dhobabah ṣagheerah] *n* midge
n [ðabħa] **ذبحة**
ذبحة صدرية
[dhabhah ṣadreyah] *n* angina
wilt *v* [ðabula] **ذَبُل**
ammunition *n* [ðaxi:ra] **ذَخيرة**
ذَخيرة حربية
[dhakheerah ḥarbeyah] *n* magazine *(ammunition)*

arm *n* [ðira:ʕ] **ذِرَاع**
ذِراع الفتيس
[dhera'a al-fetees] *n* gearshift
لا يمكنني تحريك ذراعي
[la yam-kinuni taḥreek thera-'ay] I can't move my arm
لقد جرح ذراعه
[la'qad jara-ḥa thera-'aehe] He has hurt his arm
n [ðura] **ذرة**
ذرة سكري
[dhorah sokarey] *n* sweetcorn
نشا الذرة
[Nesha al-zorah] *n* cornflour
atom *n* [ðarra] **ذَرَّة**
corn *n* [ðura] **ذرَة**
رقائق الذّرَة
[Ra'qae'a al-dorrah] *npl* cornflakes
peak *n* [ðirwa] **ذروة**
ساعات الذروة
[Sa'aat al-dhorwah] *npl* peak hours
في غير وقت الذروة
[Fee ghaeyr wa'qt al-dhorwah] *adv* off-peak
n [ðuru:r] **ذرور**
ذرور معطر
[Zaroor mo'aṭar] *n* sachet
atomic *adj* [ðarij] **ذَرِي**
panic, scare *n* [ðuʕr] **ذُعْر**
chin *n* [ðaqn] **ذقن**
intelligence *n* [ðaka:ʔ] **ذكاء**
شخص متقد الذكاء
[shakhṣ mota'qed al-dhakaa] *n* brilliant
remind *v* [ðakkara] **ذَكّر**
mention *v* [ðkara] **ذَكَر**
male *n* [ðakar] **ذَكَر**
male *adj* [ðakarij] **ذَكَرِي**
memory, remembrance *n* [ðikra:] **ذِكْرَى**
ذِكْرى سنوية
[dhekra sanaweyah] *n* anniversary
brainy, smart, intelligent *adj* [ðakij] **ذكي**
tail *n* [ðanab] **ذنب**
نجم ذو ذنب
[Najm dho dhanab] *n* comet

ذَنْب guilt *n* [ðanb]
ذهاب going *n* [ðaha:b]
أريد الذهاب للتزلج
[areed al-dhehaab lil-tazal-oj] I'd like to go skiing
أين يمكن الذهاب لـ...؟
[ayna yamken al-dhehaab le...?] Where can you go...?
أين يمكنني الذهاب للعدو؟
[ayna yamken-any al-dhehab lel-'aado?] Where can I go jogging?
نريد الذهاب إلى...
[nureed al-dhehaab ela...] We'd like to go to...
هل يمكن أن تقترح بعض الأماكن الشيقة التي يمكن الذهاب إليها؟
[hal yamken an ta'qta-reḥ ba'aḍ al-amakin al-shay-i'qa al-laty yamken al- dhehaab elay-ha?] Can you suggest somewhere interesting to go?
ذهب gold *n* [ðahab]
مطلي بالذهب
[Maṭley beldhahab] *adj* gold-plated
ذهب go *v* [ðahaba]
يَذهَب بسرعة
[yaḍhab besor'aa] *v* go away
سوف أذهب إلى...
[Sawf adhhab ela] I'm going to...
لم أذهب أبدا إلى...
[lam athhab abadan ela...] I've never been to...
لن أذهب
[Lan adhhab] I'm not coming
هل ذهبت إلى...
[hal dhahabta ela...?] Have you ever been to...?
ذهبي golden *adj* [ðahabij]
سمك ذهبي
[Samak dhahabey] *n* goldfish
ذهن mind *n* [ðihn]
شارِد الذهن
[Shared al-dhehn] *adj* absent-minded
ذوبان dissolving, *n* [ðawaba:n] melting
قابل للذوبان
['qabel lel-dhawaban] *adj* soluble
ذوق taste *n* [ðawq]
عديم الذوق
['aadeem al-dhaw'q] *adj* tasteless
حسن الذوق
[Hosn aldhaw'q] *adj* tasteful
ذَوِى fade *v* [ðawwa:]
ذَيْل tail *n* [ðajl]

revise *v* [raːʒaʕa] **راجع**
leisure, relief, rest *n* [raːħa] **راحة**
راحة اليد
[Rahat al-yad] *n* palm *(part of hand)*
أسباب الراحة
[Asbab al-rahah] *n* amenities
وسائل الراحة الحديثة
[Wasael al-rahah al-hadethah] *npl* mod cons
يساعد على الراحة
[Yosaed ala al-rahah] *adj* relaxing
يوم الراحة
[Yawm al-raḥah] *n* Sabbath
gone *adj* [raːħil] **راحل**
radar *n* [raːdaːr] **رادار**
radio *n* [raːdjuː] **راديو**
راديو رقمي
[Radyo ra'qamey] *n* digital radio
محطة راديو
[Mahaṭat radyo] *n* radio station
هل يمكن أن أشغل الراديو؟
[hal yamken an osha-ghel al-radio?] Can I switch the radio on?
هل يمكن أن أطفئ الراديو؟
[hal yamken an aṭfee al-radio?] Can I switch the radio off?
head *n* [raʔs] **رأس**
رأس البرعم القطني
[Raas al-bor'aom al-'qaṭaney] *n* cotton bud
سماعات الرأس
[Samaat al-raas] *npl* headphones
عصابة الرأس
['eṣabat al-raas] *n* hairband
غطاء للرأس والعنق
[Gheṭa'a lel-raas wal-a'ono'q] *n* hood
حليق الرأس
[Halee'q al-raas] *n* skinhead
وشاح غطاء الرأس
[Weshaḥ gheṭaa al-raas] *n* headscarf
رَأس إصبع القدم
[Raas eṣbe'a al-'qadam] *n* tiptoe
رَأس السَنَة
[Raas alsanah] *n* New Year
هل توجد سماعات رأس؟
[hal tojad simma-'aat raas?] Does it

smell *n* [raːʔiħa] **ائحة**
رائحة كريهة
[Raaehah kareehah] *n* stink
كريه الرائحة
[Kareeh al-raaehah] *adj* smelly
مزيل رائحة العرق
[Mozeel raaehat al-'aara'q] *n* deodorant
أنني أشم رائحة غاز
[ina-ny ashum ra-e-hat ghaaz] I can smell gas
توجد رائحة غريبة في الغرفة
[toojad raeḥa ghareba fee al-ghurfa] There's a funny smell
amazing, picturesque, *adj* [raːʔiʕ] **ائع**
fine (رقيق)
على نحو رائع
[Ala nahw rae'a] *adv* fine
remarkably *adv* [raːʔiʕan] **ائعا**
masterpiece *n* [raːʔiʕa] **ائعة**
link *n* [raːbitˤ] **ابط**
connection *n* [raːbitˤa] **ابطة**
fourth *adj* [raːbiʕu] **ابع**
lung *n* [riʔit] **ئة**
salary *n* [raːtib] **اتب**
n [raːtiːnʒ] **اتينج**
مادة الراتينج
[Madat al-ratenj] *n* resin

have headphones?
رأس head v [raʔasa]
راسخ firm adj [ra:six]
رأسمالية capitalism n [raʔsuma:lijja]
رَأسي vertical adj [raʔsij]
راشد adult adj [ra:ʃid]
طالب راشد
[Ṭaleb rashed] n mature student
راض satisfied adj [ra:dˤin]
غير راض
[Ghayr raḍ] adj dissatisfied
راعي shepherd, sponsor n [ra:ʕi:]
راعى البقر
[Ra'aey al-ba'qar] n cowboy
رافع n [ra:fiʕ]
رافع الأثقال
[Rafe'a al-ath'qaal] n weightlifter
رافعة crane (bird), jack n [ra:fiʕa]
رافق escort, accompany v [ra:faqa]
راقص dancer nm [ra:qisˤu]
راقص باليه
[Ra'qeṣ baleeh] n ballet dancer
راقصة dancer nf [ra:qisˤa]
راقصة باليه
[Ra'ṣat baleeh] n ballerina
راكب passenger, rider n [ra:kib]
راكب الدراجة
[Rakeb al-darrajah] n cyclist
راكون n [ra:ku:n]
حيوان الراكون
[Ḥayawaan al-rakoon] n racoon
راكيت n [ra:ki:t]
مضرب الراكيت
[Maḍrab alrakeet] n racquet
رام v [ra:ma]
على ما يُرام
['aala ma yoram] adv all right
إنه ليس على ما يرام
[inaho laysa 'aala ma you-ram] He's not well
راهب monk n [ra:hib]
راهبة nun n [ra:hiba]
راهن current adj [ra:hin]
الوضع الراهن
[Al-waḍ'a al-rahen] n status quo
راهن bet vi [ra:hana]

راوغ dodge v [ra:waɣa]
راوند n [ra:wand]
عشب الراوند
['aoshb al-rawend] n rhubarb
رَاوِي teller n [ra:wi:]
رأي option n [raʔj]
الرأي العام
[Al-raaey al-'aam] n public opinion
ما رأيك في الخروج وتناول العشاء
[Ma raaek fee al-khoroj wa-tanawol l-'aashaa] Would you like to go out for dinner?
رَأي opinion n [raʔjj]
رأى see vt [raʔa]
نريد أن نرى النباتات والأشجار المحلية
[nureed an nara al-naba-taat wa al-ash-jaar al-mahali-ya] We'd like to see local plants and trees
رؤية sight n [ruʔja]
رئيس captain, president n [raʔijs]
رئيس أساقفة
[Raees asa'qefah] n archbishop
رئيس عصابة
[Raees eṣabah] n godfather (criminal leader)
رئيس الطهاة
[Raees al-ṭohah] n chef
رئيس المجلس
[Raees al-majlas] n chairman
رئيس الوزراء
[Raees al-wezaraa] n prime minister
نائب الرئيس
[Naeb al-raaes] n deputy head
رئيسي chief adj [raʔi:sij]
صفحة رئيسية
[Ṣafḥah raeseyah] n home page
دَور رئيسي
[Dawr raaesey] n lead (in play/film)
طريق رئيسي
[ṭaree'q raeysey] n main road
طبق رئيسي
[Ṭaba'q raeesey] n main course
مراكز رئيسية
[Marakez raeaseyah] npl headquarters
مقال رئيسي فى صحيفة
[Ma'qal raaeaey fee ṣaheefah] n lead

(position)
مكتب رئيسي
[Maktab a'ala] n head office
رباط band (strip) n [riba:tˤ]
رباط عنق على شكل فراشة
[Rebaṭ 'ala shakl frashah] n bow tie
رباط العنق
[Rebaṭ al-'aono'q] n tie
رباط الحذاء
[Rebaṭ al-hedhaa] n shoelace
رباط مطاطي
[rebaṭ maṭaṭey] n rubber band
رباعية quartet n [ruba:ʕijjatu]
ربان quarter n [rubba:n]
ربان الطائرة
[Roban al-ṭaaerah] n pilot
رَبّة lady, owner n [rabba]
رَبّة المنزل
[Rabat al-manzel] n housewife
ربَح gain vt [rabaħa]
ربْح profit n [ribħ]
رَبض crouch down v [rabadˤa]
ربَط join vt [rabatˤa]
رَبْط attachment n [rabtˤ]
ربع quarter n [rubʕ]
سباق الدور رُبع النهائي
[Seba'q al-door roba'a al-nehaaey] n quarter final
الساعة الثانية إلا ربع
[al-sa'aa al-thaneya ella rubu'a] It's quarter to two
رُبما maybe adv [rubbama:]
ربو n [rabw]
الربو
[Al-rabw] n asthma
أعاني من مرض الربو
[o-'aany min maraḍ al-raboo] I suffer from asthma
ربى bring up v [rabba:]
ربيب godchild, godson, n [rabi:b] stepson
ربيبة goddaughter, n [rabi:ba] stepdaughter
ربيع spring n [rabi:ʕ]
زهرة الربيع
[Zahrat al-rabee'a] n primrose
فصل الربيع
[Faṣl al-rabeya] n springtime
رتّب arrange, rank v [rattaba]
رُتبة row (line) n [rutba]
رَتيب drab adj [rati:b]
رَث worn adj [raθθ]
رجال men npl [riʒa:lun]
دَوْرة مياه للرجال
[Dawrat meyah lel-rejal] n gents'
رجع turn back, go back v [raʒaʕa]
رَجُل man n [raʒul]
رَجُل أعمال
[Rajol a'amal] n businessman
رَجُل المخاطر
[Rajol al-makhater] n stuntman
أنا رجل أعمال
[ana rajul a'amaal] I'm a businessman
رِجل leg n [riʒl]
رَجوع return n [ruʒu:ʕ]
أود الرجوع إلى البيت
[awid al-rijoo'a ela al-bayt] I'd like to go home
رحّب v [raħħaba]
يُرحِب ب
[Yoraḥeb bee] v greet
رحل depart v [raħala]
رحلة journey, passage (musical) n [riħla]
رحلة سيرًا على الأقدام
[rehalah sayran ala al-a'qdam] n tramp (long walk)
رحلة على الجياد
[Rehalah ala al-jeyad] n pony trekking
رحلة عمل
[Reḥlat 'aamal] n business trip
رحلة جوية
[Rehalah jaweyah] n flight
رحلة جوية مُؤجَرة
[Rehalh jaweyah moajarah] n charter flight
رحلة بعربة ثيران
[Rehlah be-arabat theran] n trek
رحلة بحرية
[Rehalh bahreyah] n cruise
رحلة قصيرة
[Rehalh 'qaṣeerah] n trip
رحلةانكفائية

[Rehlah enkefaeyah] *n* round trip
خطة رحلة شاملة الإقامة والانتقالات [Khotah rehalah shamelah al-e'qamah wal-ente'qalat] *n* package tour
رحم womb *n* [raħim]
فحص عنق الرحم [Faḥṣ 'aono'q al-raḥem] *n* smear test
رحمة mercy *n* [raħma]
رحيق nectar *n* [raħi:q]
شجيرة غنية بالرحيق [Shojayrah ghaneyah bel-raḥee'q] *n* honeysuckle
رحيل parting *n* [raħi:l]
رُخَام marble *n* [ruxa:m]
رخصة licence *n* [ruxsˤa]
رُخْصَة القيادة [Rokhṣat al-'qeyadah] *n* driving licence
رُخصَة بيع الخمور لتناولها خارج المحل [Rokhṣat baye'a al-khomor letnawolha kharej al-maḥal] *n* off-license
رقم رخصة قيادتي هو... [ra'qim rikhṣat 'qeyad-aty howa...] My driving licence number is...
أحمل رخصة قيادة، لكنها ليست معي الآن [Aḥmel rokhṣat 'qeyadah, lakenaha laysat ma'aey al-aan] I don't have my driving licence on me
رَخْو flabby *adj* [raxw]
رخيص cheap *adj* [raxi:sˤ]
هل هناك أي رحلات جوية رخيصة؟ [hal hunaka ay reḥ-laat jaw-wya rakheṣa?] Are there any cheap flights?
رد return, response, reply *n* [radd]
رد انعكاسي [Rad en'aekasey] *n* reflex
تليفون مزود بوظيفة الرد الآلي [Telephone mozawad be-waḍheefat al-rad al-aaley] *n* answerphone
جهاز الرد الآلي [Jehaz al-rad al-aaly] *n* answerphone
رد give back *v* [radda]
مال يرد بعد دفعه [Maal yorad daf'ah] *n* drawback
رُدهَة hallway *n* [radha]
رذاذ drizzle *n* [raðaːð]
رذيلة vice *n* [raði:la]
رزّة *n* [razza]
رزّة سلكية [Rozzah selkeyah] *n* staple *(wire)*
رزق living *n* [rizq]
رَزمة pack, packet *n* [ruzma]
رسالة message *n* [risa:la]
رسالة تذكير [Resalat tadhkeer] *n* reminder
هل وصلتكم أي رسائل من أجلي؟ [hal waṣal-kum ay rasaa-el min ajlee?] Are there any messages for me?
هل يمكن أن أترك رسالة؟ [hal yamken an atruk resala?] Can I leave a message?
رسام painter *n* [rassa:m]
رسخ settle *v* [rassixa]
رُسغ *n* [rusɣ]
رُسغ القدم [rosgh al-'qadam] *n* ankle
رسم charge *(price)*, drawing *n* [rasm]
رسم بياني [Rasm bayany] *n* chart, diagram
رسم بياني دائري [Rasm bayany daery] *n* pie chart
رسوم جمركية [Rosoom jomrekeyah] *npl* customs
رسوم التعليم [Rasm al-ta'aleem] *npl* tuition fees
رسوم متحركة [Rosoom motaharekah] *npl* cartoon
رَسْم الدخول [Rasm al-dokhool] *n* entrance fee
رَسْم الخدمة [Rasm al-khedmah] *n* service charge
رَسْم الالتحاق [Rasm al-elteha'q] *n* admission charge
هل يحتسب رسم تحويل؟ [hal yoḥ-tasab rasim taḥ-weel?] Is there a transfer charge?
رسم draw *(sketch)* *v* [rasama]
يَرسم خطا تحت [Yarsem khaṭan taḥt] *v* underline
هل يمكن أن ترسم لي خريطة للاتجاهات؟ [Hal yomken an tarsem le khareeṭah

lel-etejahaat?] Can you draw me a map with directions?
رسمي official *adj* [rasmij]
غير رسمي
[Ghayer rasmey] *adj* unofficial
غير رسمي
[Ghayer rasmey] *adj* informal
زي رسمي
[Zey rasmey] *n* uniform
شكل رسمي
[Shakl rasmey] *n* formality
رسول messenger *n* [rasu:l]
رسوم toll *n* [rusu:m]
أين سأدفع رسوم المرور بالطريق؟
[ayna sa-adfa'a rosom al-miroor bil-taree'q?] Where can I pay the toll?
هل هناك رسوم يتم دفعها للمرور بهذا الطريق؟
[hal hunaka risoom yatim daf-'aaha lel-miroor be-hadha al- taree'q?] Is there a toll on this motorway?
رش splash *v* [raʃʃa]
رشاد *n* [raʃa:d]
نبات رشاد
[Nabat rashad] *n* cress
رشاش machine gun, spray *n* [raʃʃa:ʃ]
رشاش مياه
[Rashah meyah] *n* watering can
رشح *v* [raʃaħa]
ماذا ترشح لنا؟
[madha tura-shih lana?] What do you recommend?
هل يمكن أن ترشح لي أحد الأطباق المحلية؟
[hal yamken an tura-shih lee ahad al-atbaa'q al-maha-leya?] Can you recommend a local dish?
هل يمكن أن ترشح لي نوع جيد من النبيذ الوردي؟
[hal yamken an tura-shih lee naw'a jayid min al-nabeedh al-wardy?] Can you recommend a good rosé wine?
رَشح nominate *v* [raʃʃaħa]
رشوة bribery *n* [raʃwa]
رصاص lead *n* [rasˤa:sˤa]
خلو من الرصاص
[Khelow men al-rasas] *n* unleaded
رصاصة bullet *n* [rasˤa:sˤa]
رصيف pavement *n* [rasˤi:fu]
رصيف الميناء
[Raseef al-meenaa] *n* quay
رضا content *n* [ridˤa:]
رضع nursing *n* [rudˤdˤaʕ]
هل توجد تسهيلات لمن معهم أطفالهم الرضع؟
[hal tojad tas-heelat leman ma-'aahum atfaal-ahum al-ruda'a?] Are there facilities for parents with babies?
رضع breast-feed *v* [radˤaʕa]
رَضَع suck *v* [radˤaʕa]
رطب humid *adj* [ratˤb]
الجو رطب
[al-jaw ratb] It's muggy
رطل pound *n* [ratˤl]
رطوبة humidity *n* [rutˤu:ba]
رعاية sponsorship *n* [riʕa:ja]
رعاية الأطفال
[Re'aayat al-atfal] *n* childcare
رُعْب fright *n* [ruʕb]
رعد thunder *n* [raʕd]
مصحوب برعد
[Mashoob bera'ad] *adj* thundery
رعديّ *adj* [raʕdij]
عاصفة رعدية
['aasefah ra'adeyah] *n* thunderstorm
رعشة thrill *n* [raʕʃa]
رعى tend, sponsor *v* [raʕa:]
رغب desire *v* [rayaba]
رغبة desire *n* [rayba]
رغب في *v* [ryeba fi:]
أرغب في ترتيب إجراء اجتماع مع.....؟
[arghab fee tar-teeb ejraa ejtemaa ma'aa...] I'd like to arrange a meeting with...
من فضلك أرغب في التحدث إلى المدير
[min fadlak arghab fee al-tahaduth ela al-mudeer] I'd like to speak to the manager, please
هل ترغب في تناول أحد المشروبات؟
[hal tar-ghab fee tanawil ahad al-mashro-baat?] Would you like a drink?

رغم despite *prep* [raɣma]
بالرغم من
[Bel-raghm men] *conj* although
رغوة foam *n* [raɣwa]
رغوة الحلاقة
[Raghwat ḥela'qah] *n* shaving foam
رغيف loaf *n* [raɣi:f]
رف shelf *n* [raffu]
رف المستوقد
[Raf al-mostaw'qed] *n* mantelpiece
رَف السقف
[Raf alsa'qf] *n* roofrack
رَف الكُتُب
[Raf al-kotob] *n* bookshelf
رفاق companion, lot *npl* [rifa:qun]
الرفاق الموجودون في الأسرة المجاورة يسببسبون إزعاجا شديدا
[al-osrah al-mojawera ḍajeej-oha sha-deed] My roommates are very noisy
رفاهية luxury *n* [rafa:hijja]
رفرف lifting *n* [rafraf]
رفرف العجلة
[Rafraf al-'ajalah] *n* mudguard
رفرف flap *v* [rafrafa]
رفِضَ refuse *v* [rafadˤa]
رَفض refusal *n* [rafdˤ]
رفع lifting *n* [rafʕ]
رفع الأثقال
[Raf'a al-th'qaal] *n* weightlifting
رفع lift *v* [rafaʕa]
يَرفع بصره
[Yarfa'a baṣarah] *v* look up
من فضلك، ارفع صوتك في الحديث
[min faḍlak, irfa'a ṣawtak fee al-ḥadeeth] Could you speak louder, please?
رفيع slender *adj* [rafi:ʕ]
رفيق boyfriend, mate *n* [rafi:q]
رفيق الحجرة
[Refee'q al-hohrah] *n* roommate
رقابة *n* [riqa:ba]
الرقابة على جوازات السفر
[Al-re'qabah ala jawazat al-safar] *n* passport control
رقاقة chip *(small piece)*, *n* [ruqa:qa] wafer
رقائق الذُرَة
[Ra'qae'a al-dorrah] *npl* cornflakes
رقاقة معدنية
[Re'qaeq ma'adaneyah] *n* foil
رَقَبَة neck *n* [raqaba]
رقص dancing *n* [raqsˤ]
رقص ثنائي
[Ra'qṣ thonaaey] *n* ballroom dancing
رقص الكلاكيت
[Ra'qṣ al-kelakeet] *n* tap-dancing
أين يمكننا الذهاب للرقص؟
[ayna yamken-ana al-dhehaab lel-ra'qṣ?] Where can we go dancing?
هل تحب الرقص؟
[hal taḥib al-ra'qiṣ?] Would you like to dance?
.يتملكني شعور بالرغبة في الرقص
[yatamal-akany shi'aoor bil-raghba fee al-ri'qṣ] I feel like dancing
رقص dance *v* [raqasˤa]
يَرقص الفالس
[Yar'qos al-fales] *v* waltz
رقصة dance *n* [raqsˤa]
رقصة الفالس
[Ra'qṣat al-fales] *n* waltz
رقعة patch *n* [ruqʕa]
رقم figure, number *n* [raqm]
رقم الغرفة
[Ra'qam al-ghorfah] *n* room number
رقم التليفون
[Ra'qm al-telefone] *n* phone number
رقم الحساب
[Ra'qm al-hesab] *n* account number
رقم المحمول
[Ra'qm almahmool] *n* mobile number
رقم مرجعي
[Ra'qm marje'ay] *n* reference number
ما هو رقم تليفونك المحمول؟
[ma howa ra'qim talefonak al-maḥmool?] What is the number of your mobile?
ما هو رقم التليفون؟
[ma howa ra'qim al-talefon?] What's the telephone number?
ما هو رقم الفاكس؟
[ma howa ra'qim al-fax?] What is the fax number?

مفتاح الغرفة رقم مائتين واثنين
[muftaaḥ al-ghurfa ra'qim ma-atyn wa ithnayn] the key for room number two hundred and two
هل يمكن أن أحصل على رقم تليفونك؟
[hal yamken an aḥṣal 'aala ra'qm talefonak?] Can I have your phone number?
digital *adj* [raqmij] **رقمي**
راديو رقمي
[Radyo ra'qamey] *n* digital radio
ساعة رقمية
[Sa'aah ra'qameyah] *n* digital watch
تليفزيون رقمي
[telefezyoon ra'qamey] *n* digital television
كاميرا رقمية
[Kameera ra'qmeyah] *n* digital camera
أريد كارت ذاكرة لهذه الكاميرا الرقمية من فضلك
[areed kart dhakera le-hadhy al-kamera al-ra'qm-eya min faḍlak] A memory card for this digital camera, please
delicate *adj* [raqi:q] **رقيق**
n [ruka:m] **رُكَام**
رُكَام مُبَعثَر
[Rokaam moba'athar] *n* litter *(trash)*
get in, get on, put in *v* [rakaba] **ركب**
ride *vt* [rakaba] **ركِب**
ride *n* [runkbatu] **رَكبَة**
knee *n* [rukba] **رُكبَة**
n [rakbi:] **رَكبي**
رياضة الرَّكبي
[Reyaḍat al-rakbey] *n* rugby
concentrate *v* [rakkaza] **ركّز**
v [rakadˤa] **ركض**
يَرْكُض بِسُرْعَه
[Yrkoḍ besor'aah] *v* sprint
kneel *v* [rakaʕa] **ركع**
kick *vt* [rakala] **ركل**
kick *n* [rakla] **ركلة**
الركلة الأولى
[Al-raklah al-ola] *n* kick-off
riding *n* [ruku:b] **ركوب**
تصريح الركوب
[Taṣreeh al-rokob] *n* boarding pass

n [ramm] **رم**
شراب الرّم
[Sharab al-ram] *n* rum
grey *adj* [rama:dij] **رمادي**
sand *n* [rima:l] **رِمال**
pomegranate *n* [rumma:n] **رُمَّان**
javelin *n* [rumħ] **رُمْح**
symbol, code *n* [ramz] **رمز**
رمز بريدي
[Ramz bareedey] *n* post code
رمز طريف
[ramz ṭareef] *n* emoji
stand for *v* [ramaza] **رمز**
يَرْمُز إلى
[Yarmoz ela] *v* hint
n [rimʃ] **رِمش**
رِمش العين
[Remsh al'ayn] *n* eyelash
Ramadan *n* [ramadˤa:n] **رَمَضَانْ**
adj [ramlij] **رملي**
حجر رملي
[Hajar ramley] *n* sandstone
كثبان رملية
[Kothban ramleyah] *n* sand dune
renovate *v* [rammam] **رمم**
throw, pitch *vt* [rama:] **رمي**
pitch *(sport)* *n* [ramja] **رَمْيَة**
n [ranʒa] **رِنجَة**
سمك الرنجَة
[Samakat al-renjah] *n* herring
sound *n* [rani:nu] **رنين**
رنين انشغال الخط
[Raneen ensheghal al-khaṭ] *n* engaged tone
bet *n* [riha:n] **رِهان**
mortgage *n* [rahn] **رَهْن**
horrendous, *adj* [rahi:b] **رهيب** horrible
hostage *n* [rahi:na] **رِهينة**
novelist *n* [riwa:ʔij] **رُوَائي**
porch, corridor *n* [riwa:q] **رواق**
novel *n* [riwa:ja] **رِواية**
n [ru:b] **رُوب**
رُوب الحَمَّام
[Roob al-ḥamam] *n* dressing gown
shrimp *n* [ru:bja:n] **رُوبيَان**

روتين routine *n* [ru:ti:n]
روّج promote *v* [rawwaʒa]
رَوح spirit *n* [ru:ħ]
روحي spiritual *adj* [ru:ħij]
أب روحي
[Af rooḥey] *n* godfather *(baptism)*
روسي Russian *adj* [ru:sij]
روسي الجنسية
[Rosey al-jenseyah] *(person) n* Russian
اللغة الروسية
[Al-loghah al-roseyah] *(language) n* Russian
روسيا Russia *n* [ru:sja:]
روسيا البيضاء[ru:sja: ʔal-bajdˤa:ʔu] Belarus *n*
رَوّع scare *v* [rawwaʕa]
يُرَوْع فجأة
[Yorawe'a fajaah] *v* startle, surprise
روليت roulette *n* [ru:li:t]
روماتيزم *n* [ru:ma:ti:zmu] rheumatism
رومانسي romantic *adj* [ru:ma:nsij]
رومانسية romance *n* [ru:ma:nsijja]
رومانسيكي *adj* [ru:ma:nsi:kij]
طراز رومانسيكي
[Ṭeraz romanseekey] *adj* Romanesque
روماني Roman, *adj* [ru:ma:nij] Romanian
روماني الجنسية
[Romaney al-jenseyah] *(person) n* Romanian
اللغة الرومانية
[Al-loghah al-romanyah] *(language) n* Romanian
شخص روماني كاثوليكي
[shakhṣ romaney katholeekey] *n* Roman Catholic
رومانيا Romania *n* [ru:ma:nja:]
روى water *v* [rawa:]
رياح wind *n* [rijja:ħ]
مذرو بالرياح
[Madhro bel-reyah] *adj* windy
رياضة sport *n* [rija:dˤa]
رياضة دموية
[Reyaḍah damaweyah] *n* blood sports
رياضة الطائرة الشراعية الصغيرة
[Reyadar al-Ṭaayearah al-ehraeyah al-ṣagherah] *n* hang-gliding
رياضي *adj* [rija:dˤij]
رجل رياضي
[Rajol reyaḍey] *n* sportsman
رياضي) متعلق بالرياضة البدنية)
[(Reyaḍy) mota'ale'q bel- Reyaḍah al-badabeyah] *adj* athletic
رياضي) متعلق بالألعاب الرياضية)
[(Reyaḍey) mota'ale'q bel- al'aab al-reyaḍah] *adj* sporty
سيدة رياضية
[Sayedah reyaḍah] *n* sportswoman
زي رياضي
[Zey reyaḍey] *n* tracksuit
ملابس رياضية
[Malabes reyaḍah] *n* sportswear
إلى أي الأحداث الرياضية يمكننا أن نذهب؟
[Ela ay al-aḥdath al-reyaḍiyah yamkuno-na an nadhhab?] Which sporting events can we go to?
كيف نصل إلى الإستاد الرياضي؟
[kayfa naṣil ela al-istad al-riyaḍy?] How do we get to the stadium?
ما الخدمات الرياضية المتاحة؟
[ma al-khadamat al-reyaḍya al-mutaḥa?] What sports facilities are there?
رياضيات *npl* [rija:dˤijja:tun] mathematics
علم الرياضيات
['aelm al-reyaḍeyat] *npl* maths
ريح wind *n* [ri:ħ]
ريح موسمية
[Reeḥ mawsemeyah] *adj* monsoon
ريح هوجاء
[Reyḥ ḥawjaa] *n* gale
رَيحان basil *n* [rajħa:nn]
ريشة feather, pen *n* [ri:ʃa]
كُرَة الريشة
[Korat al-reeshaa] *n* shuttlecock
ريف countryside *n* [ri:f]
رَيفي rural *adj* [ri:fij]
قصر ريفي
['qaṣr reefey] *n* stately home

angle, corner *n* [za:wija] **زاوية**
زاوية يُمنى
[Zaweyah yomna] *n* right angle
(at auction) bid *vi* [za:jada] **زايَد**
yoghurt *n* [zaba:dij] **زبادي**
butter *n* [zubda] **زُبْدَة**
زُبْدَة الفستق
[Zobdat al-fosto'q]
n peanut butter
client *n* [zabu:n] **زبون**
currant, raisin *n* [zabi:b] **زبيب**
glass *n* [zuʒa:ʒ] **زجاج**
الزجاج الأمامي
[Al-zojaj al-amamy] *n* windscreen
زجاج مُعَشَّق
[Zojaj moasha'q] *n* stained glass
طبقتين من الزجاج
[Ṭaba'qatayen men al-zojaj] *n* double glazing
مادة ألياف الزجاج
[Madat alyaf alzojaj] *n* fibreglass
لقد تحطم الزجاج الأمامي
[la'qad taḥa-ṭama al-zujaj al-amamy]
The windscreen is broken
هل يمكن أن تملئ خزان المياه لمساحات الزجاج؟
[hal yamken an tamlee khazaan al-meaah le-massa-ḥaat al-zujaaj?] Can you top up the windscreen washers?
bottle *n* [zuʒa:ʒa] **زجاجة**
زجاجة رضاعة الطفل
[Zojajat reḍa'aat al-ṭefl] *n* baby's bottle
زجاجة الخمر
[Zojajat al-khamr] *n* wineglass
زجاجة من النبيذ الأحمر
[zujaja min al-nabeedh al-aḥmar] a bottle of red wine
زجاجة مياه معدنية
[zujaja meaa ma'adan-iya] a bottle of mineral water
معي زجاجة للمشروبات الروحية
[ma'ay zujaja lil-mashroobat al-roḥiya] I have a bottle of spirits to declare
من فضلك أحضر لي زجاجة أخرى
[min faḍlak iḥḍir lee zujaja okhra] Please bring another bottle

[za:ʔidun] **زائد**
زائد الطهو
[Zaed al-ṭahw] *adj* overdone
زائد الوزن
[Zaed alwazn] *adj* overweight
extra *adj* [za:ʔid] **زَائد**
visitor *n* [za:ʔir] **زائر**
fake (مدعٍ) *n* ◁ false *adj* [za:ʔif] **زائف**
mercury *n* [ziʔbaq] **زئبق**
adj [za:xir] **زاخر**
زاخر بالأحداث
[Zakher bel-aḥdath] (خطير) *adj* eventful
increase *v* [za:da] **زاد**
يزيد من
[Yazeed men] *v* mount up, accumulate
هذا يزيد عن العداد
[hatha yazeed 'aan al-'aadad] It's more than on the meter
visit *v* [za:ra] **زار**
forge *v* [za:ra] **زار**
v [za:la] **زال**
لا يزال
[La yazaal] *adv* still
n ◁ Zambian *adj* [za:mbij] **زامبي**
Zambian
Zambia *n* [za:mbja:] **زامبيا**

زجاجي adj [zuʒa:ʒij]
لوح زجاجي
[Loḥ zojajey] n window pane
زحف crawl v [zaħafa]
زخرف decorate v [zaxrafa]
زر button n [zirr]
زرار button n [zira:r]
أزرار كم القميص
[Azrar kom al'qameeṣ] npl cufflinks
زراعة farming, agriculture n [ziraːʕa]
زراعي agricultural adj [ziraːʕij]
زرافة giraffe n [zara:fa]
زرع seed, planting n [zarʕ]
زرع الأعضاء
[Zar'a al-a'aḍaa] n transplant
زرع plant v [zaraʕa]
زعانف npl [zaʕa:nifun]
زعانف الغطس
[Za'aanef al-ghaṭs] npl flippers
زَعْتَر n [zaʕtar]
زَعْتَر بَري
[Za'atar barey] n oregano
زعرور n [zaʕru:r]
زعرور بلدي
[Za'aroor baladey] n hawthorn
زعفران crocus n [zaʕfara:n]
نبات الزعفران
[Nabat al-za'afaran] n saffron
زعق squeak v [zaʕaqa]
زعيم boss n [zaʕi:m]
زغطة hiccups npl [zuɣtˤatun]
زفاف wedding n [zifa:f]
زفر breathe out v [zafara]
زقاق alley, lane n [zuqa:q]
زقاق دائري
[Zo'qa'q daerey] n cycle lane
زكام cold n [zuka:m]
زلابية doughnut, dumpling n [zala:bijja]
زلاجات skates npl [zala:ʒa:tun]
زلاجة ski n [zala:ʒa]
أريد أن أؤجر زلاجة
[areed an o-ajer zalaja] I want to hire skis
زلاقة slide n [zalla:qa]
زلزال earthquake n [zilza:l]

زَلق slippery adj [zalaqa]
زمن time n [zaman]
عقد من الزمن
['aa'qd men al-zaman] n decade
زمني adj [zamanij]
جدول زمني
[Jadwal zamaney] n timetable
زميل colleague n [zami:l]
زميل الفصل
[Zameel al-faṣl] n classmate
زُنْبُرك spring (coil) n [zunburk]
زَنْبَق n [zanbaq]
زَنْبَق الوادي
[Zanba'q al-wadey] n lily of the valley
زنبقة lily n [zanbaqa]
زَنْجَبيل ginger n [zanʒabi:l]
زنجية n [zinʒijja]
زنجية عجوز
[Enjeyah 'aajooz] n auntie
زنك zinc n [zink]
زهرة flower n [zahra]
زهرة الشجرة المثمرة
[Zahrat al-shajarah al-mothmerah] n blossom
زهرية vase n [zahrijja]
زواج marriage n [zawa:ʒ]
عقد زواج
['aa'qd zawaj] n marriage certificate
عيد الزواج
['aeed al-zawaj] n wedding anniversary
زواحف reptile n [zawa:ħif]
زَوْبَعة cyclone n [zawbaʕa]
زوج husband n [zawʒ]
زوج سابق
[Zawj sabe'q] n ex-husband
زوج الإبنة
[Zawj al-ebnah] n son-in-law
زوج الأخت
[zawj alokht] n brother-in-law
زوج الأم
[Zawj al-om] n stepfather
أنا أبحث عن هدية لزوجي
[ana abḥath 'aan hadiya le-zawjee] I'm looking for a present for my husband
هذا زوجي
[hatha zawjee] This is my husband

زوجان [zawʒa:ni] n couple, pair
زوجة [zawʒa] n wife
أخت الزوجة
[Okht alzawjah] n sister-in-law
زوجة سابقة
[Zawjah sabe'qah] n ex-wife
زوجة الأب
[Zawj al-aab] n stepmother
زوجة الابن
[Zawj al-ebn] n daughter-in-law
هذه زوجتي
[hathy zawjaty] This is my wife
زود [zawwada] v provide, service, supply
زورق [zawraq] n boat
زورق صغير
[Zawra'q ṣagheer] n pram
زورق تجديف
[Zawra'q] n dinghy
زورق بخاري مخصص لقائد الأسطول
[Zawra'q bokharee mokhaṣaṣ le-'qaaed al-osṭool] n barge
زورق بمحرك
[Zawra'q be-moḥ arek] n motorboat
استدعي زورق النجاة
[istad'ay zawra'q al-najaat] Call out the lifeboat!
زي [zij] n clothing, outfit
زي رياضي
[Zey reyaḍey] n tracksuit
زي تنكري
[Zey tanakorey] n fancy dress *(party)*
زي مدرسي موحد
[Zey madrasey mowaḥad] n school uniform
زي [zajj] n fancy dress
زيادة [zija:da] n increase
زيادة السرعة
[Zeyadat alsor'aah] n speeding
زيارة [zija:ra] n visit
ساعات الزيارة
[Sa'at al-zeyadah] n visiting hours
زيارة المعالم السياحية
[Zeyarat al-ma'aalem al-seyahyah] n sightseeing
أنا هنا لزيارة أحد الأصدقاء
[ʔana: huna: lizija:ratin ʔaħada alʔasˤdiqa:ʔa] I'm here visiting friends
أيمكننا زيارة الحدائق؟
[a-yamkun-ana zeyarat al-ḥada-e'q?] Can we visit the gardens?
متى تكون ساعات الزيارة؟
[mata takoon sa'aat al-zeyara?] When are visiting hours?
نريد زيارة...
[nureed ze-yarat...] We'd like to visit...
هل الوقت متاح لزيارة المدينة؟
[hal al-wa'qt muaaḥ le-ziyarat al-madeena?] Do we have time to visit the town?
زيت [zajt] n
زيت سمرة الشمس
[Zayt samarat al-shams] n suntan oil
زيت الزيتون
[Zayt al-zaytoon] n olive oil
طبقة زيت طافية على الماء
[Ṭaba'qat zayt ṭafeyah alaa alma] n oil slick
معمل تكرير الزيت
[Ma'amal takreer al-zayt] n oil refinery
هذه البقعة بقعة زيت
[hathy al-bu'q-'aa bu'q-'aat zayt] This stain is oil
زيتون [zajtu:n] n olive
زيت الزيتون
[Zayt al-zaytoon] n olive oil
شجرة الزيتون
[Shajarat al-zaytoon] n olive tree
زيمبابوي [zi:mba:bwij] n Zimbabwe
دولة زيمبابوي
[Dawlat zembabway] adj Zimbabwean
مواطن زيمبابوي
[Mewaṭen zembabway] n Zimbabwean
زَيّن [zajjana] v embroider, trim
يُزين بالنجوم
[Yozaeyen bel-nejoom] v star

سائح [sa:ʔiħ] n tourist
دليل السائح
[Daleel al-saaeh] n itinerary
سائس [sa:ʔis] n
سائس خيل
[Saaes kheel] n groom
سائق [sa:ʔiq] n driver
سائق سيارة
[Saae'q sayarah] n chauffeur, motorist
سائق سيارة سباق
[Sae'q sayarah seba'q] n racing driver
سائق تاكسي
[Sae'q taksey] n taxi driver
سائق دراجة بخارية
[Sae'q drajah bokhareyah] n motorcyclist
سائق شاحنة
[Sae'q shahenah] n truck driver
سائق لوري
[Sae'q lorey] n lorry driver
سائق مبتدئ
[Sae'q mobtadea] n learner driver
سائل [sa:ʔil] n liquid
سائل غسيل الأطباق
[Saael ghaseel al-aṭba'q] n washing-up liquid
سائل تنظيف
[Sael tandheef] n cleansing lotion
سائل استحمام
[Saael estehmam] n bubble bath
سائل متقطّر
[Sael mota'qaṭer] n drop
سُؤال [sua:l] n question
سابح [sa:biħ] n swimmer
سابع [sa:biʕu] adj seventh
سابع عشر [sa:biʕa ʕaʃara] adj seventeenth
سابق [sa:biq] adj former
زوج سابق
[Zawj sabe'q] n ex-husband
سابقاً [sa:biqan] adv formerly
ساحة [sa:ħa] n
ساحة الدار
[Sahat al-dar] n courtyard
ساحر [sa:ħir] adj charming, magic
magician n ◁
ساحرة [sa:ħira] n witch
ساحِق [sa:ħiq] adj terrific
ساحِل [sa:ħil] n coast, shore
ساخر [sa:xir] adj sarcastic
ساخن [sa:xinat] adj hot
زجاجة مياه ساخنة
[Zojajat meyah sakhenah] n hot-water bottle
إن الطعام ساخن أكثر من اللازم
[enna al-ṭa'aam sakhen akthar min al-laazim] The food is too hot
أهو مسبح ساخن؟
[a-howa masbaḥ sakhin?] Is the pool heated?
لا توجد مياه ساخنة
[La tojad meyah sakhena] There is no hot water
ساذَج [sa:ðaʒ] adj naïve
سار [sa:rr] adj pleasant, savoury
سار جداً
[Sar jedan] adj delightful
غير سار
[Ghayr sar] adj unpleasant
سار [sa:ra] v march
سارق [sa:riq] n robber
ساطع [sa:tˤiʕ] adj bright, glaring
ساعة [sa:ʕa] n hour

ساعة رقمية
[Sa'aah ra'qameyah] *n* digital watch
ساعة تناول الشاي
[Saa'ah tanawol al-shay] *n* teatime
ساعة الإيقاف
[Saa'ah al-e'qaaf] *n* stopwatch
ساعة حائط
[Saa'ah ḥaaet] *n* clock
ساعة يدوية
[Saa'ah yadaweyah] *n* watch
عكس عقارب الساعة
['aaks 'aa'qareb al-saa'ah] *n* anticlockwise
باتجاه عقارب الساعة
[Betejah a'qareb al-saa'ah] *adv* clockwise
شؤون الساعة
[Sheoon al-saa'ah] *npl* current affairs
كل ساعة
[Kol al-saa'ah] *adv* hourly
محسوب بالساعة
[Mahsoob bel-saa'ah] *adj* hourly
نصف ساعة
[Neṣf saa'aah] *n* half-hour
كم تبلغ تكلفة الدخول على الإنترنت لمدة ساعة؟
[kam tablugh taklifat al-dikhool 'ala al-internet le-mudat sa'aa?] How much is it to log on for an hour?
كم يبلغ الثمن لكل ساعة؟
[kam yablugh al-thaman le-kul sa'a a?] How much is it per hour?
ساعد [saːʕada] help *vt*
ساعي [saːʕiː] courier *n*
ساعي البريد
[Sa'aey al-bareed] *n* postwoman
ساعية [saːʕijatu] courier *(female) n*
ساعية البريد
[Sa'aeyat al-bareed] *n* postwoman
سافر [saːfira] travel *v*
يُسافر متطفلًا
[Yosaafer motaṭafelan] *v* hitchhike
يُسافر يومياً من وإلى مكان عمله
[Yosafer yawmeyan men wa ela makan 'amaleh] *v* commute
أنا أسافر بمفردي
[ana asaafir be-mufrady] I'm travelling alone
ساكن [saːkin] calm, motionless *adj* ◁ inhabitant *n*
حرف ساكن
[ḥarf saken] *n* consonant
سأل [saʔala] ask *v*
يَسأل عن
[Yasaal 'an] *v* inquire
سالامي [saːlaːmiː] *n*
طعام السالامي
[Ṭa'aam al-salamey] *n* salami
سالِف [saːlif] preceding *adj*
سام [saːmm] poisonous *adj*
سَأم [saʔam] boredom *n*
سَئِمَ [saʔima] fed up *adj*
سان مارينو [saːn maːriːnuː] San Marino *n*
ساوم [saːwama] haggle *v*
ساوَى [saːwaː] equal *v*
يُساوي بين
[Yosawey bayn] *v* equalize
إنه يساوي...
[Enah yosaawey...] It's worth...
كم يساوي؟
[kam yusa-wee?] How much is it worth?
سبابة [sabbaːba] *n*
اصبع السبابة
[Eṣbe'a al-sababah] *n* index finger
سباحة [sibaːħa] swimming *n*
سباحة تحت الماء
[Sebaḥah taḥt al-maa] *n* snorkel
سباحة الصدر
[Sebaḥat al-ṣadr] *n* breaststroke
سروال سباحة
[Serwl sebaḥah] *n* swimming trunks
حمام سباحة
[Hammam sebaḥah] *n* swimming pool
زي السباحة
[Zey sebaḥah] *n* swimming costume
أين يمكنني أن أذهب للسباحة؟
[ayna yamken-any an adhhab lel-sebaḥa?] Where can I go swimming?
هل يوجد حمام سباحة؟

[hal yujad ḥamam sebaḥa?] Is there a swimming pool?
هيا نذهب للسباحة
[hya nadhhab lil-sebaḥa] Let's go swimming
race *(contest)* *n* [siba:q] **سباق**
سباق سيارات
[Seba'q sayarat] *n* motor racing
سباق الراليات
[Seba'q al-raleyat] *n* rally
سباق الضاحية
[Seba'q al-ḍaheyah] *n* cross-country
سباق الخيول
[Seba'q al-kheyol] *n* horse racing
سباق قصير سريع
[Seba'q 'qaṣer sare'a] *n* sprint
حلبة السباق
[ḥ alabat seba'q] *n* racetrack
plumber *n* [sabba:k] **سباك**
plumbing *n* [siba:ka] **سِبَاكة**
spinach *n* [saba:nix] **سَبانخ**
cause *(ideals)*, cause *n* [sabab] **سبب** *(reason)*
ما السبب في هذا الوقوف؟
[ma al-sabab fee hatha al-wi'qoof?] What is causing this hold-up?
cause *v* [abbaba] **سبب**
يُسبب الملل
[Yosabeb al-malal] *v* bored
September *n* [sibtumbar] **سبتمبر**
swim *vi* [sabaħa] **سبَح**
marsh *n* [sabxa] **سبخة**
seven *number* [sabʕatun] **سبعة**
number [sabʕata ʕaʃara] **سبعة عشر** seventeen
seventy *number* [sabʕi:na] **سبعين**
blackboard *n* [sabu:ra] **سبورة**
path, way *n* [sabi:l] **سبيل**
على سبيل المثال
['ala sabeel al-methal] *n* e.g.
curtain *n* [sita:ra] **ستارة**
ستارة النافذة
[Setarat al-nafedhah] *n* blind
ستارة مُعتمة
[Setarah mo'atemah] *n* Venetian blind
six *number* [sittatun] **ستة**

number [sittata ʕaʃara] **ستة عشر** sixteen
coat, jacket *n* [sutra] **سترة**
سترة صوفية
[Sotrah ṣofeyah] *n* cardigan
سُترة النجاة
[Sotrat al-najah] *n* life jacket
سُترة بولو برقبة
[Sotrat bolo be-ra'qabah] *n* polo-necked sweater
steroid *n* [stirwudij] **سترودي**
stereo *n* [stirju:] **ستريو**
sixty *number* [sittu:na] **ستون**
n [saʒa:ʔir] **سجائر**
هل يمكنني الحصول على طفاية للسجائر؟
[hal yamken -any al-ḥuṣool 'aala ṭafa-ya lel-saja-er?] May I have an ashtray?
n [saʒʒa:d] **سجاد**
سجاد مثبت
[Sejad mothabat] *n* fitted carpet
carpet, rug *n* [saʒa:dda] **سجادة**
kneel down *v* [saʒada] **سجد**
sausage *n* [saʒq] **سجق**
register *n* [siʒʒil] **سجل**
سجل مدرسي
[Sejel madrasey] *n* transcript
سِجل القصاصات
[Sejel al'qeṣaṣat] *n* scrapbook
record, register *v* [saʒʒala] **سجَّل**
يُسَجِل الدخول
[Yosajel al-dokhool] *v* log in
يُسجِل الخروج
[Yosajel al-khoroj] *v* log off
يُسَجِّل على شريط
[Yosajel 'aala shereet] *v* tape
jail *n* [siʒn] **سجن**
ضابط سجن
[Ḍabeṭ sejn] *n* prison officer
jail *v* [saʒana] **سجن**
prisoner *n* [saʒi:n] **سجِين**
cloud *n* [saħa:b] **سحاب**
ناطحة سحاب
[Naṭehat sahab] *n* skyscraper
cloud *n* [saħa:ba] **سحابة**
draw, withdrawing *n* [saħb] **سحب**

كارت سحب
[Kart sahb] *n* debit card
سَحَب withdraw, pull up *v* [saħaba]
يَسحب كلامه
[Yasḥab kalameh] *v* take back
سحر spell, magic *n* [siħr]
سحر spell *v* [jasħiru]
سِحري magical *adj* [siħrij]
سَحق crush *v* [saħaqa]
سُخام soot *n* [suxa:m]
سخان heater *n* [saxxa:n]
سخَر *v* [saxara]
يَسخَر من
[Yaskhar men] *v* scoff
سُخرية irony *n* [suxrijja]
سَخِن heat up *v* [saxxana]
سَخّن heat, warm up *v* [saxxana]
سخي generous *adj* [saxij]
سَخيف absurd *adj* [saxi:f]
سد dam *n* [sadd]
سَداد repayment *n* [sadda:d]
سِدادة tampon *n* [sidda:da]
سَدّد pay back *v* [saddada]
سِرّ secret *n* [sirr]
سِراً secretly *adv* [sirran]
سَراخس *n* [sara:xis]
نبات السراخس
[Nabat al-sarakhes] *n* fern
سُرادق pavilion *n* [sara:diq]
سرّب leak *vi* [sarraba]
سِرب flock *n* [sirb]
سُرّة navel *n* [surra]
سُرَّة البطن
[Sorrat al-baṭn] *n* belly button
سرج saddle *n* [sarʒ]
سَرّح lay off *v* [sarraħa]
سردين sardine *n* [sardi:nu]
سرطان *n* [saratˤa:n]
حيوان السرطان
[Ḥayawan al-saraṭan] *n* crab
مرض السرطان
[Maraḍ al-saraṭan] *n* cancer *(illness)*
سرعة speed *n* [surʕa]
سرعة السير
[Sor'aat al-seer] *n* pace
بسرعة
[Besor'aah] *adv* fast
حد السرعة
[Ḥad alsor'aah] *n* speed limit
ذراع نقل السرعة
[Dhera'a na'ql al-sor'aah] *n* gearshift
سرق steal *v* [saraqa]
يَسرِق عَلانية
[Yasre'q 'alaneytan] *v* rip off
لقد سرق شخص ما حقيبتي
[la'qad sara'qa shakh-ṣon ma ḥa'qebaty] Someone's stolen my bag
سرقة rip-off, theft *n* [sariqa]
سرقة السلع من المَتَاجِر
[Sare'qat al-sela'a men al-matajer] *n* shoplifting
سرقة الهوية
[Sare'qat al-hawyiah] *n* identity theft
أريد التبليغ عن وقوع سرقة
[areed al-tableegh 'an wi'qoo'a sare'qa] I want to report a theft
سروال pants *npl* [sirwa:l]
سروال تحتي قصير
[Serwal taḥtey 'qaṣeer] *n* briefs
سروال قصير
[Serwal 'qaṣeer] *n* knickers
سروال من قماش الدِنيم القطني
[Serwal men 'qomash al-deneem al-'qotney] *n* jeans
سرور pleasure *n* [suru:r]
بكل سرور
[bekul siroor] With pleasure!
من دواعي سروري العمل معك
[min dawa-'ay siro-ry al-'aamal ma'aak] It's been a pleasure working with you
سروري *n* [suru:rij]
من دواعي سروري أن التقي بك
[min dawa-'ay siro-ry an al-ta'qy bik] It was a pleasure to meet you
سري *adj* [sirrij]
سري للغاية
[Serey lel-ghayah] *adj* top-secret
سِريّ confidential, secret *adj* [sirij]
سِرية privacy *n* [sirrija]
سرير bed *n* [sari:r]
سرير محمول للطفل
[Sareer maḥmool lel-ṭefl] *n* carrycot

سريرين منفصلين
[Sareerayn monfaṣ elayen] *npl* twin beds
بياضات الأسرّة
[Bayaḍat al-aserah] *n* bed linen
سَرير رحلات
[Sareer raḥalat] *n* camp bed
سَرير بدورين
[Sareer bedoreen] *n* bunk beds
سَرير فردي
[Sareer fardey] *n* single bed
سَرير مبيت
[Sareer mabeet] *n* bunk
سَرير مُزدوج
[Sareer mozdawaj] *n* double bed
أريد سرير بدورين
[Areed sareer bedoreen] I'd like a dorm bed
أريد غرفة بسرير مزدوج
[areed ghurfa be-sareer muzdawaj] I'd like a room with a double bed
السرير ليس مريحًا
[al-sareer laysa mureeḥan] The bed is uncomfortable
هل يجب علي البقاء في السرير؟
[hal yajib 'aala-ya al-ba'qaa fee al-sareer?] Do I have to stay in bed?
سريع fast, quick *adj* [sari:ʕ]
سريع الغضب
[Saree'a al-ghaḍab] *adj* ticklish
زورق بخاري سريع
[Zawra'q bokharey sarea'a] *n* speedboat
سريعاً quickly *adv* [sari:ʕan]
سِري لانكا Sri Lanka *n* [sri: la:nka:]
سَطح surface *n* [satˤħ]
سَطح المبنى
[Saṭh al-mabna] *n* roof
سَطح مستوي
[Saṭ mostawey] *n* plane (*surface*)
أيمكننا أن نخرج إلى سطح المركب؟
[a-yamkun-ana an nakhruj ela saṭ-ḥ al-markab?] Can we go out on deck?
سطحي external, *adj* [satˤħij] superficial
سطو robbery, burglary *n* [satˤw]
سطو مُسلح
[Saṭw mosalaḥ] *n* hold-up
سطو burgle *v* [satˤwa:]
يسطو على
[Yasṭo 'ala] *v* break in
سَعادة happiness *n* [saʕa:da]
بسعادة
[Besa'aaadah] *adv* happily
سُعال cough *n* [suʕa:l]
سعة capacity *n* [siʕa]
سعر price *n* [siʕr]
سعر التجزئة
[Se'ar al-tajzeah] *n* retail price
سعر البيع
[Se'ar al-bay'a] *n* selling price
بنصف السعر
[Be-nesf al-se'ar] *adv* half-price
رجاء كتابة السعر
[rejaa ketabat al-si'ar] Please write down the price
كم سعره؟
[kam si'aroh?] How much is it?
ما هو سعر الصرف؟
[ma howa si'ar al-ṣarf?] What's the exchange rate?
ما هو سعر الوجبة الشاملة؟
[ma howa si'ar al-wajba al-shamela?] How much is the set menu?
ما هي الأشياء التي تدخل ضمن هذا السعر؟
[ma heya al-ashyaa al-laty tadkhul ḍimn hatha al-si'ar?] What is included in the price?
هل لديكم أشياء أقل سعرا؟
[hal ladykum ashyaa a'qal si'aran?] Do you have anything cheaper?
شَعْر *n* [suʕr]
سُعْر حراري
[So'ar hararey] *n* calorie
سِعر price *n* [siʕr]
سِعر الصرف
[Se'ar al-ṣ arf] *n* exchange rate, rate of exchange
سعل cough *vi* [saʕala]
سعودي Saudi *n* ◁ Saudi *adj* [saʕu:dij]
المملكة العربية السعودية
[Al-mamlakah al-'aarabeyah

al-so'aodeyah] *n* Saudi Arabia

مواطن سعودي [Mewaṭen saudey] *n* Saudi Arabian

v [saʕa:] **سعى**

يَسعَى إلى [Yas'aaa ela] *n* aim

يَسعَى وراء [Yas'aa waraa] *v* pursue, follow

fortunate, glad, *adj* [saʕi:d] **سعيد** happy

حظ سعيد [haḍh sa'aeed] *n* fortune

killer, thug *n* [saffa:ħ] **سفاح**

embassy *n* [sifa:ra] **سفارة**

أريد الاتصال بسفارة بلادي [areed al-etiṣal be-safaarat belaady] I'd like to phone my embassy

أحتاج إلى الاتصال بسفارة بلادي [aḥtaaj ela al-iteṣaal be-safaarat belaady] I need to call my embassy

n [safa:ri:] **سفاري**

رحلة سفاري [Reḥlat safarey] *n* safari

trip, travel, travelling *n* [safar] **سفر**

أجرة السفر [Ojrat al-safar] *n* fare

دُوار السفر [Dowar al-safar] *n* travel sickness

حقائب السفر [ḥa'qaeb al-safar] *n* luggage

حقيبة سفر [Ha'qeebat al-safar] *n* suitcase

أريد السفر في الدرجة الأولى [areed al-safar fee al-daraja al-oola] I would like to travel first-class

لم تصل حقائب السفر الخاصة بي بعد [Lam taṣel ḥa'qaeb al-safar al-khaṣah bee ba'ad] My luggage hasn't arrived

هذا هو جواز السفر [hatha howa jawaz al-safar] Here is my passport

snack bar *n* [sufra] **سُفرة**

n [safʕa] **سَفعَة**

سَفعَة شمس [Saf'aat ahams] *n* sunburn

downstairs *adj* [sufla:] **سُفلى**

downstairs *adv* [suflijjan] **سفلياً**

ships *npl* [sufun] **سفن**

تِرْسَانة السُفن [Yarsanat al-sofon] *n* shipyard

بناء السفن [Benaa al-sofon] *n* shipbuilding

حوض السفن [Hawḍ al-sofon] *n* dock

ambassador *n* [safi:r] **سَفير**

ship *n* [safi:na] **سَفينة**

سَفينة حربية [Safeenah ḥarbeyah] *n* battleship

scaffolding *npl* [saqa:la:tun] **سقالات**

drop, fall down *v* [saqatˤa] **سقط**

سقطت [sa'qaṭat] She fell

لقد سقط مقبض الباب [la'qad sa'qaṭa me-'qbaḍ al-baab] The handle has come off

هل تظن أن المطر سوف يسقط؟ [hal taḍhun ana al-maṭar sawfa yas'qiṭ?] Do you think it's going to rain?

roof, ceiling *n* [saqf] **سقف**

يوجد تسرب في السقف [yujad tasa-rub fee al-sa'qf] The roof leaks

sickness *n* [saqam] **سقم**

fall *n* [suqu:tˤ] **سُقوط**

ill *adj* [saqi:m] **سقيم**

population *n* [sukka:n] **سكان**

pour *vt* [sakaba] **سكب**

shut up *v* [sakata] **سكت**

road *n* [sikka] **سكة**

سكة حديد بالملاهي [Sekat ḥadeed bel-malahey] *n* rollercoaster

سكة حديدية [Sekah haedeedyah] *n* railway

قضبان السكة الحديدية ['qoḍban al-sekah al-ḥadeedeyah] *n* rail

sugar *n* [sukar] **سكر**

سكر ناعِم [Sokar na'aem] *n* icing sugar

خالي من السكر [Khaley men al-oskar] *adj* sugar-free

مرض السكر

[Marad al-sokar] *n* diabetes
بدون سكر
[bedoon suk-kar] no sugar
drunk *n* [sakra:n] **سكران**
secretary *n* [sikirti:r] **سكرتير**
هل يمكنني ترك رسالة مع السكرتير الخاص به؟
[hal yamken -any tark resala ma'aa al-sikertair al-khaṣ behe?] Can I leave a message with his secretary?
adj [sukkarij] **سكري**
شخص مصاب بالبول السكري
[Shakhṣ moṣaab bel-bol al-sokarey] *n* diabetic
مصاب بالسكري
[Moṣab bel sokkarey] *adj* diabetic
n [saksijja] **سكسية**
آلة السكسية
[Alat al-sekseyah] *n* saxophone
v [sakana] **سكن**
أسكن في...
[askun fee..] We live in...
أسكن في...
[askun fee..] I live in...
residential *adj* [sakanij] **سَكني**
alcoholic *n* [sikki:r] **سكير**
knife *n* [sikki:n] **سكين**
سكين القلم
[Sekeen al-'qalam] *n* penknife
سَكاكين المائدة
[Skakeen al-maeadah] *n* cutlery
knife *n* [sikki:na] **سِكينة**
tuberculosis *n* [sull] **سُل**
weapon *n* [sila:ħ] **سلاح**
سلاح الطيران
[Selaḥ al-ṭayaran] *n* Air Force
سلاح المُشاة
[Selaḥ al-moshah] *n* infantry
سلاح ناري
[Selaḥ narey] *n* revolver
salad *n* [sala:tˤa] **سلاطة**
سَلاطة خضراء
[Salaṭat khadraa] *n* green salad
سلاطة مخلوطة
[Salata makhloṭa] *n* mixed salad
سَلاطة الكرنب والجزر
[Salaṭ at al-koronb wal-jazar] *n* coleslaw
سَلاطة فواكه
[Salaṭat fawakeh] *n* fruit salad
race *(origin)* *n* [sula:la] **سلالة**
peace *n* [sala:m] **سلام**
safety *n* [sala:ma] **سلامة**
rob *v* [salaba] **سلب**
negative, passive *adj* [silbij] **سلبي**
basket *n* [salla] **سلة**
سلة الأوراق المهملة
[Salat al-awra'q al-mohmalah] *n* wastepaper basket
سلة المهملات
[Salat al-mohmalat] *n* litter bin
كرة السلة
[Korat al-salah] *n* basketball
tortoise, turtle *n* [sulħufa:t] **سُلحفاة**
n [silizju:s] **سلزيوس**
درجة حرارة سلزيوس
[Darajat ḥararah selezyos] *n* degree Celsius
fluent (فصيح) *adj* [salis] **سَلس**
chain *n* [silsila] **سِلسة**
سلسلة رسوم هزلية
[Selselat resoom hazaleyah] *n* comic strip
سلسلة جبال
[Selselat jebal] *n* range *(mountains)*
سلسلة متتابعة
[Selselah motatabe'ah] *n* episode
سلسلة مباريات
[Selselat mobarayat] *n* tournament
sultana *n* [sultˤa:na] **سلطانة**
زَبيب سلطانة
[Zebeeb solṭanah] *n* sultana
bowels *n* [sultˤa:nijja] **سُلطانية**
command, power *n* [sultˤa] **سلطة**
predecessor, ancestor *n* [salaf] **سلف**
boil *vi* [slaqa] **سلق**
string, wire *n* [silk] **سِلك**
سِلك شائك
[Selk shaaek] *n* barbed wire
n [silkij] **سلكي**
لا سلكي
[La-selkey] *adj* cordless
stair, staircase *n* [sullam] **سلم**

سلم متحرك
[Solam motaḥarek] *n* escalator
سُلَّم نقال
[Sollam na'q'qaal] *n* stepladder
سلالم
[sala:lim] *n* stairs
سَلَّم hand, surrender *v* [sallama]
deliver *vt* ◁
يُسَلِم بـ
[Yosalem be] *v* presume
سُلَّم ladder *n*
سلمون *n* [salamu:n]
سمك السلمون
[Samak al-salmon] *n* salmon
ذَكَر سمك السلمون
[Dhakar samak al-salamon] *n* kipper
سلوفاكي Slovak *adj* [slu:fa:kij]
اللغة السلوفاكية
[Al-logha al-slofakeyah] *(language) n* Slovak
مواطن سلوفاكي
[Mowaṭen slofakey] *(person) n* Slovak
سلوفاكيا Slovakia *n* [slu:fa:kija:]
سلوفاني Slovenian *adj* [slu:fa:ni:]
اللغة السلوفانية
[Al-logha al-slofaneyah] *(language) n* Slovenian
مواطن سلوفاني
[Mowaṭen slofaney] *(person) n* Slovenian
سلوفانيا Slovenia *n* [slu:fa:nija:]
سلوك behaviour, manner *n* [sulu:k]
سلوكي *adj* [sulu:kij]
عادة سلوكية
['aadah selokeyah] *n* habit
سلوكيات *npl* [sulu:kijja:tun] manners
سَلَّى amuse *v* [salla:]
سليم intact, sound, *adj* [sali:m] whole
سُمّ poison, venom *n* [summ]
سماء sky *n* [sama:ʔ]
سماد manure, fertilizer *n* [sama:d]
سماد عضوي
[Semad 'aodwey] *n* manure
سِمَاد طبيعي
[Semad ṭabe'ay] *n* peat

سماعات hands- *n* [samma:ʕa:t] free kit
سَماكة thickness *n* [sama:ka]
سِمَّان *n* [simma:n]
طائر السِمَّان
[Ṭaaer al-saman] *n* quail
سمة characteristic, feature *n* [sima]
سمَح allow *v* [samaħa]
سُمرة tan *n* [sumra]
سُمرة الشمس
[Somrat al-shams] *n* suntan
سِمسار broker *n* [samsa:r]
سِمسار عقارات
[Semsaar a'qarat] *n* estate agent
سِمسار البورصة
[Semsar al-borṣah] *n* stockbroker
سَمْع hearing *n* [samʕ]
سمعة reputation *n* [sumʕa]
حسن السمعة
[Ḥasen al-som'aah] *adj* reputable
سَمعي acoustic *adj* [samʕij]
سِمفونية symphony *n* [samfu:nijja]
سَمك fish *n* [samak]
صياد السمك
[Ṣayad al-samak] *n* fisherman
سمك سياف البحر
[Samak aayaf al-baḥr] *n* swordfish
سمك السَّلْمون المُرَقَّط
[Samak al-salamon almora'qat] *n* trout
سمك الأبيض
[Samak al-abyaḍ] *n* whiting
سمك التونة
[Samak al-tonah] *n* tuna
سمك الشص
[Samak al-shaṣ] *n* fisherman
سمك القد
[Samak al'qad] *n* cod
سمك ذهبي
[Samak dhahabey] *n* goldfish
سوف أتناول سمك
[sawfa ata-nawal samak] I'll have the fish
لا أتناول الأسماك
[la ata-nawal al-asmaak] I don't eat fish
ماذا يوجد من أطباق السمك؟
[madha yujad min aṭbaa'q al-samak?]

What fish dishes do you have?
هل يمكن إعداد وجبة خالية من الأسماك؟
[hal yamken e'adad wajba khaliya min al-asmaak?] Could you prepare a meal without fish?
fish *n* [samaka] **سَمك**
سَمكة مياه عذبة
[Samakat meyah adhbah] *n* freshwater fish
سَمكة الأنقليس
[Samakat al-anfalees] *n* eel
poison *v* [sammama] **سَمَّم**
butter *n* [samn] **سَمْن**
سَمْن نباتي
[Samn nabatey] *n* margarine
salamander *n* [samandal] **سَمندل**
سَمندل الماء
[Samandal al-maa] *n* newt
toxic *adj* [summij] **سُمي**
thick *adj* [sami:k] **سَميك**
fat *adj* [sami:n] **سَمين**
tooth *n* [sinn] **سن**
أطقم أسنان صناعية
[Aṭ'qom asnan ṣena'aeyah] *npl* dentures
أكبر سِنّاً
[Akbar senan] *adj* elder
خَيْط تنظيف الأسنان
[Khayṭ tandheef al-asnan] *n* dental floss
الأكبر سناً
[Al-akbar senan] *adj* eldest
طبيب أسنان
[Ṭabeeb asnan] *n* dentist
متعلق بطب الأسنان
[Mota'ale'q be-ṭeb al-asnan] *adj* dental
عندي وجع في الأسنان
['aendy waja'a fee al-as-nan] I have toothache
لقد كسرت سنتي
[la'qad kasarto sin-ny] I've broken a tooth
ليس لدي تأمين صحي لأسناني
[laysa la-daya ta-meen ṣiḥee le-asnany] I don't have dental insurance
هذا السن يؤلمني
[haḍha al-sen yoelemoney] This tooth hurts
tooth *n* [sin] **سِن**
سِن المرء
[Sen al-mara] *n* age
سِن المراهقة
[Sen al-moraha'qah] *n* adolescence
حد السّن
[Had alssan] *n* age limit
brace *n* [sana:d] **سناد**
fishing rod *n* [sˤanna:ra] **سِنارة**
cent, penny *n* [sint] **سِنت**
year *n* [sana] **سَنة**
سنة ضريبية
[Sanah ḍareebeyah] *n* fiscal year
سَنة كبيسة
[Sanah kabeesah] *n* leap year
سَنة مالية
[Sanah maleyah] *n* financial year
رَأس السَنَة
[Raas alsanah] *n* New Year
كل سنة
[Kol sanah] *adj* yearly
centimetre *n* [santi:mitar] **سنتيمتر**
squirrel *n* [sinʒa:b] **سِنجاب**
bond *n* [sanad] **سَند**
sandwich *n* [sandiwi:tʃ] **سَندويتش**
Senegalese *n* [siniɣa:lij] **سنِغالي**
teethe *v* [sannana] **سَنّن**
n [snu:kar] **سنوكر**
لُعبَة السُّنوكِر
[Lo'abat al-sonoker] *n* snooker
annual *adj* [sanawij] **سنوي**
yearly *adv* [sanawijan] **سنوياً**
n [sahra] **سهرة**
ملابس السهرة
[Malabes al-sahrah] *npl* evening dress
easy, flat *adj* [sahl] **سهل**
سهل الانقياد
[Sahl al-en'qyad] *adj* easy-going
سهل الوصول
[Sahl al-woṣool] *adj* accessible
arrow, dart *n* [sahm] **سهم**
سهم مالي
[Sahm maley] *n* share
لعبة رمي السهام
[Lo'abat ramey al-seham] *npl* darts

سهو [sahw] *n* oversight *(mistake)*
سوء [suːʔ] *n* misfortune
سوء الحظ
[Soa al-ḥaḍh] *n* misfortune
سوء فهم
[Soa fahm] *n* misunderstanding
سوء معاملة الأطفال
[Soo mo'aamalat al-aṭfaal] *n* child abuse
سُوَار [suwaːr] *n* bracelet
سُوَار الساعة
[Sowar al-sa'aah] *n* watch strap
سوازيلاند [swaːziːlaːnd] *n* Swaziland
سوداني [suːdaːnij] *adj* Sudanese ◁ *n* Sudanese
سوري [suːrij] *adj* Syrian ◁ *n* Syrian
سوريا [suːrjaː] *n* Syria
سَوط [sawtˤ] *n* whip
سوق [suːq] *n* market, market place
سوق خيرية
[Soo'q khayreyah] *n* fair
سُوق الأوراق المالية
[Soo'q al-awra'q al-maleyah] *n* stock exchange
سُوق للسلع الرخيصة
[Soo'q lel-sealaa al-ṣgheerah] *n* flea market
متى يبدأ العمل في السوق؟
[mata yabda al-'aamal fee al-soo'q?] When is the market on?
سُوقي [suːqij] *adj* vulgar
سولار [suːlaːr] *n*
سولار من فضلك...
[Solar men faḍlek...] ... worth of diesel, please
سويا [sawijjan] *adv* together
سويدي [swiːdij] *adj* Swedish ◁ *n* Swede
اللغة السويدية
[Al-loghah al-sweedeyah] *n* Swedish
اللّفت السويدي
[Al-left al-sweedey] *n* swede
سويسرا [swiːsraː] *n* Switzerland
سويسري [swiːsrij] *adj* Swiss ◁ *n* Swiss
سيء [sajjiʔ] *adj* bad
على نحو سيء
[Ala nahw saye] *adv* badly
أسوأ
[ʔaswaʔun] *adj* worse
على نحو أسوأ
[Ala nahw aswaa] *adv* worse
الأسوأ
[Al-aswaa] *adj* worst
سياج [sijaːʒ] *n* fence
سياج نقال
[Seyaj na'qal] *n* hurdle
سِياج من الشجيرات
[Seyaj men al-shojayrat] *n* hedge
سياحة [sijaːħa] *n* tourism
سياحي [sijaːħij] *adj*
درجة سياحية
[Darjah seyaḥeyah] *n* economy class
مرشد سياحي
[Morshed seyaḥey] *n* tour guide
مكتب سياحي
[Maktab seayaḥey] *n* tourist office
لقد سرق شخص ما الشيكات السياحية الخاصة بي
[la'qad sara'qa shakh-ṣon ma al-shaikaat al-seyaḥiya al-khaṣa be] Someone's stolen my traveller's cheques
هل يتم قبول الشيكات السياحية؟
[hal yatum 'qubool al-shaikaat al-seyaḥiya?] Do you accept traveller's cheques?
سيارة [sajjaːra] *n* carriage
إيجار سيارة
[Ejar sayarah] *n* car rental
سائق سيارة
[Saae'q sayarah] *n* chauffeur
سيارة صالون
[Sayarah ṣalon] *n* saloon car
سيارة إسعاف
[Sayarat es'aaf] *n* ambulance
سيارة إيجار
[Sayarah eejar] *n* rental car
سيارة أجرة
[Sayarah ojarah] *n* cab
سيارة السباق
[Sayarah al-seba'q] *n* racing car
سيارة الشركة

[Sayarat al-sharekah] *n* company car
سيارة بصالون متحرك المقاعد
[Sayarah be-ṣalon motaḥarek al-ma'qaed] *n* estate car
سيارة بباب خلفي
[Sayarah be-bab khalfey] *n* hatchback
سيارة كوبيه
[Sayarah kobeeh] *n* convertible
سيارة مستأجرة
[Sayarah mostaajarah] *n* hired car
غسيل سيارة
[ghaseel sayaarah] *n* car wash
تأجير سيارة
[Taajeer sayarah] *n* car rental
تأمين سيارة
[Taameen sayarah] *n* car insurance
استئجار سيارة
[isti-jar sayara] *n* rental car
أريد أن استأجر سيارة
[areed an asta-jer sayara] I want to hire a car
الأطفال في السيارة
[al-aṭfaal fee al-sayara] My children are in the car
كم تبلغ مصاريف سيارة لشخصين؟
[kam tablugh ma-ṣareef sayarah le-sha-khṣyn?] How much is it for a car for two people?
لقد صدمتْ سيارتي
[la'qad ṣadamto sayaraty] I've crashed my car
متى ستغادر السيارة في الصباح؟
[mata satu-ghader al-sayarah fee al-ṣabaaḥ?] When does the coach leave in the morning?
هل يمكن أن أوقف السيارة هنا؟
[hal yamken an o'qef al- sayara huna?] Can I park here?
هل يمكنك توصيلي بالسيارة؟
[hal yamken -aka taw-ṣeely bil-sayara?] Can you take me by car?
هل يمكنك جر سيارتي إلى ورشة السيارات؟
[Hal yomkenak jar sayaratey ela warshat al-sayarat?] Can you tow me to a garage?
هناك ثقب في ردياتير السيارة
[Honak tho'qb fee radyateer al-sayarah] There is a leak in the radiator
politics *npl* [sija:sa] **سياسة**
رجل سياسة
[Rajol seyasah] *n* politician
علم السياسة
['aelm alseyasah] *n* political science
political *adj* [sija:sij] **سياسي**
context *n* [sija:q] **سياق**
Siberia *n* [si:bi:rja:] **سيبيريا**
cigar *n* [si:ʒa:r] **سيجار**
cigarette *n* [si:ʒa:ra] **سيجارة**
skewer *n* [si:x] **سيخ**
chief *n* [sajjid] **سيد**
lady *n* [sajjida] **سيدة**
سيدة أعمال
[Sayedat a'amaal] *n* businesswoman
sir *n* [sajjidi:] **سيدي**
belt, march *n* [sajr] **سير**
سرعة السير
[Sor'aat al-seer] *n* pace
سير المروحة
[Seer almarwaha] *n* fan belt
سير متحرك
[Sayer motaḥrrek] *n* conveyor belt
أريد صعود التل سيرا على الأقدام
[areed ṣi'aood al-tal sayran 'aala al-a'qdaam] I'd like to go hill walking
هل يمكن السير هناك؟
[hal yamken al-sayr hunak?] Can I walk there?
هل يوجد أي جولات للسير مع أحد المرشدين؟
[hal yujad ay jaw-laat lel-sayer ma'aa aḥad al-murshid-een?] Are there any guided walks?
biography *n* [si:ra] **سيرة**
سيرة ذاتية
[Seerah dhateyah] *n* autobiography, CV
n [si:rfar] **سيرفر**
جهاز السيرفر
[Jehaz al-servo] *n* server *(computer)*
circus *n* [si:rk] **سيرك**
sword *n* [sajf] **سيف**
adj [sajku:lu:ʒij] **سيكولوجي**

psychological
downpour *n* [sajl] **سَيْل**
cinema *n* [si:nima:] **سينما**
ماذا يعرض الآن على شاشات السينما؟
[madha yu'a-raḍ al-aan 'aala sha-shaat al-senama?] What's on at the cinema?
adj [si:nima:ʔij] **سينمائي**
نجم سينمائي
[Najm senemaaey] *n* film star

common *adj* [ʃa:ʔiʕ] **شائع**
prickly *adj* [ʃa:ʔiku] **شائك**
نبات شائك الأطراف
[Nabat shaek al-aṭraf] *n* holly
disgraceful *adj* [ʃa:ʔin] **شائِن**
young *adj* [ʃa:bb] **شاب**
snarl *v* [ʃa:baka] **شابك**
ewe *n* [ʃa:t] **شاة**
pale *adj* [ʃa:ħib] **شاحب**
charger *n* [ʃa:ħin] **شاحِن**
truck *n* [ʃa:ħina] **شاحِنة**
شاحِنة لوري
[Shaḥenah loorey] *n* truck
شاحنة قطْر
[Shaḥenat 'qaṭr] *n* breakdown truck
شاحِنة نقل
[Shahenat na'ql] *n* removal van
odd *adj* [ʃa:ðð] **شاذ**
moustache *n* [ʃa:rib] **شارِب**
badge *n* [ʃa:ra] **شارَة**
street *n* [ʃa:riʕ] **شارع**
شارع جانبي
[Share'a janebey] *n* side street
خريطة الشارع
[Khareeṭat al-share'a] *n* street plan
أريد خريطة لشوارع المدينة
[areed khareeṭa le-shawari'a al-madena]

I want a street map of the city
شارك share *v* [ʃa:raka]
شاشة monitor *n* [ʃa:ʃa]
شاشة بلازما
[Shashah blazma] *n* plasma screen
شاشة مسطحة
[Shasha mosṭahah] *adj* flat-screen
شاطئ beach *n* [ʃa:tˤiʔ]
شاطئ البحر
[Shaṭeya al-bahr] *n* seashore
سوف أذهب إلى الشاطئ
[sawfa adhab ela al-shaṭee] I'm going to the beach
ما هي المسافة بيننا وبين الشاطئ؟
[ma heya al-masafa bay-nana wa bayn al-shaṭee?] How far are we from the beach?, How far is the beach?
هل يوجد أتوبيس إلى الشاطئ؟
[Hal yojad otobees elaa al-shaṭea?] Is there a bus to the beach?
شاطر clever *adj* [ʃa:tˤir]
شاعر intuitive *adj* ◁ poet *n* [ʃa:ʕir]
شاعر بالإطراء
[Shaa'aer bel-eṭraa] *adj* flattered
شاغَب riot *v* [ʃa:ɣaba]
شاغِر vacant *adj* [ʃa:ɣir]
شاكوش hammer *n* [ʃa:ku:ʃ]
شال shawl *n* [ʃa:l]
شامبانيا champagne *n* [ʃa:mba:nija:]
شامبو shampoo *n* [ʃa:mbu:]
هل تبيع شامبوهات
[hal tabee'a shambo-haat?] Do you sell shampoo?
شامة beauty spot *n* [ʃa:ma]
شامل comprehensive, thorough *adj* [ʃa:mil]
بشكل شامل
[Be-shakl shamel] *adv* thoroughly
شأن affair *n* [ʃaʔn]
شؤون الساعة
[Sheoon al-saa'ah] *npl* current affairs
شاهد witness *n* [ʃa:hid]
شاهد watch *v* [ʃa:hada]
أنا أشاهد فقط
[ana ashahid fa'qaṭ] I'm just looking
شاهق steep, high *adj* [ʃa:hiq]

شاي tea *n* [ʃa:j]
براد الشاي
[Brad shaay] *n* teapot
فنجان شاي
[Fenjan shay] *n* teacup
كيس شاي
[Kees shaay] *n* tea bag
ملعقة شاي
[Mel'a'qat shay] *v* teaspoon
شاي من فضلك
[shaay min faḍlak] A tea, please
هل يمكن من فضلك الحصول على كوب آخر من الشاي؟
[hal yamken min faḍlak al-ḥusool 'aala koob aakhar min al-shay?] Could we have another cup of tea, please?
شباب youth *n* [ʃaba:b]
بيت الشباب
[Bayt al-shabab] *n* hostel
شباك *n* [ʃubba:k]
شباك التذاكر
[Shobak al-taḍhaker] *n* box office
شبح ghost *n* [ʃabaħ]
شبحي spooky *adj* [ʃabaħij]
شبشب flip-flops *n* [ʃubʃub]
شبشب حمام
[Shebsheb ḥamam] *n* slipper
شبكة net, network *n* [ʃabaka]
شبكة عنكبوتية
[Shabakah 'ankaboteyah] *n* web
شبكة داخلية
[Shabakah dakheleyah] *n* intranet
كرة الشبكة
[Korat al-shabakah] *n* netball
شبكة قضبان مُتصالبة
[Shabakat 'qodban motaṣalebah] *n* grid
لا أستطيع الوصول إلى الشبكة
[la astạ-ṭee'a al-wiṣool ela al-shabaka] I can't get a network
شِبْل cub *n* [ʃibl]
شِبه semi-detached house, resemblance *n* [ʃibhu]
شَبُّورة mist *n* [ʃabuwra]
شتوي winter *adj* [ʃitwijjat]
رياضات شتوية
[Reyḍat shetweyah] *npl* winter sports

swearword, insult *n* [ʃatiːma] **شتيمة**
row *n* [ʃiʒaːr] **شجار**
brave *n* [ʃuʒaːʕ] **شجاع**
bravery *n* [ʃaʒaːʕa] **شجاعة**
tree *n* [ʃaʒar] **شجر**
شجر البتولا
[Ahjar al-betola] *n* birch
شجر الطقسوس
[Shajar al-ṭa'qsoos] *n* yew
أشجار الغابات
[Ashjaar al-ghabat] *n* timber
tree *n* [ʃaʒara] **شجرة**
شجرة عيد الميلاد
[Shajarat 'aeed al-meelad] *n* Christmas tree
شجرة الصنوبر
[Shajarat al-ṣonobar] *n* pine
شجرة الصنوبر المخروطية
[Shajarat al-ṣonobar al-makhrooṭeyah] *n* conifer
شجرة الصِفصَاف
[Shajart al-ṣefṣaf] *n* willow
شجرة الزان
[Shajarat al-zaan] *n* beech (tree)
encourage *v* [ʃaʒʒaʕa] **شجّع**
bush *(shrub)* *n* [ʃuʒajra] **شجَيْرَة**
blackbird *n* [ʃaħruːr] **شحرور**
grease *n* [ʃaħm] **شحم**
charge *(electricity)* *n* [ʃaħn] **شحن**
إنها لا تقبل الشحن
[inaha la ta'qbal al-shaḥin] It's not charging
freight *n* [ʃuħna] **شحنة**
person, character *n* [ʃaxsˤun] **شخص**
أي شخص
[Ay shakhṣ] *pron* anybody
شخص عربي
[Shakhṣ 'arabey] *(person)* *adj* Arab
شخص جزائري
[Shakhṣ jazayry] *n* Algerian
كم تبلغ تكلفة عربة مجهزة للمخيمات لأربعة أشخاص؟
[kam tablugh taklifat 'aaraba mujahaza lel-mukhyamat le-arba'aat ash-khaṣ?] How much is it for a camper with four people?
هل هذا مناسب للأشخاص النباتيين
[hal hadha munasib lel-ash-khaaṣ al-nabat-iyen?] Is this suitable for vegetarians?
personal *adj* [ʃaxsˤij] **شخصي**
بطاقة شخصية
[beṭ a'qah shakhṣeyah] *n* identity card
حارس شخصي
[ḥares shakhṣ] *n* bodyguard
أريد عمل الترتيبات الخاصة بالتأمين ضد الحوادث الشخصية
[areed 'aamal al-tar-tebaat al-khaṣa bil-taameen ḍid al-ḥawadith al-shakhṣiya] I'd like to arrange personal accident insurance
personally *adv* [ʃaxsˤiːan] **شخصياً**
character, *n* [ʃaxsˤijja] **شخصية** personality
shipment *n* [ʃaxna] **شخنة**
extreme, intensive *adj* [ʃadiːd] **شديد**
بدرجة شديدة
[Bedarajah shadeedah] *adv* extremely
odour *n* [ʃaðaː] **شذا**
purchase *n* [ʃiraːʔ] **شراء**
شراء كامل
[Sheraa kaamel] *n* buyout
أين يمكن شراء الطوابع؟
[ayna yamken sheraa al-ṭawabi'a?] Where can I buy stamps?
هل يجب شراء تذكرة لإيقاف السيارة؟
[hal yajib al-sayarah tadhkara] Do I need to buy a car-parking ticket?
chips *npl* [ʃaraːʔiħun] **شرائح**
drink, syrup *n* [ʃaraːb] **شراب**
إسراف في الشراب
[Esraf fee alsharab] *n* booze
الإفراط في تناول الشراب
[Al-efraaṭ fee tanawol alsharab] *n* binge drinking
شراب الجين المُسكِر
[Sharaab al-jobn al-mosaker] (محلج القطن) *n* gin
شراب البَنْش المُسكِر
[Sharaab al-bensh al-mosker] *n* punch *(hot drink)*
شراب مُسكِر

[Sharaab mosker] *n* nappy
شرارة [ʃara:ra] *n* spark
شراشف [ʃara:ʃif] *n* bedding
شراع [ʃira:ʕ] *n* sail
شرب [ʃurb] *n* drinking
مياه الشرب
[Meyah al-shorb] *n* drinking water
شرب [ʃareba] *v* drink
.أنا لا أشرب
[ana la ashrab] I'm not drinking
أنا لا أشرب الخمر أبدا
[ana la ashrab al-khamr abadan] I never drink wine
أنا لا أشرب الكحول
[ana la ashrab al-koḥool] I don't drink alcohol
هل أنت ممن يشربون اللبن؟
[hal anta me-man yash-raboon al-laban?] Do you drink milk?
شرب [ʃaraba] *vt* drink
شرح [ʃaraħa] *v* explain
هل يمكن أن تشرح لي ما الذي بي؟
[hal yamken an tash-raḥ lee ma al-ladhy be?] Can you explain what the matter is?
شرح [ʃarħ] *n* explanation
شرس [ʃaris] *adj* bad-tempered
شرط [ʃartˤ] *n* condition
شرطة [ʃurtˤa] *n* police
ضابط شرطة
[Ḍabeṭ shorṭah] *n* policeman
شرطة سرية
[Shorṭah serryah] *n* detective
شرطة قصيرة
[Sharṭah 'qaṣeerah] *n* hyphen
شرطة مائلة للأمام
[Sharṭah maelah lel-amam] *n* forward slash
شرطة مائلة للخلف
[Sharṭah maelah lel-khalf] *n* backslash
قسم شرطة
['qesm shorṭah] *n* police station
سوف يجب علينا إبلاغ الشرطة
[sawfa yajeb 'aalyna eb-laagh al-shurṭa] We will have to report it to the police
أريد الذهاب إلى قسم الشرطة؟
[areed al-dhehaab ela 'qism al-shurṭa] I need to find a police station
ارغب في التحدث إلى أحد رجال الشرطة
[arghab fee al-taḥaduth ela shurṭia] I want to speak to a policewoman
اتصل بالشرطة
[itaṣel bil-shurṭa] Call the police
احتاج إلى عمل محضر في الشرطة لأجل التأمين
[aḥtaaj ela 'aamal maḥḍar fee al-shurṭa le-ajl al-taameen] I need a police report for my insurance
شرطي [ʃurtˤij] *n* cop
شرطي [ʃartˤij] *adj* provisional
شرطي [ʃurtˤijju] *adj*
شرطي المرور
[Shrṭey al-moror] *n* traffic warden
شرعي [ʃarʕij] *adj* legal, kosher
شرف [ʃarrafa] *v* supervise
شرف [ʃaraf] *n* honour
شرفة [ʃurfa] *n* balcony
مزود بشرفة
[Mozawad be-shorfah] *adj* terraced *(row houses)*
شرفة مكشوفة
[Shorfah makshofah] *n* terrace
هل يمكن أن أتناول طعامي في الشرفة؟
[hal yamken an ata-nawal ṭa'aa-mee fee al-shur-fa?] Can I eat on the terrace?
شرق [ʃarq] *n* east
الشرق الأقصى
[Al-shar'q al-a'qsa] *n* Far East
الشرق الأوسط
[Al-shar'q al-awṣaṭ] *n* Middle East
شرقاً [ʃarqan] *adv* east
متجه شرقاً
[Motajeh sharqan] *adj* eastbound
شرقي [ʃarqij] *adj* east, eastern
جنوب شرقي
[Janoob shr'qey] *n* southeast
شمال شرقي
[Shamal shar'qey] *n* northeast
شركة [ʃarika] *n* company
سيارة الشركة
[Sayarat al-sharekah] *n* company car

شركة تابعة
[Sharekah tabe'ah] *n* subsidiary
شركة طيران
[Sharekat ṭayaraan] *n* airline
شركة متعددة الجنسيات
[Shreakah mota'adedat al-jenseyat] *n* multinational
أريد الحصول على بعض المعلومات عن الشركة
[areed al-ḥuṣool 'aala ba'aḍ al-ma'aloomat 'an al-shareka] I would like some information about the company
تفضل بعض المعلومات المتعلقة بشركتي
[tafaḍal ba'aḍ al-ma'a-lomaat al-muta'a-le'qa be-share-katy] Here's some information about my company
شروق [ʃuruːq] *n*
شروق الشمس
[Sheroo'q al-shams] *n* sunrise
شريان [ʃurjaːn] *n* artery
شريحة [ʃariːħatt] *n* chip *(electronic)*, splint
شريحة صغيرة
[Shareehat ṣagheerah] *n* microchip
شريحة السليكون
[Shreeḥah men al-selekoon] *n* silicon chip
شريحة لحم مخلية من العظام
[Shreeḥat laḥm makhleyah men al-eḍham] (عصابة رأس) *n* fillet
شريحة من لحم البقر
[Shreeḥa men laḥm al-ba'qar] *n* rump steak
شريحة [ʃariːħa] *n* slice
شريحة لحم
[Shareehat laḥm] *n* steak
شريحة لحم خنزير
[Shareehat laḥm khenzeer] *n* pork chop
شريحة لحم مشوية
[Shareehat laḥm mashweyah] *n* cutlet
شريد [ʃariːd] *adj* homeless
شرير [ʃirriːr] *adj* evil, villain
شريط [ʃariːtˤ] *n* tape
شريط الحذاء
[Shreeṭ al-ḥedhaa] *n* lace
شريط قياس
[Shreeṭ 'qeyas] *n* tape measure
شريطة [ʃariːtˤa] *n* strip
شريعة [ʃariːʕa] *n* sharia
هل توجد أطباق مباح أكلها في الشريعة الإسلامية؟
[hal tojad aṭba'q mubaḥ akluha fee al-sharee-'aa al-islam-iya?] Do you have halal dishes?
شريك [ʃariːk] *n* partner
شريك السكن
[Shareek al-sakan] *n* inmate
شريك حياة
[Shareek al-ḥayah] *n* match *(partnership)*
شريك في جريمة
[Shareek fee jareemah] *n* accomplice
شطب [ʃatˤaba] *v* cross out
شطرنج [ʃatˤranʒ] *n* chess ◁ *npl* draughts
شطف [ʃatˤafa] *v* rinse
شطف [ʃatˤf] *n* rinse
شظية [ʃazˤijja] *n* splinter
شعائري [ʃaʕaːʔirij] *adj* ritual
شعار [ʃiʕaːr] *n* logo
شعاعيّ [ʃuʕaːʕij] *adj*
صورة شعاعيَّة
[Ṣewar sho'aeyah] *v* X-ray
شعب [ʃaʕb] *n* public
شعبي [ʃaʕbij] *adj* popular, public
موسيقى شعبية
[Mose'qa sha'abeyah] *n* folk music
شعبية [ʃaʕbijjit] *n* popularity
شعْبيَّة [ʃaʕbijja] *n* publicity
شعر [ʃaʕr] *n* hair
رمادي الشعر
[Ramadey al-sha'ar] *adj* grey-haired
سبراي الشعر
[Sbray al-sha'ar] *n* hair spray
أحمر الشعر
[Aḥmar al-sha'ar] *adj* red-haired
تسريحة الشعر
[Tasreehat al-sha'ar] *n* hairdo
جل الشعر
[Jel al-sha'ar] *n* hair gel
خصلة شعر مستعار

[khoșlat sha'ar mosta'aar] *n* toupee
قصة شعر قصيرة
['qașat sha'ar] *n* crew cut
كثير الشعر
[Katheer sha'ar] *adj* hairy
ماكينة تجعيد الشعر
[Makeenat taj'aeed sha'ar] *n* curler
يَعْقِص الشعر
[Ya'aqeș al-sha'ar] *n* curl
إن شعري مصبوغ
[enna sha'ary mașboogh] My hair is highlighted
أنا في حاجة إلى مجفف شعر
[ana fee ḥaja ela mujaf-if sh'aar] I need a hair dryer
شعري أشقر بطبيعته
[sha'ary ash'qar beța-be'aatehe] My hair is naturally blonde
هل تبيع بلسم مرطب للشعر؟
[hal tabee'a balsam mura-ṯib lil-sha'air?] Do you sell conditioner?
هل يمكن أن تصبغ لي جذور شعري من فضلك؟
[hal yamken an tașbugh lee jidhoor sha'ary min fadlak?] Can you dye my roots, please?
هل يمكن أن تقص أطراف شعري؟
[hal yamken an ta'quș aṭraaf sha'ary?] Can I have a trim?
شعر feel *v* [ʃaʕura]
كيف تشعر الآن
[kayfa tash-'aur al-aan?] How are you feeling now?
شِعْر poetry *n* [ʃiʕr]
شعر ب *v* [ʃaʕura bi]
أشعر بهرش في قدمي
[ash-'aur be-harsh fee sa'qy] My leg itches
شُعُور feeling *n* [ʃuʕu:r]
شعِير barley *n* [ʃaʕi:rr]
شعِيرة ritual *n* [ʃaʕi:ra]
شغْبْ riot *n* [ʃaɣab]
شغل turn on, operate *v* [ʃaɣɣala] *(to function)*
شِفاء cure, recovery *n* [ʃifa:ʔ]
شفاف transparent *adj* [ʃaffa:f]
شفاه lip *n* [ʃifa:h]
شفرة blade, edge *n* [ʃafra]
شفرة حلاقة
[Shafrat hela'qah] *n* razor blade
شفقة pity *n* [ʃafaqa]
شفهي oral *adj* [ʃafahij]
فحص شفهي
[Fahș shafahey] *n* oral
شفي heal, recover *v* [ʃafa:]
شق rip *vt* [ʃaqqa]
شقة *n* [ʃaqqa]
شقة ستديو
[Sha'qah stedeyo] *n* studio flat
شقة بغرفة واحدة
[Sh'qah be-ghorfah waḥedah] *n* studio flat
إننا نبحث عن شقة
[ena-na nabḥath 'aan shu'qa] We're looking for an apartment
لقد قمنا بحجز شقة باسم...
[la'qad 'qimto be- ḥajis shu'qa be-isim...] We've booked an apartment in the name of...
هل يمكن أن نرى الشقة؟
[hal yamken an naraa al-shu'qa?] Could you show us around the apartment?
شقي mischievous *adj* [ʃaqij]
شك doubt *n* [ʃakk]
معتنق مذهب الشك
[Mo'atane'q maḍhhab al-shak] *adj* sceptical
شكْ doubt *n* [ʃak]
بلا شكْ
[Bela shak] *adv* certainly
شكا complain *v* [ʃaka:]
شكر thank *v* [ʃakara]
شكرا thanks! *excl* [ʃukran]
!شكرا
[Shokran!] *excl* thanks!
شكرا جزيلا
[shukran jazeelan] Thank you very much
شكرا لك
[Shokran lak] That's very kind of you
شكل form *n* [ʃakl]
بشكل صحيح

[Beshakl ṣaheeh] *adv* correctly
بشكل سيء
[Be-shakl sayea] *adj* unwell
بشكل كامل
[Beshakl kaamel] *adv* totally
بشكل مُنفَصِل
[Beshakl monfaṣel] *adv* apart
شكل رسمي
[Shakl rasmey] *n* formality
ما هو شكل الثلوج؟
[ma howa shakl al-thilooj?] What is the snow like?
شَكَّل [ʃakkala] *v* model
شكوى [ʃakwa:] *n* complaint, grouse *(complaint)*
إني أرغب في تقديم شكوى
[inny arghab fee ta'qdeem shakwa] I'd like to make a complaint
شكيمة [ʃaki:ma] *n* kerb
شَلّال [ʃalla:l] *n* waterfall
شَلّال كبير
[Shallal kabeer] *n* cataract *(waterfall)*
شلل [ʃalal] *n*
شلل أطفال
[Shalal aṭfaal] *n* polio
شمّ [ʃamma] *vt* smell
شماعة [ʃamma:ʕa] *n*
شماعة المعاطف
[Shama'aat al-ma'aatef] *n* coathanger
شمال [ʃama:l] *n* north
شمال أفريقيا
[Shamal afreekya] *n* North Africa
شمال غربي
[Shamal gharbey] *n* northwest
شمال شرقي
[Shamal shar'qey] *n* northeast
شمالاً [ʃama:lan] *adv* north
متجه شمالاً
[Motajeh shamalan] *adj* northbound
شمالي [ʃama:lij] *n* north ◂ *adj* northern
أمريكا الشمالية
[Amreeka al- Shamaleyah] *n* North America
أيرلندة الشمالية
[Ayarlanda al-shamaleyah] *n* Northern Ireland
الدائرة القطبية الشمالية
[Al-daerah al'qoṭbeyah al-Shamaleyah] *n* Arctic Circle
البحر الشمالي
[Al-baḥr al-Shamaley] *n* North Sea
القطب الشمالي
[A'qoṭb al-shamaley] *n* North Pole
المحيط القطبي الشمالي
[Al-moḥeeṭ al-'qoṭbey al-shamaley] *n* Arctic Ocean
كوريا الشمالية
[Koreya al-shamaleyah] *n* North Korea
شَمَّام [ʃamma:m] *n* melon
شمبانزي [ʃamba:nzij] *n* chimpanzee
شمر [ʃamar] *n*
نبات الشمر
[Nabat al-shamar] *n* fennel
شمس [ʃams] *n* sun
عباد الشمس
['aabaad al-shams] *n* sunflower
حمام شمس
[Ḥamam shams] *n* sunbed
كريم الشمس
[Kreem shams] *n* sunscreen
كريم للوقاية من الشمس
[Kreem lel-we'qayah men al-shams] *n* sunblock
مسفوع بأشعة الشمس
[Masfoo'a be-ashe'aat al-shams] *adj* sunburnt
أعاني من حروق من جراء التعرض للشمس
[O'aaney men ḥoro'q men jaraa al-ta'aroḍ lel-shams] I am sunburnt
شمسي [ʃamsij] *adj* solar
طاقة شمسية
[Ṭa'qah shamseyah] *n* solar power
نظارات شمسية
[naḍharat shamseyah] *npl* sunglasses
نظام شمسي
[neḍham shamsey] *n* solar system
شمع [ʃamʕ] *n* wax
شمعة [ʃamʕa] *n* candle
شمعدان [ʃamʕada:n] *n* candlestick
شمل [ʃamela] *v* involve

هل يشمل السعر عصي التزلج
[hal yash-mil al-si'ar 'aoṣy al-tazal-oj?] Does the price include poles?
هل يشمل ذلك الإفطار؟
[hal yash-mil dhalik al-iftaar?] Is breakfast included?
شنّ v [ʃanna]
يَشن غارة
[Yashen gharah] v raid
شنق hang vt [ʃanaqa]
شنيع awful, outrageous adj [ʃaniːʕ]
شهادة certificate n [ʃahaːda]
شهادة تأمين
[Shehadat taameen] n insurance certificate
شهادة طبية
[Shehadah ṭebeyah] n medical certificate
شهادة ميلاد
[Shahadat meelad] n birth certificate
هل يمكنني الإطلاع على شهادة التأمين من فضلك؟
[hal yamken -any al-eṭla'a 'aala sha-hadat al-tameen min faḍlak?] Can I see your insurance certificate please?
شهر month n [ʃahr]
شهْر العسل
[Shahr al-'asal] n honeymoon
في غضون شهر
[fee ghoḍon shahr] a month from now
في نهاية شهر يونيو
[fee nehayat shahr yon-yo] at the end of June
من المقرر أن أضع في غضون خمسة أشهر
[min al-mu'qarar an aḍa'a fee ghiḍoon khamsat ash-hur] I'm due in five months
منذ شهر
[mundho shahr] a month ago
شهْرَة celebrity n [ʃuhra]
شهري monthly adj [ʃahrij]
شهوة lust n [ʃahwa]
شهي delicious adj [ʃahij]
شهية appetite n [ʃahijja]
شهيد martyr n [ʃahiːd]

شهير renowned adj [ʃahiːr]
الشهير بـ
[Al-shaheer be-] adj alias
شوا grill v [ʃawaː]
شواء n [ʃiwaːʔu]
شواء اللحم
[Shewaa al-lahm] n barbecue
شوَارِب whiskers npl [ʃawaːribun]
شوايَة grill n [ʃawwaːja]
شورت shorts n [ʃuːrt]
شورت بوكسر
[Short boksar] n boxer shorts
شوفان oats n [ʃuːfaːn]
دقيق الشوفان
[Da'qee'q al-shofaan] n porridge
شوْك thistle n [ʃawk]
شوكة thorn, fork n [ʃawkatu]
شوكة طعام
[Shawkat ṭa'aam] n fork
شوكولاتة chocolate n [ʃuːkuːlaːta]
شيء object, thing n [ʃajʔun]
أي شيء
[Ay shaya] n anything
شيء ما
[Shaya ma] pron something
لا شيء
[La shaya] n nothing, zero
شَيَّال porter n [ʃajjaːl]
شيخ n [ʃajx]
طب الشيخوخة
[Ṭeb al-shaykhokhah] n geriatric
شيخوخي geriatric adj [ʃajxuːxij]
شيطان devil n [ʃajtˤaːn]
شيعي Shiite adj [ʃiːʕij]
شيك tick n [ʃiːk]
دفتر شيكات
[Daftar sheekaat] n chequebook
شيك على بياض
[Sheek ala bayad] n blank cheque
شِيك سياحي
[Sheek seyahey] n traveller's cheque
شِيك بنكي
[Sheek bankey] n tick
أريد صرف شيكًا من فضلك
[areed ṣarf shaikan min faḍlak?] I want to cash a cheque, please

هل يمكنني الدفع بشيك؟
[hal yamken -any al-daf'a be- shaik?]
Can I pay by cheque?
شيكولاتة [ʃi:ku:la:ta] *n*
شيكولاتة سادة
[Shekolatah sada] *n* plain chocolate
شيكولاتة باللبن
[Shekolata bel-laban] *n* milk chocolate
كريمة شيكولاتة
[Kareemat shekolatah] *n* mousse
شيوعي [ʃuju:ʕij] *adj* communist ◄ *n* communist
شيوعية [ʃuju:ʕijja] *n* communism

ص

صابون [sˤa:bu:n] *n* soap
طبق صابون
[Ṭaba'q ṣaboon] *n* soap dish
مسحوق الصابون
[Mashoo'q ṣaboon] *n* washing powder
لا يوجد صابون
[la yujad ṣaboon] There is no soap
صاح [sˤa:ħa] *v* scream, shout
صاحب [sˤa:ħib] *n* companion
صاحب الأرض
[Ṣaheb ardh] *n* landlord
صاحب العمل
[Ṣaheb 'aamal] *n* employer
صَاحب [sˤa:ħaba] *v* escort
صاد [sˤa:da] *v* hunt
صادِر [sˤa:dir] *n* (تصدير) export
صادِق [sˤa:diq] *adj* truthful
صَارِخ [sˤa:rix] *adj* blatant
صارِم [sˤa:rim] *adj* stark
صاروخ [sˤa:ru:xin] *n* rocket
صاري [sˤa:ri:] *n* mast
صاعِدًا [sˤa:ʕidan] *adv* upwards
صافي [sˤa:fi:] *adj* net
صالة [sˤa:la] *n*
صالة العبور
[Ṣalat al'aoboor] *n* transit lounge
صالة المغادرة

[Ṣalat al-moghadarah] *n* departure lounge
أين توجد صالة الألعاب الرياضية؟
[ayna tojad ṣalat al-al'aab al-reyaḍeya?] Where is the gym?
fitting, good *adj* [sˤa:liħ] **صالح**
صالح للأكل
[Ṣaleḥ lel-aakl] *adj* edible
غير صالح
[Ghayer Ṣaleḥ] *adj* unfit
saloon car *n* [sˤa:lu:n] **صالون**
صالون تجميل
[Ṣalon ḥela'qa] *n* beauty salon
صالون حلاقة
[Ṣalon ḥelaqah] *n* hairdresser's
silent *adj* [sˤa:mit] **صامت**
bolt *n* [sˤa:mu:la] **صامولة**
maintain *v* [sˤa:na] **صان**
maker *n* [sˤa:niʕ] **صانع**
morning *n* [sˤaba:ħ] **صباح**
غثيان الصباح
[Ghathayan al-ṣabaḥ] *n* morning sickness
صباح الخير
[ṣabaḥ al-khyer] Good morning
سوف أغادر غدا في الساعة العاشرة صباحا
[sawfa oghader ghadan fee al-sa'aa al-'aashera ṣaba-han] I will be leaving tomorrow morning at ten a.m.
غدًا في الصباح
[ghadan fee al-ṣabaḥ] tomorrow morning
في الصباح
[fee al-ṣabaḥ] in the morning
منذ الصباح وأنا أعاني من المرض
[mundho al-ṣabaah wa ana o'aany min al-maraḍ] I've been sick since this morning
هذا الصباح
[hatha al-ṣabaḥ] this morning
morning *adj* [sˤaba:ħan] **صباحا**
cactus *n* [sˤabba:r] **صبار**
patience *n* [sˤabr] **صبر**
بدون صبر
[Bedon ṣabr] *adv* impatiently
نفاذ الصبر
[nafadh al-ṣabr] *n* impatience
dye *v* [sˤabaɣa] **صبغ**
dye *n* [sˤibɣa] **صبغة**
patient *adj* [sˤabu:r] **صبور**
lad *n* [sˤabij] **صبي**
journalism *n* [sˤaħa:fa] **صحافة**
health *n* [sˤiħħa] **صحة**
correct *v* [sˤaħħaħa] **صحح**
desert *n* [sˤaħra:ʔu] **صحراء**
الصحراء الكبرى
[Al-ṣaḥraa al-kobraa] *n* Sahara
journalist *n* [sˤaħafij] **صحفي**
dish *n* [sˤaħn] **صحن**
صحن الفنجان
[Ṣaḥn al-fenjaan] *n* saucer
healthy *adj* [sˤiħij] **صحي**
غير صحي
[Ghayr ṣshey] *adj* unhealthy
منتجع صحي
[Montaja'a ṣeḥey] *n* spa
correct, right *adj* [sˤaħi:ħ] **صحيح** *(correct)*
بشكل صحيح
[Beshakl ṣaheeh] *adv* correctly, rightly
لم تكن تسير في الطريق الصحيح
[lam takun ta-seer fee al-ṭaree'q al-ṣaḥeeḥ] It wasn't your right of way
ليس مطهي بشكل صحيح
[laysa maṭ-hee be-shakel ṣaheeḥ] This isn't cooked properly
newspaper, plate *n* [sˤaħi:fa] **صحيفة**
rock *n* [sˤaxra] **صخرة**
rust *n* [sˤada] **صدأ**
rusty *adj* [sˤadiʔ] **صدئ**
headache *n* [sˤuda:ʕ] **صداع**
صداع النصفي
[Ṣoda'a al-naṣfey] *n* migraine
أريد شيئًا للصداع
[areed shyan lel-ṣuda'a] I'd like something for a headache
friendship *n* [sˤada:qa] **صداقة**
export *v* [sˤaddara] **صدّر**
bust, chest *(body part)* *n* [sˤadr] **صَدْر**
vest *n* [sˤadra] **صدرة**
waistcoat *n* [sˤadrijja] **صدرية**

صدرية طفل
[Ṣadreyat ṭefl] *n* bib
crack *vi* [sˤadaʕa] **صدع**
crack *(fracture)* *n* [sˤadʕ] **صَدْع**
oyster *n* [sˤadafa] **صَدَفَة**
n [sˤudfa] **صُدْفَة**
بالصُدْفة
[Bel-ṣodfah] *adv* accidentally
v [sˤddaqa] **صدّق**
لا يصدق
[La yoṣda'q] *adj* incredible
reckon *vt* [sˤaddaqa] **صدّق**
shock *v* [sˤadama] **صدم**
يَصْدِم بقوة
[Yaṣdem be'qowah] *v* ram
shock *n* [sˤadma] **صَدْمَة**
صَدْمَة كهربائية
[Ṣadmah kahrbaeyah] *n* electric shock
echo *n* [sˤada:] **صَدَى**
friend, pal *n* [sˤadi:q] **صديق**
صديق بالمراسلة
[Ṣadeek belmoraslah] *n* penfriend
صديق للبيئة
[Ṣadeek al-beeaah] *adj* ecofriendly
أنا هنا مع أصدقائي
[ana huna ma'aa aṣde'qa-ee] I'm here with my friends
friend, girlfriend *n* [sˤadi:qa] **صديقة**
clarity *n* [sˤara:ħa] **صراحة**
بصراحة
[Beṣarahah] *adv* frankly
scream *n* [sˤura:x] **صراخ**
conflict *n* [sˤira:ʕ] **صراع**
صراع عنيف
[Ṣera'a 'aneef] *n* tug-of-war
cashier *n* [sˤarra:f] **صَرَّاف**
banking *n* [sˤira:fa] **صرافة**
ماكينة صرافة
[Makenat ṣerafah] *n* cash dispenser
مكتب صرافة
[Maktab ṣerafah] *n* bureau de change
أريد الذهاب إلى مكتب صرافة
[areed al-dhehaab ela maktab ṣerafa] I need to find a bureau de change
متى يبدأ مكتب الصرافة عمله؟
[mata yabda maktab al-ṣirafa 'aamalaho?] When is the bureau de change open?
Serbian *n* ◁ Serbian *adj* [sˤirbij] **صربي** *(person)*
اللغة الصربية
[Al-loghah al-ṣerbeyah] *(language)* *n* Serbian
v [sˤarraħa] **صَرِّح**
يُصَرِح ب
[Yoṣareh be] *v* state
shriek, cry *v* [sˤraxa] **صرخ**
cockroach *n* [sˤarsˤu:r] **صرصور**
n [sˤaraʕ] **صرع**
نوبة صرع
[Nawbat ṣar'a] *n* epileptic fit
knock down *v* [sˤaraʕa] **صرَع**
n [sˤarafa] **صرف**
لقد ابتلعت ماكينة الصرف الآلي بطاقتي
[la'qad ibtal-'aat makenat al-ṣarf al-aaly be-ṭa'qaty] The cash machine swallowed my card
هل توجد ماكينة صرف آلي هنا؟
[hal tojad makenat ṣarf aaly huna?] Is there a cash machine here?
هل يمكنني صرف شيك؟
[hal yamken -any ṣarf shaik?] Can I cash a cheque?
dismiss *v* [sˤarafa] **صرف**
يَصْرِف من الخدمة
[Yaṣref men al-khedmah] *v* sack
v [sˤarrafa] **صَرّف**
يُصَرّف ماءً
[Yoṣṣaref maae] *vt* plughole
outspoken, *adj* [sˤari:ħ] **صريح** straightforward
challenging, *adj* [sˤaʕb] **صعب** difficult, hard *(difficult)*
صَعْب الإرضاء
[Ṣa'ab al-erḍaa] (منمق) *adj* fussy
difficulty *n* [sˤuʕu:ba] **صعوبة**
rise *n* [sˤuʕu:d] **صعود**
little, small *adj* [sˤaɣi:r] **صغير**
شريحة صغيرة
[Shareehat ṣagheerah] *n* microchip
إنه صغير جدا

[inaho ṣagheer jedan] It's too small
الغرفة صغيرة جدا
[al-ghurfa ṣagherah jedan] The room is too small
هل يوجد مقاسات صغيرة؟
[hal yujad ma'qaas-at ṣaghera?] Do you have a small?
صف rank *(line)* *n* [sˤaff]
صف مسائي
[Ṣaf masaaey] *n* evening class
صَف queue *n* [sˤaf]
صفار yolk *n* [sˤafa:r]
صَفارَة whistle *n* [sˤaffa:ra]
صَفارَة إنْذار
[Ṣafarat endhar] *n* siren
صفة adjective *n* [sˤifa]
صفحة page *n* [sˤafħa]
صفحة رئيسية
[Ṣafḥah raeseyah] *n* home page
صفر zero *n* [sˤifr]
صَفَر whistle *v* [sˤaffara]
صفع slap, smack *v* [sˤafaʕa]
صَفق clap *vi* [sˤaffaqa]
صفقة bargain, deal *n* [sˤafqa]
صَفى filter *v* [sˤaffa:]
صفيح tin *n* [sˤafi:ħ]
صقيع frost *n* [sˤaqi:ʕ]
تَكَوْن الصقيع
[Takawon al-sa'qee'a] *adj* frosty
صلاة prayer *n* [sˤala:t]
صلب hard, steel, solid *adj* [sˤalb]
صلب غير قابل للصدأ
[Ṣalb ghayr 'qabel lel-ṣadaa] *n* stainless steel
صلصال clay *n* [sˤalsˤa:l]
صلصة sauce *n* [sˤalsˤa]
صلصة السلطة
[Ṣalṣat al-salata] *n* salad dressing
صلصة طماطم
[Ṣalṣat ṭamaṭem] *n* tomato sauce
صَلى pray *v* [sˤala:]
صليب cross *n* [sˤali:b]
الصليب الأحمر
[Al-Ṣaleeb al-aḥmar] *n* Red Cross
صمام *n* [sˤamma:m]
صمام كهربائي
[Ṣamam kahrabaey] *n* fuse
صَمْت silence *n* [sˤamt]
صمد bear up *v* [sˤamada]
صمّم design *v* [sˤammama]
صمولة nut *(device)* *n* [sˤamu:la]
صناعة industry *n* [sˤina:ʕa]
صناعي industrial *adj* [sˤina:ʕij]
أطقم أسنان صناعية
[Aṭ'qom asnan ṣena'aeyah] *npl* dentures
عقارات صناعية
['aa'qarat ṣenaeyah] *n* industrial estate
قمر صناعي
['qamar ṣenaaey] *n* satellite
صُنبور *n* [sˤunbu:r]
صُنبور توزيع
[Ṣonboor twazea'a] *n* dispenser
صنج *n* [sˤanʒ]
آلة الصنج الموسيقية
[Alat al-ṣanj al-mose'qeyah] *npl* cymbals
صندل canoe,| *n* [sˤandal] sandal (حذاء)
صندوق box, chest *n* [sˤundu:q] *(storage)*, bin
صندوق العدة
[Ṣondok al-'aedah] *n* kit
صندوق الخطابات
[Ṣondok al-kheṭabat] *n* postbox
صندوق القمامة
[Ṣondok al-'qemamah] *n* dustbin
صندوق الوارد
[Ṣondok alwared] *n* inbox
صنع manufacture, making *n* [sˤunʕ]
من صنع الإنسان
[Men ṣon'a al-ensan] *adj* man-made
صنّع make *v* [sˤanaʕa]
صنّع manufacture *v* [sˤanaʕa]
صنف sort, kind *n* [sˤinf]
صَنّف type *v* [sˤannafa]
صهريج tank *(large container)* *n* [sˤihri:ʒ]
صوبة *n* [sˤu:bba]
صوبة زراعية
[Ṣobah zera'aeyah] *n* greenhouse
صوت sound, voice *n* [sˤawt]
صوت السوبرانو
[Ṣondok alsobrano] *n* soprano

جهاز الصوت المجسم الشخصي
[Jehaz al-ṣawt al-mojasam al-shakhṣey] *n* personal stereo
بصوت مرتفع
[Beṣot mortafe'a] *adv* aloud
كاتم للصوت
[Katem lel-ṣawt] *n* silencer
مكبر الصوت
[Mokabber al-ṣawt] *n* speaker
صَوّت [sˤawwata] *v* vote
صوَتي [sˤawtij] *adj*
بريد صوتي
[Bareed ṣawṭey] *n* voicemail
صوّر [sˤawwara] *v*
يُصور فوتوغرافيا
[Yoṣawer fotoghrafeyah] *v* photograph
صورة [sˤu:ra] *n* image, picture
صورة عارية
[Ṣoora 'aareyah] *n* nude
صورة فوتوغرافية
[Ṣoora fotoghrafeyah] *n* photo, photograph
صورة للوجه
[Ṣoora lel-wajh] *n* portrait
صورة ذاتية
[Ṣoora dhaatiyya] *n* selfie
صورة معدلة طريفة
[Ṣoora mu'addala ṭareefa] *n* meme
صوص [sˤu:sˤu] *n* soya
صوص الصويا
[Ṣoṣ al-ṣoyah] *n* soy sauce
صوف [sˤu:f] *n* wool
شال من الصوف الناعم
[Shal men al-Ṣoof al-na'aem] *n* cashmere
صوفي [sˤu:fij] *adj* woollen
صَوْم [sˤawm] *n* frost
الصَوْم الكبير
[Al-ṣawm al-kabeer] *n* Lent
صومالي [sˤsˤu:ma:lij] *adj* Somali ◁ *n* (person) Somali
اللغة الصومالية
[Al-loghah al-Ṣomaleyah] *n* (language) Somali
صويا [sˤu:ja:] *n* soy
صوص الصويا
[Ṣoṣ al-ṣoyah] *n* soy sauce
صياد [sˤajja:d] *n* hunter
صيانة [sˤija:na] *n* maintenance
صيحة [sˤajħa] *n* shout
صيد [sˤajd] *n* hunting
صيد السمك
[Ṣayd al-samak] *n* fishing
صيد بالسِنّارة
[Ṣayd bel-sayarah] *n* fishing
قارب صيد
['qareb ṣayd] *n* fishing boat
صيدلي [sˤajdalij] *n* pharmacist
صيدلية [sˤajdalijja] *n* pharmacy
صيغة [sˤi:ɣa] *n* formula
صيغة الفعل
[Ṣeghat al-fe'al] *n* tense
صيف [sˤajf] *n* summer
بعد فصل الصيف
[ba'ad faṣil al-ṣayf] after summer
في الصيف
[fee al-ṣayf] in summer
قبل الصيف
['qabl al-ṣayf] before summer
صيفي [sˤajfij] *adj* summer
الأجازات الصيفية
[Al-ajazat al-ṣayfeyah] *npl* summer holidays
منزل صيفي
[Manzel ṣayfey] *n* holiday home
صيني [sˤi:nij] *adj* Chinese ◁ *n* Chinese (person)
آنية من الصيني
[Aaneyah men al-ṣeeney] *n* china
اللغة الصينية
[Al-loghah al-ṣeeneyah] (language) *n* Chinese
اللغة الصينية الرئيسية
[Al-loghah al-Ṣeneyah alraeseyah] *n* mandarin (official)
صينية [sˤi:nijja] *n* tray

ضايق [dˤa:jaqa] annoy, pester, v tease
ضئيل [dˤaʔijl] remote, tiny adj
ضباب [dˤaba:b] fog n
ضبابي [dˤaba:bij] misty, foggy adj
ضبط [dˤabtˤ] control, adjustment n
على وجه الضبط
[Ala wajh al-ḍabṭ] adv just
يُمْكن ضبطه
[Yomken ḍabṭoh] adj adjustable
هل يمكنك ضبط الأربطة لي من فضلك؟
[hal yamken -aka ḍabṭ al-arbe-ṭa lee min faḍlak?] Can you adjust my bindings, please?
ضبط [dˤabatˤa] control, adjust v
ضَجَّة [dˤaʒʒa] bang n
ضجيج [dˤaʒi:ʒ] din n
ضحَك [dˤaħaka] laugh v
يَضحَك ضحكاً نصف مكبوت
[Yaḍḥak ḍeḥkan neṣf makboot] v snigger
ضحكة [dˤaħka] laugh n
ضَحِك
[dˤaħik] n laughter
ضحل [dˤaħl] shallow adj
ضحِيّة [dˤaħijja] victim n
ضخ [dˤaxxa] pump v
ضخم [dˤaxm] enormous, massive adj
ضد [dˤiddun] against prep
ضرّ [dˤarra] damage, harm v
ضرب [dˤaraba] beat (strike), strike v
يَضرِب ضربة عنيفة
[Yaḍreb ḍarban 'aneefan] v swat
يَضرِب بعنف
[Yaḍreb be'aonf] v bash
ضربة [dˤarba] bash, hit, strike, n bump
ضربة عنيفة
[Ḍarba 'aneefa] n knock
ضربة خلفية
[Ḍarba khalfeyah] n backstroke
ضربة حرة
[Ḍarba ḥorra] n free kick
ضربة شمس
[Ḍarbat shams] n sunstroke

ضابط [dˤa:bitˤ] officer n
ضابط رَقيب
[Ḍabeṭ ra'qeeb] n sergeant
ضابط سجن
[Ḍabeṭ sejn] n prison officer
ضابط شرطة
[Ḍabeṭ shorṭah] n police officer
ضابطة [dˤa:bitˤa] police, officer n (female)
ضابطة شرطة
[Ḍaabeṭ shorṭah] n policewoman
ضاحية [dˤa:ħija] suburb n
ساكن الضاحية
[Saken al-ḍaheyah] adj suburban
سباق الضاحية
[Seba'q al-ḍaheyah] n cross-country
ضَارب [dˤa:rib] striker n
ضاعَ [dˤa:ʕa] misplace, lose v
لقد ضاع جواز سفري
[la'qad ḍa'aa jawaz safary] I've lost my passport
ضاعف [dˤa:ʕafa] double vt
ضَالّ [dˤa:l] stray n
ضأن [dˤaʔn] sheep n
لحم ضأن
[Lahm ḍaan] n mutton
ضاهى [dˤa:ha:] match vt

damage *n* [dˤarar] **ضرر**
necessity *n* [dˤaru:ra] **ضرورة**
necessary *adj* [dˤaru:rij] **ضروري**
غير ضروري
[Ghayer ḍarorey] *adj* unnecessary
tax *n* [dˤari:ba] **ضريبة**
ضريبة دخل
[Ḍareebat dakhl] *n* income tax
ضريبة طُرُق
[Ḍareebat ṭoro'q] *n* road tax
adj [dˤari:bij] **ضريبي**
مَعْفِي من الضرائب
[Ma'afey men al-ḍaraaeb] *n* duty-free
shrine, grave, tomb *n* [dˤari:ħ] **ضريح**
blind *adj* [dˤari:r] **ضرير**
weakness *n* [dˤiʕfa] **ضعف**
mad, weak *adj* [dˤaʕi:f] **ضعيف**
stress, pressure *n* [dˤaɣtˤ] **ضغط**
ضغط الدم
[ḍaghṭ al-dam] *n* blood pressure
تمرين الضغط
[Tamreen al- Ḍaght] *n* push-up
press *v* [dˤaɣatˤa] **ضغط**
grudge, spite *n* [dˤaɣi:na] **ضغينة**
bank *(ridge)*, shore *n* [dˤiffa] **ضفة**
frog *n* [dˤifdaʕ] **ضفدع**
ضفدع الطين
[Ḍofda'a al- ṭeen] *n* toad
pigtail, ponytail *n* [dˤafi:ra] **ضفيرة**
rib *n* [dˤilʕ] **ضلع**
v [dˤallala] **ضَلل**
لقد ضللنا الطريق
[la'qad ḍalalna al-ṭaree'q] We're lost
plaster *n* [dˤamma:da] **ضمادة**
أريد ضمادة جروح
[areed ḍimadat jirooḥ] I'd like a bandage
أريد ضمادة جديدة
[areed ḍimada jadeeda] I'd like a fresh bandage
guarantee *n* [dˤama:n] **ضمان**
guarantee *v* [dˤamana] **ضمن**
pronoun *n* [dˤami:r] **ضمير**
ضمير إنساني
[Ḍameer ensaney] *n* conscience
حي الضمير
[Hay al-Ḍameer] *adj* conscientious

light *n* [dˤawʔ] **ضوء**
ضوء الشمس
[Ḍawa al-shams] *n* sunlight
ضوء مُسَلَّط
[Dawa mosalṭ] *n* spotlight
هل يمكن أن أشاهدها في الضوء؟
[hal yamken an osha-heduha fee al-ḍoe?] May I take it over to the light?
outskirts *npl* [dˤawa:ħin] **ضواح**
n ◁ noisy *adj* [dˤawdˤa:ʔ] **ضوضاء**
clutter, noise
n [dˤija:fa] **ضيافة**
حُسن الضيافة
[Ḥosn al-ḍeyafah] *n* hospitality
guest *n* [dˤajf] **ضيف**
narrow *adj* [dˤajjiq] **ضيق**
ضيق جدا
[Ḍaye'q jedan] *adj* skin-tight
ضَيِّق الأُفُق
[Ḍaye'q al-ofo'q] *adj* narrow-minded
tighten *v* [dˤajjiqa] **ضَيَّق**

طائر bird *n* [tˤaːʔir]
طائر أبو الحناء
[Ṭaaer abo elḥnaa] *n* robin
طائر الرفراف
[Ṭaayer alrafraf] *n* kingfisher
طائر الغطاس
[Ṭaayer al-ghaṭas] *n* wren
طائر الحَجل
[Ṭaayer al-hajal] *n* partridge
طائر الكناري
[Ṭaaer al-kanarey] *n* canary
طائر الوقواق
[Ṭaaer al-wa'qwa'q] *n* cuckoo
طائرة aircraft, plane *n* [tˤaːʔira] *(airplane)*, plane *(tool)*
رياضة الطائرة الشراعية الصغيرة
[Reyadar al-Ṭaayearah al-ehraeyah al-ṣagherah] *n* hang-gliding
طائرة شراعية
[Ṭaayearah ehraeyah] *n* glider
طائرة نفاثة
[Ṭaayeara nafathah] *n* jumbo jet
طائرة ورقية
[Ṭaayeara wara'qyah] *n* kite
كرة طائرة
[Korah Ṭaayeara] *n* volleyball
مضيف الطائرة
[moḍeef al-ṭaaerah] *n* flight attendant
طائش thoughtless *adj* [tˤaːʔiʃ]
طائفة sect *n* [tˤaːʔifa]
طائفة شهود يهوه المسيحية
[Ṭaaefat shehood yahwah al-maseyheyah] *n* Jehovah's Witness
طابع stamp *n* [tˤaːbaʕ]
أين يوجد أقرب محل لبيع الطوابع؟
[ayna yujad a'qrab maḥal le-bay'a al-ṭawabi'a?] Where is the nearest shop which sells stamps?
هل تبيعون الطوابع؟
[hal tabee'a-oon al-ṭawa-bi'a] Do you sell stamps?
هل يوجد لديكم أي شيء يحمل طابع هذه المنطقة؟
[hal yujad laday-kum ay shay yaḥmil ṭabi'a hadhy al- manṭa'qa?] Do you have anything typical of this region?
طابعة printer *(person)*, *n* [tˤaːbiʕa] printer *(machine)*
هل توجد طابعة ملونة؟
[hal tojaḍ ṭabe-'aa mulawa-na?] Is there a colour printer?
طابق story *(building)* *n* [tˤaːbaq]
طابق علوي
[Ṭabe'q 'aolwei] *n* loft
طاجكستان *n* [tˤaːʒikistaːn] Tajikistan
طاحونة mill *n* [tˤaːħuːna]
طار fly *vi* [tˤaːra]
طارئ casual, accidental *adj* [tˤaːriʔ]
حالة طارئة
[Ḥalah ṭareaa] *n* emergency
طارئة accident *n* [tˤaːriʔit]
أحتاج إلى الذهاب إلى قسم الحوادث الطارئة
[aḥtaaj ela al-dhehaab ela 'qisim al-ḥawadith al-ṭaa-reaa] I need to go to casualty
طارد expulsion, repellent *n* [tˤaːrid]
طارد للحشرات
[Ṭared lel-ḥasharat] *n* insect repellent
هل لديك طارد للحشرات؟
[hal ladyka ṭared lel-ḥasha-raat?] Do you have insect repellent?

طارد [tˤa:rada] v chase
طازج [tˤa:zaʒ] adj fresh
هل الخضروات طازجة أم مجمدة؟
[hal al-khiḍ-rawaat ṭazija amm mujam-ada?] Are the vegetables fresh or frozen?
هل يوجد بن طازج؟
[hal yujad buṇ ṭaazij?] Have you got fresh coffee?
طاقة [tˤa:qa] n energy
طاقة شمسية
[Ṭa'qah shamseyah] n solar power
ملئ بالطاقة
[Maleea bel-ṭa'qah] adj energetic
طاقم [tˤa:qam] n crew
طالب [tˤa:lib] n student
طالب راشد
[Ṭaleb rashed] n mature student
طالب عسكري
[Ṭaleb 'askarey] n cadet
طالب لجوء سياسي
[ṭ aleb lejoa seyasy] n asylum seeker
طالب لم يتخرج بعد
[ṭ aleb lam yatakharaj ba'aad] n undergraduate
طالب [tˤa:laba] v claim
يُطَالِب ب
[Yoṭaleb be] v demand
طاولة [tˤa:wila] n
طاولة بيع
[Ṭawelat bey'a] n counter
طاولة قهوة
[Ṭawlat 'qahwa] n coffee table
كرة الطاولة
[Korat al-ṭawlah] n table tennis
لعبة طاولة
[Lo'abat ṭawlah] n board game
طَاوِلَة زينة
[Ṭawlat zeenah] n dressing table
طاووس [tˤa:wu:s] n peacock
طَبَّاخ [tˤabba:x] n cook
طباشير [tˤaba:ʃi:r] n chalk
طبال [tˤabba:l] n drummer
طبخ [tˤabx] n cooking
فن الطبخ
[Fan al-ṭabkh] n cookery
طبع [tˤabʕ] n temper, character
سَئ الطبع
[Sayea al-ṭabe'a] adj grumpy
طبَع [tˤabaʕa] v print
طبعة [tˤabʕa] n edition
طبق [tˤabaq] n dish
طبق رئيسي
[Ṭaba'q raeesey] n main course
طبق صابون
[Ṭaba'q ṣaboon] n soap dish
طبق قمر صناعي
[Ṭaba'q ṣena'aey] n satellite dish
ما الذي في هذا الطبق؟
[ma al-lathy fee hatha aḷ-ṭaba'q?] What is in this dish?
ما هو طبق اليوم
[ma howạ ṭaba'q al-yawm?] What is the dish of the day?
طبقة [tˤabaqa] n layer, level, class
طبقة صوت
[Ṭabaqat ṣawt] n pitch *(sound)*
طبقة عاملة
[Ṭaba'qah 'aamelah] adj working-class
طبقة الأوزون
[Taba'qat al-odhoon] n ozone layer
طبقتين من الزجاج
[Ṭaba'qatayen men al-zojaj] n double glazing
من الطبقة الوسطى
[men al-Ṭaba'qah al-wosṭa] adj middle-class
طبلة [tˤabla] n drum
طبلة الأذن
[Ṭablat alozon] n eardrum
طبلة كبيرة رنانة غليظة الصوت
[Ṭablah kabeerah rannanah ghaleeḍhat al-ṣawt] n bass drum
طبي [tˤibbij] adj medical
فحص طبي شامل
[Fahṣ ṭebey shamel] n physical
طبيب [tˤabi:b] n doctor
طبيب أسنان
[Ṭabeeb asnan] n dentist
طبيب أمراض نساء
[Ṭabeeb amraḍ nesaa] n gynaecologist
طبيب بيطري

[Ṭabeeb bayṭareey] *n* vet
طبيب مساعد
[Ṭabeeb mosaa'aed] *n* paramedic
طبيب نفساني
[Ṭabeeb nafsaaney] *n* psychiatrist
أرغب في استشارة طبيب
[arghab fee es-ti-sharaṭ ṭabeeb] I'd like to speak to a doctor
أحتاج إلى طبيب
[aḥtaaj ela ṭabeeb] I need a doctor
اتصل بالطبيب
[itaṣel bil-ṭabeeb] Call a doctor!
هل يمكنني تحديد موعد مع الطبيب؟
[hal yamken -any taḥdeed maw'aid ma'aa al-ṭabeeb?] Can I have an appointment with the doctor?
هل يوجد طبيب هنا يتحدث الإنجليزية؟
[hal yujad ṭabeeb huna yata-ḥadath al-injile-ziya?] Is there a doctor who speaks English?
طبيبة doctor *(female)* *n* [tˤabi:ba]
أرغب في استشارة طبيبة
[arghab fee es-ti-sharaṭ ṭabeeba] I'd like to speak to a female doctor
طبيعة nature *n* [tˤabi:ʕa]
طبيعي natural, normal *adj* [tˤabi:ʕij]
naturally *adv* ◁
علاج طبيعي
['aelaj ṭabeye] *n* physiotherapy
غير طبيعي
[Ghayer ṭabe'aey] *adj* abnormal
بصورة طبيعية
[beṣoraten ṭabe'aey] *adv* normally
موارد طبيعية
[Mawared ṭabe'aey] *npl* natural resources
طُحْلُب *n* [tˤuħlub]
طُحْلُب بحري
[Ṭoḥleb baḥahrey] *n* seaweed
طُحْلُب moss *n* [tˤuħlub]
طحَن grind *vt* [tˤaħana]
طراز model, kind *n* [tˤira:z]
قديم الطراز
['qadeem al-ṭeraz] *adj* naff
طرَح lay *vt* [tˤaraħa]
يَطرَح جانبا
[Yaṭraḥ janeban] *v* fling
طرد parcel *n* [tˤard]
أريد أن أرسل هذا الطرد
[areed an arsil hadha al-ṭard] I'd like to send this parcel
طرد expel *v* [tˤarada]
طرف terminal *n* [tˤaraf]
طرف مستدق
[Ṭaraf mostabe'q] *n* tip *(end of object)*
طرفي terminal *adj* [tˤarafij]
طرق corridor, aisle *n* [tˤuruq]
طرق متقاطعة
[Ṭaree'q mot'qat'ah] *n* crossroads
طرقة *n* [tˤarqa]
أريد مقعد بجوار الطرقة
[Oreed ma'q'aad bejwar al-ṭor'qah] I'd like an aisle seat
طريدة quarry *n* [tˤari:da]
طريف quaint, odd *adj* [tˤari:f]
طريق road *n* [tˤari:q]
عن طريق الخطأ
[Aan ṭaree'q al-khataa] *adv* mistakenly
طريق رئيسي
[ṭaree'q raeysey] *n* main road
طريق اسفلتي
[ṭaree'q asfaltey] *n* tarmac
طريق السيارات
[ṭaree'q alsayaraat] *n* motorway
طريق مسدود
[Taree'q masdood] *n* dead end
طريق متصل بطريق سريع للسيارات أو منفصل عنه
[ṭaree'q mataṣel be- ṭaree'q sarea'a lel-sayaraat aw monfaṣel 'anho] *n* slip road
طريق مختصر
[ṭaree'q mokhtaṣar] *n* shortcut
طريق مزدوج الاتجاه للسيارات
[Taree'q mozdawaj al-etejah lel-sayarat] *n* dual carriageway
طريق مشجر
[ṭaree'q moshajar] *n* avenue
طريق ملتو
[ṭaree'q moltawe] *n* roundabout
مشاحنات على الطريق
[Moshahanaat ala al-ṭaree'q] *n* road

rage

ما هو الطريق الذي يؤدي إلى... ؟
[ma howa al-ṭaree'q al-lathy yo-aady ela...?] Which road do I take for...?

هل يوجد خريطة طريق لهذه المنطقة؟
[hal yujad khareeṭat ṭaree'q le-hadhy al-manṭa'qa?] Do you have a road map of this area?

طريقة method *n* [tˤariːqa]

بأي طريقة
[Be-ay ṭaree'qah] *adv* anyhow

بطريقة صحيحة
[Be- ṭaree'qah ṣaḥeeḥah] *adv* right

بطريقة أخرى
[ṭaree'qah okhra] *adv* otherwise

طعام food *n* [tˤaʕaːm]

عربة تناول الطعام في القطار
['arabat tanawool al-ṭa'aaam fee al-'qeṭar] *n* dining car

غرفة طعام
[ghorat ṭa'aam] *n* dining room

توريد الطعام
[Tarweed al-ṭa'aam] *n* catering

بقايا الطعام
[Ba'qaya ṭ a'aam] *npl* leftovers

طعام مطهو بالغلي
[ṭ a'aam maṭhoo bel-ghaley] *n* stew

وجبة طعام خفيفة
[Wajbat ṭ a'aam khafeefah] *n* refreshments

وَجْبَة الطعام
[Wajbat al-ṭa'aam] *n* dinner

الطعام متبل أكثر من اللازم
[al-ṭa'aam mutabal akthar min al-laazim] The food is too spicy

هل تقدمون الطعام هنا؟
[hal tu'qa-dimoon al-ṭa'aam huna?] Do you serve food here?

طعم taste *n* [tˤaʕm]

أطعمة معلبة
[a ṭ'aemah mo'aalabah] *n* delicatessen

طعن stab *v* [tˤaʕana]

طفا float *vi* [taˤfaː]

طفاية *n* [tˤaffaːja]

طفاية السجائر
[Ṭafayat al-sajayer] *n* ashtray

طفاية الحريق
[Ṭafayat ḥaree'q] *n* extinguisher

طفح rash *n* [tˤafħ]

طفح جلدي
[Ṭafh jeldey] *n* rash

أعاني من طفح جلدي
[O'aaney men ṭafḥ jeldey] I have a rash

طفح run over *v* [tˤafaħa]

طفل child, baby *n* [tˤifl]

سرير محمول للطفل
[Sareer maḥmool lel-ṭefl] *n* carrycot

طفل رضيع
[Ṭefl readea'a] *n* baby

طفل صغير عادة ما بين السنة الأولى والثانية
[Ṭefl ṣagheer 'aaadatan ma bayn al-sanah wal- sanatayen] *n* toddler

طفل حديث الولادة
[Ṭefl ḥadeeth alweladah] *n* newborn

طفل متبنى
[Ṭefl matabanna] *n* foster child

طفل مزعج
[Ṭefl moz'aej] *n* brat

عندي طفل واحد
['aendy ṯifil waḥid] I have one child

الطفل مقيد في هذا الجواز
[Al- ṭefl mo'qayad fee hadha al-jawaz] The child is on this passport

ليس لدي أطفال
[laysa la-daya aṭfaal] I don't have any children

هل توجد أنشطة للأطفال
[hal tojad anshi-ṭa lil-aṭfaal?] Do you have activities for children?

هل يمكن أن ترشح لي أحد أطباء الأطفال؟
[hal yamken an tura-shiḥ lee aḥad aṭebaa al-aṭfaal?] Can you recommend a paediatrician?

هل يوجد لديك مقعد للأطفال؟
[hal yujad ladyka ma'q'aad lil-aṭfaal?] Do you have a child's seat?

طفولة childhood *n* [tˤufuːla]

طفوليٌّ childish *adj* [tˤufuːlij]

طفيفٌ slight *adj* [tˤafiːf]

بدرجة طفيفة

[Bedarajah ṭafeefah] *adv* slightly
طقس weather *n* [tˤaqs]
توقعات حالة الطقس
[Tawa'qo'aat ḥalat al-ṭaqs] *npl* weather forecast
ما هذا الطقس السيئ
[Ma hadha al-ṭa'qs al-sayea] What awful weather!
طقم set *n* [tˤaqm]
هل يمكنك إصلاح طقم أسناني؟
[hal yamken -aka eṣlaaḥ ṭa'qum asnany?] Can you repair my dentures?
طلّ *v* [tˤalla]
يَطّل على
[Ya'aṣeb al-'aynayn] *v* overlook
طلا paint *vt* [tˤala:]
طلاء coating *n* [tˤila:ʔ]
طلاء أظافر
[Ṭelaa aḍhafer] *n* nail varnish
طلاء المينا
[Ṭelaa al-meena] *n* enamel
طلاق divorce *n* [tˤala:q]
طلب application, order *n* [tˤalab]
مُقدم الطلب
[Mo'qadem al-ṭalab] *n* applicant
نموذج الطلب
[Namozaj al-ṭalab] *n* application form
يَتقدم بطلب
[Yata'qadam be-ṭalab] *n* apply
طلب ask for *v* [tˤalaba]
هل تطلب عمولة؟
[hal ṭaṭlub 'aumoola?] Do you charge commission?
طلع come up *v* [tˤalaʕa]
طماطم tomato *n* [tˤama:tˤim]
طَمئِن assure *v* [tˤmaʔana]
طَمْث menstruation *n* [tˤamθ]
طَموح ambitious *adj* [tˤumu:ħ]
طَموح ambition *n* [tˤamu:ħ]
طنْ ton *n* [tˤunn]
طها cook *v* [tˤaha:]
طهي *v* [tˤahja:]
كيف يطهي هذا الطبق؟
[Kayfa yoṭhaa hadha alṭaba'q] How do you cook this dish?
طَهْي cooking *n* [tˤahj]
طوارئ emergency *n* [tˤawa:riʔ]
مخرج طوارئ
[Makhraj ṭawarea] *n* emergency exit
طوال throughout, durring [tˤiwa:la]
طوال شهر يونيو
[ṭewal shahr yon-yo] all through June
طوبة brick *n* [tˤu:ba]
طَور develop *vt* [tˤawwara]
طَوْعي voluntary *adj* [tˤawʕij]
طَوْف raft *n* [tˤawf]
طوفان flood *n* [tˤu:fa:n]
طوق strap, necklace *n* [tˤawq]
طول length *n* [tˤu:l]
على طول
[Ala ṭool] *prep* along
طول الموجة
[Ṭool al-majah] *n* wavelength
هذا الطول من فضلك
[hatha al-ṭool min faḍlak] This length, please
طويل long *adj* [tˤawi:l]
طويل القامة
[Ṭaweel al-'qamah] *adj* tall
طويل مع هزال
[Ṭaweel ma'aa hozal] *adj* lanky
طويلًا long *adv* [tˤawi:la:an]
طي fold (حظيرة خراف) *n* [tˤajj]
طيب goodness *n* [tˤi:bu]
جوزة الطيب
[Jozat al-ṭeeb] *n* nutmeg
طية plait *n* [tˤajja]
طير bird *n* [tˤajr]
طيور جارحة
[Ṭeyoor jareḥah] *n* bird of prey
طيران flying *n* [tˤajara:n]
شركة طيران
[Sharekat ṭayaraan] *n* airline
أود أن أمارس رياضة الطيران الشراعي؟
[awid an oma-ris reyaḍat al- ṭayaran al-shera'ay] I'd like to go hang-gliding
طين mud, soil *n* [tˤi:n]
طيهوج *n* [tˤajhu:ʒ]
طائر الطيهوج
[Ṭaaer al-ṭayhooj] *n* grouse *(game bird)*

turn up

ظهر back *n* [zˤahr]

ألَمْ الظهر [Alam al-ḍhahr] *n* backache

ظهر المركب [ḍhahr al-mrkeb] *n* deck

لقد أصيب ظهري [la'qad oṣeba ḍhahry] I've got a bad back

لقد جرحت في ظهري [la'qad athayto ḍhahry] I've hurt my back

ظهر noon *n* [zˤuhr]

بَعْد الظهر [Ba'ada al-ḍhohr] *n* afternoon

الساعة الثانية عشر ظهرًا [al-sa'aa al-thaneya 'aashar ḍhuhran] It's twelve midday

كيف يمكن الوصول إلى السيارة على ظهر المركب؟ [kayfa yamkin al-wiṣool ela al-sayarah 'ala ḍhahr al-markab?] How do I get to the car deck?

هل المتحف مفتوح بعد الظهر؟ [hal al-mat-ḥaf maf-tooḥ ba'ad al-ḍhihir?] Is the museum open in the afternoon?

ظهيرة noon *n* [zˤahi:ra]

أوقات الظهيرة [Aw'qat aldhaherah] *npl* sweet

غدًا في فترة بعد الظهيرة [ghadan ba'ad al-ḍhuhr] tomorrow afternoon

في فترة ما بعد الظهيرة [ba'ada al-ḍhuhr] in the afternoon

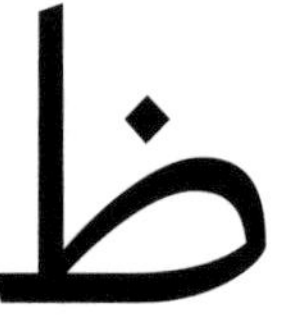

ظاهر apparent *adj* [zˤa:hir]

ظاهرة phenomenon *n* [zˤa:hira]

ظاهرة الاحتباس الحراري [dhaherat al-eḥtebas al-ḥararey] *n* global warming

ظبي antelope *n* [zˤabjj]

ظرف adverb *n* [zˤarf]

ظروف circumstances *npl* [zˤuru:fun]

ظفر fingernail, claw *n* [zˤufr]

ظل shade, shadow *n* [zˤill]

ظل العيون [ḍhel al-'aoyoon] *n* eye shadow

ظل stay up *v* [zˤalla]

إلى متى ستظل هكذا؟ [ela mata sa-taḍhil hakadha] How long will it keep?

أتمنى أن يظل الجو على ما هو عليه [ata-mana an yaḍhil al-jaw 'aala ma howa 'aa-ly-he] I hope the weather stays like this

ظلام dark *n* [zˤala:m]

ظلم injustice *n* [zˤulm]

ظُلْمَة darkness *n* [zˤulma]

ظمأ thirst *n* [zˤama]

ظمآن thirsty *adj* [zˤamʔa:n]

ظنّ suppose *v* [zˤanna]

ظهر show up, appear, *v* [zˤahara]

come back *v* [ʕa:da] **عاد**
custom, practise *n* [ʕa:datun] **عادة**
عادة سلوكية
['aadah selokeyah] *n* habit
عادة من الماضي
['aadah men al-maḍey] *n* hangover
generally, usually *adv* [ʕa:datan] **عادةً**
fair *(reasonable)* *adj* [ʕa:dil] **عادل**
waste, exhaust *n* [ʕa:dim] **عادم**
أدخنة العادم
[Adghenat al-'aadem] *npl* exhaust fumes
ماسورة العادم
[Masorat al-'aadem] *n* exhaust pipe
لقد انكسرت ماسورة العادم
[Le'aad enkasarat masoorat al-'adem] The exhaust is broken
ordinary *adj* [ʕa:dij] **عادي**
antagonize *v* [ʕa:da:] **عادى**
naked *adj* [ʕa:r] **عار**
oppose *v* [ʕa:radˤa] **عارض**
adj [ʕa:ridˤ] **عَارِض**
بشكل عَارِض
[Beshakl 'aareḍ] *n* casually
staff *(stick or rod)*, *n* [ʕa:ridˤa] **عارضة**
post, beam
عَارِضَة خَشَبِيَّة
['aareḍeh khashabeyah] *n* beam
naked *adj* [ʕa:ri:] **عاري**
صورة عارية
[Ṣoorah 'aareyah] *n* nude
insulation *n* [ʕa:zil] **عَازِل**
live *v* [ʕa:ʃa] **عاش**
يعيش سوياً
[Ya'aeesh saweyan] *v* live together
يعيش على
[Ya'aeesh ala] *v* live on
stormy *adj* [ʕa:sˤif] **عاصف**
الجو عاصف
[al-jaw 'aaṣuf] It's stormy
storm *n* [ʕa:sˤifa] **عاصفة**
عاصفة ثلجية
['aasefah thaljeyah] *n* snowstorm
عاصفة ثلجية عنيفة
['aasefah thaljeyah 'aneefah] *n* blizzard
هل تتوقع هبوب أية عواصف؟

return *(yield)* *n* [ʕa:ʔid] **عائد**
proceeds *npl* [ʕa:ʔida:tun] **عائدات**
family *n* [ʕa:ʔila] **عائلة**
أقرب أفراد العائلة
[A'qrab afrad al-'aaleah] *n* next-of-kin
أنا هنا مع عائلتي
[ana huna ma'aa 'aa-elaty] I'm here with my family
n [ʕa:θir] **عاثر**
حظ عاثر
[Ḥadh 'aaer] *n* mishap
ivory *n* [ʕa:ʒ] **عاج**
disabled, unable to *adj* [ʕa:ʒiz] **عاجز**
immediate *adj* [ʕa:ʒil] **عاجل**
أنا في حاجة إلى إجراء مكالمة تليفونية عاجلة
[ana fee ḥaja ela ejraa mukalama talefoniya 'aajela] I need to make an urgent telephone call
هل يمكنك الترتيب للحصول على بعض الأموال التي تم إرسالها بشكل عاجل؟
[hal yamken -aka tarteeb ersaal ba'aḍ al-amwaal be-shakel 'aajil?] Can you arrange to have some money sent over urgently?
sooner, *adv* [ʕa:ʒila:] **عاجلا**
immediately

[Hal tatawa'q'a hobob 'awasef?] Do you think there will be a storm?
capital n [ʕaːsˤima] **عاصمة**
disobedient adj [ʕaːsˤiː] **عاصي**
emotion, affection n [ʕaːtˤifa] **عاطفة**
emotional, adj [ʕaːtˤifij] **عاطفي** affectionate
jobless, idle adj [ʕaːtˤil] **عاطل**
عاطل عن العمل
['aatel 'aan al-'aamal] adj unemployed
ungrateful, adj [ʕaːqq] **عاق** disrespectful
obstruct v [ʕaːqa] **عاق**
punish v [ʕaːqaba] **عَاقب**
consequence n [ʕaːqiba] **عاقبة**
high adj [ʕaːlin] **عال**
بصوت عال
[Besot 'aaley] adv loudly
cure vt ⊲ deal with v [ʕaːlaʒa] **عالج**
يُعالِج باليد
[Yo'aalej bel-yad] v manipulate
adj [ʕaːliq] **عالق**
درج الملابس عالق
[durj al-malabis 'aali'q] The drawer is jammed
world n [ʕaːlam] **عالم**
العالم الثالث
[Al-'aalam al-thaleth] n Third World
scientist n [ʕaːlim] **عَالِم**
عالم آثار
['aalem aathar] n archaeologist
عالم اقتصادي
['aaalem e'qteṣaadey] n economist
عالم لغويات
['aalem laghaweyat] n linguist
global adj [ʕaːlamij] **عالمي**
high adj [ʕaːlijju] **عالي**
قفزة عالية
['qafzah 'aaleyah] n high jump
كعوب عالية
[Ko'aoob 'aleyah] npl high heels
up adv [ʕaːlijan] **عالياً**
general, public adj [ʕaːm] **عام**
عام دراسي
['aam derasey] n academic year
الحِس العام
[Al-ḥes al-'aaam] n common sense
كل عام
[Kol-'aaam] adv annually
مصاريف عامة
[Maṣareef 'aamah] n overheads
نقل عام
[Na'ql 'aam] n public transport
worker, labourer, n [ʕaːmil] **عامل** workman
عامل مناجم
['aaamel manajem] n miner
v [ʕaːmala] **عامل**
يُعامِل معاملة سيئة
[Yo'aamal mo'aamalh sayeah] v abuse
handle v [ʕaːmala] **عَامَل**
worker (female) n [ʕaːmila] **عاملة**
عاملة النظافة
['aamelat al-nadhafah] n cleaning lady
staff (workers) n [ʕaːmiliːna] **عاملين**
غرفة العاملين
[Ghorfat al'aameleen] n staffroom
slang n [ʕaːmmija] **عامِّية**
spinster n [ʕaːnis] **عانس**
cuddle, hug v [ʕaːnaqa] **عانَق**
suffer v [ʕaːnaː] **عانى**
أنه يعاني من الحمى
[inaho yo-'aany min al- ḥomma] He has a fever
prostitute n [ʕaːhira] **عاهرة**
v [ʕaːwada] **عاود**
يُعَاوِد الاتصال
[Yo'aaawed al-eteṣaal] v ring back
gauge v [ʕaːjara] **عاير**
burden n [ʕibʔ] **عبء**
phrase n [ʕibaːra] **عبارة**
slave n [ʕabd] **عبد**
worship v [ʕabada] **عبد**
across prep [ʕabra] **عبر**
cross vt [ʕabara] **عَبر**
يُعَبِر عن
[Yo'aber 'an] v express
Jewish adj [ʕibriː] **عِبري**
frown v [ʕabasa] **عَبَس**
ingenious adj [ʕabqarij] **عبقري**
شخص عبقري
[Shakhṣ'ab'qarey] n genius

عبور crossing, transit *n* [ʕubu:r]
كان العبور صعبا
[kan il-'aobor ṣa'aban] The crossing was rough
عبير aroma *n* [ʕabi:r]
عتلة lever *n* [ʕatla]
عتيق antique *adj* [ʕati:q]
عثة moth *n* [ʕaθθa]
عُجالة *n* [ʕuʒa:la]
في عُجالة
[Fee 'aojalah] *adv* hastily
عجز disability, shortage *n* [ʕaʒz]
عجز فى الميزانية
['ajz fee- almezaneyah] *n* deficit
عجل calf *n* [ʕiʒl]
عجلة wheel *n* [ʕaʒala]
عجلة إضافية
['aagalh eḍafeyah] *n* spare wheel
عجلة القيادة
['aagalat al-'qeyadh] *n* steering wheel
عجلة اليد
['aagalat al-yad] *n* wheelbarrow
عجوز old *adj* [ʕaʒu:z]
عجيبٌ weird, wonderful *adj* [ʕaʒi:b]
عَجِيزَةٌ bum *n* [ʕaʒi:za]
عجِينة dough *n* [ʕaʒi:na]
عجينة الباف باستري
['ajeenah aleyaf bastrey] *n* puff pastry
عجينة الكريب
['aajenat al-kreeb] *n* batter
عدّاء runner *n* [ʕadda:ʔ]
عدائي hostile *adj* [ʕida:ʔij]
عداد metre *n* [ʕadda:d]
عداد السرعة
['adaad al-sor'aah] *n* speedometer
عداد الأميال المقطوعة
['adaad al-amyal al-ma'qto'aah] *n* mileometer
عداد وقوف السيارة
['adaad wo'qoof al-sayarah] *n* parking meter
أين يوجد عداد الكهرباء؟
[ayna yujad 'aadad al-kah-raba?] Where is the electricity meter?
من فضلك قم بتشغيل العداد
[Men faḍlek 'qom betashgheel al'adaad] Please use the meter
هل لديك عداد؟
[hal ladyka 'aadaad?] Do you have a meter?
عَدَالة justice *n* [ʕada:la]
عدة tackle *n* [ʕudda]
عدد quantity, amount *n* [ʕadad]
كما عدد المحطات الباقية على الوصول إلى ...؟
[kam 'aadad al-muḥaṭaat al-ba'qiya lel-wiṣool ela...?] How many stops is it to...?
عدس lentils *n* [ʕadas]
نبات العدس
[Nabat al-'aads] *npl* lentils
عدسة lens *n* [ʕadasa]
عدسة تكبير
['adasah mokaberah] *n* zoom lens
عدسة مكبرة
['adasat takbeer] *n* magnifying glass
أنني استعمل العدسات اللاصقة
[ina-ny ast'amil al-'aadasaat al-laṣi'qa] I wear contact lenses
محلول مطهر للعدسات اللاصقة
[maḥlool muṭaher lil-'aada-saat al-laṣi'qa] cleansing solution for contact lenses
عدل fairness *n* [ʕadl]
عدّل rectify *v* [ʕaddala]
عَدّل modify *v* [ʕadala]
عدم lack, absence *n* [ʕadam]
عدم التأكد
['adam al-taakod] *n* uncertainty
عدم الثبات
['adam al-thabat] *n* instability
عدم المُلاءمة
['adam al-molaamah] *n* inconvenience
أنا أسف لعدم معرفتي باللوائح
[Ana aasef le'aadam ma'arefatey bel-lawaeah] I'm very sorry, I didn't know the regulations
عدو enemy, run *n* [ʕaduww]
عدواني aggressive *adj* [ʕudwa:nij]
عدوى infection *n* [ʕadwa:]
ناقل للعدوى
[Na'qel lel-'aadwa] *adj* contagious

عديد several *adj* [ʕadi:d]
عديم lacking *adj* [ʕadi:m]
عديم الجدوى ['aadam al-jadwa] *adj* useless
عديم الاحساس ['adeem al-ehsas] *adj* senseless
عديم القيمة ['adeem al-'qeemah] *adj* worthless
عذب sweet *(pleasing)* *adj* [ʕaðb]
عَذّب torture *v* [ʕaððaba]
عذر excuse, pardon *n* [ʕuðran]
عذر excuse *v* [ʕaðara]
عذراء virgin, Virgo *n* [ʕaðra:ʔ]
عراء *n* [ʕara:ʔ]
في العراء [Fee al-'aaraa] *adv* outdoors
عراقي Iraqi *n* ◁ Iraqi *adj* [ʕira:qij]
عراك scrap *(dispute)* *n* [ʕira:k]
عَربة trolley, vehicle *n* [ʕaraba]
عربة صغيرة خفيفة ['arabah ṣagheerah khafeefah] *n* buggy
عربة تناول الطعام في القطار ['arabat tanawool al-ṭa'aam fee al-'qeṭar] *n* dining car
عربة الأعطال ['arabat al-a'ataal] *n* breakdown truck
عربة الترولي ['arabat al-troley] *n* trolley
عربة البوفيه ['arabat al-boofeeh] *n* dining car
عربة النوم ['arabat al-nawm] *n* sleeping car
عربة حقائب السفر ['arabat ḥa'qaaeb al-safar] *n* luggage trolley
عربة طفل ['arabat ṭefl] *n* pushchair
عربة مقطورة ['arabat ma'qtoorah] *n* trailer
هل يوجد عربة متنقلة لحمل الحقائب؟ [hal yujad 'aaraba muta-na'qela leḥaml al-ḥa'qaeb?] Are there any luggage trolleys?
عربي Arabic, Arab *adj* [ʕarabij]
عربي الجنسية ['arabey al-jenseyah] *adj* Arab
الإمارات العربية المتحدة [Al-emaraat al'arabeyah al-motaḥedah] *npl* United Arab Emirates
اللغة العربية [Al-loghah al-arabeyah] *(language)* *n* Arabic
المملكة العربية السعودية [Al-mamlakah al-'aarabeyah al-so'aodeyah] *n* Saudi Arabia
عرج limp *v* [ʕaraʒa]
عرش throne *n* [ʕarʃ]
عرض proposal *n* [ʕardˁ]
عرض أسعار ['aarḍ as'aar] *n* quotation
جهاز عرض [Jehaz 'ard] *n* projector
جهاز العرض العلوي [Jehaz al-'ard al-'aolwey] *n* overhead projector
خط العرض [Khaṭ al-'arḍ] *n* latitude
عرض *v* [ʕaradˁa]
أي فيلم يعرض الآن على شاشة السينما؟ [ay filim ya'aruḍ al-aan 'ala sha-shat al-senama?] Which film is on at the cinema?
عرض display, set out, *v* [ʕaradˁa] show
عَرّض *v* [ʕarradˁa]
يُعَرِض للخطر [Yo'areḍ lel-khaṭar] *v* endanger
عرضي accidental *adj* [ʕaradˁij]
عرف custom *n* [ʕurf]
عرف know, define *v* [ʕarafa]
لا أعرف [la a'arif] I don't know
هل تعرفه؟ [hal ta'a-rifuho?] Do you know him?
عُرفي formal *adj* [ʕurafij]
عرق sweat *n* [ʕirq]
مبلل بالعرق [Mobala bel-ara'q] *adj* sweaty
عرَق sweat *v* [ʕaraqa]
عرقي ethnic *adj* [ʕirqij]
عروس bride *n* [ʕaru:s]

وصيفة العروس
[Waṣeefat al-'aroos] *n* bridesmaid
عُرْي *n* [ʕurj]
مُناصر للعُرْي
[Monaṣer lel'aory] *n* nudist
عَرّى undress *v* [ʕarra:]
عريس bridegroom *n* [ʕari:s]
إشبين العريس
[Eshbeen al-aroos] *n* best man
عريض large, wide *adj* [ʕari:dˤ]
ابتسامة عريضة
[Ebtesamah areeḍah] *n* grin
عريضا wide *adv* [ʕari:dˤun]
عرِّيف corporal *n* [ʕari:f]
عِزبة estate *n* [ʕizba]
عَزز foster, boost (يتبنى) *v* [ʕazzaza]
عزف play *(music)* vt [ʕazafa]
عَزْف *n* [ʕazf]
آلة عَزْف
[Aalat 'aazf] *n* player *(instrumentalist)*
عزم determination *n* [ʕazm]
عاقد العزم
['aaa'qed al-'aazm] *adj* determined
عزيز dear *(loved)* *adj* [ʕazi:z]
عزيزي *(at start of letter)* Dear [ʕazi:zi:]
عسر difficulty *n* [ʕusr]
عسر التكلم
['aosr al-takalom] *n* dyslexia
عسر الهضم
['aosr al-haḍm] *n* indigestion
عسكري military *adj* [ʕaskarij]
طالب عسكري
[Ṭaleb 'askarey] *n* cadet
عسل honey *n* [ʕasal]
عش nest *n* [ʕuʃ]
عشاء dinner, supper *n* [ʕaʃa:ʔ]
متناول العشاء
[Motanawal al-'aashaa] *n* diner
كان العشاء شهيا
[kan il-'aashaa sha-heyan] The dinner was delicious
ما رأيك في الخروج وتناول العشاء
[Ma raaek fee al-khoroj wa-tanawol al-'aashaa] Would you like to go out for dinner?
ما هو موعد العشاء؟
[ma howa maw-'aid al-'aashaa?] What time is dinner?
عشب grass *(plant)* *n* [ʕuʃb]
عُشب الحَوْذان
['aoshb al-hawdhan] *n* buttercup
عُشب الطرخون
['aoshb al-ṭarkhoon] *n* tarragon
عشبة *n* [ʕuʃba]
عشبة ضارة
['aoshabah ḍarah] *n* weed
عشر ten *number* [ʕaʃar]
أحد عشر
[ʔaħada ʕaʃar] *number* eleven
الحادي عشر
[al-ħa:di: ʕaʃar] *adj* eleventh
لقد تأخرنا عشرة دقائق
[la'qad ta-akharna 'aashir da-'qae'q] We are ten minutes late
عشرة ten *number* [ʕaʃaratun]
عشرون twenty *number* [ʕiʃru:na]
عشري decimal *adj* [ʕuʃarij]
عشق passion *n* [ʕiʃq]
فاكهة العشق
[Fakehat al-'aesh'q] *n* passion fruit
عشق adore *v* [ʕaʃaqa]
عشوائي random *adj* [ʕaʃwa:ʔij]
عشية eve *n* [ʕaʃijja]
عشية عيد الميلاد
['aasheyat 'aeed al-meelad] *n* Christmas Eve
عصا stick *n* [ʕasˤa:]
عصا القيادة
['aaṣa al-'qeyadh] *n* joystick
عصا المشي
['aṣaa almashey] *n* walking stick
عصا ذاكرة
['aṣaa dhaakira] *n* USB stick
عصابة gang, band *n* [ʕisˤa:ba]
عصابة الرأس
['eṣabat al-raas] *n* hairband
معصوب العينين
[Ma'aṣoob al-'aainayn] *adj* blindfold
عصابي neurotic *adj* [ʕisˤa:bij]
عصب nerve *(to/from brain)* *n* [ʕasˤab]
عصب *v* [ʕasˤaba]
يَعْصِبُ العينين

[Ya'aṣeb al-ozonayn] *v* blindfold
عصبي nervous *adj* [ʕasˤabij]
عصبي المزاج
['aṣabey al-mazaaj] *adj* nervous
عصر squeeze *v* [ʕasˤara]
عصري modern *adj* [ʕasˤrij]
عصفور sparrow *n* [ʕusˤfuːr]
عصى disobey *v* [ʕasˤaː]
عصيب crucial *adj* [ʕasˤiːb]
عصيدة porridge *n* [ʕasˤiːda]
عصير juice *n* [ʕasˤiːru]
عصير الفاكهة
['aṣeer fakehah] *n* fruit juice
عصير برتقال
[Aṣeer borto'qaal] *n* orange juice
عصير كثيف
['aṣeer katheef] *n* smoothie
عضلة muscle *n* [ʕadˤala]
عضلي muscular *adj* [ʕadˤalij]
عضو member *n* [ʕudˤw]
عضو في عصابة
['aoḍw fee eṣabah] *n* gangster
عضو في الجسد
['aoḍw fee al-jasad] *n* organ *(body part)*
عضو مجلس
['aodw majles] *n* councillor
عضو مُنتَدب
['aḍow montadab] *n* president *(business)*
عضو نقابة عمالية
['aḍw ne'qabah a'omaleyah] *n* trade unionist
هل يجب أن تكون عضوا؟
[hal yajib an takoon 'auḍwan?] Do you have to be a member?
هل يجب علي أن أكون عضوا؟
[hal yajib 'aala-ya an akoon 'auḍwan?] Do I have to be a member?
عضوي organic *adj* [ʕudˤwij]
سماد عضوي
[Semad 'aodwey] *n* manure
غير عضوي
[Ghayer 'aoḍwey] *adj* mineral
عضوية membership *n* [ʕudˤwijja]
عضوية في مجلس تشريعي
['aoḍweyah fee majles tashreaey] *n* seat *(constituency)*

عطر perfume, scent *n* [ʕitˤr]
أشعر بالعطش
[ash-'aur bil-'aaṭash] I'm thirsty
عطس sneeze *v* [ʕatˤasa]
عطلة holiday, *n* [ʕutˤla]
unemployment
عطلة أسبوعية
['aoṭlah osboo'ayeah] *n* weekend
عطلة نصف الفصل الدراسي
['aoṭlah neṣf al-faṣl al-derasey] *n* half-term
خطة عطلة شاملة الإقامة والانتقال
[Khoṭ at 'aoṭlah shamelat al-e'qamah wal-ente'qal] *n* package tour
عظم bone *n* [ʕazˤm]
عظم الوجنة
[aḍhm al-wajnah] *n* cheekbone
عظمة bone *n* [ʕazˤama]
عظيم grand, great *adj* [ʕazˤiːm]
الجمعة العظيمة
[Al-jom'ah al-'aaḍheemah] *n* Good Friday
عفن mould *(fungus)* *n* [ʕafan]
عفوي spontaneous *adj* [ʕafawij]
عِقاب punishment *n* [ʕiqaːb]
عُقاب eagle *n* [ʕuqaːb]
عقار medication, drug *n* [ʕaqaːr]
عقار مسكن
['aa'qaar mosaken] *n* sedative
عقار مخدر موضعي
['aa'qar mokhader mawde'aey] *n* local anaesthetic
عقب end *n* [ʕaqib]
مقلوب رأسا على عقب
[Ma'qloob raasan 'ala 'aa'qab] *adv* upside down
عقبة obstacle *n* [ʕaqaba]
عقد contract *n* [ʕaqd]
عقد إيجار
['aa'qd eejar] *n* lease
عقد من الزمن
['aa'qd men al-zaman] *n* decade
عقد knit *v* [ʕaqada]
عقدة knot *n* [ʕuqda]
عقرب scorpion, Scorpio *n* [ʕaqrab]
عقص *v* [ʕaqasˤa]

يَعْقِص الشعر
[Ya'aqeṣ al-sha'ar] *n* curl
عَقْعَق [ʕaqʕaq] *n*
طائر العَقْعَق
[Ṭaaer al'a'qa'q] *n* magpie
عقل [ʕaqil] *n* mind, intelligence
ضرس العقل
[Ḍers al-a'aql] *n* wisdom tooth
عقلاني [ʕaqla:nij] *adj* rational
عقلي [ʕaqlij] *adj* mental
عقلية [ʕaqlijja] *n* mentality
عَقم [ʕaqqama] *v* sterilize
عقوبة [ʕuqu:ba] *n* punishment
أقصى عقوبة
[A'qsa 'aoqobah] *n* capital punishment
عقوبة بدنية
['ao'qoba badaneyah] *n* corporal punishment
عقيفة [ʕaqi:fa] *n* hook
عقيم [ʕaqi:m] *adj* sterile
عكاز [ʕukka:z] *n* crutch
عكس [ʕaks] *n* reverse, reversal
عكس عقارب الساعة
['aaks 'aa'qareb al-saa'ah] *n* anticlockwise
والعكس كذلك
[Wal-'aaks kaḍalek] *adv* vice versa
عكس [ʕakasa] *v* reflect
علاج [ʕila:ʒ] *n* therapy, treatment
علاج بالعطور
['aelaj bel-oṭoor] *n* aromatherapy
علاج طبيعي
['aelaj ṭabeye] *n* physiotherapy
علاج نفسي
['aelaj nafsey] *n* psychotherapy
مُركّب لعلاج السعال
[Morakab le'alaaj also'aal] *n* cough mixture
علاقة [ʕala:qa] *n* relation, relationship
علاقات عامة
['ala'qat 'aamah] *npl* public relations
آسف، أنا على علاقة بأحد الأشخاص
[ʔa:sifun ʔana: ʕala: ʕila:qatin biʔaħadin alʔaʃxa:sˤi] Sorry, I'm in a relationship
عَلاقَة [ʕala:qatu] *n*
عَلاقَة مفاتيح
['aalaqat mafateeḥ] *n* keyring
علامة [ʕala:ma] *n* mark, symptom, tag, token
علامة تعجب
['alamah ta'ajob] *n* exclamation mark
علامة تجارية
['alamah tejareyah] *n* trademark
علامة استفهام
['alamat estefham] *n* question mark
علامة مميزة
['alamah momayazah] *n* bookmark
العلامة التجارية
[Al-'alamah al-tejareyah] *n* brand name
يَضَع عَلامَة صَح
[Beḍa'a 'aalamat ṣaḥ] *v* tick off
علاوة [ʕala:wa] *n* bonus
علاوة على ذلك
['aelawah ala ḍalek] *adv* further
علب [ʕulab] *npl* cans
فتاحة علب
[fatta ḥat 'aolab] *n* tin opener
علبة [ʕulba] *n* parcel
علبة صغيرة
['aolbah ṣagherah] *n* canister
علبة التروس
['aolbat al-teroos] *n* gear box
علبة الفيوز
['aolbat al-feyoz] *n* fuse box
علبة كارتون
['aolbat kartoon] *n* carton
عَلّق [ʕallaqa] *vt* hang
يُعَلِق على
[yo'elleq ala] *v* comment
يُعَلّق على تويتر
[yo'elleq 'ala "twitter"] *vt* tweet
علكة [ʕilka] *n* chewing gum
عَلّل [ʕallala] *v* justify
علم [ʕilm] *n* knowledge, science
علم التنجيم
[A'elm al-tanjeem] *n* astrology
علم الاقتصاد
['aelm al-e'qtesad] *npl* economics
علم البيئة
['aelm al-beeah] *n* ecology
علم الحيوان
['aelm al-hayawan] *n* zoology

علم الفلك
['aelm al-falak] *n* astronomy
علم النحو والصرف
['aelm al-naḥw wal-ṣarf] *n* grammar
علوم الحاسب الآلي
['aoloom al-ḥaseb al-aaly] *n* computer science
عَلَم flag *n* [ʕalam]
عِلم *n* [ʕilm]
علم الآثار
['Aelm al-aathar] *n* archaeology
عِلْم science (المعرفة) *n* [ʕilmu]
عِلمي scientific *adj* [ʕilmij]
خيال علمي
[Khayal 'aelmey] *n* scifi
عُلُوْ altitude *n* [ʕuluww]
علوي top *adj* [ʕulwij]
على above *adv* ◁ on *prep* [ʕala:]
على طول
[Ala ṭool] *prep* along
عِلية loft *n* [ʕilja]
عَليل sick *adj* [ʕali:l]
عم uncle *n* [ʕamm]
ابن العم
[Ebn al-'aam] *n* cousin
عمارة building *n* [ʕima:ra]
فن العمارة
[Fan el-'aemarah] *n* architecture
عمال labour *n* [ʕumma:l]
عمان Oman *n* [ʕuma:n]
عمة aunt (خالة) *n* [ʕamma]
عمر age *n* [ʕumur]
شخص متقدم العمر
[Shakhṣ mota'qadem al-'aomr] *n* senior citizen
إنه يبلغ من العمر عشرة أعوام
[inaho yabligh min al-'aumr 'aashrat a'a-wam] He is ten years old
أبلغ من العمر خمسين عاماً
[ablugh min al-'aumr khamseen 'aaman] I'm fifty years old
كم عمرك؟
[kam 'aomrak?] How old are you?
عمق depth *n* [ʕumq]
عمل work *n* [ʕamal]
رحلة عمل
[Reḥlat 'aamal] *n* business trip
ساعات عمل مرنة
[Sa'aat 'aamal marenah] *n* flexitime
ساعات العمل
[Sa'aat al-'amal] *npl* office hours, opening hours
مكان العمل
[Makan al-'amal] *n* workspace
أنا هنا للعمل
[ana huna lel-'aamal] I'm here for work
عمل work *v* [ʕamala]
يعمل بشكل حر
[Ya'amal beshakl ḥor] *adj* freelance
سيارة تعمل بنظام نقل السرعات اليدوي من فضلك
[sayara ta'amal be-neḍham na'qil al-sur'aat al-yadawy, min faḍlak] A manual, please
أعمل لدى...
[a'amal lada...] I work for...
أين تعمل؟
[ayna ta'amal?] Where do you work?
التكيف لا يعمل
[al-tak-yeef la ya'amal] The air conditioning doesn't work
المفتاح لا يعمل
[al-muftaaḥ la ya'amal] The key doesn't work
كيف يعمل هذا؟
[Kayfa ya'amal hatha?] How does this work?
ماذا تعمل؟
[madha ta'amal?] What do you do?
ماكينة التذاكر لا تعمل
[makenat al-tadhaker la-ta'amal] The ticket machine isn't working
هذا لا يعمل كما ينبغي
[hatha la-ya'amal kama yan-baghy] This doesn't work
عملاق giant, gigantic *adj* [ʕimla:q]
عملة currency, pay *n* [ʕumla]
عملة معدنية
[Omlah ma'adaneyah] *n* coin
عملة متداولة
[A'omlah motadawlah] *n* currency
تخفيض قيمة العملة

[Takhfeeḍ 'qeemat al'aomlah] *n* devaluation

دار سك العملة
[Daar ṣaak al'aomlah] *n* mint *(coins)*

عملي feasible, practical *adj* [ʕamalij]

غير عملي
[Ghayer 'aamaley] *adj* impractical

عمليا practically *adv* [ʕamalijan]

عملية operation *n* [ʕamalijja] *(undertaking)*, process

عملية جراحية
['amaleyah jeraheyah] *n* operation *(surgery)*, surgery *(operation)*

عملية الأيض
['amaleyah al-abyaḍ] *n* metabolism

عَمَّم generalize *v* [ʕammama]

عمود column, post *(stake)* *n* [ʕamu:d]

عمود النور
['amood al-noor] *n* lamppost

عمود فقري
['amood fa'qarey] *n* backbone, spine

عموديا upright *adv* [ʕamu:dijan]

عمولة commission *n* [ʕumu:la]

ما هي العمولة؟
[ma heya al-'aumola?] What's the commission?

عموما overall *adv* [ʕumu:man]

عمى blind *n* [ʕama:]

مصاب بعمى الألوان
[Moṣaab be-'ama al-alwaan] *adj* colour-blind

عميق deep *adj* [ʕami:q]

واد عميق وضيق
[Wad 'amee'q wa-ḍaye'q] *n* ravine

عميل customer, client, *n* [ʕami:l] agent

عن about, from *prep* [ʕan]

عناق cuddle *n* [ʕina:q]

عناية care *n* [ʕina:ja]

بعناية
[Be-'aenayah] *n* carefully

عنب grape *n* [ʕinab]

عنب أحمر
['aenab aḥmar] *n* redcurrant

كَرْمَة العنب
[Karmat al'aenab] *n* vine

عنبر hospital ward *n* [ʕanbar]

في أي عنبر يوجد......؟
[fee ay 'aanbar yujad...?] Which ward is... in?

عند at *prep* [ʕinda]

عنصر element *n* [ʕunsˤur]

عنصري racial *adj* [ʕunsˤurij] ◁ *n* racist

التفرقة العنصرية بحسب الجنس
[Al-tafre'qa al'aonṣoreyah beḥasab al-jens] *n* sexism

عنف violence *n* [ʕunf]

عَنّف scold *v* [ʕannafa]

عنكبوت spider *n* [ʕankabu:t]

بيت العنكبوت
[Bayt al-'ankaboot] *n* cobweb

عنوان address *(location)* *n* [ʕunwa:n]

عنوان البريد الإلكتروني
['aonwan al-bareed al-electrooney] *n* email address

عنوان المنزل
['aonwan al-manzel] *n* home address

عنوان الويب
['aonwan al-web] *n* web address

دفتر العناوين
[Daftar al-'aanaaween] *n* address book

عُنوان رئيسي
['aonwan raaesey] *n* headline

عنوان موقع الويب هو...
['ainwan maw-'q i'a al-web howa...] The website address is...

ما هو عنوان بريدك الالكتروني؟
[ma howa 'ain-wan bareed-ak al-alikit-rony?] What is your email address?

من فضلك قم بتحويل رسائلي إلى هذا العنوان
[min faḍlak 'qum be-taḥweel rasa-ely ela hadha al-'ainwan] Please send my mail on to this address

هل يمكن لك أن تدون العنوان، إذا تفضلت؟
[hal yamken laka an tudaw-win al-'aenwaan, edha tafaḍalt?] Will you write down the address, please?

عنيد stubborn *adj* [ʕani:d]

عنيف [ʕani:f] *adj* drastic, violent
عهد [ʕahd] *n* promise
منذ عهد قريب
[mondh 'aahd 'qareeb] *adv* lately
عوامة [ʕawa:ma] *n* float, buoy
عود [ʕu:d] *n* stick
عود الأسنان
['aood al-asnan] *n* toothpick
عودة [ʕawda] *n* return
تذكرة ذهاب وعودة في نفس اليوم
[tadhkarat dhehab we-'awdah fee nafs al-yawm] *n* day return
رجاء العودة بحلول الساعة الحادية عشر مساءً
[rejaa al-'aawda beḥilool al-sa'aa al-ḥade-a 'aashar masa-an] Please come home by 11p.m.
ما هو موعد العودة؟
[ma howa maw-'aid al-'aawda?] When do we get back?
يمكنك العودة وقتما رغبت ذلك
[yam-kunaka al-'aawda wa'qt-ama raghabta dhalik] Come home whenever you like
عوّض [ʕawwadˤa] *v* compensate
يُعوّض عن
[Yo'awed 'an] *v* reimburse
عَوَّل [ʕawwala] *v*
يُعَول على
[yo'awel 'ala] *v* rely on
عَوْلَمَة [ʕawlama] *n* globalization
عون [ʕawn] *n* aid
عوى [ʕawa:] *v* howl
عيادة [ʕija:da] *n* clinic
عيب [ʕajb] *n* defect, fault, disadvantage
عيد [ʕi:d] *n* festival, holiday
عيد الحب
['aeed al-ḥob] *n* Valentine's Day
عيد الفصح
['aeed al-fesḥ] *n* Easter
عيد الميلاد المجيد
['aeed al-meelad al-majeed] *n* Christmas
عيد ميلاد
['aeed al-meelad] *n* birthday
عيش [ʕajʃ] *n*
عيش الغراب
['aaysh al-ghorab] *n* mushroom
عين [ʕajn] *n* eye
إن عيناي ملتهبتان
[enna 'aynaya multa-hebatan] My eyes are sore
يوجد شيء ما في عيني
[yujad shay-un ma fee 'aynee] I have something in my eye
عيّن [ʕajjana] *v* appoint
يُعَيِّنُ الهويَّة
[Yo'aeyen al-haweyah] *v* identify
عينة [ʕajjina] *n* sample
عينه [ʕajinnat] *adj* same

absent *adj* [ɣa:ʔibb] **غائب**
cloudy, foggy *adj* [ɣa:ʔim] **غائم**
v [ɣa:ba] **غاب**
يَغيب عن الأنظار
[Yagheeb 'an al-andhaar] *v* vanish
forest, woods *n* [ɣa:ba] **غابة**
غابات المطر بخط الاستواء
[Ghabat al-maṭar be-khaṭ al-estwaa] *n* rainforest
v [ɣa:dara] **غادر**
سوف أغادر غداً
[Yoghader al-fodo'q] *v* check out
يُغادِر المكان
[Yoghader al-makanan] *v* go out
يُغادر مكانا
[Yoghader makanan] *v* go away
سوا أغادر غدا
[Sawa oghader ghadan] I'm leaving tomorrow
أين نترك المفتاح عندما نغادر؟
[ayna natruk al-muftaaḥ 'aendama nughader?] Where do we hand in the key when we're leaving?
على أي رصيف يغادر القطار؟
['ala ay raṣeef yo-ghader al-'qeṭaar?] Which platform does the train leave from?
من أي مكان يغادر المركب؟
[min ay makan yoghader al-markab?] Where does the boat leave from?
هل هذا هو الرصيف الذي يغادر منه القطار المتجه إلى...؟
[hal hadha howa al-raṣeef al-ladhy yoghader minho al-'qeṭaar al-mutajeh ela...?] Is this the right platform for the train to...?
foul *adj* [ɣa:dir] **غادِر**
n [ɣa:r] **غار**
ورق الغار
[Wara'q alghaar] *n* bay leaf
raid *n* [ɣa:ra] **غارة**
gas *n* [ɣa:z] **غاز**
غاز طبيعي
[ghaz ṭabeeaey] *n* natural gas
غاز مسيل للدموع
[Ghaz moseel lel-domooa] *n* teargas
موقد يعمل بالغاز للمعسكرات
[Maw'qed ya'amal bel-ghaz lel-mo'askarat] *n* camping gas
أين يوجد عداد الغاز؟
[ayna yujad 'aadad al-ghaz?] Where is the gas meter?
هل يمكنك إعادة ملء الولاعة بالغاز؟
[hal yamken -aka e'aadat mil-e al-walla-'aa bil-ghaz?] Do you have a refill for my gas lighter?
flirt *v* [ɣa:zala] **غازل**
angry, stuffy *adj* [ɣa:dˤib] **غاضِب**
fret *v* [ɣa:zˤa] **غاظ**
often *adv* [ɣa:liban] **غالبا**
adj [ɣa:li:] **غالي**
إنه غالي جدا ولا يمكنني شراؤه
[Enaho ghaley gedan wala yomken sheraaoh] It's too expensive for me
إنه غالي بالفعل
[inaho ghalee bil-fi'ail] It's quite expensive
v [ɣa:la:] **غالى**
يغالي في الثمن
[Yoghaley fee al-thaman] *v* overcharge
يُغالي في التقدير
[Yoghaley fee al-ta'qdeer] *v* overestimate

غامض mysterious *adj* [ɣaːmidˤ]
غانا Ghana *n* [ɣaːnaː]
غاني Ghanaian *adj* [ɣaːnij]
مواطن غاني
[Mowaṭen ghaney] *n* Ghanaian
غبار dust *n* [ɣubaːr]
غبي stupid *adj* [ɣabijju]
غثيان nausea *n* [ɣaθajaːn]
غَجَرِيّ gypsy *n* [ɣaʒarij]
غد *n* [ɣad]
أريد أن توقظني بالتليفون في الساعة السابعة من صباح الغد
[areed an to'qeḍhaney bel-telefone fee al-sa'aah al-sabe'aah men ṣabaḥ al-ghad] I'd like a wake-up call for tomorrow morning at seven o'clock
بعد غد
[ba'ad al-ghad] the day after tomorrow
غداً tomorrow *adv* [ɣadan]
هل هو مفتوح غدا؟
[hal how maftooḥ ghadan?] Is it open tomorrow?
هل يمكن أن أتصل بك غدا؟
[hal yamken an ataṣel beka ghadan?] May I call you tomorrow?
غداء lunch *n* [ɣadaːʔ]
غدة gland *n* [ɣuda]
غذاء *n* [ɣaðaːʔ]
وجبة الغذاء المعبأة
[Wajbat al-ghezaa al-mo'abaah] *n* packed lunch
كان الغذاء رائعا
[kan il-ghadaa ra-e'aan] The lunch was excellent
متى سنتوقف لتناول الغذاء؟
[mata sa-nata-wa'qaf le-tanawil al-ghadaa?] Where do we stop for lunch?
متى سيتم تجهيز الغذاء؟
[mata sayatim taj-heez al-ghadaa?] When will lunch be ready?
غذائي *adj* [ɣiðaːʔij]
التسمم الغذائي
[Al-tasmom al-ghedhaaey] *n* food poisoning
نظام غذائي
[Neḍhaam ghedhey] *v* diet
غِر child *n* [ɣirr]
غِراء glue *n* [ɣiraːʔ]
غراب crow *n* [ɣuraːb]
غراب أسود
[Ghorab aswad] *n* raven
غرّافة carafe *n* [ɣarraːfa]
غرامة fine *n* [ɣaraːma]
أين تدفع الغرامة؟
[ayna tudfa'a al-gharama?] Where do I pay the fine?
كم تبلغ الغرامة؟
[kam tablugh al-gharama?] How much is the fine?
غرب *n* [ɣarban]
متجه غرباً
[Motajeh gharban] *adj* westbound
غَرْب west *n* [ɣarb]
غرباً west *adv* [ɣarban]
غربي west, western *adj* [ɣarbij]
ساكن الهند الغربية
[Saken al-hend al-gharbeyah] *n* West Indian
جنوب غربي
[Janoob gharbey] *n* southwest
شمال غربي
[Shamal gharbey] *n* northwest
غرز stick *vi* [ɣaraza]
غرض purpose *n* [ɣaradˤ]
غرفة room *n* [ɣurfa]
رقم الغرفة
[Ra'qam al-ghorfah] *n* room number
غرفة إضافية
[ghorfah eḍafeyah] *n* spare room
غرفة عمليات
[ghorfat 'amaleyat] *n* operating theatre
غرفة تبديل الملابس
[Ghorfat tabdeel al-malabes] *n* fitting room
غرفة خدمات
[ghorfat khadamat] *n* utility room
غرفة القياس
[ghorfat al-'qeyas] *n* fitting room
غرفة المعيشة
[ghorfat al-ma'aeshah] *n* sitting room
غرفة النوم

[Ghorfat al-noom] *n* bedroom
غرفة طعام
[ghorat ṭa'aam] *n* dining room
غرفة لشخص واحد
[ghorfah le-shakhṣ wahed] *n* single room
غرفة محادثة
[ghorfat mohadathah] *n* chatroom
غرفة مزدوجة
[Ghorfah mozdawajah] *n* double room, twin room
غُرفة خشبية
[Ghorfah khashabeyah] *n* shed
أريد غرفة أخرى غيرها
[areed ghurfa ukhra ghyraha] I'd like another room
أريد غرفة للإيجار
[areed ghurfa lil-eejar] I'd like to rent a room
أريد حجز غرفة عائلية
[areed ḥajiz ghurfa 'aa-e-liya] I'd like to book a family room
أريد حجز غرفة لشخصين
[areed ḥajiz ghurfa le-shakhiṣ-yen] I want to reserve a double room
أيمكنني الحصول على أحد الغرف؟
[a-yamkun-iny al-ḥuṣool 'ala aḥad al-ghuraf?] Do you have a room?
أين توجد غرفة الكمبيوتر؟
[ayna tojad ghurfat al-computer] Where is the computer room?
الغرفة ليست نظيفة
[al-ghurfa laysat naḍhefa] The room isn't clean
الغرفة متسخة
[al-ghurfa mutaskha] The room is dirty
هل هناك خدمة للغرفة؟
[hal hunaka khidma lil-ghurfa?] Is there room service?
هل يمكن أن أرى الغرفة؟
[hal yamken an ara al-ghurfa?] Can I see the room?
هناك ضوضاء كثيرة جدا بالغرفة
[hunaka ḍaw-ḍaa kathera jedan bil-ghurfa] The room is too noisy
غرق [ɣaraqa] washbasin, drown *vi*
غُروب [ɣuru:b] sunset *n*
غَرّى [ɣarra:] glue *v*
غريب [ɣari:b] strange, spooky *adj*
شخص غريب
[Shakhṣ ghareeb] *n* stranger
غُرَير [ɣuṛajr] *n*
حيوان الغُرَير
[Ḥayawaan al-ghoreer] *n* badger
غريزة [ɣari:za] instinct *n*
غزل [ɣazl] (حركة خاطفة) *n* flirt
غزل البنات
[Ghazl al-banat] *n* candyfloss
غزى [ɣaza:] invade, conquer *v*
غسالة [ɣassa:la] washing machine *n*
غسالة أطباق
[ghasalat aṭba'q] *n* dishwasher
غَسَق [ɣasaq] dusk *n*
غسل [ɣasl] *n*
قابل للغسل في الغسالة
['qabel lel-ghaseel fee al-ghassaalah] *adj* machine washable
أرغب في غسل هذه الأشياء
[arghab fee ghasil hadhy al-ashyaa] I'd like to get these things washed
غسل [ɣasala] wash *v*
يَغْسِل الأطباق
[Yaghsel al-aṭbaa'q] *v* wash up
أريد أن أغسل السيارة
[areed an aghsil al-sayara] I would like to wash the car
أين يمكن أن أغسل يدي؟
[ayna yamken an aghsil yady?] Where can I wash my hands?
هل يمكنك من فضلك غسله
[hal yamken -aka min faḍlak ghaslaho?] Could you wash my hair, please?
غسول [ɣasu:l] cleanser *n*
غسول سمرة الشمس
[ghasool somrat al-shams] *n* suntan lotion
غسيل [ɣassi:l] washing *n*
غسيل سيارة
[ghaseel sayaarah] *n* car wash
غسيل الأطباق
[ghaseel al-atba'q] *n* washing-up
خط الغسيل

[Khat al-ghaseel] *n* washing line
حبل الغسيل
[ḥ abl al-ghaseel] *n* washing line
مسحوق الغسيل
[Mashoo'q alghaseel] *n* washing powder
مشبك الغسيل
[Mashbak al-ghaseel] *n* clothes peg
cheat *n* [ɣaʃʃa] **غش**
deceive, cheat *v* [ɣaʃʃa] **غش**
anger *n* [ɣadˤab] **غضب**
سريع الغضب
[Saree'a al-ghaḍab] *adj* irritable
غضب شديد
[ghaḍab shaded] *n* rage
مثير للغضب
[Mother lel-ghaḍab] *adj* infuriating
v [ɣutˤtˤa] **غطَّ**
يَغُطْ في النوم
[yaghoṭ fee al-nawm] *v* snore
cover, lid *n* [ɣitˤaːʔ] **غطاء**
غطاء سرير
[Gheṭa'a sareer] *n* bedspread
غطاء المصباح
[Gheṭaa almeṣbaḥ] *n* lampshade
غطاء الوسادة
[gheṭaa al-wesadah] *n* pillowcase
غطاء قنينة
[Gheṭa'a 'qeneenah] *n* cap
غطاء للرأس والعنق
[Gheṭa'a lel-raas wal-a'ono'q] *n* hood
غطاء للوقاية أو الزينة
[Gheṭa'a lel-we'qayah aw lel-zeenah] *n* hubcap
غطاء مخملي
[Gheṭa'a makhmaley] *n* duvet
غطاء مائدة
[Gheṭa'a maydah] *n* tablecloth
diver *n* [ɣatˤtˤaːs] **غطاس**
dive *n* [ɣatˤasa] **غطس**
لوح غطس
[Looḥ ghaṭs] *n* diving board
dive *v* [ɣatˤisa] **غطس**
plunge *v* [ɣatˤasa] **غطس**
cover *v* [ɣatˤtˤaː] **غطّى**
snooze *v* [ɣafa] **غفا**

forgive *v* [ɣafara] **غفر**
nap *n* [ɣafwa] **غفوة**
kid *n* [ɣulaːm] **غلام**
kettle *n* [ɣallaːja] **غلاية**
mistake *v* [ɣalatˤun] **غلط**
error *n* [ɣaltˤa] **غلطة**
wrap, wrap up *v* [ɣallafa] **غلّف**
هل يمكن أن تغلفه من فضلك؟
[hal yamken an tugha-lifho min faḍlak?] Could you wrap it up for me, please?
n [ɣalaqa] **غلق**
ما هو ميعاد الغلق هنا؟
[ma howa me-'aad al-ghali'q huna?] When does it close?
boil *vi* [ɣalaː] **غلى**
boiling *n* [ɣalajaːn] **غليان**
flood *vt* [ɣamara] **غمر**
wink *v* [ɣamaza] **غمز**
dip *vt* [ɣamasa] **غمس**
dip *(food/sauce)* *n* [ɣams] **غَمْس**
mutter *v* [ɣamɣama] **غَمْغَم**
mystery *n* [ɣumuːdˤ] **غموض**
singing *n* [ɣinaːʔ] **غناء**
غِنَاء مع الموسيقى
[Ghenaa ma'a al-mose'qa] *n* karaoke
adj [ɣinaːʔijjat] **غنائي**
قصائد غنائية
['qaṣaaed ghenaaeah] *npl* lyrics
n [ɣanam] **غنم**
جلد الغنم
[Jeld al-ghanam] *n* sheepskin
rich *adj* [ɣanij] **غني**
غنّي بالألوان
[Ghaney bel-alwaan] ﻐﻔﺺ colourful
submarine *n* [ɣawwaːsˤa] **غواصة**
gorilla *n* [ɣuːriːlaː] **غوريلا**
diving *n* [ɣawsˤ] **غوص**
غوص بأجهزة التنفس
[ghawṣ beajhezat altanafos] *n* scuba diving
أين يمكننا أن نجد أفضل مناطق الغوص؟
[ayna yamken-ana an najed afḍal manaṭi'q al-ghawṣ?] Where is the best place to dive?
absence *n* [ɣijaːb] **غياب**

غيار [ɣijja:r] *n*
هل لديك قطع غيار لماركة تويوتا
[hal ladyka 'qiṭa'a gheyaar le-markat toyota?] Do you have parts for a Toyota?
غيبة [ɣajba] *n*
دفع بالغيبة
[Dafa'a bel-ghaybah] *n* alibi
غيبوبة [ɣajbu:ba] *n*
غيبوبة عميقة
[Ghaybobah 'amee'qah] *n* coma
غير [ɣajru] *adj* not
غير صبور
[ghayer ṣaboor] *adj* impatient
غير معتاد
[ghayer mo'ataad] *adj* unusual
غير مُرتب
[ghayer moratb] *adj* untidy
غير مُتَّصِل بالانترنت
[ghayer muttaṣil bil-internet] *adj/adv* offline
غَيّر [ɣajjara] *v* vary, change
غينيا [ɣi:nja:] *n* Guinea
غينيا الاستوائية [ɣi:nja: al-istiwa:ʔijjatu] *n* Equatorial Guinea
غيور [ɣaju:r] *adj* jealous

ف

فائدة [fa:ʔida] *n* benefit
معدل الفائدة
[Moaadal al-faaedah] *n* interest rate
فائز [fa:ʔiz] *adj* winning
شخص فائز
[Shakhṣ faaez] *n* winner
فائض [fa:ʔidˤ] *adj* surplus
فائق [fa:ʔiq] *adj*
فائق الجمال
[Faae'q al-jamal] *adj* gorgeous
فئة [fiʔa] *n* category
فاتح [fa:tiħ] *adj* fair *(light colour)*
فاتر [fa:tir] *adj* dull, lukewarm
فاتن [fa:tin] *adj* catching, glamorous, superb, fascinating
فاتورة [fa:tu:ra] *n*
فاتورة رسمية
[Fatoorah rasmeyah] *n* note *(account)*
فاتورة تجارية
[Fatoorah tejareyah] *n* invoice
فاتورة تليفون
[Fatoorat telefon] *n* phone bill
يُعِد فاتورة
[Yo'aed al-fatoorah] *v* invoice
قم بإضافته إلى فاتورتي
['qim be-iḍa-fatuho ela foatoraty] Put it on my bill

قم بإعداد الفاتورة من فضلك ['qim be-i'adad al-foatora min faḍlak] Please prepare the bill

من فضلك أحضر لي الفاتورة [min faḍlak iḥḍir lee al-fatora] Please bring the bill

هل لي أن أحصل على فاتورة مفصلة؟ [hal lee an aḥṣil 'aala fatoora mufa-ṣala?] Can I have an itemized bill?

فاحش obscene *adj* [faːħiʃ]

فأر mouse *n* [faʔr]

فارسي Persian *adj* [faːrisij]

فارغ blank *adj* [faːriɣ]

فارق distinction *n* [faːriq]

فاز win *v* [faːza]

فاسد corrupt *adj* [faːsid]

فاصل interval *n* [faːsˤil]

فاصل إعلاني [Faṣel e'alaany] *n* commercial break

فاصلة comma *n* [faːsˤila]

فاصلة علوية [Faṣela a'olweyah] *n* apostrophe

فاصوليا *n* [faːsˤuːljaː]

فاصوليا خضراء متعرشة [faṣoleya khadraa mota'aresha] *n* runner bean

فاصوليا خضراء [Faṣoleya khaḍraa] *npl* French beans

فاض flood *vi* [faːdˤa]

فاكس fax *n* [faːks]

هل يوجد فاكس؟ [hal yujad fax?] Do you have a fax?

فاكهة fruit *n* [faːkiha]

عصير الفاكهة ['aṣeer fakehah] *n* fruit juice

متجر الخضر والفاكهة [Matjar al-khoḍar wal-fakehah] *n* greengrocer's

مثلجات الفاكهة [Mothalajat al-fakehah] *n* sorbet

فانيلة *n* [faːniːla]

صوف فانيلة [Ṣoof faneelah] *n* flannel

فانيليا vanilla *n* [faːniːljaː]

فبراير February *n* [fabraːjir]

فتاة lass *n* [fataːt]

فتاحة *n* [fattaːħa]

فتاحة علب [fatta ḥat 'aolab] *n* tin opener

فتاحة علب التصبير [Fatahat 'aolab al-taṣdeer] *n* tin opener

فتاحة الزجاجات [Fatahat al-zojajat] *n* bottle-opener

فتح *n* [fataħa]

أريد أن أبدأ بالمكرونة لفتح شهيتي [areed an abda bil-makarona le-fatiḥ sha-heiaty] I'd like pasta as a starter

ما هو ميعاد الفتح هنا؟ [ma howa me-'aad al-fatiḥ huna?] When does it open?

فتح open *vt* [fataħa]

يفتح النشاط [Yaftah nashaṭ] *v* unzip

يَفتَح القفل [Yaftaḥ al-'qafl] *v* unlock

الباب لا يُفتح [al-baab la yoftaḥ] The door won't open

متى يُفتح القصر؟ [mata yoftaḥ al-'qaṣir?] When is the palace open?

متى يُفتح المعبد؟ [mata yoftaḥ al-ma'abad?] When is the temple open?

فتحة slot *n* [fatħa]

فتحة سقف السيارة [fatḥ at saa'qf al-sayaarah] *n* headroom

فتحة سَقف [Fathat sa'qf] *n* sunroof

فتحة الأنف [Fathat al-anf] *n* nostril

فتحة التوصيل [Fathat al-tawṣeel] *n* plughole

فترة *n* [fatra]

فترة راحة [Fatrat raaḥ a] *n* break

فترة ركود [Fatrat rekood] *n* low season

فترة المحاكمة [Fatrat al-moḥkamah] *n* trial period

فترة النهار [Fatrat al-nehaar] *n* daytime

فترة وجيزة

[Fatrah wajeezah] *n* while
إنها لا تزال داخل فترة الضمان
[inaha la tazaal dakhel fatrat al-ḍaman] It's still under guarantee
لقد ظللنا منتظرين لفترة طويلة
[La'qad ḍhallalna montaḍhereen le-fatrah ṭaweelah] We've been waiting for a very long time
ما الفترة التي سأستغرقها للوصول إلى هناك؟
[Ma alfatrah alaty saastaghre'qha lel-woṣool ela honak?] How long will it take to get there?
فَتّش search *v* [fattaʃa]
فتق hernia *n* [fatq]
فِتنة charm *n* [fitna]
فتى guy *n* [fata:]
فج crude *adj* [faʒʒ]
فجأة suddenly *adv* [faʒʔatun]
فجّر explode *v* [faʒʒara]
فجْر dawn *n* [faʒr]
فجل radish *n* [fiʒl]
فجل حار
[Fejl ḥar] *n* horseradish
فجوة gap *n* [faʒwa]
فحص tick, examination *n* [faħsˤ]
فحص طبى عام
[Faḥṣ ṭebey 'aam] *n* check-up
هل تسمح بفحص إطارات السيارة؟
[hal tasmaḥ be-faḥṣ eṭaraat al-sayarah?] Can you check the tyres, please?
فحص tick, inspect *vt* [faħasˤa]
فحم coal *n* [faħm]
منجم فحم
[Majam fahm] *n* colliery
فحْم نباتي
[Faḥm nabatey] *n* charcoal
فخار *n* [faxxa:r]
مصنع الفخار
[Maṣna'a al-fakhaar] *n* pottery
فخذ thigh *n* [faxð]
فخر pride *n* [faxr]
فخور proud *adj* [faxu:r]
فدية ransom *n* [fidja]
فر escape *vi* [farra]
فراش bed *n* [fira:ʃ]
فراش كبير الحجم
[Ferash kabeer al-ḥajm] *n* king-size bed
عند العودة سوف نكون في الفراش
['aenda al-'aoda sawfa nakoon fee al-feraash] We'll be in bed when you get back
فراشة butterfly, moth *n* [fara:ʃa]
فراغ void *n* [fara:ɣ]
وَقت فراغ
[Wa'qt faragh] *n* spare time
فرامل brake *n* [fara:mil]
الفرامل لا تعمل
[Al-faramel la ta'amal] The brakes are not working, The brakes don't work
هل يوجد فرامل في الدراجة؟
[hal yujad fara-mil fee al-darraja?] Does the bike have brakes?
فراولة strawberry *n* [fara:wla]
فرخ *n* [farx]
فرخ الضفدع
[Farkh al-ḍofda'a] *n* tadpole
فرد single, person *n* [fard]
أقرب أفراد العائلة
[A'qrab afrad al-'aaleah] *n* next-of-kin
فردي individual *adj* [fardijjat]
مباراة فردية
[Mobarah fardeyah] *n* singles
فرز sort out *v* [faraza]
فرَس mare *n* [faras]
عدو الفرس
[adow al-faras] (جري) *n* gallop
فرس النهر
[Faras al-nahr] *n* hippo
فَرَس قزم
[Faras 'qezm] *n* pony
فرشاة brush *n* [furʃa:t]
فرشاة أظافر
[Forshat aḍhafer] *n* nailbrush
فرشاة الأسنان
[Forshat al-asnaan] *n* toothbrush
فرشاة الدهان
[Forshat al-dahaan] *n* paintbrush
فرشاة الشعر
[Forshat al-sha'ar] *n* hairbrush
يُنَظِف بالفرشاة

[yonaḍhef bel-forshah] *v* brush
opportunity *n* [fursˤa] **فرصة**
branch *n* [farʕ] **فرع**
عناوين فرعية
['anaween far'aeyah] *npl* subtitles
adj [farʕijji] **فرعي**
مزود بعنوان فرعي
[Mozawad be'aonwan far'aey] *adj* subtitled
empty *vt* [farraɣa] **فرَّغ**
يُفرغ حمولة
[Yofaregh ḥomolah] *v* unload
n [firaq] **فرق**
فرق كشافة
[Fear'q kashafah] *npl* troops
separate *vt* [farraqa] **فَرَّق**
n [firqa] **فرقة**
فرقة الآلات النحاسية
[Fer'qat al-aalat al-naḥaseqeyah] *n* brass band
فرقة مطافيء
[Fer'qat maṭafeya] *n* fire brigade
فرقة موسيقية
[Fer'qah mose'qeyah] *n* band *(musical group)*
من فضلك اتصل بفرقة المطافئ
[min faḍlak itaṣil be-fir'qat al-maṭa-fee] Please call the fire brigade
scrub *v* [faraka] **فرك**
chop *n* [faram] **فرم**
chop *v* [farama] **فرم**
brake *v* [farmala] **فرمَل**
n [farmala] **فرملة**
فرملة يَدّ
[Farmalat yad] *n* handbrake
oven *n* [furn] **فرن**
France *n* [faransa:] **فرنسا**
French *adj* [faransij] **فرنسي**
اللغة الفرنسية
[All-loghah al-franseyah] *adj* French
بوق فرنسي
[Boo'q faransey] *n* French horn
مواطن فرنسي
[Mowaṭen faransey] *n* Frenchman
مواطنة فرنسية
[Mowaṭenah faranseyah] *n* Frenchwoman
fur *n* [farw] **فرو**
peculiar, unique *adj* [fari:d] **فريد**
freezer *n* [fri:zar] **فريزر**
prey *n* [fari:sa] **فريسة**
team *n* [farjq] **فريق**
فريق البحث
[Faree'q al-bahth] *n* search party
horror *n* [fazaʕ] **فَزَع**
corruption *n* [fasa:d] **فساد**
dress *n* [fusta:n] **فستان**
فستان الزفاف
[Fostaan al-zefaf] *n* wedding dress
هل يمكن أن أجرب هذا الفستان؟
[hal yamken an ajar-reb hadha al-fustaan?] Can I try on this dress?
deteriorate *v* [fasada] **فسَد**
interpret *v* [fassara] **فسّر**
mosaic *n* [fusajfisa:ʔ] **فسيفساء**
popcorn *n* [fuʃa:r] **فشار**
failure *n* [faʃal] **فشل**
fail *vi* [faʃala] **فشل**
n [fasˤsˤ] **فص**
فص ثوم
[Faṣ thawm] *n* clove
n [fisˤa:m] **فصَام**
مريض بالفصَام
[Mareeḍ bel-feṣaam] *adj* schizophrenic
chapter *n* [fasˤl] **فصل**
فصل دراسي
[Faṣl derasey] *n* semester
فصل الربيع
[Faṣl al-rabeya] *n* springtime
فصل الصيف
[Faṣl al-ṣayf] *n* summertime
فصل من فصول السنة
[Faṣl men foṣol al-sanah] *n* term *(division of year)*
disconnect *v* [fasˤala] **فصل**
n [fasˤla] **فصلة**
فصلة منقوطة
[faṣelah man'qoṭa] *n* semicolon
n [fasˤi:la] **فصيلة**
فصيلة دم
[faṣeelat dam] *n* blood group
فصيلة دمي 0 موجب

[faṣeelat damey 0 mojab] My blood group is O positive
فضّ unwrap v [fadˤdˤa]
فضاء space n [fadˤaːʔ]
رائد فضاء
[Raeed faḍaa] n astronaut
سَفينة الفضاء
[Safenat al-faḍaa] n spacecraft
فضة silver n [fidˤdˤa]
فضفاض loose adj [fadˤfaːdˤ]
كنزة فضفاضة يرتديها الرياضيون
[Kanzah fedfaḍh yartadeha al-reyadeyon] n sweatshirt
فضل n [fadˤl]
غير المدخنين من فضلك
[gheyr al-mudakhin-een min faḍlak] Non-smoking, please
.في الأمام من فضلك
[Fee al-amaam men faḍlek] Facing the front, please
من فضلك أخبرني عندما نصل إلى...
[min faḍlak ikh-birny 'aindama naṣal ela...] Please let me know when we get to...
فضل v [fadˤala]
أفضل أن تكون الرحلة الجوية في موعد أقرب
[ofaḍel an takoon al-reḥla al-jaw-wya fee maw-'aed a'qrab] I would prefer an earlier flight
أنا أفضل...
[ana ofaḍel...] I like..., I prefer to...
من فضلك
[min faḍlak] Please
فَضَّل prefer v [fadˤdˤala]
فضلات waste n [fadˤalaːt]
فَضْلَة scrap *(small piece)* n [fadˤla]
فضولي nosy adj [fudˤuːlij]
فضيحة scandal n [fadˤiːħa]
فطر n [fatˤara]
فطر الغاريقون
[Feṭr al-gharekoon] n toadstool
فَطِن witty adj [fatˤin]
فطنة wit n [fitˤna]
فَطير adj [fatˤiːratu]
فطيرة التفاح
[Faṭeerat al-tofaaḥ] n apple pie
فطيرة pie n [fatˤiːra]
فطيرة فَلَان
[Faṭerat folan] n flan
فطيرة محلاة
[Faṭerah moḥalah] n pancake
فطيرة هَشة
[Faṭerah hashah] n shortcrust pastry
فَطيرَة مَحْشوَّة
[Faṭeerah maḥshowah] n tart
فظ coarse adj [fazˤzˤ]
حيوان الفَظ
[Ḥayawan al-fadh] n walrus
فظاعة n [fazˤaːʕa]
بفظاعة
[befaḍha'aah] adv awfully
فعال effective adj [faʕʕaːl]
غير فعال
[Ghayer fa'aal] adj inefficient
فعل verb, act, action n [fiʕl]
فعل do v [faʕala]
ما الذي يمكن أن نفعله هنا؟
[ma al-lathy yamkin an naf-'aalaho hona?] What is there to do here?
فعلا quite adv [fiʕlan]
فِعلي actual n [fiʕlij]
فقاعة bubble n [fuqaːʕa]
فقدان n [fuqdaːn]
فقدان الشهية
[Fo'qdaan al-shaheyah] n anorexia
فَقر poverty n [faqr]
فقرة paragraph n [faqra]
فقط only adv [faqatˤ]
فقمة n [fuqma]
حيوان الفقمة
[Ḥayawaan al-fa'qmah] (حيوان) n seal *(animal)*
فقيد late *(dead)* adj [faqiːd]
فقير poor adj [faqiːr]
فكّ jaw n [fakk]
فكّ unpack v [fakka]
فكّ unwind, undo vt [fakka]
يَفُكّ اللولب
[Yafek al-lawlab] v unscrew
فكاهة n [fukaːha]
حس الفكاهة

[Hes al-fokahah] *n* sense of humour
humourous *adj* [fuka:hij] **فكاهي**
n [fakkat] **فكّة**
معذرة، ليس لدي أية فكّة
[Ma'adheratan, lays laday ay fakah] Sorry, I don't have any change
هل يمكن إعطائي بعض الفكّة من فضلك؟
[Hal yomken e'ataaey ba'aḍ alfakah men faḍlek] Can you give me some change, please?
think *v* [fakkara] **فَكَّر**
يُفَكِر في
[Yofaker fee] *vi* consider
idea *n* [fikra] **فكرة**
فكرة عامة
[Fekrah 'aamah] *n* general
فكرة مفيدة
[Fekrah mofeedah] *n* tip *(suggestion)*
n ◁ intellectual *adj* [fikrij] **فِكري**
intellectual
v [fakkaka] **فَكَّكَ**
يُفَكِّك إلى أجْزاء
[Yo'fakek ela ajzaa] *v* take apart
n [fla:ʃ] **فلاش**
إن الفلاش لا يعمل
[enna al-flaash la ya'amal] The flash is not working
n [fla:minʒ] **فلامنجو**
طائر الفلامنجو
[Ṭaaer al-flamenjo] *n* flamingo
Filipino *adj* [filibbi:nij] **فلبيني**
مواطن فلبيني
[Mowaṭen felebeeney] *n* Filipino
Palestine *n* [filastˤi:nu] **فلسطين**
adj [filastˤi:nij] **فلسطيني**
Palestinian
Palestinian *n* ◁
philosophy *n* [falsafa] **فلسفة**
pepper *n* [fulful] **فلفل**
فلفل أحمر حار
[Felfel aḥmar ḥar] *n* chilli
مطحنة الفلفل
[maṭḥanat al-felfel] *n* peppermill
فُلْفُل مطحون
[Felfel maṭhoon] *n* paprika

n [falak] **فلك**
علم الفلك
['aelm al-falak] *n* astronomy
n [flu:t] **فلوت**
آلة الفلوت
[Aalat al-felot] *n* flute
fluorescent *adj* [flu:rij] **فلوري**
cork *n* [filli:n] **فلين**
mouth *n* [fam] **فم**
غسول الفم
[Ghasool al-fam] *n* mouthwash
art (مهارة) *n* [fann] **فن**
n [fana:ʔ] **فناء**
فناء مرصوف
[Fenaa marṣoof] *n* patio
artist *n* [fanna:n] **فنان**
فنان متسول
[Fanan motasawol] *n* busker
فنان مشترك في حفلة عامة
[Fanan moshtarek fe ḥaflah 'aama] *n* (فنان) entertainer
cup *n* [finʒa:n] **فنجان**
صحن الفنجان
[Ṣaḥn al-fenjaan] *n* saucer
فنجان شاي
[Fenjan shay] *n* teacup
هل يمكن الحصول على فنجان آخر من القهوة من فضلك؟
[hal yamken al-ḥuṣool 'aala fin-jaan aakhar min al-'qahwa min faḍlak?] Could we have another cup of coffee, please?
hotel *n* [funduq] **فندق**
جناح في فندق
[Janaḥ fee fond'q] *n* suite
يغادر الفندق
[Yoghader al-fodo'q] *v* check out
يتسجل في فندق
[Yatasajal fee fondo'q] *v* check in
أنا مقيم في فندق
[ana mu'qeem fee finda'q] I'm staying at a hotel
أيمكنك أن تحجز لي بالفندق؟
[a-yamkun-ika an taḥjuz lee bil-finda'q?] Can you book me into a hotel?
ما هو أفضل طريق للذهاب إلى هذا

الفندق
[Ma howa afḍal taree'q lel-dhehab ela al-fondo'q] What's the best way to get to this hotel?
ما هي أجرة التاكسي للذهاب إلى هذا الفندق؟
[ma heya ejrat al-taxi lel-thehaab ela hatha al-finda'q?] How much is the taxi fare to this hotel?
هل يمكن أن تنصحني بأحد الفنادق؟
[hal yamken an tan-ṣaḥny be-aḥad al-fana-di'q] Can you recommend a hotel?
هل يمكن الوصول إلى الفندق بكراسي المقعدين المتحركة؟
[hal yamken al-wiṣool ela al-finda'q be-karasi al-mu'q'aadeen al-mutaḥarika?] Is your hotel wheelchair accessible?
Venezuela *n* [finzwi:la:] **فنزويلا**
Venezuelan *adj* [finizwi:li:] **فنزويلي**
Venezuelan *n* ◁
Finland *n* [finlanda:] **فنلندا**
Finnish *adj* [fanlandij] **فنلندي**
مواطن فنلندي
[Mowaṭen fenlandey] *n* Finn
artistic *adj* [fanij] **فني**
عمل فني
['amal faney] *n* work of art
جاليري فني
[Jalery faney] *n* art gallery
technician *n* [fannij] **فَنّي**
index *(list)*, index *n* [fahras] **فهرس**
(numerical scale)
n [fahranha:jti:] **فهرنهايتي**
درجة حرارة فهرنهايتي
[Darjat hararh ferhrenhaytey] *n* degree Fahrenheit
n [fahm] **فهم**
سوء فهم
[Soa fahm] *n* misunderstanding
understand *v* [fahama] **فهم**
أفهمت؟
[a-fa-hemt?] Do you understand?
فهمت
[fahamto] I understand
لم أفهم
[lam afham] I don't understand
fizzy *adj* [fuwa:r] **فوار**
npl [fawa:sˤilun] **فواصل**
فواصل معقوفة
[Fawaṣel ma'a'qoofah] *npl* quotation marks
n [fu:tu:ɣra:fijja] **فوتوغرافي**
صورة فوتوغرافية
[Ṣorah fotoghrafeyah] *n* photo
كم تبلغ تكلفة الصور الفوتوغرافية؟
[kam tablugh taklifat al-ṣowar al-foto-ghrafiyah?] How much do the photos cost?
regiment *n* [fawʒu] **فوج**
vodka *n* [fu:dka:] **فودكا**
promptly *adv* [fawran] **فورا**
adv ◁ immediate *adj* [fawrij] **فوري**
simultaneously
authorize *v* [fawwadˤa] **فَوَّض**
messy *adj* [fawdˤawij] **فوضوي**
chaos, mess *n* [fawdˤa:] **فوضى**
n [fu:tˤa] **فوطة**
فوطة تجفيف الأطباق
[Foṭah tajfeef al-aṭbaa'q] *n* tea towel
above *prep* [fawqa] **فوق**
فوق ذلك
[Faw'q dhalek] *adv* neither
upper *adj* [fawqi:] **فوقي**
broad bean, bean *n* [fu:l] **فول**
حبة فول سوداني
[Ḥabat fool sodaney] *n* peanut
براعم الفول
[Braa'em al-fool] *npl* beansprouts
folklore *n* [fu:lklu:r] **فولكلور**
in *prep* [fi:] **في**
vitamin *n* [fi:ta:mi:n] **فيتامين**
Vietnam *n* [fi:tna:m] **فيتنام**
Vietnamese *adj* [fi:tna:mij] **فيتنامي**
اللغة الفيتنامية
[Al-loghah al-fetnameyah] *(language) n* Vietnamese
شخص فيتنامي
[Shakhṣ fetnamey] *(person) n* Vietnamese
Fiji *n* [fi:ʒi:] **فيجي**

فيديو video *n* [fiːdjuː]
كاميرا فيديو نقال
[Kamera fedyo na'q'qaal] *n* camcorder
هل يمكنني تشغيل ألعاب الفيديو؟
[hal yamken -any tash-gheel al-'aab al-video?] Can I play video games?
فيروزي turquoise *adj* [fajruːziː]
فيروس virus *n* [fiːruːs]
مضاد للفيروسات
[Moḍad lel-fayrosat] *n* antivirus
فيزا visa *n* [fiːzaː]
فيزياء physics *n* [fiːzjaːʔ]
فيزيائي physicist *n* [fiːzjaːʔij]
فيضان flooding *n* [fajadˤaːn]
فيل elephant *n* [fiːl]
فيلا villa *n* [fiːlaː]
أريد فيلا للإيجار
[areed villa lil-eejar] I'd like to rent a villa
فيلم movie *n* [fiːlm]
فيلم رعب
[Feelm ro'ab] *n* horror film
فيلم وثائقي
[Feel wathaae'qey] *n* documentary

ق

قاء throw up *v* [qaːʔa]
قائد [qaːʔidun, qaːʔida] **(قائدة)***n* principal *(principal)*, leader
قائد فرقة موسيقية
['qaaed fer'qah mose'qeyah] *n* conductor
قائم *adj* [qaːʔim]
القائم برحلات يومية من وإلى عمله
[Al-'qaem berahlaat yawmeyah men wa ela 'amaleh] *n* commuter
قائم على مرتفع
['qaem ala mortafa'a] *adv* uphill
قائمة list *n* [qaːʔima]
قائمة أسعار
['qaemat as'aar] *n* price list
قائمة خمور
['qaemat khomor] *n* wine list
قائمة انتظار
['qaemat enteḍhar] *n* waiting list
قائمة بريد
['qaemat bareed] *n* mailing list
قائمة طعام
['qaemat ṭa'aam] *n* menu
قائمة مرشحين
['qaemat morashaheen] *n* short list
قائمة مجموعات الأغذية
['qaemat majmo'aat al-oghneyah] *n* set

menu
قابِس [qa:bis] n plug
قابِض [qa:bidˤ] n clutch
قابل [qa:bil] adj
قابل للتغيير
['qabel lel-tagheyer] adj changeable
قابل للتحويل
['qabel lel-taḥweel] adj convertible
قابل للطي
['qabel lel-ṭay] adj folding
قابل للمقارنة
['qabel lel-mo'qaranah] adj comparable
قابِل [qa:bala] v interview, meet up
قابِلة [qa:bila] n midwife
قاتِل [qa:til] n murderer
قاحِل [qa:ħil] adj infertile
قاد [qa:da] v drive
كان يقود السيارة بسرعة كبيرة
[ka:na jaqu:du assajja:rata bisurʕatin kabi:ratin] He was driving too fast
قادِر [qa:dir] adj able
قادِم [qa:dim] adj
أريد تذكرتين للجمعة القادمة
[areed tadhkeara-tayn lel-jum'aa al-'qadema] I'd like two tickets for next Friday
ما هي المحطة القادمة؟
[ma heya al-muḥaṭa al-'qadema?] What is the next stop?
هل المحطة القادمة هي محطة...؟
[Hal al-maḥaṭah al-'qademah hey maḥṭat...?] Is the next stop...?
يوم السبت القادم
[yawm al-sabit al-'qadem] next Saturday
قارئ [qa:riʔ] n reader
قارئ الأخبار
['qarey al-akhbar] n newsreader
قارب [qa:rib] adj
قارب صيد
['qareb ṣayd] n fishing boat
قارب تجديف
['qareb tajdeef] n rowing boat
قارب ابحار
['qareb ebḥar] n sailing boat
قارب نجاة
['qareb najah] n lifeboat
قارة [qa:rra] n continent
قارص [qa:risˤ] adj stingy
قارن [qa:rana] v compare
قاروس [qa:ru:s] n
سمك القاروس
[Samak al-faros] n bass
قاس [qa:sin] adj ruthless, stiff
قاس [qasa] v measure
يَقيس ثوباً
[Ya'qees thawban] v try on
يَقيس مقدار
[Ya'qees me'qdaar] v quantify
قاسي [qa:si:] adj cruel
قاصر [qa:sˤir] adj underage
شخص قاصر
[Shakhṣ 'qaṣer] n minor
قاضي [qa:dˤi:] n judge, magistrate
قاضى [qa:dˤa:] v sue
قاطِع [qa:tˤiʕ] adj edgy, keen
قاطَع [qa:tˤaʕa] v interrupt
قاع [qa:ʕ] n bottom
قاعة [qa:ʕa] n hall
قاعة إعداد الموتى
['qaat e'adad al-mawta] n funeral parlour
ماذا يعرضون هذه الليلة في قاعة الحفلات الغنائية؟
[madha ya'a-reḍoon hadhehe al-layla fee 'qa'aat al-ḥaf-laat al-ghena-eya?] What's on tonight at the concert hall?
قاعدة [qa:ʕida] n base
قاعدة بيانات
['qaedat bayanat] n database
قافلة [qa:fila] n fleet
قال [qa:la] v say
قالب [qa:lab] n mould (shape)
قالب مستطيل
['qaleb mostaṭeel] n bar (strip)
قام ب [qa:ma bi ʕamalin] v
يَقوم بعمل
[Ya'qoom be] v act
قامر [qa:mara] v gamble
قاموس [qa:mu:s] n dictionary
قانون [qa:nu:n] n law
مشروع قانون

[Mashroo'a 'qanooney] *n* note *(legislation)*
قانوني legal *adj* [qa:nu:nij]
غير قانوني
[Ghayer 'qanooney] *adj* illegal
قاوم resist *v* [qa:wama]
قايَض swap *v* [qa:jadˤa]
قبر grave *n* [qabr]
شاهد القبر
[Shahed al-'qabr] *n* gravestone
قبرص Cyprus *n* [qubrusˤ]
قبرصي *n* ◁ Cypriot *adj* [qubrusˤij] Cypriot *(person)*
قبض *v* [qabadˤa]
يَقبِض على
[jaqbudˤu ʕala:] *v* grasp
قبضة fist *n* [qabdˤa]
قبض على arrest *v* [qabadˤa ʕala:]
قُبَعة hat *n* [qubaʕa]
قُبَعة *n* [qubbaʕa]
قُبَعة البيسبول
['qoba'at al-beesbool] *n* baseball cap
قبقاب clog *n* [qubqa:b]
قبل *prep* [qabla]
من قبل
[Men 'qabl] *adv* previously
قبَل accept *v* ◁ agree *n* [qabbala]
قبّل kiss *v* [qabbala]
قبلة kiss *n* [qibla]
قبو cellar *n* [qabw]
قبيح ugly *adj* [qabi:ħ]
قبيلة tribe *n* [qabi:la]
قتال fight, fighting *n* [qita:l]
قتل *n* [qatl]
جريمة قتل
[Jareemat 'qatl] *n* murder
قتل kill *v* [qatala]
يقتل عمداً
[Ya'qtol 'aamdan] *v* murder
قداحة cigarette lighter, *n* [qadda:ħa] lighter
قُدّاس mass *(church)* *n* [qudda:s]
قدِر afford, appreciate *v* [qadara]
قدَر destiny, fate *n* [qadar]
قدرة ability *n* [qudra]
القدرة الفنية
[Al'qodarh al-faneyah] *n* know-how
قدرة على الاحتمال
['qodrah ala al-eḥtemal] *n* stamina
قدم foot *n* [qadam]
أثر القدم
[Athar al-'qadam] *n* footstep
حافي القدمين
[Ḥafey al-'qadameyn] *adv* barefoot
لاعب كرة قدم
[La'eb korat 'qadam] *n* footballer
مُعَالِج القدم
[Mo'aaleg al-'qadam] *n* chiropodist
إن قدماي تؤلمني
[enna 'qadam-aya to-al-imany] My feet are sore
مقاس قدمي ستة
[ma'qas 'qadamy sit-a] My feet are a size six
قدم offer, introduce, *v* [qaddama] put forward
كيف يقدم هذا الطبق؟
[kayfa yu'qadam hatha al-ṭaba'q?] How is this dish served?
قُدُمًا ahead *adv* [qudumaan]
قدّيس saint *n* [qiddi:s]
قديم ancient *adj* [qadi:m]
قديما since *adv* [qadi:man]
قذارة dirt *n* [qaða:ra]
قذر filthy, sloppy *adj* [qaðir]
قذف toss, throw out *v* [qaðafa]
قذيفة *n* [qaði:fa]
قذيفة صاروخية
['qadheefah ṣarookheyah] *n* missile
قرَأ read *v* [qaraʔa]
يَقرَأ الشفاه
[Ya'qraa al-shefaa] *v* lip-read
يَقرَأ بصوت مرتفع
[Ya'qraa beṣawt mortafe'a] *v* read out
قراءة reading *n* [qira:ʔa]
قرابة proximity *n* [qura:ba]
قرار decision *n* [qara:r]
قراصنة *n* [qara:sˤina]
قراصنة الكمبيوتر
['qaraṣenat al-kombyotar] (كمبيوتر) *n* hacker
قرب *n* [qurb]

هل توجد مغسلة آلية بالقرب من هنا؟
[hal tojad maghsala aalya bil-'qurb min huna?] Is there a launderette near here?
هل هناك أي أماكن شيقة للمشي بالقرب من هنا؟
[hal hunaka ay amakin shay-i'qa lel-mashy bil-'qurb min huna?] Are there any interesting walks nearby?
هل يوجد بنك بالقرب من هنا؟
[hal yujad bank bil-'qurb min huna?] Is there a bank nearby?
هل يوجد ورشة سيارات بالقرب من هنا؟
[hal yujad warshat sayaraat bil-'qurb min huna?] Is there a garage near here?
near *adv* [qurba] **قُرب**
n [qurra] **قرة**
قرة العين
['qorat al-'ayn] *n* watercress
ulcer *n* [qurħa] **قرحة**
قرحة البرد حول الشفاة
['qorḥat al-bard ḥawl al-shefah] *n* cold sore
monkey *n* [qird] **قرد**
opt out, decide *v* [qarrara] **قرر**
n [qirʃ] **قرش**
سمك القرش
[Samak al-'qersh] (سمك) *n* shark
disc *n* [qursˤ] **قرص**
سواقة أقراص
[Sowa'qat a'qraṣ] *n* disk drive
قرص صغير
['qorṣ ṣagheyr] *n* diskette
قرص صلب
['qorṣ ṣalb] *n* hard disk
قرص مرن
['qorṣ maren] *n* floppy disk
قرص مضغوط
['qorṣ maḍghoot] *n* compact disc
pinch *vt* [qarasˤa] **قرص**
pirate *n* [qursˤa:n] **قُرصان**
loan *n* [qardˤ] **قرض**
earring *n* [qirtˤ] **قرط**
knock *v* [qaraʕa] **قَرَع**
pumpkin *n* [qarʕ] **قَرْع**
نبات القرع
[Nabat al-'qar'a] *n* squash
cinnamon *n* [qirfa] **قرفة**
scarlet *adj* [qurmuzij] **قرمزي**
n [qarmi:d] **قرميد**
مكسو بالقرميد
[Makso bel-'qarmeed] *adj* tiled
century, centenary *n* [qarn] **قرن**
broccoli *n* [qarnabi:tˤ] **قرنبيط**
relative *n* ◁ near *adj* [qari:b] **قريب**
على نحو قريب
[Ala naḥw 'qareeb] *adv* nearby
قريب من
['qareeb men] *adj* close by
shortly, soon *adv* [qari:ban] **قريباً**
أراكم قريبا
[arakum 'qareeban] See you soon
village *n* [qarja] **قرية**
n [quzaħijja] **قزحية**
قزحية العين
['qazeḥeyat al-'ayn] *n* iris
dwarf *n* [qazam] **قزم**
vicar *n* [qiss] **قِسّ**
section, oath, *n* [qism] **قسم**
department
cruelty *n* [qaswa] **قسوة**
بقسوة
[Be'qaswah] *adv* roughly
يُوَبِخ بقسوة
[Yowabekh be-'qaswah] *v* spank
priest *n* [qasi:s] **قسيس**
n [qasi:ma] **قسيمة**
قسيمة هدية
['qaseemat hadeyah] *n* gift voucher
straw *n* [qaʃʃ] **قش**
كومة مضغوطة من القش
[Kawmah maḍghoṭah men al-'qash] *n* haystack
مسقوف بالقش
[Mas'qoof bel-'qash] *adj* thatched
cream *n* [qiʃda] **قِشدة**
peel *vt* [qaʃʃara] **قَشر**
n [qiʃritu] **قشرة**
قشرة الرأس
['qeshart al-raas] *n* dandruff
npl [quʃaʕri:ratun] **قشعريرة**
قشعريرة الجلد

['qash'aarerat al-jeld] *n* goose pimples
قص *n* [qasˤsˤ]
من فضلك أريد قص شعري وتجفيفه
[min faḍlak areed 'qaṣ sha'ary wa taj-fefaho] A cut and blow-dry, please
قصاصة slip *(paper)* *n* [qusˤa:sˤa]
قصبة reed *n* [qasˤaba]
قَصَبة الرِجْل
['qaṣabat al-rejl] *n* shin
قصة story *n* [qisˤsˤa]
قصة خيالية
['qeṣah khayaleyah] *n* fiction
قصة الشعر
['qaṣat al-sha'ar] *n* haircut
قصة شعر قصيرة
['qaṣat sha'ar] *n* crew cut
قصة قصيرة
['qeṣah 'qaṣeerah] *n* short story
قصد mean *v* [qasˤada]
قَصْد *n* [qasˤd]
بدون قَصْد
[Bedoon 'qaṣd] *adv* inadvertently
قصر palace *n* [qasˤr]
بلاط القصر
[Balaṭ al-'qaṣr] *n* court
قصر ريفي
['qaṣr reefey] *n* stately home
هل القصر مفتوح للجمهور؟
[hal al-'qaṣir maf-tooḥ lel-jamhoor?] Is the palace open to the public?
قصف bomb *vt* [qasˤafa]
قصيدة poem *n* [qasˤi:da]
قصير short *adj* [qasˤi:r]
قصير الأكمام
['qaṣeer al-akmam] *adj* short-sleeved
قضائي *n* [qadˤa:ʔijja]
دعوى قضائية
[Da'awa 'qaḍaeyah] *n* proceedings
قضمة bite *n* [qadˤma]
قضى spend *v* [qadˤa:]
قضيب rod *n* [qadˤi:b]
قضيب قياس العمق
['qaḍeeb 'qeyas al-'aom'q] *n* dipstick
قضية case *n* [qadˤijja]
قطار train *n* [qitˤa:r]
بطاقة للسفر بالقطار
[Beṭa'qah lel-safar bel-kharej] *n* railcard
كيف يمكن أن أركب القطار المتجه إلى...
[kayfa yamkin an arkab al- 'qetaar al-mutajih ela...?] Where can I get a train to...?
لم أتمكن من اللحاق بالقطار
[lam atamakan min al-leḥa'q bil-'qeṭaar] I've missed my train
متى يحين موعد القطار؟
[mata yaḥeen maw'aid al-'qeṭaar?] When is the train due?
ما هو أفضل طريق للذهاب إلى محطة القطار
[Ma howa af ḍal ṭaree'q lel-dhehab ela maḥaṭat al-'qeṭaar] What's the best way to get to the railway station?
ما هو موعد القطار التالي المتجه إلى...؟
[ma howa maw-'aid al-'qeṭaar al-taaly al-mutajih ela...?] When is the next train to...?
هل هذا هو القطار المتجه إلى...؟
[hal hadha howa al-'qeṭaar al-mutajeh ela...?] Is this the train for...?
قطاع sector *n* [qitˤa:ʕ]
قطب pole *n* [qutˤb]
القطب الشمالي
[A'qoṭb al-shamaley] *n* North Pole
قطبي polar *adj* [qutˤbij]
الدب القطبي
[Al-dob al-shamaley] *n* polar bear
القارة القطبية الجنوبية
[Al-'qarah al-'qoṭbeyah al-janoobeyah] *n* Antarctic
قطبي جنوبي
['qoṭbey janoobey] *adj* Antarctic
قطبي شمالي
['qoṭbey shamaley] *adj* Arctic
قطة cat *n* [qitˤa]
قطر Qatar *n* [qatˤar]
قطر drip *v* [qatˤara]
قطر *n* [qatˤr]
شاحنة قطر
[Shaḥenat 'qaṭr] *n* breakdown truck
قُطر diameter *n* [qutˤr]
قطرة drop *n* [qatˤra]

قطرة للعين
['qaṭrah lel-'ayn] *n* eye drops
قطري diagonal *adj* [qutˤrij]
قطع cutting *n* [qitˤaʕ]
قطع غيار
['qaṭa'a gheyar] *n* spare part
قطع cut *v* [qatˤaʕa]
قطّع *v* [qatˤtˤaʕa]
يُقَطّع إلى شرائح
[Yo'qaṭe'a ela shraeḥ] *v* slice
يُقَطّع إلى شرائح
[Yo'qaṭe'a ela shraeḥ] *v* fillet
قطعة piece *n* [qitˤʕa]
قطعة أرض
['qeṭ'aat arḍ] *n* plot *(piece of land)*
قطعة غليظة قصيرة
['qet'aah ghaledhah] *n* chunk
قطن cotton wool *n* [qutˤn]
قطن طبي
['qoṭn ṭebey] *n* cotton wool
قطني *adj* [qutˤnijju]
رأس البرعم القطني
[Raas al-bor'aom al-'qaṭaney] *n* cotton bud
قعد sit *vi* [qaʕada]
قفاز glove *n* [quffa:z]
قفاز فرن
['qoffaz forn] *n* oven glove
قفاز يغطي الرسغ
['qoffaz yoghaṭey al-rasgh] *n* mitten
قفز pop-up *n* [qafaza]
قفز بالحبال
['qafz bel-ḥebal] *n* bungee jumping
قفز بالزانة
['qafz bel-zanah] *n* pole vault
قفز jump *vi* [qafaza]
قفزة *n* [qafza]
قفزة عالية
['qafzah 'aaleyah] *n* high jump
قفزة طويلة
['qafzah ṭaweelah] *n* long jump
قفص cage *n* [qafasˤ]
قفل padlock *n* [qufl]
قفل lock *vt* ◁ shut down *v* [qafala]
قلادة necklace, plaque *n* [qila:da]
قلادة قصيرة
['qeladah 'qaṣeerah] *n* collar
قلاووظ *n* [qala:wu:zˤ]
لقد انفك المسمار القلاووظ
[La'qad anfak al-mesmar al-'qalawoḍh] The screw has come loose
قلاية frying pan *n* [qala:jja]
قلب heart *n* [qalb]
واقع في قلب المدينة
[Wa'qe'a fee 'qalb al-madeenah] *adv* downtown
أعاني من حالة مرضية في القلب
[o-'aany min ḥala maraḍiya fee al-'qalb] I have a heart condition
قلب reverse *v* [qalaba]
قلّب stir *vt* [qallaba]
قلبي *adj* [qalbijjat]
أزمة قلبية
[Azmah 'qalbeyah] *n* heart attack
قِلة shortfall *n* [qilla]
قلّد imitate *v* [qallada]
قلعة castle *n* [qalʕa]
قلعة من الرمال
['qal'aah men al-remal] *n* sandcastle
أيمكننا زيارة القلعة؟
[a-yamkun-ana zeyarat al-'qal'aa?] Can we visit the castle?
قلق restless, upset, *adj* [qalaq] trouble *n* ◁ worried
قلق worry, bother *vi* [qalaqa]
قلّل diminish, turn down *v* [qallala]
قلم pen *n* [qalam]
أقلام ملونة
[A'qlaam molawanah] *n* crayon
قلم رصاص
['qalam raṣaṣ] *n* pencil
قلم تحديد العينين
['qalam taḥdeed al-'ayn] *n* eyeliner
قلم حبر
['qalam ḥebr] *n* fountain pen
قلم حبر جاف
['qalam ḥebr jaf] *n* Biro®
قلم ذو سن من اللباد
['qalam dho sen men al-lebad] *n* felt-tip pen
هل يمكن أن أستعير منك أحد الأقلام؟
[hal yamken an asta-'aeer minka aḥad

canal *n* [qana:t] **قناة**
mask *n* [qina:ʕ] **قناع**
bomb *n* [qunbula] **قنبلة**
قنبلة ذرية
['qobelah dhareyah] *n* atom bomb
قنبلة موقوتة
['qonbolah maw'qota] *n* timebomb
cauliflower *n* [qanbi:tˤ] **قنبيط**
beaver *n* [qundus] **قندس**
n [qindi:l] **قنديل**
قنديل البحر
['qandeel al-baḥr] *n* jellyfish
consul *n* [qunsˤul] **قنصل**
consulate *n* [qunsˤulijja] **قنصلية**
arch *n* [qantˤara] **قنطرة**
hedgehog *n* [qunfuð] **قنفذ**
v [qahara] **قهر**
لا يقهر
[La yo'qhar] *adj* unbeatable
giggle *v* [qahqaha] **قَهْقَه**
coffee *n* [qahwa] **قهوة**
أبريق القهوة
[Abreeq al-'qahwah] *n* coffeepot
طاولة قهوة
[Ṭawlat 'qahwa] *n* coffee table
قهوة سادة
['qahwa sadah] *n* black coffee
قهوة منزوعة الكافيين
['qahwa manzo'aat al-kafayen] *n* decaffeinated coffee
قهوة باللبن من فضلك
['qahwa bil-laban min faḍlak] A white coffee, please
قهوة من فضلك
['qahwa min faḍlak] A coffee, please
هذه البقعة بقعة قهوة
[hathy al-bu'q-'aa bu'q-'aat 'qahwa] This stain is coffee
strengthen *v* [qawwa:] **قوّا**
power, strength *n* [quwwa] **قوة**
بقوة
[Be-'qowah] *adv* hard, strongly
قوة عسكرية
['qowah askareyah] *n* force
قوة الإرادة
['qowat al-eradah] *n* willpower

al-a'qlaam?] Do you have a pen I could borrow?
hood *(car)* *n* [qulunsuwa] **قلنسوة**
deep-fry, fry *v* [qala:] **قلى**
scarce *adj* [qali:l] **قليل**
cloth, fabric *n* [quma:ʃ] **قماش**
قماش الرسم
['qomash al-rasm] *n* canvas
قماش الدنيم القطني
['qomash al-deneem al-'qotney] *n* denim
قماش قطني متين
['qomash 'qoṭ ney mateen] *n* corduroy
قماش مقلم
['qomash mo'qallem] *n* stripe
قماشة لغسل الأطباق
['qomash le-ghseel al-aṭbaa'q] *n* dishcloth
trash *n* [quma:ma] **قمامة**
أين تُوضع القمامة؟
[ayna toḍa'a al-'qemama?] Where do we leave the rubbish?
peak, top *n* [qima] **قمة**
مؤتمر قمة
[Moatamar 'qemmah] *n* summit
wheat *n* [qamħ] **قمح**
حساسية القمح
[Ḥasaseyah al-'qamḥ] *n* wheat intolerance
moon *n* [qamar] **قمر**
قمر صناعي
['qamar ṣenaaey] *n* satellite
funnel *n* [qamʕ] **قمع**
lice *npl* [qamlun] **قمل**
shirt *n* [qami:sˤ] **قميص**
أزرار كم القميص
[Azrar kom al'qameeṣ] *npl* cufflinks
قميص تحتي
['qameeṣ taḥtey] *n* slip *(underwear)*
قميص بولو
['qameeṣ bolo] *n* polo shirt
قميص قصير الكمين
['qameeṣ 'qaṣeer al-kmayen] *n* T-shirt
قميص من الصوف
['qameeṣ men al-ṣoof] *n* jersey
قميص نوم نسائي
['qamees noom nesaaey] *n* nightie

قوة العاملة
['qowah al-'aamelah] *n* workforce
قوة بشرية
['qowah bashareyah] *n* manpower
قوس bow *(weapon)* *n* [qaws]
قوس قزح
['qaws 'qazh] *n* rainbow
قُوقاز Caucasus *n* [qu:qa:z]
قَوْل saying *n* [qawl]
قولون colon *n* [qu:lu:n]
قوم *v* [qawwama]
هل يمكن أن أقوم بإجراء مكالمة دولية من هنا؟
[hal yamken an a'qoom be-ijraa mukalama dawleya min huna?] Can I phone internationally from here?
هل يمكن أن نقوم بعمل مخيم للمبيت هنا؟
[hal yamken an na'qoom be-'aamal mukhyam lel-mabeet huna?] Can we camp here overnight?
قومي national *adj* [qawmijju]
قَوْمِيّة nationalism *n* [qawmijja]
قوي powerful, tough *adj* [qawij]
قيادة lead *(metal)* *n* [qija:da]
رُخْصَة القيادة
[Rokhṣat al-'qeyadah] *n* driving licence
سهل القيادة
[Sahl al-'qeyadah] *adj* manageable
عجلة القيادة اليمنى
['aajalat al-'qeyadah al-yomna] *n* right-hand drive
دَرْس القيادة
[Dars al-'qeyadah] *n* driving lesson
اختبار القيادة
[Ekhtebar al-'qeyadah] *n* driving test
القيادة تحت تأثير الكحول
[Al-'qeyadh taḥt taatheer al-koḥool] *n* drink-driving
معلم القيادة
[Mo'alem al-'qeyadh] *n* driving instructor
قياس *n* [qija:s]
وحدة قياس
[Weḥdat 'qeyas] *n* module
قياسات measurements *n* [qija:sa:t]
قياسي standard *adj* [qija:sij]
قيام *n* [qija:m]
أيمكنك القيام بذلك وأنا معك هنا؟
[a-yamkun-ika al-'qeyam be-dhalek wa ana ma'aka huna?] Can you do it while I wait?
نعم، أحب القيام بذلك
[na'aam, aḥib al-'qiyam be-dhalik] Yes, I'd love to
هل تفضل القيام بأي شيء غدا؟
[Hal tofaḍel al-'qeyam beay shaya ghadan?] Would you like to do something tomorrow?
قيثار harp *n* [qi:θa:ra]
قيح pus *n* [qajħ]
قيد limit *n* [qajd]
قيَّد tie, restrict *v* [qajjada]
قيراط carat *n* [qi:ra:tˤ]
قيقب *n* [qajqab]
أشجار القيقب
[Ashjaar al-'qay'qab] *n* maple
قيَّم estimate *v* [qajjama]
قيمة value *n* [qi:ma]
قيمة مالية
['qeemah maleyah] *n* worth

ك

ك [ka] *pron*

كما

[kama:] *prep* as

كائن [ka:ʔin] *adj* situated

كآبة [kaʔa:ba] *n* blues

كابل [ka:bil] *n* cable

كابوس [ka:bu:s] *n* nightmare

كابينة [ka:bi:na]

كابينة تليفون

[Kabeenat telefoon] *n* phonebox

كابينة الطاقم

[Kabbenat al-ṭa'qam] *n* cabin crew

كابينة من الدرجة الأولى

[kabeena min al-daraja al-o-la] a first-class cabin

كابينة من الدرجة العادية

[kabeena min al-daraja al-'aadiyah] a standard class cabin

كاتب [ka:tib] *n*

الكاتب

[Al-kateb] *n* writer

كاتب مسرحي

[Kateb masrḥey] *n* playwright

كاتدرائية [ka:tidra:ʔijja] *n* cathedral

متى تفتح الكاتدرائية؟

[mata tuftaḥ al-katid-ra-eya?] When is the cathedral open?

كاتشب [ka:tʃub] *n* ketchup

كاثوليكي [ka:θu:li:kij] *adj* Catholic

روماني كاثوليكي

[Romaney katholeykey] *adj* Roman Catholic

شخص كاثوليكي

[Shakhṣ katholeykey] *n* Catholic

كَارْبُوهَيْدْرَات [ka:rbu:hajdra:t] *n* carbohydrate

كارت [ka:rt] *n*

كارت إعادة الشحن

[Kart e'aadat shaḥn] *n* top-up card

كارت سحب

[Kart sahb] *n* debit card

كارت تليفون

[Kart telefone] *n* cardphone

كارت ائتمان

[Kart eateman] *n* credit card

كارت الكريسماس

[Kart al-kresmas] *n* Christmas card

كارت ذاكرة

[Kart dhakerah] *n* memory card

أريد كارت للمكالمات الدولية من فضلك

[areed kart lel-mukalamat al-dawleya min faḍlak] An international phonecard, please

أين يمكن أن اشتري كارت للهاتف؟

[ayna yamken an ash-tary kart lil-haatif?] Where can I buy a phonecard?

كارتون [ka:rtu:n] *n*

علبة كارتون

['aolbat kartoon] *n* carton

كارثه [ka:riθa] *n* disaster

كارثي [ka:riθij] *adj* disastrous

كاري [ka:ri:] *n* curry

مسحوق الكاري

[Mashoo'q alkaarey] *n* curry powder

كاريبي [ka:rajbi:] *adj* Caribbean

البحر الكاريبي

[Al-baḥr al-kareebey] *n* Caribbean

كازاخستان [ka:za:xista:n] *n* Kazakhstan

كازينو [ka:zi:nu:] *n* casino

كأس n [kaʔs]
كأس العالم
[Kaas al-'aalam] n World Cup
كأس من البيرة من فضلك
[kaas min al-beera min faḍlak] A draught beer, please
كاسيت cassette n [ka:si:t]
كاش n [ka:ʃ]
ماكينة تسجيل الكاش
[Makenat tasjeel al-kaash] n till
كاف efficient, enough adj [ka:fin]
كافح struggle v [ka:faħa]
كافي adj [ka:fi:]
غير كافي
[Ghayr kafey] adj insufficient
كافيتريا cafeteria n [kafijtirja:]
كافين caffeine n [ka:fi:n]
كافيين n [ka:faji:n]
منزوع منه الكافيين
[Manzoo'a menh al-kafayeen] adj decaffeinated
كاكاو cocoa n [ka:ka:w]
كالسيوم calcium n [ka:lsju:m]
كامبوديا Cambodia n [ka:mbu:dja:]
كامل complete adj [ka:mil]
على نحو كامل
[Ala naḥw kaamel] adv perfectly
بدوام كامل
[Bedawam kaamel] adv full-time
بشكل كامل
[Beshakl kaamel] adv entirely
شراء كامل
[Sheraa kaamel] n buyout
كاميرا camera n [ka:mi:ra:]
كاميرا رقمية
[kamera ra'qmeyah] n digital camera
كاميرا الانترنت
[kamera al-enternet] n webcam
كاميرا فيديو
[kamera fedyo] n video camera
كاميرا فيديو نقال
[kamera fedyo na'q'qaal] n camcorder
كاميرا للسيارة
[kamera lis-sayyaara] dashcam
هناك التصاق بالكاميرا
[hunaka el-tiṣaa'q bel-kamera] My camera is sticking
كان be v [ka:na]
كاهن minister *(clergy)* n [ka:hin]
كئيب gloomy adj [kaʔijb]
كباب kebab n [kaba:b]
كَبْح inhibition n [kabħ]
كبد liver n [kabid]
التهاب الكبد
[El-tehab al-kabed] n hepatitis
كبسولة capsule n [kabsu:la]
كبش ram n [kabʃ]
كبير big, mega adj [kabi:r]
إنه كبير جدا
[inaho kabeer jedan] It's too big
كتاب book n [kita:b]
كتاب دراسي
[Ketab derasey] n textbook
كتاب العبارات
[Ketab al-'aebarat] n phrasebook
كتاب الكتروني
[Ketab elektrooney] n e-book
كتاب طهي
[Ketab ṭahey] n cookery book
كتاب مدرسي
[Ketab madrasey] n schoolbook
كتاب هزلي
[Ketab hazaley] n comic book
كتاب ورقي الغلاف
[Ketab wara'qey al-gholaf] n paperback
كتابة writing n [kita:ba]
كتالوج catalogue n [kata:lu:ʒ]
أريد مشاهدة الكتالوج
[areed mu-shahadat al-kataloj] I'd like a catalogue
كتان linen n [katta:n]
كتب write v [kataba]
كتب بسرعة
[Katab besor'aah] v jot down
كتف shoulder n [katif]
كتف طريق صلب
[Katef ṭaree'q ṣalb] n hard shoulder
لَوْح الكَتِف
[Looh al-katef] n shoulder blade
لقد أصبت في كتفي
[la'qad oṣibto fee katfee] I've hurt my shoulder

كُتكوت chick *n* [kutku:t]
كُتلة block *(solid piece)* *n* [kutla]
كُتلة خشبية أو حجرية
[Kotlah khashebeyah aw hajareyah] *n* block *(obstruction)*
كتوم sly *adj* [katu:m]
كتيب pamphlet, booklet *n* [kutajjib]
كتيب إعلاني
[Kotayeb e'alaaney] *n* leaflet
كتيب ملاحظات
[Kotayeb molaḥaḍhat] *n* notepad
كُتَيِّب الإرشادات
[Kotayeb al-ershadat] *n* guidebook
كثافة density *n* [kaθa:fa]
كثير many, much *adj* [kaθi:r]
لا تقم بقص الكثير منه
[la ta'qum be-'qaṣ al-katheer minho] Don't cut too much off
يوجد به الكثير من...
[yujad behe al-kather min...] There's too much... in it
كثيرا much *adv* [kaθi:ran]
كثيف dense *adj* [kaθi:f]
كحة *n* [kuħħa]
أعاني من الكحة
[o-'aany min al-kaḥa] I have a cough
كحول alcohol *n* [kuħu:l]
خالي من الكحول
[Khaley men al-koḥool] *adj* alcohol-free
القيادة تحت تأثير الكحول
[Al-'qeyadh taḥt taatheer al-koḥool] *n* drink-driving
قليلة الكحول
['qaleelat al-koḥool] *adj* low-alcohol
أنا لا أشرب الكحول
[ana la ashrab al-koḥool] I don't drink alcohol
معي كمية من الكحول لا تزيد عن الكمية المصرح بها
[ma'ay kam-iya min al-kuḥool la tazeed 'aan al-kam-iya al-muṣa-raḥ beha] I have the allowed amount of alcohol to declare
هل يحتوى هذا على الكحول؟
[hal yaḥ-tawy hadha 'aala al-kiḥool?] Does that contain alcohol?

كحولي alcoholic *adj* [kuħu:lij]
كدح fag *n* [kadaħ]
كدمة bruise *n* [kadama]
كذاب liar *n* [kaða:b]
كذب lie *v* [kaððaba]
كذبة lie *n* [kiðba]
كراتيه karate *n* [kara:ti:h]
كرامة dignity *n* [kara:ma]
كربون carbon *n* [karbu:n]
كربونات *n* [karbu:na:t]
ثاني كربونات الصوديوم
[Thaney okseed al-karboon] *n* bicarbonate of soda
كرة ball *(toy)* *n* [kura]
الكرة الأرضية
[Al-korah al-ardheyah] *n* globe
كرة صغيرة
[Korat ṣagheerah] *n* pellet
كرة السلة
[Korat al-salah] *n* basketball
كرة الشبكة
[Korat al-shabakah] *n* netball
كرة القدم
[Korat al-'qadam] *n* football
كرة القدم الأمريكية
[Korat al-'qadam al-amreekeyah] *n* American football
كرة اليد
[Korat al-yad] *n* handball
كرة لحم
[Korat laḥm] *n* meatball
كرر *v* [karrara]
كرر ما قلت، إذا سمحت
[kar-ir ma 'qulta, edha samaḥt] Could you repeat that, please?
كَرر rehearse *v* [karara]
كرز cherry *n* [karaz]
كرسي chair *(furniture)* *n* [kursij]
كرسي بعجلات
[Korsey be-'ajalat] *n* wheelchair
كرسي بجوار الممر
[Korsey be-jewar al-mamar] *n* aisle seat
كرسي بلا ظهر أو ذراعين
[Korsey bela ḍhahr aw dhera'aayn] *n* stool
كرسي مريح

كزبرة [kuzbara] *n* coriander *(seed)*
كسارة [kassa:ra] *n*
كسارة الجوز
[Kasarat al-jooz] *n* cracker
كسترد [kustard] *n* custard
كَسْتناء [kastana:ʔ] *n* chestnut
كسر [kasr] *n* fracture
غير قابل للكسر
[Ghayr 'qabel lelkasr] *adj* unbreakable
قابل للكسر
['qabel lel-kassr] *adj* fragile
كسر [kasara] *vt* break, snap
كِسْرة [kisra] *n*
كِسْرة خبز
[Kesrat khobz] *n* crumb
كسرولة [kasru:latu] *n* casserole
كسول [kasu:l] *adj* lazy
كسيح [kasi:ħ] *adj* lame
كشاف [kaʃʃa:f] *n* scout
كشاف كهربائي
[Kashaf kahrabaey] *n* torch
كشر [kaʃʃara] *v* grin
كشف [kaʃf] *n*
كشف بنكي
[Kashf bankey] *n* bank statement
كشف [kzʃafa] *v*
يَكْشِف عن
[Yakshef 'an] *v* bare
كشك [kiʃk] *n* kiosk
كشمش [kuʃmuʃ] *n* gooseberry
كِشمِش [kiʃmiʃ] *n*
كِشمِش أسود
[Keshmesh aswad] *n* blackcurrant
كعب [kaʕb] *n* heel
كعب عالي
[Ka'ab 'aaaley] *adj* high-heeled
كعوب عالية
[Ko'aoob 'aleyah] *npl* high heels
كعك [kaʕk] *n* cake
كعكة [kaʕka] *n* bun
كعكات محلاة مقلية
[Ka'akat moḥallah ma'qleyah] *n* doughnut
كف [kaff] *n*
كف الحيوان
[Kaf al-ḥayawaan] *n* paw

[Korsey moreeḥ] *n* easy chair
كرسي مزود بذراعين
[Korsey mozawad be-dhera'aayn] *n* armchair
كرسي هَزّاز
[Korsey hazzaz] *n* rocking chair
كُرْسي مُرتَفِع
[Korsey mortafe'a] *n* highchair
هل توجد كراسي عالية للأطفال؟
[hal tojad kursy 'aaleya lil-aṭfaal?] Do you have a high chair?
كرفس [kurfus] *n* celery
كَرَم [karam] *n* generosity
كَرْم [karm] *n* vineyard
كرميل [karami:l] *n* caramel
كرنب [kurnub] *n* cabbage
كرنب بروكسيل
[Koronb brokseel] *n* Brussels sprouts
كرنفال [karnafa:l] *n* carnival
كره [kareha] *v* dislike
كرواتي [kruwa:tijjat] *adj* Croatian
◁ *n (person)* Croatian
اللغة الكرواتية
[Al-loghah al-korwateyah] *n (language)* Croatian
كرواتيا [karwa:tja:] *n* Croatia
كريسماس [kri:sma:s] *n* Xmas
كريكيت [kri:ki:t] *n*
لعبة الكريكيت
[Lo'abat al-kreeket] *n* cricket *(game)*
كريم [kri:m] *n*
كريم الحلاقة
[Kereem al-helaka] *n* shaving cream
كريم للشفاه
[Kereem lel shefah] *n* lip salve
أريد تناول آيس كريم
[areed tanawil ice kreem] I'd like an ice cream
كريمة [kri:matu] *n*
كريمة شيكولاتة
[Kareemat shekolatah] *n* mousse
كريمة مخفوقة
[Keremah makhfoo'qah] *n* whipped cream
كريمي [kri:mi:] *adj* cream
كريه [kari:h] *adj* nasty, wicked

adj [kufuʔ] **كفؤ**

غير كفؤ

[Ghayr kofa] *adj* incompetent

struggle *n* [kifa:ħ] **كفاح**

bail, warranty *n* [kafa:la] **كفالة**

adj [kafatajj] **كفتي**

كفتي الميزان

[Kafatay al-meezan] *n* scales

ensure *v* [kafala] **كفل**

v [kafa:] **كفى**

هذا يكفي شكرًا لك

[hatha ykfee shukran laka] That's enough, thank you

all *pron* [kulla] **كل**

بكل تأكيد

[Bekol taakeed] *adv* absolutely

كل يوم سبت

[kul yawm sabit] every Saturday

adj [kula:an] **كلًا**

كلًا من

[Kolan men] *adj* both

clarinet *n* [kla:ri:nit] **كلارينت**

classic, *adj* [kla:si:kij] **كلاسيكي**

classic *n* ◁ classical

talk *n* [kala:m] **كلام**

فاقد القدرة على الكلام

[Fa'qed al-'qodrah 'aala al-kalam] *adj* speechless

both *pron* [kila:huma:] **كلاهما**

dog, bitch *(female dog)* *n* [kalb] **كلب**

كلب ترير

[Kalb tereer] *n* terrier

كلب اسكتلندى ضخم

[Kalb eskotalandey dakhm] *n* collie

كلب الراعي

[Kalb al-ra'aey] *n* sheepdog

كلب السبنيلي

[Kalb al-sebneeley] *n* spaniel

كلب بكيني

[Kalb bekkeeney] *n* Pekinese

كلب هادي مدرب للمكفوفين

[Kalb hadey modarab lel-makfoofeen] *n* guide dog

وجار الكلب

[Wejaar alkalb] *n* kennel

لدي كلب يرشدني في السير

[la-daya kalb yar-shidiny fee al-sayr] I have a guide dog

cost *v* [kallafa] **كَلَّف**

word *n* [kalima] **كلمة**

كلمة السر

[Kelmat al-ser] *n* password

كلمة واحدة فقط

[kilema waḥeda fa'qat] all one word

ما هي الكلمة التي تعني...؟

[ma heya al-kalema al-laty ta'any...?] What is the word for...?

chlorine *n* [klu:r] **كلور**

n [kulijja] **كلية**

كلية الحقوق

[Kolayt al-ho'qooq] *n* law school

كلية الفنون

[Koleyat al-fonoon] *n* art school

well *adv* [kulijjatan] **كُلِيَة**

college *n* [kulijja] **كُلية**

kidney *n* [kilja] **كُلْيَة**

sleeve *n* [kumm] **كم**

بدون أكمام

[Bedon akmaam] *adj* sleeveless

conj [kama:] **كما**

كما

[kama:] *prep* as

pliers *n* [kamma:ʃa] **كمَّاشة**

n [kama:l] **كمال**

كمال الأجسام

[Kamal al-ajsaam] *npl* bodybuilding

accessory *n* [kama:lijja:t] **كماليات**

violin *n* [kama:n] **كمان**

عازف الكمان

['aazef al-kaman] *n* violinist

آلة الكَمان الموسيقية

[Aalat al-kaman al-moose'qeyah] *n* violin

Cambodian *adj* [kambu:dij] **كمبودي**

شخص كمبودي

[Shakhṣ kamboodey] *(person)* *n* Cambodian

computer *n* [kumbiju:tar] **كمبيوتر**

هل لي أن استخدم الكمبيوتر الخاص بك؟

[hal lee an astakhdim al-computer al-khaaṣ bik?] May I use your

computer?
pear *n* [kummiθra:] كُمّثري
violin *n* [kamanʒa] كمنجة
كمنجة كبيرة
[Kamanjah kabeerah] *n* cello
cumin *n* [kammu:n] كَمّون
quantity *n* [kammija] كمية
ambush *n* [kami:n] كمين
canary *adj* [kana:rij] كناري
طائر الكناري
[Ṭaaer al-kanarey] *n* canary
طيور الكناري
[tˤuju:ru al-kana:rijji] *n* Canaries
n [kanna:sati] كناسة
جاروف الكناسة
[Jaroof al-kannasah] *n* dustpan
sofa *n* [kanaba] كنبة
كنبة سرير
[Kanabat sereer] *n* sofa bed
Canada *n* [kanada:] كندا
Canadian *n* [kanadij] كندي
شخص كندي
[Shakhṣ kanadey] *n* Canadian
treasure *n* [kanz] كنز
sweep *v* [kanasa] كنس
يَكْنِس بالمكنسة الكهربائية
[Yaknes bel-maknasah al-kahrabaeyah] *v* vacuum
kangaroo *n* [kanɣur] كُنْغُر
nickname *n* [kinja] كنية
church *n* [kani:sa] كنيسة
كنيسة صغيرة
[Kanesah ṣagherah] *n* chapel
كنيسة معمدانية
[Kaneesah me'amedaneyah] *n* Baptist
أيمكننا زيارة الكنيسة؟
[a-yamkun-ana zeyarat al-kaneesa] Can we visit the church?
electricity *n* [kahraba:ʔ] كهرباء
مشتغل بالكهرباء
[Moshtaghel bel-kahrabaa] *n* electrician
لا توجد كهرباء
[la tojad kah-rabaa] There is no electricity
هل يجب علينا دفع مصاريف إضافية للكهرباء؟
[hal yajib 'aala-yna daf'a maṣa-reef eḍafiya lel-kah-rabaa?] Do we have to pay extra for electricity?
electrical *adj* [kahraba:ʔij] كهربائي
صَدمَة كهربائية
[Ṣadmah kahrbaeyah] *n* electric shock
سِلك كهربائي
[Selk kahrabaey] (لي) *n* flex
بطانية كهربائية
[Baṭaneyah kahrobaeyah] *n* electric blanket
adj [kahrabij] كهربي
انقطاع التيار الكهربي
[En'qetaa'a al-tayar alkahrabey] *n* power cut
أين توجد علبة المفاتيح الكهربية
[ayna tojad 'ailbat al-mafateeḥ al-kahraba-eya?] Where is the fusebox?
هل لديك أي بطاريات كهربية؟
[hal ladyka ay baṭa-reyaat?] Do you have any batteries?
هناك خطأ ما في الوصلات الكهربية
[hunaka khaṭaa ma fee al-waslaat al-kah-rabiya] There is something wrong with the electrics
amber *n* [kahrama:n] كهرمان
cave *n* [kahf] كهف
middle-aged *adj* [kahl] كهل
ministry *(religion)* *n* [kahnu:t] كهنوت
elderly *adj* [kuhu:lij] كهولي
n [ku:b] كوب
كوب من الماء
[koob min al-maa] a glass of water
Cuba *n* [ku:ba:] كوبا
Cuban *n* ◁ Cuban *adj* [ku:bij] كوبي
cabin, hut *n* [ku:x] كوخ
كوخ لقضاء العطلة
[Kookh le-'qadaa al-'aotlah] *n* cottage
n [ku:du] كود
كود الاتصال بمنطقة أو بلد
[Kod al-eteṣal bemanṭe'qah aw balad] *n* dialling code
chrome *n* [ku:ru:mu] كُوروم
n ◁ Korean *adj* [ku:rijjat] كوري
Korean *(person)*
اللغة الكورية

[Al-loghah al-koreyah] *(language) n* Korean
كوريا [ku:rja:] *n* Korea
كوريا الشمالية
[Koreya al-shamaleyah] *n* North Korea
كوسة [ku:sa] *n* zucchini
كوستاريكا [ku:sta:ri:ka:] *n* Costa Rica
كوسوفو [ku:su:fu:] *n* Kosovo
كوكايين [ku:ka:ji:n] *n* cocaine
كوكب [kawkab] *n* planet
كوكبة [kawkaba] *n*
كوكبة القوس والرامي
[Kawkabat al-'qaws wa alramey] *n* Sagittarius
كوكتيل [ku:kti:l] *n* cocktail
أتقدمون الكوكتيلات؟
[a-tu'qade-moon al-koktailaat?] Do you sell cocktails?
كولِسْتِرُول [ku:listiru:l] *n* cholesterol
كولومبي [ku:lu:mbi:] *adj* Colombian
شخص كولومبي
[Shakhṣ kolombey] *n* Colombian
كولومبيا [ku:lu:mbija:] *n* Colombia
كولونيل [ku:lu:ni:l] *n* colonel
كومة [ku:ma] *n* heap
كومة منتظم
[Komat montaḍhem] *n* stack
كومودينو [ku:mu:di:nu:] *n* bedside table
كوميديا [ku:mi:dja:] *n* comedy
كوميديا الموقف
[Komedya al-maw'qf] *n* sitcom
كَوْن [kawn] *n* universe
كونتينتال [ku:nti:nunta:l] *adj*
إفطار كونتينتال
[Efṭaar kontenental] *n* continental breakfast
كوى [kawa:] *v* iron
كويتي [kuwajtij] *adj* Kuwaiti ◁ *n* Kuwaiti
كيّ [kajj] *n*
كيّ الملابس
[Kay almalabes] *n* ironing
لوح الكي
[Looḥ alkay] *n* ironing board
كيرجستان [ki:raʒista:n] *n*
Kyrgyzstan
كيروسين [ki:runwsi:n] *n* kerosene
كيس [ki:s] *n* *(container)* sack
كيس التسوق
[Kees al-tasawo'q] *n* shopping bag
كيس النوم
[Kees al-nawm] *n* sleeping bag
كيس بلاستيكي
[Kees belasteekey] *n* plastic bag
كيس مشتريات
[Kees moshtarayat] *n* shopping bag
كيف [kajfa] *adv* how
كيف حالك؟
[kayfa ḥaluka?] How are you?
كيف يمكن أن أصل إلى هناك؟
[kayfa yamkin an aṣal ela hunaak?] How do I get there?
كيلو [ki:lu:] *n* kilo
كيلومتر [ki:lu:mitr] *n* kilometre
كيمياء [ki:mija:ʔ] *n* chemistry
كيمياء حيوية
[Kemyaa ḥayaweyah] *n* biochemistry
كيميائي [ki:mija:ʔij] *adj* pharmacist
معمل كيميائي
[M'amal kemyaeay] *n* pharmacy
مادة كيميائية
[Madah kemyaeyah] *n* chemical
كيني [ki:nij] *adj* Kenyan
شخص كيني
[Shakhs keeny] *n* Kenyan
كينيا [ki:nja:] *n* Kenya
كيوي [ki:wi:] *n*
طائر الكيوي
[Ṭaarr alkewey] *n* kiwi

prep [li] **ل**

لأن

[li?anna] *conj* because

no, not *adv* [la:] **لا**

suit *v* [la:?ama] **لائم**

Latvian *adj* [la:ti:fi:] **لاتيفي**

اللغة الاتيفية

[Al-loghah al-atefeyah] *(language)* *n* Latvian

شخص لاتيفي

[Shakhs lateefey] *(person)* *n* Latvian

Latvia *n* [la:ti:fja:] **لاتيفيا**

Latin *adj* ◁ Latin *n* [la:ti:ni:] **لاتيني**

أمريكا اللاتينية

[Amreeka al-lateeneyah] *n* Latin America

refugee *n* [la:ʒi?] **لاجئ**

for *prep* [li?aʒli] **لأجل**

observe *v* [la:ħazˤa] **لاحظ**

أعتذر، لم ألاحظ ذلك

[A'atadher, lam olaḥedh dhalek] Sorry, I didn't catch that

following *adj* [la:ħiq] **لاحق**

سوف أتصل بك لاحقا

[sawfa ataṣil beka laḥi'qan] I'll call back later

هل يجب أن أدفع الآن أم لاحقا؟

[hal yajib an adfa'a al-aan am la-ḥe'qan?] Do I pay now or later?

هل يمكن أن أعود في وقت لاحق؟

[hal yamken an a'aood fee wa'qt la-ḥi'q?] Shall I come back later?

pursue *v* [la:ħaqa] **لاحق**

يلاحق خطوة بخطوة

[Yolaḥek khoṭwa bekhoṭwah] *v* keep up

eventually *adv* [la:ħiqan] **لاحقا**

adj [la:sˤiq] **لاصق**

شريط لاصق

[Shreeṭ laṣe'q] *n* Sellotape®

n [la:sˤiqa] **لاصقة**

أريد بعض اللاصقات الطبية

[areed ba'aḍ al-laṣi-'qaat al-ṭub-iya] I'd like some plasters

stroke *v* [la:tˤafa] **لاطف**

player *(of a sport)* *n* [la:ʕib] **لاعب**

لاعب رياضي

[La'aeb reyaḍey] *n* athlete

لاعب كرة القدم

[La'aeb korat al-'qadam] *n* footballer

adj [la:fit] **لافت**

لافت للنظر

[Lafet lel-nadhar] *adj* striking

sign *n* [la:fita] **لافتة**

لافتة طريق

[Lafetat ṭaree'q] *n* road sign

lavender *n* [la:fandar] **لافندر**

pearl *n* [lu?lu?a] **لؤلؤة**

blame *v* [la:m] **لام**

shiny, vivid *adj* [la:miʕ] **لامع**

conj [li?anna] **لأن**

لأن

[li?anna] *conj* because

theology *n* [la:hu:t] **لاهوت**

n [la:wu:s] **لاووس**

جمهورية لاووس

[Jomhoreyat lawoos] *n* Laos

unbelievable *adj* [la:jusˤaddaq] **لايصدق**

lilac *n* [la:jla:k] **لايْلاك**

core *n* [lubb] **لُبّ**

lioness *n* [labu?a] **لبؤة**

felt *n* [liba:d] **لباد**

style *n* [liba:s] **لباس**

لباس الاستحمام

[Lebas al-estehmam] *n* swimming

costume
لباقة tact *n* [laba:qa]
لبس dress *vi* [labasa]
لبق tactful, graceful *adj* [labiq]
غير لبق
[Ghaey labe'q] *adj* tactless
لَبْلاب ivy *n* [labla:b]
لَبن *n* [laban]
لبن أطفال
[Laban aṭfaal] *n* formula
لبن مبستر
[Laban mobaster] *n* UHT milk
مصنع منتجات الألبان
[maṣna'a montajat al-alban] *n* dairy
منتجات الألبان
[Montajat al-baan] *npl* dairy products
إنه منتج بلبن غير مبستر
[inaho muntaj be-laban ghayr mubastar] Is it made with unpasteurised milk?
لبنان Lebanon *n* [lubna:n]
لبناني Lebanese *adj* [lubna:nij]
لبون mammal *n* [labu:n]
لتر litre *n* [litr]
لَثة gum *n* [laθatt]
لثتي تنزف
[lathaty tanzuf] My gums are bleeding
لجأ *v* [laʒaʔa]
لجأ إلى
[Lajaa ela] *v* resort to
لِجَام reins *n* [liʒa:m]
لجنة committee *n* [laʒna]
لحاء bulb *(plant)* *n* [liħa:ʔ]
لحاف quilt *n* [liħa:f]
لحظة moment *n* [laħzˤa]
كل لحظة
[Kol laḥdhah] *adv* momentarily
لحظة واحدة من فضلك
[laḥdha waheda min faḍlak] Just a moment, please
لحق ب catch up *n* [laħiqa bi]
لحم meat *n* [laħm]
شرائح اللحم البقري المشوي
[Shraeḥ al-laḥm al-ba'qarey al-mashwey] *n* beefburger
كرة لحم
[Korat laḥm] *n* meatball
لحم أحمر
[Laḥm aḥmar] *n* red meat
لحم ضأن
[Lahm ḍaan] *n* mutton
لحم عجل
[Laḥm 'aejl] *n* veal
لحم غزال
[Laḥm ghazal] *n* venison
لحم خنزير مقدد
[Laḥm khanzeer me'qaded] *n* bacon
لحم بقري
[Laḥm ba'qarey] *n* beef
لحم مفروم
[Laḥm mafroom] *n* mince
لا أتناول اللحوم الحمراء
[la ata- nawal al-liḥoom al-ḥamraa] I don't eat red meat
لا أحب تناول اللحوم
[la aḥib ta-nawal al-liḥoom] I don't like meat
لا أكل اللحوم
[la aakul al-liḥoom] I don't eat meat
ما هي الأطباق التي لا تحتوي على لحوم أو أسماك؟
[ma heya al-aṭba'q al-laty la taḥtawy 'aala liḥoom aw asmak?] Which dishes have no meat / fish?
لحن melody *n* [laħn]
لحن منفرد
[Laḥn monfared] *n* concerto
لحية beard *n* [liħja]
لَخبط shuffle *v* [lxbatˤa]
لختنشتاين *n* [lixtunʃta:jn] Liechtenstein
لَخّص summarize *v* [laxxasˤa]
لدغ sting *v* [ladaɣa]
لقد لدغت
[la'qad lode'q-to] I've been stung
لدغة sting *n* [ladɣa]
لذيذ *adj* [laði:ð]
لذيذ المذاق
[Ladheedh al-madha'q] *adj* tasty
كان مذاقه لذيذًا
[kan madha-'qoho ladhe-dhan] That was delicious
كان هذا لذيذًا

[kan hadha ladhe-dhan] That was delicious

sticky *adj* [laziʒ] **لزج**

tongue *n* [lisa:n] **لسان**

bite *v* [lasaʕa] **لسع**

thief *n* [lisˤsˤ] **لص**

لص المنازل

[Leṣ al-manazel] *n* burglar

n [lasˤqa] **لصقة**

لصقة طبية

[Laṣ'qah ṭebeyah] *n* Band-Aid

stain *v* [latˤtˤaxa] **لَطخ**

stain, smudge *n* [latˤxa] **لطخة**

kindness *n* [lutˤf] **لطف**

kindly *adv* [lutˤfan] **لطفا**

blow *n* [latˤma] **لطمة**

mild, nice, tender *adj* [latˤi:f] **لطيف**

saliva *n* [luʕa:b] **لُعَاب**

play *n* [laʕib] **لعب**

play *(in sports)* *vt* [laʕaba] **لعب**

أين يمكنني أن ألعب التنس؟

[ayna yamken-any an al-'aab al-tanis?] Where can I play tennis?

toy *n* [luʕba] **لعبة**

لعبة رمي السهام

[Lo'abat ramey al-seham] *npl* darts

لعبة ترفيهية

[Lo'abah trafeheyah] *n* amusement arcade

لعبة الاستغماية

[Lo'abat al-estoghomayah] *n* hide-and-seek

لعبة البولنغ العشرية

[Lo'aba al-boolenj al-'ashreyah] *n* tenpin bowling

لعبة البولينج

[Lo'aba al-boolenj] *n* tenpin bowling

لعبة الكريكيت

[Lo'abat al-kreeket] *n* cricket *(game)*

لعبة الكترونية

[Lo'abah elektroneyah] *n* computer game

لعبة طاولة

[Lo'abat ṭawlah] *n* board game

lick *v* [laʕaqa] **لعَق**

perhaps *adv* [laʕalla] **لَعَّل**

curse *n* [laʕna] **لعنة**

cheerful *adj* [laʕu:b] **لعوب**

damn *adj* [laʕi:nu] **لعين**

language *n* [luɣa] **لغة**

اللغة الصينية

[Al-loghah al-ṣeeneyah] *(language) n* Chinese

اللغة الأرمنية

[Al-loghah al-armeeneyah] *(language) n* Armenian

اللغة الألبانية

[Al-loghah al-albaneyah] *(language) n* Albanian

اللغة العربية

[Al-loghah al-arabeyah] *(language) n* Arabic

اللغة التشيكية

[Al-loghah al-teshekeyah] *(language) n* Czech

اللغة الباسكية

[Al-loghah al-bakestaneyah] *(language) n* Basque

اللغة البلغارية

[Al-loghah al-balghareyah] *(language) n* Bulgarian

اللغة البورمية

[Al-loghah al-bormeyah] *(language) n* Burmese

اللغة البيلاروسية

[Al-loghah al-belaroseyah] *(language) n* Belarussian

اللغة الفنلندية

[Al-loghah al-fenlandeyah] *n* Finnish

اللغة الكرواتية

[Al-loghah al-korwateyah] *(language) n* Croatian

مُفردات اللغة

[Mofradat Al-loghah] *npl* vocabulary

puzzle *n* [luɣz] **لغز**

linguistic *adj* [luɣawij] **لغوي**

roll *vi* [laffa] **لفّ**

go round *v* **لفّ**

scarf *n* [lifa:ʕ] **لفاع**

turnip *n* [laft] **لفت**

نبات اللفت

[Nabat al-left] *n* rape *(plant)*

roll *n* [laffa] **لَفّة**

[Looḥ al-ar'qaam] *n* number plate
لوحة الفأرة
[Looḥat al-faarah] *n* mouse mat
لوحة الملاحظات
[Looḥat al-molahḍhat] *n* notice board
لوحة النشرات
[Looḥat al-nasharaat] *n* notice board
لوحة بيضاء
[Looḥ bayḍaa] *n* whiteboard
لوحة مفاتيح
[Looḥat mafateeḥ] *n* keyboard
لوري [lu:ri:] *n*
شاحِنة لوري
[Shaḥenah loorey] *n* truck
لوز [lawz] *n* almond
لوزة [lawza] *n*
التهاب اللوزتين
[Eltehab al-lawzateyn] *n* tonsillitis
لوزتين [lawzatajni] *npl* tonsils
لوشن [lawʃan] *n*
لوشن بعد التعرض للشمس
[Loshan b'ad al-t'aroḍ lel shams] *n* after-sun lotion
لوكيميا [lu:ki:mja:] *n* leukaemia
لوم [lawm] *n* blame
لون [lawn] *n* colour
لون مائي
[Lawn maaey] *n* watercolour
أنا لا أحب هذا اللون
[ana la oḥibo hadha al-lawn] I don't like the colour
بالألوان
[bil-al-waan] in colour
هذا اللون من فضلك
[hatha al-lawn min faḍlak] This colour, please
هل يوجد لون آخر غير ذلك اللون؟
[hal yujad lawn aakhar ghayr dhalika al-lawn?] Do you have this in another colour?
لوى [lawa:] *vt* twist
يلوي المفصل
[Yalwey al-mefṣal] *v* sprain
ليبي [li:bij] *n* ◁ Libyan *adj* Libyan
ليبيا [li:bja:] *n* Libya
ليبيري [li:bi:rij] *n* ◁ Liberian *adj*

لفحة [lafħa] *n* blast
لقاء [liqa:ʔ] *n*
إلى اللقاء
[ela al-le'qaa] *excl* bye-bye!
إلى اللقاء
[ela al-le'qaa] Goodbye
لقاح [liqa:ħ] *n* pollen
لقب [laqab] *n* surname, title
لَقَّح [laqqaħa] *v* vaccinate
لقطة [laqtˤa] *n*
لقطة فوتوغرافية
[La'qṭah fotoghrafeyah] *n* snapshot
لكسمبورغ [luksambu:rɣ] *n* Luxembourg
لكل [likulli] *prep* per
لكم [lakama] *v* poke
لمبة [lamba] *n*
اللمبة لا تضئ
[al-lumbah la-tuḍee] The lamp is not working
لمح [lamaħa] *v* glance
لمحة [lamħa] *n* glance
لمحة شخصية
[lamḥa shakhṣiyya] profile picture
لمس [lams] *n*
لوحة اللمس
[Lawḥat al-lams] *n* touchpad
لمس [lamasa] *v* touch
لَمَع [lamaʕa] *v* shine
لندن [lund] *n* London
لهب [lahab] *n* flame
لهجة [lahʒa] *n* dialect
لهو [lahw] *n* fun
لَوَّث [lawwaθa] *v* pollute
لوح [lawħ] *n* board (wood)
لوح صلب
[Looḥ ṣolb] *n* hardboard
لوح غطس
[Looḥ ghaṭs] *n* diving board
لوح الركمجة
[Looḥ al-rakmajah] *n* surfboard
لوح الكي
[Looḥ alkay] *n* ironing board
لَوَّح [lawwaħa] *v* wave
لوحة [lawħa] *n* tablet, painting
لوحة الأرقام

Liberian

ليبيريا Liberia *n* [li:bi:rja:]

ليتواني Lithuanian *adj* [li:twa:nij]

اللغة الليتوانية

[Al-loghah al-letwaneyah] *(language) n* Lithuanian

شخص ليتواني

[shakhṣ letwaneyah] *(person) n* Lithuanian

ليتوانيا Lithuania *n* [li:twa:nja:]

ليزر laser *n* [lajzar]

ليس *adv* [lajsa]

ليس لدي أية فكّة أصغر

[Laysa laday ay fakah aṣghar] I don't have anything smaller

ليل night *n* [lajl]

منتصف الليل

[montaṣaf al-layl] *n* midnight

غدًا في الليل

[ghadan fee al-layl] tomorrow night

ليلًا at night *adv* [lajla:]

ليلة night *n* [lajla]

في هذه الليلة

[Fee hadheh al-laylah] *adv* tonight

.أريد تذكرتين لحفلة الليلة، إذا تفضلت

[areed tadhkara-tayn le-ḥaflat al-layla, edha tafaḍalt] Two tickets for tonight, please

أريد تذكرتين لهذه الليلة

[areed tadhkeara-tayn le-hadhy al-layla] I'd like two tickets for tonight

أريد البقاء لليلة أخرى

[areed al-ba'qaa le-layla ukhra] I want to stay an extra night

أريد حجز مائدة لثلاثة أشخاص هذه الليلة

[areed ḥajiz ma-e-da le-thalathat ashkhaaṣ hadhy al-layla] I'd like to reserve a table for three people for tonight

الليلة الماضية

[al-laylah al-maaḍiya] last night

كم تبلغ تكلفة الإقامة في الليلة الواحدة؟

[kam tablugh taklifat al-e'qama fee al-layla al-waḥida?] How much is it per night?

كم تبلغ تكلفة الخيمة في الليلة الواحدة؟

[kam tablugh taklifat al-khyma fee al-layla al-waḥida?] How much is it per night for a tent?

ليلة سعيدة

[layla sa'aeeda] Good night

ما المكان تفضل الذي الذهاب إليه الليلة؟

[ma al-makan aladhy tofaḍel al-dhehab wlayhe al-laylah?] Where would you like to go tonight?

ماذا يعرض الليلة على شاشة السينما؟

[madha yu'a-raḍ al-layla 'aala sha-shat al-senama?] What's on tonight at the cinema?

نريد حجز مقعدين في هذه الليلة

[nureed ḥajiz ma'q-'aad-ayn fee hadhy al-layla] We'd like to reserve two seats for tonight

هل سيكون الجو باردا الليلة؟

[hal sayakon al-jaw baredan al-layla?] Will it be cold tonight?

هل لديكم غرفة شاغرة الليلة؟

[hal ladykum ghurfa shaghera al-layla?] Do you have a room for tonight?

ليلي nighttime *adj* [lajlij]

الخدمات الترفيهية الليلية

[Alkhadmat al-tarfeeheyah al-layleyah] *n* nightlife

مدرسة ليلية

[Madrasah layleyah] *n* night school

نادي ليلي

[Nadey layley] *n* nightclub

نوبة ليلية

[Noba layleyah] *n* nightshift

ليموزين limousine *n* [li:mu:zi:n]

ليمون lemon, lime *(fruit)* *n* [lajmu:n]

عصير الليمون المحلى

['aaṣeer al-laymoon al-moḥala] *n* lemonade

بالليمون

[bil-laymoon] with lemon

ليو Leo *n* [liju:]

ما [ma:] *pron* what

كما

[kama:] *prep* as

ما الذي بك؟

[ma al-lathy beka?] What's the matter?

ماء [ma:ʔ] *n* water

تحت الماء

[Taḥt al-maa] *adv* underwater

ماء ملحي

[Maa mel'ḥey] *adj* saltwater

إبريق من الماء

[ebree'q min al-maa-i] a jug of water

أتسمح بفحص الماء بالسيارة؟

[a-tas-maḥ be-faḥiṣ al-maa-i bil-sayara?] Can you check the water, please?

.أود أن أسبح تحت الماء

[Owad an asbaḥ taḥt al-maa.] I'd like to go snorkelling

مائة [ma:ʔitun] *number* hundred

...أرغب في تغيير مائة... إلى

[arghab fee taghyeer ma-a... ela...] I'd like to change one hundred... into...

...أرغب في الحصول على مائتي

[arghab fee al-ḥusool 'aala ma-a-tay...] I'd like two hundred...

مائدة [ma:ʔida] *n*

سَكاكين المائدة

[Skakeen al-maeadah] *n* cutlery

أريد حجز مائدة لشخصين في ليلة الغد

[areed ḥajiz ma-e-da le-shakhṣiyn fee laylat al-ghad] I'd like to reserve a table for two people for tomorrow night

من فضلك أريد مائدة لأربعة أشخاص

[min faḍlak areed ma-eda le-arba'aat ash-khaṣ] A table for four people, please

مائِل [ma:ʔil] *adj*

مائِل للبرودة

[Mael lel-brodah] *adj* cool *(cold)*

مؤامرة [muʔa:mara] *n* conspiracy

مات [ma:ta] *v* die

مؤتمر [muʔtamar] *n* conference

مؤتمر صحفي

[Moatamar ṣaḥafey] *n* press conference

مؤتمن [muʔtaman] *adj* trusting

مؤثر [muʔaθir] *adj* impressive

مؤخرًا [muʔaxxaran] *adv*

أصبت مؤخرًا بمرض الحصبة

[oṣebtu mu-akharan be-maraḍ al-ḥaṣba] I had measles recently

مُؤخِرَّة [muʔaxirra] *n* backside

مؤخرة الجيش

[Mowakherat al-jaysh] *n* rear

مُؤَخّرَه [muʔaxxirra] *n* behind

مؤدب [muʔaddab] *adj* polite

مادة [ma:dda] *n* clause, material

مادة سائلة

[madah saaelah] *n* liquid

مادة غير عضوية

[Madah ghayer 'aodweyah] *n* mineral

مادة تلميع

[Madah talmee'a] *adj* polish

مادة كيميائية

[Madah kemyaeyah] *n* chemical

مادة لاصقة

[Madah laṣe'qah] *n* plaster *(for wound)*

مادة مركبة

[Madah morakabah] *n* complex

مادة مسيلة

[Madah moseelah] *n* liquidizer

مادة متفجرة

[Madah motafajerah] *n* explosive

مادة منظفة
[Madah monadhefah] *n* detergent
مادة منكهة
[Madah monakahah] *n* flavouring
مادي [ma:dijat] *adj*
مكونات مادية
[Mokawenat madeyah] *n* hardware
مؤذ [muʔðin] *adj* mischievous
غير مؤذ
[Ghayer modh] *adj* harmless
ماذا [ma:ða:] *pron*
ماذا أفعل؟
[madha af'aal?] What do I do?
ماذا يوجد في هذا؟
[madha yujad fee hadha?] What is in this?
ماذا؟
[Madeyah] Pardon?
مؤذي [muʔði:] *adj* harmful ◁ *v* abusive
مارثون [ma:raθu:n] *n*
سباق المارثون
[Seba'q al-marathon] *n* marathon
مُؤرِّخ [muʔarrix] *n* historian
مارد [ma:rid] *n* giant
مارس [ma:ris] *n* March
مارس [ma:rasa] *v* practise
يُمارس رياضة العدو
[Yomares reyaḍat al-'adw] *vi* jog
.أود أن أمارس رياضة ركوب الأمواج
[Awad an omares reyaḍat rekob al-amwaj.] I'd like to go wind-surfing
أين يمكن أن نمارس رياضة التزلج بأحذية التزلج؟
[ayna yamken an nomares riyaḍat al-tazal-oj be-aḥdheat al-tazal-oj?] Where can we go roller skating?
ماركة [ma:rka] *n* make
ماركة جديدة
[Markah jadeedah] *n* brand-new
ماريجوانا [ma:ri:ʒwa:na:] *n* marijuana
مئزر [miʔzar] *n* pinafore
مأزق [maʔziq] *n* ordeal
ماس [ma:s] *n* diamond
مأساة [maʔsa:t] *n* tragedy
مأساوي [maʔsa:wij] *adj* tragic
ماسح [ma:siħ] *n*
ماسح ضوئي
[Maaseh daweay] *n* scanner
ماسح الأراضي
[Maseh al-araaḍey] *n* surveyor
ماسحة [ma:siħa] *n*
ماسحة زجاج السيارة
[Masehat zojaj sayarh] *n* windscreen wiper
مؤسس [muʔassas] *adj*
مؤسس على
[Moasas ala] *adj* based
مؤسسة [muʔassasa] *n* firm, institution
ماسكارا [ma:ska:ra:] *n* mascara
ماسورة [ma:su:ra] *n* pipe
مُؤَشِر [muʔaʃʃir] *n* cursor, indicator
ماشية [ma:ʃijjatun] *npl* cattle
ماضي [ma:dˤi:] *n* past
ماعِز [ma:ʕiz] *n* goat
مُؤَقت [muʔaqqat] *adj* temporary
عامِل مُؤَقت
['aamel mowa'qat] *n* temp
ماكر [ma:kir] *adj* cunning
ماكريل [ma:kiri:li] *n*
سمك الماكريل
[Samak al-makreel] *n* mackerel
ماكينة [ma:ki:na] *n* machine
ماكينة صرافة
[Makenat ṣerafah] *n* cash dispenser
ماكينة تسجيل الكاش
[Makenat tasjeel al-kaash] *n* till
ماكينة الشقبية
[Makenat al-sha'qabeyah] *n* vending machine
ماكينة بيع
[Makenat bay'a] *n* vending machine
أين توجد ماكينة التذاكر؟
[ayna tojad makenat al-tadhaker?] Where is the ticket machine?
هل توجد ماكينة فاكس يمكن استخدامها؟
[hal tojad makenat fax yamken istekh-damuha?] Is there a fax machine I can use?

مال money *n* [ma:l]
مال يرد بعد دفعه
[Maal yorad daf'ah] *n* drawback
أريد تحويل بعض الأموال من حسابي
[areed taḥweel ba'aḍ al-amwal min ḥesaaby] I would like to transfer some money from my account
ليس معي مال
[laysa ma'ay maal] I have no money
هل يمكن تسليفي بعض المال؟
[hal yamken tas-leefy ba'aḍ al-maal?] Could you lend me some money?
مال tip *(incline)*, bend down *v* [ma:la]
مالح *adj* [ma:liħ]
ماء مالح
[Maa maleḥ] *n* marinade
مالطة Malta *n* [ma:ltˤa]
مالطي *n* ◁ Maltese *adj* [ma:ltˤij]
Maltese *(person)*
اللغة المالطية
[Al-loghah al-malṭeyah] *(language) n* Maltese
مؤلف author *n* [muʔallif]
مؤلف موسيقى
[Moaalef mosee'qy] *n* composer
مالك owner *n* [ma:lik]
مالك الأرض
[Malek al-arḍ] *n* landowner
مالك الحزين
[Malek al ḥazeen] *n* heron
من فضلك هل يمكنني التحدث إلى المالك؟
[min faḍlak hal yamkin-ani al-taḥaduth ela al-maalik?] Could I speak to the owner, please?
مالكة *n* [ma:lika]
مالكة الأرض
[Malekat al-arḍ] *n* landlady
مؤلم painful *adj* [mulim]
مألوف familiar *adj* [maʔlu:f]
غير مألوف
[Ghayer maaloof] *adj* unfamiliar
مالي financial *adj* [ma:lij]
سَنة مالية
[Sanah maleyah] *n* financial year
موارد مالية
[Mawared maleyah] *npl* funds
ورقة مالية
[Wara'qah maleyah] *n* note
ماليزي Malaysian *adj* [ma:li:zij]
شخص ماليزي
[shakhṣ maleezey] *n* Malaysian
ماليزيا Malaysia *n* [ma:li:zja:]
ماما mum, mummy *n* [ma:ma:]
(mother)
مُأمَّن secure *adj*
مؤمن *n* [muʔamman]
مؤمن عليه
[Moaman 'aalayh] *adj* insured
أنا مؤمن عليّ
[ana mo-aaman 'aalya] I have insurance
ماموث mammoth *n* [ma:mu:θ]
مؤنث feminine, *adj* [muʔannaθ] female
مَانِح donor *n* [ma:niħ]
مانع *n* [ma:niʕ]
هل لديك مانع في أن أدخن؟
[Hal ladayk mane'a fee an adakhan?] Do you mind if I smoke?
مانع *v* [ma:naʕa]
أنا لا أمانع
[ana la omani'a] I don't mind
هل تمانع؟
[hal tumani'a?] Do you mind?
ماهر skilled *adj* [ma:hir]
مؤهل capable *n* [moahhal]
مُؤهَل qualified *adj* [muahhal]
مُؤهِل qualification *n* [muahhil]
ماهَوجني *adj* [ma:hu:ʒnij]
خشب الماهوجني
[Khashab al-mahojney] *n* mahogany
ماوري Maori *adj* [ma:wrij]
اللغة الماورية
[Al-loghah al-mawreyah] *(language) n* Maori
شخص ماوري
[Shakhṣ mawrey] *(person) n* Maori
مئوية *n* [miʔiwijja]
درجة حرارة مئوية
[Draajat ḥaraarah meaweyah] *n* degree centigrade
ما يرام *adv* [ma: jura:m]

أشعر أنني لست على ما يرام
[ash-'aur enna-nee lasto 'aala ma yo-raam] I feel sick
هل أنت على ما يرام
[hal anta 'aala ma yoraam?] Are you alright?
May *n* [ma:ju:] **مايو**
swimsuit *n* [ma:ju:h] **مَايوه**
initiative *n* [muba:dara] **مبادرة**
game, match *n* [muba:ra:t] *(sport)* **مباراة**
مباراة الإياب في ملعب المضيف
[Mobarat al-eyab fee mal'aab al-modeef] *n* home match
مباراة الذهاب
[Mobarat al-dhehab] *n* away match
مباراة كرة قدم
[Mobarat korat al-'qadam] *n* football match
direct *adj* [muba:ʃir] **مباشر**
غير مباشر
[Ghayer mobasher] *adj* indirect
أفضل الذهاب مباشرة
[ofadel al-dhehaab muba-sharatan] I'd prefer to go direct
هل يتجه هذا القطار مباشرة إلى...؟
[hal yata-jih hadha al-'qetaar muba-sha-ratan ela...?] Is it a direct train?
directly *adv* [muba:ʃaratan] **مباشرةً**
sold out *adj* [muba:ʕ] **مُبَاعٌ**
adj [muba:laɣ] **مبالغ**
مبالغ فيه
[mobalagh feeh] *adj* overdrawn
exaggeration *n* [muba:laɣa] **مبالغة**
npl [maba:ni:] **مباني**
مباني وتجهيزات
[Mabaney watajheezaat] *n* plant *(site/equipment)*
adj [mubtadiʔ] **مبتدئ**
المبتدئ
[Almobtadea] *n* beginner
أين توجد منحدرات المبتدئين؟
[Ayn tojad monhadrat al-mobtadean?] Where are the beginners' slopes?
stale *adj* [mubtaðal] **مبتذل**

premature *adj* [mubatasir] **مبتسر**
wet *adj* [mubtal] **مبتل**
moist *adj* [mubtall] **مُبْتَل**
principle *n* [mabdaʔ] **مبدأ**
initially *adv* [mabdaʔijjan] **مبدئيا**
ingenious *adj* [mubdiʕ] **مبدع**
pencil sharpener *n* [mibra:t] **مبراة**
n [mibrad] **مبرد**
مبرد أظافر
[Mabrad adhafer] *n* nailfile
reason *n* [mubbarir] **مُبّرر**
programmer *n* [mubarmiʒ] **مُبَرْمِج**
pasteurized *adj* [mubastar] **مبستر**
missionary *n* [mubaʃʃir] **مُبَشِر**
late *(delayed) adj* [mubtˤiʔ] **مُبطئ**
early *adj* [mubakkir] **مبكر**
adv [mubakiran] **مبكرًا**
لقد وصلنا مبكرًا
[la'qad waṣalna mu-bakiran] We arrived early/late
amount *n* [mablaɣ] **مبلغ**
adj [muballal] **مبلل**
مبلل بالعرق
[Mobala bel-ara'q] *adj* sweaty
n [mabna:] **مبنى**
المبنى والأراضي التابعه له
[Al-mabna wal-aradey al-taabe'ah laho] *n* premises
مبنى نُصُب تذكاري
[Mabna noṣob tedhkarey] *n* monument
cheerful *adj* [mubhaʒ] **مبهج**
vague *adj* [mubham] **مبهم**
n [mabi:t] **مبيت**
مبيت وإفطار
[Mabeet wa eftaar] *n* bed and breakfast, B&B
هل يجب علي المبيت؟
[hal yajib 'aala-ya al-mabeet?] Do I have to stay overnight?
n [mubi:d] **مبيد**
مبيد الأعشاب الضارة
[Mobeed al'ashaab al-darah] *n* weedkiller
مبيد الجراثيم
[Mobeed al-jaratheem] *n* disinfectant
مبيد حشرات

[Mobeed hasharat] *n* pesticide
bleached *adj* [mubajjidˁ] **مُبَيَّض**
ovary *n* [mabiːdˁ] **مِبْيَض**
n [mubiːʕ] **مبيع**
مبيعات بالتليفون
[Mabee'aat bel-telefoon] *npl* telesales
مندوب مبيعات
[Mandoob mabee'aat] *n* sales rep
impressed *adj* [mutaʔaθirr] **متأثر**
delayed *adj* [mutaʔaxxir] **متأخر**
late *adv* [mutaʔaxiran] **متأخراً**
npl [mutaʔaxxiraːtun] **متأخرات** arrears
sure *adj* [mutaʔakkid] **متأكد**
غير متأكد
[Ghayer moaakad] *adj* unsure
dressed *adj* [mutaʔanniq] **متأنق**
ready *adj* [mutaʔahib] **متأهب**
maze *n* [mataːha] **متاهة**
mutual *adj* [mutabaːdal] **متبادل**
n [mutabarriʕ] **متبرع**
محل لبضائع متبرع بها لجهة خيرية
[Maḥal lebaḍae'a motabar'a beha lejahah khayryah] *n* charity shop
remaining *adj* [mutabaqij] **متبقي**
spicy *adj* [mutabbal] **متبل**
blunt *adj* [mutaballid] **متبلد**
متبلد الحس
[Motabled al-ḥes] *adj* cool *(stylish)*
adopted *adv* [mutabannaː] **مُتَبَنَّى**
adj [mutataːbiʕ] **متتابع**
سلسلة متتابعة
[Selselah motatabe'ah] *n* episode
series *n* [mutataːlijja] **متتالية**
n [matʒar] **متجر**
صاحب المتجر
[Ṣaheb al-matjar] *n* shopkeeper
متجر البقالة
[Matjar al-be'qalah] *n* grocer's
متجر المقتنيات القديمة
[Matjar al-mo'qtanayat al-'qadeemah] *n* antique shop
متجر كبير جداً
[Matjar kabeer jedan] *n* hypermarket
متجر هدايا
[Matjar hadaya] *n* gift shop
واجهة العرض في المتجر
[Wagehat al-'aarḍ fee al-matjar] *n* shop window
مَتجر السجائر
[Matjar al-sajaaer] *n* tobacconist's
wrinkled *adj* [mutaʒaʕid] **متجعد**
frozen *adj* [mutaʒammid] **متجمد**
مطر متجمد
[Maṭar motajamed] *n* sleet
adj [muttaʒih] **متجه**
ما هو الموعد التالي للمركب المتجه إلى...؟
[ma howa al-maw'aid al-taaly lel-markab al-mutajeh ela...?] When is the next sailing to...?
rambler *n* [mutaʒawwil] **مُتَجوِّل**
prejudiced *adj* [mutaħaːmil] **متحامل**
petrified *adj* [mutaħaʒʒir] **متحجر**
united *adj* [muttaħid] **متحد**
الإمارات العربية المتحدة
[Al-emaraat al'arabeyah al-motaḥedah] *npl* United Arab Emirates
الأمم المتحدة
[Al-omam al-motahedah] *n* United Nations
المملكة المتحدة
[Al-mamlakah al-motahedah] *n* UK
الولايات المتحدة
[Al-welayat al-motḥedah al-amreekeyah] *n* United States, US
adj [mutaħaddiθ] **متحدث**
متحدث باللغة الأم
[motaḥdeth bel-loghah al-om] *n* native speaker
مُتَحدِّث باسم
[Motaḥadeth besm] *n* spokesman, spokesperson
n [mutaħddiθa] **مُتَحدِّثة**
مُتَحدِّثة باسم
[Motaḥadethah besm] *n* spokeswoman
moving *adj* [mutaħarriki] **متحرك**
سلم متحرك
[Solam motaḥarek] *n* escalator
سير متحرك
[Sayer motaḥrrek] *n* conveyor belt
mobile *adj* [mutaħarrik] **مُتَحَرِّكٌ**

متحضر adj [mutaħadˤdˤir]
غير متحضر
[ghayer motahader] adj uncivilized
متحف museum n [mathaf]
متى يُفتح المتحف؟
[mata yoftah al-mathaf?] When is the museum open?
هل المتحف مفتوح في الصباح؟
[hal al-mat-ḥaf maf-tooḥ fee al-ṣabaḥ] Is the museum open in the morning?
متحفظ shy adj [mutaħaffizˤ]
متحكم adj [mutaħakkim]
متحكم به عن بعد
[Motaḥkam beh an bo'ad] adj radio-controlled
متحمس keen adj [mutaħammis]
متحير baffled, adj [mutaħajjir] bewildered
متحيز biased adj [mutaħajjiz]
غير متحيز
[Ghayer motaḥeyz] adj impartial
متحيز عنصريا
[Motaḥeyz 'aonṣoreyan] n racist
متخصص specialist n [mutaxasˤsˤisˤ]
متخلف out-of-date adj [mutaxaliff]
متداول adj [mutada:walat]
عملة متداولة
[A'omlah motadawlah] n currency
متدرب trainee n [mutadarrib]
متر metre n [mitr]
متراس roadblock n [mutara:sin]
متراكز adj [mutara:kiz]
لا متراكز
[La motrakez] adj eccentric
مترجم translator n [muntarʒim]
مترف luxurious adj [mutraf]
مترنح tipsy adj [mutaranniħ]
مترو n [mitru:]
محطة مترو
[Mahaṭat metro] n tube station
أين توجد أقرب محطة للمترو؟
[ayna tojad a'qrab muḥaṭa lel-metro?] Where is the nearest tube station?
متري metric adj [mitrij]
متزامن adj [mutaza:min] simultaneous
متزايد adj [mutaza:jid]
بشكل متزايد
[Beshakl motazayed] adv increasingly
مُتَزَلِّج skier n [mutazalliʒ]
متزوج married adj [mutazawwiʒ]
غير متزوج
[Ghayer motazawej] adj unmarried
مُتَسابِق sprinter n [mutasa:biq]
متسامح tolerant adj [mutasa:miħ]
متسخ adj [muttasix]
إنها متسخة
[inaha mutasikha] It's dirty
متسلق n [mutasalliq]
متسلق الجبال
[Motasale'q al-jebaal] n mountaineer
متسلق الجبال
[Motasale'q al-jebaal] n climber
متسول tramp n [mutasawwil] *(beggar)*
المتسول
[Almotasawel] n beggar
فنان متسول
[Fanan motasawol] n busker
متشائم pessimistic, adj [mutaʃa:ʔim] pessimist
متصدع cracked adj [mutasˤaddiʕ]
متصفح browser n [mutasˤaffiħ]
متصفح شبكة الإنترنت
[Motaṣafeḥ shabakat al-enternet] n web browser
مُتَصِّفح الانترنت
[Motaṣafeḥ al-enternet] n surfer
متصل adj [muttasˤil]
غير متصل بالموضوع
[Ghayr motaṣel bel-maeḍo'a] adj irrelevant
متصل بالإنترنت
[motaṣel bel-enternet] adj online
من المتصل؟
[min al-mutaṣil?] Who's calling?
متضارب adj [mutadˤa:rib] inconsistent
متطابق identical adj [mutatˤa:biq]
متطرف extremist n [mutatˤarrif]
متطفل intruder n [mutatˤafil]
متطوع volunteer n [mutatˤawwiʕ]

متعاطف adj [mutaʕa:tˁif] sympathetic
متعاقب adj [mutaʕa:qib] consecutive, successive
متعب tired adj [mutʕab]
متعجرف arrogant adj [mutaʕaʒrif]
متعدد numerous adj [mutaʕaddid]
تَلَيُّف عصبي متعدد [Talayof 'aaṣabey mota'aded] n multiple sclerosis
متعدد الجنسيات [Mota'aded al-jenseyat] adj multinational
متعدد الجوانب [Mota'aded al-jawaneb] n versatile
متعذر adj [mutaʕaððir]
متعذر تجنبه [Mota'adhar tajanobah] adj unavoidable
متعذر التحكم فيه [Mota'adher al-tahakom feeh] adj uncontrollable
متعسر adj [mutaʕassir]
شخص متعسر النطق [Shakhṣ mota'aser al-noṭ'q] n dyslexic
متعصب adj [mutaʕasˁsˁib]
شخص متعصب [Shakhṣ motaṣeb] n fanatic
مُتَعصِب intolerant adj [mutaʕasˁibb]
متعفن mouldy adj [mutaʕaffin]
متعلق adj [mutaʕalliq]
متعلق بالعملة [Mota'ale'q bel-'omlah] adj monetary
متعلق بالبدن [Mota'ale'q bel-badan] n physical
متعلق بالقرون الوسطى [Mot'aale'q bel-'qroon al-wosṭa] adj mediaeval
متعلقات npl [mutaʕalliqa:tun] belongings
متعلم educated adj [mutaʕallim]
مُتَعَلِّم learner n [mutaʕallinm]
متعمد adj [mutaʕammad] deliberate
غير متعمد [Ghayr mota'amad] adj unintentional
بشكل متعمد [Be-shakl mota'amad] adv deliberately
متغضن creased adj [mutaɣadˁdˁin]
متغير adj [mutaɣajjir]
غير متغير [Ghayr motaghayer] adj unchanged
متفائل optimistic, adj [mutafa:ʔil] optimist
متفاجئ surprised adj [mutafa:ʒiʔ]
متفرغ dedicated adj [mutafarriɣ]
غِير مُتَفرغ [Ghayr motafaregh] part-time
مُتفق adj [muttafaq]
مُتفق عليه [Moṭafa'q 'alayeh] adj agreed
متفهم adj [mutafahhim] understanding
متقاطع adj [mutaqa:tˁiʕat]
طرق متقاطعة [Ṭaree'q mot'qat'ah] n crossroads
كلمات متقاطعة [Kalemat mota'qat'aa] n crossword
مُتَقَاطِع cross adj [mutaqa:tˁiʕ]
متقاعد retired adj [mutaqa:ʕid]
متقدم advanced adj [mutaqaddim]
شخص متقدم العمر [Shakhṣ mota'qadem al-'aomr] n senior citizen
متقلب unsteady adj [mutaqalibb]
متقلب المزاج [Mota'qaleb al-mazaj] adj moody
متقلص shrunk adj [mutaqallisˁ]
متقلقل shaky adj [mutaqalqil]
متكبر snob n [mutakabbir]
متكرر frequent, adj [mutakarrir] recurring
على نحو متكرر ['aala nahw motakarer] adv repeatedly
سُؤال مُتكرر [Soaal motakarer] n FAQ
متكلف adj [mutakallif] sophisticated
متلازمة n [mutala:zima]
متلازمة داون [Motalazemat dawon] n Down's syndrome
مُتَلِق recipient n [mutalaqi]

متماثل [mutama:θil] adj
symmetrical
متماسك [mutama:sik] adj
consistent
متمتّع [mutamattiʕ] adj
متمتّع بحُكم ذاتي
[Motamet'a be-ḥokm dhatey] adj
autonomous
متمرد [mutamarrid] adj rebellious
متمم [mutammim] adj
complementary
متموج [mutamawwiʒ] adj wavy
مُتَناوب [mutana:wibb] adj alternate
متناول [mutana:wil] n
في المتناول
[Fee almotanawal] adj convenient
متنزه [mutanazzah] n park
متنقل [mutanaqil] n
هل يمكن أن نوقف عربة النوم المتنقلة هنا؟
[hal yamken an nuwa-'qif 'aarabat al-nawm al-muta-na'qila huna?] Can we park our caravan here?
متنكر [mutanakkir] adj masked
متنوع [mutanawwiʕ] adj
miscellaneous
متهم [muttaham] n accused
متوازن [mutawa:zinn] adj balanced
متوازي [mutawa:zi:] adj parallel
متواصل [mutawasˤil] adj continual
متواضع [mutawa:dˤiʕ] adj humble
متوافق [mutawa:fiq] adj compatible
متوافِق مع المعايير
[Motawaf'q fee al-m'aayeer] n pass *(meets standard)*
متوان [mitwa:n] adj slack
متوتر [mutawattir] adj stressed, tense
متوحد [mutawaħħid] adj lonely
متورم [mutawarrim] adj bigheaded
متوسط [mutawassitˤ] adj average, moderate
متوسط الحجم
[Motawaseṭ al-hajm] adj medium-sized
متوسطي [mutawassitˤij] n
Mediterranean

متوفر [mutawaffir] adj available
متوفى [mutawaffin] adj dead
متوقع [mutawaqqaʕ] adj predictable
على نحو غير متوقع
[Ala naḥw motawa'qa'a] adv
unexpectedly
غير متوقع
[Ghayer motwa'qa'a] adj unexpected
متى [mata:] adv when
متى ستنتهي من ذلك؟
[mata satan-tahe min dhalik?] When will you have finished?
متى حدث ذلك؟
[mata ḥadatha dhalik?] When did it happen?
مُثار [muθa:r] adj excited
مثال [miθa:l] n example
على سبيل المثال
['ala sabeel al-methal] n e.g.
مَثّال [maθθa:l] n sculptor
مثالي [miθa:lij] adj ideal, model
بشكل مثالي
[Be-shakl methaley] adv ideally
مِثاليّة [miθa:lijja] n perfection
مَثانة [maθa:na] n bladder, cyst
التهاب المثانة
[El-tehab al-mathanah] n cystitis
مثقاب [miθqa:b] n drill
مثقاب هوائي
[Meth'qaab hawaey] n pneumatic drill
مثقب [miθqab] n punch *(blow)*
مثقوب [maθqu:b] adj pierced
مَثَل [maθal] n proverb
مَثّل [maθθala] v represent
مثلث [muθallaθ] n triangle
مثلج [muθliʒ] adj
هل النبيذ مثلج؟
[hal al-nabeedh mutha-laj?] Is the wine chilled?
مُثلّج [muθallaʒ] adj chilly
مثلي [miθlij] adj
العلاج المِثلي
[Al-a'elaj al-methley] n homeopathy
معالج مثلي
[Moalej methley] adj homeopathic
مثير [muθi:r] adj exciting, gripping,

sensational

عمل مثير

['aamal Mother] *n* stunt

مثير المتاعب

[Mother al-mataa'aeb] *n* troublemaker

مثير للغضب

[Mother lel-ghaḍab] *adj* infuriating, irritating

مثير للاشمئزاز

[Mother lel-sheazaz] *adj* disgusting, repulsive

مثير للحساسية

[Mother lel-hasaseyah] *adj* allergic

مثير للحزن

[Mother lel-ḥozn] *adj* pathetic

mug *n* [maʒʒ] **مَجّ**

pass *(in mountains)* *n* [maʒa:z] **مجاز**

famine *n* [maʒa:ʕa] **مجاعة**

area *n* [maʒa:l] **مجال**

مجال جوي

[Majal jawey] *n* airspace

مجال البصر

[Majal al-baṣar] *n* eyesight

n [muʒa:lisa] **مجالسة**

مجالسة الأطفال

[Mojalasat al-atfaal] *n* babysitting

adj [muʒa:mil] **مُجامِل** complimentary

compliment *n* [muʒa:mala] **مجاملة**

free *(no cost)* *adj* [maʒʒa:nij] **مجاني**

adjacent, *adj* [muʒa:wir] **مجاور** nearby

n [muʒa:wira] **مُجَاورة** neighbourhood

society, *n* [muʒtamaʕ] **مجتمع** community

glory *n* [maʒd] **مجد**

oar *n* [miʒda:f] **مجداف**

adj [muʒaddid] **مُجدد**

مُجدد للنشاط

[Mojaded lel-nashat] *adj* refreshing

stranded *adj* [maʒdu:l] **مجدول**

maniac *n* [maʒðu:b] **مجذوب**

spade *n* [miʒra:f] **مجراف**

experienced *adj* [muʒarrib] **مُجَرِّب**

mere, bare *adj* [muʒarrad] **مجرد**

criminal *n* [muʒrim] **مجرم**

injured *adj* [maʒru:ħ] **مجروح**

Hungarian *adj* [maʒrij] **مجري**

Hungarian *adj* [maʒarij] **مَجَري**

مَجَري الجنسية

[Majra al-jenseyah] *(person)* *n* Hungarian

n [maʒra:] **مجرى**

مجرى نهر

[Majra nahr] *n* channel

shambles *n* [maʒzar] **مجزر**

rewarding *adj* [muʒzi:] **مُجْزي**

dried, *adj* [muʒaffif] **مجفف** dehydrated, dryer

مجفف ملابس

[Mojafef malabes] *n* tumble dryer

مُجَفِف دوار

[Mojafef dwar] *n* spin drier

مُجَفِف الشعر

[Mojafef al-sha'ar] *n* hairdryer

magazine *n* [maʒalla] **مجلة** *(periodical)*

أين يمكن أن أشتري المجلات؟

[ayna yamken an ash-tary al-majal-aat?] Where can I buy a magazine?

council *n* [maʒlis] **مجلس**

رئيس المجلس

[Raees al-majlas] *n* chairman

عضو مجلس

['aodw majles] *n* councillor

دار المجلس التشريعي

[Dar al-majles al-tashre'aey] *n* council house

adj [muʒammad] **مجمد**

هل السمك طازج أم مجمد؟

[hal al-samak ṭazij amm mujam-ad?] Is the fish fresh or frozen?

هل الخضروات طازجة أم مجمدة؟

[hal al-khiḍ-rawaat ṭazija amm mujam-ada?] Are the vegetables fresh or frozen?

n [maʒmu:ʕ] **مجموع**

مجموع مراهنات

[Majmoo'a morahnaat] *n* jackpot

مجموع نقاط

[Majmo'aat ne'qaat] *n* score *(game/*

match)
مجموعة collection *n* [maʒmu:ʕa]
مجموعة قوانين السير في الطرق السريعة
[Majmo'aat 'qwaneen al-sayer fee al-ṭoro'q al-saree'aah] *n* Highway Code
مجموعة كتب
[Majmo'aat kotob] *n* set
مجموعة لعب
[Majmo'aat le'aab] *n* playgroup
مجموعة مؤتلفة
[Majmo'aah moatalefa] *n* combination
مجنون insane, mad *adj* [maʒnu:n]
(angry)
madman *n* ◁
مجهد intense *adj* [muʒhid]
مجهز equipped *adj* [muʒahhaz]
مجوهرات jewelry *n* [muʒawhara:t]
محادثة conversation *n* [muħa:daθa]
محار shellfish *n* [maħa:r]
محار الاسقلوب
[maḥar al-as'qaloob] *n* scallop
محارب *n* [muħa:rib]
محارب قديم
[Moḥareb 'qadeem] *n* veteran
محارة shell *n* [maħa:ra]
محاسب accountant *n* [muħa:sib]
مُحَاسَبَة accountancy *n* [muħa:saba]
محاضر lecturer *n* [muħa:dˤir]
محاضرة lecture *n* [muħa:dˤara]
محافظ mayor *n* [muħa:fizˤ]
شخص محافظ
[Shakhṣ moḥafeḍh] *adj* conservative
مُحافظة *n* [muħa:fazˤa]
المُحافظة على الموارد الطبيعية
[Al-moḥafadhah ala al-mawared al-ṭabe'aeyah] *n* conservation
محاكاة imitation *n* [muħa:ka:t]
محاكمة trial *n* [muħa:kama]
محامي solicitor *n* [muħa:mij]
محامي ولاية
[Moḥamey welayah] *n* solicitor
محاور interviewer *n* [muħa:wir]
محاولة attempt *n* [muħa:wala]
محايد *adj* [muħa:jid]
شخص محايد
[Moḥareb moḥayed] *n* neutral
محب *adj* [muħibb]
محب للاستطلاع
[Moḥeb lel-esteṭlaa'a] *adj* curious
مُحِب lover *n* [muħib]
مُحِب لنفسه
[Moḥeb le-nafseh] *adj* self-centred
مُحبب lovely *adj* [muħabbab]
محبط depressed, *adj* [muħbatˤ]
disappointed
مُحبِط disappointing *adj* [muħbitˤ]
محبوب *adj* [maħbu:b]
غير محبوب
[Ghaey maḥboob] *adj* unpopular
محبوس stuck *adj* [maħbu:sa]
محترف professional *n* [muħtarif]
محترم respectable *adj* [muħtaram]
محتمل likely, *adj* [muħtamal]
probable
غير محتمل
[Ghaeyr moḥtamal] *adj* unlikely
بصورة محتملة
[be ṣorah moḥtamalah] *adv* presumably
محتوم inevitable *adj* [maħtu:m]
محتويات *npl* [muħtawaja:tun]
contents
محجوز reserved *adj* [maħʒu:z]
مُحَدَث up-to-date *adj* [muħaddiθ]
محدد certain, *adj* [muħadadd]
specific
في الموعد المحدد
[Fee al-maw'aed al-moḥadad] *adj* on time
محراث plough *n* [miħra:θ]
محراك paddle *n* [miħra:k]
مُحرَج embarrassed *adj* [muħraʒ]
مُحرِج embarrassing *adj* [muħriʒ]
مُحَرِّر editor *n* [muħarrir]
مَحْرَقة crematorium *n* [maħraqa]
محرك engine *n* [muħarrik]
محرك البحث
[moḥarek al-baḥth] *n* search engine
المحرك حرارته مرتفعه
[al-muḥar-ik ḥarara-tuho murtafe'aa] The engine is overheating
محرم banned *adj* [muħarram]

معزول بوصفه محرما
[Ma'azool bewaṣfeh moḥaraman] *adj* taboo
محرمات مقدسات
[moḥaramat mo'qadasat] *n* taboo
محزن depressing, sore *adj* [muħzin]
مُحسِن humanitarian *adj* [muħsin]
محسوس sensible *adj* [maħsu:s]
محشو crammed *adj* [maħʃuww]
مُحصِّل collector *n* [muħasˤsˤil]
محصول crop *n* [maħsˤu:l]
محضر record *n* [maħdˤar]
محضر الطعام
[Moḥder al-ṭa'aam] *n* food processor
محطة station *n* [maħatˤtˤa]
محطة راديو
[Mahaṭat radyo] *n* radio station
محطة سكك حديدية
[Mahaṭat sekak ḥadeedeyah] *n* railway station
محطة أنفاق
[Mahaṭat anfa'q] *n* tube station
محطة أوتوبيس
[Mahaṭat otobees] *n* bus station
محطة عمل
[Mahaṭat 'aamal] *n* work station
محطة الخدمة
[Mahaṭat al-khedmah] *n* service station
محطة بنزين
[Mahaṭat benzene] *n* petrol station
محطة مترو
[Mahaṭat metro] *n* tube station
أين توجد أقرب محطة للمترو؟
[ayna tojad a'qrab muḥaṭa lel-metro?] Where is the nearest tube station?
أين توجد محطة الأتوبيس؟
[ayna tojad muḥaṭat al-baaṣ?] Where is the bus station?
كيف يمكن أن أصل إلى أقرب محطة مترو؟
[Kayf yomken an aṣel ela a'qrab maḥaṭat metro?] How do I get to the nearest tube station?
ما هو أفضل طريق للذهاب إلى محطة القطار
[Ma howa af ḍal ṭaree'q lel-dhehab ela maḥaṭat al-'qeṭaar] What's the best way to get to the railway station?
هل يوجد محطة بنزين قريبة من هنا؟
[hal yujad muḥaṭat banzeen 'qareeba min huna?] Is there a petrol station near here?
محظور prohibited *adj* [maħzˤu:r]
محظوظ lucky *adj* [maħzˤu:zˤ]
غير محظوظ
[Ghayer mahḍhooḍh] *adj* unlucky
محفز motivated *adj* [muħaffiz]
محفظة wallet *n* [miħfazˤa]
لقد سرقت محفظة نقودي
[la'qad sore'qat meḥ-faḍhat ni-'qoody] My wallet has been stolen
لقد ضاعت محفظتي
[la'qad ḍa'aat meḥ-faḍhaty] I've lost my wallet
محفوف *adj* [maħfu:f]
محفوف بالمخاطر
[Maḥfoof bel-makhaater] *adj* risky
مُحَقق reporter *n* [muħaqqiq]
مُحكم precise, tight *adj* [muħkam]
مُحكم الغلق
[Moḥkam al-ghal'q] *n* airtight
محكمة tribunal *n* [maħkama]
محل store *n* [maħall]
محل أحذية
[Maḥal aḥdheyah] *n* shoe shop
محل تجاري
[Maḥal tejarey] *n* store
محل تاجر الحديد والأدوات المعدنية
[Maḥal tajer alḥadeed wal-adwat al-ma'adaneyah] *n* ironmonger's
محل العمل
[Maḥal al-'aamal] *n* workplace
محل الجزار
[Maḥal al-jazar] *n* butcher's
محل الميلاد
[Mahal al-meelad] *n* birthplace
محل لبضائع متبرع بها لجهة خيرية
[Maḥal lebaḍae'a motabar'a beha lejahah khayryah] *n* charity shop
محل مكون من أقسام
[Maḥal mokawan men a'qsaam] *n* department store

محلل *n* [muħallil]
محلل نظم
[Moḥalel noḍhom] *n* systems analyst
محلي local *adj* [maħalijj]
أريد أن أجرب أحد الأشياء المحلية من فضلك
[areed an ajar-rub aḥad al-ashyaa al-maḥal-lya min faḍlak] I'd like to try something local, please
ما هو الطبق المحلي المميز؟
[ma howa al-ṭaba'q al-maḥa-ly al-muma-yaz?] What's the local speciality?
محمص roast *adj* [muħamasˤsˤ]
محمول portable *adj* [maħmu:l]
كمبيوتر محمول
[Kombeyotar maḥmool] *n* laptop
مَحْمِيَّة reserve *(land)* *n* [maħmijja]
محنك streetwise, *adj* [muħannak] veteran
محور *n* [miħwar]
محور الدوران
[Meḥwar al-dawaraan] *n* axle
محول *n* [muħawwil]
محول إلى منطقة مشاه
[Meḥawel ela manṭe'qat moshah] *adj* pedestrianized
مُحَوِّل كهربي
[Moḥawel kahrabey] *n* adaptor
مُحير puzzling *adj* [muħajjir]
محيط ocean *n* [muħi:tˤ]
المحيط القطبي الشمالي
[Al-moḥeeṭ al-'qoṭbey al-shamaley] *n* Arctic Ocean
المحيط الهادي
[Al-moḥeeṭ al-haadey] *n* Pacific
المحيط الهندي
[Almoḥeeṭ alhendey] *n* Indian Ocean
مخادع tricky *adj* [muxa:diʕ]
مخاطرة risk *n* [muxa:tˤara]
مخالفة foul *n* [muxa:lafa]
مخبز bakery *n* [maxbaz]
مخبوز baked *adj* [maxbu:z]
مختار chosen *adj* [muxta:r]
مُختَبَر laboratory *n* [muxtabar]
مُختَبَر اللغة
[Mokhtabar al-loghah] *n* language laboratory
مُختَرِع inventor *n* [muxtaraʕ]
مختص competent *adj* [muxtasˤsˤ]
مُختَطِف hijacker *n* [muxtatˤif]
مختلف different, *adj* [muxtalif] various
مُخدِر *n* [muxadirru]
مُخَدِر كلي
[Mo-khader koley] *n* general anaesthetic
مُخدِر crack *(cocaine)*, *n* [muxaddir] anaesthetic
مخدرات drug *n* [muxaddira:t]
مخرب vandal *n* [muxarrib]
مخرج way out *n* [maxraʒ]
مخرج طوارئ
[Makhraj ṭawarea] *n* emergency exit
مخروط cone *n* [maxru:tˤ]
مخزن storage *n* [maxzan]
مخزن حبوب
[Makhzan ḥoboob] *n* barn
مخزون inventory, stock *n* [maxzu:n]
مخطئ mistaken *adj* [muxtˤiʔ]
مخطط scheme, layout *n* [muxatˤatˤ]
مخطط تمهيدي
[Mokhaṭaṭ tamheedey] *n* outline
مُخَطَط sketch *n* [muxatˤtˤatˤ]
مخطوطة manuscript *n* [maxtˤu:tˤa]
مخفف diluted *adj* [muxaffaf]
مخفف الصدمات
[Mokhafef al-ṣadamat] *n* cushion
مخفوق *n* [maxfu:q]
مخفوق الحليب
[Makhfoo'q al-ḥaleeb] *n* milkshake
مخلص faithful, sincere *adj* [muxlisˤ]
مخلوط mixed *adj* [maxlu:tˤ]
مخلوق creature *n* [maxlu:q]
مخيب frustrated *adj* [muxajjib]
مخيف scary *adj* [muxi:f]
مد *n* [madd]
مد وجزر
[Mad wa-jazr] *n* tide
متى يعلو المد؟
[mata ya'alo al-mad?] When is high tide?
مُدافِع defender *n* [muda:fiʕ]

مدالية [mida:lijja] n
مدالية كبيرة
[Medaleyah kabeerah] n medallion
مدة [mudda] n period, duration
مُدَّخَرَات [muddaxara:tin] npl savings
مدخل [madxal] n way in
مدخن [mudaxxin] n
أريد مقعد في المكان المخصص للمدخنين
[areed ma'q'ad fee al-makan al-mukhaṣaṣ lel -mudakhineen] I'd like a seat in the smoking area
مُدَخِن [muðaxxin] n smoker
غير مُدَخِن
[Ghayr modakhen] n non-smoking
شخص غير مُدَخِن
[Shakhṣ Ghayr modakhen] n non-smoker
مَدخَنة [midxana] n chimney
مدرب [mudarrib] n coach (trainer), trained, trainer
مدربون [mudarribu:na] npl trainers
مَدْرَج [madraʒ] n runway
مُدرَّج [mudarraʒ] adj registered
غير مُدرّج
[Ghayer modraj] adj unlisted
مدرس [mudarris] n master, teacher, schoolteacher
مدرس أول
[Modares awal] n principal
مدرس خصوصي
[Modares khoṣooṣey] n tutor
مُدرِّس بديل
[Modares badeel] n supply teacher
مدرسة [madrasa] n school
طلاب المدرسة
[Ṭolab al-madrasah] n schoolchildren
مدرسة إبتدائية
[Madrasah ebtedaeyah] n primary school
مدرسة أطفال
[Madrasah aṭfaal] n infant school
مدرسة عامة
[Madrasah 'aamah] n public school
مدرسة ثانوية
[Madrasah thanaweyah] n secondary school
مدرسة داخلية
[Madrasah dakheleyah] n boarding school
مدرسة الحضانة
[Madrasah al-ḥaḍanah] n nursery school
مدرسة لغات
[Madrasah lo-ghaat] n language school
مدرسة ليلية
[Madrasah layleyah] n night school
مدرسة نوعية
[Madrasah naw'aeyah] n primary school
مدير مدرسة
[Madeer madrasah] n principal
مدرسي [madrasij] adj
حقيبة مدرسية
[Ḥa'qeebah madraseyah] n schoolbag
زي مدرسي موحد
[Zey madrasey mowaḥad] n school uniform
كتاب مدرسي
[Ketab madrasey] n schoolbook
مدرك [mudrik] adj aware
مدعي [muddaʕi:] adj
مدعي العلم بكل شيء
[Moda'aey al'aelm bel-shaya] n know-all
مُدَعى [mudaʕʕa:] adj
مُدَعى عليه
[Moda'aa 'aalayh] n defendant
مدغشقر [madaɣaʃqar] n Madagascar
مدفأة [midfaʔa] n
كيف تعمل المدفأة؟
[kayfa ta'amal al-madfaa?] How does the heating work?
مدفع [midfaʕu] n
مدفع الهاون
[Madafa'a al-hawon] n mortar (military)
مدفن [madfan] n graveyard
مدفوع [madfu:ʕ] adj
مدفوع بأقل من القيمة
[Madfoo'a be-a'qal men al-q'eemah] adj underpaid

مدفوع مسبقا [Madfo'a mosba'qan] *adj* prepaid
مدلل spoilt *adj* [mudallal]
مدمر devastated *adj* [mudammar]
مدمن addict, addicted *n* [mudmin]
مدمن مخدرات [Modmen mokhadarat] *n* drug addict
مدني *n* ◁ civilian *adj* [madanijjat] civilian
حقوق مدنية [Ḥo'qoo'q madaneyah] *npl* civil rights
مدهش marvellous, *adj* [mudhiʃ] splendid
مدو loud *adj* [mudawwin]
مدون blogger *n* [mudawwin]
مدوّن بالفيديو [mudawwin bil-vidyoh] *n* vlogger
مُدَوَّنة blog *n* [mudawwana]
مدى extent, range *(limits) n* [madaː]
مدير manageress, director *n* [mudiːr]
مدير الإدارة التنفيذية [Modeer el-edarah al-tanfeedheyah] *n* CEO
مدير مدرسة [Madeer madrasah] *n* principal
مديرة manageress *n* [mudiːra]
مَدين debit *n* [madiːn]
مدينة city *n* [madiːna]
وسط المدينة [Wasaṭ al-madeenah] *n* town centre
واقع في قلب المدينة [Wa'qe'a fee 'qalb al-madeenah] *adv* downtown
وَسَطْ المدينة [Wasaṭ al-madeenah] *n* town centre
هل يوجد أتوبيس إلى المدينة؟ [Hal yojad otobees ela al-madeenah?] Is there a bus to the city?
مذبح *n* [maðbaħ]
مذبح الكنيسة [madhbaḥ al-kaneesah] *n* altar
مذبحة massacre *n* [maðbaħa]
مذكر masculine *adj* [muðakkar]
مذكرة memo *n* [muðakkira]
مذنب guilty, culprit *adj* [muðnib]
مذهل astonishing, *adj* [muðhil] stunning
مذهول astonished, *adj* [maðhuːl] stunned
مذيب solvent *n* [muðiːb]
مر bitter *adj* [murr]
مرّ pass *vi* ◁ go by *v* [marra]
يمرّ على قائمة [yamurr 'ala qaa'ima] *vt* scroll
مرآة mirror *n* [mirʔaːt]
مرآة جانبية [Meraah janebeyah] *n* wing mirror
مرآة الرؤية الخلفية [Meraah al-roayah al-khalfeyah] *n* rear-view mirror
مرأة *n* [marʔa]
اسم المرأة قبل الزواج [Esm al-marah 'qabl alzawaj] *n* maiden name
شخص موال لمساواة المرأة بالرجل [Shakhṣ mowal le-mosawat al-maraah bel-rajol] *n* feminist
مراجع *n* [muraːʒiʕ]
مراجع حسابات [Moraaje'a ḥesabat] *n* auditor
مراجعة revision *n* [muraːʒaʕa]
مراجعة حسابية [Moraj'ah ḥesabeyah] *n* audit
مَرَارَة gall bladder *n* [marraːra]
مُرَاسِل correspondent *n* [muraːsil]
مراسلة *n* [muraːsalatu] correspondence
مراسم ceremony *n* [maraːsim]
مرافق associate, *n* [muraːfiq] companion
بدون مُرافق [Bedon morafe'q] *adj* unattended
مراقب observer, *n* [muraːqib] invigilator
نقطة مراقبة [No'qtat mora'qabah] *n* observatory
مراقبة *n* [muraːqaba]
مراقبة جوية [Mora'qabah jaweyah] *n* air-traffic controller
مراهق adolescent *n* [muraːhiq]
مراهنة betting *n* [muraːhana]
مرؤوس inferior *n* [marʔuws]

visible *adj* [marʔij] **مرئي**
lucrative, *adj* [murbiħ] **مربح**
profitable
n [marbatˤu] **مربط**
مربط الجواد
[Marbaṭ al-jawad] *n* stall
adj [murabbaʕ] **مربع**
ذو مربعات
[dho moraba'aat] *adj* checked
مربع الشكل
[Moraba'a al-shakl] *adj* square
confusing *adj* [murbik] **مُربك**
jam *n* [murabba:] **مربّى**
وعاء المربّى
[We'aaa almorabey] *n* jam jar
nanny *n* [murabbija] **مربية**
once *adv* [marratan] **مرّةً**
مرة ثانية
[Marrah thaneyah] *n* again
n [mara] **مرّةٌ**
مرة واحدة
[Marah waḥedah] *n* one-off
relieved *adj* [murta:ħ] **مرتاح**
tidy *adj* [murattab] **مرتب**
n [martaba] **مرتبة**
مرتبة ثانية
[Martabah thaneyah] *adj* second-class
هل يوجد مرتبة احتياطية؟
[hal yujad ferash iḥte-yaṭy?] Is there any spare bedding?
related *adj* [murtabitˤ] **مرتبط**
puzzled, *adj* [murtabik] **مرتبك**
confused
pedestrian *n* [murtaʒil] **مُرْتَجل**
high *adv* [murtafiʕun] **مرتفع**
بصوت مرتفع
[Beṣot mortafe'a] *adv* aloud
مرتفع الثمن
[mortafe'a al-thaman] *adj* expensive
المقعد مرتفع جدا
[al-ma'q'ad mur-taf'a jedan] The seat is too high
twice *adv* [marratajni] **مرتين**
lawn *n* [marʒ] **مرج**
coral *n* [marʒa:n] **مُرجان**
reference *n* [marʒaʕin] **مرجع**

boiler *n* [mirʒal] **مرجل**
hilarious *adj* [maraħ] **مرح**
lavatory, loo *n* [mirħa:dˤ] **مرحاض**
لفة ورق المرحاض
[Lafat wara'q al-merhaḍ] *n* toilet roll
welcome! *excl* [marħaban] **مرحبا**
مرحبا!
[marħaban] *excl* hi!
instance *n* [marħala] **مرحلة**
marzipan *n* [marzi:ba:n] **مَرْزِيبان**
anchor *n* [mirsa:t] **مرساة**
sender *n* [mursil] **مُرسِل**
berth *n* [marsa:] **مرسى**
sprinkler *n* [miraʃʃa] **مرشّة**
candidate *n* [muraʃʃaħ] **مُرَشّح**
guide *n* [murʃid] **مرشد**
مرشد سياحي
[Morshed seyaḥey] *n* tour guide
في أي وقت تبدأ الرحلة مع المرشد؟
[fee ay wa'qit tabda al-reḥla m'aa al-murshid?] What time does the guided tour begin?
هل يوجد أي رحلات مع مرشد يتحدث بالإنجليزية؟
[hal yujad ay reḥlaat ma'aa murshid yata-ḥadath bil-injile-ziya?] Is there a guided tour in English?
هل يوجد لديكم مرشد لجولات السير المحلية؟
[hal yujad laday-kum murshid le-jaw-laat al-sayr al-maḥal-iya?] Do you have a guide to local walks?
disease *n* [maradˤ] **مرض**
مرض تصلب الأنسجة المتعددة
[Maraḍ taṣalob al-ansejah al-mota'adedah] *n* MS
مرض السرطان
[Maraḍ al-saraṭan] *n* cancer *(illness)*
مرض السكر
[Maraḍ al-sokar] *n* diabetes
مرض التيفود
[Maraḍ al-tayfood] *n* typhoid
مرض الزهايمر
[Maraḍ al-zehaymar] *n* Alzheimer's disease
مرض حمى القش

[Marad homma al-'qash] *n* hay fever
مرض ذات الرئة
[Marad dhat al-re'aa] *n* pneumonia
مرضي disease-related *adj* [maradˤij]
إذن غياب مرضي
[edhn gheyab maradey] *n* sick note
أجازة مَرَضِيَّة
[Ajaza maradeyah] *n* sick leave
غير مرضي
[Ghayr marda] *adj* unsatisfactory
الأجر المدفوع خلال الأجازة المرضية
[Al-'ajr al-madfoo'a khelal al-'ajaza al-maradeyah] *n* sick pay
مرطب moisturizer *n* [muratˤtˤib]
مرعب frightening, *adj* [murʕib] horrifying, alarming
مرعوب frightened, *adj* [marʕu:b] terrified
مُرفق included *adj* [murfiq]
مِرفق elbow *n* [mirfaq]
مرق broth *n* [maraq]
مرقة *n* [marqatu]
مرقة اللحم
[Mara'qat al-lahm] *n* gravy
مرقط spotty *adj* [muraqqatˤ]
مرقع patched *adj* [muraqqaʕ]
مَركب boat *n* [markab]
ظهر المركب
[dhahr al-mrkeb] *n* deck
ما هو موعد آخر مركب؟
[ma howa maw-'aid aakhir markab?] When is the last boat?
مُركّب medication *n* [murakkab]
مُركب لعلاج السعال
[Morakab le'alaaj also'aal] *n* cough mixture
مُرَكّب complex *adj* [markab]
مَركَبَة coach *(vehicle)* *n* [markaba]
مركز strong *adj* [markazu]
مراكز رئيسية
[Marakez raeaseyah] *npl* headquarters
مركز ترفيهي
[Markaz tarfehy] *n* leisure centre
مركز تسوق
[Markaz tasawe'q] *n* shopping centre
مركز العمل
[markaz al-'aamal] *n* job centre
مركز الاتصال
[Markaz al-etesal] *n* call centre
مركز زائري
[Markaz zaerey] *n* visitor centre
مركز موسيقى
[Markaz mose'qa] *n* stereo
مركزي central *adj* [markazijjat]
تدفئة مركزية
[Tadfeah markazeyah] *n* central heating
مرن flexible *adj* [marin]
غير مَرن
[Ghayer maren] *adj* stubborn
مرهق exhausted, *adj* [murhiq] strained
مرهق الأعصاب
[Morha'q al-a'asaab] *adj* nerve-racking
مرهم ointment *n* [marhamun]
مُرهن pawnbroker *n* [murhin]
مرهَوظ baggy *adj* [marhu:zˤ]
مروحة fan *n* [mirwaħa]
هل يوجد مروحة بالغرفة
[hal yujad mirwa-ha bil-ghurfa?] Does the room have a fan?
مُرور traffic *n* [muru:r]
مُرَوَض tame *adj* [murawwidˤ]
مروع appalling, *adj* [murawwiʕ] grim, terrific
مريب dubious *adj* [muri:b]
مريح comfortable, *adj* [muri:ħ] restful
غير مريح
[Ghaeyr moreeh] *adj* uncomfortable
دافئ ومريح
[Dafea wa moreeh] *adj* cosy
كرسي مريح
[Korsey moreeh] *n* easy chair
مريض invalid, patient *n* [mari:dˤ]
مريع terrible *adj* [muri:ʕ]
بشكل مريع
[Be-shakl moreeh] *adv* terribly
مريلة *n* [marjala]
مريلة مطبخ
[Maryalat matbakh] *n* apron
مِزَاج temper *n* [miza:ʒ]

مزاد auction *n* [maza:d]
مزارع farmer *n* [maza:riʕ]
مزج mix *vt* [maziʒa]
مزح joke *v* [mazaħa]
مزحة prank *n* [mazħa]
مزحي fun *adj* [mazħij]
مُزخرف painter *(in house)* *n* [muzaxraf]
مزدحم crowded *adj* [muzdaħim]
مزدهر lush, thrifty *adj* [muzdahir]
مزدوج twinned *adj* [muzdawaʒ]
غرفة مزدوجة
[Ghorfah mozdawajah] *n* double room
طريق مزدوج الاتجاه للسيارات
[Taree'q mozdawaj al-etejah lel-sayarat] *n* dual carriageway
مزرعة farm *n* [mazraʕa]
مزرعة خيل استيلاد
[Mazra'at khayl esteelaad] *n* stud
مزعج *adj* [muzʕiʒ]
طفل مزعج
[Ṭefl moz'aej] *n* brat
مَزعوم alleged *adj* [mazʕu:m]
مزق rip up, disrupt, tear *v* [mazzaqa]
مزلجة sledge *n* [mizlaʒa]
مزلجة بعجل
[Mazlajah be-'aajal] *n* rollerskates
مزلقان level crossing *n* [mizlaqa:n]
مزلقة toboggan *n* [mizlaqa]
مزمار bassoon *n* [mizma:r]
مزامير القربة
[Mazameer al-'qarbah] *npl* bagpipes
مزمن chronic *adj* [muzmin]
مَزهُوّ *adj* [mazhuww]
مَزهُوّ بنَفْسِه
[Mazhowon benafseh] *adj* smug
مزود *n* [muzawwad]
مزود بخدمة الإنترنت
[Mozawadah be-khedmat al-enternet] *n* ISP
مُزَوَر mock *adj* [muzawwir]
مزيج mix *n* [mazi:ʒ]
مزيد *adj* [mazi:d]
من فضلك أحضر لي المزيد من الماء
[min faḍlak iḥḍir lee al-mazeed min al-maa] Please bring more water
نحن في حاجة إلى المزيد من أواني الطهي
[naḥno fee ḥaja ela al-mazeed min awany al-ṭahy] We need more crockery
نحن في حاجة إلى المزيد من البطاطين
[Naḥn fee ḥajah ela al-mazeed men al-baṭaṭeen] We need more blankets
مُزَيَّف fake *adj* [muzajjaf]
مزيل *n* [muzi:l]
مزيل رائحة العرق
[Mozeel raaehat al-'aara'q] *n* deodorant
مزيل طلاء الأظافر
[Mozeel ṭalaa al-aḍhafer] *n* nail-polish remover
مساء evening *n* [masa:ʔ]
في المساء
[fee al-masaa] in the evening
مساء الخير
[masaa al-khayer] Good evening
ما الذي ستفعله هذا المساء
[ma al-lathy sataf-'aalaho hatha al-masaa?] What are you doing this evening?
ماذا يمكن أن نفعله في المساء؟
[madha yamken an naf-'aalaho fee al-masaa?] What is there to do in the evenings?
هذه المائدة محجوزة للساعة التاسعة من هذا المساء
[hathy al-ma-eda maḥjoza lel-sa'aa al-tase'aa min hatha al-masaa] The table is reserved for nine o'clock this evening
مساءً p.m. *adv* [masa:ʔun]
مسائي *adj* [masa:ʔij]
صف مسائي
[Ṣaf masaaey] *n* evening class
مُسَابِق racer *n* [musa:biq]
مسابَقة contest *n* [musa:baqa]
مسار track *n* [masa:r]
مسار كرة البولينج
[Maser korat al-boolenj] *n* bowling alley
مساعد *n* ◁ associate *adj* [musa:ʕid] assistant
مساعد اللبس
[Mosa'aed al-lebs] *n* dresser

مساعد المدرس
[Mosa'aed al-modares] *n* classroom assistant
مساعد المبيعات
[Mosa'aed al-mobee'aat] *n* sales assistant
مساعد شخصي
[Mosa'aed shakhṣey] *n* personal assistant
مساعد في متجر
[Mosa'aed fee matjar] *n* shop assistant
مساعدة [musa:ʕada] *n* assistance, help
وسائل المساعدة السمعية
[Wasael al-mosa'adah al-sam'aeyah] *n* hearing aid
سرعة طلب المساعدة
[isri'a be-ṭalab al-musa-'aada] Fetch help quickly!
أحتاج إلى مساعدة
[aḥtaaj ela musa-'aada] I need assistance
هل يمكن مساعدتي
[hal yamken musa-'aadaty?] Can you help me?
هل يمكنك مساعدتي في الركوب من فضلك؟
[hal yamken -aka musa-'aadaty fee al-rikoob min faḍlak?] Can you help me get on, please?
هل يمكنك مساعدتي من فضلك؟
[hal yamken -aka musa-'aadaty min faḍlak?] Can you help me, please?
مسافة [masa:fa] *n* distance
على مسافة بعيدة
[Ala masafah ba'aedah] *adv* far
مسافة بالميل
[Masafah bel-meel] *n* mileage
مسافر [musa:fir] *n* traveller
مسافر يوقف السيارات ليركبها مجانا
[Mosafer yo'qef al-sayarat le-yarkabha majanan] *n* hitchhiker
مسألة [masʔala] *n* matter
مسالم [musa:lim] *adj* peaceful
مساهم [musa:him] *n* stockholder
مساو [musa:win] *adj* equal
مساواة [musa:wa:t] *n* equality
مسؤول [masʔu:l] *adj* accountable, responsible
غير مسئول
[Ghayr maswool] *adj* irresponsible
مسئول الجمرك
[Masool al-jomrok] *n* customs officer
مسؤولية [masʔuwlijja] *n* responsibility
مُساوي [musa:wi:] *n* equivalent
مسبب [musabbibu] *adj*
مسبب الصمم
[Mosabeb lel-ṣamam] *adj* deafening
مسبح [masbaħ] *n*
هل يوجد مسبح؟
[hal yujad masbaḥ?] Is there a swimming pool?
مستاء [musta:ʔ] *adj* hurt, resentful
مستأجر [mustaʔʒir] *n* tenant
مُسْتَثمر [mustaθmir] *n* investor
مستحسن [mustaħsan] *adj*
من مستحسن
[Men al-mostahsan] *adj* advisable
مستحضر [mustaħdˤara:t] *n*
مستحضرات تزيين
[Mostaḥdarat tazyeen] *npl* cosmetics
مُستحضر [mustaħdˤar] *n*
مُستحضر سائل
[Mosthdar saael] *n* lotion
مستحق [mustaħaqq] *adj*
مستحق الدفع
[Mostaḥa'q al-daf'a] *adj* due
مستحيل [mustaħi:l] *adj* impossible
مُستَخدَم [mustaxdamu] *adj* used
مُستَخدِم [mustaxdim] *n* user
مُستَخدِم الانترنت
[Mostakhdem al-enternet] *n* internet user
مستدير [mustadi:r] *adj* round
مسترخي [mustarxi:] *adj* laid-back
مستريح [mustri:ħ] *adj* relaxed
مستشار [mustaʃa:r] *n* specialist (*physician*)
مستشفى [mustaʃfa:] *n* hospital
مستشفى أمراض عقلية
[Mostashfa amraḍ 'aa'qleyah] *n* mental

hospital
مستشفى توليد
[Mostashfa tawleed] *n* maternity hospital
أعمل في أحد المستشفيات
[A'amal fee aḥad al-mostashfayat] I work in a hospital
أين توجد المستشفى؟
[ayna tojad al-mustashfa?] Where is the hospital?
علينا أن ننقله إلى المستشفى
['alayna an nan-'quloho ela al-mustashfa] We must get him to hospital
كيف يمكن أن أذهب إلى المستشفى؟
[kayfa yamkin an athhab ela al-mustashfa?] How do I get to the hospital?
مستطيل [mustatˤiːl] *n* rectangle
مستطيل الشكل
[Mostaṭeel al-shakl] *adj* oblong, rectangular
مُستعار [mustaʕaːr] *adj*
اسم مُستعار
[Esm most'aar] *n* pseudonym
مستعد [mustaʕidd] *adj* willing
مستعص [mustaʕsˤin] *adj* obstinate
مستعمل [mustaʕmal] *adj* secondhand
مُستَغِل [mustaɣill] *adj* extortionate
مستقبل [mustaqbal] *n* future
مستقبلي [mustaqbalij] *adj* future
مستقر [mustaqir] *adj* stable
غير مستقر
[Ghayr mosta'qer] *adj* unstable
مستقل [mustaqil] *adj* independent
مُستَقِل [mustaqilin] *adj*
بشكل مُستَقِل
[Beshakl mosta'qel] *adv* freelance
مستقيم [mustaqiːm] *adj* straight
في خط مستقيم
[Fee khad mosta'qeem] *adv* straight on
مستكشف [mustakʃif] *n* (مسبار) explorer
مُستَكمَل [mustakmal] *adj* done
مُستَلِم [mustalim] *n* receiver *(person)*

مستمر [mustamirr] *adj* constant, running *n* ◁ continuous
مستمع [mustamiʕ] *n* listener
مستنبت زجاجي [mustanbatun zuʒaːʒijjun] *ي* conservatory
مستند [mustanad] *n* document
أريد نسخ هذا المستند
[areed naskh hadha al-mustanad] I want to copy this document
مستندات [mustanadaːtun] *npl* documents
مستنقع [mustanqaʕ] *n* bog
مُستَهل [mustahall] *n* outset
مُسْتَهلِك [mustahlik] *n* consumer
مستو [mustawin] *adj* even
مستودع [mustawdaʕu] *n* warehouse
مستودع الزجاجات
[Mostawda'a al-zojajat] *n* bottle bank
مستوقد [mustawqid] *n* fireplace
مستوى [mustawaː] *n*
مستوى المعيشة
[Mostawa al-ma'aeeshah] *n* standard of living
مُستيقظ [mustajqizˤ] *adj* awake
مسجد [masʒid] *n*
هل يوجد هنا مسجد؟
[hal yujad huna masjid?] Where is there a mosque?
مسجل [musaʒʒal] *adj*
مسجل شرائط
[Mosajal sharayet] *n* tape recorder
ما المدة التي يستغرقها بالبريد المسجل؟
[ma al-mudda al-laty yasta-ghru'qoha bil-bareed al-musajal?] How long will it take by registered post?
مُسَجَّل [mussaʒal] *adj* registered
مُسَجِّل [musaʒʒal] *n* recorder *(scribe)*
مسح [masħ] *n* survey
مسح ضوئي
[Masḥ ḍawaey] *n* scan
مسح [masaħa] *v* mop up, wipe, wipe up
يمسح الكترونياً
[Yamsaḥ elektroneyan] *v* scan

مسحوق n [masħu:q]
مسحوق خبز
[Mashoo'q khobz] n baking powder
مسحوق الكاري
[Mashoo'q alkaarey] n curry powder
مَسْحوق الطَّلْق
[Mashoo'q al-ṭal'q] n talcum powder
مسخ monster n [masx]
مسدد paid adj [musaddad]
غير مسدد
[Ghayr mosadad] adj unpaid
مسدس pistol n [musaddas]
مسدود blocked n [masdu:d]
طريق مسدود
[Taree'q masdood] n dead end
مسرح theatre n [masraħ]
ماذا يعرض الآن على خشبة المسرح؟
[madha yu'a-raḍ al-aan 'aala kha-shabat al-masraḥ?] What's on at the theatre?
مسرحي adj [masraħij]
متى يمكننا أن نذهب لمشاهدة عرضًا مسرحيًا؟
[mata yamkin-ona an nadhab le-musha-hadat 'aarḍan masra-ḥyan?] Where can we go to see a play?
مسرحية n [masraħijja]
مسرحية موسيقية
[Masraḥeyah mose'qeya] n musical
مسرف extravagant adj [musrif]
مسرور pleased adj [masru:r]
مسرور جداً
[Masroor jedan] adj delighted
مُسَطح flat n [musat͡ʕt͡ʕaħ]
مسطرة ruler *(measure)* n [mist͡ʕara]
مسطرين trowel n [mist͡ʕarajni]
مُسكر liqueur n [muskir]
مسكن n [maskan] accommodation
مسكون n [masku:n]
غير مسكون
[Ghayr maskoon] adj uninhabited
مسل entertaining adj [musallin]
مُسلح armed adj [musallaħ]
مسلسل n [musalsal]
حلقة مسلسلة
[Ḥala'qah mosalsalah] n serial
مسلسل درامي
[Mosalsal deramey] n soap opera
مسلك route n [maslak]
مُسلِم Moslem, Muslim adj [muslim] ◁ Muslim n
مُسَلّم intact, adj [musallam] accepted
مُسَلم به
[Mosalam beh] adj undisputed
مسلوق poached adj [maslu:q] *(simmered gently)*
مسمار nail n [misma:r]
مسمار صغير يدفع بالإبهام
[Mesmar ṣagheer yodfa'a bel-ebham] n thumb tack
مسمار قلاووظ
[Mesmar 'qalawooḍh] n screw
مسموح adj [masmu:ħ]
أريد غرفة غير مسموح فيها بالتدخين
[areed ghurfa ghyer masmooḥ feeha bil-tadkheen] I'd like a non-smoking room
أمسموح لي أن أصطاد هنا؟
[amasmooḥ lee an aṣ-ṭad huna?] Am I allowed to fish here?
ما هو الحد المسموح به من الحقائب؟
[ma howa al-ḥad al-masmooḥ behe min al-ḥa'qaeb?] What is the baggage allowance?
ما هي أقصى سرعة مسموح بها على هذا الطريق؟
[ma heya a'qṣa sur'aa masmooḥ beha 'aala hatha al- ṭaree'q?] What is the speed limit on this road?
مسمى adj [musamma:]
غير مسمى
[ghayr mosama] adj anonymous
مُسِن aged adj [musinn]
مسودة draught n [muswadda]
مسيء offensive adj [musi:ʔ]
مسيح n [masi:ħ]
نزول المسيح
[Nezool al-maseeḥ] n advent
مَسيحي n ◁ Christian adj [masi:ħij] Christian

اسم مَسيحي
[Esm maseeḥey] *n* Christian name
n [muʃa:dda] **مشادة**
مشادة كلامية
[Moshadah kalameyah] *n* argument
row *(argument)* *n* [muʃa:da] **مُشادَة**
n [muʃa:rika] **مُشارِكة**
مُشاركة في الوقت
[Mosharakah fee al-wa'qt] *n* timeshare
communion *n* [muʃa:raka] **مُشارَكة**
n [maʃa:ʕir] **مشاعر**
مُراعٍ لمشاعر الآخرين
[Moraa'a le-masha'aer al-aakhareen] *adj* considerate
spectator, *n* [muʃa:hid] **مشاهد** onlooker
مشاهد التلفزيون
[Moshahadat al-telefezyon] *n* viewer
n [muʃa:hada] **مشاهدة**
متى يمكننا أن نذهب لمشاهدة فيلمًا سينمائيا؟
[Mata yomkenona an nadhab le-moshahadat feelman senemaeyan] Where can we go to see a film?
هل يمكن أن نذهب لمشاهدة الغرفة؟
[hal yamken an nadhhab le-musha-hadat al-ghurfa?] Could you show me please?
sinister *adj* [maʃʔwm] **مَشئوم**
adj [muʃbaʕ] **مشبع**
مشبع بالماء
[Moshaba'a bel-maa] *adj* soppy
clip *n* [maʃbak] **مشبك**
مشبك الغسيل
[Mashbak al-ghaseel] *n* clothes peg
مشبك ورق
[Mashbak wara'q] *n* paperclip
suspicious *adj* [maʃbu:h] **مشبوه**
suspect *n* [muʃtabah] **مشتبه**
مشتبه به
[Moshtabah beh] *v* suspect
joint *adj* [muʃtarak] **مشترك**
buyer *n* [muʃtari:] **مشتري**
inflamed *adj* [muʃtaʕil] **مشتعل**
n [muʃtaɣil] **مشتغل**
مشتغل بالكهرباء
[Moshtaghel bel-kahrabaa] *n* electrician
garden centre *n* [maʃtal] **مشتل**
encouraging *adj* [muʃaʒʒiʕ] **مشجع**
morgue *n* [maʃraħa] **مشرحة**
supervisor *n* [muʃrif] **مشرف**
مشرف على بيت
[Moshref ala bayt] *n* caretaker
far-eastern, *adj* [maʃriqij] **مَشرِقي** oriental
drink *n* [maʃru:b] **مشروب**
مشروب غازي
[Mashroob ghazey] *n* soft drink
مشروب النَّخْب
[Mashroob al-nnkhb] *n* toast *(tribute)*
مشروب فاتح للشهية
[Mashroob fateḥ lel shaheyah] *n* aperitif
مشروبات روحية
[Mashroobat rooḥeyah] *npl* spirits
أي المشروبات لديك رغبة في تناولها؟
[ay al-mash-roobat la-dyka al-raghba fee tana-wilha?] What would you like to drink?
ما هو مشروبك المفضل
[ma howa mashro-bak al-mufaḍal?] What is your favourite drink?
ماذا يوجد من المشروبات المسكرة المحلية؟
[madha yujad min al-mash-robaat al-musakera al-maḥa-leya?] What liqueurs do you have?
هل لديك رغبة في تناول مشروب؟
[hal ladyka raghba fee tanawil mash-roob?] Would you like a drink?
conditional *adj* [maʃru:tˤ] **مشروط**
غير مشروط
[Ghayr mashrooṭ] *adj* unconditional
valid *adj* ◁ project *n* [maʃru:ʕ] **مشروع**
comb *n* [muʃtˤ] **مشط**
comb *v* [maʃatˤa] **مشط**
radioactive *adj* [muʃiʕʕ] **مشع**
sorcerer, *n* [muʃaʕwið] **مُشعوذ** juggler
operator *n* [muʃaɣɣil] **مشغل**
مشغل اسطوانات دى في دي
[Moshaghel esṭwanat D V D] *n* DVD player

مشغل الأغنيات المسجلة
[Moshaghel al-oghneyat al-mosajalah] *n* disc jockey
مشغل الاسطوانات
[Moshaghel al-esṭewanat] *n* CD player
MP3 مشغل ملفات
[Moshaghel malafat MP3] *n* MP3 player
MP4 مشغل ملفات
[Moshaghel malafat MP4] *n* MP4 player
busy, engaged *adj* [maʃɣu:l] **مشغول**
مشغول البال
[Mashghool al-bal] *adj* preoccupied
إنه مشغول
[inaho mash-ghool] It's engaged
infirmary *n* [maʃfa:] **مَشفى**
problem *n* [muʃkila] **مشكلة**
هناك مشكلة ما في الغرفة
[Honak moshkelatan ma fel-ghorfah] There's a problem with the room
هناك مشكلة ما في الفاكس
[Honak moshkelah ma fel-faks] There is a problem with your fax
adj [maʃku:k] **مشكوك**
مشكوك فيه
[Mashkook feeh] *adj* doubtful
paralysed *adj* [maʃlu:l] **مشلول**
disgusted *adj* [muʃmaʔizz] **مشمئز**
sunny *adj* [muʃmis] **مشمس**
الجو مشمس
[al-jaw mushmis] It's sunny
apricot *n* [miʃmiʃ] **مشمش**
n [muʃammiʕ] **مشمع**
مشمع الأرضية
[Meshama'a al-arḍeyah] *n* lino
scene *n* [maʃhad] **مشهد**
spectacular *adj* [maʃhadij] **مشهدي**
known, well- *adj* [maʃhu:r] **مشهور** known, famous
walk *n* [miʃwa:r] **مُشوار**
chaotic *adj* [muʃawwaʃ] **مشوش**
interesting *adj* [muʃawwiq] **مُشوق**
grilled *adj* [maʃwij] **مشوِي**
walking *n* [maʃj] **مَشي**
walk *v* [maʃa:] **مشى**
يَمشي أثناء نومه
[Yamshee athnaa nawmeh] *v* sleepwalk

Presbyterian *adj* [maʃjaxij] **مشيخي**
كَنيسة مَشيَخِيَّة
[Kaneesah mashyakheyah] *n* Presbyterian
casualty *adj* [musˤa:b] **مصاب**
مصاب بدوار البحر
[Moṣab be-dawar al-baḥr] *adj* seasick
مصاب بالسكري
[Moṣab bel sokkarey] *adj* diabetic
مصاب بالامساك
[Moṣab bel-emsak] *adj* constipated
إنها مصابة بالدوار
[inaha muṣa-ba bel-dawar] She has fainted
chance *n* [musˤa:dafa] **مصادفة**
wrestler *n* [musˤa:riʕ] **مُصارع**
wrestling *n* [musˤa:raʕa] **مصارَعة**
n [masˤa:ri:f] **مصاريف**
هل يوجد مصاريف للحجز؟
[hal yujad maṣareef lel-ḥajz?] Is there a booking fee?
n [masˤsˤa:sˤ] **مصاص**
مصاص دماء
[Maṣaṣ demaa] *n* vampire
lolly *n* [masˤsˤasˤa] **مَصّاصَه**
lamp *n* [misˤba:ħ] **مصباح**
مصباح أمامي
[Mesbaḥ amamey] *n* headlight
مصباح علوي
[Mesbaḥ 'aolwey] *n* headlight
مصباح اضاءة
[Mesbaḥ eḍaah] *n* light bulb
مصباح الضباب
[Mesbaḥ al-ḍabab] *n* fog light
مصباح الشارع
[Mesbaḥ al-share'a] *n* streetlamp
مصباح الفرامل
[Mesbaḥ al-faramel] *n* brake light
مِصْبَاح بِسَرِير
[Meṣbaaḥ besareer] *n* bedside lamp
bumper *n* [musˤidd] **مصد**
infinitive *n* [masˤdar] **مَصْدَر**
shocking *adj* [musˤdim] **مصدم**
Egypt *n* [misˤru] **مصر**
persistent *adj* [musˤirru] **مُصِر**
n [misˤra:ʕ] **مصراع**

مصراع النافذة
[meṣraa'a alnafedhah] *n* shutters
مصرف ditch *n* [masˤrif]
المصاريف المدفوعة مقدما
[Al-maṣaareef al-madfoo'ah mo'qadaman] *n* cover charge
مصرف للمياه
[Maṣraf lel-meyah] *n* plughole
مصرف النفايات به انسداد
[muṣraf al-nifayaat behe ensi-dad] The drain is blocked
مصروف *n* [masˤru:f]
مصروف الجيب
[Maṣroof al-jeeb] *n* pocket money
مصري [misˤrij] *adj* Egyptian ◁ *n* Egyptian
مصعد lift *(up/down)* *n* [misˤʕad]
مِصْعَد التَّزَلُّج
[Meṣ'aad al-tazalog] *n* ski lift
أين يوجد المصعد؟
[ayna yujad al-maṣ'aad?] Where is the lift?
هل يوجد مصعد في المبنى؟
[hal yujad maṣ'aad fee al-mabna?] Is there a lift in the building?
مُصَغر miniature *adj* [musˤaɣɣar]
شَكْل مُصَغَّر
[Shakl moṣaghar] *n* miniature
مصفاة colander *n* [misˤfa:t]
مصفاة معمل التكرير
[Meṣfaah ma'amal al-takreer] *n* refinery
مُصفف *n* [musˤaffif]
مُصفف الشعر
[Moṣafef al-sha'ar] *n* hairdresser
مصلحة interest *(income)* *n* [masˤlaħa]
مُصَمِم designer *n* [musˤammim]
مُصَمِم أزياء
[Moṣamem azyaa] *n* stylist
مُصَمِم داخلي
[Moṣamem dakheley] *n* interior designer
مُصَمِم موقع
[Moṣamem maw'qe'a] *n* webmaster
مصنع factory *n* [masˤnaʕ]
صاحب المصنع
[Ṣaheb al-maṣna'a] *n* manufacturer
مصنع البيرة
[maṣna'a al-beerah] *n* brewery
مصنع منتجات الألبان
[maṣna'a montajat al-alban] *n* dairy
مصنع منزلياً
[Maṣna'a manzeleyan] *adj* home-made
أعمل في أحد المصانع
[A'amal fee aḥad al-maṣaane'a] I work in a factory
مصور cameraman *n* [musˤawwir]
مصور فوتوغرافي
[moṣawer fotoghrafey] *n* photographer
مصيدة trap *n* [misˤjada]
مضاد opposite *adj* [mudˤa:d]
جسم مضاد
[Jesm moḍad] *n* antibody
مضاد حيوي
[Moḍad ḥayawey] *n* antibiotic
مضاد لإفراز العرق
[Moḍad le-efraz al-'aar'q] *n* antiperspirant
مضاد للفيروسات
[Moḍad lel-fayrosat] *n* antivirus
مضارب *n* [mudˤa:rib]
هل يؤجرون مضارب الجولف؟
[hal yo-ajeroon maḍarib al-jolf?] Do they hire out golf clubs?
هل يقومون بتأجير مضارب اللعب؟
[hal ya'qo-moon be-ta-jeer maḍarib al-li'aib?] Do they hire out rackets?
مضاعف double *adj* [mudˤa:ʕaf]
مضاعفة *n* [mudˤa:ʕafa] multiplication
مضايق annoying *adj* [mudˤa:jiq]
مُضايقة harassment *n* [mudˤa:jaqa]
مضبوط exact *adj* [madˤbu:tˤ]
مضجع settee *n* [madˤʒaʕ]
مضجع صغير
[Madja'a ṣagheer] *n* couchette
مضحك funny *adj* [mudˤħik]
مضخة pump *n* [midˤaxxa]
المضخة رقم ثلاثة من فضلك
[al-maḍakha ra'qum thalath min faḍlak] Pump number three, please
مضرب bat *(with ball)* *n* [midˤrab]
مضرب كرة الطاولة

[Madrab korat al-ṭawlah] *n* racquet
مَضْرَب whisk *n* [midˤrabu]
مضغ chew *v* [madˤaɣa]
مضغوط compact, *adj* [madˤɣu:tˤ] jammed
قرص مضغوط
['qorṣ madghooṭ] *n* compact disc
مُضَلِل misleading *adj* [mudˤallil]
مضيف presenter *n* [mudˤi:f] *(entertains)*, steward
مضيف الطائرة
[moḍeef al-ṭaaerah] *n* flight attendant
مضيف بار
[Moḍeef bar] *n* bartender
مضيفة *n* [mudˤi:fa]
مضيفة جوية
[Moḍeefah jaweyah] *n* flight attendant
مضيفة بار
[Moḍeefat bar] *n* bartender
مطار airport *n* [matˤa:r]
أتوبيس المطار
[Otobees al-maṭar] *n* airport bus
كيف يمكن أن أذهب إلى المطار
[Kayf yomken an adhhab ela al-maṭar] How do I get to the airport?
مُطَارَد haunted *adj* [mutˤa:rad]
مطاردة chase *n* [mutˤa:rada]
مطاط rubber band *n* [matˤtˤa:tˤ]
مطاطي stretchy *adj* [matˤa:tˤij]
شريط مطاطي
[shareeṭ maṭaṭey] *n* rubber band
قفازات مطاطية
['qoffazat maṭaṭeyah] *n* rubber gloves
مطافئ *adj* [matˤa:fij]
رَجُل المطافئ
[Rajol al-maṭafeya] *n* fireman
مطالب *adj* [matˤa:lib]
كثير المطالب
[Katheer almaṭaleb] *adj* demanding
مطالبة claim *n* [mutˤa:laba]
مطبخ kitchen *n* [matˤbax]
مطبخ مجهز
[Maṭbakh mojahaz] *n* fitted kitchen
مطبوع *adj* [matˤbu:ʕ]
هل يوجد لديكم أي مطبوعات عن ...؟
[hal yujad laday-kum ay maṭ-bo'aat 'aan...?] Do you have any leaflets about...?
مطبوعات *npl* [matˤbu:ʕa:tun] printout
مطحنة *n* [mitˤħanatu]
مطحنة الفلفل
[maṭḥanat al-felfel] *n* peppermill
مطر rain *n* [matˤar]
أمطار حمضية
[Amṭar ḥemdeyah] *n* acid rain
هل تظن أن المطر سوف يسقط؟
[hal taḍhun ana al-maṭar sawfa yas'qiṭ?] Do you think it's going to rain?
مطرد steady *adj* [mutˤrad]
مطعم cafeteria, *n* [matˤʕam] restaurant
هل يمكن أن تنصحني بمطعم جيد؟
[hal yamken an tan-ṣaḥny be-maṭ'aam jayid?] Can you recommend a good restaurant?
هل يوجد أي مطاعم نباتية هنا؟
[hal yujad ay maṭa-'aem nabat-iya huna?] Are there any vegetarian restaurants here?
مطل outlook *n* [matall]
مطلب request, *n* [matˤlab] requirement
مُطَلَق divorced *adj* [mutˤallaq]
مُطْلَق sheer *adj* [mutˤlaq]
مُطمئِن reassuring *adj* [mutˤmaʔin]
مطنِب redundant *adj* [mutˤanabb]
مُطهر antiseptic *n* [mutˤahhir]
مطهو ready-cooked *adj* [matˤhuww]
مطيع obedient *adj* [mutˤi:ʕ]
مُظَاهرة *n* [muzˤa:hara] demonstration
مظلة umbrella, *n* [mizˤalla] parachute
مظلم dark *adj* [muzˤlim]
مظهر appearance, *n* [mazˤhar] showing, shape
مع with *prep* [maʕa]
معاد unfavourable *adj* [muʕa:d]
مُعادلة equation *n* [muʕa:dala]
معارِض opposing *adj* [muʕa:ridˤ]
مُعارضَة opposition *n* [muʕa:radˤa]

معاش [maʕa:ʃ] *n* pension
صاحب المعاش
[Ṣaheb al-ma'aash] *n* senior
صاحب معاش كبير السن
[Ṣaheb ma'aash kabeer al-sen] *n* senior citizen
معاصر [muʕa:sˤiru] *adj* contemporary
معاق [muʕa:q] *adj* disabled
مُعَاق [muʕa:qun] *npl* disabled people
مُعَاكس [muʕa:kis] *n* contrary
مُعَالِج [muʕa:liʒ] *n*
مُعَالِج القدم
[Mo'aaleg al-'qadam] *n* chiropodist
معالم [maʕa:lim] *n*
ما هي المعالم التي يمكن أن نزورها هنا؟
[ma heya al-ma'aalim al-laty yamken an nazo-raha huna?] What sights can you visit here?
معاملة [muʕa:mala] *n* ,treatment transaction
سوء معاملة الأطفال
[Soo mo'aamalat al-aṭfaal] *n* child abuse
معاهدة [muʕa:hada] *n* treaty
معبد [muʕabbad] *n* temple
معبد اليهود
[Ma'abad al-yahood] *n* synagogue
معتاد [muʕta:d] *adj* usual, regular
معتدل [muʕtadil] *adj* medium *(between extremes)*, modest
معتل [muʕtal] *adj* unwell
معتم [muʕtim] *adj* overcast
معجزة [muʕʒiza] *n* miracle
معجل [muʕaʒʒil] *n* accelerator
معجنات [muʕaʒʒana:t] *n* pastry
معجون [maʕʒu:n] *n* paste
معجون الأسنان
[ma'ajoon asnan] *n* toothpaste
مُعَد [muʕadd] *adj* prepared
مُعْد [muʕdin] *adj* infectious
معدات [muʕida:t] *n*
هل يمكن أن نؤجر المعدات؟
[hal yamken an no-ajer al-mu'ae-daat?] Can we hire the equipment?
مُعدات [muʕadda:t] *n* ,equipment outfit
معِدة [maʕida] *n* stomach
مُعَدة [muʕadda] *n* device
معدل [muʕaddal] *adj* varied ◁ *n* average, rate
معدل وراثيا
[Mo'aaddal weratheyan] *adj* genetically-modified
معدن [maʕdin] *n* metal
معدني [maʕdinij] *adj*
زجاجة من المياه المعدنية غير الفوارة
[zujaja min al-meaa al-ma'adan-iya gher al-fawara] a bottle of still mineral water
معدي [muʕddi:] *adj*
هل هو معدي؟
[hal howa mu'ady?] Is it infectious?
معدية [muʕdija] *n* ferry
معدية سيارات
[Me'adeyat sayarat] *n* car-ferry
معذرة [maʕðiratun] *excl*
معذرة، هذا هو مقعدي؟
[ma'a-dhera, hadha howa ma'q'aady] Excuse me, that's my seat
معرض [maʕridˤ] *n* exhibition, show
معرفة [maʕrifa] *n* knowledge
معركة [maʕraka] *n* battle
معروف [maʕru:f] *n* favour
غير معروف
[Gheyr ma'aroof] *adj* unknown
معزول [maʕzu:l] *adj* isolated
معسر [muʕassir] *adj* drunk
معسكر [muʕaskar] *n* camp, camper
تنظيم المعسكرات
[Tanṭeem al-mo'askarat] *n* camping
موقد يعمل بالغاز للمعسكرات
[Maw'qed ya'amal bel-ghaz lel-mo'askarat] *n* camping gas
معصم [miʕsˤam] *n* wrist
معضلة [muʕdˤila] *n* dilemma
معطف [miʕtˤaf] *n* overcoat
معطف المطر
[Me'ataf lel-maṭar] *n* raincoat
معطف فرو
[Me'ataf farw] *n* fur coat
معطف واق من المطر

[Me'ataf wa'qen men al-maarṭar] *n* raincoat
معطل broken down *adj* [muʕatˤtˤal]
عداد موقف الانتظار معطل
['adad maw'qif al-entiḍhar mo'aatal] The parking meter is broken
العداد معطل
[al-'aadad mu'aṭal] The meter is broken
معفى *adj* [muʕfa:]
معفى من الرسوم الضريبية
[Ma'afee men al-rosoom al-ḍareebeyah] *adj* duty-free
معقد complicated *adj* [muʕaqqad]
معقوص curly *adj* [maʕqu:sˤ]
معقول reasonable *adj* [maʕqu:lin]
إلى حد معقول
[Ela ḥad ma'a'qool] *adv* pretty
على نحو معقول
[Ala naḥw ma'a'qool] *adv* reasonably
غير معقول
[Ghear ma'a'qool] *adj* unreasonable
معلب tinned *adj* [muʕallab]
معلق outstanding *adj* [muʕallaq]
مُعلق commentator *n* [muʕalliq]
معلِّم *n* [muʕallim]
معلم القيادة
[Mo'alem al-'qeyadh] *n* driving instructor
مَعلَم landmark *n* [maʕlam]
مُعَلم instructor *n* [muʕallim]
معلومات *n* [amaʕlu:ma:t] information
أريد الحصول على بعض المعلومات عن...
[areed al-ḥuṣool 'aala ba'aḍ al-ma'aloomat 'an...] I'd like some information about...
معلومة *n* [maʕlu:ma]
معلومات عامة
[Ma'aloomaat 'aamah] *npl* general knowledge
معماري architect *n* [miʕmairjj]
معمداني *n* [maʕmada:nijja]
كنيسة معمدانية
[Kaneesah me'amedaneyah] *n* Baptist
معمل lab *n* [maʕmal]
معمل كيميائي
[M'amal kemyaeay] *n* pharmacy
معنويات *npl* [maʕnawijja:tun] morale
مَعنيّ concerned *adj* [maʕnij]
معنى meaning *n* [maʕna:]
معهد institute *n* [maʕhad]
معي gut *n* [maʕjj]
معيار criterion *n* [miʕjir]
معيد demonstrator *n* [muʕi:d]
معيشة *n* [maʕi:ʃa]
تكلفة المعيشة
[Taklefat al-ma'aeeshah] *n* cost of living
حجرة المعيشة
[Ḥojrat al-ma'aeshah] *n* sitting room
معيوب faulty *adj* [maʕju:b]
مغادرة departure *n* [muɣa:dara]
مغادرة الفندق
[Moghadarat al-fondo'q] *n* checkout
مُغامر adventurous *adj* [muɣa:mir]
مغامرة adventure *n* [muɣa:mara]
مغبر dusty *adj* [muɣbarr]
مُغتصِب rapist *n* [muɣtasˤib]
مغذِي nutritious *adj* [muɣaððij]
مادة مغذية
[Madah moghadheyah] *n* nutrient
مغر tempting *adj* [muɣrin]
مغربي *n* ◁ Moroccan *adj* [maɣribij] Moroccan
مغرفة ladle *n* [miɣrafa]
مغرور stuck-up *adj* [maɣru:r]
مغزى moral *n* [maɣzan]
بلا مغزى
[Bela maghdha] *adj* pointless
مغسلة laundry *n* [miɣsala]
مغفل naive, daft *adj* [muɣaffal]
مُغفل fool *n* [muɣaffl]
مغلف *n* ◁ packed *adj* [muɣallaf] envelope
مغلق closed *adj* [muɣlaq]
مغلقا closely *adv* [muɣlaqan]
مغلي boiled *adj* [maɣlij]
مغناطيس magnet *n* [miɣna:tˤi:s]
مغناطيسي *adj* [miɣna:tˤi:sij] magnetic
مغني singer *n* [muɣanni:]

مغني أو عازف منفرد [Moghaney aw 'aazef monfared] *n* soloist
مُغَنِّي حفلات [Moghaney ḥafalat] *n* lead singer
مُغَيِّر *n* [muɣajjir]
مُغَيِّر السرعة [Moghaey al-sor'aah] *n* gearshift
مفاجئ sudden, *adj* [mufa:ʒiʔ] abrupt,surprising
على نحو مفاجئ [Ala naḥw mofaheya] *adv* surprisingly
بشكل مفاجئ [Be-sakl mofajeya] *adv* abruptly
حركة مفاجئة [Ḥarakah mofajeah] *n* hitch
مفاجئة surprise *n* [mufa:ʒaʔa]
مُفاعِل reactor *n* [mufa:ʕil]
مفاوض negotiator *n* [mufa:widˤ]
مفاوضات *npl* [mufa:wadˤa:tun] negotiations
مفتاح key *(for lock)* *n* [mifta:ħ]
صانع المفاتيح [Ṣaane'a al-mafateeḥ] *n* locksmith
مفتاح ربط [Meftaḥ rabt] *n* wrench
مفتاح ربط وفك الصواميل [Meftaḥ rabṭ wafak al-ṣawameel] *n* wrench
مفتاح كهربائي [Meftaḥ kahrabaey] *n* switch
مفتاح لغز [Meftaḥ loghz] *n* clue
مفاتيح السيارة [Meftaḥ al-sayarah] *n* car keys
أين يمكن أن أحصل على المفتاح...؟ [ayna yamken an naḥṣal 'ala al-muftaaḥ...?] Where do we get the key...?
أين يوجد مفتاح ... [le-ay ghurfa hadha al-muftaaḥ?] What's this key for?
أين يوجد مفتاح الجراج؟ [ayna yujad muftaaḥ al-jaraj?] Which is the key for the garage?
المفتاح لو سمحت [al-muftaaḥ law samaḥt] The key, please
لقد نسيت المفتاح [la'qad nasyto al-muftaaḥ] I've forgotten the key
مفترس fierce, *adj* [muftaris] ravenous
مفتش inspector *n* [mufattiʃ]
مفتش التذاكر [Mofatesh taḍhaker] *n* ticket inspector
مفتوح open *adj* [maftu:ħ]
هل المعبد مفتوح للجمهور؟ [hal al-ma'abad maf-tooḥa lel-jamhoor?] Is the temple open to the public?
هل المتحف مفتوح أيام السبت؟ [hal al-mat-ḥaf maf-tooḥ ayaam al-sabit?] Is the museum open on Sundays?
مفجر *n* [mufaʒʒir]
مفجر انتحاري [Mofajer enteḥaarey] *n* suicide bomber
مفر *adj* [mafarr]
لا مفر منه [La mafar menh] *adj* indispensable
مُفرح thrilling *adj* [mufriħ]
مفرَد singular *n* [mufrad]
مفرط excessive *adj* [mufritˤ]
مفروش furnished *adj* [mafru:ʃ]
مفروض *adj* [mafru:dˤ]
هل هناك رسوم مفروضة على كل شخص؟ [hal hunaka risoom maf-rooḍa 'aala kul shakhiṣ?] Is there a cover charge?
مفزع dreadful *adj* [mufziʕ]
مفسد *n* [mufsid]
مفسد المتعة [Mofsed al-mot'aah] *n* spoilsport
مُفَسِّر interpreter *n* [mufassir]
مفصل *adj* [mifsˤal]
التواء المفصل [El-tewaa al-mefṣal] *n* sprain
مُفَصَّل detailed *adj* [mufasˤsˤal]
مَفصَل joint *(meat)* *n* [mafsˤal]
مِفصلة hinge *n* [mifsˤala]
مَفصول *adj* [mafsˤu:l]
غير مفصول فيه [Ghaey mafṣool feeh] *adj* undecided

مفضل favourite *adj* [mufadˁdˁal]
مُفقد *n* [mufqid]
مُفقد للشهية
[Mof'qed lel-shaheyah] *adj* anorexic
مفقود missing *adj* [mafqu:d]
مفقودات وموجودات
[maf'qodat wa- mawjoodat] *n* lost-and-found
إن ابنتي مفقودة
[enna ibnaty maf-'qoda] My daughter is missing
مفك screwdriver *n* [mifakk]
مفكرة notebook *n* [mufakkira]
مفلس broke, bankrupt *adj* [muflis]
مفهوم *adj* [mafhu:m] understandable
مُفوّض *adj* [mufawwdˁ]
تلميذ مُفوّض
[telmeedh mofawaḍ] *n* prefect
مفيد helpful *adj* [mufi:d]
غير مفيد
[Ghayr mofeed] *adj* unhelpful
مقابل opposed *adj* [muqa:bil]
مقابلة interview *n* [muqa:bala]
مقارنة comparison *n* [muqa:rana]
قابل للمقارنة
['qabel lel-mo'qaranah] *adj* comparable
مقاس *n* [maqa:s]
مقاس كبير
[Ma'qaas kabeer] *adj* outsize
هل يوجد مقاس أصغر من ذلك؟
[hal yujad ma'qaas aṣghar min dhalik?] Do you have this in a smaller size?
هل يوجد مقاس أكبر من ذلك؟
[hal yujad ma'qaas akbar min dhalik?] Do you have this in a bigger size?
هل يوجد مقاس كبير جدا؟
[hal yujad ma'qaas kabeer jedan?] Do you have an extra large?
مقاطعة interruption *n* [muqa:tˁaʕa]
مقال essay *n* [maqa:l]
مقالة article *n* [maqa:la]
مقام *adj* [maqa:m]
هل يوجد أية حفلات غنائية ممتعة مقامة حاليًا؟
[hal yujad ayat ḥaf-laat ghena-eya mumti'aa mu'qama ḥaleyan?] Are there any good concerts on?
مقامر gambler *n* [muqa:mir]
مقامرة gambling *n* [muqa:mara]
مقاول contractor *n* [muqa:wil]
مقاوم *adj* [muqa:wim]
مقاوم لحرارة الفرن
[Mo'qawem le-ḥarart al-forn] *adj* ovenproof
مقاوم للبلل
[Mo'qawem lel-balal] *adj* showerproof
مقاوم للمياه
[Mo'qawem lel-meyah] *adj* waterproof
مقاومة resistance *n* [muqa:wama]
مقبرة cemetery, tomb *n* [maqbara]
مقبس socket *n* [miqbas]
مقبض handle, knob *n* [miqbadˁ]
مقبض الباب
[Me'qbaḍ al-bab] *n* door handle
لقد سقط مقبض الباب
[la'qad sa'qaṭa me-'qbaḍ al-baab] The door handle has come off
مقبل coming *n* [muqbil]
مقبول acceptable, *adj* [maqbu:l] okay
غير مقبول
[Ghayr ma'qool] *adj* unacceptable
مقتصد sober, *adj* [muqtasˁid] economical
مقدار *n* [miqda:r]
مقدار كبير
[Me'qdaar kabeer] *n* mass *(amount)*
مِقدام courageous *adj* [miqda:m]
مقدس holy *adj* [muqadas]
مقدم presenter *n* [muqaddim]
مقدم برامج
[Mo'qadem bramej] *n* compere
مُقدم الطلب
[Mo'qadem al-ṭalab] *n* applicant
مقدماً *adv* [muqaddaman] beforehand
مقدمة introduction *n* [muqadima]
مُقرّب intimate, close *adj* [muqarrab]
شخص مُقرّب
[Shakhṣ mo'qarab] *n* favourite
مقروء legible *adj* [maqru:ʔ]

غير مقروء
[Ghayr ma'qrooa] *adj* illegible
scissors *n* [miqasˤ] **مقص**
مقص أظافر
[Ma'qaṣ aḏhafer] *n* nail scissors
destination *n* [maqsˤid] **مَقصَد**
intentional *adj* [maqsˤu:d] **مقصود**
compartment *n* [maqsˤu:ra] **مقصورة**
n [muqatˤtˤab] **مقطب**
مقطب الجبين
[Mo'qṭ ab al-jabeen] *adj* sulky
n [maqtˤaʕ] **مقطع**
مقطع لفظي
[Ma'qṭa'a lafḏhy] *n* syllable
trailer *n* [maqtˤu:ra] **مَقطورَة**
موقع المَقْطورَة
[Maw'qe'a al-ma'qṭorah] *n* caravan site
n [maqtˤunwʕa] **مقطوعة**
مقطوعة موسيقية
[Ma'qṭoo'aah moose'qeyah] *n* tune
seat *(furniture)* *n* [maqʕad] **مقعد**
مقعد بجوار النافذة
[Ma'q'aad bejwar al-nafedhah] *n* window seat
أريد حجز مقعد في العربة المخصصة لغير المدخنين
[areed ḥajiz ma'q'ad fee al-'aaraba al-mukhaṣaṣa le-ghyr al-mudakhin-een] I want to reserve a seat in a non-smoking compartment
أريد مقعد في العربة المخصصة لغير المدخنين
[areed ma'q'aad fee al-'aaraba al-mukhaṣaṣa le-ghyr al-mudakhineen] I'd like a non-smoking seat
أريد مقعد لطفل عمره عامين
[areed ma'q'ad le- ṯifil 'aumro 'aam-yin] I'd like a child seat for a two-year-old child
المقعد منخفض جدا
[al-ma'q'ad mun-khafiḍ jedan] The seat is too low
لقد قمت بحجز المقعد
[la'qad 'qimto be-ḥajis al-ma'q'aad] I have a seat reservation
هل يمكن الجلوس في هذا المقعد؟
[hal yamken al-jiloos fee hadha al-ma'q-'aad?] Is this seat free?
pan, saucepan *n* [miqla:t] **مقلاة**
n [muqallib] **مقلب**
مقلب النفايات
[Ma'qlab al-nefayat] *n* rubbish dump
worrying *adj* [muqliq] **مقلق**
stripy *adj* [muqallam] **مقلم**
pencil case *n* [miqlama] **مقلمة**
fried *adj* [maqlij] **مقلي**
convincing, *adj* [muqniʕ] **مقنع** persuasive
café *n* [maqha:] **مقهى**
مقهى الانترنت
[Ma'qha al-enternet] *n* cybercafé, internet café
handlebars *n* [miqwad] **مقود**
سيارة مقودها على الجانب الأيسر
[Sayarh me'qwadoha ala al-janeb al-aysar] *n* left-hand drive
gauge, standard *n* [miqja:s] **مقياس**
resident *n* [muqi:m] **مقيم**
أجنبي مقيم
[Ajnabey mo'qeem] *n* au pair
office *n* [maka:tib] **مكاتب**
أعمل في أحد المكاتب
[A'amal fee aḥad al-makateb] I work in an office
earnings *npl* [maka:sibun] **مكاسب**
matching *adj* [muka:fiʔ] **مكافئ**
reward *n* [muka:faʔa] **مكافأة**
call *n* [muka:lama] **مكالمة**
أين يمكن أن أقوم بإجراء مكالمة تليفونية؟
[ayna yamken an a'qoom be-ijraa mukalama talefoniya?] Where can I make a phonecall?
location, place, *n* [maka:n] **مكان** spot *(place)*
في أي مكان
[Fee ay makan] *adv* anywhere
ليس في أي مكان
[Lays fee ay makan] *adv* nowhere
مكان عمل
[Makan 'aamal] *n* workstation
مكان الحوادث

[Makan al-ḥawadeth] *n* venue
مكان الميلاد
[Makan al-meelad] *n* place of birth
أتعرف مكانا جيدا يمكن أن أذهب إليه؟
[a-ta'aruf makanan jayidan yamkin an adhhab e-lay-he?] Do you know a good place to go?
أنا في المكان ...
[ana fee al-makaan...] My location is...
مكانة [maka:na] *n* position, rank *(status)*
مكانة أعلى
[Makanah a'ala] *n* superior
مكبح [makbaħ] *n*
مكبح العربة
[Makbaḥ al-'arabah] *n* spoke
مكبر [mukabbir] *n* amplifier
مِكبَس [mikbas] *n* piston
مَكة [makkatu] *n* Mecca
مكتب [maktab] *n* desk, disk, office
مكتب رئيسي
[Maktab a'ala] *n* head office
مكتب صرافة
[Maktab ṣerafah] *n* bureau de change
مكتب التسجيل
[Maktab al-tasjeel] *n* registry office
مكتب التذاكر
[Maktab al-taḍhaker] *n* ticket office
مكتب الاستعلامات
[Maktab al-este'alamaat] *n* enquiry desk
مكتب البريد
[maktab al-bareed] *n* post office
مكتب الحجز
[Maktab al-ḥjz] *n* ticket office
مكتب المراهنة
[Maktab al-morahanah] *n* betting shop
مكتب المفقودات
[Maktab al-maf'qodat] *n* lost-property office
مكتب وكيل السفريات
[Maktab wakeel al-safareyat] *n* travel agent's
أين يوجد مكتب السياحة؟
[ayna maktab al-siyaḥa?] Where is the tourist office?
هل لديك مكتب إعلامي؟
[hal ladyka maktab e'a-laamy?] Do you have a press office?
هل لي أن أستخدم المكتب الخاص بك؟
[hal lee an astakhdim al-maktab al-khaaṣ bik?] May I use your desk?
مكتبة [maktaba] *n* library
مكتبة لبيع الكتب
[Maktabah le-bay'a al-kotob] *n* bookshop
مكتبي [maktabij] *adj*
أعمال مكتبية
[A'amaal maktabeyah] *npl* paperwork
أدوات مكتبية
[Adawat maktabeyah] *n* stationery
مكث [makaθa] *v* stick out, stay in
مُكَثّف [mukaθθaf] *adj*
بصورة مُكَثَّفة
[Beṣorah mokathafah] *adv* heavily
مكربن [mukarban] *n*
المكربن
[Al-makreen] *n* carburettor
مكرس [mukarras] *adj* devoted
مكرونة [makaru:natun] *npl* macaroni
مكرونة سباجتي
[Makaronah spajety] *n* spaghetti
مكرونة اسباجتي
[Makaronah spajety] *n* noodles
مَكسَب [maksab] *n* gain
مكسور [maksu:r] *adj* broken
مكسور القلب من شدة الحزن
[Maksoor al-'qalb men shedat al-ḥozn] *adj* heartbroken
إنها مكسورة
[inaha maksoora] This is broken
القفل مكسور
[al-'qiful maksoor] The lock is broken
مكسيكي [miksi:kij] *adj* Mexican ◁ *n* Mexican
مكعب [mukaʕʕab] *adj* cubic ◁ *n* cube
مكعب ثلج
[Moka'aab thalj] *n* ice cube
مكعب حساء
[Moka'aab ḥasaa] *n* stock cube
مُكَمِّل [mukammill] *n* supplement
مكنسة [miknasatu] *n* broom

مكنسة كهربائية
[Meknasah kahrobaeyah] *n* vacuum cleaner
electric *adj* [mukahrab] **مكهرب**
shuttle *n* [makku:k] **مكوك**
component *adj* [mukawwin] **مكون**
component *n* ◁
ingredient *n* [mukawwan] **مُكَوِّن**
v [malaʔa] **ملأ**
يَملأ ب
[Yamlaa be] *v* fill up
fill *vt* [malaʔa] **ملأ**
يَمْلأ الفراغ
[Yamlaa al-faragh] *v* fill in
adj [malʔ] **ملئ**
ملئ بالطاقة
[Maleea bel-ṭa'qah] *adj* energetic
sheet *n* [mallaːʔa] **ملاءة**
ملاءة مثبتة
[Melaah mothabatah] *n* fitted sheet
appropriate, *adj* [mula:ʔim] **ملائم**
suitable
غير ملائم
[Ghayr molaem] *adj* inadequate, inconvenient
clothes *npl* [mala:bisun] **ملابس**
غرفة تبديل الملابس
[Ghorfat tabdeel al-malabes] *n* fitting room
ملابس داخلية
[Malabes dakheleyah] *n* lingerie
ملابس السهرة
[Malabes al-sahrah] *npl* evening dress
ملابس قطنية خشنة
[Malabes 'qotneyah khashenah] *npl* dungarees
ملابسي بها بلل
[mala-bisy beha balal] My clothes are damp
comment, *n* [mula:ħazˤa] **ملاحظة**
note *(message)*, remark
ملاحظة الطيور
[molaḥaḍhat al-ṭeyoor] *n* birdwatching
pursuit *n* [mula:ħaqa] **ملاحقة**
malaria *n* [mala:rja:] **ملاريا**
n [mula:zim] **ملازم**

ملازم أول
[Molazem awal] *n* lieutenant
mortar *(plaster)* *n* [mala:tˤ] **ملاط**
n [mala:qitˤ] **ملاقط**
ملاقط صغيرة
[Mala'qeṭ ṣagheerah] *npl* tweezers
angel *n* [mala:k] **ملاك**
boxer *n* [mula:kim] **ملاكم**
boxing *n* [mula:kama] **ملاكمة**
funfair *n* [mala:hijju] **ملاهي**
Malawi *n* [mala:wi:] **ملاوي**
shelter *n* [multaʒa] **ملتجأ**
ملتجأ آمن
[Moltajaa aamen] *n* asylum
bearded *adj* [multaħin] **مُلتحٍ**
adj [multahib] **ملتهِب**
لثتي ملتهبة
[lathaty multaheba] My gums are sore
refuge *n* [malʒa] **ملجأ**
instant, urgent *adj* ◁ salt *n* [milħ] **ملح**
atheist *n* [mulħid] **مُلحِد**
attached *adj* [mulħaq] **ملحَق**
noticeable *n* [malħu:zˤ] **ملحوظ**
adj [milħij] **ملحي**
ماء ملحي
[Maa mel'ḥey] *adj* saltwater
n ◁ brief *adj* [mulaxxasˤ] **ملخص**
summary
sticker *n* [mulsˤaq] **ملصق**
ملصق بيانات
[Molsa'q bayanat] *n* label
conditioner *n* [mulatˤtˤif] **ملطف**
playground *n* [malʕab] **ملعب**
مباراة الإياب في ملعب المضيف
[Mobarat al-eyab fee mal'aab al-moḍeef] *n* home match
ملعب رياضي
[Mal'aab reyady] *n* playing field
ملعب الجولف
[Mal'aab al-jolf] *n* golf course
spoon *n* [milʕaqa] **ملعقة**
مقدار ملعقة صغيرة
[Me'qdar mel'a'qah ṣagheerah] *n* spoonful
ملعقة البسط
[Mel'a'qat al-bast] *n* spatula

ملعقة الحلويات
[Mel'a'qat al-ḥalaweyat] *n* dessert spoon
ملعقة شاي
[Mel'a'qat shay] *v* teaspoon
ملعقة مائدة
[Mel'a'qat maedah] *n* tablespoon
ملف file *(folder)*, file *(tool)* *n* [milaff]
PDF ملف
[Malaf PDF] ي PDF
U ملف على شكل حرف
[Malaf 'ala shakl ḥarf U] *n* U-turn
ملف له حلقات معدنية لتثبيت الورق
[Malaf lah ḥala'qaat ma'adaneyah letathbeet al-wara'q] *n* ring binder
ملك king, monarch *n* [milk]
ملك have *v* [malaka]
ملكة queen *n* [malika]
ملكه own *adj* [mulkahu]
مَلَكي royal *adj* [milki:]
مِلكِية property *n* [milkijja]
مِلكِية خاصة
[Melkeyah khaṣah] *n* private property
ملل *n* [malal]
يُسبِب الملل
[Yosabeb al-malal] *v* bored
ملوث dirty, polluted *adj* [mulawwaθ]
ملون *adj* [mulawwan]
تليفزيون ملون
[Telefezyon molawan] *n* colour television
ملون على نحو خفيف
[Molawan ala naḥw khafeef] *adj* tinted
أرجو الحصول على نسخة ضوئية ملونة من هذا المستند
[arjo al-ḥuṣool 'aala nuskha mu-lawana min hadha al-mustanad min faḍlak] I'd like a colour photocopy of this, please
فيلم ملون من فضلك
[filim mola-wan min faḍlak] A colour film, please
مِلْيَار billion *n* [milja:r]
مَليمتر millimetre *n* [mili:mitr]
ملين *n* [mulajjin]
ملين الأمعاء
[Molayen al-am'aa] *n* laxative
مليون million *n* [milju:n]
مليونير millionaire *n* [milju:ni:ru]
مماثل similar *adj* [muma:θil]
ممارسة practise *n* [muma:rasa]
ممانع reluctant *adj* [muma:niʕ]
ممتاز excellent *adj* [mumta:z]
ممتاز جدا
[Momtaaz jedan] *adj* super
ممتد extensive *adj* [mumtadd]
ممتع enjoyable *adj* [mumtiʕ]
ممتلئ chubby *adj* [mumtaliʔ]
ممتلئ الجسم
[Momtaleya al-jesm] *adj* plump
ممتلىء full *adj* [mumtali:ʔʔ]
ممتن grateful *adj* [mumtann]
ممثل actor (عامل) *n* [mumaθθil]
ممثل هزلي
[Momthel hazaley] *n* comedian
ممثلة actress *n* [mumaθθila]
ممحاة rubber *n* [mimħa:t]
ممر passage *(route)* *n* [mamarr]
ممر جانبي
[Mamar janebey] *n* bypass
مَمَر سُفلِي
[Mamar sofley] *n* underpass
ممر دخول
[Mamar dokhool] *n* way in
ممر خاص لعبور المشاه
[Mamar khaṣ leaboor al-moshah] *n* pedestrian crossing
ممر الدراجات
[Mamar al-darajat] *n* cycle path
ممر المشاة
[mamar al-moshah] *n* footpath
مُمْرِض sickening *adj* [mumridˤ]
ممرِضة nurse *n* [mumarridˤa]
أرغب في استشارة ممرضة
[arghab fee es-ti-sharat mu-mareḍa] I'd like to speak to a nurse
ممسحة *n* [mimsaħa]
ممسحة أرجل
[Memsahat arjol] *n* mat
ممسحة تنظيف
[Mamsaḥat tandheef] *n* mop
ممسوس touched *adj* [mamsu:s]
ممشى aisle, walkway *n* [mamʃa:]
مُمطِر rainy *adj* [mumtˤir]

ممكن [mumkin] *adj* possible, potential

من الممكن

[Men al-momken] *adv* possibly

ممل [mumill] *adj* boring,

مملح [mumallaħ] *adj* salty

مملكة [mamlaka] *n* kingdom

المملكة العربية السعودية

[Al-mamlakah al-'aarabeyah al-so'aodeyah] *n* Saudi Arabia

المملكة المتحدة

[Al-mamlakah al-motahedah] *n* United Kingdom

مملكة تونجا

[Mamlakat tonja] *n* Tonga

ممنوع [mamnu:ʕ] *adj* forbidden

مميت [mumi:t] *adj* (مقدر) fatal

مميز [mumajjaz] *adj* distinctive

من [min] *prep* from

أي من

[Ay men] *pron* any

أنا من ...

[ana min...] I'm from...

من هذا؟

[man hadha?] Who is it?

مَنْ [man] *pron* who

مِنْ [min] *prep* from

مناخ [muna:x] *n* climate

منارة [mana:ra] *n* lighthouse

مُنازع [muna:ziʕ] *n* contestant

مناسب [muna:sib] *adj* convenient, proper

غير مناسب

[Ghayr monaseb] *adj* unsuitable

بشكل مناسب

[Be-shakl monaseb] *adv* properly

مناسبة [muna:saba] *n* occasion

هل توجد حمامات مناسبة للمعاقين؟

[hal tojad ḥama-maat muna-seba lel-mu'aa'qeen?] Are there any accessible toilets?

مناسبي [muna:sabij] *adj* occasional

مناشف [mana:ʃif] *n*

مَناشِف الصُّحون

[Manashef al-ṣoḥoon] *n* tea towel

لقد استهلكت المناشف

[la'qad istuh-lekat al-mana-shif] The towels have run out

هل يمكن أن أقترض منك أحد المناشف؟

[hal yamken an a'qta-reḍ minka aḥad al-mana-shif?] Could you lend me a towel?

مُناصر [muna:sˤir] *n*

مُناصر للطبيعة

[monaṢer lel-ṭabe'aah] *n* naturalist

مُنَاصر للقومية

[Monaṣer lel-'qawmeyah] *n* nationalist

مناصفة [muna:sˤafatan] *adv* fifty-fifty

مقسم مناصفة

[Mo'qassam monaṣafah] *adj* fifty-fifty

مناظر [mana:zˤir] *n*

نريد أن نشاهد المناظر المثيرة

[nureed an nusha-hid al-manaḍhir al-muthera] We'd like to see spectacular views

منافس [muna:fis] *adj* rival, competitor

منافسة [muna:fasa] *n* competition

منافق [muna:fiq] *adj* insincere

مناقشة [muna:qaʃa] *n* debate, discussion

مناقصة [muna:qasˤa] *n* bid

منبسط [munbasitˤ] *adj* flat, level

▷ *n* level

منبه [munabbih] *n* alarm clock

منبوذ [manbu:ð] *adj* maroon

منتبه [muntabih] *adj* alert

منتج [muntaʒ] *n*

منتج ألبان

[Montej albaan] *npl* dairy products

منتجات الألبان

[Montajat al-baan] *npl* dairy products

منتَج [mantu:ʒ] *n* product

مُنتج [muntiʒ] *n* producer

منتجع [muntaʒaʕ] *n* resort

منتسب [muntasib] *adj*

منتسب لجماعة الأصحاب

[Montaseb le-jama'at al-aṣḥaab] *n* Quaker

منتشر [muntaʃir] *adj* widespread

مُنتشي [muntaʃij] *adj* thrilled

منتدى forum *n* [muntada:]
منتصف *n* [muntasˤaf]
إلى منتصف المسافة
[Ela montaṣaf al-masafah] *adv* halfway
منتصف الليل
[montaṣaf al-layl] *n* midnight
منتصف اليوم
[Montaṣaf al-yawm] *n* noon
منتظم *adj* [muntazˤim]
غير منتظم
[Ghayr montaḍhem] *adj* irregular
منتفخ swollen *adj* [muntafixx]
منتهي over *adj* [muntahij]
منثني bent *(not adj* [munθanij] *straight)*
مَنجا mango *n* [manʒa:]
مُنجَز finished *adj* [munʒaz]
منجم mine *n* [manʒam]
منح *v* [manaħa]
يمنح بقشيشاً
[Yamnaḥ ba'qsheeshan] *vt* tip *(reward)*
منحة grant *n* [minħa]
منحة تعليمية
[Menḥah ta'aleemeyah] *n* scholarship
منحدر slope *n* [munħadir]
طريق منحدر
[Ṭaree'q monḥadar] *n* ramp
منحدر التزلج للمبتدئين
[monḥadar al-tazaloj lel-mobtadeen] *n* nursery slope
منحدر النهر
[Monḥadar al-nahr] *n* rapids
منحني bent *adj* [munħanij] *(dishonest)*, reclining
منخفض low *adj* [munxafidˤ]
منخفضاً low *adv* [munxafadˤan]
منخُل sieve *n* [manxal]
مندهش amazed *adj* [mundahiʃ]
مندوب *n* [mandu:b]
مندوب مبيعات
[Mandoob mabee'aat] *n* salesman, shop assistant
مندوبة *n* [mandu:ba]
مندوبة مبيعات
[Mandoobat mabee'aat] *n* saleswoman
منديل hankie *n* [mindi:l]
منديل أطفال
[Mandeel aṭfaal] *n* baby wipe
منديل المائدة
[Mandeel al-maaedah] *n* serviette
منديل قماش
[Mandeel 'qomash] *n* handkerchief
منزل home *n* [manzil]
منزل ريفي
[Mazel reefey] *n* farmhouse
منزل صيفي
[Manzel ṣayfey] *n* villa
منزل فخم
[Mazel fakhm] *n* stately home
منزل متحرك
[Mazel motaḥarek] *n* mobile home
منزل منفصل
[Manzel monfaṣelah] *n* house
منزل نصف متصل
[Mazel neṣf motaṣel] *n* semi-detached house
مَنْزِلة mark *n* [manzila]
منزلي *adj* [manzilijjat]
أعمال منزلية
[A'amaal manzelyah] *n* housework
منسي forgotten *adj* [mansijju]
منشأ *n* [manʃa]
منشأ السلعة المصنوعة
[Manshaa al-sel'aah al-maṣno'aah] *n* make
منشآت *npl* [munʃaʔa:tun] (تسهيلات) facilities
منشار saw *n* [minʃa:r]
منشار المنحنيات
[Menshar al-monḥanayat] *n* jigsaw
منشفة towel *n* [minʃafa]
منشفة صحية
[Manshafah ṣeḥeyah] *n* sanitary towel
منشفة الحمام
[Manshafah alḥammam] *n* bath towel
مِنشَفة الوجه
[Menshafat al-wajh] *n* flannel
منشور publication *n* [manʃu:r]
منشور الكتروني
[Manshoor elektrooney] *n* webzine
منصة platform *n* [minasˤsˤa]
منصة البهلوان

bleak *adj* [munʕazil] **منعزل**
turning *n* [munʕatˤaf] **منعطف**
هل هذا هو المنعطف الذي يؤدي إلى...؟
[hal hadha howa al-mun'aa-ṭaf al-ladhy yo-addy ela...?] Is this the turning for...?
Mongolian *adj* [manɣu:lij] **منغولي**
Mongolian *(person) n* ◁
اللغة المنغولية
[Al-koghah al-manghooleyah] *(language) n* Mongolian
Mongolia *n* [manɣu:lja:] **منغوليا**
n [minfa:x] **منفاخ**
منفاخ دراجة
[Monfakh draajah] *n* bicycle pump
هل لديك منفاخ؟
[hal ladyka minfaakh?] Do you have a pump?
n [manfað] **منفذ**
منفذ جوي أو بحري
[manfadh jawey aw baḥrey] *n* port *(ships)*
منفذ خروج
[Manfaz khoroj] *n* way out
adj [munfarid] **منفرد**
عمل منفرد
['amal monfared] *n* solo
لحن منفرد
[Laḥn monfared] *n* concerto
separate *adj* [munfasˤil] **منفصل**
بصورة منفصلة
[Beṣorah monfaṣelah] *adv* separately
منزل منفصل
[Manzel monfaṣelah] *n* house
بشكل مُنفَصِل
[Beshakl monfaṣel] *adv* apart
فواتير منفصلة من فضلك
[fawateer mufa-ṣa-lah min faḍlak] Separate bills, please
exile *n* [manfa:] **منفى**
beak *n* [minqa:r] **منقار**
adj [munqið] **مُنقذ**
مُنقذ للحياة
[Mon'qedh lel-ḥayah] *adj* life-saving
extinct *adj* [munqaridˤ] **منقرض**
soaked *adj* [manqu:ʕ] **منقوع**

[Manaṣat al-bahlawan] *n* trampoline
outgoing *adj* [munsˤarif] **منصرف**
past, *adj* [munsˤarim] **منصرم**
previous
punctual *adj* [mundˤabitˤ] **مُنضَبط**
table *(furniture) n* [mindˤada] **منضَدة**
district, zone *n* [mintˤaqa] **منطقة**
منطقة تقديم الخدمات
[Menta'qat ta'qdeem al- khadamat] *n* service area
منطقة مجاورة
[Menta'qat mojawerah] *n* vicinity
منطقة مشاه
[Menta'qat moshah] *n* precinct
logical *adj* [mantˤiqij] **منطقي**
binoculars *n* [minzˤa:r] **منظار**
view, scenery *n* [manzˤar] **منظر**
منظر طبيعي
[manḍhar ṭabe'aey] *n* landscape
adj [munazˤzˤif] **منظف**
مادة منظفة
[Madah monaḍhefah] *n* detergent
n [munazˤzˤim] **منظم**
منظم رحلات
[monaḍhem raḥalat] *n* tour operator
منظم الضارة
[monaḍhem al-ḍarah] *n* catalytic converter
منظم الخطوات
[monaḍhem al-khaṭawat] *n* pacemaker
منظم شخصي
[monaḍhem shakhṣey] *n* personal organizer
n [munazˤzˤama] **منظمة**
organization
منظمة تعاونية
[monaḍhamah ta'aaweneyah] *n* collective
perspective *n* [manzˤu:r] **منظور**
غير منظور
[Ghayr monaḍhoor] *adj* invisible
n [manʕ] **منع**
منع الحمل
[Man'a al-ḥml] *n* contraception
prevent *v* [manaʕa] **منع**
ban *v* [manaʕa] **منَع**

مِنْك n [mink]
حيوان المِنْك
[Ḥayawaan almenk] n mink
منهج n [manhaʒ]
منهج دراسي
[Manhaj derasey] n curriculum
منهجي Methodist adj [manhaʒij]
منهك tiring adj [munhak]
مَنيّ sperm n [manij]
مهاجر migrant adj [muha:ʒir]
مهارة skill n [maha:ra]
مهتاج furious adj [muhta:ʒ]
مهتم interested adj [muhttam]
مهتم بالآخرين
[Mohtam bel-aakhareen] n caring
معذرة، أنا غير مهتم بهذا الأمر
[maʕðaratun ʔana: ɣajru muhtammin biha:ða: alʔamri] Sorry, I'm not interested
مهجور lonesome, adj [mahʒu:r] obsolete
مهد cot, cradle n [mahd]
مُهدئ tranquillizer n [muhaddiʔ]
مهذب decent, adj [muhaððab] subtle
مهر foal n [mahr]
مهرب n [muharrib]
مهرب بضائع
[Moharreb badae'a] n smuggler
مهرج clown n [muharriʒ]
مهرجان festival n [mihraʒa:n]
مهزوز shaken adj [mahzu:zz]
مهمة assignment, n [mahamma] task
مهمل careless, adj [muhmil] neglected
مهنة occupation (work) n [mihna]
مهندس engineer n [muhandis]
مهني vocational adj [mihanij]
مهني مبتدئ
[Mehaney mobtadea] n apprentice
مهووس obsessed adj [mahwu:s]
مَهيب prestigious adj [mahi:b]
مواطن citizen n [muwa:tˤin]
مواطن إثيوبي
[Mowaṭen ethyobey] n Ethiopian
مواطن تشيلي
[Mowaṭen tsheeley] n Chilean
مواطن انجليزي
[mowaṭen enjeleezey] n Englishman
مواطنة إنجليزية
[Mowaṭenah enjlezeyah] n Englishwoman
موافقة approval n [muwa:faqa]
مواكب adj [muwa:kib]
مواكب للموضة
[Mowakeb lel-moḍah] adj trendy
مَوْت death n [mawt]
موتور motor n [mawtu:r]
مُوثق authentic adj [muwaθθiq]
موثوق adj [mawθu:q]
موثوق به
[Mawthoo'q beh] adj reliable
موثوق فيه
[Mawthoo'q beh] adj credible
موجة wave, surge n [mawʒa]
موجز concise adj [mu:ʒaz]
موجود adj [mawʒu:d]
ما هي النكهات الموجودة؟
[Ma hey al-nakhaat al-mawjoodah] What flavours do you have?
هل... موجود؟
[hal... mawjood?] Is... there?
موحد adj [muwaħħad]
الفاتورة موحدة من فضلك
[al-fatoorah mowaḥada min faḍlak] All together, please
موحش dismal adj [mu:ħiʃ]
موحل muddy adj [mu:ħil]
مودم modem n [mu:dim]
مورد supplier n [muwarrid]
مَورد resource n [mu:rad]
مورس Morse n [mu:ris]
مورفين morphine n [mu:rfi:n]
موروث heritage n [mawru:θ]
موريتاني Mauritius n [mu:ri:ta:nij]
موريتانيا Mauritania n [mu:ri:ta:nja:]
موز banana n [mawz]
موزع distributor n [muwazziʕ]
موزمبيق n [mu:zambi:q] Mozambique

مُوَسَّع *adj* [muwassaʕ]
بشكل مُوَسَّع
[Beshakl mowasa'a] *adv* extensively
موسم season *n* [mawsim]
موسم راكد
[Mawsem raked] *adj* off-season
موسمي seasonal *adj* [mawsimijjat]
التذاكر الموسمية
[Al-tadhaker al-mawsemeyah] *n* season ticket
موسوعة *n* [mawsu:ʕa] encyclopaedia
موسى *adj* [mu:sa:]
موسى الحلاقة
[Mosa alḥela'qah] *n* razor
موسيقي musical *adj* [mu:si:qij]
آلة موسيقية
[Aala mose'qeyah] *n* musical instrument
حفلة موسيقية
[Haflah mose'qeyah] *n* concert
قائد فرقة موسيقية
['qaaed fer'qah mose'qeyah] *n* conductor
مسرحية موسيقية
[Masraḥeyah mose'qeya] *n* musical
موسيقى music *n* [mu:si:qa:]
عازف موسيقى
['aazef mose'qaa] *n* musician
مركز موسيقى
[Markaz mose'qa] *n* stereo
مؤلف موسيقى
[Moaalef mosee'qy] *n* composer
موسيقى تصويرية
[Mose'qa taṣweereyah] *n* soundtrack
موسيقى شعبية
[Mose'qa sha'abeyah] *n* folk music
أين يمكننا الاستماع إلى موسيقى حية؟
[ayna yamken-ana al-istima'a ela mose'qa ḥay-a?] Where can we hear live music?
موصل sweater *n* [mu:sˤil]
موضة fashion (نمط) *n* [mu:dˤa]
غير مواكب للموضة
[Ghayr mowakeb lel-moḍah] *adj* unfashionable

مواكب للموضة
[Mowakeb lel-moḍah] *adj* fashionable
موضع post *(position)* *n* [mawdˤiʕ]
موضع لحفظ الأطعمة
[Mawḍe'a lehafḍh al-aṭ'aemah] *n* larder
موضعي topical *adj* [mawdˤiʕij]
موضوع subject, theme *n* [mawdˤu:ʕ]
موضوع مقالة أو حديث
[Mawḍoo'a ma'qaalah aw hadeeth] *n* topic
موضوعي *adj* [mawdˤu:ʕij] impersonal, objective
موطن *n* [mawtˤin]
موطن أصلي
[Mawṭen aṣley] *n* homeland
موطن ضعف
[Mawṭen ḍa'af] *n* shortcoming
موظف employee *n* [muwazˤzˤaf]
موظف بنك
[mowaḍhaf bank] *n* banker
موظف حكومة
[mowaḍhaf hokomah] *n* civil servant
موعد appointment, *n* [mawʕid] rendezvous
فات موعد استحقاقه
[Fat maw'aed esteḥ'qa'qh] *adj* overdue
موعد الانتهاء
[Maw'aed al-entehaa] *n* deadline
أود في تحديد موعد
[awid fee taḥdeed maw'aid] I'd like to make an appointment
لدي موعد مع.....؟
[la-daya maw-'aid m'aa...] I have an appointment with...
هل تحدد لك موعدًا؟
[hal taḥa-dada laka maw'aid?] Do you have an appointment?
موعظة sermon *n* [mawʕizˤa]
موقد stove *n* [mawqid]
موقد يعمل بالغاز
[Maw'qed ya'amal bel-ghaz] *n* gas cooker
موقد يعمل بالغاز للمعسكرات
[Maw'qed ya'amal bel-ghaz lel-mo'askarat] *n* camping gas
مَوْقِد stove *n* [mu:qid]

موقع site *n* [mawqiʕ]
موقع البناء
[Maw'qe'a al-benaa] *n* building site
موقع المعسكر
[Maw'qe'a al-mo'askar] *n* campsite
موقع المَقْطُورَة
[Maw'qe'a al-ma'qṭorah] *n* caravan site
موقع الويب
[Maw'qe'a al-weeb] *n* website
موقف attitude *n* [mawqif]
موقف سيارات
[Maw'qaf sayarat] *n* parking
موقف أوتوبيس
[Maw'qaf otobees] *n* bus stop
موقف انتظار
[Maw'qaf enteḍhar] *n* car park
أين يوجد موقف التاكسي؟
[ayna maw'qif al-taxi?] Where is the taxi stand?
هل معك نقود فكه لعداد موقف الانتظار؟
[Hal ma'ak ne'qood fakah le'adad maw'qaf al-ente ḍhar?] Do you have change for the parking meter?
موكب convoy, procession *n* [mawkib]
مَول finance *v* [mawwala]
مولد generator *n* [muwalid]
مولدافي Moldovan *adj* [mu:lda:fij]
Moldovan *n* ◁
مولدافيا Moldova *n* [mu:lda:fja:]
مولود born *n* [mawlu:d]
مومياء mummy *(body)* *n* [mu:mja:ʔ]
موناكو Monaco *n* [mu:na:ku:]
موهبة talent *n* [mawhiba]
موهوب gifted, *adj* [mawhu:b] talented
ميانمار Myanmar *n* [mija:nma:r]
مياه water *n* [mijja:hu]
زجاجة مياه ساخنة
[Zojajat meyah sakhenah] *n* hot-water bottle
مياه البحر
[Meyah al-baḥr] *n* sea water
مياه الشرب
[Meyah al-shorb] *n* drinking water
مياه بيضاء
[Meyah bayḍaa] *n* cataract *(eye)*
مياه فوارة
[Meyah fawarah] *adj* sparkling water
مياه معدنية
[Meyah ma'adaneyah] *n* mineral water
زجاجة من المياه المعدنية الفوارة
[zujaja min al-meaa al-ma'adan-iya al-fawara] a bottle of sparkling mineral water
كيف يعمل سخان المياه؟
[kayfa ya'amal sikhaan al-meaah?] How does the water heater work?
لا توجد مياه ساخنة
[La tojad meyah sakhena] There is no hot water
هل يشمل السعر توفير المياه الساخنة؟
[hal yash-mil al-si'ar taw-feer al-me-yah al-sakhina?] Is hot water included in the price?
ميدالية medal *n* [mi:da:lijja]
ميدان square *n* [majda:n]
ميراث inheritance *n* [mi:ra:θ]
ميرنجو meringue *n* [mi:rinʒu:]
مَيّز distinguish *v* [majjaza]
ميزان scale *(measure)*, *n* [mi:za:n] scale *(tiny piece)*
كفتي الميزان
[Kafatay al-meezan] *n* scales
ميزانية balance *n* [mi:za:nijja] sheet, budget
ميزة advantage *n* [mi:za]
ميعاد *n* [mi:ʕa:d]
ما ميعاد استيقاظك؟
[ma me-'aad iste'qa-ḍhak?] What time do you get up?
ميقاتي timer *n* [mi:qa:tij]
ميكانيكي *adj* [mi:ka:ni:kij] mechanical
mechanic *n* ◁
ميكانيكي السيارات
[Mekaneekey al-sayarat] *n* motor mechanic
هل يمكن أن ترسل لي ميكانيكي؟
[hal yamken an tarsil lee meka-neeky?] Can you send a mechanic?

ميكروسكوب [mi:kuru:sku:b] n
microscope
ميكروفون [mi:kuru:fu:n] n
microphone, mike
هل يوجد ميكروفون؟
[hal yujad mekro-fon?] Does it have a microphone?
ميكروويف [majkuru:wi:f] n
فرن الميكروويف
[Forn al-maykroweef] n microwave oven
مَيل [majl] n tendency
مَيْل جنسي
[Mayl jensey] n sexuality
مِيل [mi:l] n mile
مِيلاد [mi:la:d] n birth
عشية عيد الميلاد
['aasheyat 'aeed al-meelad] n Christmas Eve
عيد الميلاد المجيد
['aeed al-meelad al-majeed] n Christmas
عيد ميلاد
['aeed al-meelad] n birthday
بعد الميلاد
[Ba'ad al-meelad] abbr AD
شجرة عيد الميلاد
[Shajarat 'aeed al-meelad] n Christmas tree
شهادة ميلاد
[Shahadat meelad] n birth certificate
قبل الميلاد
['qabl al-meelad] adv BC
محل الميلاد
[Mahal al-meelad] n birthplace
ميناء [mi:na:ʔ] n harbour
ميني [mi:ni:] adj
ميني باص
[Meny baas] n minibus
ميوسلي [miju:sli:] n
حبوب الميوسلي
[Hoboob al-meyosley] npl muesli
ميونيز [maju:ni:z] n mayonnaise

نا [na:] pron us
نائب [na:ʔibb] adj acting, representative
نائب الرئيس
[Naeb al-raaes] n deputy head
نائم [na:ʔim] adj asleep
ناتج [na:tiʒ] n outcome
نَاج [na:ʒin] n survivor
ناجِح [na:ʒiħ] adj successful
غير ناجح
[ghayr najeh] adj unsuccessful
ناحية [na:ħija] n aspect
نادر [na:dir] adj rare (uncommon), rare (undercooked)
نادرا [na:diran] adv rarely, scarcely
نادرا ما
[Naderan ma] adv seldom
نادل [na:dil] n waiter
نادلة [na:dila] n waitress
نادي [na:di:] n club (group)
نادي الجولف
[Nady al-jolf] n golf club (society)
نادي الشباب
[Nadey shabab] n youth club
نادي ليلي
[Nadey layley] n nightclub
هل يوجد نادي جيدة؟

[Hal yojad nady jayedah] Where is there a good club?

نار sack *n* [na:ru]

إشعال النار

[Esh'aal al-naar] *n* bonfire

وَقْف إطلاق النار

[Wa'qf eṭlaa'q al-naar] *n* ceasefire

ناري *adj* [na:rijjat]

ألعاب نارية

[Al-'aab nareyah] *npl* fireworks

ناس people *npl* [na:s]

ناسَب fit *vt* [nasaba]

ناسخ *n* [na:six]

ناسخ الاسطوانة

[Nasekh al-esṭewanah] *n* CD burner

ناسخ لاسطوانات دى في دي

[Nasekh le-sṭewanat D V D] *n* DVD burner

ناشر publisher *n* [na:ʃir]

ناضج mature, ripe *adj* [na:dˤiʒ]

غير ناضج

[Ghayr naḍej] *adj* immature

ناطق *adj* [na:tˤiq]

ناطق بلغتين

[Naṭe'q be-loghatayn] *adj* bilingual

ناعم soft *adj* [na:ʕim]

نافذة window *n* [na:fiða]

عتبة النافذة

['aatabat al-nafedhah] *n* windowsill

أريد مقعد بجوار النافذة

[areed ma'q'aad be-jewar al-nafedha] I'd like a window seat

النافذة لا تُفتح

[al-nafidhah la tuftaḥ] The window won't open

لا يمكنني فتح النافذة

[la yam-kinuni faitḥ al-nafitha] I can't open the window

لقد كسرت النافذة

[la'qad kasarto al-nafe-tha] I've broken the window

هل يمكن أن أغلق النافذة؟

[hal yamken an aghli'q al-nafidha?] May I close the window?

هل يمكن أن أفتح النافذة؟

[hal yamken an aftaḥ al-nafidha?] May I open the window?

نافع useful *adj* [na:fiʕ]

نافورة fountain *n* [na:fu:ra]

نَاقد critic *n* [na:qid]

ناقَش debate, discuss *v* [na:qaʃa]

ناقص incomplete, nude *adj* [na:qisˤ]

ناقض contradict *v* [na:qadˤa]

ناقل *adj* [na:qil]

ناقل للعدوى

[Na'qel lel-'aadwa] *adj* contagious

ناقل السرعات لا يعمل

[na'qil al-sur'aat la ya'amal] The gears are not working

ناقلة *n* [na:qila]

ناقلة بترول

[Na'qelat berool] *n* tanker

نام *adj* [na:min]

بَلَد نام

[Baladen namen] *n* developing country

نام sleep *v* [na:ma]

نايلون nylon *n* [na:jlu:n]

نبات plant *n* [naba:t]

نبات رشاد

[Nabat rashad] *n* cress

نبات الجاودار

[Nabat al-jawdar] *n* rye

نبات اللفت

[Nabat al-left] *n* turnip

نبات الهندباء البرية

[Nabat al-hendbaa al-bareyah] *n* dandelion

نبات ذو وبر شائك

[Nabat dho wabar shaek] *n* nettle

نبات يزرع في حاوية

[Nabat yozra'a fee ḥaweyah] *n* pot plant

نباتي *n* ◁ vegetarian *adj* [naba:tij] vegan, vegetarian

حياة نباتية

[Hayah Nabateyah] *n* vegetation

هل يوجد أي أطباق نباتية؟

[hal yujad ay aṭbaa'q nabat-iya?] Do you have any vegan dishes?

نبح bark *v* [nabaħa]

نبضات pulses *npl* [nabadˤa:tun]

نبضة beat, pulse *n* [nabdˤa]

نَبَّه alert *v* [nabbaha]

نبيذ n [nabi:ð]
نبيذ أحمر
[nabeedh aḥmar] n red wine
دورق من النبيذ الأحمر
[dawra'q min al-nabeedh al-aḥmar] a carafe of red wine
زجاجة من النبيذ الأبيض
[zujaja min al-nabeedh al-abyaḍ] a bottle of white wine
قائمة النبيذ من فضلك
['qaemat al-nabeedh min faḍlak] The wine list, please
هل يمكن أن ترشح لي نوع جيد من النبيذ الأبيض؟
[hal yamken an tura-shiḥ lee naw'a jayid min al-nabeedh al-abyaḍ?] Can you recommend a good white wine?
نبيل adj [nabi:l]
رَجُل نبيل
[Rajol nabeel] n gentleman
نبيل المحتد
[Nabeel al-moḥtad] adj gentle
نتن rotten adj [natin]
نتن stink v [natina]
نتوء n [nutu:ʔ]
نتوء صغير
[Netoa ṣagheer] n wart
نتيجة result, sequel n [nati:ʒa]
نثر spray v [naθara]
نجاح success n [naʒa:ħ]
نجار joiner n [naʒʒa:r]
نجارة carpentry n [niʒʒa:ra]
نجح succeed v [naʒaħa]
نجم star (person) n [naʒm]
نجم سينمائي
[Najm senemaaey] n film star
نجم ذو ذنب
[Najm dho dhanab] n comet
نَجم v [naʒama]
يَنْجُم عن
[Yanjam 'an] v result
نجمة star (sky) n [naʒma]
نحاس copper n [nuħa:s]
نحاس أصفر
[Nahas aṣfar] n brass
نحت n [naħt]
فن النحت
[Fan al-naḥt] n sculpture
نحت carve vt [naħata]
نحلة bee n [naħla]
نحلة ضخمة
[Naḥlah ḍakhmah] n bumblebee
نحوي grammatical adj [naħwij]
نحيف slim, thin adj [naħi:f]
نخاع n [nuxa:ʕu]
نخاع العظم
[Nokhaa'a al-'aḍhm] n marrow
نُخالة bran n [nuxa:la]
نخلة palm (tree) n [naxla]
نداء n [nida:ʔ]
جهاز النداء
[Jehaaz al-nedaa] n pager
جهاز النداء الآلي
[Jehaz al-nedaa al-aaley] n bleeper
نداء استغاثة
[Nedaa esteghathah] n alarm call
نداوة moisture n [nada:wa]
ندب moan v [nadaba]
ندبة scar, seam n [nadba]
ندم remorse n [nadam]
نَدَم regret n [nadima]
نَدِي damp, soggy adj [nadij]
نرجس daffodil n [narʒis]
نَرْد dice n [nard]
نرويجي Norwegian adj [narwi:ʒij]
Norwegian (person) n ◁
اللغة النرويجية
[Al-loghah al-narwejeyah] (language) n Norwegian
نزعة trend n [nazʕa]
نزف bleed vi [nazafa]
نزل get off, go down v [nazala]
يَنْزِل في مكان
[Yanzel fee makaan] v put up
يَنْزِل البَرَد
[Yanzel al-barad] v hail
نَزْلَة catarrh n [nazla]
نزهة outing, promenade n [nuzha]
نزهة في سيارة
[Nozhah fee sayarah] n drive
نزهة في الهواء الطلق
[Nozhah fee al-hawaa al-ṭal'q] n picnic

نزول n [nuzu:l]
ما هي المحطة النزول للذهاب إلى ...
[ma heya muḥaṭat al-nizool lel-thehaab ela...?] Which stop is it for...?
من فضلك أريد النزول الآن
[min faḍlak areed al-nizool al-aan] Please let me off
من فضلك أخبرني عندما يأتي موعد النزول
[Men faḍlek akhberney 'aendama yaatey maw'aed al-nozool] Please tell me when to get off
نزيف n [nazi:f]
نزيف الأنف
[Nazeef al-anf] n nosebleed
نزيل lodger n [nazi:l]
نساء n [nisa:ʔ]
طبيب أمراض نساء
[Ṭabeeb amraḍ nesaa] n gynaecologist
نسائي adj [nisa:ʔij]
قميص نوم نسائي
['qamees noom nesaaey] n nightie
نسبة proportion, ratio n [nisba]
نسبة مئوية
[Nesbah meaweyah] n percentage
نسبي proportional adj [nisbij]
نسبيا comparatively adv [nisbijjan]
نسبيًا relatively adv [nisbijan]
نسج n [nasʒ]
أنسجة صوفية
[Ansejah ṣoofeyah] npl woollens
نسخ copy (reproduction) n [nasx]
نسخ copy v [nasaxa]
هل يمكنك نسخ هذا من أجلي؟
[hal yamken -aka nasikh hadha min ajlee?] Can you copy this for me?
نسخة copy (written text), n [nusxa] version
نسخة ضوئية
[niskha ḍaw-iyaa] n photocopy
نسخة احتياطية
[Noskhah eḥteyaṭeyah] n backup
نسخة مطابقة
[Noskhah moṭe'qah] n replica
نسر vulture n [nasr]
نسل breed n [nasl]

نسي forget v [nasa:]
نسيان n [nisja:nuhu]
لا يمكن نسيانه
[La yomken nesyanh] adj unforgettable
نسيج textile n [nasi:ʒ]
نسيج مضلع
[Naseej moḍala'a] n representative
نَسيج الجِسْم
[Naseej al-jesm] n tissue
نسيم breeze n [nasi:m]
نشا starch n [naʃa:]
نشا الذرة
[Nesha al-zorah] n cornflour
نشابة breadbin, rolling pin n [naʃʃa:ba]
نِشارة sawdust n [niʃa:ra]
نَشاط activity n [naʃa:tˤ]
نَشال pickpocket n [naʃʃa:l]
نشج sob v [naʃaʒa]
نشر press n [naʃr]
حقوق الطبع والنشر
[Ho'qoo'q al-ṭab'a wal-nashr] n copyright
ينشر بالبث المتواصل
[yanshur bil-bathth al-mutawaaṣil] stream
ينشر على الانترنت
[yanshur 'alal-internet] post
نشر publish v [naʃara]
نشرة leaflet n [naʃra]
نشرة دعائية
[Nashrah de'aeyah] n prospectus
نشرة مطبوعة
[Nashrah maṭbo'aah] n print
نَشط revive v [naʃʃtˤa]
نشوء evolution n [nuʃwuʔ]
نشوب outbreak n [nuʃu:b]
نشوي ecstasy n [naʃawij]
نشيد anthem n [naʃi:d]
نشيد وطني
[Nasheed waṭney] n national anthem
نشيط active adj [naʃi:tˤ]
نص text n [nasˤsˤ]
يَضع نصا
[Yaḍa'a naṣan] v text
نُصُب n [nusˤub]
نُصُب تذكاري

[Noṣob tedhkarey] *n* memorial

advise *v* [nasˤaħa] **نصح**

victory *n* [nasˤr] **نصر**

half *n* [nisˤf] **نصف**

نصف إقامة
[Neṣf e'qamah] *n* half board

نصف ساعة
[Neṣf saa'aah] *n* half-hour

نصف دائرة
[Neṣf daaeyrah] *n* semicircle

نصف السعر
[Neṣf al-se'ar] *adj* half-price

نِصْف الوقت
[Nesf al-wa'qt] *n* half-time

half *adj* [nisˤfaj] **نصفي**

half *adv* [nisˤfijja:] **نصفياً**

blade *n* [nasˤl] **نصل**

adj [nasˤsˤij] **نصّي**

رسالة نصية
[Resalah naṣeyah] *n* text message

lot, quota *n* [nasˤi:b] **نصيب**

advice *n* [nasˤi:ħa] **نصيحة**

flush *n* [nadˤdˤa:ra] **نضارة**

grow up *v* [nadˤaʒa] **نضج**

bench *n* [nadˤad] **نضد**

n [nitˤa:q] **نطاق**

نطاق زمني
[Neṭa'q zamaney] *n* time zone

نطاق واسع
[Neṭ'q wase'a] *n* broadband

n [nutˤqin] **نطق**

متعسر النطق
[Mota'aer alnoṭ'q] *adj* dyslexic

pronounce *v* [natˤaqa] **نطق**

كيف تنطق هذه الكلمة؟
[kayfa tanṭu'q hathy al-kalema?] How do you pronounce it?

pronunciation *n* [nutˤq] **نُطق**

optician *n* [nazˤzˤa:ra:ti:] **نظاراتي**

glasses, specs, *n* [nazˤzˤa:ra] spectacles **نظارة**

نظارة واقية
[naḍharah wa'qeyah] *n* goggles

هل يمكن تصليح نظارتي؟
[hal yamken taṣleeḥ naḍharaty] Can you repair my glasses?

hygiene *n* [nazˤa:fa] **نظافة**

عاملة النظافة
['aamelat al-nadhafah] *n* cleaning lady

system *n* [nizˤa:m] **نظام**

نظام غذائي
[Neḍhaam ghedhey] *v* diet

نظام شمسي
[neḍham shamsey] *n* solar system

systematic *adj* [nizˤa:mij] **نظامي**

n [nazˤr] **نظر**

قريب النظر
['qareeb al- naḍhar] *adj* near-sighted

قصير النظر
['qaṣeer al-naḍhar] *adj* near-sighted

أعاني من طول النظر
[o-'aany min bu'ad al-naḍhar] I'm long-sighted

أعاني من قصر النظر
[o-'aany min 'quṣr al-naḍhar] I'm short-sighted

look *vi* [nazˤara] **نظر**

ينظر إلى
[yanḍhor ela] *v* look at

look *n* [nazˤra] **نظرة**

abstract *adj* [nazˤarij] **نظري**

theory *n* [nazˤarijja] **نظرية**

clean *vt* [nazˤzˤafa] **نَظَّف**

organize *v* [nazˤzˤama] **نَظَّم**

clean, neat *adj* [nazˤi:f] **نظيف**

نظيف تماما
[naḍheef tamaman] *adj* spotless

هل يمكنني الحصول على كوب نظيف من فضلك؟
[hal yamken -any al-ḥuṣool 'aala koob naḍheef min faḍlak?] Can I have a clean glass, please?

هل يمكنني الحصول على ملعقة نظيفة من فضلك؟
[hal yamken -any al-ḥuṣool 'aala mil-'aa'qa naḍheefa min faḍlak?] Could I have a clean spoon, please?

ostrich *n* [naʕa:ma] **نعامة**

sheep *n* [naʕʒa] **نعجة**

doze *v* [naʕasa] **نعس**

drowsy, sleepy *adj* [naʕsa:n] **نعسان**

yes! *excl* [niʕma] **نعم**

نعناع mint *(herb/sweet)*, *n* [naʕnaːʕ] peppermint
نعومة smooth, velvet *n* [nuʕuːma]
نَعْي obituary *n* [naʕj]
نعيم bliss *n* [naʕiːm]
نغمة note *(music)* *n* [naɣama]
نغمة الرنين
[Naghamat al-raneen] *n* ringtone
نغمة الاتصال
[Naghamat al-eteṣal] *n* dialling tone
نغمة مميزة
[Naghamaah momayazah] *n* key *(music/computer)*
نَفَائِس valuables *npl* [nafaːʔisun]
نفايَة dump, garbage *n* [nufaːja]
نفخ *adj* [nafx]
آلة نفخ موسيقية
[Aalat nafkh mose'qeyah] *n* woodwind
قابل للنفخ
['qabel lel-nafkh] *adj* inflatable
نفخ pump up *v* [nafaxa]
نَفَذَ carry out *v* [naffaða]
نفس breath *n* [nafs]
أنفسكم
[Anfosokom] *pron* yourselves
ضبط النفس
[Ḍabṭ al-nafs] *n* self-control, self-discipline
علم النفس
['aelm al-nafs] *n* psychology
ثقة بالنفس
[The'qah bel-nafs] *n* confidence *(self-assurance)*
افعلها بنفسك
[Ef'alhaa be-nafsek] *n* DIY
متميز بضبط النفس
[Motameyez bedṭ al-nafs] *adj* self-contained
نفسك
[Nafsek] *pron* yourself
لقد جرحت نفسها
[la'qad jara-ḥat naf-saha] She has hurt herself
نفساني *adj* [nafsaːnij]
طبيب نفساني
[Ṭabeeb nafsaaney] *n* psychiatrist
نفسي psychiatric *adj* [nafsij]
عالم نفسي
['aaalem nafsey] *n* psychologist
نفض dust *vt* [nafadˤa]
نفط oil (زيت) *n* [naftˤ]
جهاز حفر آبار النفط
[Gehaz ḥafr abar al-naft] *n* oil rig
نفق tunnel, underpass *n* [nafaq]
نفقات expenses *npl* [nafaqaːtun]
نَفَقة expenditure *n* [nafaqa]
نفي deport *v* [nafaː]
نفيس *n* ◁ valuable *adj* [nafiːs] precious
نقابة *n* [niqaːba]
نقابة العمال
[Ne'qabat al-'aomal] *n* trade union
نقالة stretcher *n* [naqqaːla]
نقانق *n* [naqaːniq]
نقانق ساخنة
[Na'qane'q sakhenah] *n* hot dog
نَقْد cash, criticism *n* [naqd]
نقدي *adj* [naqdijjat]
ليس معي أية أموال نقدية
[laysa ma'ay ayat amwaal na'q-diya] I don't have any cash
نقر click *v* [naqara]
نَقر percussion *n* [naqr]
نقرة click *n* [naqra]
نقش inscription *n* [naqʃ]
نقش engrave *v* [naqaʃa]
نقص flaw, lack *n* [naqsˤ]
نقطة dot, point, period *n* [nuqtˤa] *(punctuation)*
مجموع النقاط
[Majmoo'a al-nekaṭ] *n* score *(of music)*
نقطة الاستشراف
[No'qṭat al-esteshraf] *n* standpoint
نقع soak *v* [naqaʕa]
نقل transport *n* [naql]
قابل للنقل
['qabel lel-na'ql] *adj* removable
نقل عام
[Na'ql 'aam] *n* public transport
نقل الدم
[Na'ql al-dam] *n* blood transfusion
نقل take away, transport *v* [naqala]

نقود *n* [nuqu:d]
حافظة نقود
[hafedhat ne'qood] *n* purse
أين يمكنني تغيير بعض النقود؟
[ayna yamken-any taghyeer ba'ad al-ni'qood?] Where can I change some money?
هل لديك فكّة أصغر من النقود؟
[Hal ladayk fakah asghar men alno'qood?] Do you have any small change?
هل يمكن إعطائي فكّة من النقود تبلغ...؟
[Hal yomken e'ataey fakah men alno'qood tablogh...?] Could you give me change of...?
هل يمكن أن أسترد نقودي مرة أخرى؟
[hal yamken an asta-rid ni-'qoody marra okhra?] Can I have my money back?
نقي pure *adj* [naqij]
نكبة catastrophe *n* [nakba]
نكتة joke *n* [nukta]
نكهة flavour, zest *(lemon-peel)*, zest *(excitement)* *n* [nakha]
نمر panther *n* [namir]
نمر مخطط
[Namer mokhatat] *n* tiger
نمر منقط
[Nemr men'qat] *n* leopard
نمساوي Austrian *adj* [namsa:wij]
Austrian *n* ◁
نمش freckles *n* [namʃ]
نمط pattern *n* [namatˤ]
نمطي *adj* [namatˤij]
شكل نمطي
[Shakl namatey] *n* stereotype
نملة ant *n* [namla]
نمو growth *n* [numuww]
نموذج *n* [namu:ðaʒ]
نموذج طلبية
[Namodhaj talabeyah] *n* order form
نموذجي typical *adj* [namu:ðaʒij]
نَمى grow *v* [nama:]
نَميمة gossip *n* [nami:ma]
نهائي final *n* ◁ final *adj* [niha:ʔij]
لا نهائي
[La nehaaey] *adj* endless
مباراة شبه نهائية
[Mobarah shebh nehaeyah] *n* semifinal
نهار *n* [nha:r]
فترة النهار
[Fatrat al-nehaar] *n* daytime
نهاية end, finish *n* [niha:ja]
إلى النهاية
[Ela al-nehayah] *adv* terminally
نهر river *n* [nahr]
فرس النهر
[Faras al-nahr] *n* hippopotamus
أيمكن السباحة في النهر؟
[a-yamkun al-sebaha fee al-naher?] Can one swim in the river?
هل يوجد أي رحلات بالمراكب في النهر؟
[hal yujad ay rehlaat bil-markab fee al-nahir?] Are there any boat trips on the river?
نهض get up, stand up *v* [nahadˤa]
نوبة fit, spell *(magic)* *n* [nawba]
نوبة صرع
[Nawbat sar'a] *n* epileptic fit
نوبة غضب
[Nawbat ghadab] *n* tantrum
نوبة مرضية
[Nawbah maradeyah] *n* seizure
نور light *n* [nu:r]
النور لا يُضاء
[al-noor la yo-daa] The light doesn't work
هل يمكن أن أشغل النور؟
[hal yamken an osha-ghel al-noor?] Can I switch the light on?
هل يمكن أن أطفئ النور؟
[hal yamken an atfee al-noor?] Can I switch the light off?
نورس *n* [nawras]
نورس البحر
[Nawras al-bahr] *n* seagull
نوع kind, type, gender *n* [nawʕ]
ما نوع الساندويتشات الموجودة؟
[ma naw'a al-sandweshaat al-maw-jooda?] What kind of sandwiches do you have?
هل قمت من قبل بقص شعري من نوع

شعري
[hal 'qumt min 'qabil be-'qaṣ sha'ar min naw'a sha'ary?] Have you cut my type of hair before?

adj [nawʕij] **نوعي**

مدرسة نوعية
[Madrasah naw'aeyah] *n* primary school

November *n* [nu:fumbar] **نوفمبر**

sleep *n* [nawm] **نوم**

غرفة النوم
[Ghorfat al-noom] *n* bedroom

ثياب النوم
[Theyab al-noom] *n* nightdress

وَقت النوم
[Wa'qt al-nawm] *n* bedtime

لا أستطيع النوم
[la asta-ṭee'a al-nawm] I can't sleep

لا استطيع النوم بسبب الضوضاء
[la asta-ṭee'a al-nawm besa-bab al-ḍawḍaa] I can't sleep for the noise

n [nawma] **نومة**

نومة خفيفة
[Nomah khafeefa] *n* snooze

n [nu:nijja] **نونية**

نونية للأطفال
[Noneyah lel-aṭfaal] *n* potty

nuclear *adj* [nawawij] **نووي**

Nepal *n* [ni:ba:l] **نيبال**

intention *n* [nijja] **نية**

nitrogen *n* [ni:tru:ʒi:n] **نيتروجين**

Nigerian *n* [ni:ʒi:rij] **نيجيري**

Nigeria *n* [ni:ʒi:rja:] **نيجيريا**

n [ni:ka:ra:ʒwa:] **نيكاراجاو**

من نيكاراجاو
[Men nekarajwa] *adj* Nicaraguan

n [ni:ka:ra:ʒa:wi:] **نيكاراجاوي** Nicaraguan

Nicaragua *n* [ni:ka:ra:ʒwa:] **نيكاراجوا**

nicotine *n* [ni:ku:ti:n] **نيكوتين**

New Zealand *n* [nju:zilanda:] **نيوزلندا**

New *n* [nju:zilandi:] **نيوزلندي** Zealander

n [niju:n] **نيون**

غاز النيون
[Ghaz al-neywon] *n* neon

ه

gross, huge, *adj* [ha:ʔil] **هائل** tremendous

مسبب لدمار هائل
[Mosabeb ledamar haael] *adj* devastating

ring up *n* [ha:tif] **هاتف**

دفتر الهاتف
[Daftar al-hatef] *n* phonebook

هاتف عمومي
[Hatef 'aomoomy] *n* payphone

هاتف جوال
[Hatef jawal] *n* mobile phone

هاتف ذكي
[Hatef zaky] *n* smart phone

هاتف مرئي
[Hatef mareay] *n* videophone

أريد بعض العملات المعدنية من أجل الهاتف من فضلك
[areed ba'aḍ al-'aimlaat al-ma'a-danya min ajil al-haatif min faḍlak] I'd like some coins for the phone, please

هل يمكن أن أستخدم هاتفك؟
[hal yamken an asta-khdim ha-tifak?] May I use your phone?

هناك مشكلة في الهاتف
[hunaka mushkila fee al-haatif] I'm having trouble with the phone

هاتفي [ha:tifij] *adj*
اتصال هاتفي
[Eteṣal hatefey] *n* phonecall
هاجر [ha:ʒara] *v* emigrate
هاجس [ha:ʒis] *n*
هاجس داخلي
[Hajes dakheley] *n* premonition
هاجم [ha:ʒama] *vt* attack
يهاجم بقصد السرقة
[Yohajem be'qaṣd al-sare'qah] *v* mug
هادئ [ha:diʔ] *adj* quiet
أفضل أن تكون الغرفة هادئة
[ofaḍel an takoon al-ghurfa hade-a] I'd like a quiet room
هل يوجد شواطئ هادئ قريب من هنا؟
[hal ju:ʒadu ʃawa:tˤiʔa ha:diʔi qari:bun min huna:] Is there a quiet beach near here?
هام [ha:mm] *adj* important, significant
غير هام
[Ghayr ham] *adj* unimportant
هام جداً
[Ham jedan] *adj* momentous
هامبرجر [ha:mbarʒar] *n* hamburger
هامش [ha:miʃ] *n* margin
هاو [ha:win] *n* amateur
هايتي [ha:jti:] *n* Haiti
هبّ [habba] *vi* blow
هبّ [haba] *v* yield
هباء [haba:ʔ] *n*
هباء جوي
[Habaa jawey] *n* aerosol
هبة [hiba] *n* gift
هبط [hsbstˤa] *vi* land
هبوط [hubu:tˤ] *n* landing
هبوط اضطراري
[Hobooṭ edṭerary] *n* emergency landing
هبوط الطائرة
[Hobooṭ al-ṭaerah] *n* touchdown
هتف [hatafa] *v* yell
هجر [haʒara] *v* abandon
هجرة [hiʒra] *n* migration, immigration
هجوم [huʒu:m] *n* attack
هجوم إرهابي
[Hojoom 'erhaby] *n* terrorist attack
هجوم للسرقة
[Hojoom lel-sare'qah] *n* mugging
لقد تعرضت لهجوم
[la'qad ta-'aaraḍto lel-hijoom] I've been attacked
هجين [haʒi:n] *n* mongrel
هُداب [huda:b] *n* fringe *(hair)*
هُدال [huda:l] *n*
نبات الهُدَال
[Nabat al-hoddal] *n* mistletoe
هَدَد [haddada] *v* threaten
هدف [hadaf] *n* aim, goal, target
الهدف في لعبة الجولف
[Al-hadaf fy le'abat al-jolf] *n* tee
هدم [hadama] *v* demolish, pull down
هدنة [hudna] *n* truce
هدية [hadijja] *n* present *(gift)*
قسيمة هدية
['qaseemat hadeyah] *n* gift voucher
أنا أبحث عن هدية لزوجتي
[ana abḥath 'aan hadiya le-zawjatee] I'm looking for a present for my wife
هذا [haða:] *adj* that, this
هذيان [haðaja:n] *n* rave
هراء [hura:ʔ] *n* nonsense, trash
هراوة [hara:wa] *n* club *(weapon)*
هرب [haraba] *v* run away
يَهْرُب مسرعا
[Yahrab mosre'aan] *v* fly away
هَرَّب [harraba] *v* smuggle
هرة [hira] *n*
هرة صغيرة
[Herah ṣagheerah] *n* kitten
هرس [harrisa] *v* squash
هرم [haram] *n* pyramid
هرمون [hurmu:n] *n* hormone
هرمونيكا [hirmu:ni:ka:] *n*
آلة الهرمونيكا الموسيقية
[Alat al-harmoneeka al-mose'qeyah] *n* mouth organ
هروب [huru:b] *n* escape
هَرْوَلة [harwala] *n* jogging
هز [hazza] *v* shake
يهز كتفيه
[Yahoz katefayh] *v* shrug

هزأ [hazaʔabi] v
يَهزأ ب
[Yah-zaa be] v mock
هزة [haza] n
هزة الجماع
[Hezat al-jemaa'a] n orgasm
هزلي [hazlijja] n comic
سلسلة رسوم هزلية
[Selselat resoom hazaleyah] n comic strip
كتاب هزلي
[Ketab hazaley] n comic book
ممثل هزلي
[Momthel hazaley] n comedian
هزم [hazima] v (outdo) defeat, beat
هزيل [hazi:l] adj skimpy
هزيل الجسم
[Hazeel al-jesm] adj skinny
هزيمة [hazi:munt] n defeat
هستامين [hista:mi:n] n
مضاد للهستامين
[Moḍad lel-hestameen] n antihistamine
هش [haʃʃ] adj crisp, crispy
هَشم [haʃʃama] vt smash
هضم [hadˤm] n digestion
هضم [hadˤama] v digest
هفوة [hafwa] n (mistake) slip
هلام [hala:mu] n
هلام الفاكهة
[Holam al-fakehah] n marmalade
هم [hamma] v matter
لا يهم
[la yahim] It doesn't matter
همجي [hamaʒij] adj barbaric
همس [hamasa] v whisper
هنا [huna:] adv here
هنّأ [hannaʔa] v congratulate
هناك [huna:ka] adv there
إنه هناك
[inaho honaka] It's over there
هند [hind] n
ساكن الهند الغربية
[Saken al-hend al-gharbeyah] n West Indian
هندباء [hindaba:ʔi] n
نبات الهندباء البرية
[Nabat al-hendbaa al-bareyah] n dandelion
هندسة [handasa] n engineering
هَنْدَم [handama] v tidy up
هندوسي [hindu:sij] adj Hindu
◁ n Hindu
هندوسية [hindu:sijja] n Hinduism
هندي [hindij] adj Indian ◁ n Indian
المحيط الهندي
[Almoḥeeṭ alhendey] n Indian Ocean
هواء [hawa:ʔ] n air
طاحونة هواء
[ṭaḥoonat hawaa] n windmill
في الهواء الطلق
[Fe al-hawaa al-ṭal'q] adv outdoors
مُكيف الهواء
[Mokaeyaf al-hawaa] adj air-conditioned
هوائي [hawa:ʔij] adj aerial
هواية [hiwa:ja] n hobby
هَوَس [hawas] n mania
هوكي [hu:ki:] n
لعبة الهوكي على الجليد
[Lo'abat alhookey 'ala aljaleed] n ice hockey
لعبة الهوكي
[Lo'abat alhookey] n hockey
هولندا [hu:landa:] n Holland, Netherlands
هولندي [hu:landij] adj Dutch ◁ n Dutch
رَجُل هولندي
[Rajol holandey] n Dutchman
هولندية [hu:landijja] n Dutchwoman
هَوي [hawa:] v (coil around) wind
هوية [huwijja] n
غير محدد الهوية
[Ghayr mohadad al-haweyah] adj unidentified
هَوية [hawijja] n personality
هَويّة [huwijja] n identity
هويس [huwajs] n (door) lock
هيئ [hajjaʔa] v set
هيئة [hajʔa] n (meeting) board
هيئة المحلفون

[Hayaat moḥalefeen] *n* jury
هيبة prestige *n* [hajba]
هيبز hippie *n* [hi:biz]
هيدروجين hydrogen *n* [hi:dru:ʒi:n]
هيروين heroin *n* [hi:rwi:n]
هيكل structure *n* [hajkal]
هيكل عظمي
[Haykal aḍhmey] *n* skeleton
هيلكوبتر helicopter *n* [hi:liku:btir]

و and *conj* [wa]
واثق confident *adj* [wa:θiq]
غير واثق
[Ghayr wathe'q] *adj* uncertain
واثق بنفسه
[Wathe'q benafseh] *adj* self-assured
واجب duty *n* [wa:ʒib]
واجب منزلي
[Wajeb manzeley] *n* homework
واجه face *v* [wa:ʒaha]
واجهة front *n* [wa:ʒiha]
واحة oasis *n* [wa:ħa]
واحد one *number* ◁ ace *n* [wa:ħid]
وادي valley *n* [wa:di:]
واسع broad *adj* [wa:siʕ]
واسع الأفق
[Wase'a al-ofo'q] *adj* broad-minded
واسع الحيلة
[Wase'a al-ḥeelah] *adj* shifty
واشي grass *(informer)* *n* [wa:ʃi:]
واضح clear, definite *adj* [wa:dˤiħ]
غير واضح
[Ghayr waḍeḥ] *adj* unclear
بشكل واضح
[Beshakl waḍeḥ] *adv* obviously
من الواضح
[Men al-waḍeḥ] *adv* apparently

واع [wa:ʕin] *adj* conscious
واعد [wa:ʕada] *v* promise
واعَد [wa:ʕada] *adj* promising
واعِد [wa:ʕid] *adj* hopeful
وَافِد [wa:fid] *n* immigrant, newcomer
وافق [wa:faqa] *v* approve
وَافِل [wa:fil] *n* waffle
واقع [wa:qiʕ] *n* reality
تلفزيون الواقع
[Telefezyon al-wa'qe'a] *n* reality TV
في الواقع
[Fee al-wa'qe'a] *adv* actually
واقعي [wa:qiʕij] *adj* real, realistic, virtual
غير واقعي
[Ghayer wa'qe'aey] *adj* unrealistic
واقي [wa:qij] *n*
نظارة واقية
[naḍharah wa'qeyah] *n* goggles
واقي الشمس
[Wa'qey al-shams] *n* sunscreen
والد [wa:lidajni] *n* parent, father
أحد الوالدين
[Aḥad al-waledayn] *n* single parent
◃ *npl* parents
والِد أو والدة
[Waled aw waledah] *n* parent *n*
واهِن [wa:hin] *adj* frail
وايَن [wa:jn] *n*
خمر هاوس واين
[Khamr hawees wayen] *n* house wine
وباء [waba:ʔ] *n* epidemic, pest
وَبّخ [wabbaxa] *v* tell off
وتَد [watad] *n* peg
وتد الخيمة
[Watad al-kheemah] *n* tent peg
وتَر [watar] *n* tendon
وَتّر [wattara] *v* strain
وثائقي [waθa:ʔiqij] *adj*
فيلم وثائقي
[Feel wathaae'qey] *n* documentary
وثب [waθaba] *v* leap
وثِق [waθiqa] *v*
يَثِق ب
[Yathe'q be] *n* trust
وثيق [waθi:q] *adj*
على نحو وثيق
['aala naḥwen wathee'q] *adv* nearly
وثيق الصلة
[Wathee'q al-ṣelah] *adj* relevant
وجبة [waʒba] *n* meal
متجر الوجبات السريعة
[Matjar al-wajabat al-sarey'aa] *n* snack bar
وجبة خفيفة
[Wajbah khafeefah] *n* snack
وجبات سريعة
[Wajabat sarey'aa] *n* takeaway
وَجْبَة الطعام
[Wajbat al-ṭa'aam] *n* dinner
كانت الوجبة شهية
[kanat il-wajba sha-heyah] The meal was delicious
وجد [waʒada] *v* exist
وجَد [waʒada] *v* find
وجَع [waʒaʕ] *n*
وجع الأسنان
[Waja'a al-asnaan] *n* toothache
وجنة [waʒna] *n*
عظم الوجنة
[aḍhm al-wajnah] *n* cheekbone
وجه [waʒh] *n* face
على وجه الحصر
['ala wajh al-ḥaṣr] *adv* exclusively
تدليك الوجه
[Tadleek al-wajh] *n* facial
وجّه [waʒʒaha] *vt* direct
وجهة [wiʒha] *n*
وجهة نظر
[Wejhat naḍhar] *n* viewpoint
وجهي [waʒhij] *adj* facial
وحّد [waħħada] *v* combine, unite
وحدة [waħda] *n* unit, loneliness
وحدة إضاءة كشافة
[Weḥdah eḍafeyah kashafah] *n* floodlight
وحدة العناية المركزة
[Weḥdat al-'aenayah al-morkazah] *n* intensive care unit
وحدة كاملة
[Weḥdah kamelah] *n* whole

وحشي [waħʃij] *adj* brutal
وحل [waħil] *n*
أرض وحلة
[Arḍ waḥelah] *n* swamp
وحيد [waħi:d] *adj* alone
وخز [waxz] *n* jab
وداعا [wada:ʕan] *excl* goodbye!
ودود [wadu:d] *adj* friendly
ودي [widij] *adj*
غير ودي
[Ghayr wedey] *adj* unfriendly
وراء [wara:ʔa] *prep* beyond
إلى الوراء
[Ela al-waraa] *adv* back
وراثة [wira:θa] *n*
علم الوراثة
[A'elm al-weratha] *n* genetics
وراثي [wira:θij] *adj* hereditary
ورث [wariθa] *v* inherit
وردة [warda] *n* rose
وردي [wardij] *adj* pink
ورشة [warʃatu] *n*
ورشة العمل
[Warshat al-'aamal] *n* workshop
هل يمكن أن توصلني إلى ورشة السيارات؟
[hal yamken an tuwa-ṣilny ela warshat al-sayaraat?] Can you give me a lift to the garage?
ورطة [wartˤa] *n* stalemate
ورق [waraq] *n*
أوراق اعتماد
[Awra'q e'atemaad] *n* credentials
أوراق الشجر
[Awra'q al-shajar] *npl* leaves
ورق السنفرة
[Wara'q al-sanfarah] *n* sandpaper
ورق الغار
[Wara'q alghaar] *n* bay leaf
ورق التغليف
[Wara'q al-taghleef] *n* wrapping paper
ورق المرحاض
[Wara'q al-merḥad] *n* toilet paper
ورق شفاف
[Wara'q shafaf] *n* tracing paper
ورق فضي
[Wara'q feḍey] *n* tinfoil
ورق مسودة
[Wara'q mosawadah] *n* scrap paper
ورق مقوى
[Wara'q mo'qawa] *n* cardboard
لا يوجد ورق تواليت
[la yujad wara'q toilet] There is no toilet paper
ورقة [waraqa] *n* paper
ورقة عشب
[Wara'qat 'aoshb] *n* spire
ورقة عمل
[Wara'qat 'aamal] *n* spreadsheet
ورقة مالية
[Wara'qah maleyah] *n* note
ورقة ملاحظات
[Wara'qat molaḥadhaat] *n* notepaper
ورقة نبات
[Wara'qat nabat] *n* leaf
ورم [waram] *n* lump, tumour
ورنيش [warni:ʃu] *n* varnish
ورنيش الأحذية
[Warneesh al-aḥḍheyah] *n* shoe polish
ورنيش اللّك
[Warneesh al-llak] *n* lacquer
وريث [wari:θ] *n* heir, successor
وريثة [wari:θa] *n* heiress
وريد [wari:d] *n* vein
وزارة [wiza:ra] *n* *(government)* ministry
وَزرة [wizra] *n* skirting board
وزع [wazzaʕa] *v* distribute, give out
وزن [wazn] *n* weight
وزن زائد للأمتعة
[Wazn zaed lel-amte'aah] *n* excess baggage
وَزن الأمتعة المسموح به
[Wazn al-amte'aah al-masmooh beh] *n* baggage allowance
وزن [wazana] *v* weigh
وزير [wazi:r] *n* *(government)* minister
وَسائل [wasa:ʔil] *npl* means
وسائل التواصل الاجتماعي
[wasaa'il at-tawaaṣul al-ijtimaa'ee] *n* social media
وسادة [wisa:da] *n* pillow
وسادة هوائية
[Wesadah hwaaeyah] *n* airbag

غطاء الوسادة
[gheṭaa al-wesadah] *n* pillowcase
وسادة رقيقة
[Wesadah ra'qee'qah] *n* pad
من فضلك أريد وسادة إضافية
[min faḍlak areed wesada eḍa-fiya] Please bring me an extra pillow
وسطٌ centre *n* [wasatˤ]
العصور الوسطى
[Al-'aoṣoor al-woṣṭa] *npl* Middle Ages
الشرق الأوسط
[Al-shar'q al-awṣaṭ] *n* Middle East
كيف يمكن أن أذهب إلى وسط ...
[kayfa yamkin an athhab ela wasaṭ...?] How do I get to the centre of...?
وسط among *prep* [wasatˤa]
وَسَط middle *n* [wasatˤ]
وَسَطُ المدينة
[Wasaṭ al-madeenah] *n* town centre
وسْكي whisky *n* [wiski:]
وَسَم mark *(make sign)* *v* [wasama]
وسيلة *n* [wasi:la]
هل هناك وسيلة مواصلات إلى... تسمح بصعود الكراسي المتحركة؟
[hal hunaka waseelat muwa-ṣalaat ela... tasmaḥ beṣi-'aood al-karasi al-mutaḥarika?] Is there wheelchair-friendly transportation available to...?
وسيم handsome, pretty *adj* [wasi:m]
وشاح scarf, ribbon *n* [wiʃa:ħ]
وشاح غطاء الرأس
[Weshaḥ gheṭaa al-raas] *n* headscarf
وَشم tattoo *n* [waʃm]
وصاية custody *n* [wisˤa:ja]
وَصف describe *v* [wasˤafa]
يصف علاجا
[Yaṣef 'aelagan] *v* prescribe
وَصف description *n* [wasˤf]
وصفة *n* [wasˤfa]
وصفة طبية
[Waṣfah ṭebeyah] *n* prescription
وصفة طهي
[Waṣfat ṭahey] *n* recipe
أين يمكنني إيجاد هذه الوصفة؟
[ayna yamken-any ejad hadhe al-waṣfa?] Where can I get this prescription made up?
وصل arrive *v* [wasˤala]
يَصل بين
[yaṣel bayn] *v* link
كيف يمكن أن أصل إلى ...
[kayfa yamkin an aṣal ela...?] How do I get to...?
متى يصل إلى ...
[mata yaṣil ela...?] When does it arrive in...?
وصّل conduct *vt* [wasˤala]
وَصْل receipt *n* [wasˤl]
وصلة junction, joint *n* [wasˤla] *(junction)*
وصلة بطارية السيارة
[Waṣlat baṭareyah al-sayarah] *npl* jump leads
وَصْلَة تلفزيونية
[Wṣlah telefezyoneyah] *n* cable television
وَصْلَة تمديد
[Waṣlat tamdeed] *n* extension cable
وصول access, arrival *n* [wusˤu:l]
سهل الوصول
[Sahl al-woṣool] *adj* accessible
بعلم الوصول
[Be-'aelm al-woṣool] *n* recorded delivery
وَصِيّ warden *n* [wasˤij]
وَصْية will *(document)* *n* [wasˤijja]
وصيفة *n* [wasˤi:fa]
وصيفة العروس
[Waṣeefat al-'aroos] *n* bridesmaid
وضع situation, placement *n* [wadˤʕ]
أجازة وضع
[Ajazat wad'a] *n* maternity leave
وضع علامات الترقيم
[Wad'a 'alamaat al-tar'qeem] *n* punctuation
وضع put *v* [wadˤaʕa]
يَضع على الأرض
[Yaḍa'a ala al-arḍ] *v* ground
يَضع تحت الاختبار
[Yaḍa'a taḥt al-ekhtebar] *v* try out
يَضع في
[Yaḍa'a fee] *n* place
لقد وضعت بعض الأشياء في الخزينة

[la'qad waḍa'ato ba'aḍ al-ash-ya fe al-khazeena] I have some things in the safe

visibility *n* [wudˤuːħ] **وضوح**

vile *adj* [wadˤiːʕ] **وَضِيع**

n [watˤan] **وطن**

حنين إلى الوطن

[Ḥaneem ela al-waṭan] *adj* homesick

patriotic *adj* [watˤanij] **وطني**

الانتماء الوطني

[Al-entemaa alwaṭaney] *n* citizenship

employ *v* [wazˤzˤafa] **وظف**

employment, *n* [wazˤiːfa] **وظيفة** profession, post

تليفون مزود بوظيفة الرد الآلي

[Telephone mozawad be-waḍheefat al-rad al-aaley] *n* answerphone

وَظيفة في فترة الأجازة

[waḍheefah fee fatrat al-ajaazah] *n* holiday job

bowl *n* [wiʕaːʔ] **وعاء**

bumpy *adj* [waʕir] **وَعِر**

n [waʕj] **وعي**

فاقد الوعي

[Fa'qed al-wa'aey] *adj* unconscious

consciousness *n* [waʕaː] **وَعى**

save up *v* [waffara] **وَفِر**

plenty *n* [wafra] **وَفرة**

according to *adv* [wifqan-li] **وِفقاًل**

repay *v* [wafaː] **وَفى**

nerve *(boldness)* *n* [waqaːħa] **وقاحة**

prevention *n* [wiqaːja] **وقاية**

time *n* [waqt] **وقت**

في أي وقت

[Fee ay wa'qt] *adv* ever

من وقت لآخر

[Men wa'qt le-aakhar] *adv* occasionally

وَقت إضافي

[Wa'qt eḍafey] *n* overtime

وَقْت الإغلاق

[Wa'qt al-eghlaa'q] *n* closing time

وَقت العشاء

[Wa'qt al-'aashaa] *n* dinner time

وَقْت الغداء

[Wa'qt al-ghadhaa] *n* lunchtime

وَقت الذروة

[Wa'qt al-dhorwah] *n* rush hour

وَقْت الطعام

[Wa'qt al-ṭa'aaam] *n* mealtime

وَقْت اللعب

[Wa'qt al-la'aeb] *n* playtime

وَقْت النوم

[Wa'qt al-nawm] *n* bedtime

وَقْت بدل الضائع

[Wa'qt badal ḍaye'a] *n* injury time

وَقْت فراغ

[Wa'qt faragh] *n* spare time

أعتقد أن ساعتي متقدمة عن الوقت الصحيح

[a'ata'qid anna sa'aaty muta-'qadema] I think my watch is fast

أنا غير مشغول وقت الغذاء

[Ana ghayr mashghool waqt al-ghadaa] I'm free for lunch

تأخرنا قليلًا عن الوقت المحدد

[ta-akharna 'qale-lan 'aan al-wa'qt al-muḥadad] We are slightly behind schedule

في أقرب وقت ممكن

[fee a'qrab wa'qt mumkin] as soon as possible

في أي وقت سوف نصل إلى ...؟

[Fee ay wa'qt sawfa naṣel ela?...] What time do we get to...?

كم الوقت من فضلك؟

[kam al-wa'qt min faḍlak?] What time is it, please?

نقضي وقتا سعيدا

[na'qḍy wa'qtan sa'aedan] We are having a nice time

rude *adj* [waqiħu] **وقح**

cheeky *adj* [waqiħ] **وَقِح**

occur, fall *v* [waqaʕa] **وقع**

يقع في غرامها

[Ya'qah fee ghrameha] *v* fall for

stand *v* [waqafa] **وقف**

قف هنا من فضلك

['qif hona min faḍlak] Stop here, please

n [waqf] **وَقْف**

وَقْف إطلاق النار

[Wa'qf eṭlaa'q al-naar] *n* ceasefire

pause *n* [waqfa] **وَقفة**

n [waqwa:q] **وقواق**
طائر الوقواق
[Taaer al-wa'qwa'q] *n* cuckoo
fuel *n* [waqunwdu] **وقود**
halt *n* [wuqu:f] **وقوف**
agency *n* [wika:la] **وكالة**
وكالة سفريات
[Wakalat safareyat] *n* travel agent's
agent, attorney *n* [waki:l] **وكيل**
وكيل سفريات
[Wakeel safareyat] *n* travel agent
وكيل أخبار
[Wakeel akhbaar] *n* newsagent
n [wila:da] **ولادة**
ولادة الحيوان
[Weladat al-ḥayawaan] *n* litter *(offspring)*
state *n* [wila:ja] **ولاية**
الولايات المتحدة
[Al-welayat al-motḥedah al-amreekeyah] *n* United States
ولاية جورجيا
[Welayat jorjeya] *n* Georgia *(US state)*
lad, child *n* [walad] **ولد**
passion *n* [walaʕ] **وَلع**
flash, blink *vi* [w:madˤa] **ومض**
flash, torch *n* [wami:dˤ] **وميض**
crane *(for lifting)* *n* [winʃ] **ونش**
blaze *n* [wahaʒ] **وَهج**
illusion *n* [wahm] **وهم**
whisky *n* [wi:ski:] **ويسكي**
ويسكي الشعير المجفف
[Weskey al-she'aeer al-mojafaf] *n* malt whisky
سأتناول ويسكي
[sa-ata-nawal wisky] I'll have a whisky
ويسكي بالصودا
[wesky bil-ṣoda] a whisky and soda
Wales *n* [wi:lzu] **ويلز**
Welsh *n* ◁ Welsh *adj* [wi:lzij] **ويلزي**

ي

hopeless *adj* [ja:ʔis] **يائس**
n ◁ Japanese *adj* [ja:ba:ni:] **ياباني**
Japanese *(person)*
اللغة اليابانية
[Al-lghah al-yabaneyah] *(language)* *n* Japanese
yard *(measurement)* *n* [ja:rda] **ياردة**
despair *n* [jaʔs] **يأس**
سِن اليأس
[Sen al-yaas] *n* menopause
v [ja:qu:tun] **ياقوت**
ياقوت أزرق
[Ya'qoot azra'q] *n* sapphire
aniseed *n* [ja:nsu:n] **يانسون**
lottery *n* [ja:nasˤi:b] **يانصيب**
بيع باليانصيب
[Bay'a bel-yanaṣeeb] *n* raffle
desperate *adj* [jaʔu:s] **يئوس**
orphan *n* [jati:m] **يَتيم**
v [jaʒʕaluhu] **يَجعل**
يَجعله أسوأ
[Tej'aalah aswaa] *v* worsen
mimic *v* [ħa:ka:] **يحاكي**
bear *v* [juħtamalu] **يَحتمل**
shift *v* [juħawwilu] **يحول**
v [juħibu] **يُحِب**
يُحِب الفرس

[Yokheb al-faras] *v* canter
yacht *n* [jaxt] **يخت**
v ◁ scheme *n* [juxatˤtˤitˤu] **يُخطط**
يُخَطِّط بدون تفاصيل
[Yokhaṭeṭ bedon tafaṣeel] *v* sketch
hand *n* [jadd] **يد**
خط اليد
[Khaṭ al-yad] *n* handwriting
كرة اليد
[Korat al-yad] *n* handball
v [jadawijjun] **يدوي**
غير يدوي
[Ghayr yadawey] *adj* hands-free
handmade *adj* [jadawij] **يَدوي**
gerbil *n* [jarbu:ʕ] **يَربوع**
bribe *v* [jarʃu:] **يَرشو**
jaundice *n* [jaraqa:n] **يرقان**
slug, caterpillar *n* [jaraqa:na] **يرقانة**
maggot *n* [jaraqa] **يَرَقَة**
يَرَقة دودية
[Yara'qah doodeyah] *n* grub
mortgage *v* [jarhanu] **يَرْهن**
call off *v* [jazʒuru] **يَزْجُر**
oil *v* [juzajjitu] **يُزيت**
left *n* [jasa:r] **يسار**
اتجه نحو اليسار
[Etajeh naḥw al-yasaar] Turn left
left *adv* [jasa:ran] **يساراً**
left *adj* [jasa:rij] **يساري**
v [jastaħikkuhu] **يستحك**
يستحكه جلده
[yastaḥekah jaldah] *v* itch
v [jasmaħu bidduxu:li] **يَسمَح ب**
يَسمَح بالدخول
[Yasmaḥ bel-dokhool] *v* admit *(allow in)*
hear *v* [jasmaʕu] **يسمع**
أنا لا أسمع
[ana la asma'a] I'm deaf
Jesus *n* [jasu:ʕ] **يسوع**
v [ʔeʃtahara] **يشتهر**
ما هو الطبق الذي يشتهر به المكان؟
[ma howa al-ṭaba'q al-lathy yashta-her behe al-makan?] What is the house speciality?
confiscate *n* [jusˤa:diru] **يُصَادر**
clasp *n* [jusˤa:fiħu] **يُصافح**

cast *n* [jasˤubu] **يَصُبّ**
issue *n* [jasˤduru] **يَصْدر**
sacrifice *n* [judˤaħħi:] **يُضحي**
fool *v* [jundˤallilu] **يُضلل**
plaster *n* [judˤammidu] **يُضَمِد**
dragonfly *n* [jaʕsu:b] **يَعْسُوب**
hold up *v* [junʕatˤtˤilu] **يُعَطِل**
v [qa:ma] **يقم**
لا تقم بتحريكه
[la ta'qum be-taḥ-rekehe] Don't move him
certainty *n* [jaqi:n] **يقين**
undoubtedly *adv* [jaqi:nan] **يَقيناً**
dove *n* [jama:ma] **يمامة**
right *(not left)* *adj* [jami:n] **يمين**
على اليمين
[Ala al-yameen] *adj* right-hand
الحنث باليمين
[Al-ḥanth bel-yameen] *n* perjury
اتجه نحو اليمين
[Etajeh anḥw al-yameen] Turn right
January *n* [jana:jiru] **يناير**
v [janbaɣi:] **ينبغي**
إن... لا يعمل كما ينبغي
[enna... la ya'amal kama yanbaghy] The... doesn't work properly
كم الكمية التي ينبغي على تناولها؟
[kam al-kamiyah al-laty yan-baghy 'ala tana-welaha?] How much should I take?
كم الكمية التي ينبغي علي إعطائها؟
[kam al-kamiyah al-laty yan-baghy 'aalaya e'aṭa-eha?] How much should I give?
expire *v* [janqadˤi:] **ينتهي**
nag *v* [janiqqu] **ينق**
calm down *n* [juhaddiʔu] **يَهْدأ**
Jew *n* [jahu:di:] **يهودي**
هل توجد أطباق مباح أكلها في الشريعة اليهودية؟
Do you have kosher dishes?
yoga *n* [ju:ʒa:] **يُوجَا**
deposit *n* [judiʕu] **يُوْدِع**
uranium *n* [ju:ra:nju:mi] **يورانيوم**
euro *n* [ju:ru:] **يورو**
mandarin *(fruit)*, *n* [ju:sufij] **يوسفي**

tangerine

يوليو July *n* [ju:lju:]

يوم day *n* [jawm]

يوم الراحة

[Yawm al-raḥah] *n* Sabbath

يوم الثلاثاء

[Yawm al-tholathaa] *n* Tuesday

يوم الخميس

[jawmul xami:si] *n* Thursday

يوم في الأسبوع

[Yawm fee al-osboo'a] *n* weekday

أريد تذكرة تزلج ليوم واحد

[areed tadhkera tazaluj le-yawm waḥid] I'd like a ski pass for a day

أي الأيام تكون اليوم؟

[ay al-ayaam howa al- yawm?] What day is it today?

لا نريد أن نرى أي شخص آخر غيرنا طوال اليوم!

[la nureed an nara ay shakhṣ akhar ghyranạ ṭewaal al-yawm!] We'd like to see nobody but us all day!

يا له من يوم جميل!

[ya laho min yawm jameel] What a lovely day!

يومان fortnight *n* [jawma:ni]

يَوْمِي daily *adj* [jawmij]

يومياً daily *adv* [jawmijjaan]

يوميات diary *n* [jawmijja:t] *(appointments)*

يوناني Greek *n* ◁ Greek *adj* [ju:na:nij] *(person)*

اللغة اليونانية

[Al-loghah al-yonaneyah] *(language) n* Greek

يونيو June *n* [ju:nju:]